제2판

특수교육학

정 대 영

창지사

머리말

특수교육학의 초판을 2011년 8월에 출판한 후 독자들로부터 많은 사랑을 받았다. 아울러 영광스럽게도 이 책은 2012년 문화체육부관광부의 우수도서에 선정됨으로써 필자로 하여금 더욱 책임감을 느끼게 하였다.

책을 출판하고 보니 미처 생각하지 못했던 문제들을 발견하고 무척 아쉬웠지만 바쁜 일상을 핑계로 문제를 보완하지 못한 채 2013년 2월 2쇄를 하게 되어 독자들에게 송구스런 마음을 금할 수 없었다. 마침내 제2판을 내게 되어 이런 저런 부족한 점들을 메우고 수정할 수 있어 여간 다행스러운 일이 아니다.

이 책에서는 몇 가지 시대적인 중요한 변화를 반영하여 최신 정보를 제시하고자 노력하였다. 무엇보다 2013년 미국정신의학회가 정신장애진단통계편람(DSM-5TM)의 수정판을 냄으로써 보다 정확한 학문적 및 임상적 정보를 제공해야 하는 상황에 놓이게 되었다. 정신장애진단통계편람은 주의력결핍과잉행동장애와 자폐스펙트럼장애의 경우 진단준거와 분류 방식을 변경하였으며, 레트증후군의 경우 염색체 이상에 의한 유전성이 강조되고, 영유아기 이후의 퇴행으로 인하여 지적장애로 진행됨으로써 자폐스펙트럼장애의 진단준거를 충족시키지 못하는 점 때문에 자폐스펙트럼장애의 하위 장애에서 제외되었다. 제2판에서는 수정된 정신장애진단통계편람의 내용을 반영함으로써 특수교육대상자의 진단평가, 선정배치 및 중재 과정에서 다학문적 접근을 할 때 교육자의 입장에서 의료적 접근에 대한 이해를 높일 수 있도록 정확한 정보를 제공하고자 하였다.

유네스코가 개최한 2015년 인천포럼 또한 중요한 의미를 갖는다. 유네스코는 이 포럼에서 1990년에 선언한 모두를 위한 교육, 2000년에 채택한 모두를 위한 교육 목표와 새천년개발목표를 평가하고 2030년까지 달성할 새로운 목표를 채택하였다. 채택된 목표는 '포용적이고 공평한 양질의 교육과 평생학습 보장' 으로서 교육의 양적 평등을 넘어 질적 평등으로까지 발전시키고자 한다. 이는 향후 특수교육과 통합교육의 새로운 방향을 제시하는 중요한 과제가 되고 있다.

다음은 통계 관련 내용이다. 통계란 생물과 같아서 수시로 변화하므로 텍스트에서는 그 빠른 변경 내용을 수시로 담을 수 없는 한계를 지니고 있다. 이번 기회에 최신 통계 정보로 교체할 수 있어서 다행한 일이다. 교재의 내용 오류와 오탈자를 수정하는 데 많은 노력을 기울임으로써 질적 수준을 한 단계 끌어올렸다.

각 장의 구조와 장별 주요 내용은 다음과 같다. 각 장의 첫 쪽에 선행구조도를 제시하여 전체 내용을 개관할 수 있게 하였다. 이어 주요 내용을 소개하고 마지막 부분에서 요약하여 정리할 수 있게 하였으며 끝으로 토의 문제를 제시하였다.

제1장은 특수교육의 주요 개념과 장애에 대한 관점, 명칭 붙임에 대한 견해, 특수교육대상자의 선정과 배치 및 특수교육관련법을 소개하였다. 제2장은 특수교육의 동향으로 통합교육, 개별화교육, 증거기반 실제, 차별화된 교수, 의뢰 전 중재, 협력적 팀접근, 일반교육과의 협력, 진전도 사정, 조기교육 및 전환교육 등을 소개하였다. 최근 특수교육 분야에서 이슈가 되는 주제들을 다루고 있어 특수교육 이론과 실제의 방향을 파악할 수 있도록 하였다. 제3장은 다문화시대를 대비한 특수교육적 접근과 역할, 가족지원의 중요성 및 가족의 참여와 역할에 대해 논의하였다. 이제 다문화사회로 진입된 국내 상황을 고려하여 전반부는 다문화에 관한 내용을 다루었고, 후반부는 가족문제를 다루었다. 제4장은 학령기 특수교육 성과의 중요성을 전제하고 전환교육의 모형과 개별화전환계획, 고용의 형태별 특징, 중등 후 교육, 주거, 여가활동 등 지역사회로의 성공적인 전환과 관련된 내용을 다루었다.

제5장부터 제14장까지는 각 장애 영역별로 정의, 분류, 출현율, 원인, 특성, 진단평가와 사정, 교육적 지원과 중재, 전환교육, 통합교육 등으로 나누어 기술하였다. 따라서 각 장애를 개관할 수 있을 것이며, 특정 장애 영역의 주요 현안들을 파악할 수 있도록 하였다. 제13장은 주의력결핍과잉행동장애가 독립된 특수교육대상자 범주는 아니지만 최근 이 장애아동의 수가 급격히 늘어 사회적 문제가 되고 있는 점을 고려하여 별도의 장으로 소개하였다.

특수교육을 처음 접하는 분들의 경우, 각 장의 첫 쪽에 제시된 선행구조도 - 말미의 요약 - 본문 - 토의문제의 순으로 읽어보면 내용을 보다 쉽게 이해할 수 있을 것이다. 특히 본문 중 주요 용어의 경우 영어를 첨부하거나, 개념이나 추가의 설명이 필요한 경우 각주로 처리하여 이해도를 높이고자 하였다.

이 책의 초판을 준비하면서 많은 분들의 도움을 받았다. 캘리포니아 산호세주립대학교에서 연구교수로 머물며 도서관 자료를 마음껏 이용하고 수집할 수 있었던 것은 이 대학에 재직하고 있는 박현숙 교수님의 도움이 있어 가능했으며 지면을 통해서 감사드린다. 바쁜 일정을 쪼개어 학교와 그룹홈을 안내해 주고 미국 특수교육의 현장을 조금이라도 더 보여주려던 캘리포니아 세크라멘토주립대의 조은미 교수님께 감사드린다. 최중도 지체장애를 지니고 있지만 아름다운 미소로 오클라호마주립대 병원의 모델이 된 자녀를 열심히 양육하며 한편으로 특수교육을 공부하는 바쁜 일과 속에서 오클라호마주의 그룹홈, 독립특수학급 등 관련 기관을 열심히 안내해 주었으며, 그 후 캔사스대학에서 박사과정 공부를 한 신수경 선생님께도 감사드린다. CEC 참석을 위해 보스턴에 갔을 때 Hallahan, Kauffman, Deno, Pullen 등 미국 특수교육계의 거장들을 일일이 소개해 주며 도움을 주고자 했던 John Lloyd 교수님도 잊을 수 없다. 집필 중 대만 사범대학교의 Hung Li Yu 교수님의 초청으로 대만 학습장애학회에서 한국 학습장애 교육을 소개하게 된 것도 감사하다. 대만과 홍콩의 특수교육 전문가들이 서구의 용어를 도입하면서 얼마나 고심하고 있는지를 보고 특수교육 용어에 대한 접근 관점과 시각을 새롭게 하는 자극제가 되었다.

제2판을 준비하는 가운데 2014년 특수교육 공적개발지원(ODA) 사업이란 새로운 세계를 접할 수 있게 되었다. 교육부와 한국연구재단이 주관하는 글로벌교육지원사업, 국제협력선도대학육성지원 사업에 특수교육으로 지원하여 연이어 선정되는 영광을 누렸다. 이 사업은 네팔 국립 트리부번대학교에 특수교육학과 학부 및 대학원 석사과정을 개설해 주는 것으로써 교육부가 주관하는 한국 특수교육의 해외 공적 개발지원 사업의 첫 사례가 될 역사적인 일이다. 이 책을 기초로 하여 네팔 특수교육 개론을 개발하였으며, 이 책의 출판과 동시에 네팔 특수교육 사상 처음으로 특수교육 개론서가 빛을 보게 되어 더욱 뜻 깊다. 특히 2014년은 로제타 홀 여사에 의해 한국 근대특수교육이 시작된 지 120년이 되는 해에 개발도상국인 네팔에 특수교육 공적 개발지원 사업을 시작한 것은 한국 특수교육사적 측면에서도 큰 의미를 가지며 필자로서도 자긍심을 느낀다.

이 책의 초판과 제2판이 나오기까지 제자들로부터 많은 도움을 받았다. 특수교육의 법적 및 행정적 측면의 오류를 지적해 준 송미진 장학사님, 각 장의 선행구조도를 정성껏 그려준 박선미 선생님, PPT를 제작해준 오태윤 선생님, 수업 과정에서 오탈자를 바로잡아 준 많은 학생들에게 감사한다. 이 책의 제2판을 출판할 수 있게 허락한 김기섭 사장님, 편집과 교정에 열정을 쏟아 좋은 책이 되도록 최선을 다해준 이윤미 편집장님과 직원 여러분, 원고 약속일을 지키지 못해도 늘 여유를 가지고 기다려준 이상대 상무님에게 감사드린다.

앞으로 꾸준히 연구하고 좋은 자료를 많이 수집하여 다음 판에서는 좀 더 알찬 내용으로 독자들에게 찾아갈 것을 약속드리며, 이 책을 읽는 모든 분들에게 감사드리고 평화와 축복이 항상 함께 하시길 기원한다.

2017. 1
연구실에서
玉堂 정대영

차례

제3장 다문화 및 가족지원

제4장 전환교육

제5장 시각장애를 지닌 특수교육대상 학생

제6장 청각장애를 지닌 특수교육대상 학생

제7장 지적장애 및 발달지체를 지닌 특수교육대상 학생

제10장 자폐스펙트럼장애를 지닌 특수교육대상 학생

제11장 의사소통장애를 지닌 특수교육대상 학생

제12장 학습장애를 지닌 특수교육대상 학생

Special Education

제1장

특수아동과 특수교육

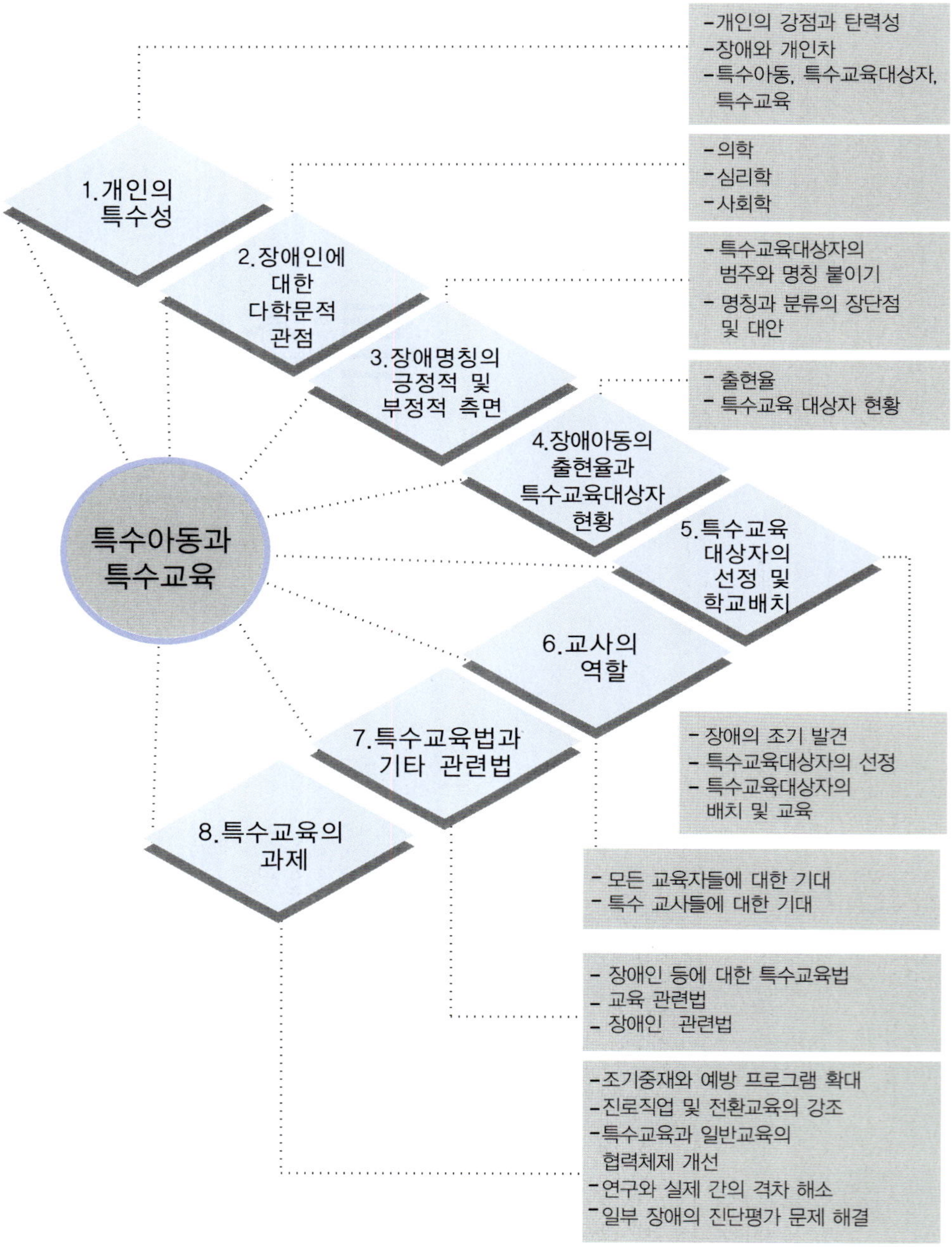
특수아동과 특수교육
1.개인의 특수성
-개인의 강점과 탄력성
-장애와 개인차
-특수아동, 특수교육대상자, 특수교육
2.장애인에 대한 다학문적 관점
-의학
-심리학
-사회학
3.장애명칭의 긍정적 및 부정적 측면
- 특수교육대상자의 범주와 명칭 붙이기
- 명칭과 분류의 장단점 및 대안
4.장애아동의 출현율과 특수교육대상자 현황
- 출현율
- 특수교육 대상자 현황
5.특수교육 대상자의 선정 및 학교배치
- 장애의 조기 발견
- 특수교육대상자의 선정
- 특수교육대상자의 배치 및 교육
6.교사의 역할
- 모든 교육자들에 대한 기대
- 특수 교사들에 대한 기대
7.특수교육법과 기타 관련법
- 장애인 등에 대한 특수교육법
- 교육 관련법
- 장애인 관련법
8.특수교육의 과제
-조기중재와 예방 프로그램 확대
-진로직업 및 전환교육의 강조
-특수교육과 일반교육의 협력체제 개선
-연구와 실제 간의 격차 해소
-일부 장애의 진단평가 문제 해결

| 제1장 |

특수아동과 특수교육

우리는 모두 서로 다르고, 독특한 존재이다. 서로 다르다는 것이 어떤 분야에서는 매우 중요한 의미를 갖는다. 학교에서 신발의 크기가 다른 것은 별 문제가 될 수 없지만, 지적 능력의 차이는 의미가 클 수 있다. 많은 아동들은 그러한 차이 때문에 학교에서 특수교육을 필요로 하는 사람으로 판별되고 명칭이 붙여지며 특수교육을 받게 된다. 그러나 장애를 지니고 있는 사람과 없는 사람은 여러 가지 유사점을 공유하고 있다. 사실 장애 유무에 따라 사람을 양분하여 집단화할 수 있는 것은 아니며, 특수교육은 차이뿐만 아니라 유사성을 연구하는 학문이다.

특수교육 분야의 큰 변화 중 한 가지는 특수교육을 받아야 할 학생을 '사람 우선적 관점' 또는 '사람 중심 관점' 에서 기술하고 있다는 점이다. 즉, '학습장애를 지닌 학생' 처럼 학생이 주체가 되고 장애가 부수적인 조건이 된다. 진단기준에서 '학습장애를 지닌 특수교육대상자' 로 사람 중심의 용어 표기를 하고 있지만, '대상자' 로 본 것은 교수-학습의 주체라기보다는 객체로 여기는 아쉬움이 남아 있기는 하다. 표현 양식의 변화는 단순히 어순과 표기양식을 바꾸는 것이 아니라 특별한 요구를 지닌 개인의 존엄성과 잠재력, 그러한 개인에 대한 사회적 태도를 반영한 것이다. 따라서 이 책에서도 사람 우선의 용어 표기법을 채택하였다. 이제 '사람이 우선입니다' 라는 말은 광고 카피에서나 볼 수 있는 것이 아니라 우리의 생활과 교육에서 실천되어야 할 이념과 철학이 되어야 할 것이고, 특수교육의 실제가 되어야 할 것이다.

이 책은 장애와 특별한 교육적 요구를 지니고 있어 특수교육을 필요로 하는 아동 및 학생들의 교육에 관한 내용을 다루고 있다. 여기서 다루는 주제들로 특수교육을 모두 설명할 수 없지만 이 책을 통해서 특별한 요구를 지닌 사람들과 그들의 교육에 대한 이해를 돕는 데 집필의 목적이 있다.

1. 개인의 특수성

■ 개인의 강점과 탄력성

특수교육은 오랜 시간 동안 아동의 무엇이 잘못되었는지에 대해 주로 중점을 두어 왔다. 즉, 지나치게 특수성을 강조하는 과정에서 특수교육대상 학생들이 지닌 강점과 능력보다 결함을 치료하고 중재하는 데 중점을 두었다. 이러한 관점에서 접근할 때 장애나 특수교육의 **가면효과** 또는 **보자기 효과**[1] 때문에 중요한 점을 놓칠 수 있다. 특수나 장애라는 이름을 붙이면 개인이 지닌 능력이 가려지고 장애와 약점만 부각되는 경향이 있다. 최근 이러한 부정적인 관점과 시각에서 벗어나 장애를 지닌 이들의 긍정적인 참모습을 이해하려는 노력의 일환으로 개인의 능력과 강점을 중시하기 시작했다.

특수교육대상 학생들은 결함을 지니고 있으며, 그 결함을 치료해야 한다는 접근방식은 그들이 적응 과정에서 강점을 보여주거나 특별한 요구나 위험조건에서 기대 이상의 발달이나 교육성과를 나타내는 이유를 설명하지 못했다(Paul et al., 1997). 20세기말 발달정신병리학과 정신건강 분야는 그러한 문제의 해답을 찾고자 탄력성이란 개념을 도입하였다. **탄력성 또는 상황적응력**resilience에 대한 연구는 생물학적, 사회적 및 경제적 실조로 인하여 좋지 못한 상황에 직면할 때 대처할 수 있는 개인이나 환경의 긍정적 요인을 이해하고자 했다(정대영, 2005). 즉, 가장 비참한 경험을 한 아동이 어려운 과정을 잘 극복하고 부적응을 나타내지 않는 것은 각 개인이 상황적응력이라고 할 수 있는 탄력성을 지니고 있기 때문이다.

이 분야의 연구 문제는 "많은 아동들이 스트레스가 심하고 위험한 조건 속에서도 불안정한 바다를 헤쳐 나가고 더욱 강해지기까지 하는 이유가 무엇인가?" 였다. 탄력성에 관한 연구는 대상 집단이 잠정적으로 부정적인 결과를 나타낼 가능성이 있는 아동들이라 하더라도 약점 또는 결함보다 강점이나 능력에 초점을 맞추었다. 이러한 연구 경향은 특수교육 분야에도 적용되어 학습이나 행동을 지도할 때 아동의 강점과 긍정적인 면을 강조하기 시작했다.

---

1) 어떤 대상에 가면이나 보자기를 씌우면 그 참모습을 볼 수 없다. 장애라는 용어도 보자기와 같아 장애인이라고 하면 개인이 지닌 강점이나 능력을 간과해 버릴 수 있는 위험성을 내포하고 있다.

■ 장애와 개인차

모든 아동들은 신체적 특징과 학습 능력 면에서 서로 다른 점을 보이고, 특정 아동 또한 자신의 여러 능력 분야에서 차이를 보인다. 세계보건기구는 질병과 장애의 메커니즘을 그림 1.1과 같이 제시하였다.

질병 – 손상 ┌ 기능장애 - 사회 환경적 제약(1980)
　　　　　　└ 능력제한 - 참여제약(2001)

그림 1.1 질병과 장애의 메커니즘

질병disease이나 **사고**는 여러 가지 신체적, 심리적 및 정신적 손상을 가져올 수 있다. **손상**impairment이란 신체의 특정 부위나 기관의 기능이 상실 또는 감소되는 것을 의미한다. 유아들은 출생 후 고열을 수반하는 각종 질병에 시달릴 때 적절히 대처하지 못할 경우 뇌손상을 입게 된다. 이러한 손상의 결과로 신체 각 부위의 기능은 제한을 갖게 되고 그러한 상태를 **기능장애**(**기능상실**disability)라 한다. 기능장애를 가지게 되면 사회 · 환경적으로 적응하고 대처하는 데 불리한 입장에 놓이게 되는데 이를 **사회 환경적 적응장애**(**사회 환경적 불리**handicap)라고 한다. 세계보건기구는 2001년 이러한 메커니즘을 수정하여 기능장애 대신 **능력제한**ability limitation, 사회 환경적 적응장애 대신 **참여제약**participation restriction이란 용어로 대체하였다.

한편 심리학적으로나 교육적인 측면에서 장애란 차이를 가진 것으로 본다. 즉, 사람은 각기 **개인차**를 지니고 있고, 그 차이가 평균으로부터 부적 방향으로 많이 떨어져 있어서 보통의 방법으로는 능력 수행이나 적응 또는 상황 대처가 어려운 경우를 장애라고 말한다. 개인차는 **개인내차**와 **개인간차**로 구분되며 이는 학습지도의 중요한 요인이 된다. 문화적으로는 장애를 '**같으면서 다른**' 또는 '**다르면서 같은**' 것으로 규정하며 존엄성을 지닌 하나의 인격체임을 강조하고 있다(정대영, 2006).

장애인복지법(2017)에 의하면 장애를 **신체적 장애**[2]와 **정신적 장애**[3]로 나누고, 장애인이란 "신체적 · 정신적 장애로 오랫동안 일상생활이나 사회생활에 상당한 제약을 받는 자"로 규정하고 있다.

---

2) 주요 외부 신체기능의 장애와 내부기관의 장애

3) 발달장애 또는 정신질환으로 발생하는 장애

■ 특수아동, 특수교육대상자 그리고 특수교육

특수란 상당히 포괄적인 용어로써 신체적, 지적 및 행동적으로 수행이 특정 기준으로부터 벗어난 경우를 의미하며, 교육적인 면에서는 특별한 교육적 요구를 말한다. **특별한 요구를 지닌 아동**이란 '학습적 요구나 특성이 대부분의 아동들과는 현저히 달라서 그들의 잠재능력을 충분히 계발하기 위해 교육과정 및 교수의 수정이나 특별교육을 필요로 하는 아동을 말하며, 장애나 영재 등을 가진 아동들' 을 말한다.

장애를 지닌 아동이라고 모두가 특수교육대상자가 되는 것은 아니다. 특수교육대상자란 '장애인 등에 대한 특수교육법(이하 특수교육법)' 이 정한 선정기준에 해당되어 특수교육을 필요로 하는 사람을 말한다. 여기서 특수교육법이 정한 **특수교육대상자**란 "시각장애, 청각장애, 정신지체, 지체장애, 정서행동장애, 자폐성장애, 의사소통장애, 학습장애, 건강장애, 발달지체 및 그 밖의 대통령령으로 정하는 장애에 해당하여 특수교육을 필요로 하는 사람" 을 의미한다.

특수교육법에 따르면, **특수교육**이란 '특수교육대상자의 교육적 요구를 충족시키기 위하여 특성에 적합한 교육과정 및 특수교육 관련서비스 제공을 통하여 이루어지는 교육' 을 말한다. 특수교육은 여러 관점에서 정의되고 평가될 수 있는 복잡한 개념이다. 예를 들어, 특수교육을 국가가 법적으로 규정하여 국가적 차원에서 접근하는 범국가 사업으로 볼 수도 있고, 사회정치적 관점에서는 시민권 운동의 결과로 볼 수도 있다. 이러한 관점들은 각기 타당성을 지니고 있으며, 특수교육과 그 실제를 정의하는 데 중요한 역할을 한다.

Heward(2012)는 특수교육을 두 가지 유형, 즉 중재로서의 특수교육과 교수로서의 특수교육으로 구분하여 설명하고 있다. 중재로서의 특수교육은 장애아동들이 학습이나, 학교 및 지역사회에 완전히 또는 능동적으로 참여하는 것을 방해하는 장벽을 예방·제거 또는 극복하도록 설계된 중재를 말하며 다음과 같이 요약될 수 있다.

첫째, **예방적 중재**란 특수교육자가, 개인이 잠재적 또는 사소한 문제로 인하여 기능적 장애가 되는 것을 막기 위해 중재를 설계하며 다음과 같은 세 가지 수준으로 이루어진다.

- **일차예방**은 장애의 발생 자체를 줄이고자 한다.
- **이차예방**은 이미 지니고 있는 장애의 악화를 최소화하고자 한다.

- **삼차예방**은 이미 지니고 있는 장애의 부정적인 영향을 예방하고 악화를 차단하는 것을 말한다.

둘째, **교정적 중재**란 장애의 특정 영향을 제거하려는 시도를 말하며 장애를 지닌 사람이 스스로 기능을 발휘하도록 지도하는 것을 의미한다. 학교에서 이러한 기술을 말할 때는 학업(읽기, 쓰기, 계산하기), 사회(대화를 주도하고 지속하기), 자조(식사하기, 옷 입기, 화장실 이용하기), 직업(직업 세계의 준비를 위한 진로 직업 기술) 등이 된다. 이 중재는 장애인이 일반적인 환경에서 성공하기 위해 특별한 지도를 받을 필요가 있다고 가정한다.

셋째, **보충적 중재**란 개인이 과제를 수행할 수 있도록 대안기술(보충기술)을 지도하는 것을 말한다. 예를 들어, 비장애인들에게는 필요하지 않는 보조기기나 특별훈련 등을 제공하는 것으로써, 시각장애인들에게 보행훈련을 제공하는 것을 들 수 있다.

다른 측면은 교수로서의 특수교육이다. 이를 설명하기 위해서는 가르칠 대상, 내용, 방법, 장소의 측면에서 '특수'의 개념을 살펴보기로 한다.

- **대상**. 특별한 요구를 지니고 있어서 특수교육과 관련서비스를 필요로 하는 특수교육대상자들이다.
- **내용**. 모든 특수교육대상 학생들이 일반교육 교육과정에 접근하여 가능한 한 많이 학습할 수 있도록 지원할 필요가 있지만, 일부 장애를 지닌 아동들에게는 일상생활, 개인적-사회적 기능, 학교, 지역사회, 작업 상황에서 가능한 한 독립적으로 기능을 수행하는 데 필요한 지식과 기술, 즉 기능적 교육과정functional curriculum을 체계적이고 집중적으로 지도한다.
- **방법**. 특수교육은 특별하고 조정된 교수 자료와 방법을 이용한다. 청각장애를 지닌 학생들에게 수화를 사용하고, 시각장애를 지닌 학생들에게 점자를 이용하는 등의 방법을 들 수 있다.
- **장소**. 장애를 지닌 다수의 학생들이 통합학급에서 교육을 받고 있지만, 일부 학생들은 특수학급, 특수학교, 병원, 시설, 가정 등에서 교육을 받고 있다.

표 1.1 특수교육 교수의 차원과 특징

차원	특징 규정
개별화 계획	• 사정 결과, 부모 및 학생으로부터 나온 정보에 근거하여 개인의 장단기 목표 설정하기 • 각 학생에게 적합한 교수 방법과 교수 자료를 선정하거나 조정하기 • 학생이 학습하거나 표적 기술을 이용할 기회를 제공할 수 있는 교수 장소 결정하기
특수화	• 일반학급에서는 거의 사용되지 않는 독특하고, 조정된 교수 절차 (학습 시간 연장, 토큰강화 제공, 자기 점검) • 다양한 교수 자료와 지원을 동원하여 학습 목표를 습득하고 이용하도록 돕기 • 관련서비스(물리치료, 작업치료, 행동치료, 언어재활 등) • 보조공학(조정된 컵 받침, 의사소통 상징)
집중적	• 구체적으로, 정교하게, 구조화하여, 명료하게, 반복적으로 실시하는 교수 • 혹독하고 끈질긴 교수 • 학생이 표적 지식과 기술을 이용할 우연적 및 자연적 기회를 제공하기
목표지향	• 학생이 현재와 미래의 환경에서 자기효능감과 성공감을 최대한 성취할 수 있도록 도와주려는 교수 • 학생의 학업 성취에 의해 결정되는 교수의 가치와 선
연구기반	• 모든 교수법이 동일한 효과를 나타내지 않는다는 점을 인식 • 연구 결과 효과적인 것으로 입증된 교수 프로그램과 절차 선정
학생의 수행성 기반	• 학생의 진전도를 체계적이고 지속적으로 점검 • 학생의 학습을 자주, 직접적으로 측정한 결과와 정보를 교수의 수정에 이용

특수교육은 개별적으로 계획되고, 특수화되며, 집중적이고 목표 지향적인 교수이며, 학생의 수행을 자주 직접 측정함으로써 그 결과에 따라 적용하는 특징을 보인다. 특수교육의 기본적 차원과 특징을 정의하면 표 1. 1과 같다.

특수교육은 일반교육의 연속선 상에 놓여 있으며, 학생들의 교육적 요구 수준에 따라 일반교육과 공유하는 보편성과 특수교육만이 지니는 특수성이란 두 가지 측면을 동시에 포함하고 있다. **보편성**이란 헌법, 교육기본법, 초 · 중등교육법, 교육과정 등에서 모든 학생들을 대상으로 하는 교육목적, 교육목표, 교육내용, 교육방법, 통합교육환경 등을 말한다. 교육이란 원래 모두를 위한 교육을 지향하는 것으로써 모든 학생들을 대상으로 보편적 설계, 보편적 중재와 교수, 예방적 중재와 교수 등의 접근을 지향한다. 한편 **특수성**이란 특수교육대상자가 됨으로써 특별히 강조하고 추구해야 할 가치와 목표, 이들의 교육적 요구를 충족시켜주기 위해 특별히 동원되어야 할 교육과정, 교육내용, 교육방법, 교육환경 등을 의미한다. 점자교육, 수화교육, 방향정위와 이동훈련 등이 특수성의 한 유형이라고 할 수 있다. 따라서 특수교육을 포괄적으로 규정하면 학습자 개개인의 동일성과 동등성을 인정하는 보편적 토대 위에 개별적 차이를 존중하는 교육적 접근이라고 할 수 있다.

2. 장애인에 대한 다학문적 관점

장애인과 그 가족들을 지원하는 데 관심을 가진 학문분야는 특수교육학 외에 의학, 심리학 및 사회학이다. 각 학문 분야는 장애인의 이해와 접근에 특징을 지니고 있다.

■ 의학

의학적 모델은 정상normalcy과 병리pathology란 두 가지 차원을 지니고 있다. **정상**은 생물학적, 심리적 및 정신적 문제가 없음을 뜻한다. **병리**란 질병에 의해 유기체에 변화가 일어나고, 그 결과 유기체의 통합을 방해하거나 파괴하여 좋지 못한 건강상태를 가져오는 것을 말한다. 흔히 질병 모델이라고 일컬어지는 의학적 모델은 주로 생물학적 문제, 질병의 원인 규명, 질병이 개인에 미치는 영향에 초점을 맞춘다. 이 모델은 보편적이고 문화적 상대 가치, 즉 문화적 특수성을 인정하지 않는다. 이 모델은 문화권에 관계없이 건강한 상태는 질병상태에 있는 것 보다 더 낫다는 명제에 근거를 두고 있다.

장애에 대한 의료적 접근이 시작된 것은 약 200여 년 전이다. 의사인 Itard는 환경이 생리학적 자극과 결합하여 인간의 학습 잠재력에 영향을 줄 수 있다고 믿었다. Itard는 정신질환에 관심을 가졌던 프랑스의 의사 Pinel과 영국의 철학자 John Lock의 영향을 받았다. Pinel은 정신이상자나 백치에게 **도덕적 치료**moral treatment[4]를 강조하고 인간적으로 대해 줄 필요성이 있음을 강조했지만, 교육적인 면에서 그들은 치료가 불가능하고, 장애를 치료하려는 노력은 성과가 없을 것이라고 주장했다. 이와 반대로 John Lock는 인간은 모든 새로운 자극에 문이 활짝 열려 있는 깨끗한 석판blank slate과 같다고 했다. 이 두 사람의 입장은 개인의 능력을 결정하는 것이 환경인가 또는 유전인가에 대한 고전적 논쟁을 불러일으켰다.

Itard는 아베롱의 야생소년 빅터를 대상으로 Pinel과 Lock의 이론을 검증하고자 했다. 빅터는 언어발달이 되어 있지 않았고, 행동은 통제할 수 없었으며, 야만인이나 동물과 같았다. Itard는 Pinel이 빅터를 치료할 수 없는 백치라고 진단한 것을 무시하고, 그의 조건을 개선시키기 위해 감각자극 프로그램을 설계하여 5년간 지도했다. 빅터는 일부 구어를 습득했고, 새로운 환경에 익숙해지면서 보다 사회화되었다. Itard는 빅터의 연구를 통해 전문가들이 모두 불가능하다고 여겼던 사람도 학습이 가능하다는 것을 처음으로 밝혔다.

■ 심리학

현대 심리학은 유기체 내에서 관찰될 수 있고, 평가될 수 있는 표현행동과 정신적 사건을 연구하는 인간 및 동물행동 과학이다. 심리학은 행동에 초점을 맞추고, 개인의 행동이 **정상성**의 기준을 충족시키지 못할 때 그것을 **이상**abnormal이라고 한다.

John Watson은 1913년 심리학의 초점을 의식적 경험으로부터 관찰할 수 있는 행동과 정신 사건으로 이동시켰다. Watson은 흰 쥐를 두려워하지 않고 장난감처럼 가지고 노는 11세 소년 Albert에게 실험을 통해서 흰 털이 있는 대상을 무서워하도록 만들었다. Watson은 이상행동이 개인과 환경적 자극의 상호작용에 의해 학습될 수 있다는 점을 밝혔다(Watson & Rayner, 1920). Watson의 연구에도 불구하고 20세기 전반에는

4) 정신질환자를 묶어둔 쇠사슬을 풀어주고 인격적으로 대우하면 치료효과가 높다고 주장하며, 환자를 인간적으로 대우할 것을 주장함

의학적 모델이 이상행동을 이해하는 데 가장 논리적이고 과학적이라고 여겼다.

20세기 후반에 이르러 Watson의 이론을 지지하며 **생태학적 접근법** ecological approach[5]이 등장했다. 이 모델은 이상행동을 질병이라고 보지 않고, 개인과 환경 사이의 상호작용에 의한 결과라고 본다. 이 접근법은 사회적 및 환경적 스트레스가 개인의 대처 능력 부족과 결합되어 심리적 불안으로 이어진다고 이론화하였다.

오늘날 우리는 이상행동에 대한 소식을 접하지 않고는 살아갈 수 없다. 미디어에서는 연일 살인, 성추행, 성폭행, 아동학대, 성차별, 자살 등 여러 가지 이상행동을 보도하고 있다. 부적응행동 수준은 다소 가벼운 **신경증장애**[6]에서 **정신장애**[7]에 이르기까지 다양하게 나타나고 있다. 심리학은 최근 정신장애를 치료하기 위해 행동치료, 합리적 정서치료, 집단심리치료, 가족치료, 내담자 중심 치료 등 여러 가지 접근방법을 이용한다.

■ 사회학

심리학이 주로 개인의 행동에 초점을 맞추는 반면, 사회학은 현대 문화, 집단행동, 사회적 상황, 집단 간의 관계에 초점을 맞춘다. 사회학은 개인을 신체적 및 사회적 환경과 관련지어 검토한다. 개인이 집단의 사회적 규준을 지키면 정상으로 여기고, 사회적 역할을 적절히 수행하지 못하고 적절한 대인관계를 확립하지 못할 때 **일탈** deviant이라고 한다. 의료적 병리학과 달리 사회적 일탈은 보편적 용어로 정의될 수 없고, 사회적 맥락에서 정의된다.

동일한 사회 내에서도 집단에 따라 일탈을 다르게 규정할 수 있다. 동일한 규준과 가치를 지닌 각 집단의 사람들은 자신들만의 일탈행동을 판단할 규칙을 발달시킨다. 사회적 일탈을 결정하는 네 가지 지침은 다음과 같다(Hardman, Drew, & Egan, 2005).

- 정상행동은 사회적, 문화적 및 집단의 기대를 충족시켜야 한다.
- 사회적 일탈, 즉 사회적 규준을 지키지 못한다는 것은 개인이 병리학적 및 생물

---

5) 인간의 행동을 이해하기 위해 유기체의 특성, 환경적 특성 및 유기체와 환경과의 상호작용을 동시에 고려하는 접근법

6) 불안, 충동, 강박, 공포의 특징을 보이는 행동

7) 현실 접촉을 기피하고, 환상, 망상, 환각의 특징을 보이는 심한 행동장애

학적 결함을 지니고 있음을 의미하는 것은 아니다.

- 각 문화는 정상과 이상을 규정할 행동범위를 결정하고 이 규정을 강요한다.
- 사회적 일탈은 유전과 사회적 환경 내의 개인적 경험을 포함하여 몇 가지 요인들의 상호작용에 의해 유발될 수 있다.

오늘날 많은 사회학자들은 50가지 이상의 분야와 특수성을 상세화하고 있다. 사회학자들은 각 특수성 아래에서 사회집단, 조직, 문화, 개인과 집단행동의 사회성 등의 작용과 영향에 대해 연구하고, 사회라는 전체적인 맥락에서 사회적 행동에 관한 정보를 축적하고 보급하고 있다.

3. 장애 명칭의 긍정적 및 부정적 측면

■ 특수교육대상자의 범주와 명칭 붙이기

초기에는 정상성을 규정할 때 지역사회의 표준으로부터 벗어난 사람을 장애인으로 정의하였다. 장애를 지닌 학생들은 특수교육이나 관련서비스를 필요로 하고, 특정 장애 범주로 분류되거나 집단화되었다. 범주란 공통적인 특성을 지닌 사람들에게 명칭을 붙인 데 불과하다. 특수교육법(2007)에서는 특수교육대상자를 11가지 범주로 나누고 있다.

① 시각장애 ② 청각장애 ③ 지적장애 ④ 지체장애 ⑤ 정서행동장애
⑥ 자폐성장애 ⑦ 의사소통장애 ⑧ 학습장애 ⑨ 건강장애 ⑩ 발달지체
⑪ 그 밖에 대통령령으로 정하는 장애

장애인복지법에서는 장애를 신체적 장애와 정신적 장애로 나누고 있으며, 하위장애 유형을 다음과 같이 16개의 범주로 나누고 있다.

① 지체장애 ② 뇌병변장애 ③ 시각장애 ④ 청각장애 ⑤ 언어장애 ⑥ 지적장애
⑦ 자폐성장애 ⑧ 정신장애 ⑨ 신장장애 ⑩ 심장장애 ⑪ 호흡기장애 ⑫ 간장애
⑬ 안면장애 ⑭ 장루 및 요루장애 ⑮ 간질장애 ⑯ 중복장애

범주화, 명칭 붙이기 및 장애인에 대한 이슈는 지속적으로 논쟁이 되고 있다. 물론 명칭 붙이기는 피할 수 없는 일이다. 여러분은 자신에게 어떤 명칭을 붙일 것인가? 당신은 과체중인가, 아니면 저체중인가? 기독교도, 불교도, 아니면 이슬람교도인가? 진보적인가, 아니면 보수적인가? 명칭 붙이기는 상황에 따라 긍정적일 수도, 부정적일 수도 있다. 명칭은 뇌성마비와 같이 영구적일 수도 있고, 신입생과 같이 일시적일 수도 있다. 그럼에도 불구하고 명칭은 영향력이 강하고, 편향성을 가지고 있으며, 사람들이 어떻게 행동할 것인지에 대한 기대나 예상을 하게 된다.

명칭은 심리학자나 교육자들이 공식적으로 사용하거나, 아니면 우연히 동료들이 사용하여 낙인효과를 나타내며 경우에 따라서 아동들에게 불리하게 작용한다. 학령기 초기에는 대부분의 아동들이 장애 명칭을 모르기 때문에 그저 학급 동료의 이름을 부른다. 때로는 명칭을 붙임으로써 편견을 갖게 되고 낙인을 붙이는 결과를 초래하게 된다. 특정 명칭을 붙이는 것이 타당한가? 그러한 명칭은 개인의 특성을 정확히 알려주고 있는가? 개인의 한 가지 특성에만 초점을 맞추는 것이 바람직한가? 이러한 명칭은 개인이 자신을 어떻게 보는지, 주변 사람들이 그들을 어떻게 보는지 등에 대해 유의한 영향을 줄 수 있다.

학자들이 장애를 지닌 아동과 담당 교사들을 대상으로 명칭 붙이기에 대한 영향을 연구한 결과, 불행하게도 그 증거가 명확하지 않고, 일관성 있는 결론을 끌어내기가 어려웠다(Ysseldyke, Algozzine, & Thurlow, 1992).

가장 큰 문제는 아동에게 붙이는 장애의 명칭이 그에 맞는 교육을 끌어오지 못한다는 점이다. 명칭 자체가 아동을 효과적으로 지도하거나 특성을 관리할 수 있는 정보를 주거나 안내하지 못한다. 이들에게 제공되는 서비스와 지원은 장애의 명칭에 기초하는 것이 아니라, 그들의 요구에 기초하여 제공되기 때문이다. 이러한 관점을 비범주적 접근이라고 한다. 장애의 원인보다는 비슷한 교수적 요구에 초점을 맞추게 된다. 하지만 비범주적 접근을 한다고 하더라도 여전히 명칭 붙이기와 범주화는 현실적으로 필요한 일이다. 다음은 장애 명칭 붙이기와 범주화의 장단점을 제시하였다.

■ 장애 명칭 붙이기와 분류하기의 장점

- 명칭은 교육 프로그램에 대한 예산확보와 행정지원의 수단으로 기여한다.
- 장애에 근거하여 교사양성 과정이 설치된다.

- 전문가들은 명칭을 이용하여 효율적으로 의사를 소통할 수 있다.
- 연구는 주로 특정 진단범주에 초점을 맞추어 이루어진다.
- 명칭은 개인으로 하여금 서비스 대상자로서의 자격을 얻게 한다.
- 명칭에 따라 처치, 교수, 지원 서비스가 다르게 제공된다.
- 명칭은 장애인의 독특한 요구를 강하게 부각시킨다.
- 명칭은 장애인의 발생률, 출현율 및 실태 등 통계를 파악하는 데 도움이 되고, 정부, 기관 등이 필요한 서비스를 계획하고 전달하는 데 도움이 된다.
- 학회, 부모회, 지원단체 등 옹호단체나 특별한 관심 집단은 특정 장애인들의 지원에 관심을 갖는다.

■ 장애 명칭 붙이기와 분류하기의 단점

- 명칭은 낙인이 될 수 있고, 정형화하는 경향이 있다.
- 명칭은 개인의 장점이나 강점 대신에 약점이나 제한성에 초점을 맞추게 하는 경향이 있다.
- 명칭은 가끔 비효과적인 교수에 대한 핑곗거리로 이용될 수 있다.
- 명칭은 자아개념을 낮추고, 기대를 떨어뜨리며, 자존감을 낮춘다.
- 명칭은 교수적 목적을 위해서는 부적절하고, 개별 학생의 교육적 및 치료적 요구를 정확히 반영해 주지 못한다.
- 명칭은 학교와 지역사회 생활에서 정상화를 경험할 기회를 감소시킨다.
- 명칭은 장애에 대한 잘못된 인상을 줄 수 있다.
- 명칭은 흔히 설명 구인으로 잘못 이용될 수 있다(철수는 정서행동장애를 지닌 아동이어서 그렇게 행동하는 거야).

■ 명칭과 분류의 대안

교육자들은 교육관련 변인에 초점을 맞추고 특수아동을 분류하는 대안적 방법을 여러 가지 제안했다. 예를 들어, Reynolds와 Zetlin, Heistad(1996)는 학생들의 학습기회를 제공하기 위해 비분류적 접근법으로 성취 면에서 하위 20%와 상위 20%로 광범위하게 분류하는 "20/20분석법"을 제안했다. 일부 학자들은 학생들이 필요로 하는 교육과정과 기능에 따라 특수교육대상 아동을 분류할 것을 제안하였다. 다른 학자들은 일반적으로 대학에서 전공하는 과목에 따라 학생을 법대생, 음대생, 공대생 등으로 부른다. 이처럼 계산, 읽기 및 이해 교과에 특수교육이 필요한 경우 계산, 읽기 및 이해학생이라고 하고, 수학 교과에 특수교육이 필요한 학생에게는 수학학생이라고 부르자고 제안하기도 한다.

한편, 명칭 자체는 문제가 되지 않는다고 본다. 명칭은 단지 기술적이고 판별을 하기 위한 단어와 구로서 사전적 암시이다. 대부분의 특수교육자들은 교수적 및 관련서비스 요구를 공유하는 아동들을 쉽게 부를 수 있는 일반적인 말을 필요로 한다. 명칭을 부르지 않고 서비스를 제공하자고 주장하는 것은 현실 도피이다. 아동의 장애나 문제를 판별하기 위해 의미 있는 명칭을 거부하는 것은 특수교육을 거부하는 것이다 (Kauffman, 2002).

그렇다면 장애를 지닌 아동을 어떻게 불러야 할까? 개인적 차원에서 이름과 학년, 장애의 특성을 함께 불러주면 될 것이다. 예를 들어, 개인을 부를 때는 모든 학생들처럼 이름을 불러주면 된다. 교육계획 수립이나 명칭을 불러야 할 경우라면, '철수, 학습장애를 지닌 5학년생' 이라고 하면 된다. 개인이 지니고 있는 장애에만 초점을 맞출 것이 아니라 개성을 존중하고, 개인의 강점과 약점을 인식하는 방법으로 접근하는 것이 중요하다. 장애를 지닌 사람을 마치 장애가 없는 것으로 기술하고 말하는 것은 정치적으로 옳을지 모르나 장애 현실을 무시하는 것이다.

지금까지 명칭의 낙인적 효과를 완화시키기 위해 많은 사람들이 부단히 노력해 왔다. 그 결과 장애 명칭에 많은 변화를 가져왔다. 예를 들면, 봉사→맹인→시각장애, 백치→정신박약→정신지체→지적장애 등으로 부드럽고 새로운 용어로 대체하고 있다. 그러나 이러한 노력은 단기간 여러 사람을 만족시켜주고 행복하게 해 줄 뿐이다. 시간이 지나면 듣기 좋던 그 말이 또다시 낙인이 되어 있고 회피하고 싶은 용어가 되어 있음을 느낄 것이다. 중요한 것은 장애 명칭이 아니라 장애의 이해 및 장애인에 대한 태도와 가치이다. 사람을 인간 중심으로 생각하고 존중하며 장애인에 대한 긍정적인 태도를 갖도록 교육하여 그렇게 살아가는 사회를 만들어가는 것이 중요하다. 우리는 아동들에게 반편견 교육을 하면서 편견을 가르치고, 장애 이해교육을 하면서 장애에 대한 낙인을 가르치지 않도록 유의해야 한다.

4. 장애아동의 출현율과 특수교육대상자 현황

■ 장애아동의 출현율

장애아동을 통계적으로 추정할 때 장애의 발생률incidence과 출현율prevalence을 이용한다. 장애의 발생률이란 당해 연도에 새로 장애인이 되는 비율을 말한다. 즉 예를 들면, 2017년 한 해 동안 장애인 집단으로 편입되는 새로운 장애인이 비교 집단의 전체 인구 중에서 차지하는 비율을 말한다. 출현율이란 전체 인구 중 장애인이 차지하는 비율을 의미한다. 장애인의 출현율에 대한 통계는 보건복지부에서 3년마다 조사를 하지만, 특수교육법에 의한 특수교육대상자의 출현율과는 거리가 멀다. 2001년 국립특수교육원에서 6세부터 11세까지의 초등학교 학생들을 대상(학습장애는 초등학교 4학년 연령인 9세 아동만을 대상으로 함)으로 실시한 조사연구 결과에 의하면 특수교육대상자의 출현율은 2.71%로 나타났다. 이 연구에서 적용한 장애 유형은 시각장애, 청각장애, 정신지체, 지체부자유, 정서행동장애, 자폐성발달장애, 언어장애, 중복장애, 건강장애, 학습장애 등으로 현재의 특수교육법에서 규정하고 있는 특수교육대상자 범주와는 다소 차이가 있다.

출현율 연구는 항상 제한점을 많이 갖는다. 일반적인 문제로는 개념적 정의와 조작적 정의에 대한 합의의 제한성, 선별도구나 검사도구의 다양성, 표집의 대표성 문제, 판별과정의 합리성과 타당성 문제 등 여러 가지 논란의 소지를 안고 있다. 특히 자폐 스펙트럼장애, 언어장애, 건강장애, 학습장애, 정서행동장애 등은 판별 준거의 엄격성, 포함장애의 범위에 따라 출현율에 큰 차이를 보일 수 있다. 국립특수교육원 연구의 경우, 학습장애 분야를 보면 학습장애의 대상을 초등학교 4학년으로 제한함으로써 표본의 대표성에 문제가 있다. 학습장애의 하위범주를 읽기학습장애, 쓰기학습장애, 수학학습장애, 중복학습장애 등 학업적 학습장애 중심으로 4개 영역을 설정하고 있어 발달적 학습장애를 포함시키지 못하고 있다. 정서행동장애의 경우, 위축·불안행동장애, 주의력결핍과잉행동장애, 품행장애를 대상으로 하고, 사회화된 공격성이나 신경증적 행동 문제를 제외함으로써 장애의 범주가 상당히 축소된 경향이 있다.

■ 특수교육대상자 현황

특수교육법에 의하면 3년마다 실태조사를 하도록 되어 있으며, 교육부에서도 매년 특수교육통계를 조사하고 있다. 교육부 특수교육통계(2016)에 따르면, 특수학교 170개교, 특수교육지원센터수는 199개, 특수학급은 10,065학급이며 전일제 통합학급(일반학급)은 14,482학급이다. 특수교육대상 전체 학생수는 87,950명이며 그 중 특수학교 학생 수는 25,467(29.0%)명, 특수학급 학생 수는 46,645 (53.0%)명, 전일제 통합학급인 일반학급 학생 수는 15,344(17.4%)명, 특수교육지원센터 학생수는 494(0.6%)명이다. 전체 특수교원 수를 보면 18,772명 중 특수학교 교원 수는 8,050(42.9%)명이고, 특수학급 교원 수는 10,360(55.2%)명, 특수교육지원센터 교원은 362(1.9%)명이다.

5. 특수교육대상자의 선정 및 학교 배치

■ 장애의 조기 발견

장애의 조기 발견은 중재의 적기를 이용하여 특수교육의 효과를 극대화하는 데 매우 중요하다. 특수교육법(2007)에 따르면, 교육장 또는 교육감은 영유아의 장애 및 장애 가능성을 조기에 발견하기 위하여 지역주민과 관련 기관을 대상으로 홍보를 실시하고, 관할 구역의 보육시설, 유치원 및 학교의 영유아 또는 학생을 대상으로 수시로 선별검사를 해야 한다. 선별검사는 해당지역 내 보건소와 병원 또는 의원을 이용하여 무상으로 실시해야 하고, 검사를 효율적으로 실시하기 위하여 지방자치 단체 및 보건소, 병의원 간에 긴밀한 협조체제를 구축해야 한다.

보호자와 각급 학교의 장은 장애가 의심되는 영유아 및 학생을 발견했을 경우, 교육장 또는 교육감에게 진단평가를 의뢰해야 한다. 각급 학교의 장이 의뢰할 때는 부모의 사전 동의를 받아야 한다. 교육장과 교육감은 진단평가를 의뢰받은 경우, 이를 특수교육지원센터에 회부하여 진단평가를 실시하고, 그 결과를 학생의 보호자에게 통보하여야 한다. 이 과정에서 교육장과 교육감은 진단평가와 관련된 절차나 방법에 대해 보호자에게 상세히 안내해 주어야 한다.

■ 특수교육대상자의 선정

특수교육대상자가 되기 위해서는 특수교육법 제15조에 따라 특수교육을 필요로 하는 사람으로 선정되어야 한다(그림 1.2 참조).

특수교육대상자 선정 과정에서 부모 또는 보호자들이 자녀 교육에 대해 충분히 의견을 진술하도록 하고 있으며, 선정배치 결과를 통보받은 후 진단평가 결과에 만족하지 못할 경우에는 재심을 청구할 수 있도록 함으로써 절차적 권리를 보장하고 있다.

보호자 또는 각급학교의 장 (보호자 동의)	ㅇ 장애가 있거나 있다고 의심되는 영유아 및 학생 발견 시 교육장 또는 교육감에게 진단평가 의뢰
↓	
교육감 또는 교육장 접수	ㅇ 특수교육지원센터에 진단평가 의뢰
↓	
특수교육지원센터	ㅇ 진단 평가에 회부된 후 30일 이내에 진단평가 시행 ㅇ 선정 여부 및 필요한 교육지원 내용에 대한 최종 의견을 작성하여 교육장 또는 교육감에게 보고 ㅇ 진단 · 평가의 과정에서 부모 등 보호자의 의견진술 기회 충분히 보장
↓	
교육장 또는 교육감	ㅇ 특수교육지원센터로부터 최종 의견을 통지받은 때부터 2주일 이내에 특수교육대상자로서의 선정 여부 및 교육적 지원 내용을 결정하여 보호자에게 통보 - 특수교육운영위원회에서 대상 선정 및 학교 지정 배치에 대해 심사 ※ 시 · 군 · 구 특수교육운영위원회: 유, 초, 중학생 ※ 시 · 도 특수교육운영위원회: 고등학생 ㅇ 특수교육대상자의 선정 결과 및 학교 지정 배치를 신청인에게 서면으로 통지
↓	
학생 또는 보호자	ㅇ 배치된 학교에 취학

그림 1.2 특수교육대상자 선정 절차

* 자료출처: 교육과학기술부(2008). 장애인 등에 대한 특수교육법령 해설자료.

■ 특수교육대상자의 배치 및 교육

특수교육운영위원회의 심사를 거쳐 특수교육대상자로 선정된 자는 일반학교의 일반학급, 일반학교의 특수학급, 특수학교 중의 하나에 배치되어야 한다. 특수교육대상자를 배치할 때는 개인의 장애 정도, 능력, 보호자의 의견 등을 종합적으로 판단하여 거주지에서 가장 가까운 곳에 배치하여야 한다.

교육감이 관할구역 내에 거주하는 특수교육대상자를 다른 시 · 도에 소재하는 각급학교 등에 배치하고자 할 때는 시 · 도교육감과 협의를 해야 하고, 배치를 요구받은 교육감과 국립학교의 장은 **대통령령으로 정한 특별한 사유**[8]가 없는 한 이에 응하여야 한다.

특수교육 서비스 전달 체제는 복잡하지만 이와 관련한 용어들의 개념은 명확히 규정되어 있지 않다. 특수교육법에서는 이와 관련하여 특수교육 기관과 특수학급, 각급학교의 개념을 규정하고 있다. 특수교육기관이란 특수교육대상자에게 유 · 초 · 중 · 고등학교의 과정을 교육하는 특수학교와 특수학급을 말한다. 법적인 용어는 아니지만 행정적인 용어로 특수교육대상자가 배치되어 교육을 받는 일반학교의 일반학급을 통합학급이라고 한다. 우리나라의 특수교육 전달체제는 그림 1.3과 같다.

← 분리 환경 내 특수교육 →		← 일반교육 환경 내 통합교육 →	
시설 · 가정 · 병원 · 센터	특수학교	특수학급	일반학급(통합학급)
파견교육　순회특수 교육지원　원격교육	기숙제　통학제	전일제　시간제	순회특수 교육지원　일반학급 내 특수교육
← 학교 간 교류 · 통합교육 →		← 학교 내 교류 · 통합교육 →	
← 가장 제한적			가장 포함적 →

그림 1.3 특수교육 서비스 전달 체제

---

8) 해당 특수학교가 특수교육대상자의 장애 종류와 배치를 요구받은 특수교육대상자의 장애 종류가 달라 효율적인 교육을 할 수 없는 경우를 말함(특수교육법 제12조)

6. 교사의 역할

■ 모든 교육자들에 대한 기대

일반교육과 특수교육이 모든 아동에게 적절한 교육을 제공하기 위해 어떤 방식으로 함께 활동해야 하느냐는 질문에 간단히 대답할 수 없지만, 두 영역이 협력하여 공동의 접근을 해야 한다는 점은 명백하다.

교사들이 학생의 수월성을 극적으로 끌어내지 못한다고 하더라도, 자신의 현실 세계의 한계를 인식하고, 자신의 책무를 다하여 교육적 가치를 실현하는 가운데 학생들을 위해 최선을 다하는 것이 중요하다. 특수교사와 일반교사의 역할과 책무를 요약하면 다음과 같다(정대영, 한경임, 2008).

- 개별 및 집단으로 학생 지도
- 학생의 능력 및 진전도 평가
- 학생에 대한 후속평가 제안 및 의뢰
- 개별화교육계획 수립 참여
- 테크놀로지 이용
- 다른 전문가들과 협력
- 법적 문제 취급

■ 특수교사들에 대한 기대

특수교사들은 이상에서 소개한 모든 교사가 갖추어야 할 조건과 더불어 다음과 같은 조건들을 갖추어야 한다.

첫째, 학습 문제를 지닌 학생들을 지도할 수 있어야 한다. 특수교사들은 인내와 희망을 가지고 특수교육대상 학생들이 반응하고, 이해하며, 진전을 보일 수 있도록 교수-학습에 최선을 다해야 한다. Kauffman과 Hallahan(2005)은 특수교육이 특수교육답기 위해서는 특수교사들이 다음과 같은 차원의 활동을 수행할 수 있어야 한다고 주장했다(표 1.2 참조).

표 1.2 특수교육을 특수교육답게 하는 차원들

교수의 차원	정의	교수적 수정
속도(비율)	수업의 속도, 새로운 개념을 도입하는 속도	학생의 특성에 따라 느리게 또는 빠르게
강도	요구, 곤란도, 복잡성	학습단계의 크기, 시행횟수, 학습자에게 알맞은 복습횟수
일관성	일관성, 끈기	반복적 시도, 요구되는 다른 방법 사용
구조	명료성, 예측성, 교사의 지시, 안내, 후속결과의 직접성	개별학생에게 맞추기
강화	바람직한 행동의 강화	증가, 빈도 늘리기, 직접적, 명시적, 구체적
학급규모	교사 대 학생의 수	더 적게, 더 개별화
교육과정	교수 내용, 활동 목적	개인의 요구에 의해 결정
점검(사정)	진전도 유지	특정 과제와 목표의 일일점검

* 자료출처: Kauffman, J. M. & Hallahan, D. P. (2005). *Special education: What it is and why we need it.* Boston: Allyn & Bacon.

둘째, 특수교사들은 학생의 장애와 분류에 관계없이 행동문제를 나타내는 모든 학생들을 위해 긍정적이고 적극적인 행동 중재 계획을 수립하고 실행할 수 있어야 한다.

셋째, 발전된 테크놀로지를 평가 · 활용할 수 있어야 한다. 특수교육 분야에서 테크놀로지의 적용 범위가 점점 더 넓어지고 있다. 교사들은 특수교육대상 학생들을 지도하기 위해서 테크놀로지의 장단점을 파악해야 한다.

넷째, 특수교육 관련법을 알고 있어야 한다. 개별화교육계획, 의뢰 및 진단평가 절차, 선정과 배치에 관한 사항 등 엄격히 법에 따라 처리해야 할 사항들이 많기 때문에 특수교사들은 특수교육법의 내용들을 충분히 이해하고 학교생활과 교육활동에 임해야 할 것이다.

7. 특수교육법과 기타 관련법

특수교육과 관련된 법령은 특수교육법을 비롯하여, 교육기본법, 유아교육법, 초·중등교육법, 고등교육법 등이 있다. 그 외의 관련법으로는 장애인에 관한 전반적인 내용을 다룬 장애인복지법이 있으며, 장애인의 차별을 예방하고 권리를 적극적으로 보장하기 위한 장애인 차별 금지 및 권리구제 등에 관한 법, 장애인고용촉진 및 직업재활법 등이 있다. 본 절에서는 특수교육과 관련하여 장애인의 권리, 교육, 직업재활 및 고용 등과 관련된 법을 중심으로 살펴보기로 한다.

■ 장애인 등에 대한 특수교육법

특수교육진흥법은 1977년 제정된 이래로 특수교육 정책의 수립과 실천 및 행·재정적 지원의 근거로 많은 역할을 했다. 이 법은 1994년 전면 개정되는 과정에서 미국의 PL 94~142를 참고로 하고, 새로운 시대의 요구와 흐름을 반영하면서 내용들을 대폭 확대하였으며, 그 결과 한국 특수교육을 진일보시킨 것으로 평가되고 있다. 이 법은 장애인의 교육권 보장을 강화하는 방향으로 2007년 4월 30일 「장애인 등에 대한 특수교육법」이란 이름으로 제정되었다.

특수교육법은 총 6장 38조로 구성되어 있으며, 주요 특징으로는 교육기회 확대, 특수교육 전달 체제의 확립, 교육의 질 제고, 관련서비스 및 교육복지 지원 확대, 학생과 보호자 권리 보장 등이 포함되어 있다(정대영, 2011).

- **교육기회의 확대**. 특수교육지원 대상을 11개 영역으로 확대, 의무·무상교육의 연한 확대, 전공과의 개편, 평생교육 기회 제공
- **특수교육 전달 체제의 수정 확립**. 조기발견 체제 확립, 진단·평가 및 선정·배치 체제의 재확립, 특수교육지원센터의 설치·운영 규정, 장애학생지원센터 설치와 장애인평생교육시설의 설치 근거 마련
- **교육의 질 제고 강조**. 학급당 학생 수 감축 및 법제화, 통합교육 지원의 원칙 마련, 개별화교육의 내실화, 진로 및 직업교육의 내실화, 교원의 연수 기회 확대
- **관련서비스 및 교육복지 지원 확대**. 특수교육 관련서비스의 지원 규정, 유치원 종일반 지원 규정 및 장애대학생을 위한 교육복지 지원 규정을 마련

- **학생과 보호자의 권리 보장**. 차별 금지 행위의 대상과 심사 청구 대상을 확대
- **기타**. 사립 특수교육 기관에 대한 견제 강화, 특수교육실태조사 주기 단축

특수교육법은 국가의 책무를 확대시켰고, 보호자 및 학생의 권리를 보강하였으며, 특수교육 서비스의 체제 · 내용 및 방법의 선진화를 꾀한 것임에 틀림없다. IDEA 2004가 채택한 원리에 근거하여 특수교육법을 살펴보면 다음과 같다.

- **완전수용**zero-reject. 완전수용이란 학교가 어떤 조건을 지닌 아동들이라도 모두 수용하여 교육 서비스를 제공해야 한다는 원리이다. 특수교육법에서는 특수교육대상자로 선정된 모든 학생에게 무상 · 의무교육을 실시하고 있다.
- **비차별적 판별과 평가**non-discriminatory identification and evaluation. 학교는 학생의 장애 여부를 진단하는 과정에서 그의 언어, 문화, 인종 등으로 인하여 차별받지 않도록 해야 한다. 특수교육법에서는 진단평가 및 선정 · 배치 과정의 부당성을 바로잡을 수 있는 재심청구 절차를 규정하고 있다.
- **무상의 적절한 공교육**free appropriate public education. IDEA는 장애의 종류와 정도에 관계없이 장애를 지닌 모든 아동들이 무상으로 공교육을 받도록 규정하고 있다. 특수교육법은 유아교육과 초 · 중등 특수교육을 의무교육으로 하고 있고, 영아교육과 전공과 교육을 무상으로 실시하도록 규정하고 있다.
- **제한적 환경의 최소화**least restrictive environment.[9] IDEA는 장애아동을 배치할 때 최대한 일반아동들과 함께 교육받을 수 있도록 해야 하고, 일반교육 환경에서 적절한 교육 서비스를 받을 수 없을 경우에 분리하여 교육받도록 하고 있다. 특수교육법에서는 특수교육대상자를 선정하여 배치할 때 일반학교, 특수학급, 특수학교 순으로 배치하게 함으로써 이러한 원리를 배치의 기본적인 원칙으로 삼고 있다.
- **공정한 절차**due process. 학교는 특수교육대상 아동과 그 가족들을 보호하기 위해 절차적 안전장치를 마련하여 제공해야 한다. 특수교육법에서는 진단평가와 선정 배치 과정에서 부모의 참여, 승인, 정보 공개 및 통보 등에 대한 권한을 규정

9) 특수교육대상아동들이 가능한 한 정상적인 환경에서 교육을 받아야 한다는 점을 말하는 법적 용어

하고 있으며, 재심청구권을 둠으로써 선정배치 과정에서 불합리하거나 부당한 절차적 문제를 최소화하도록 규정하고 있다.

- **부모와 학생의 참여와 공동 의사결정**. 학교와 부모는 학생의 특수교육과 관련서비스를 계획하고 실행할 때 협력해야 한다. 부모의 희망과 건의 내용이 IEP작성단계에 포함될 수 있다. 특수교육법에서는 IEP를 작성하고 실행하는 과정에서 부모의 동의를 받도록 하고 있어 부모의 요구와 의견을 수용할 수 있는 길이 마련되어 있다.

■ 교육 관련법

교육기본법

교육기본법은 교육에 관한 국민의 권리 · 의무와 국가 및 지방자치단체의 책임을 정하고 교육제도와 그 운영에 관한 기본적 사항을 규정함을 목적으로 하는 법률이다.

교육기본법에서는 총칙에서 교육이념, 학습권, 교육의 기회균등, 의무교육에 관한 내용을 명시하고 있다. 이 법에서는 교육이념으로 "교육은 홍익인간의 이념 아래 모든 국민으로 하여금 인격을 도야하고 민주적 생활능력과 민주시민으로서 필요한 자질을 갖추게 하여 인간다운 삶을 영위하게 하고 민주국가의 발전과 인류공영의 이상을 실현하는 데 이바지하게 한다."(교육기본법 제2조)고 규정하고 있다. 그 외에 학습권, 교육의 기회균등, 의무교육, 특수교육에 대한 국가 및 지방자치단체의 책무성이 규정되어 있다.

유아교육법 및 초 · 중등교육법

유아교육법에 의하면 초등학교 취학 전 3년간의 유아교육 비용을 무상으로 하도록 규정하고 있다. 유아교육법이 규정하고 있는 유아는 만 3세부터 초등학교 입학 직전까지의 어린이를 말한다.

초 · 중등교육법은 초 · 중등교육에 관한 사항을 규정하고 있다. 이 법 제2조는 특수학교를 학교 종류의 하나로 규정하고 있다. 특히 이 법의 2장에는 의무교육, 취학의무, 취학의 면제, 고용자의 의무, 친권자 등에 대한 보조에 관한 사항들을 규정하고 있다. 이 법에 의하면 모든 아동은 6세가 된 날이 속하는 해의 다음 해 3월 1일에 초등학교에 입학해야 하지만 특수교육대상자들의 경우 취학연령을 초과한 학생들을 많이 볼 수 있다. 이러한 현상은, 질병 등 부득이한 사유로 인하여 취학이 불가능한 의무교육대상자에 대하여 대통령령이 정하는 바에 의해 취학의무를 면제하거나 유예할 수 있는 법적 근거(동법 제 14조)에 의한 결과이다.

제3장에서는 교직원에 관한 내용을 명시하고 있는데 교직원의 구분, 교직원의 임무, 교원의 자격, 산학겸임교사 등에 대해 규정하고 있다. 제4장 학교에서는 교육과정, 수업, 학년제 등을 비롯하여 학교운영위원회 등 학교운영과 관련된 내용들을 전반적으로 규정하고 있다.

■ 장애인 관련법

장애인복지법

장애인복지법은 장애인의 인간다운 삶과 권리보장을 위한 국가와 지방자치단체 등의 책임을 명백히 하고, 장애발생 예방과 장애인의 의료 · 교육 · 직업생활 · 생활환경 개선 등에 관한 사업을 정하여 장애인복지 대책을 종합적으로 추진하고 있다. 이 법은 장애인의 자립생활 · 보호 및 수당 지급 등에 관하여 필요한 사항을 정하여 장애인의 생활안정에 기여하는 등 장애인의 복지와 사회활동 참여 증진을 통하여 사회통합에 이바지하는 것을 목적으로 하고 있다.

특수교사들은 장애인복지법에서 제공되는 각종 서비스와 지원에 관한 사항을 숙지하고, 특수교육대상자 및 그 가족이 복지 지원의 수혜 대상자이면서도 정보에 대한 접근의 한계로 혜택을 받지 못하는 경우가 없는지를 면밀히 관찰할 필요가 있다. 만약에 그러한 경우라면 적극적으로 참여하여 서비스를 받을 수 있도록 도와 줄 필요가 있다.

장애인 차별금지 및 권리구제 등에 관한 법률(이하 차별금지법)

지금까지 장애를 사유로 한 차별 관행이 사회 저변에 폭넓게 깔려 있으며, 복지시설 등에서 각종 폭력과 폭행, 감금 등 비인간적 처우를 받는 사례가 빈번히 제기되는 등 심각한 인권침해를 적극 예방하기 위해 이 법이 제정되었으며, 주요 내용은 다음과 같다.

첫째, 장애를 신체적 · 정신적 손상 및 기능상실이 장기간에 걸쳐 일상 또는 사회생활에 상당한 제약을 초래하는 상태로 규정하고, 장애를 사유로 한 차별을 폭넓게 금지할 수 있는 근거를 마련하였다.

둘째, 금지대상 차별행위를 직접차별, 간접차별, 정당한 편의제공 거부, 광고를 통한 차별로 규정하고, 장애아동의 보호자 또는 후견인, 기타 장애인을 돕기 위한 장애인 관련자와 장애인이 사용하는 보조견 및 장애인보조기구 등에 대한 부당한 처우도 차별에 해당하는 것으로 규정하였다.

셋째, 차별의 영역을 고용, 교육, 재화와 용역의 제공 및 이용, 사법 · 행정절차 및 서비스와 참정권, 모 · 부성권 · 성, 가족 · 가정 · 복지시설 및 건강권 등의 여섯 가지 영역으로 규정하여 생활상의 다양한 영역에 걸친 차별을 금지하도록 하였다.

장애인고용촉진 및 직업재활법(이하 장애인 고용촉진법)

이 법은 장애인이 그 능력에 맞는 직업생활을 통하여 인간다운 생활을 할 수 있도록 장애인의 고용 촉진 및 직업재활을 꾀하기 위하여 제정되었다. 이 법에서는 고용 촉진 및 직업재활과 관련하여 장애인의 직업지도, 직업적응훈련, 직업능력개발훈련, 취업알선, 취업, 취업 후 적응지도 등에 대하여 규정하고 있으며, 주요 내용은 다음과 같다.

첫째, 장애인의 고용촉진 및 직업재활을 위해 직업지도, 직업적응훈련, 직업능력개발훈련, 지원고용, 보호고용, 취업알선은 물론 다양한 지원을 하도록 규정하고 있다.

둘째, 장애인 고용 사업주, 표준사업장, 우수사업주 등에 대한 지원을 하는 한편, 부당 융자 및 지원금의 징수를 제한하고 있다.

셋째, 국가 및 지방자치단체, 사업주의 장애인 고용 의무 및 고용 장려금을 지급하는 한편 이를 어기면 고용부담금을 물도록 규정하고 있다.

넷째, 장애인고용촉진공단을 설립하여 장애인의 직업을 통한 자립생활을 지원하고 사업주의 장애인 고용을 지원하는 등과 관련된 내용을 규정하고 있다.

발달장애인 권리보장 및 지원에 관한 법률(이하 발달장애인법)

발달장애인법은 “발달장애인의 의사를 최대한 존중하여 그들의 생애주기에 따른 특성 및 복지 욕구에 적합한 지원과 권리옹호 등이 체계적이고 효과적으로 제공될 수 있도록 필요한 사항을 규정함으로써 발달장애인의 사회참여를 촉진하고, 권리를 보호하며, 인간다운 삶을 영위하는 데 이바지함"을 목적으로 한다.

이 법은 가족지원(정보제공, 상담지원, 휴식지원)과 복지지원(개인별 지원계획, 조기진단·개입, 재활·발달지원)을 하며, 중앙과 지역에 발달장애인 지원센터의 설치를 의무화하고 있다. 이 법은 성년 후견제, 의사소통지원, 자조단체 결성, 형사·사법 권리, 전담조사제, 범죄피해방지, 현장조사·보호 등의 영역에 권리를 보장하도록 규정하고 있다.

8. 특수교육의 과제

특수교육 분야는 의무교육과 무상교육의 확대로 양적 및 질적으로 많은 발전을 하고 있지만 서비스 제공 수준은 당사자들의 현실적 요구에 따르지 못하고 있다. 앞으로 특수교육계가 해결해야 할 중요한 과제는 다음과 같다.

■ 조기중재와 예방 프로그램 확대

최고의 특수교육은 예방특수교육이다. 조기발견과 적기 특수교육을 통해서 개인의 요구를 충족시켜줌은 물론 주장애로 인하여 일어날 부수적인 장애를 예방하는 것이 중요하다. 영유아특수교육과 유아특수교육은 무상교육과 의무교육으로 법제화되어 있다. 조기교육에 대한 부모들의 인식도 조금씩 바뀌고 있지만, 대부분의 부모들은 영유아기 때는 장애를 치료의 대상으로 삼고 병원에 지나치게 의존하고, 교육 시기를 오히려 놓치는 경향이 있다. 조기교육의 중요성을 인식시키고, 발달지체나 위험군 영유아들의 특수교육과 가족중심 서비스가 활성화되고 더욱 강조될 필요가 있다.

■ 진로직업 및 전환교육 강조

국가수준의 교육과정에서는 진로직업교육으로 명시되어 있으며, 그러한 차원에서 전환교육을 하도록 되어 있다. 진로직업교육을 위해 특수학교에 전공과를 개설하고, 직업교과를 개설하여 지도하고 있지만 모두 현실성이 떨어지는 내용과 방법들이다. 초·중등학교 교육 내용이 졸업 후 직장과 사회에서 적용될 수 있는 준비성 교육이 되어야 하고, 직업교육은 현장과 연계한 교육이 강조되어야 할 것이다. 장애 정도에 따라 경쟁고용, 보호고용, 지원고용 등에 대비할 수 있는 유연한 직업준비 교육과정의 설계와 실행이 요구된다.

■ 특수교육과 일반교육의 협력체제 개선

오늘날 70% 정도의 특수교육대상자들이 일반학교에 있는 특수학급이나 통합학급에서 수업을 받고 있다. 양적인 측면을 보면 통합교육의 시대라고 할 수 있다. 보조원까지 동원하여 통합교육을 지원하고 있지만 교육의 실제는 대개 물리적 통합의 수준에 머물고 있다.

사범대학과 교육대학생들에게 특수교육 교과를 이수하도록 규정하고 있으며, 실제로 교육대학에는 특수교육 개론을 공부하고, 대학원에 특수교육전공이 개설되어 있어 일반교사들도 특수교육에 대해 공부하고 이해할 기회가 늘어나고 있다. 최근 초중등교육법에 '학습부진아동에 대한 교육' (제28조, 2017년 3월 21일부터 시행)을 확대 규정하는 등 학습자의 다양한 요구에 관심을 갖기 시작했다. 이와 더불어 느린학습자 지원법(2015. 12. 31.)이 제정되고 각 도에서는 경계선 아동 지원, 난독증 지원, 학습부진아 지원을 위한 조례를 제정하는 등 지원 제도를 마련하기 위한 노력이 이루어지는 것은 바람직한 일이다. 하지만 학문적 근거와 충분한 연구가 이루어지지 않은 채 특정 집단을 구분하는 것은 또 다른 낙인적 명칭의 집단을 만들뿐 교육 효과나 성과 못지않게 부작용을 일으킬 가능성이 있다는 점을 명심할 필요가 있다.

이러한 일반교육계의 변화와 새로운 요구는 현실적인 현상이므로 특수교육과 일반교육이 통합교육 차원에서 언제, 어디서, 어떻게, 어느 정도 협력하여 이들의 학습권을 보장해 주기 위해 공조할 것인지 더욱 관심을 가지고 연구할 필요가 있다.

■ 연구와 실제 간의 격차 해소

특수교육에서 가장 중요한 것은 교수의 질이다. 특수교육 분야의 연구들은 효과적인 교수실제에 대해 의미 있고 믿을 만한 지식과 정보를 밝혀왔지만, 아직도 해결해야 할 의문은 많다. 연구를 통해서 비교적 잘 이해하고 있는 분야와 그렇지 못한 분야 사이에는 아직도 커다란 간극을 보이고 있으며, 교수 학습과 관련하여 연구를 통해 밝혀진 사실과 교실 현장과는 아직도 거리가 멀다(Heward, 2005). 예를 들면, 과학적 연구들은 다음과 같은 분야에 여러 가지 사실을 밝히고 있지만 장애를 지닌 많은 학생은 현장에서 교육적 혜택을 받지 못하고 있다.

- 조기 읽기 교수

- 발달장애를 지닌 아동의 구매기술 지도법
- 학습장애를 지닌 학생들의 성공을 높이기 위한 내용 영역의 교육과정 자료 및 교수적합화 방법
- 효과적인 중등특수교육의 전환교육 프로그램 요소
- 증거기반의 실제에 대한 연구 지식과 학생들이 교육받는 교육과정 및 교수 사이의 간극

■ 일부 장애의 진단평가 문제 해결

발달지체, 학습장애, 정서행동장애 등 일부 장애 영역은 개념적 정의, 진단평가의 절차와 방법이 제대로 연구되지 못하였고, 구체화되지 못하고 있어 혼란을 일으키고 있다. 발달지체는 위험군 영유아 및 아동들에게 조기진단과 조기특수교육을 제공하기 위해 입법되었으나 구체적인 연구와 후속 조치들이 적절히 뒤따르지 못하고 있다.

정서행동장애에 대한 진단 기준이 애매모호하고, 건강장애의 범위가 명확하지 않아 논란을 일으킬 소지가 많다. 학계의 연구가 현실적 요구를 뒤따르지 못하는 점도 이러한 문제에 일조한 것으로 볼 수 있다. 앞으로 전문가, 행정부처의 담당자들은 이러한 문제에 보다 신중히 접근하여 하루 속히 해결해야 할 것이다.

요약

■ 개인의 특수성

- 개인차는 개인내차와 개인간차로 구분되며 이는 학습지도의 중요한 요인이다.

■ 특수교육대상자와 특수교육

- 특수교육대상자란 '시각장애, 청각장애, 정신지체, 지체장애, 정서행동장애, 자폐성장애, 의사소통장애, 학습장애, 건강장애, 발달지체 및 그 밖의 대통령령으로 정하는 장애에 해당하여 특수교육을 필요로 하는 사람' 을 의미한다.
- 특수교육이란 특수교육대상자의 교육적 요구를 충족시키기 위하여 특성에 적합한 교육과정 및 특수교육 관련서비스 제공을 통하여 이루어지는 교육을 말한다.

■ 장애인에 대한 다학문적 관점

- 의학적 모델은 주로 생물학적 문제, 질병의 원인 규명, 질병이 개인에 미치는 영향에 초점을 맞추고, 심리학은 행동에 초점을 맞추며 개인의 행동이 정상성의 기준을 충족시키지 못할 때 그것을 이상이라고 한다.
- 사회학은 현대 문화, 집단행동, 사회적 상황, 집단 간의 관계에 초점을 맞추며, 개인을 신체적 및 사회적 환경과 관련지어 검토한다.

■ 장애 명칭의 긍정적 및 부정적 측면

- 장애 범주란 공통적인 특성을 지닌 사람들에게 명칭을 붙인 것에 불과하다.
- 교육 프로그램 지원, 연구 등에 효율적이며 기타 행 · 재정적 지원의 기초가 된다.
- 명칭은 사용 목적에 관계없이 낙인효과를 나타내며 불리하게 작용할 수 있다.

■ 장애의 출현율

- 장애의 발생률이란 당해 연도에 새로 장애인이 되는 비율을 말한다.
- 출현율이란 전체 인구 중 장애를 지닌 사람이 차지하는 비율을 의미한다.

■ 특수교육대상자의 선정 및 학교 배치

- 특수교육대상자 선정과정에서 자녀 교육에 대해 부모 또는 보호자들이 충분히 의견을 진술하도록 하고 있으며, 재심을 청구할 수 있도록 함으로써 절차적 권리를 보장하고 있다.
- 배치할 때는 특수교육대상자의 장애 정도, 능력, 보호자의 의견 등을 종합적으로 판단하여 거주지에서 가장 가까운 곳에 배치하여야 한다.

■ 교사의 역할

- 교사들이 학생의 수월성을 극적으로 끌어내지 못한다고 하더라도, 자신의 현실세계의 한계를 인식하고, 자신의 책무를 다하여 교육적 가치를 실현하는 가운데 학생들을 위해 자신이 할 수 있는 최선을 다하는 것이 중요하다.
- 교사는 단순히 아동을 가르치는 것 이상의 많은 역할과 책무가 요구되는 전문직이다.

특수교육 관련법

- 특수교육과 관련된 법령은 장애인 등에 대한 특수교육법을 비롯하여, 교육기본법, 유아교육법, 초·중등교육법, 고등교육법, 장애인복지법, 장애인 차별금지 및 권리구제 등에 관한법, 장애인 고용촉진 및 직업재활법 등이 있다.

특수교육의 과제

- 연구와 실제 간의 격차 해소, 조기중재와 예방프로그램의 확대, 진로직업 및 전환교육의 강조, 특수교육과 일반교육의 협력체제 개선, 일부 장애의 진단평가 문제 등이 해결되어야 한다.

토의문제

1. 특수교육에서 강점 중심 또는 능력 중심의 긍정적 접근이 왜 중요시 되고 있는가?
2. 장애인에 대한 다학문적 관점과 접근은 어떻게 이루어지고 있는가?
3. 장애 명칭에 대한 찬반 의견을 논의하고 여러분의 의견을 발표해 보자.
4. 장애아동과 특수교육대상자의 출현율 조사의 한계와 대안은 무엇인가?
5. 특수교육대상자의 선정 및 학교 배치 절차는 어떻게 이루어지고 있는가?
6. 특수교사의 역할과 예비특수교사로서 여러분의 교육철학에 대해 토의해 보자.
7. 특수교육법과 기타 특수교육 관련법의 내용과 교육 실제를 관련지어 문제와 개선 방안을 토의해 보자.
8. 특수교육의 효과성을 높이기 위한 과제는 무엇인가?

Special Education

제2장

특수교육의 동향과 이슈

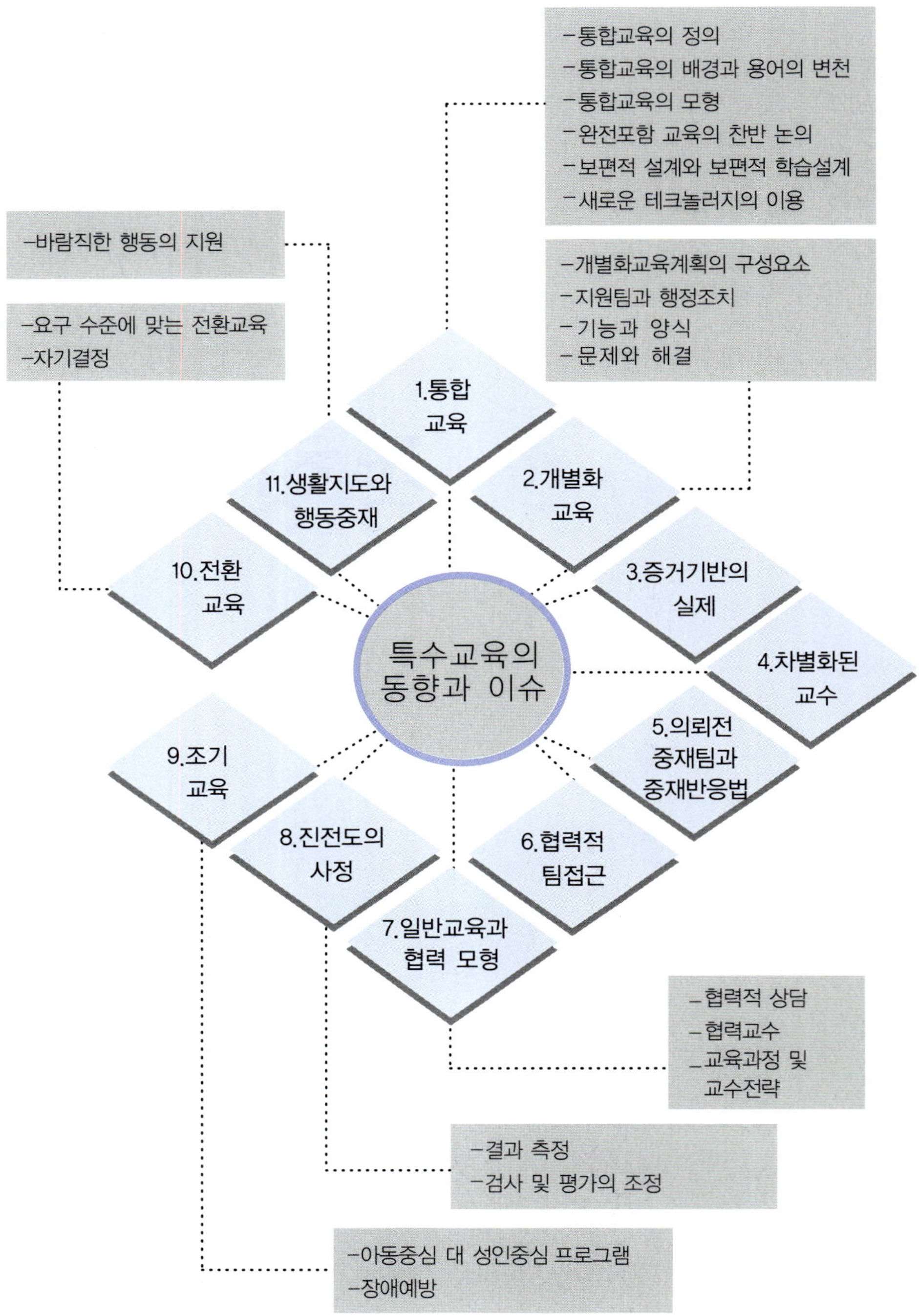

특수교육의 동향과 이슈
1.통합 교육
-통합교육의 정의
-통합교육의 배경과 용어의 변천
-통합교육의 모형
-완전포함 교육의 찬반 논의
-보편적 설계와 보편적 학습설계
-새로운 테크놀러지의 이용
2.개별화 교육
-개별화교육계획의 구성요소
-지원팀과 행정조치
-기능과 양식
-문제와 해결
3.증거기반의 실제
4.차별화된 교수
5.의뢰전 중재팀과 중재반응법
6.협력적 팀접근
7.일반교육과 협력 모형
-협력적 상담
-협력교수
-교육과정 및 교수전략
8.진전도의 사정
-결과 측정
-검사 및 평가의 조정
9.조기 교육
-아동중심 대 성인중심 프로그램
-장애예방
10.전환 교육
-요구 수준에 맞는 전환교육
-자기결정
11.생활지도와 행동중재
-바람직한 행동의 지원

| 제2장 |

특수교육의 동향과 이슈

특수교육은 일반교육과 함께 시대적 변화에 따른 요구와 더불어 패러다임과 체제를 바꾸며 교육 수요자들에게 최적의 교육 서비스를 제공하기 위해 꾸준히 혁신을 해가고 있다. 본 장에서는 사회통합과 통합교육, 개별화교육, 증거기반의 실제, 차별화된 교수, 의뢰전중재팀과 중재반응법, 협력적 팀접근법, 교육과정과 교수전략, 진전도의 평가, 조기교육, 장애예방을 위한 노력, 전환교육 및 생활지도와 행동중재 등 특수교육대상자들은 물론 위험군 아동들에게 가장 적합한 교육서비스를 제공하는 데 필요한 중요한 요인들에 대해 논의하기로 한다.

1. 통합교육

■ 통합교육의 법적 및 학문적 정의

특수교육법에 의하면 통합교육이란 "특수교육대상자가 일반학교에서 장애유형, 장애정도에 따라 차별받지 아니하고 또래와 함께 개개인의 교육적 요구에 적합한 교육을 받는 것을 말한다."고 규정하고 있다.

특수교육법에서는 통합교육을 위해 학교장의 책무를 규정하고 있는데 그 내용은 다음과 같다. 첫째, 학교의 장은 각종 시책을 시행할 때 통합교육의 이념을 실현하기 위해 노력해야 한다. 둘째, 교육과정의 조정, 보조인력의 지원, 학습보조기기의 지원, 교원연수 등을 포함한 통합교육 계획을 수립 · 시행하여야 한다. 셋째, 특수학급을 설치 · 운영하고 대통령령으로 정한 시설 · 설비 및 교재 · 교구를 갖추어야 한다.

완전통합교육 또는 완전융합교육의 개념을 사용자마다 서로 다르게 기술하지만 대부분의 정의는 다음 사항들을 포함하고 있다(정대영, 2003, 2005, 2006; Hallahan, Kauffman, & Pullen, 2009).

첫째, 장애를 지닌 모든 학생들은 일반학급에만 출석해야 한다.

둘째, 모든 장애를 지닌 학생들은 거주지와 가까운 학교에 출석해야 한다.

셋째, 일반교육이 모든 장애를 지닌 학생들의 일차적 책임을 진다고 가정한다.

■ 통합교육의 배경과 용어의 변천

통합교육 운동의 원동력이 된 것은 스칸디나비아 반도에서 공표된 정상화의 개념이라고 할 수 있다. 그 후 세계적으로 일어난 일련의 선언, 정책 및 학문적 연구에 의해 통합교육 이론과 실제는 발전의 가속도가 붙게 되었다.

정상화 개념은 세계 2차 대전 후 유럽 국가 사회에서 절실했던 사회통합 정책과 더불어 장애인들의 권리를 인정하고 사회참여를 권장하는 정책의 일환으로 도입되었다. 이러한 운동은 인권, 평등 및 비차별 운동을 강조한 UN의 인권선언이 그 배경이 된다고 할 수 있다. 그 후 UN은 1981년 장애인의 해를 선언하고 1990년 **'모두를 위한 교육'**을 선언하였으며, 1994년 살라만카 선언을 통해 비분리 교육의 **포함교육 또는 융합교육**inclusion을 선언하여 오늘에 이르고 있다.

영국은 1978년 Wornock 보고서를 통해 **통합교육**integration을 건의하고, **특별한 요구**special needs란 개념을 도입함으로써 특수교육대상자가 장애에 국한되는 것이 아님을 제안하였다. 그 후 1997년 그린페이퍼에서 포함교육이란 용어를 사용하였다.

미국은 1960년대 다민족 사회의 사회통합을 비중 있게 여기고 통합교육을 지향했으며, 1970년대에 학문적으로 **메인스트림**이란 용어가 도입되었다. 장애인도 소수집단으로 보고 주류사회로 접근시켜야 한다는 개념인데 특수교육에서 점진적 통합교육의 개념으로 사용되었다. 1975년 IDEA의 전신인 PL 94-142에서 **'제한적 환경의 최소화'** Least Restrictive Environment라는 법적 개념으로 특수교육대상자를 가능한 한 일반교육 환경에 가깝게 배치하려고 했다. 1980년대에 장애아동의 진단평가를 의뢰하기 전에 일반교육에서 이들의 교육적 요구를 충족시켜 주기 위해 최대한 노력해야 한다는 의미로 **일반교육 우선정책**regular education initiative[10]을 도입하고, **완전통합**full integration을 지향했다. 미국도 1990년대 이후 본격적으로 포함교육이란 용어를 도입하여 논쟁을 벌이고 있다. 최근 **완전포함교육** 또는 **완전융합교육**의 의미로 full inclusion 이란 용어를 사용하고 있다(그림 2.1 참조).

---

10) 일반학급에서 교육적 요구가 특별하여 특수교육대상일 가능성이 있는 위험군 학생들을 무조건 의뢰하지 말고 일반교사가 할 수 있는 모든 교육적 조치를 우선적으로 취해야 한다는 교육정책, 즉 일반교육의 책무성을 우선적으로 강조한 것으로 이해할 수 있음

한국은 이러한 세계적 흐름과 맥을 같이 하면서 1980년대에 통합교육에 대한 논의를 하기 시작하였고, 1994년 특수교육진흥법에 규정되어 현재에 이르고 있다.

통합교육은 정상화의 개념을 바탕으로 메인스트림, 통합교육, 제한적 환경의 최소화, 일반교육 우선정책(일반교육 주도의 특수교육으로도 번역됨), 포함교육 등 다양한 용어들이 사용되고 있다(정대영, 2006). 큰 흐름을 보면 1990년대를 기점으로 특수교육에 대한 접근 철학과 방법에 큰 변화를 가져왔다고 할 수 있다.

통합교육에서 용어의 도입 배경을 보면, 1960년대 분리교육 중심의 사회에서 Dunn이 '특수교육은 어느 정도 정당화될 수 있는가' 라는 논문을 발표하면서 통합에 대한 논의를 촉진시켰다. 이 때부터 특수교육계는 특수교육과 일반교육이란 이분법적 접근에 대한 대안을 모색했고, 분리 중심의 특수교육 체제를 통합체제로 탈바꿈시키기 위해 노력해 왔다. 특수교육대상자들의 교육은 배제, 분리, 통합, 완전통합의 단계로 발전하였으며, 이들 용어의 개념도는 그림 2.1과 같다.

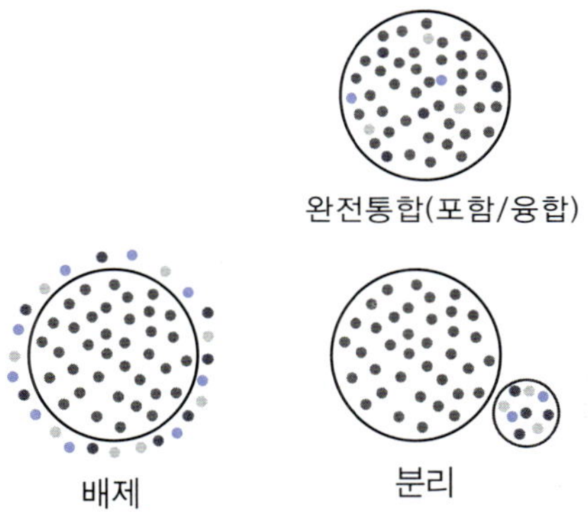

그림 2.1 통합교육 관련 용어의 개념도

유네스코는 모든 사람에게 양질의 공평한 교육을 제공하기 위해 1990년 '**모두를 위한 교육** education for all' 을 선언하였으며, 2000년 '모두를 위한 교육(EFA) 목표' 6개와 더불어 '새천년개발목표(MDGs)' 8개를 채택하여 범세계적 운동을 꾸준히 해왔다. 1994년 채택된 살라만카 선언은 '**포함교육** inclusive education' 을 채택하고, 분리했던 아동을 주류의 사회인 일반교육 환경에 통합시키는 것이 아니라 비분리 원칙에 입각하여 처음부터 일반교육 환경에서 교육할 것을 주장함으로써 통합교육의 흐름을 바꾸어 놓았다. 이러한 운동은 지속되어 2015년 인천포럼에서 '**모두를 위한 평등하고 포용적**

인 양질의 교육과 평생학습 보장' 을 선언함으로써 향후 15년간 추진할 새로운 목표로 교육의 양적 평등을 넘어 질적 평등까지 추구하고자 하였다. 특수교육은 이제 단순히 장애학생이 일반교육 환경에 포함되어 낮은 수준의 통합교육 서비스를 받는 차원을 넘어 개인의 특별한 요구에 적합한 교육 서비스를 보장받을 수 있는 통합교육의 최종 목표에 이르도록 노력해야 할 것이다. 통합교육과 관련된 용어의 시대적 변화를 살펴보면 표 2.1와 같다.

표 2.1 통합교육 용어의 변천과정

분리교육 → separation	← 통합교육 → integration		← 포함교육/융합교육 → inclusion	
1960 정상화	1970 메일스트림 제한적 환경의 최소화	1980 UN 세계장애인의 해 미국: 일반주도 통합 교육정책	1990 UN 살라만카선언 (포함교육도입) 1994: 특수교육진흥법 통합교육규정	2015 UNESCO 모두를 위한 공평하고 포함적(포용적)인 양질의 교육 보장

■ 통합교육의 모형

통합교육은 특수교육 서비스의 체제 속에서 여러 형태로 이루어질 수 있다. 특수교육 서비스는 다음과 같이 크게 세 가지 트랙으로 이루어지고 있다.

- 단일트랙 : 거의 대부분의 학생들이 일반학급에 포함되어 교육을 받는 체제
- 다중트랙 : 일반교육과 특수교육 사이에 다양한 서비스가 존재하는 서비스의 연속체제
- 이중트랙 : 특수교육과 일반교육이 엄격히 구분되는 이원화된 서비스 체제

통합교육이란 장벽을 제거하고 결과를 개선하며, 차별을 제거하기 위한 수단으로 더할 나위 없다. 그러나 실제에서는 복잡하고 논쟁의 여지가 많은 개념이며 실제 모습도 다양하다. 정대영(2005)은 분리된 교육에서 통합을 지향하는 모형을 다음과 같이 분류하였다.

- 물리적 통합 : 건축 구조를 정비하여 장애를 지닌 학생과 일반학생의 접촉을 촉진시키고 조장한다.
- 용어적 통합 : 장애를 의미하는 명칭과 차별적 표현을 사용하지 않는다.
- 행정적 통합 : 장애를 지닌 학생과 일반학생을 법적으로 구분하지 않는다.
- 사회적 통합 : 장애를 지닌 학생과 일반학생 간의 사회적 접촉 빈도와 강도를 높인다.
- 교육과정 통합 : 장애를 지닌 학생과 일반학생들에게 동일한 교육과정 구조와 장기목표를 적용한다. 필요에 따라 보편적 학습설계나 차별화된 교수를 적용하여 교수-학습상의 장벽을 최소화한다.
- 심리적 통합 : 모든 학생들이 같은 교실에서 동시에 같은 프로그램으로 함께 수업하며, 장애의 유무에 관계없이 서로 인격적으로 대하고 상호작용한다.

학문적으로는 통합교육의 시대를 넘어 포함교육의 시대를 언급하고 있지만 우리의 현실은 아직 그렇게까지 발전된 것이 아니라 통합적 접근이 주를 이루며, 장애로 인하여 차별받지 않는 평등한 교수-학습 환경 속에서 특수교육 서비스를 제공할 수 있도록 꾸준히 노력해야 할 것이다. 최근 일부 특수교육대상 학생들은 일반학급에서 특수교육대상자로 선정되어 일반학급에 배치되어 포함교육 체제의 교육을 받고 있다. 이러한 맥락에서 포함교육의 모습은 시대에 맞게 변해야 하며 4가지 측면을 갖는다.

물리적 포함은 특수교육대상 학생이 일반학급에 배치되는 것을 말한다. 물리적 포함은 가능한 한 특수교육대상 학생들을 일반학급과 일반동료들로부터 비정기적으로 가끔 분리시킨다. 다수의 특수교육대상 학생들은 물리적 환경의 수정을 거의 할 필요가 없고, 일부 특수교육대상 학생은 적절한 자리에 배치됨으로써 산만한 주변 환경으로부터 방해를 받지 않고 학급 생활을 할 수 있다. 학급 환경에 보편적 설계의 원리를 가능한 한 많이 적용시켜야 한다.

사회적 포함은 학급 동료들과 개인적으로 이루어지는 상호작용의 특성과 횟수를 말한다. 학교에서 이루어지는 휴식시간, 점심시간 및 기타 영역 등 학업적 및 비학업적 영역에서 사회적 포함을 촉진시킬 수 있다. 이 프로그램에서 학생들은 특수교육대상 학생들과 함께 활동하며 관계를 형성하고, 서로 이해하며, 사회기술의 발달을 지원

한다. 수업 중 장애에 관한 학습과 사회적 포함의 장벽을 제거하는 데 초점을 맞춘다.

정서적 포함은 특수교육대상 학생이 교실 내에서 공통적인 목적과 가치를 가지고 있어 다른 사람들과 정서적 유대관계를 맺고 있다고 느끼는 것을 말한다. 이러한 관계는 특수교육대상 학생이 복지의 버팀대를 갖도록 규칙을 따르고 서로 존중하는 학급이 되도록 한다. 특수교육대상학생이 특별하거나 다르게 취급받는 일이 가능한 한 거의 없도록 지도할 때 정서적 포함이 촉진될 수 있다.

학업적 포함은 일반학생과 함께 학습활동에 참여하는 정도를 말한다. 특수교육대상 학생이 일반학급에서 함께 학습하기 위해 그들과 동일한 학업 수준으로 기능할 필요는 없다. 그러나 특수교육대상 학생은 양측이 수행하는 과제 사이에서 일관성을 유지하며 학업적으로 포함될 수 있다. 예를 들어, 대부분의 학생들이 곱셈과 나눗셈을 할 동안 인지장애를 지닌 학생은 세기, 짝짓기 및 기타 수학 개념을 학습할 수 있다. 학업적 포함을 위한 또 다른 전략은 짝학습paired learning이다. 짝학습은 또래, 부모 및 자원봉사 교사에 의해 이루어질 수 있다.

■ 완전포함교육의 찬반 논의

완전포함교육의 찬반 논의는 명칭, 분리특수교육, 소수집단, 윤리적 대 실험적 증거, 배치의 연속성, 일반교육자들의 태도 등의 측면에서 살펴보기로 한다.

명칭. 일부 사람들은 특수교육이란 명칭이 다른 많은 사람들로 하여금 아동이 능력이 없거나 일탈되어 있어서 성장해서도 별 쓸모없는 인간이 될 것이라고 생각하도록 만들 수 있다는 점을 우려하고 있다.

명칭의 영향에 관한 연구 결과는 결론에 이르지 못하고 있다. 많은 연구들을 살펴보면, 사람들이 장애 명칭이 붙여진 장애인을 비장애인들과 다르게 보는 경향이 있다. 그러나 보편적이지 않은 중재를 제공하는 시점에 자연적으로 명칭을 사용하게 되는 것은 어쩔 수 없는 현상이다. 따라서 명칭 사용은 선택의 문제로써, 장애라고 하는 차이를 인식하고 공론화할 것인지, 아니면 그것을 무시할 것인지에 대해 결정해야 할 것이다(Kauffman, 2007; Kauffman & Konold, 2007).

분리 특수교육. 일부 특수교육자들은 연구 결과 분리교육 프로그램이 비효과적이라고 주장한다. 이들은 특수교육대상 학생들이 일반학급에 있을 경우, 특수학급에 분리되어 특수교육을 받는 것 보다 더 낫고, 최소한 인지적 및 사회적 측정 결과 면에서 더 나쁘지 않다고 주장한다(Hallahan, Kauffman, & Pullen, 2012). 또 다른 연구자들은 특수교육대상 아동들이 특별한 상황에서 진전도를 더 크게 보이며, 완전포함교육은 모든 아동들에게 최상의 서비스를 제공할 수 없다고 주장한다(Mock & Kauffman, 2005). 포함교육과 분리교육의 효과에 대해서는 각국에서 논쟁이 되고 있지만 배치장소가 아동의 요구를 충족시키는 것 보다 더 중요시 되어서는 안 될 것이다(정대영, 2006).

소수집단으로서의 장애. 완전포함교육을 지지하는 사람들은 장애를 지닌 사람들이 결함으로 인하여 어려움을 겪는 개인으로 보기 보다 소수집단의 구성원으로 본다. 완전포함교육을 비판하는 사람들은 장애인집단의 구성원들이 매우 다른 점을 지적하고 있다. 장애를 지닌 모든 사람들에게 일반적인 목표가 있을 수 있지만 특정 요구는 매우 다양하므로 장애를 지닌 아동을 교육적인 입장에서 메인스트림으로부터 분리시키는 것이 정당화될 수 있다. 분리교육 환경에 배치하는 것이 학습과 무관할 경우 불평등한 처사일 수 있지만, 교수적 이유로 그렇게 했을 경우에는 오히려 평등을 추구하는 것이다. 완전포함교육의 비판가들은 장애아동과 부모들의 가장 중요한 시민권은 교육받을 장소를 선택할 수 있는 권리라고 주장한다.

윤리 대 실험적 증거. 완전포함교육의 지지자들은 실험적 증거에 근거하기보다는 윤리적 측면을 강조한다. 심지어 실험적 증거는 분리교육이 더 효과적인 것으로 보고되고 있어도 그들은 완전포함교육을 선호한다(Kavale & Kauffman, 2008). 완전포함교육의 이론적 근거는 연구 자료가 아니라 도덕적 가치이다. 장애를 지닌 많은 학생들은 집중적인 교수를 필요로 한다. 집중적 교수 프로그램은 일반적으로 특수학급이나 학습도움실과 같은 특별히 분리된 환경에서 제공될 수 있다.

장소의 연속성. 연구들에서 대다수의 부모들이 장애를 지닌 학생의 교육적 배치 과정에서 다양한 환경을 제시하고 선택할 수 있게 한 현재의 체제에 만족하고 있다. 교육적 배치 환경의 결정은 특수교육대상 학생들에게 가장 적절한 교육환경을 제공하는 데 초점이 맞추어져야 한다.

일반교육자들의 태도. 특수교육대상 학생들에 대한 일반교육자들의 태도는 그다지 긍정적이지 못하다. 특히 근래에 학업준비도 검사와 학업성취도 검사를 실시하여 학급 간, 학교 간, 교육청 간의 비교가 이루어지는 상황에서는 더욱 그렇다. 일반교사 양성과정에서 특수교육 개론을 이수하도록 하지만, 그들이 현장에서 다수의 일반아동들에게 포함된 특수교육대상 학생들의 교육적 요구를 충족시켜 줄 정도의 교육 서비스를 하기 어렵다.

교수와 배치. 어느 것이 더 중요한가? 이 문제와 관련하여 세 가지 주제로 논쟁이 활발히 이루어지고 있다. 첫째, 국가의 예산으로 특수교육대상 학생들을 특수학급 및 특수학교와 같은 대안적 교육 장소에 배치하는 것은 타당한가? 둘째, 학생이 일반교육과정에서 적절히 기능을 발휘하지 못하고, 성공적으로 수행하지 못한다고 판단될 때 일반교육 환경에 그대로 두어야 하는가, 아니면 그와 비슷한 학생들과 함께 대안적인 장소에서 지도를 해야 하는가? 셋째, 대안적 장소에 배치된 학생들에게 제공되는 교수의 질은 적절한가?

결론적으로 우리는 특수교육대상 아동들에게 장소에 관계없이 최적의 집중적인 교수를 제공하는 최선의 특수교육 서비스를 제공해야 할 것이다.

■ 보편적 설계와 보편적 학습설계

보편적 설계universal design라는 건축 원리에 기초한 보편적 학습설계universal design for learning는 더 많은 학생들이 완전포함 프로그램에 학습적으로 접근을 할 수 있도록 하려는 데 목적이 있다. 제시 방법(자료), 표현 방법(의사소통 방법), 참여 방법(학생들의 교육과정에 대한 반응 방법)의 수정을 통해 많은 학생들이 일반학급 교수에 참여할 수 있다는 개념이다(Spooner, Baker, Harris, Ahlgrim-Delzell, & Browder, 2007).

보편적 학습설계는 두 가지 중요한 과제를 안고 있다. 첫째, 보다 많은 사람들이 이용할 수 있게 만들어야 한다는 것이다. 둘째, 보편적 설계는 일반적인 관행으로 여겼던 설계의 요구를 제거하는 것이다. 보편적 학습설계에서는 교수적 수정을 통해 보다 많은 학생들을 일반수업에 참여할 수 있게 한다. 따라서 교사들은 수업계획을 세울 때 보다 많은 학생들에게 적합한 교수-학습 설계를 할 수 있도록 노력해야 한다. '보편적' 이란 말을 '모두' 처럼 말 그대로 받아들여서는 안 되고, 개인에게 적합한 맞춤식이란 의미로 이해해야 한다.

■ 새로운 테크놀로지의 이용

테크놀로지가 점점 더 정교화 됨에 따라 독립성 문제가 더욱 중요해지고 있다. 한 가지 일반적인 지침은 테크놀로지가 장애를 지닌 사람들로 하여금 그것 없이 할 수 없었던 뭔가 중요하고 의미 있는 일들을 할 수 있게 한다면 중요한 관심사가 된다는 것이다. 테크놀로지는 새롭고 중요한 것을 보다 잘 할 수 있도록 해주지만 새로운 제약도 뒤따르기 때문에 그 이점에 대해 신중히 생각해야 한다.

테크놀로지가 발달함에 따라 장애를 지닌 사람들에게 시사점을 줄 수 있는데, 가장 중요한 것은 의료적 처치, 인적 재생산 및 의사소통이다. 예를 들어, 시술이 가능하다면 언제든지 청각장애를 지닌 아동들에게 인공와우를 이식해 주어야 하는가? 이러한 이슈에는 의료적 처치, 의사소통 및 인적 재생문제가 포함되어 있다. 가능하다면 출생 전에 장애를 외과적으로 교정해야 하는가? 일부에서는 테크놀로지의 발전으로 거의 모든 문제를 해결할 수 있다고 본다. 예를 들어, 교육적 테크놀로지는 보다 많은 학생들을 수용하기 위해 보편적 학습설계를 적용한다. 교육은 컴퓨터 기반 테크놀로지를 찾지만, 단순히 컴퓨터 테크놀로지를 이용하는 것만으로 학습 효과를 높일 수 없다.

테크놀로지와 관련하여 두 가지 이슈가 있다. 첫째는 테크놀로지의 명암이다. 테크놀로지는 장애의 유무에 관계없이 모든 사람들의 능력을 확장시켜 정보접근, 의사소통, 여행, 일상생활 과제의 성취 등을 보다 수월하게 할 수 있다. 또한 장애인들이 테크놀로지를 적용하면 비장애인들처럼 활동할 수 있다. 한편 테크놀로지를 이용할 때 비용이 많이 든다는 점과 테크놀로지에 너무 의존하게 되고, 적응을 위해 다른 대안을 모색하지 않거나 학습하지 않게 되는 문제가 있다. 둘째, 새로운 테크놀로지로 할 수 있는 일이라면 무엇이든지 해야 하는가? 라는 윤리적 및 도덕적 문제이다. 우리는 부모들에게 자녀를 장애와 비장애 중 선택하게 할 것인가? 태아를 선택할 수 있게 되면 윤리적 문제와 더불어 장애의 정의와 의미에 관한 어려운 문제가 발생할 것이다 (Hallahan & Kauffman, 2011).

2. 개별화교육

특수교육법의 주요 취지는 각 특수교육대상 학생의 요구에 초점을 맞추도록 하는 데 있다. 개별화교육은 미국의 전장애아동교육법(The Education for All Handicapped Children Act: EHCA, PL 94-142, 1975)에서 6가지 중요 원리 중의 하나로 도입하였으며, 우리나라는 1994년 특수교육진흥법에서부터 개별화교육계획을 수립하여 운영하도록 규정하였다.

■ 개별화교육계획의 구성요소

개별화교육계획 문서는 팀에 의해 개발되고, 적절한 내용을 포함해야 하며, 필요에 따라 검토와 수정이 이루어져야 한다. 이 계획은 다양한 계획, 의사소통 및 협동기능의 서비스를 하는 다목적 문서이다.

개별화교육계획에는 대상학생의 인적사항, 특별한 교육 지원이 필요한 영역의 현재 학습수행수준, 교육목표, 교육내용, 교육방법, 평가계획 및 제공할 특수교육 관련 서비스의 내용과 방법 등이 포함되어야 한다(특수교육법 2007). 개별화교육계획을 작성할 때는 특수교육대상자나 보호자에게 의견진술 기회를 주고, 작성된 계획을 열람하게 하여야 한다. 학교장은 매 학기별로 개별화교육계획에 의한 학업성취도 평가를 실시하고, 그 결과를 특수교육대상자 또는 그의 보호자에게 통보하여야 한다. 최근 IDEA에서는 상황에 따라 다년용 개별화교육계획multi-year IEPs의 실험적 적용을 허용하고 있으며, 우리도 현실적 접근 방법을 모색할 필요가 있다.

■ 개별화교육계획 지원팀과 행정조치

개별화교육은 특수교육대상자의 교육적 요구에 적합한 교육을 제공하기 위하여 보호자, 특수교사, 일반교사, 진로 및 직업교육 담당교사, 특수교육 관련서비스 담당 인력 등으로 개별화교육지원팀을 구성하도록 되어 있다. 이 팀은 매 학년의 시작일로부터 2주 이내에 특수교육대상자별로 구성되어야 하며, 매 학기의 시작일부터 30일 이내에 특수교육대상자에 대한 개별화교육계획을 작성해야 한다.

특수교육대상자가 다른 학교로 전출할 경우나 상급학교로 진학할 경우에는 전출학교는 전입학교로 개별화교육계획을 14일 이내에 송부하여야 한다. 개별화교육계획은 일정한 양식이 있는 것이 아니므로 시·도와 학교마다 다소 차이가 있을 수 있다. 다만 계획서 내에 포함되어야 할 사항들은 특수교육법(2007)에서 명시하고 있으므로 법령의 기준에 맞추어야 한다.

개별화교육계획을 수립할 때 문제가 되는 것은 해당 학년에서 학습할 모든 교과목에 대하여 작성해야 하는지, 특별한 교육지원이 필요한 교과목만 작성하는지가 관심의 초점이 되고 있다. 특수교육법 해설자료(교육과학기술부, 2008)에 따르면 교육과정 수정이 필요한 과목에 대하여 작성하면 된다고 하고, 다른 과목은 그대로 적용할 수 있다는 점을 지적하고 있다. 사실 대부분의 특수교육대상자들은 해당 학년 수준의 교과목을 그대로 이수할 수 없다. 그러므로 거의 모든 과목에 대해 개별화교육계획을 세워야 한다는 말이 된다. 그렇다면 정말 그렇게 해야 하는가?

개별화교육계획의 기본 취지와 목적은 특수교육대상 아동의 학습능력의 제한으로 인하여 일반교육에 참여할 수 있는 범위가 제약을 받기 때문에 지도해야 할 많은 내용 중 우선순위를 결정하고, 서비스를 제공할 수 있는 범위 내에서 개별화를 하도록 한 것이다. 결론적으로 말하면, 특수교육대상자의 능력과 요구를 고려하여 필요한 개별화교육 과목과 내용 중 우선순위를 정하여 개인에게 시급히 해결해야 할 영역과 내용을 중심으로 개별화교육계획을 수립하는 것이 타당하다.

■ 개별화교육계획의 기능과 양식

개별화교육계획은 아동의 현재 위치, 목표점, 목표점에 도달할 방법, 도달 기간 및 도달 시점을 명시하는 문서체제이다. 또한 교사와 부모들에게 아동의 요구를 우선 현실적으로 파악하고, 그 요구를 창의적으로 충족시켜줄 수 있는 기회와 책무성을 부여한다.

개별화교육계획은 의사소통, 문제해결, 공적 약속, 교육 관리, 승인, 평가 등 6가지 주요 기능을 지니고 있다. 즉, 부모와 학교의 주요 의사소통 통로가 되며, 아동의 특수교육 관심사항에 관한 부모와 학교의 견해 차이를 해결할 수 있는 기회를 제공한다. 또한 아동에게 필요한 특수교육과 관련서비스에 대한 공적 약속이며, 아동에게 무상의 적절한 공교육을 받도록 하는 관리 도구이고, 아동이 부모와 학교가 동의한 무상의 적절한 교육을 받고 있는지를 결정할 인사가 승인하고 점검하는 서류이다. 아울러 아동의 진전도를 결정하는 평가 도구의 기능을 하고 있다.

개별화교육계획은 학교와 교사의 책무성을 측정한다. 개별화교육계획을 통해 특정 학교나 교육 프로그램이 효과적인지, 아동의 장단기 목표를 충족시키기 위해 어느 정도 도와줄 수 있는지 등을 평가한다. 학교나 교사가 개별화교육계획에 명시된 장단기 목표에 도달하지 못할 때 고소를 당하는 것은 아니지만, 학교는 그러한 목표를 도달하기 위해 양심적이고 체계적인 노력을 해야 한다.

개별화교육계획의 양식은 법에 규정된 내용 외에도 추가의 정보를 포함시킬 수 있기 때문에 학교에 따라 다양할 수 있다. 전국적인 또는 시도별 표준 양식이나 컴퓨터 지원 개별화교육계획 양식을 지나치게 추구하거나 특정 양식에 의존하게 되면 개별화의 진정한 의미를 손상시킬 가능성이 높다.

■ 개별화교육계획의 문제와 해결

개별화교육계획은 처음 시작부터 문제가 지적되어 왔다. 개별화교육이 국내에 도입될 때 지나치게 이상적이고 원론적인 관점에서 소개되었으며, 점진적으로 토착화시키지 못함으로써 교사들은 문서와 전쟁을 하며 수업에서는 제대로 실천하지 못한 이원적 접근을 하였다.

법에서 규정하고 있는 개별화교육계획 요소들을 모두 포함시킨다고 문서가 학생의 학습과 교사의 수업 지도를 잘 안내한다는 보장은 없다. 중요한 점은 문서에 명시한 내용과 실제 수업 간의 격차를 얼마나 줄이는가이다. 면밀히 검토해서 계획을 수립하고 그 계획대로 수업을 진행한다면 분명히 효과가 클 것이다.

개별화교육계획지원팀에 부모와 학생들이 참여할 수 있도록 규정되어 있지만 실제로는 형식적인 경우가 대부분이다. 그러나 최근에 이르러 장애를 지닌 다양한 학생들이 개별화교육계획지원팀에 참여하여 우수한 자료, 교육과정, 전략 등을 이용하는 등 자기결정권을 적절히 발휘하는 경향을 보이기 시작하였다. 특히 학생들이 ① 미래 자신의 전환계획에 관한 정보를 제시하고 계획을 읽으며 ② 자신의 장애를 설명하고 개별적 강점과 약점에 대한 정보를 공유하며 교수적 조정이 필요한 부분을 설명하고 ③ 학생이 개별화교육계획지원팀 회의의 ① ② 수준을 이끌어간다(Heward, 2012).

부모와 학생의 참여 정도, 목표의 적절성과 측정 가능성, 문서에 대한 지원팀의 만족도에 관계없이, 수준 높은 교수가 이루어지지 않으면 특수교육대상 아동들은 학업과 수행에 진전을 거의 보이지 못할 것이다. 이러한 현실 때문에 IDEA 2004에서는 학생들이 질적으로 최고 수준의 교수를 받도록 보장하기 위해 증거기반의 실제를 이용하도록 규정하고 있다.

3. 증거기반의 실제

IDEA 2004와 부진아동방지법(NCLB 2001)은 교사가 연구에 기반한 특수교육과 관련서비스를 제공하도록 규정하였다. 특수교사들은 과학적 연구의 결과를 이용하여 학생들에게 최고로 질 높은 수준의 교수를 제공해야 한다. 그러나 미국 연방법은 모든 교사들이 과학적인 건전한 교수법을 적용하지 못하고 있음을 지적하고 있다(Heward, 2012). 증거기반 교수가 실제를 강조하는 점을 고려할 때 그 실제가 무엇인지를 명확히 이해하고 접근할 필요가 있다.

특수교육과 일반교육 분야는 증거기반실제에 대한 보편적 기준이 없는 상황에서 연구에 어느 정도 기반을 두어야 하는지를 결정할 기준 마련을 위해 노력하고 있다. 가장 근본적인 문제는 실제로 효과가 있음을 인정할 수 있는 증거로 받아들일 만한 연구 유형을 정의해야 한다. 교수적 기법의 효과성을 밝힐 연구 방법으로 무선실험집단설계가 황금기준인 것으로 밝혀졌다(Heward, 2012). 이 설계에 의해 충실히 연구를 하면 강력한 실험 증거를 제공할 수 있다. 특수교육에서는 비무선적 집단설계인 단일대상연구와 상관연구를 많이 해왔으며, 최근에는 질적 연구를 통해 유용한 정보를 많이 얻고 있다.

또 다른 문제는 실제가 증거기반으로 설계되었는지를 누가 결정하느냐이다. 전통적으로 교사들의 문헌검토와 학자들의 메타분석법을 동원했다. 그러나 동일한 연구를 두고 한 사람은 매우 효과적이라고 인정하는 반면, 다른 사람은 훨씬 더 낮게 평가하는 일이 흔히 일어난다.

전문가기구나 비영리단체가 증거기반실제에 대한 논의에 기여할 수 있다. 예를 들어, CEC(2006a)는 실제를 다음과 같은 세 가지 수준으로 분류하였으며, 2014년에는 증거기반교수를 평가할 표준준거를 제시하였다.

- 확인된 연구기반 실제 : 특수교육자들의 레퍼토리로 추천된다.
- 가능성 높은 연구기반 실제 : 적용할 수 있는 절차나 지침과 함께 특수교육자들의 레퍼토리에 포함시킬 수 있다.
- 가능성 있는 연구기반 실제 : 이제 형성되고 있으나 추천할 수 있을 정도로 연구기반이 적용되지 않는다.

CEC연구 분과와 학습장애 분과는 증거기반교수로 내용구조도, 직접교수, 전 학급 또래지도를 제시하였다.

여러 가지 과학적 증거에 기반한 교육과정, 프로그램 및 교수법이라 해도 교사는 효과성을 추정해서는 안 된다. 교사들은 증거기반실제를 실행할 때 다음 사항들을 지켜야 한다(Heward, 2012).

- 충실한 처치를 일관성 있게 실시해야 한다.
- 한 가지 방법보다 여러 방법을 절충하여 종합하는 것이 더 효과적이다.
- 학생들의 진전도를 직접적인 방법으로 자주 측정해야 한다.
- 프로그램을 수정할 때는 한 번에 한 가지씩 점진적으로 실시한다.

4. 차별화된 교수

교수 활동은 학생의 학습 스타일, 능력 수준의 차이 등 학생의 특성과 요구에 따라 달라져야 한다. 차별화란 표적으로 삼고 있는 표준을 달성하기 위해 교사로 하여금 교수 활동을 전략적으로 계획하여 학급 내의 다양한 학습자들의 요구를 충족시킬 수 있도록 하는 철학으로 정의된다(Gregory & Chapman, 2007). 차별화된 교수의 이념은 일반학급에서 이루어지는 교수활동이 모든 학습자에게 적절하도록 차별화될 수 있고 다양화 될 수 있다는 것이다. 이것은 집단적 의미가 아니라 각 학생의 요구와 특성을 고려하여 그들의 학습적 요구를 최대한 충족시켜줄 수 있는 맞춤식 교수를 의미한다.

차별화 교수는 내용, 사정 및 교수전략의 차원에서 이루어진다. 첫째, 교수 내용의 차별화를 위해 교사들은 학년 수준의 표준에 익숙해져야 하고, 내용을 선정하기 위해 데이터를 분석해야 한다. 형성평가와 총괄평가를 이용하여 각 학습자에게 적절한 내용을 제시한다. 둘째, 학습자의 요구를 정확히 진단하기 위해 형식적 및 비형식적 사정도구를 이용한다. 평가결과를 분석하고, 자료를 수집하며, 교수집단을 구성하고, 학습자의 독특한 강점과 약점을 고려하여 전략적으로 계획을 수립한다. 셋째, 교수전략의 차별화이다. 다양한 교수전략을 이용하고, 학습자의 요구를 수용할 수 있는 가장 적절한 교수전략을 선택한다. 모든 학생들은 각자 선호하는 학습 스타일과 양식을 지니고 있기 때문에 이 점을 충분히 고려하여 학습을 안내한다.

5. 의뢰전중재팀과 중재반응법

특수교사와 일반교사 등 전문가 집단은 어려움을 겪는 학생을 진단평가에 의뢰하기 전에 대안적 교수전략을 찾기 위해 노력하는데 이 때 구성되는 것이 의뢰전중재팀이다. 의뢰전중재팀은 학생의 정보를 검토하고 학생을 도와 줄 방법을 교사에게 제안한다.

최근에는 학습장애를 진단평가 하는 과정에서 아동이 과학적 연구 중심의 중재에 반응하는지의 여부를 확인하는 절차와 방법, 즉 중재반응법 또는 반응중심중재법 response to intervention을 적용할 수 있는 길을 터놓았다.

의뢰전중재팀과 중재반응법 중 어느 것을 선택해야 하는가, 아니면 둘 다 적용해야 하는가? 중재반응법의 지지자들은 중재반응법이 의뢰전중재팀의 주요 활동이 되어야 하고, 그렇게 하면 특수교육에 의뢰되는 수를 줄일 수 있으며, 특수교육대상 학생들에게 일반교육에 참여할 수 있는 선택 기회를 더 많이 제공할 수 있다고 주장하고 있다. 중재반응법의 각 단계에서 질 높은 교수활동이 이루어질 때 학생이 정말 특별한 교육적 요구가 있는지 아니면, 부적절하거나 부족한 교수 때문에 학습에 문제가 있는지를 결정할 수 있다. 그러나 중재반응법에 관한 연구는 아직 충분히 이루어지지 못하고 있으며, IDEA에서도 명확히 규정하여 학습장애의 진단평가 지침으로 적극 권장하고 있는 상황이 아니며, 특수교육법에서는 아직 중재반응법에 관한 언급이 없는 실정이다. 중재반응법은 학습장애 분야에서 보다 상세히 다루기로 한다.

6. 협력적 팀접근

특수교사가 전적으로 혼자서 활동하는 경우는 매우 드물고, 대부분 팀접근을 한다. 특수학급을 담당하는 특수교사들은 일반교사, 행정가, 특수교육지원센터의 직원이나 관련서비스 담당자들과 팀을 이루어 접근하게 되므로 협력은 더욱 중요시 된다. 팀이란 공통의 철학이나 공동의 목표에 따라 특별한 목적과 기능을 지닌 사람들로 구성된 집단이다.

특수교육에서는 특수교육대상자의 선정과정과 개별화교육계획을 수립할 때 팀접근을 하게 된다. 팀 구성원들은 특수교육대상자에게 서비스를 계획, 전달 및 평가하게 된다. 전문가들의 팀접근 형태는 일반적으로 다학문적 팀접근, 간학문적 팀접근, 초학문적 팀접근 등 세 가지로 구분된다(Bruder, 1994). 이러한 접근은 서로 관련되어 있고 팀접근의 진화를 보여주고 있다.

다학문적 팀접근은 PL 94-142에서 처음으로 규정되었다. 이러한 접근은 일부 전문

분야의 전문가들이 전문성을 근거로 서로 독립적으로 사정, 중재 및 기타 과제를 수행한다. 개인은 다른 전문가들의 활동과 무관하게 자신의 특별한 전문성으로 기여한다. 이 유형은 전문적 자율성을 높이 사지만 통합적 접근 성향은 아주 낮고 최소한의 협력적 노력을 한다는 점이다. 팀은 각 개인이 공동의 목표를 공유한다는 생각을 가지고 활동하지만, 이 유형에서는 실제로 학문 영역 간에 협동과 협력이 거의 이루어지지 않는다.

간학문적 팀접근은 구성원들이 독자적으로 평가를 하지만 정보를 공유하고 협력적 또는 공동으로 계획하여 프로그램을 개발하고 교수적 권고를 한다. 학생의 강점과 약점을 총체적으로 보며 팀 구성원들 간의 협력을 통해 통합적으로 서비스 계획을 세운다. 이 모델의 특징은 협력과 협동이 적절히 이루어지는 점이다. 그러나 물리치료와 같은 직접적인 서비스는 별도로 제공된다. 일반적으로 가족들은 팀 구성원 모두와 만나게 되고, 대부분의 경우 특수교육자들이 이러한 만남을 주선한다.

다학문적 팀접근	간학문적 팀접근	초학문적(학문 초월적) 팀접근
최소 협력	…………	최대 협력
최소 협동	…………	최대 협동
최소 조정	…………	최대 조정
최소 통합	…………	최대 통합

* 자료출처: Gargiulo, M. M.(2003). *Young children with special needs: An introduction to early childhood special education,* U.S.:Wadsworth, Thomas Learning.

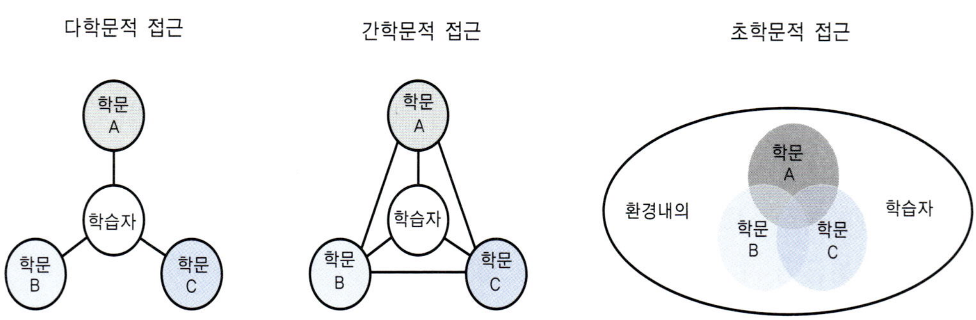

그림 2.2 다학문적 팀, 간학문적 팀, 초학문적 팀접근

초학문적 팀접근은 학문 간 협력적 접근의 강점을 살리기 위해 시도된 유형이다. 다양한 학문 분야의 전문가들은 각자 나름대로 초기 평가와 사정을 실시하지만, 그들은 팀의 다른 구성원들에게 자신의 기능을 지도함으로써 서비스 제공자로서의 역할을 양보하고, 구성원 중의 한 사람이 일차적 중재자 역할을 한다. 이 중재자 역할은 특수교육대상자들을 위해 특수교사가 담당하게 된다. 팀 리더는 전문가 동료들이 제공하는 지원과 상담에 기초하여 역할을 수행한다. 이 접근은 팀 구성원들의 전문성을 종합하여 보다 효율적이고 종합적인 사정과 중재 서비스를 제공하며, 서비스를 구획짓거나 단절시키는 것을 피하는 데 그 목적이 있다. 이러한 노력을 통해 사정과 서비스 전달에 보다 협력적이고 합의된 접근을 하도록 노력하는 것이 바람직하다. 초학문적 팀의 구성원들은 부모를 집단의 강한 목소리를 대변할 수 있는 중요한 파트너로 여긴다. 전문가 간의 협력이 근본적으로 문제를 안고 있음에도 불구하고 팀접근은 일반화되고 서비스 전달의 주요 수단으로 활용될 수 있도록 노력해야 할 것이다.

7. 일반교육과의 협력 모형

대부분의 교사들은 완전포함교육의 지지 여부에 관계없이 특수교육대상 학생과 일반학생 간의 어느 정도의 통합은 인정하고 수용하는 것이 현실이다. 일반적으로 특수교육대상 학생들이 일반학급에 참여할 수 있도록 도와줄 수 있는 방법은 다음과 같다.

■ 협력적 상담

특수교육대상자로 선정이 되어 일반학급에 통합된 학생은 **협력적 상담**[11]을 통해 특수교육 서비스를 받을 수 있다. 미국의 경우 통합학급에 있는 특수교육대상자를 위해 특수교사와 학교심리학자가 일반교사와 협력하고 상담을 통해 특수교육을 제공한다. 우리나라는 사실상 모든 상담은 특수교사가 수행해야 할 상황이다. 특수교사는 일반교사들에게 교수적 수정, 추가의 지원, 긍정적 행동지원 등에 관한 내용들을 추천하고 그와 관련된 기법과 정보를 제공할 수 있다. 특수교육대상 학생들은 특수학급이나 학습도움실에서 지도받거나 일반학급에서 모든 수업을 받는다.

---

11) collaborative consunsultation 특수교사와 일반교사가 협력하여 장애학생을 위한 교수전략을 찾는 방법. 두 전문가의 관계는 책임을 함께 지고 권위를 동등하게 인정한다는 가정에 기초함

■ 협력교수

협력교수[12)]는 **공동교수**[13)], **협동교수** cooperation teaching 라고도 한다. 협력교수는 협력적 상담의 단계를 넘어 상호적이고 호혜적이다. 공동교수는 두 사람 이상의 전문가들이 한 공간에서 다양한 학생들에게 실질적인 교수를 제공하는 것을 의미한다(Cook & Friend, 1998). 협력교수의 유형은 일교수일지원 one teach one support, 스테이션교수 station teaching, 병행교수 parallel teaching, 대안교수 alternative teaching, 팀교수 team teaching 등이 있다 (Gargiulo, 2003)(그림 2.3 참조).

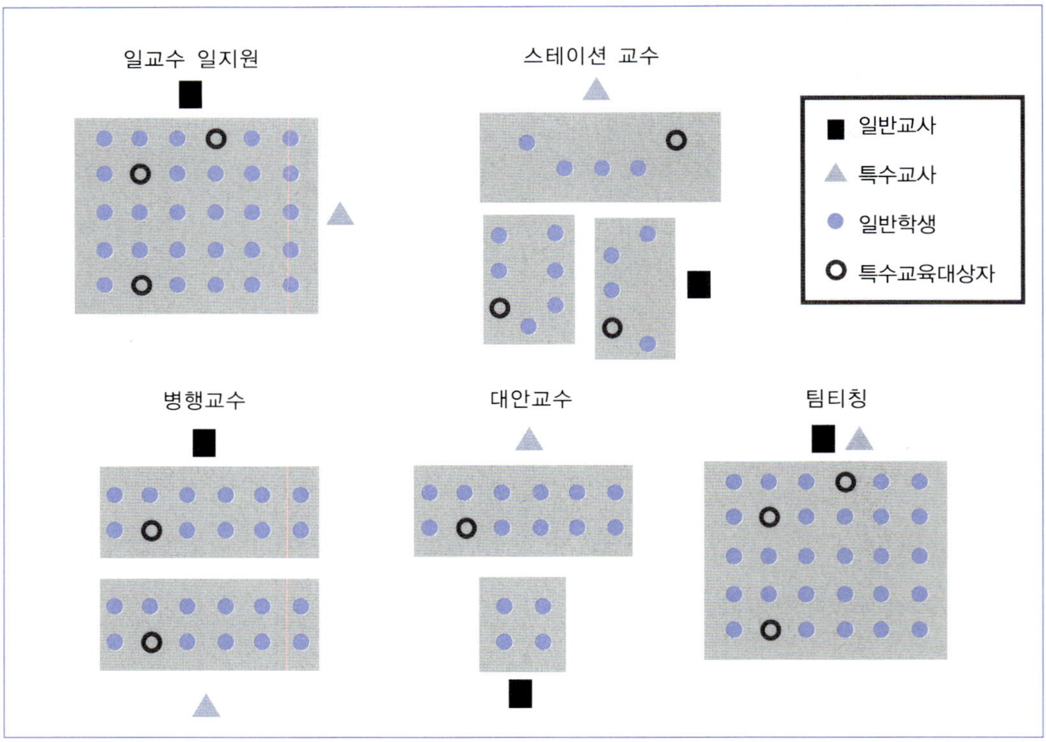

그림 2.3 협력교수의 형태

* 자료출처: Cook, L. & Friend, M.(1995). Co-teaching: guidelines for effective practices. *Focus on Exceptional Children*, 28(3). 1-16.

---

12) collaborative teaching 일반교사와 특수교사가 일반학급에서 함께 지도하는 접근법. 특수교사가 일반학급의 맥락을 더 잘 이해하는 데 도움이 됨

13) co-teaching 특수교사가 학급에서 일반교사와 나란히 활동을 함. 두 교사 모두 집단을 대상으로 교수활동을 함

일교수일지원은 한 수업에 두 교사가 참여하여 한 교사는 수업을 주도적으로 이끌고, 다른 교사는 학생들을 지원한다. 수업을 보조하는 교사가 항상 보조만 하는 것이 아니라 필요에 따라 역할을 바꾸어 효율성을 높인다.

스테이션교수는 한 교실에서 수업을 두 팀 이상으로 나누어 진행한다. 두 교사는 각각 다른 부분의 수업을 진행한다. 그리고 집단을 돌려가며 수업을 하고, 교사는 새로 오는 학생들에게 동일한 내용으로 수업을 진행한다. 수업에 따라 집단을 세 집단으로 나누고, 학생들 스스로 과제를 수행하거나 학습짝꿍과 함께 자료를 복습하도록 한다. 이 교수법은 모든 학년에서 효과적이다.

병행교수는 교사 대 학생의 비율을 낮춘다. 수업을 함께 협력하여 준비하지만 실제 수업은 각 교사가 한 학급을 두 개의 이질집단으로 구성하여 각자 진행하며, 협력하여 노력하는 것이 매우 중요하다. 이 모형은 교사가 학생들과 밀접한 관계 속에서 훈련과 연습을 하는 활동에 적합하다. 이 교수법을 적용할 경우 수업시간에 소란한 점이 문제가 된다.

대안교수는 소집단 교수를 통해서 학습의 도움을 많이 얻을 수 있는 학생들에게 적합한 모형이다. 한 교사는 대집단 학생들을 대상으로 수업을 진행하고, 다른 한 교사는 소집단 학생들을 지도한다. 이 모형은 교정교육이나 치료교육을 위해 일반적으로 적용되지만 심화활동과 깊이 있는 학습을 지도하는 데에도 적합하다. 교사는 특수교육대상 학생이 전적으로 배제되거나, 관행적으로 소집단에 배치되지 않도록 유의해야 한다. 학급 내의 모든 학생들이 주기적으로 소집단에 참여해야 한다.

팀티칭은 두 교사가 교수적 활동을 동등하게 공유한다. 예를 들어, 각 교사가 교대로 임진왜란의 원인에 관하여 수업을 진행할 수도 있고, 한 교사가 분수의 곱셈에 관하여 설명할 동안 협력교사는 개념을 설명하는 몇 가지 사례를 제시할 수 있다. 이 모형의 협력교수는 상호작용적 교수라고도 하며(Walther-Thomas, Korinek, McLaughlin, & Williams, 2000), 상당한 수준의 전문적 신뢰와 책임을 요구한다.

협력교수는 일반학급에 있는 특수교육대상 학생들을 지도할 수 있는 만병통치약과 같은 것이 아니라 통합교육을 성공하기 위해 이용할 수 있는 하나의 접근 방법이다. 교사들이 협력교수를 성공적으로 수행하기 위해서는 문제의 소지가 있는 업무량이나 시간관리 등에 대해 허심탄회하게 이야기를 나누어야 한다.

협력교수의 형태는 여러 가지 있지만 그 중에서 상대적으로 많이 적용되는 것은 일교사일지원 모형이다. 그러나 이론적으로 많이 주장하고 제안하고 있지만 실제는 전반적으로 잘 이루어지지 않는 교수 모형으로 정착을 위해 많은 노력이 요구된다.

■ 교육과정 및 교수전략

장애학생들이 일반학급에서 성공하려면 교사들의 협력과 더불어 교육과정 및 교수전략적 접근이 요구된다. 통합교육 지지자들은 협동학습이 장애를 지닌 학생들을 일반교육에 효과적으로 통합시킬 수 있는 교수적 전략이라고 믿고 있다. 협동학습에서는 학습능력이 서로 다른 학생들이 소집단을 구성하여 문제를 해결하고 과제를 수행하며 학습을 한다.

특수교육대상 학생의 통합을 촉진시키는 다른 연구기반 교수전략으로는 **동료 중재 교수**[14](Fuch et al., 2001), **또래교수**[15], 행동문제를 관리할 때 이용하는 **교사 지원 또래**[16]를 들 수 있다. 또래교수의 한 유형으로 전학급또래교수가 있는데 이것은 수학이나 읽기와 같은 특정 교과 수업시간에 학급의 모든 학생들에게 또래교수를 일상적으로 사용하는 것을 말한다. 이 교수법은 교사가 학생들을 지도하지 않는 것이 아니라, 교사는 또래교수 방법과 교수 내용을 학생들에게 지도하고, 또래교사들은 이미 습득한 기술을 훈련하고 연습한다.

부분적 참여는 또 다른 교수전략으로서 기준을 낮추어 일반학급의 모든 학생들이 경험하는 모든 활동에 특수교육대상 학생들이 참여할 수 있도록 한다. 이 전략은 장애가 심한 학생들의 경우 일반학생들이 활동하는 방식으로는 아무런 도움을 얻지 못한다는 가정에 기초하고 있다.

교수 적합화, 교수적 수정, 교수적 조정

교수적합화[17]는 교육과정, 교수요소, 환경요소, 학생의 성취요건 및 기대 등에 대해 조절하는 것을 의미하며, 조정과 수정을 포함한다. 일반교육과정에서의 적합화는

14) peer-mediated instruction 학업 및 사회기술을 지도할 때 학생의 학급 동료를 지원인력으로 신중히 이용하는 방법
15) peer tutoring 장애학생을 일반학급에 통합시키기 위해 이용될 수 있는 방법. 학생은 서로 효과적인 교수자가 될 수 있고, 학습자와 교사의 역할은 장애학생과 비장애학생이 하게 됨
16) peer cofederates 교사를 지원하는 또래학생
17) adaptation 교육과정 내용이나 개념의 난이도 변경 또는 교수 목표와 방법의 변경

학생이 최소 제한적 환경에서 접근방식, 학습결과 및 교수혜택에 공평하게 접근을 할 수 있도록 변경을 허용하는 것을 의미한다(Rief & Stern, 2010; www.sandrarief.COM/2012/7/29).

교수적 조정[18]은 학생의 학습목표, 교수 수준 및 교수 내용을 근본적으로 변화시키지 않는 교수적합화이다. 조정은 일반교육과정에 보다 잘 접근하고, 내용을 학습하고 숙달하며 학급 내 다른 학생과 동일한 수행목표를 도달할 수 있도록 하는데 목적이 있다. 다시 말해 학생이 학습하고자 하는 내용을 변화시키지 않는 범위 내에서 변화를 주는 것, 주로 교수방법 면에서 이루어지는 변화를 의미한다(예, 과제 및 시험 시간 연장, 필기 지원, 과제 단축 등).

교수적 수정[19]은 교육과정의 내용의 일부를 어떤 방식으로든 변경하는 것을 말한다. 학생들이 학습할 것으로 예상되는 내용을 변경하지만 교실이나 학교에서 이루어지는 학습경험을 다른 학생들과 함께 의미 있고 생산적으로 상호작용할 수 있도록 한다(예, 대안적 과제 주기, 대안적 형식의 시험, 낮은 학년 수준의 교수-학습자료 활용하기 등).

조정과 수정은 학습자가 보장받아야 할 교육권이지 교사가 베푸는 호의가 아니다. 가능하면 언제든지 일반적으로 교육과정이나 활동 목표를 유의하게 수정하기 전에 교수적으로 조정할 것을 권고한다.

다층과제tiered assignment는 교사들이 학생들에게 하나의 주제에서 난이도가 다양한 과제를 선택할 수 있게 하는 방법으로써 교수적합화의 한 사례이다(Tomlinson, 2001). 예를 들어, 국어시간에 이야기 글을 다룰 때 글에 등장하는 인물을 찾게 하기, 사건의 일어난 순서에 따라 정리하기, 등장인물의 특징을 기술하기 등 난이도 수준이 다른 과제를 제시할 수 있다.

일반교사의 훈련

특수교사와 일반교사는 협력하고 함께 활동해야 할 분야가 많지만 그 역할이 서로 다르다. Zigmond(2007)는 특수교육이란 두 사람의 직업이라고 했다. 즉, 특수교육을

---

18) accomomodation 교육과정의 내용이나 개념적 난이도를 의미 있게 변경하지 않고 교수함, 학생의 수행 유형, 평가 방법을 변경하는 것

19) modification 장애학생들이 보다 정상적으로 반응할 수 있도록 교수나 평가를 변경하는 것

효과적으로 수행하기 위해서는 일반교사와 특수교사가 단순히 공동의 목적을 가지고 함께 활동하는 것이 아니라 각각 다른 일을 할 수 있도록 독특한 훈련을 받아야 한다는 것을 의미한다. 아울러 학습장애나 행동장애를 지닌 학생들로부터 적절한 진전을 끌어내고자 할 때 일반교사는 학생들에게 집중적인 교수를 제공하지 못하기 때문에 특수교사가 특수화된 교육과정과 개별화교육과정을 지도할 전문성을 갖추어 지원해야 한다.

8. 진전도의 사정

최근 학습준비도 검사와 성취도 평가 때문에 교육 현장이 갈등을 빚고 있다. 학교장이나 교육감에 따라서 국가의 학력 시책에 적극 동조하지 않거나 공개적으로 반대하는 등의 이상 현상을 보이고 있다. 초·중등교육법에 의하면 학생들에게 평가를 할 수 있다는 완곡한 어법으로 평가와 관련된 내용을 규정하고 있다.

그러나 미국의 경우, 연방과 주 정책 입안가들은 일반학생들의 성취도가 낮아진다는 점을 인식하고, 표준 중심의 개혁standard-based reform을 강조했다. 그들은 학생들에 대한 교사의 기대가 너무 낮기 때문에 학생들의 표준을 높여야 한다고 믿었다(Thurlow, 2000).

특수교육자들의 관심은 IDEA 1997에 의해 표출되었고, 일반교육자들의 관심은 NCLB 2001에서 드러났다. 두 법은 장애학생을 일반교육 진전도 평가에 포함시킴으로써 장애를 지닌 학생들의 교수를 개선시키고자 했다. NCLB는 학생들의 다양한 하위집단의 평균과 전학생의 평균을 보고하도록 하였으며, 하위집단 간의 격차를 최대한 줄이도록 요구하고 있다. 장애를 지닌 학생들의 경우, 이러한 목적을 달성하기가 불가능한 것으로 나타났지만 George W. Bush 대통령은 NCLB, IDEA 및 '대통령 특수교육 수월성 위원회'의 권고를 결정했다(Kauffman & Konold, 2007).

진전도 점검 사정은 일정한 간격으로 실시되는 빠르고 손쉬운 방법으로 자주 이루어지며, 학생이 기대수준의 학습을 수행하는지의 여부를 판단한다. 진전도를 점검하는 목적은 현재의 교수적 실제가 각 학생에게 적합한지를 결정하고, 교수적 요구를 확인하는 데 있다.

■ 결과 측정

학생의 성취 평가 또는 결과 측정은 집단상황에서 이루어지는 표준화된 측정이다. 이러한 측정은 다른 학생과 수행성을 비교하고, 지역 간 학생들의 수행 수준을 비교할 수 있다. 측정 결과는 학생들의 성취 수준과 학교의 학력에 대한 책무성 수행 수준을 판단할 때 이용된다. 미국의 경우, NCLB 2001과 IDEA 2004에 의거하여 일반학생의 평가에 특수교육대상 학생들을 포함시키고 있다.

■ 검사 및 평가의 조정

평가절차의 조정에는 평가 상황, 제시 양식, 반응 양식의 변경 등이 있다. 상황이나 일정 조정에는 평가를 소집단으로 실시하거나 평가 시간을 연장하는 등의 조치가 포함된다. 제시방법의 조정으로는 문제를 큰 소리로 읽어주기, 반응양식의 조정으로는 말로 대답하거나 답을 타이핑하기 등을 예로 들 수 있다. 평가 조정을 적절히 실시하지 않으면 장애를 지닌 학생들에 대한 비합리적인 기대를 하게 되거나 학생의 참 능력을 제대로 표현하지 못할 수 있다.

9. 조기교육

많은 교육자들과 사회과학자들은 장애를 조기에 발견하여 교육이나 처치 프로그램을 시작할수록 아동에 대한 성과가 더 낫다고 믿고 있다(Stichter, Conroy, & Kauffman, 2008). 그들은 조기중재를 위해서 정부의 역할이 중요하다고 보며, 조기중재를 주장하는 이면에는 세 가지의 기본적인 주장이 깔려있다.

첫째, 아동의 조기 학습은 후속 학습의 토대를 제공하므로 특별 프로그램이나 중재를 일찍 시작할수록 더 복잡한 과제를 학습할 수 있는 단계로 나아갈 가능성이 높다.

둘째, 조기중재는 아동의 부수적인 문제나 장애를 예방할 가능성을 높여준다.

셋째, 조기중재는 가족들의 적응을 도와주고, 가정에서 아동을 다루는 데 필요한 기술을 제공하며, 가족들이 추가의 지원 서비스를 찾는 데 도움을 준다.

중증의 장애나 증후를 명확히 나타내는 장애는 영유아기에 진단될 수 있지만 그렇지 않은 경우에는 조기 발견이 쉽지 않다. 따라서 초기에는 특정 장애로 판별하기보다는 발달지체로 광범위하게 구분한다. 그와 같은 아동의 요구는 단일 기관이나 중재로 충족되지 않기 때문에 많은 전문가가 함께 협력하여 노력해야 한다.

일반적으로 조기중재는 센터중심, 가정중심 및 센터-가정중심 프로그램으로 구별된다. 센터중심 프로그램의 경우, 아동과 가족이 센터로 와서 훈련받고 상담 서비스도 받는다. 이 프로그램의 장점은 센터의 직원들이 부모와 아동의 상호작용에 많은 영향을 미칠 수 있다는 점이다. 전문가들은 가정중심 프로그램이나 조합형 프로그램을 지지한다. 가정중심 프로그램은 최근 한 부모 가정의 증가와 더불어 직장 근무 시간 등을 고려할 때 훨씬 더 편리하다. 한편 센터중심 프로그램의 경우, 가족들이 센터에서 지도하는 기술과 기법을 배워야 하지만, 가족중심 프로그램에서는 전문가들이 가정으로 오기 때문에 자연스럽게 배울 수 있다.

■ 아동중심 대 성인중심 프로그램

조기교육은 두 가지 접근 방향이 제시되고 있다. 먼저, Piaget의 이론처럼 교사들이 가급적 아동들로 하여금 스스로 자신의 환경을 자유롭게 탐색할 수 있도록 허용하는 교육과정을 지향해야 한다고 생각한다. 다른 한편에서는 조기중재는 성인의 지시를 많이 필요로 한다고 보고, 과제분석, 자료와 활동의 적합화 및 체계적 사정을 통해서 교수의 개별화를 지향해야 한다고 본다.

■ 장애 예방을 위한 노력

앞서 언급한 바와 같이 중재로서의 특수교육은 예방교육이 1차적으로 이루어진다. 사실 최상의 특수교육은 효과적인 장애 예방교육을 통하여 장애인 또는 특수교육대상자의 발생을 최소화하는 것이다.

교육자들이 보다 효과적인 조기중재 프로그램의 개발과 제공에 노력하고 있지만, 한편에서는 장애를 지닌 아동들의 수가 증가하고 있다. 장애를 지닌 아동의 증가는 여러 가지 복잡한 원인에 의해 일어나는 현상이지만 대개 다음과 같은 요인들이 지적되고 있다.

- 다수의 영유아, 아동 및 어머니들은 가난하게 생활하고 영양을 적절히 섭취하지 못하며, 질병이나 장애를 일으키기 쉬운 환경에서 생활한다.
- 10대 미혼모들의 출산이 늘어난다.

- 부적절하게 양육되거나 학대받는 영유아들이 많다.
- 저체중으로 태어나는 영아들이 많다.
- 화학적 및 사회 · 환경적 위험이 증가하고 있다.
- 많은 아동들이 학대를 받거나 물질남용에 연루된다.
- 아동들의 서비스 요구와 사회적으로 제공되는 서비스 간에 격차가 심하다.

이상에서 지적된 요인들은 부모와 교육자를 비롯한 전문가들의 관심과 노력에 따라 그 영향력을 최소화할 수 있을 것이다. 예방특수교육은 시대를 떠나 범사회적으로 접근해야 할 중요한 과제이다.

10. 전환교육

전환교육은 고용 이상의 내용을 포함하고 있으며 지역사회 적응과 독립생활 등을 폭넓게 강조하고 있다. 전환교육 프로그램은 장애를 지닌 사람의 삶의 질을 향상시키는 데 목적을 두어야 한다는 이념을 옹호하고 있다. Halern(1993)에 의하면, 삶의 질의 세 가지 중요한 영역은 신체적 및 물질적 안녕, 성인 역할의 수행성(고용, 여가, 인간관계, 사회적 책무), 개인적 성취감(행복)이다.

중등교육의 목표는 학생들에게 계속교육, 성인으로서의 책임, 독립성, 고용 등을 준비시키는 것이 교육 활동의 많은 부분을 차지한다. 그러나 각 학교들은 저학년부터 다른 기능들과 함께 직업 및 진로교육 내용을 지도하는 것이 중요하다는 점을 더욱 인식하기 시작했다. 특히 전환교육을 연구하는 사람들은 진로를 선택하는 데 있어 가족의 중요성을 점차 인식하기 시작했다(Lindstrom, Doren, Metheny, Johnson, & Zane, 2007).

학교 교육에서 각 학령기에 따라 교육과정의 어느 정도를 직업 및 진로교육에 할당해야 할까? 여러 전환교육 전문가들은 이러한 질문을 강조하고 있다. 그림 2.4는 Brolin과 Loyd(2004)가 제안한 교육과정의 상대적 비중을 나타낸 것이다. 그들은 장애학생들의 직업기능은 학년이 증가함에 따라 점점 더 중요시되고, 중 · 고등학교 시기에는 교육과정의 대부분을 차지해야 한다고 주장하고 있다.

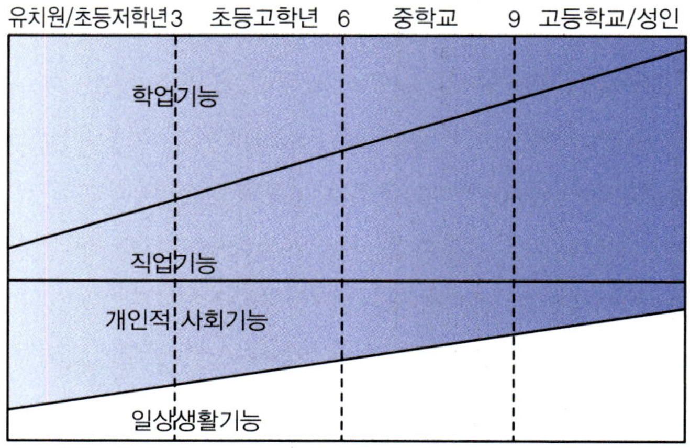

그림 2.4 교육과정의 학년 수준별 진로 개발 비중

* 자료출처 : Brolin, D. E. & Loyd, R. J. (2004). *Career developmental and transition services: A functional life-skills approach*(4th ed., p. 430). NJ: Prentice Hall.

■ 요구 수준에 맞는 전환교육

조기중재와 함께 전환교육의 중요성에 대해서는 논쟁의 여지가 없다. 모든 특수교사들은 전환교육 프로그램이 장애를 지닌 성인들의 성공적인 적응을 위해 매우 중요하다는 데 동의한다. 문제는 이러한 목적을 달성하기 위해 교육과정을 어떻게 편성하여 운영하느냐이다. 일부 전문가들은 특수교육대상 학생들의 교육, 고용, 독립생활, 지역사회 참여 등을 모두 포괄할 수 있는 교육과정을 어떻게 편성할 것인지에 대해 논의하고 있다. 특수교육대상 학생들의 다양한 요구를 충족시키기 위해서는 중증장애를 지닌 학생과 경도장애를 지닌 학생들의 교육과정이 달라야 한다고 본다.

중증장애를 지닌 학생들의 경우, 학교 밖의 기관과 연계하고 협응하는 데 초점을 맞추어야 한다(Sitlington & Clark, 2004). 특수교사들은 복지관이나 장애인고용촉진공단 등 외부 기관에 익숙하지 않으며 그들과의 협력도 쉽지 않다. 그러나 특수교사들은 지역사회 유관기관과 더불어 직업 및 진로교육을 하도록 노력해야 한다. 특히 중증장애를 지닌 학생들에게는 지원고용이나 보호고용 형태의 지원 체계를 이용하여 직업 및 진로교육을 하는 것이 바람직하다.

경도의 장애를 지닌 학생들의 경우, 특수교사들은 그들의 직업적 요구뿐만 아니라 학업적 요구를 충족시키는 데 관심을 가져야 한다. 2016년 현재 특수교육대상 고등학생 졸업자 중 특수학교 졸업생의 55%, 특수학급 졸업생의 38.6%, 일반학급(통합학급) 졸업생의 51% 정도가 대학에 진학하는 점을 감안하면 이들의 기초학력 향상에 대한 관심을 많이 가져야 할 것이다.

■ 자기결정

사람은 누구나 자기 인생의 중요한 문제, 즉 자신이 근무하고 생활할 장소, 누구를 친구로 사귀고, 어떤 교육을 추구할 것인지 등을 스스로 결정하는 자기결정권을 가지고 있다는 인식이 점차 증가하고 있다. 특히 특수교육대상 청소년들의 자기결정력 향상과 촉진은 전환교육 서비스의 최선의 실제가 되고 있다(Wehmeyer & Power, 2007).

자기결정[20]이란 자신의 삶에 대한 책임을 진다는 것을 의미한다. 인간중심 계획의 주요 특징은 개인의 활동 및 서비스와 지원이 그 사람의 꿈, 관심, 선호, 강점 및 능력에 기초하는 것이다. 주요 이념은 장애를 지닌 사람은 자신이 삶을 통제하는 훈련을 해야 하고 심리학자, 상담사, 의사, 부모, 교사 및 행정가 등 다른 사람들이 이들을 대신해서 의사결정을 해서는 안 된다는 것이다.

교사들은 자기결정 기술을 지도하고, 그러한 기술을 연습할 환경을 만들어줌으로써 자신의 생활을 책임져야 할 학생들의 능력과 태도를 촉진시키고 향상시키는 데 중요한 역할을 할 수 있다.

11. 생활지도와 행동중재

오늘날 학교는 생활지도의 혼란을 겪고 있다. 학습자의 기본권과 자율성에 대한 새로운 인식과 더불어 물리적 및 신체적 규제의 제한 조치는 새로운 학교 생활지도 패턴을 모색하도록 하고 있다. 학교는 안전하고 질서 있는 학습 환경을 조성하는 데 많은 관심을 기울이고 있고, 최선을 다하고자 한다.

학교는 어느 나라 할 것 없이 생활지도 문제로 고민을 하고 있다. 미국의 경우 최근 가장 극적이고 논쟁이 되는 사안이 **자동처벌조치**[21]이다. 학교 행정가들과 교사들은

20) 개인적인 선택을 하고 자신의 생활을 조절하며, 자신을 옹호할 수 있는 능력, 최근 장애인 프로그램 개발 시 많이 적용되는 철학

21) zero tolerance 연방과 주 법의 지원을 받는 학교 정책으로써 학교에 무기나 약물을 소지하고 오면 무기나 약물의 특성에 관계없이 정상을 참작하지 않고 자동적으로 벌을 받게 됨

무기를 소지하고 등교하는 등 심각한 규칙위반 학생들의 처벌 수위를 결정하는 과정에서 많은 비난을 받는다. 이러한 상황이 되자 교육 당국(교육위원회 등)은 교사나 하부 행정가들로부터 학생 처벌권을 회수하고 있다. 교육당국은 이러한 심각한 위반행위에 대해서는 장기 정학이나 퇴학과 같은 규정을 마련하고 있다. 국내에서는 일종의 강화와 벌 체계를 이용하여 그린 마일리지 같은 학교생활 지도 프로그램을 운영하고 있다.

폭력과 약물남용 등의 청소년 비행 문제는 매우 심각한 상황에 이르고 있다. 2007년 국무총리실에서 발표한 것을 보면 전국적으로 위험군 학생이 70만 명에 이르고, 그 중 35만 명은 고위험군으로 분류되어 시급히 지도를 받아야 할 상황에 처해 있다. 학생들의 행동 문제를 비행이란 큰 범주로 분류하고 적절한 지원을 하지 못하고 있는 실정이다. 이러한 학생들 중 상당수는 품행장애를 보이고, 등교거부증이나 학교 공포증을 나타내는 등 정서행동장애로 분류되어 특수교육을 받아야 할 사례들이 많지만 이러한 점이 무시되고 있는 실정이다(정대영, 2009).

■ 바람직한 행동의 지원

장애를 지닌 학생들의 생활 및 행동지도는 상당히 논란의 대상이 되고 있고, 교사와 학교 행정가들 역시 무엇이 합법적이고 적절한 조치인지에 대해 혼란을 겪고 있다. 일부 학교에서는 일반적인 학교 규칙을 적용하는 반면, 다른 학교에서는 그렇게 하지 않는다.

장애를 지닌 학생들의 생활 및 행동지도와 관련한 논쟁은 다음 세 가지 개념과 관련 절차에 기초하고 있다.

첫째, 학생의 행동이 장애로 인해 나타난 것인지의 여부 결정

둘째, 학생을 현재의 배치 현장에서 일시적으로 이동시킬 필요가 있다면, 일시적으로 임시 배치할 대안적 장소 제공하기

셋째, 긍정적이고 적극적인 행동중재 계획 수립하기

이 사항에 대해서는 정서행동장애를 다룰 때 상세히 논의하기로 하고 여기서는 간략히 언급하기로 한다. 학생의 비행이 장애 때문인지를 결정하는 것을 **행동원인 판정**

---

22) manifestation determination 학생의 비행이 장애의 표출(장애인의 행동 양식 또는 행동 유형)인지의 여부를 결정하는 것

[22](명시적 결정)이라고 한다. 이는 학생이 장애로 인하여 하게 되는 행동이 비행에 해당되더라도 처벌하는 것이 부당하다는 이념에 근거를 두고 있다. 마치 정신질환자가 심한 범죄를 저질렀을 때 일반인과 동일한 처벌을 받지 않고, 정상이 참작되어 치료를 우선으로 받게 되는 것과 같다.

행동원인 결정은 상당히 논란이 되고 있으며, 일부 연구자들은 이러한 접근을 교육적이라기보다는 정치적이라고 믿고 있다(Katsiyannis & Maag, 2001). 일부에서는 비행의 원인을 결정하는 규칙이나 절차가 객관적이지 못하고 주관적이기 때문에 그 과정이 공정성을 침해한다고 주장하고 있다. 국내에서도 일부 시도교육청에서 학생 인권조례를 제정하고 있다. 학생의 인권을 보장하는 측면에서는 중요하지만, 아울러 학생의 책임과 규칙, 의무수행에 대한 인식과 태도 역시 함께 논의되고 다루어져야 할 것이다.

IDEA는 문제행동을 나타내는 장애학생들을 위해 **긍정적 행동지원 계획**[23]을 수립하도록 규정하고 있다. 이 규정은 적극적이고 긍정적인 중재를 개발하여 접근하고 벌을 회피하도록 강조하고 있다. 학교에서 생활 및 행동을 지도하는 과정에서 학생의 IEP를 재평가 하고, 문제행동을 지도할 때 가능한 한 긍정적인 수단을 최대한 이용하도록 노력해야 한다. 아울러 학생의 문제행동을 설명하는 요인을 결정하고 변경시키기 위해 **행동기능평가**[24]를 실시한다.

긍정적 행동지원[25]은 학생이 바람직한 행동을 하도록 도와주는 절차이다. 이 접근법은 문제행동의 기능을 파악하여 벌을 가하기보다는 긍정적인 대안행동을 찾아 이를 지도하는 데 중점을 둔다(정대영, 2009). 긍정적인 행동전략만을 사용하는 중재법은 정서적으로 호소력이 강하지만, 실제로는 그러한 접근의 당위성을 뒷받침할 증거는 부족하다는 비판이 있는 가운데 최근 행동지도에서 가장 비중 있게 다루고 있다.

IDEA는 일반학급에서 장애학생의 생활 및 행동지도를 만족스럽게 할 수 없을 때 학교에서 **임시 대안교육 환경**[26]을 이용하도록 허용하고 있다. 예를 들면, 행동문제 학생을 특수학교나 특수학급에서 지도할 수 있다.

---

23) 정적강화를 강조하는 행동변화 계획

24) 행동의 목적, 행동을 일으키는 선행자극, 행동을 유지시키는 상황 등을 파악하기 위해 면담, 직접관찰, 기능분석을 이용하여 이루어지는 평가. 행동의 기능은 주로 사회적 정적강화, 사회적 부적강화, 비사회적 자동적 정적강화, 비사회적 자동적 부적강화 등 4가지로 분류됨

25) 학생의 적절한 또는 바람직한 행동을 지원하기 위해 의도적으로 정적강화 절차를 이용함

26) interim alternative educational settings 심각한 문제행동을 나타내는 학생을 일반교육 환경에서 교육을 계속 시키거나 일시적으로 분리시켜 행동을 지도하는 것

요약

■ 통합교육

• 통합교육이란 특수교육대상자가 일반학교에서 장애 유형, 장애 정도에 따라 차별받지 않고 또래와 함께 개개인의 교육적 요구에 적합한 교육을 받는 것을 말한다.

■ 개별화교육

• 개별화교육계획 문서는 팀에 의해 개발되고 적절한 내용을 포함하고 있으며, 필요에 따라 검토와 수정이 이루어져야 하며, 다양한 계획, 의사소통 및 협동기능이란 서비스를 하는 다목적 문서이다.

• 개별화교육계획에는 대상학생의 인적사항, 특별한 교육 지원이 필요한 영역의 현재 학습수행수준, 교육목표, 교육내용, 교육방법, 평가계획 및 제공할 특수교육 관련서비스의 내용과 방법 등이 포함되어야 한다.

■ 증거기반의 실제

• CEC는 증거기반실제의 수준을 확인된 연구기반실제, 가능성 높은 실제로 구분하고, 증거기반교수로 내용구조도, 직접교수, 전학급또래지도를 제시하였다.

■ 차별화된 교수

• 차별화된 교수는 모든 학생들에게 적절하고 적합한 교수라고 하지만, 집단적 의미가 아니라 각 학생의 요구와 특성을 고려하여 그들의 학습적 요구를 최대한 충족시켜 줄 수 있는 맞춤식 교수를 의미하며, 내용, 사정 및 교수전략의 차원에서 이루어진다.

■ 의뢰전중재팀과 중재반응

• 의뢰전중재팀의 주요 목적은 학생에 대한 일반교사들의 교육적 책무를 확인시키고 규정하는 데 있다.

- 중재반응법의 각 단계에서 질 높은 교수활동이 이루어질 때 학생이 정말 장애가 있는지 아니면, 부적절하거나 부족한 교수 때문에 학습에 문제가 있는지를 결정할 수 있다.

■ 협력적 팀접근

- 전문가들의 팀접근 형태는 일반적으로 다학문적, 간학문적 및 초학문적 팀접근법 등 세 가지로 구분된다.

■ 일반교육과의 협력 모형

- 일반적으로 장애학생들이 일반학급에 참여할 수 있도록 도와줄 수 있는 방법은 협력적 상담, 협력교수와 팀접근, 교육과정 및 교수전략, 교수적 수정과 적합화 및 다양성을 수용할 수 있도록 일반교사의 훈련 등이 있다.

■ 교육과정 및 교수전략

- 교수적 수정이란 흔히 자료나 과제를 고치는 것이고, 교수적 조정이란 교육과정의 내용이나 개념적 곤란도를 변경하지 않고 교수적 차원에서 변화를 주는 것을 말한다.
- 대안으로 제시된 교수적합화는 조정보다 더 의미 있을 정도로 교수를 수정하는 것을 의미하기도 하고, 수정과 조정을 합하여 적합화로 규정하기도 한다.

■ 진전도의 사정

- 진전도 점검 사정은 일정한 간격으로 빠르고 손쉬운 방법으로 자주 이루어지며, 학생이 기대수준의 학습을 하는지의 여부를 결정한다.
- 평가절차의 조정에는 평가 상황, 제시 양식, 반응 양식의 변경 등이 있다.

■ 조기교육

- 일반적으로 조기중재는 센터중심, 가정중심 및 센터-가정중심 프로그램으로 구분된다.

■ 전환교육

- 특수교육법에서는 전환교육 분야 중 진로 및 직업교육과 전공과에 대해 규정하고 있다.
- 전환 서비스에는 학교를 떠나 중등 후 교육, 직업훈련, 통합고용(지원고용 포함), 연속적 성인교육, 성인 서비스, 독립생활, 지역사회 참여 등을 촉진시킬 수 있는 다양한 활동들을 포함시키고 있다.

■ 생활지도와 행동중재

- 폭력, 약물남용 및 비행 등 청소년의 생활과 행동 문제는 매우 심각한 상황이다.
- 긍정적 행동지원은 학생이 바람직한 행동을 하도록 도와주는 절차이다.

토의문제

1. 정상화와 탈시설화의 개념적 차이에 대해 논의하시오.
2. 보편적 학습 설계의 근거와 개념에 대해 설명하시오.
3. 완전통합교육의 찬반 주장에 대해 논의하고, 여러분의 견해를 기술하시오.
4. 개별화교육의 문제를 지적하고 그에 대한 해결 방법을 논의하시오.
5. 증거기반의 실제란 무엇을 의미하는지, 어떻게 실행하는지에 대해 논의하시오.
6. 차별화된 교수의 의미와 접근방법에 대해 설명하시오.
7. 의뢰전중재팀접근법과 중재반응법을 비교 설명하시오.
8. 협력적 팀접근의 유형을 설명하고, 학교에서 실제로 적용될 수 있는 방법들을 제시하시오.
9. 교수적 수정, 교수적 조정 및 교수적합화의 개념을 설명하고 실제 사례를 제시하시오.
10. 장애아동 조기중재의 기본 가정은 무엇이며 그 기대성과에 대해 설명하시오.
11. 고용의 유형별 특징을 기술하고, 장애학생들의 취업교육을 위해 유의할 사항을 기술하시오.

Special Education

제3장

다문화 및 가족지원

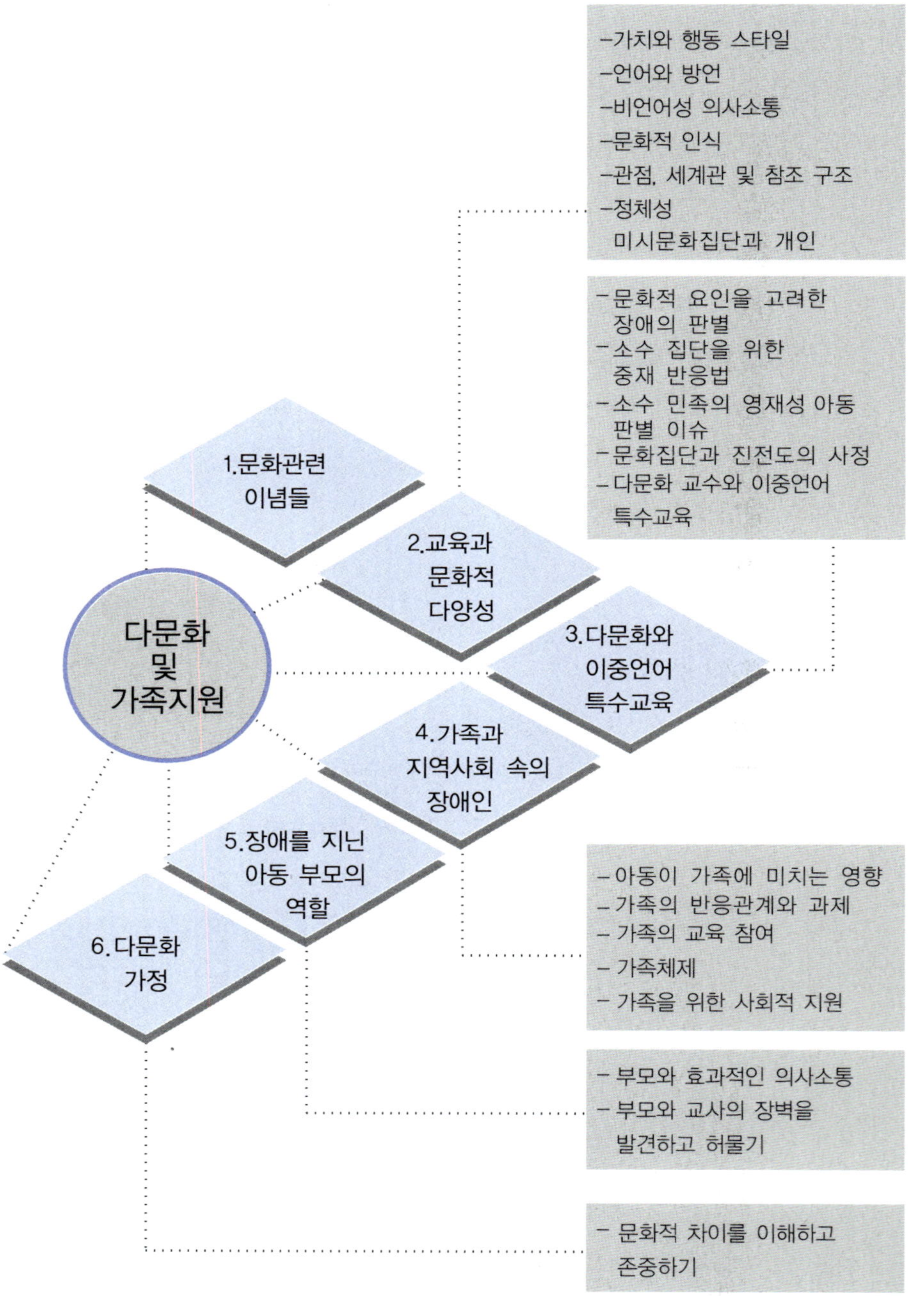
다문화
및
가족지원
1.문화관련
이념들
2.교육과
문화적
다양성
3.다문화와
이중언어
특수교육
4.가족과
지역사회 속의
장애인
5.장애를 지닌
아동 부모의
역할
6.다문화
가정
–가치와 행동 스타일
–언어와 방언
–비언어성 의사소통
–문화적 인식
–관점, 세계관 및 참조 구조
–정체성
미시문화집단과 개인
–문화적 요인을 고려한
장애의 판별
–소수 집단을 위한
중재 반응법
–소수 민족의 영재성 아동
판별 이슈
–문화집단과 진전도의 사정
–다문화 교수와 이중언어
특수교육
–아동이 가족에 미치는 영향
–가족의 반응관계와 과제
–가족의 교육 참여
–가족체제
–가족을 위한 사회적 지원
–부모와 효과적인 의사소통
–부모와 교사의 장벽을
발견하고 허물기
–문화적 차이를 이해하고
존중하기

| 제3장 |

다문화 및 가족지원

국가와 지역은 집단이나 파벌로 분리되어 이해관계에 따라 서로 극단적으로 잔인하게 대하는 지경에 이르게 되기도 한다. 개인은 출신 지역, 민족, 국적, 피부색, 종교, 장애 등 개인적 속성이 어떠하든 간에 다른 사람을 차별하거나 홀대할 권리는 없다. 그러나 오늘날 사회 속에서 계층 간의 차별이 이루어지고, 지역 간의 갈등을 겪으며, 같은 집단 속에서도 무리 짓고 갈라지며, 때로는 구성원을 배척하고 왕따 시키기까지 한다. 특히 근래에 이르러 우리 사회는 주변국으로부터 결혼이주민, 귀화인, 외국 근로자 등의 유입으로 다문화 사회로 변해가고 있는 가운데 불평등, 무시, 학대 등 바람직하지 못한 비인간적 행태가 곳곳에서 벌어지고 있다. 이러한 풍조는 학교의 교실에까지 유입되어 동급생 간의 문화적 차이가 차별로 왜곡되는 현상이 나타나고 있다. 이제 학교도 다문화로 인한 문제에 적극적으로 개입하여 대안을 마련할 때가 되었다.

학생들은 다양성을 존중하며 차이를 수용, 인정하며 상호작용하고 화합하여 조화롭게 살아가는 삶의 방식을 익혀야 한다. 서로가 다르다 하더라도 인간으로서 평등하다는 원리를 받아들이는 법을 배우는 것이 매우 중요하다. 따라서 모든 교육자들은 성, 사회적 계층, 종교, 인종, 국적, 장애 등에 관계없이 학생에게 공평한 교육기회를 제공할 수 있는 교육제도나 교육과정을 목표로 삼는 다문화 교육을 이해할 필요가 있다.

1. 문화관련 이념들

문화관련 이념에는 문화적 다원주의, 동화주의 및 다문화주의로 구분되어진다. **다원주의자**는 다원적 민주사회의 특성, 개인의 사회화 과정에서 인종집단의 기능, 소외된 인종집단의 구성원들이 자유를 위해 투쟁할 책무 등이 있음을 가정했다. 문화적 다원주의자는 문화 또는 인종 집단이 현대 사회에서 개인의 사회화에 매우 중요하다고 본다. 다원주의자는 소수집단의 아동들이 불이익을 당하고 일탈되며, 결손을 경험하는 것이 아니라, 오히려 질서정연하고 상당히 구조화되어 있지만 주류 문화와 다를 뿐이라고 본다. 다원주의자는 학생의 생활에서 문화 및 인종집단의 중요성을 가정하고 있기 때문에 교육과정이 소수민족 학생의 인지 스타일, 문화사, 문화집단의 경험 등을 고려하여 적절히 수정되어야 한다고 믿고 있다. 따라서 문화 다원주의자는 학습 자료를 문화의 특수성에 맞추어야 하고, 교육과정 역시 그들의 문화 내에서 성공적으로 기능을 발휘할 수 있도록 돕는 데 중점을 두어야 한다고 주장하고 있다.

동화주의자는 현대화된 세계에서 민족적 결속을 일시적인 것으로 보며(Schlesinger, 1991), 민족성이 현대화의 영향 아래에서 사라진다고 주장한다. 또한 이들은 민족성이 현대화된 사회보다 개발도상의 사회에서 더 중요시 되고, 현대화 및 민주화된 사회에서는 파괴된다고 믿고 있다. 동화주의자는 사회의 목표를 증진시키고 민주국가의 책무를 발달시키는 최고의 방법이 모든 개인과 집단을 공통의 민주 시민문화로 동화시키는 것이라고 생각한다. 동화주의자는 사회가 국가적 가치, 이념, 규준을 지니고 있고, 사회의 모든 구성원들이 성공적으로 원만히 기능하기 위해서는 책무성을 발달시켜야 한다고 믿고 있다. 학교뿐만 아니라 다른 공공 지원기관들도 개인을 공통의 문화로 사회화시켜야 하고, 그 속에서 성공적으로 기능할 수 있도록 도와주는 것이 일차적 목표가 되어야 한다.

문화적 다원주의자와 동화주의자의 극단적인 주장을 피하고 두 입장을 고려하는 것이 다문화주의의 이념이다. 다문화 이론가들에 의하면, 문화 다원주의자는 개인의 사회화에서 민족 집단의 중요성을 과장하고, 동화주의자는 문화적 및 민족 집단의 역할을 과소평가하므로 다원주의자와 동화주의자 모두 사회의 실제를 왜곡시킨다고 생각한다. **다문화주의자**는 분리나 완전통합을 이상적인 사회의 목표로 보는 것이 아니라, 다양한 문화, 민족, 언어, 사회 계층 집단의 출신들이 참여하여 기능할 수 있는 평등한 기회를 지니고 있다고 본다.

이제 막 다문화 사회로 접어든 우리 사회에서는 다양한 민족들이 자신의 독특한 민족적 및 문화적 특성을 보존하면서 사회에 완전히 참여할 수 있고, 종교, 성 및 계층에 관계없이 다른 사람들과 자발적으로 접촉할 수 있는 환경을 조성하는 것이 우리의 막중한 과제가 되고 있다. 학생들이 자신의 공동체 문화 내에서, 다른 공동체 문화 내에서, 국가 문화 내에서, 나아가 세계 공동체 내에서 어떻게 하면 보다 효율적으로 기능할 것인지를 배울 수 있도록 도와주어야 한다. 지금까지 논의된 문화 관련 이념을 비교하면 표 3.1과 같다.

표 3.1 서구사회의 민족성 및 다원주의와 관련된 이념

문화적 다원주의 이념	← 다문화 이념 →	동화주의 이념
분리주의	열린 사회, 다문화주의	완전 통합
근본적 배타주의	보편화된 배타주의	보편주의
소수집단 강조	소수집단과 다수집단이 권리를 지님	다수집단 강조
집단의 권리가 중요	집단과 개인의 제한된 권리	공동의 문화 이념 일체화
공동의 선조와 유산 일체화		

2. 교육과 문화적 다양성

문화에 대한 정의는 매우 다양하고, 모든 사회과학자들이 동의하는 하나의 정의는 없는 실정이다. 대다수의 사회과학자들은 문화의 가장 중요한 요소는 만질 수 없고, 상징적이며, 이념적인 측면이 강하다고 말한다. 문화를 상징과 해석으로 보기도 하고, 생존 전략으로 보기도 한다. 대부분의 사회과학자들은 문화를 인간 사회의 상징적이고, 이념적이며, 무형자산으로 이루어진 것으로 본다(Kuper, 1999).

문화는 역동적이고 복잡하며 가변적이다. 그러나 우리는 문화를 흔히 안정되고 변하지 않으며 단편적인 것으로 인식한다. 문화는 시스템이므로 전체로 보아야 하며, 고립된 부분으로 보아서는 안 된다. 따라서 문화적 측면의 일부 변화는 전체에 영향을 미친다. 즉 문화는 전체가 유기적 관계를 맺고 있다고 본다(그림 3.1).

■ 가치와 행동 스타일

가치는 추상적이며, 행동의 원리를 사회의 보다 높은 가치로 일반화시킨다. 가치는 문화의 가장 중요한 요소 중의 하나이고, 한 집단과 다른 집단을 구분하는 미시문화이다. 또한 사람들이 자신의 환경을 어떻게 지각하는 지와 행동에 영향을 미친다.

■ 언어와 방언

사람들이 세계를 어떻게 보고 해석하는지는 언어에 반영된다. 한 국가 내의 사람들은 대부분 그 국가의 언어를 사용하고, 아울러 방언이나 다른 언어를 사용하기도 한다. 현재 국내에서는 공식적으로 한국어만 사용하지만 다문화 가정의 증가로 인하여 각자의 모국어로 학습하거나 의사를 소통하고자 하는 시민의 수가 늘어가고 있다.

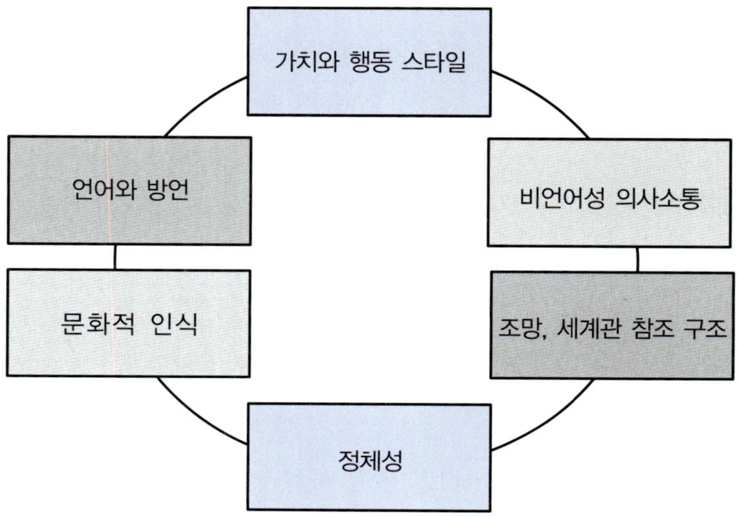

그림 3.1 문화의 구성 요소

■ 비언어성 의사소통

사람들이 비언어적으로 의사를 소통하는 방법은 문화에서 매우 중요하다. 사람들이 서로를 어떻게 보는지, 특정 모습이 무엇을 의미하는지는 사회 내의 미시적 문화마다 다르다. 비언어성 의사소통은 흔히 드러나지 않지만 문화나 미시문화에서 중요한 구성요소가 된다.

■ 문화적 인식

문화적 인식은 개인이나 집단이 자신의 문화와 미시문화가 다른 문화 및 미시문화와는 다르고 독특하다고 인식할 때 일어난다. 문화적 인식에는 의식과 판단을 포함하는 앎의 과정을 포함한다. 문화적 인식은 문화적 일체감과는 다르다. 개인은 강한 문화적 일체감을 지닐 수 있지만 자신의 문화가 다른 문화와 달리 독특하다는 것을 인식하지 못할 수 있다. 그 반대로 개인이 강한 문화적 인식을 지니고 있지만 일체감은 희박한 경우도 있다.

■ 관점, 세계관 및 참조 구조

관점, 세계관 및 참조 구조는 각 문화집단과 미시문화집단 내의 규범이 된다. 이는 특정 집단 내에 있는 모든 개인이 특정 관점을 갖는다는 것을 의미하는 것은 아니다. 그러나 특정 견해와 관점은 다른 문화집단이나 거시문화집단에 비해 미시문화집단 내에서 일어날 빈도가 높다.

■ 정체성

개인은 자신이 소속된 문화집단 및 미시문화집단과 동일시 할 때 집단의 소속감을 느끼게 된다. 개인이 자신의 문화집단과 동일시하는 수준은, 거의 총체적으로 동일시하는 수준에서 거의 동일시하지 않는 수준에 이르기까지 매우 다양할 수 있다.

■ 미시문화집단과 개인

일부 하위문화집단의 아동들은 학교에서 잘 수행하나 또 다른 일부 하위문화집단의 다른 아동들은 그렇지 못하다. 학교의 수행성을 설명하는 하위문화는 복잡하고, 사회과학자들은 특정 문화집단의 성공을 촉진시키기 위해 태도, 신념, 전통 및 기회에 대한 연구를 하고 있다. 첫째, 우리는 개인의 문화적 정체성이 학업성취나 경제적 성공을 충분히 설명해 줄 수 있다는 고정관념을 경계할 필요가 있다. 둘째, 일부 소수 문화집단이 학교 성공에 강력한 영향을 미칠 수 있다는 사실이 다문화 교육에 대한 학교의 책무 부담을 없애는 것은 아니다. 셋째, 교사나 학교 인사가 소수집단 학생을 소중하게 여기지 않으면, 가족과 소수집단 사회의 지원만으로 소수집단 학생의 학업적 성공을 향상시키기에는 역부족이다.

다문화 교육의 일반적인 목적은 자신의 문화적 유산의 긍정적인 측면에 자부심을 갖고, 문화적 다양성에 대한 긍정적인 태도를 향상시키며, 모든 학생들에게 공평한 교육기회를 보장하는 것이다. 아동들이 다양한 문화를 접촉한다고 해서 자연스럽게 그것을 이해하고 다양성을 수용하는 것은 아니다. 따라서 교사들이 다양한 문화를 지도할 계획을 세우고, 문화적 다양성을 이해하고 수용할 수 있는 모델을 제공할 필요가 있다.

다문화 교육에서 가장 논란이 되는 것은 언어 사용이다. 특히 다문화 가정의 아동들은 영유아기부터 언어능력이 제한된 부모에게 교육을 받거나, 말이 없고 보호에 집중하는 조부모나 돌보미에게 양육될 때 심각한 언어적 문제를 가질 수 있다. 우리 사회에는 영유아의 언어발달과 관련하여 두 가지 심각한 문제를 안고 있다. 한 가지는 다문화 가정의 불완전한 언어생활에 노출되는 것이고, 다른 한 가지는 앞서 지적한 바와 같이 대화를 거의 하지 않는 조부모에게 양육됨으로써 대화의 기회를 갖지 못하는 경우이다. 특수교육의 입장에서는 앞으로 다문화 가정 아동들의 이중언어 문제에 초점을 맞출 필요가 있다.

3. 다문화와 이중언어 특수교육

특수교육에서 가장 중요한 하위문화는 민족집단과 특수성 집단이다. Banks와 Banks(2007)는 민족집단의 경우 공통의 역사적 기원을 가지고 있고 정체성, 유산, 전통을 공유한다고 하였다. 이 집단은 사회에서 다른 집단과 다른 가치지향성, 행동패턴, 정치적 및 경제적 관심을 갖는다. 민족집단은 특정 지역이나 종교 측면에서는 다수집단이 될 수도 있다. 특수성 집단이란 특정 사회에서 가치를 높이 평가 받는 특별한 능력을 지녔거나, 특별한 조정이 필요한 장애를 지닌 집단을 말한다. 따라서 개인은 특정 민족집단에서는 장애로 판정을 받지만, 다른 민족집단에서는 그렇지 않을 수도 있다.

우리는 아직까지 이중언어 아동을 지도할 교육적 체제나 인력을 공식으로 양성하지 않고 있지만, 빠른 시기에 이중언어 교사를 훈련하고 교육 서비스를 제공해야 할 것이다. 다문화 가정의 자녀를 담당하거나 지도하는 교사들에게, 우리의 문화와 학생의 문화에 대해 충분한 지식을 갖도록 훈련하고 연수를 시키는 것이 바람직하다. 일부 교육청이나 학교에서는 다문화 가정의 아버지나 어머니를 특별 교사로 초빙하여 문화 이해 교육을 실시하기도 하지만 어디까지나 임시방편에 지나지 않는다. 장기적으로는 다문화권 출신의 인력을 교사로 양성하여 배치하는 방안을 모색해야 할 것이다.

민족성과 특수성이 서로 아주 다른 개념이지만, 다문화 특수교육에서는 다문화 교육의 일반적인 목표를 넘어 ① 민족적 배경이 교육적 특수성으로 오해되지 않도록 해야 하고, ② 특수성의 하위문화, 그 문화와 다른 문화의 이해도를 높여야 한다는 데 초점을 맞추어야 한다.

민족적 배경을 고려하지 않고 소수집단을 다수집단의 기준에 맞추어 특수성으로 판단하는 잘못을 범해서는 안 된다. 예를 들어, 눈 맞춤의 형태, 신체적 접촉, 언어의 사용, 상관에 대한 태도 등은 민족 문화에 따라 다양하다. 각 문화집단의 구성원들은 자신의 문화적 판단 기준에 따라 정상과 이상이 판단되어야 하고, 서로 다르다는 것 때문에 장애나 영재로 판단하는 오류를 범해서는 안 된다.

■ 문화적 요인을 고려한 장애의 판별

사정은 의사를 결정하기 위해 개인이나 집단에 관한 정보를 수집하는 과정이다. 교육에서는 보통 사정이라고 하면, 검사, 면담, 학생 관찰을 의미하며, 사정은 **선별**[27], **진단**[28], **진전도 점검**[29], **결과 측정**[30] 등을 포함하여 다양한 목적으로 이루어진다.

특수교육을 포함하여 교육적 사정의 정확성, 정당성 및 공정성은 항상 문제가 되고 있다. 다민족 국가의 경우, 전통적인 사정은 소수 민족집단, 성, 장애 등에 관계없이 공정성과 공평한 기회를 위협하고 있다. 그 결과 심리학자들은 교육 프로그램을 향상시키기 보다는 소수민족 아동들의 능력과 장애를 잘못 해석함으로써 장애로 과잉판별하거나 과소판별하는 문제로 비판을 받고 있다(Macswan & Rolstad, 2006).

학생의 사정과 관련한 문제는 간단하지가 않다. 사정에 대한 전통적인 접근 방법으로 인하여 사정의 심각한 문제는 지속될 수밖에 없다. 즉, 전통적 사정 방법에서는 문화적 다양성을 제대로 고려하지 않고, 개인의 결함에 초점을 맞추며, 교수에 유용한 정보를 제공해 주지 않는다. 따라서 사정 과정에서 이러한 한계를 인식하고 보다 적절한 사정 절차를 따라야 하며, 장애를 판별하는 데 더욱 신중을 기함으로써 판별의 오류를 최소화해야 한다.

---

27) 진단평가를 위해 더 많은 검사나 평가를 할 필요성을 확인하기 위한 간략하고 신속한 측정

28) 특정 문제를 판별하기 위한 측정

29) 교수적 안내를 돕기 위해 자주 실시되는 측정(기초선 단계에 비해 얼마나 진전 또는 향상되었는지를 판단하고, 다음 교수 활동에 적용하기 위한 정보를 수집)

30) 교육 프로그램의 효과를 결정하기 위한 사정

■ 소수집단을 위한 중재반응법

학생의 분류와 관련하여 적절한 사정에 관한 문제는 인종이나 소수집단에게만 해당되는 것은 아니며, 어느 나라든 그 나라의 주류 집단도 예외가 아니다. 학습장애의 진단과 판별에 관한 절차와 방법 문제가 최근 이슈가 되고 있다. 과거의 학습장애 판별 방법은 주로 불일치 준거를 적용하였다. 그러나 이 방법이 최선이 아니라는 지적에 따라 그 대안으로 **중재반응법**[31]이 연구되고 제안되었으며 IDEA에서는 중재반응법을 적용할 수 있는 여지를 열어두고 있다. 이 방법은 아동들이 효과적인 중재에 반응하지 않을 때 장애로 판별한다. 즉, 아동이 일반적으로 적용되는 효과적인 중재에 반응하면 장애로 판별되지 않고, 반응하지 않으면 장애로 판별되는데, 주로 학습장애, 지적장애, 정서행동장애 분야의 진단평가 과정에서 많이 시도되고 있다. 중재반응법에 대해서는 제 12장 학습장애에서 더 상세히 다루기로 한다.

■ 소수민족의 영재성 아동 판별 이슈

장애를 지닌 아동뿐만 아니라 영재아동을 판별할 때도 공정하고 정확한 사정이 이루어져야 한다. 사정을 담당하는 사람들은 유색인종이나 이민족 아동들의 능력을 사정할 때 특별한 능력을 무시하거나 간과하는 경향이 있다. 영재 판별을 위한 대안이 연구되고 있는데, 한 연구(Pierce et al., 2007)에서 대안적 판별절차를 적용했을 때 히스패닉계 영어학습자들의 수가 늘어난 것으로 보고하고 있다.

■ 문화집단과 진전도의 사정

진전도 점검

학생이 중재에 대해 어느 정도 진전도를 보이는지를 파악하는 것은 매우 중요하다. 비형식적인 진전도 측정 방법은 다양한 학생들을 대상으로 할 때 매우 유익하다. 진전도 사정은 전통적인 표준화 검사에 비해 편견을 줄일 수 있다. 진전도 측정의 한 방법은 교육과정 중심의 측정이다. 교육과정 중심 측정은 유용한 교수 자료에 대한

---

31) response to treatment, response to instruction 이라고 하기도 함. 학습장애를 진단 평가하는 방법으로 이용되며, 점진적으로 교수적 강도를 높여가며 학생이 일정 수준으로 반응을 보이지 못할 때 학습장애로 결정하여 특수교육에 의뢰하는 절차 또는 교수방법

학생의 반응, 현재 학생을 지도하고 있는 교육과정에서 학생의 수행성을 직접적으로 자주 표집하게 된다. 교육과정 중심 측정은 일반적으로 중재반응법에서 학생의 반응성을 결정하기 위해 이용된다(정대영, 2010). 교육과정 중심 측정은 교사들에게 보다 유용하고, 문화적 편견을 줄일 수 있다. 교육과정 중심 측정 방법 역시 다양한 집단의 아동들에게 적용될 수 있는 방법을 개발하는 것이 중요하다.

수행능력 측정

표준화검사는 소수집단의 아동들이 갖지 못한 특정 경험과 관련된 검사 문항 때문에 편향될 가능성이 높다. 또한 표준화검사는 시각장애, 청각장애, 뇌성마비 등 표준적으로 반응할 수 없는 아동들에게는 커다란 장벽이 될 수 있다.

검사 점수는 기껏해야 표준으로 설정한 과제나 질문에 대해 반응하는 개인의 능력을 표집한 것을 의미한다. 즉, 개인이 발휘할 수 있는 많은 능력이 있지만 표준화검사에서 제시한 능력이 그 개인의 대표성을 띠고 있다고 여기고, 검사 결과를 개인의 전체 능력으로 추정하게 된다. 따라서 검사 결과를 지나치게 확대하여 해석하는 것은 위험하다. 표준화 검사의 편향성에 관한 연구에서 다음과 같은 주의를 하고 있다(Taylor, 1997)

첫째, 검사는 학생이 학습한 내용에 관한 단서만 제공한다.

둘째, 검사 결과는 검사에 포함된 편향성을 인식하면서 해석되어야 한다.

셋째, 검사만으로는 학생을 분류하고 교수 프로그램을 계획하기에 불충분하다.

전통적인 사정은 주로 학생에게 초점을 맞추고 학습 환경은 고려하지 않았으며, 확인된 결함이 학생의 결함이라고 판단했다. 그러나 많은 교육자들은 학생의 행동과 수행능력을 사정하기 위해 교수 환경의 사정을 제안하고 있다(Hallahan, Kauffman, & Pullen, 2009). 즉, 교수 환경의 사정은 정확하고 효과적인 교수의 제시, 학급의 효과적인 통제, 교사의 적절한 기대, 교육과정의 적절한 조정, 사고 기술의 지도, 학생의 학업활동 참여, 수행성의 피드백 제공, 직접적이고 잦은 진전도 평가 등에 대한 항목들에 초점을 맞추고 있다. 이러한 접근의 기본 가정은 문화적 차이로 인하여 장애로 판별될 가능성을 줄일 수 있다고 본다.

전통적인 사정 절차는 학생의 특수교육이나 다른 특별한 서비스의 적격성을 결정하는 데 유용하지만 교수 계획을 수립하는 데 유용한 정보를 제공해 주지 못하는 한계가 있다. 따라서 다양한 대안들이 모색되고 있는 가운데 표준화검사보다는 매일 학습하고 있는 교육과정의 내용과 과제에 대한 학생들의 수행성에 초점을 맞추게 되었다. 이 방법이 일부 측면에서 유용하지만 사정의 모든 문제를 해결해 줄 수 있는 유일한 대안은 아니라는 점을 인식해야 한다.

검사의 조정

장애를 지닌 학생들이나 문화적으로 다른 아동들이 일반아동들과 공평한 기준으로 검사하기 위해 조정을 하게 된다. 조정은 특정 학생에게 유리하도록 기회를 제공해 주기 위한 것이 아니라 지식과 기능을 발휘할 공평한 기회를 제공하는 데 그 목적이 있다.

검사 조정은 사정 결과를 방해할 수 있는 언어 장벽을 줄이는 데 중점을 두고 있으며, 대개 시험실시에 대한 수정(시간 연장, 소집단 및 개별 실시)을 하거나 이중언어 사전을 이용할 수 있도록 하고 있다. 미국의 경우, 모국어로 번역해 주거나 이중언어로 제시하기도 하지만 흔한 일은 아니다. 우리도 이중언어 문제와 관련하여 교수적 지원이나 평가 조정 등 구체적인 교육의 실제를 마련할 때가 되었다.

■ 다문화 교수와 이중언어 특수교육

다문화 교육의 주요 목적은 모든 아동들이 문화적 차이로 인하여 불이익을 당하지 않고 학습할 수 있도록 보장해 주는 데 있다. 이러한 목표를 달성하기 위해 교육계에서는 다양한 논쟁을 하고 있지만 최종적인 목표는 모든 문화집단의 아동들에게 교육 기회와 성취 기회를 공평하게 제공하는 것이다.

학생들의 차이를 무시하면 그들에게 적합한 교수적 접근을 할 수 없을 것이다. 그런 의미에서 특수교육에서 강조하는 교수-학습의 개별화는 다문화교육과 이중언어 특수교육에서도 예외가 될 수 없다. 다문화주의 관점에서 보면, 소수집단과 다수집단의 차이를 인정하고, 보편적 배타주의를 취하고 있어(완전한 소수집단주의도 아니고, 다수집단에 완전히 동화되어 자신들의 문화정체성을 상실하는 것도 아님), 언어 교육에서도 역시 자신의 문화권과 민족의 정체성을 유지하면서 다수 집단의 문화를 수용할 수 있도록 지도하는 것이 바람직하다.

우리의 현실은 다문화로 인한 언어, 행동, 학습 문제를 지닌 학생들을 특수교육대상자로 포함시킬 수 있는가? 당연히 그렇게 되어야 하겠지만 다문화 가정 자녀의 학습과 행동 문제들이 복지와 부진의 차원에서 접근되는 것을 넘어 필요에 따라 특수교육에서 수용할 수 있어야 할 것이다.

다문화 가정 자녀의 언어문제를 해결하는 방법으로는 전 학급또래지도classwide peer tutoring 방법이 유용한 것으로 밝혀지고 있다(Fulk & King, 2001). 특수교육과 일반교육은 모든 학생들에게 소중하고 가치 있는 교수 프로그램을 채택해야 하고, 가급적 문화와 관계없이 모든 아동들에게 도움을 줄 수 있어야 한다. 이를 위해 교수 과정에서 차이를 수용하고 바르게 인식할 수 있도록 지도하기, 가족과 함께 활동하기, 언어적 소수집단 학생들을 위한 교수법 개선하기, 효과적인 지도의 실제를 적용하기, 다수집단 문화권의 언어학습자를 위한 효과적인 읽기 교수법을 발견하여 적용하기 등에 관심을 가져야 한다.

4. 가족과 지역사회 속의 장애인

■ 아동이 가족에 미치는 영향

아동의 출생은 가족의 생활 전반에 특별한 영향을 미치는데, 부모와 아동들은 서로 가족에 적응하기 위해 다양한 변화를 겪게 된다. 특히 장애 자녀를 갖게 되면 가족은 매우 큰 영향을 받게 된다.

장애를 지닌 자녀를 갖게 되는 대부분의 가족들은 일상생활에 혼란을 겪게 된다. 부모는 장애를 지닌 자녀를 갖게 됨으로써 치료나 교육을 받기 쉬운 곳으로 이사를 가거나, 가사 일정에 변화가 생기거나, 직장의 근무 시간을 변경하거나, 근무 시간을 줄이거나, 직업을 그만두기까지 한다. 일반적으로 장애를 지닌 자녀를 가진 부모들은 일반자녀를 가진 부모들에 비해 심리적 안녕감이 낮으며, 이러한 차이는 아버지 집단보다 양육부담이 큰 어머니 집단에서 더 심한 것으로 보고되고 있다(정대영, 최정아, 2010).

■ 가족의 반응단계와 과제

부모들이 자녀가 장애를 지니고 있다는 것을 알게 되었을 때 일반적으로 보이는 반응단계가 있다. Cook 등(1996)은 장애를 지닌 아동의 부모들이 일반적으로 보이는 반응단계와 중재자 반응을 다음과 같이 제시하였다.

첫째, **충격, 불신, 거부 단계.** 부모들은 창피하고, 죄의식을 느끼거나, 스스로를 가치 없다고 생각하거나, 지나치게 보상을 하거나, **의사 쇼핑**[32]을 하게 된다. 중재자들은 부모의 얘기를 능동적으로 경청하고 수용한다.

둘째, **분노와 적개심 단계.** 부모들은 센터에 대해 분노하고 조기 중재자들에게 언어적 학대를 한다. 중재자들은 격려하고, 부모를 바쁘게 만들며, 긍정적인 부모-아동 상호작용에 대한 모델링을 한다.

셋째, **협상 단계.** 부모는 불가피성을 이성적으로 수용하는 대신에 의사결정과 더불어 행동을 취한다. 중재자들은 부모와 공감하면서 이해심을 보이고, 부모가 정상적인 감정을 갖도록 도우며, 정직하게 의사소통한다.

넷째, **우울과 실망 단계.** 부모들은 무엇이 유용한지를 생각하고, 무기력해지며, 정상적인 자녀를 갖지 못한 것을 슬퍼한다. 중재자들은 긍정적인 측면에 초점을 맞추고, 활동의 성공을 보장하며, 전문가에게 상담을 의뢰한다.

다섯째, **수용 단계.** 부모들은 자녀를 위해 뭔가 중요한 일을 할 수 있다는 것을 깨닫고, 새로운 생활에 적응하며, 실제적인 것을 하고자 한다. 중재자들은 다른 부모들을 따르고, 서로의 상호작용을 격려하며, 아동이 진전을 보일 때 부모를 칭찬한다.

표 3.2는 부모들이 장애의 확인에서부터 수용과 계발에까지 겪는 경험과 과제를 밝힌 5단계의 탄력성 모형이다. Kohhar-Bryant(2008)는 이 모형을 ① 부모와 가족 구성원들은 아동, 자신의 강점 및 대처 요구에 관한 가장 좋은 지식 자원이고 ② 부모는 스트레스를 받고 있어 서비스 전달과정이나 지원 과정에 포함될 필요가 있으며 ③ 부모는 어려운 상황을 대처할 탄력성을 지니고 있으며 ④ 부모는 전문가의 촉진을 받아 지속적인 조정 과정에 참여할 수 있다는 점에 근거하여 개발하였다.

32) 자녀의 발달 초기에 장애를 발견한 부모들이 장애를 치료할 수 있다고 기대하며, 짧은 기간 내에 치료효과를 높이기 위해 유능하다고 소문난 의사를 찾아 이곳저곳 찾아다니는 현상을 말한다.

표 3.2 가족의 강점에 대한 탄력성 모형

1단계 장애의 확인	2단계 자기교육	3단계 자신과 가족에 관한 성찰	4단계 옹호와 역량강화	5단계 상황인식과 계발
• 잘못된 신념과 거부 경험 • 슬픔과 실망 • 미래에 대한 불확실성 반영	• 장애에 대한 학습 • 아동의 강점과 제한점 확인 • 필요한 서비스에 관한 학습 • 전문가의 도움 요청	• 자신의 강점과 대처기술 인식 • 자신의 실망과 분노 인식 • 정보지원망에 접촉 • 전문가 지원 받음 • 아동지원을 위한 가족지원 협의	• 탄성력 성장 • 학교와 팀에 참여 • 적절한 서비스 옹호 • 법적 권리 학습 • 기관 간의 자원 협의	• 장애로 인하여 가족의 새로운 강점을 어떻게 발견하도록 도움을 주었는지에 대한 상황 인식 • 아동의 특별한 재능 인정 • 아동의 요구와 자신의 요구 구별하기 • 장애의 폭넓은 긍정적 영향 인식

* 자료출처: Kohhar-Bryant, C. A. (2008). *Collaboration and system coordination for students with special needs: From early childhood to the postsecondary years*(p.213). NJ: Merrill/Prentice Hall.

교육자들은 장애를 지닌 아동의 부모들이 전형적인 반응을 할 것으로 예상해서는 안 된다. 가족 서비스를 계획하고 실행할 때 적응단계 이론이나 모형에 있어 세 가지 잠재적인 문제가 있을 수 있다. 첫째, 모든 부모들은 각 단계를 유사한 과정을 거쳐 통과하게 되고, 시간이 지나면 적응하게 된다고 생각하기 쉽다. 사실 부모들은 아동의 출생과 진단에 대해 여러 방식으로 반응한다. 일부 부모들의 경우, 여러 해가 지나도 자녀에 대해 편한 마음을 갖지 못한다. 이와 반대로 다른 부모들은 장애를 지닌 자녀를 가짐으로써 자신들의 삶과 결혼 생활을 더욱 활력 있게 해 주었다는 보고도 있다. 둘째, 많은 부모들은 슬픔과 적응의 단계를 오히려 의미 있는 의사소통을 방해하는 거래나 저자세로 본다. 셋째, 일부 적응단계 이론은, 부모들이 독특한 정신과적 경향을 지니고 있기 때문에 적응을 위해 전문가들의 상담을 받을 필요가 있다고 가정한다.

■ 가족의 교육 참여

최근 많은 전문가들은 가족 중심의 모형을 지지하고 있다. 이들에 의하면 가족 중심 모형은 가족의 목표를 위해 자원과 지원을 동원하고 그들이 스스로 서비스에 관한 의사결정을 하도록 격려하는 소비자 중심의 모형이다. 가족 중심 접근법의 또 다른 기술 방식은 전문가들이 가족을 위해 활동하는 형태이다.

가족 중심 모형은 중재와 교육 프로그램을 개발하는 과정에서 부모들이 수동적인 입장이 아니라 전문가들과 대등한 입장으로 변화됨을 의미한다. 전문가들이 직접 서비스를 제공할 뿐만 아니라 가족들이 스스로 돕도록 격려할 때 가족은 자신의 생활을 더욱 통제할 수 있게 되고, 전문가-부모의 관계 역시 지나치게 의존적인 상태를 탈피할 수 있다.

지원을 제공하되 가족이 독립적으로 의사결정을 할 수 있도록 허용하는 것이 중요한 과제가 되고 있다. 부모가 전문가에게 요청하는 제안들은 다음과 같다.

첫째, 직접적이되 부모에게 무엇을 해야 할지에 대해 강요하지 말라.

둘째, 정직하게 진실을 말하고 희망적인 격려를 하라.

셋째, 전문가가 박식하지만 해답을 찾지 못할 수 있음을 인정하라.

넷째, 난처하게 하지 말고 정보를 움켜쥐고 있지 말라.

아동의 발달이 이루어지는 사회적 맥락은 매우 중요하다. 가족의 행동에 미치는 다른 사회적 맥락(예, 확대 가족, 전문가)을 고려하지 않고서는 그 행동을 이해할 수 없다. 가족과 주변 사회체제의 상호작용은 가족이 어떻게 기능을 하는가에 중요하다. 지원적인 전문가 네트워크는 장애를 지닌 아동을 둔 가족에게 큰 도움이 될 수 있다.

■ 가족체제

개인의 행동은 가족의 맥락에서 이해될 수 있고, 가족의 행동은 다른 사회체제의 맥락에서 이해될 수 있다는 것이 가족체제 이론의 기본 원리이다. 가족체제 이론이 몇 가지 있지만 중재와 교육프로그램은 가족 구성원들의 관계와 상호작용을 고려할 수록 성공 가능성이 더 커진다는 것이 공통점이다. 장애인과 관련된 가족체제 모형은 Turnbull과 Turnbull(2001)에 의해 개발되었는데, 서로 관련된 네 가지 구성요소, 즉 가족 특성, 가족 상호작용, 가족 기능 및 가족생활주기 등을 제시하고 있다(그림 3.2).

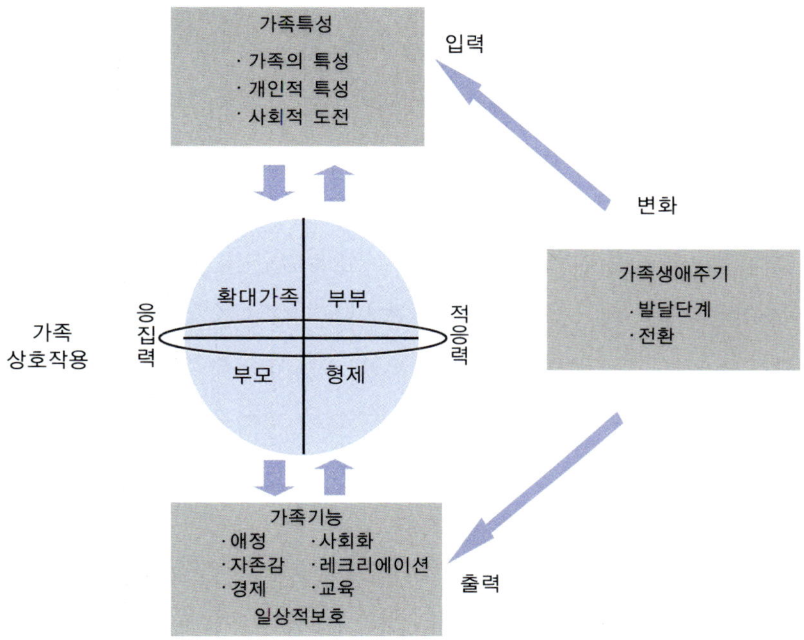

그림 3.2 가족체제 구조

가족 특성

가족 특성은 가족과 관련된 기본적인 정보를 제공한다. 특성에는 장애의 특수성(유형과 정도), 가족의 특성(크기, 문화적 배경, 사회경제적 지위), 개인적 특성(대처 스타일), 특별 조건(결혼생활 우울, 배우자 학대) 등과 같은 요소들이 포함된다. 가족 특성에 대한 정보는 가족 구성원들이 스스로 어떻게 상호작용할지, 아니면 외부인들과 어떻게 상호작용할지를 결정하는 데 도움을 준다.

오늘날 사회는 가족 특성을 고려하는 것이 더욱 중요해진다. 특히 교사는 인종적 다양성이 확대되고 있는 점에 관심을 가져야 하고, 맞벌이 부부, 한 부모 가정, 저소득층 가정, 다문화 가정이 늘어나고 있는 점에 유의해야 한다.

가족의 상호작용

가족 구성원들은 서로 다양한 기능적 및 역기능적 관계를 맺고 지내며 자녀에 대한 부모의 반응이 아동의 발달에 주요 열쇠가 된다. 부모가 아동의 신체언어, 제스처, 얼굴 표정에 적절히 반응할수록 아동의 발달이 더 풍요로워진다.

Turnbull의 모형에 의하면, 가족 상호작용은 가족 구성원들이 서로 어떻게 상호작용하는 지를 결정하는 중요한 요소로 가족 응집력과 적응력을 지적하고 있다. 일반적으로 가족이 적정 수준의 응집력과 적응력을 가지고 있을 때 보다 건전하다.

응집력은 가족 구성원이 다른 가족 구성원들과 무관하게 독자적으로 자유롭게 행동하는 정도를 말한다. 가족 응집력이 높은 가정은 가족 구성원들이 자유롭게 자신의 삶을 살아가지만 가족의 지원이 필요할 때 적극 참여한다. 가족 응집력이 낮은 가정은 장애를 지닌 아동에게 필요한 지원을 제공하지 않고, 반면에 응집력이 지나치면 지나치게 보호하게 되는 경향이 있다.

적응력은 가족이 특별하거나 스트레스를 받을 수 있는 상황에 직면했을 때 그들의 상호작용의 양식을 바꿀 수 있는 정도를 말한다. 일부 가족들은 너무 무질서해서 어떤 구성원이 주어진 상황에서 무슨 행동을 할지 예측하기 어렵다. 그러한 불안정한 상황에서 장애를 지닌 가족 구성원은 무관심의 대상이 되거나 무시된다. 어떤 가족은 구성원들의 역할이 사전에 철저히 정해져 있다. 예를 들어, 어머니가 장애를 지닌 아동의 치료 서비스를 받으러 갈 동안 아버지는 다른 자녀를 책임지고 돌보는 것을 들 수 있다.

가족 기능

가족 기능은 가족들이 여러 가지 다양한 요구를 충족시키기 위해 행하는 일상을 말한다. 일상적인 활동에는 경제, 일일 보호, 사회적, 의료적 및 교육적 요구 등이 포함된다. 교육은 가족들이 관여하는 몇 가지 기능 중의 하나라는 점을 교사들이 이해하는 것이 중요하다. 일부 학생들의 경우, 전문가들이 부모에게 시간을 많이 요구할 수도 있는데, 이것은 당연하며, 부모가 프로그램에 참여할 때 더 큰 효과를 얻을 수 있다.

가족생활 주기

시간이 지남에 따라 장애를 지닌 아동이 가족에게 끼치는 영향은 변화한다. 이러한 이유 때문에 장애를 지닌 아동의 가족생활 주기 관점에서 가족을 바라볼 필요가 있다. 대부분의 가족 이론가들은 가족의 생활을 초기 아동기, 아동기, 청소년기, 성인기 등 네 단계로 나누고 있다.

가족들은 장애를 지닌 아동이 생활주기의 각 단계를 넘어갈 때 스트레스를 많이 받는다. 부모는 장애를 지닌 아동이 성인기로 접어들 때 자녀의 정신능력 및 보호감독과 관련된 문제들로 특히 어려움을 겪게 된다.

전환기의 또 다른 문제는 영유아 프로그램에서 보다 광범위한 유치원 상황으로 넘어갈 때 일어난다. 이 시기에 아동은 더욱 독립적이어야 한다. 가족들이 각 단계를 거쳐 전환해 갈 때 어려움을 겪는 이유는 새로운 단계가 경험해 보지 않은 불확실한 상황이기 때문이다. 생활주기에 따른 자녀의 발달, 양육, 교육, 재활, 복지 등의 서비스 내용을 장애를 지닌 아동의 부모들에게 안내하는 것이 중요하다.

■ 가족을 위한 사회적 지원

가족들은 다른 사람들이 지원하는 사회적 지원으로부터 큰 도움을 받을 수 있다(Singer, 2002). 사회적 지원이란 필요한 사람에게 제공되는 정서적, 정보적 및 자료원조를 말한다. 사회적 지원은 전문가나 기관이 제공하는 도움과 달리 비형식적이며, 확대 가족, 친구, 종교 단체, 이웃, 사회 클럽 등으로부터 이루어진다.

근래에 이르러 부모들이 장애인의 권리와 옹호단체로서 적극 참여하여 이익 단체로서의 역할을 하고 있다. 부모들이 집단화하여 권익을 주장하고 자녀의 교육과 복지를 위해 스스로 정책을 개발하며, 정치권에 직접 참여하거나 연대하여 권리를 찾고 보장받으려고 노력하고 있다. 지방 자치와 민주화의 발전으로 장애인 단체들의 현실 참여는 급속히 증가하고 있으며, 지방자치단체 역시 지역민의 복지와 삶의 질을 향상시키기 위해 조례를 정하거나 바우처 제도를 운영하는 등 적극적인 정책을 개발하여 실천하고 있다.

5. 장애를 지닌 아동 부모의 역할

부모는 자녀 양육에 대한 막중한 책임을 지고 있으며, 신체적으로나 정서적으로 많은 에너지를 필요로 한다. 자녀 양육은 많은 부담을 주게 되므로 요즘 젊은 세대는 이를 기피하기까지 하며, 자녀를 적게 낳거나, 결혼 자체를 후순위로 돌리는 시대 풍조가 되고 있다.

장애를 지닌 아동 부모들은 일반 부모들이 겪는 어려움 외에 신체적, 정서적, 재정적으로 추가의 스트레스를 받게 된다. 또한 자녀에게 사랑과 애정을 쏟는 외에 다음과 같은 다양한 역할을 수행해야 한다.

보호자. 부모들이 어린 자녀를 돌보는 것은 선택의 여지가 없다. 하지만 장애를 지닌 아동을 돌보기 위해서는 더 많은 요건들이 추가되어야 하고, 스트레스도 늘어난다. 많은 부모들이 확대 가족의 지원을 받지만 그것으로는 충분하지 않다. 일시적이라도 휴가를 받으면 정신적 및 신체적 스트레스를 줄일 수도 있다.

제공자. 아동이 출생하여 성인기까지 성장하는 동안 음식, 옷, 거주지, 음악, 체육, 취미 등 학교 교육과 사교육에 비용이 많이 들어가게 된다. 장애를 지닌 아동들에게는 추가의 양육비가 들어가게 되므로 경제적으로 가정에 많은 부담을 줄 수 있다. 국가나 지방자치단체로부터 경제적 지원을 받기도 하지만 그러한 지원 수준으로는 충분하지 않다. 한편으로는 장애를 지닌 아동을 양육하고 지원하기 위해 부모의 근로시간이 많은 제약을 받기 때문에 가정의 수입이 줄어들 수도 있다.

교사. 대부분의 아동들은 다른 사람으로부터 지도를 받지 않고서도 많은 것을 학습하지만 장애를 지닌 아동들은 일반 또래들처럼 새로운 기술을 자연스럽게 독자적으로 습득하지 못하는 경향이 높다. 그러므로 부모들은 자녀를 가르치거나, 자녀가 이용할 보조공학 또는 보장구의 이용법 등에 대해 배우고 때로는 교사와 같은 역할을 해야 한다.

상담사. 모든 부모들은 어떤 의미에서 자녀의 변화하는 정서, 감정, 태도를 다루는 상담사이다. 그들은 일반 부모들이 겪는 기쁨과 고통을 맛보기도 하지만, 특정 장애로 인하여 생기는 자녀에 대한 감정을 스스로 다룰 줄 알아야 한다.

행동지원 전문가. 모든 학생들은 가끔 표출행동을 한다. 또한 부모들은 자녀가 말을 듣지 않거나, 문제행동을 할 경우 갈등을 겪고 때로는 좌절하기도 한다. 이러한 일부 행동문제는 전문적이고 일관성 있는 처치를 필요로 하므로, 부모들은 정상적인 가족생활을 영위하기 위해 행동지원 기법에 익숙해져야 한다.

장애가 없는 형제자매의 부모. 일반아동들은 장애를 지닌 형제자매로부터 많은 영향을 받는데, 그 특성은 매우 다양하다. 일부 연구들은 일반아동들이 장애를 지닌 형제자매로부터 영향을 받아 정서 및 행동 문제의 발생률이 높거나, 자존감이 낮거나, 적대감이나 질투심을 갖는 등 부정적인 영향을 받는 것으로 보고하고 있다. 장애를 지닌 아동과 그 형제자매들의 관계 특성을 결정하는 데 부모의 역할이 중요하다.

결혼 파트너. 장애 자녀를 갖게 된 부부는 결혼생활에 많은 스트레스를 받게 된다. 장애 자녀에게 시간, 가정 경제, 에너지, 관심 등을 많이 쏟게 되고, 서로에게 거의 배려하지 못하거나, 장애의 원인을 서로 상대의 탓으로 돌려 가정불화가 빈번히 일어나게 되고, 심지어 이혼을 하는 등 부부생활에 많은 영향을 받게 된다.

정보전문가/유의한 다른 사람의 훈련가. 조부모, 삼촌, 숙모, 이웃, 학교버스 기사 등 모두 아동의 발달에 영향을 주는 중요한 사람들이다. 부모는 주변의 사람들이 자녀의 존엄성을 인정하고, 자녀를 수용하며, 학습기회를 제공하고, 적응행동을 유지할 수 있도록 지원해 주는 등 자녀와 일관되게 상호작용하도록 노력해야 한다.

옹호자. 부모는 자녀의 교육 과정에 참여할 권리가 있지만 그에 상응하는 책임도 따른다. 부모는 자녀의 진단평가, 선정배치, 특수교육 서비스와 관련서비스, 특별한 기술의 학습(IEP, IFSP)에 관한 지식을 습득해야 하고, 자신들의 관심에 대해 일관성 있게 주장하고 표현해야 하며 효과적인 교육 서비스와 기회를 확보하기 위한 노력을 해야 한다.

■ 부모와 효과적인 의사소통

부모와의 쌍방향 의사소통을 정기적으로 하는 것이 가족과 전문가 간의 소통을 원활히 하는 주요 열쇠가 된다. 부모와 교사가 마음을 열고 정직하게 대화하지 않으면 긍정적인 결과를 얻지 못한다. Wilson(1995)은 교사와 부모가 의사소통을 원활히 하기 위한 5가지 원리를 제시했다.

첫째, 부모의 말을 수용하기. 부모의 말을 수용한다는 것은 부모의 말이 가치 있음을 의미한다. 부모는 자신이 존중받는다고 생각할 때 마음을 열고 대화를 할 가능성이 높다.

둘째, 능동적으로 경청하기. 훌륭한 청자는 대화의 파트너에게 주의를 집중하고 진지하게 반응한다. 능동적인 청자는 화자가 말하는 것을 해석하고, 분류하고 분석할 뿐만 아니라 화자의 말에 흥미와 관심을 가지고 반응한다(Howard, Williams & Lepper, 2005).

셋째, 효과적으로 질문하기. 교육자들은 부모와 대화를 할 때 가급적 열린 질문을 해야 하며, 부모가 지니고 있는 정보를 많이 쏟아내게 해야한다. 부모에게 질문을 할 때는 문제나 결함에 초점을 맞추지 말고, 비밀에 부쳐주며 가족의 희망을 존중해 준다.

넷째, 격려하기. 부모가 자녀에 대해 좋은 소식과 정보를 듣는 일은 매우 중요하다. 자녀의 착한 행동이나 개선된 수행성에 대해 이야기하고, 격려하며 부모의 참여를 촉진시킨다.

다섯째, 대화의 핵심을 벗어나지 않기. 교사와 부모 간의 대화의 초점은 아동의 교육 프로그램과 진전도에 관한 것이어야 한다. 교사는 부모의 사회경제적 지위 등에 대해 관심을 갖고, 수준에 맞는 대화를 하도록 노력하며, 화제가 자녀의 교육 문제에서 벗어나지 않도록 한다.

■ 부모와 교사의 장벽을 발견하고 허물기

교사와 부모의 협력이 항상 원만히 이루어지는 것만은 아니다. 교사와 부모는 각자 아동에게 무엇이 최선인가에 대해 서로 의견을 달리하기도 하고, 갈등을 겪기도 한다. 따라서 교사는 부모나 가족들과의 상호작용을 원만히 하도록 노력해야 하고, 그들의 문화적 배경에 따른 신념이나 사상에 반응적이어야 하며, 가족 참여를 방해하는 태도와 행동을 확인하여 제거하도록 노력해야 한다.

의사소통의 장애물이 되는 전문가의 사고와 태도

교사와 부모는 서로에 대해 대립각을 세울 수 있다. 교사는 부모들이 무관심하고, 비협조적이며, 적대적이라고 불평을 하는 반면, 부모들은 교사가 부정적이고, 도움이 되지 않고, 자기 자녀에게 최선을 다하지 않는다고 생각한다. 우리는 교사와 부모 간의 관계의 갈등이나 균열을 일으키는 요인을 발견하여 문제를 해결하고 개선하려는 노력을 기울여야 한다.

교육자들은 부모의 태도를 직접 바꿀 수는 없지만, 가족과의 의사소통을 방해하는 장벽이 되는 행동이나 태도를 확인하여 제거해야 한다. 일부 전문가들은 장애를 지닌 아동의 부모들이 으레 이럴 것이라는 선입견을 가지고 있거나 잘못된 가정을 하는 경우가 있다. 전문가들의 태도가 다음과 같을 때는 부모들이 불신하거나 갈등을 일으키게 되므로 유의해야 한다.

- 부모를 평등한 파트너로 보지 않고 상처받기 쉬운 내담자로 보기
- 전문가들이 지나치게 관여하지 않으려고 일정한 거리를 유지하기
- 부모가 상담을 필요로 하는 것처럼 대하기
- 자녀의 장애에 대해 부모를 비난하기
- 부모가 덜 지적이라고 생각하며 대하기
- 부모를 적으로 대하기
- 거부적인 부모, 저항적인 부모 등의 명칭을 붙이기

대화를 통한 갈등 해결

교사와 부모 간의 갈등관계는 전문가들의 잘못 때문만은 아니다. 일부 부모들은 다루기 어렵고, 비합리적일 수 있다. 그들은 자녀의 교육을 위해 오랫동안 투쟁하기도 하고, 그 과정에서 많은 어려움을 겪어왔을 수 있기 때문이다. 그러나 일단 자녀에게 적합한 교육 서비스를 받는다고 판단하게 되면 교사와 학교에 매우 협조적이고, 담임교사와 좋은 관계를 유지하게 된다.

교사들은 부모들이 학교에 비현실적이고 지나친 요구를 한다고 목소리를 높이지만, 대부분 이러한 부모들은 자녀가 교육 기관으로부터 최상의 교육 서비스를 받기 원하며, 국가와 지방자치단체로부터 법이 정한 다양한 서비스를 이끌어내기 위한 전략일 수 있다. 이는 지금까지 정책적으로 다소 소외되었던 면도 있고, 부당한 대우에 대한 보상과 급속한 개선을 희망하는 데서 오는 현상일 수도 있다. 교사와 부모는 서로의 입장을 이해하고 갈등을 해결하려고 노력해야 한다. 대화와 논쟁은 다르므로, 교사와 부모는 대화를 통해 교육적 갈등을 해소하려고 노력해야 한다. Gonzalez-Mena(2006)는 대화와 논쟁의 차이를 다음과 같이 지적하였다.

- 논쟁의 목적은 승리이나, 대화의 목적은 정보를 모으는 것이다.
- 논쟁자는 이야기를 하나, 대화자는 질문을 한다.
- 논쟁자는 설득하려고 노력하나, 대화자는 배우려고 모색한다.
- 논쟁자는 납득시키려고 노력하나, 대화자는 발견하고자 한다.
- 논쟁자는 두 가지 상반된 관점을 가지고 있으며, 자신을 타당하고 최선이라고 여기나, 대화자는 여러 관점을 이해하려고 노력한다.

우리는 대화보다 논쟁을 하기가 쉽다. 우리는 논쟁을 하기보다 합리적으로 생각할 수 있는 대화를 통해 문제를 해결해야 한다. Mena(2006)는 원활한 대화를 위해 상대의 의견이나 생각을 정확히 이해하기, 자신의 관점을 정확히 설명하기, 관점을 설명할 때 합리적인 이유를 제시하기, 두 입장을 이해하고 조율하기, 상대와 문제를 충분히 토론하고 양측이 만족할 수 있는 해결책을 찾기 등 5가지를 제안하였다.

6. 다문화 가정

전문가와 가족이 문화적 신념 및 언어적으로 입장이 다를 때 가족의 참여를 가로막는 장벽이 될 수 있다. 교사가 가족의 문화적 관점, 가치 및 신념을 적절히 이해하지 못하면 그들에게 편견을 갖거나, 판단에 오류를 범하거나 교사-부모의 관계를 약화시킬 수 있다. Antunez(2000)는 문화적 배경이 다양한 가정을 대할 때 잠정적인 몇 가지 장벽을 기술하였다.

- 언어의 문제는 정보의 교환과 상호 이해에 상당한 제약을 가져온다.
- 가정-학교 파트너십의 관점이 다를 수 있다. 일부 문화권은 학교와 긴밀한 협조와 팀을 이루어 접근하는 것에 익숙하지 않을 수 있다.
- 근무 시간 때문에 학교에 참여하지 못할 수 있다.
- 학교 체제의 이해 부족, 아동에 대한 관심 부족 등도 교사-부모의 관계를 약화시킬 수 있다.
- 일부 부모는 그들이 참여한다고 해서 학교가 업무를 수행하는 데 도움이 되지 않을 것으로 지나치게 자신한다.

- 일부 부모들은 과거의 부정적인 가정-학교 상호작용 경험 때문에 참여를 꺼릴 수 있다.

■ 문화적 차이를 이해하고 존중하기

국내의 문화적 차이 문제는 최근 다문화 가정이 늘어남에 따라 중요한 이슈가 되고 있다. 큰 이유 중 하나로, 국제결혼 가정이 늘어나면서 자연스럽게 다문화 가정이 증가하고 있는데 이를 고려한 가족 지원을 준비하고 다양한 요인을 고려해야 한다.

가족의 문화를 고려한 서비스

교육자들은 다문화 가정의 자녀들을 자주 접하게 되고, 일부 시 · 도는 다문화 가정의 아동을 중심으로 특별학급을 운영하는 등 교육 현장의 관심이 증대되고 있다. 다문화 가정의 자녀가 학업문제나 행동문제를 갖게 될 때 가정과 학교 간의 의사소통에 상당한 문제가 생긴다. 특히 자녀의 교육을 어머니가 주로 관여하고 책임을 지는 한국적인 가정 문화는 외국인 어머니들의 가정교육 역할과 책무 수행에 상당한 제약과 문제를 유발시킬 수 있다. 다문화 가정과 학교의 상호작용 문제를 최소화하기 위한 전략들은 다음과 같다.

- 처음 접촉할 때 모국어 사용자를 활용한다.
- 부모-교사 협의회, IEP/IFSP 지원팀 협의회를 할 때 문화를 이해할 수 있는 통역자를 활용한다.
- 언어통역자를 활용할 수 없을 경우, 문화통역자를 이용한다. 문화통역자란 학교와 가정문화 간에 이해의 교량 역할을 할 수 있는 사람을 말한다. 문화통역자는 반드시 이민가정의 모국어를 사용할 필요는 없지만, 학교가 가정의 문화를 이해할 수 있고, 가정이 학교의 문화, 정책 및 실제를 이해할 수 있도록 도와줄 정도의 능력을 갖추어야 한다.
- 가족 친화적 환경에서 만난다.
- 가족 중 주요 의사결정자를 확인하고 그와 협의한다.
- 다문화 가정의 사정을 고려하여 협의 시간을 결정한다.
- 다문화 가정에 교통 편의를 제공하여 학교에 참여할 수 있도록 지원한다.

문화적 호혜성

교육자들은 문화적 호혜성에 대해 관심을 가져야 한다. 문화적 호혜성이란 다른 가치와 신념체계가 가족의 관점, 소망, 의사결정에 어떠한 영향을 미치는 것이다. 예를 들어, 특수교사는 장애를 객관적으로 사정하여 처치할 수 있는 것으로 보는 반면에, 부모는 그들의 신앙적 관점에서 장애를 신의 축복이나 징벌로 본다면 교사와 부모 간의 효과적인 파트너십을 형성하기 어렵다.

우리의 문화와 다문화 가정의 결혼이민자들의 문화 간의 차이를 이해하기 위해서는 우리 문화의 배경과 신념체계를 면밀히 검토할 필요가 있다. 우리의 신념체계와 가치를 이해한 후에, 문화적 다양성을 어떻게 이해하고 받아들일 것인지를 깊이 생각함으로써 특수교육에서 다문화 가정 자녀들의 요구를 효율적으로 충족시켜 줄 수 있을 것이다.

전문가들은 다문화 가정의 문화와 학교문화 사이에 다리를 놓기 위해 노력해야 한다. 그러한 이해의 다리를 놓기 위해 다음과 같은 **호혜성 형성 단계**가 제시되고 있다 (Eric/OSEP Special Project, 2001).

- 단계 1: 아동의 어려움을 해석할 때나 서비스를 권고할 때 그 속에 포함되어 있는 문화적 가치를 확인한다.
- 단계 2: 가족이 어떤 서비스를 받고 있는지, 자녀의 학교 문제에 대한 전문가의 판단을 중시하는지, 가족의 관점이 무엇이고 어떻게 다른지를 찾는다.
- 단계 3: 확인된 문화적 차이를 인정하고 존중한다. 문제 해결의 가정에 기초가 되는 문화적 근거를 충분히 설명한다.
- 단계 4: 토의하고 협력하여 가족의 가치 체계에 대한 해석과 추천을 따를 가장 효과적인 방법을 결정한다.

부모의 참여

장애를 지닌 아동에게 특수교육 서비스를 제공하는 전문가와 교사는 부모 참여에 대한 일방적인 관점을 가져서는 안 된다. 부모가 가정 중심의 지도 프로그램이나 부모교육에 참여하기 위해서는 많은 시간과 노력이 요구되고, 적절히 참여하지 못하여 교사의 기대를 충족시키지 못하게 되면 죄의식을 갖거나 스트레스를 받게 되기도 한다.

Kroth와 Edge(2007)는 부모가 특수교육 서비스를 받을 뿐만 아니라 제공한다는 점을 인식하고 부모 참여를 위한 거울 모형을 제시했다. 이 모형은 부모들에게 필요한 서비스를 결정할 때, 그리고 부모가 다른 부모들에게 제공할 서비스를 결정할 때 부모에게 동등한 지위를 부여한다. 이 모형의 상반부는 전문가들이 장애를 지닌 아동과 부모들에게 서비스를 제공할 때 부모와 공유해야 할 지식, 정보 및 기술이 있다고 가정한다. 하반부는 전문가들이 아동을 보다 효과적으로 지원할 수 있도록 도와줄 지식, 정보 및 기술을 부모가 지니고 있다고 가정한다. 이 모형은 모든 부모들이 전문가가 제공하는 모든 것을 필요로 하지 않으며, 부모들이 모든 것을 제공할 것으로 기대해서도 안 된다고 가정한다. 부모들은 정보를 제공하고 또 받아야 하며, IEP 계획 수립에 적극적으로 참여하여, 워크숍이나 부모교육에도 능동적으로 참여하는 것이 바람직하다(그림3.3).

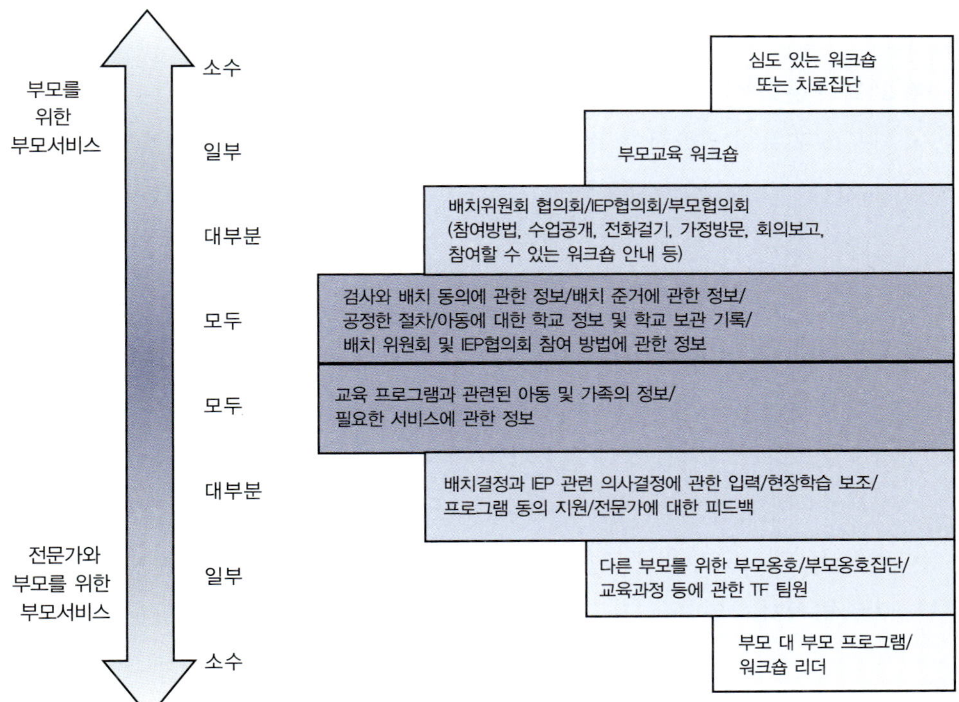

그림 3.3 부모 참여 거울 모형

* 자료출처: Kroth, R. L. & Edge, D. (2007). *Communicating with parents and families of exceptional children*(4th ed.). Denver: Love.

요약

■ 문화관련 이념들

- 다원주의자는 다원적 민주사회의 특성, 개인의 사회화 과정에서 인종집단의 기능, 소외된 인종집단의 구성원들이 자유를 위해 투쟁할 책무 등이 있음을 가정했다.
- 동화주의자는 사회의 목표를 증진시키고 민주국가의 책무를 발달시키는 최고의 방법이 모든 개인과 집단을 공통의 민주 시민문화로 동화시키는 것이라고 생각한다.
- 다문화주의자는 분리나 완전통합을 이상적인 사회 목표로 보는 것이 아니라, 다양한 문화, 민족, 언어, 사회 계층 집단의 출신 개인들이 참여하여 기능할 평등한 기회를 지니고 있다고 본다.

■ 교육과 문화적 다양성

- 다문화 교육의 일반적인 목적은 자신의 문화적 유산의 긍정적인 측면에 자부심을 갖고, 문화적 다양성에 대한 긍정적인 태도를 향상시키며, 모든 학생들에게 공평한 교육기회를 보장하는 것이다.

■ 다문화와 이중언어 특수교육

- 다문화 특수교육은 다문화 교육의 일반적인 목표를 넘어 민족적 배경이 교육적 특수성으로 오해되지 않아야 하고, 특수성의 하위문화, 그 문화와 다른 문화도 이해하여야 한다.
- 전학급또래지도 방법은 다문화 가정 자녀의 언어문제를 해결하는 데 유용한 것으로 밝혀지고 있다.

■ 가족과 지역사회 속의 장애인

- 부모들은 자녀가 장애를 지니고 있다는 것을 알게 되면 일반적으로 충격, 불신, 거부 단계; 분노와 적개심 단계; 협상 단계; 우울과 실망 단계; 수용 단계의 과정을 거친다.

■ 가족의 교육 참여

- 지원을 제공하되 가족이 독립적으로 의사결정을 할 수 있도록 허용하는 것이 중요하다.
- 가족의 특성에는 장애의 특수성(유형과 정도), 가족의 특성(크기, 문화적 배경, 사회경제적 지위), 개인적 특성(대처 스타일), 특별 조건(우울한 결혼생활, 배우자 학대) 등과 같은 요소들이 포함된다.

■ 가족을 위한 사회적 지원

- 근래에 이르러 부모들이 장애인의 권리와 옹호단체로서 적극 참여하여 이익 단체의 역할을 하고 있다.

■ 장애를 지닌 아동 부모의 역할

- 부모는 자녀 양육에 대한 막중한 책임을 지고 있으며, 보호자, 제공자, 교사, 상담사, 행동지원 전문가, 장애가 없는 형제자매의 부모, 결혼 파트너, 정보전문가 및 옹호자 등 다양한 역할을 한다.

■ 부모와 효과적인 의사소통

- 교사와 부모가 원활한 의사소통을 하기 위한 5가지 원리는 부모의 말을 수용하기, 능동적으로 경청하기, 효과적으로 질문하기, 격려하기, 대화의 핵심을 벗어나지 않기 등이다.

■ 부모와 교사의 장벽을 발견하고 허물기

- 교사는 부모나 가족들과의 상호작용을 원만히 하도록 노력해야 하고, 그들의 문화적 배경에 따른 신념이나 사상에 반응적이어야 하며, 가족 참여를 방해하는 태도와 행동을 확인하여 제거해야 한다.
- 부모는 자녀가 적합한 교육 서비스를 받는다고 판단하게 되면 교사와 학교에 매우 협조적이고, 담임교사와 좋은 관계를 유지하게 된다.

■ 다문화 가정

- 전문가와 가족이 문화적 신념 및 언어적으로 입장이 다를 때 가족의 참여를 가로막는 장벽이 될 수 있다.

토의문제

1. 문화 관련 이념들을 제시하고 그 특징을 비교하여 설명하시오.
2. 문화를 구성하고 있는 요소들을 설명하시오.
3. 장애를 지닌 아동의 판별 시에 영향을 미치는 문화적 요인은 무엇이며, 특히 유의해야 할 사항에 대해 논의하시오.
4. 진전도 사정에 미치는 부정적인 문화적 요인을 설명하고, 그 예방법을 논의하시오.
5. 다문화 가정 자녀를 위한 이중언어 특수교육에 대한 여러분의 관점에 대해 논의하시오.
6. 장애인 가족의 반응을 단계별로 설명하고 예비교사로서 각 단계별 대처 방안을 논의하시오.
7. 일반아동의 가족과 장애를 지닌 아동의 가족을 위한 사회적 지원 체제에 관하여 논의하시오.
8. 장애를 지닌 아동들의 부모의 역할에 대해 논의하시오.
9. 다문화 가정 자녀의 교육적 요구와 그에 대한 방안을 논의하시오.

Special Education

제4장

전환교육

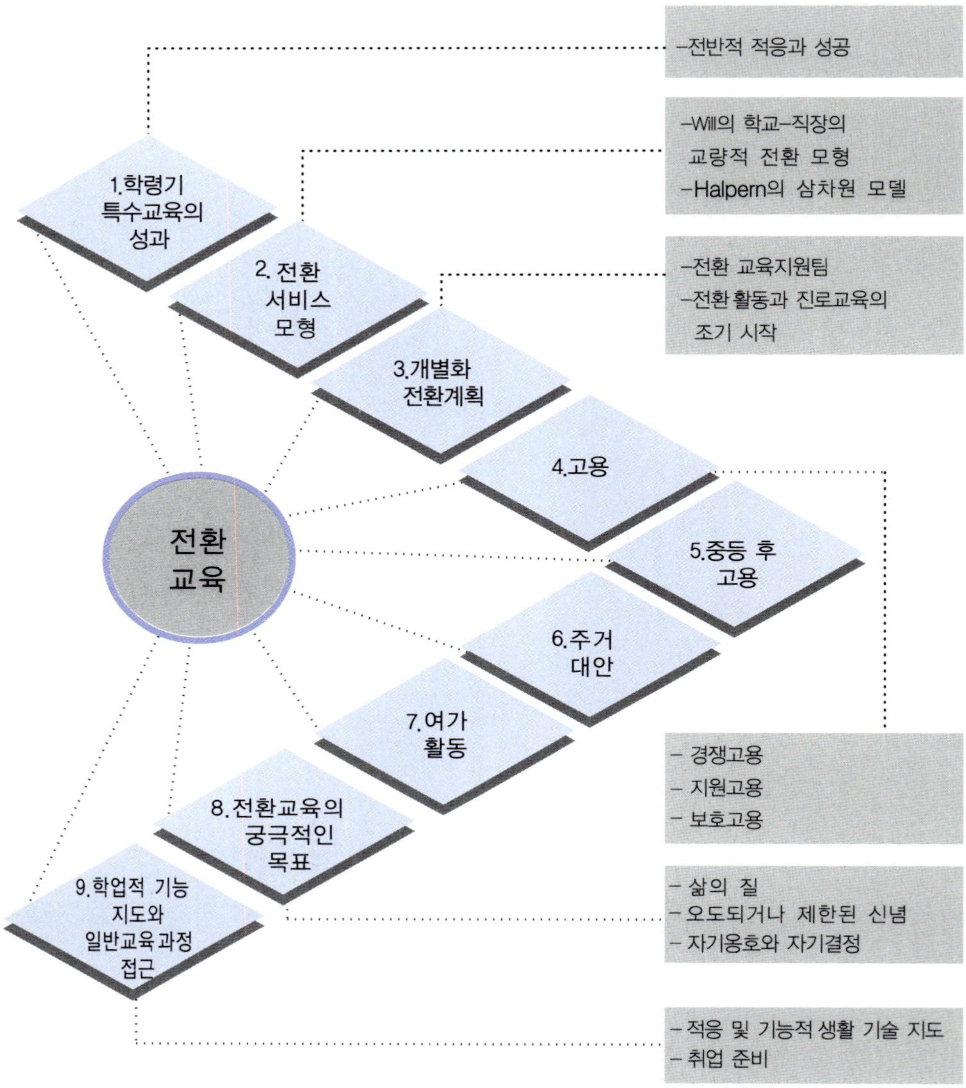

-전반적 적응과 성공
-Will의 학교-직장의
교량적 전환 모형
-Halpern의 삼차원 모델
1.학령기
특수교육의
성과
2. 전환
서비스
모형
-전환 교육지원팀
-전환 활동과 진로교육의
조기 시작
3.개별화
전환계획
4.고용
전환
교육
5.중등 후
고용
6.주거
대안
7.여가
활동
- 경쟁고용
- 지원고용
- 보호고용
8.전환교육의
궁극적인
목표
- 삶의 질
- 오도되거나 제한된 신념
- 자기옹호와 자기결정
9.학업적 기능
지도와
일반교육과정
접근
- 적응 및 기능적 생활 기술 지도
- 취업 준비

| 제4장 |

전환교육

성인기는 **귀속관계**[33], **자기효능감**[34], **자기결정**, **완전성**[35] 등으로 자율성을 드러내며, 지역사회와 관계를 맺고 시민활동을 하며, 특정 집단에 소속되어 활동 집단의 일원으로서 활동하고 삶을 즐긴다. 성인기는 안정적이라기보다 변화를 보이는 특징이 있다. 그들은 새로운 공동체에 가입하고, 학교로 되돌아가 더 공부를 하기도 하며, 새로운 직장에 취직도 하고, 오래된 친구들을 떠나보내기도 하며, 새로운 친구를 사귀기도 한다. 성인이 되어가는 일은 누구에게나 힘든 일일 수 있다.

성인이 되어간다는 것은 고등학교에서 성인기로 이행된다는 것을 의미하며, 그에 따른 특권과 책임이 늘어난다는 점을 감안하면 장애를 지닌 청소년들에게는 더욱 힘든 과정이 될 것이다. 기능결함, 낮은 기대감과 차별로 인한 기회의 제약, 필요한 지원이 제공되지 않는 등의 문제들은 장애를 지닌 많은 청소년들의 성공적인 전환을 가로막는 장애물이 된다.

1. 학령기 특수교육의 성과

특수교육자들이 고민하고 자문해 보아야 할 질문은 '특수교육의 성과는 무엇인가?' '특수교육대상 학생들이 학령기 특수교육을 마쳤을 때 무엇을 할 수 있는가?' 등이 될 것이다. 결국 특수교육은 특수교육대상 학생들에게 어떻게 기여하고, 그들의 삶을 어떻게, 어느 정도 변화시켰으며, 미래의 삶을 위해 무엇을 어느 정도 준비시켰는지에 대해 깊은 고민과 성찰이 필요하다.

특수교육대상 학생들이 고등학교를 졸업하고 사회로 진출할 때 그들에게 주어진 세계는 어떠한가? 그들은 어디서 살며, 대다수 시민들의 삶과 비교할 때 어떤 모습으

33) 소속집단의 일원으로서의 자격 신분

34) 자신을 돌볼 수 있는 재정적 및 정서적 자원을 가짐

35) 일정한 수준에 이르렀다고 느끼는 것

로 살아갈까? 장애를 지닌 성인들은 자신의 삶에 어느 정도 만족하며, 자신의 삶의 질을 어떻게 평가할까? 그들은 스스로의 삶을 행복하다고 느낄까? 이러한 질문에 대한 해답을 구하는 것은 오늘날 특수교육에서 가장 우선순위로 두어야 할 가치 중의 하나가 될 것이다.

특수교육법 2007에서는 전환교육 분야 중 진로 및 직업교육과 전공과에 대해 규정하고 있다. 이 법에 따르면, "진로 및 직업교육이란 특수교육대상자의 학교에서 사회 등으로의 원활한 이동을 위하여 관련 기관의 협력을 통하여 직업재활훈련, 자립생활훈련 등을 실시하는 것을 말한다."고 규정하고 있다. 또한 중학교 과정 이상의 각급학교의 장은 특수교육대상자의 특성 및 요구에 따른 진로 및 직업교육을 지원하기 위하여 직업평가, 직업교육, 고용지원, 사후관리 등의 직업재활훈련 및 일상생활훈련, 사회적응훈련 등의 자립생활 훈련을 실시하고, 대통령령으로 정하는 자격이 있는 진로 및 직업교육을 담당하는 전문 인력을 두도록 하고 있다.

진로직업 교육은 중학교 과정에서 본격적으로 시작된다. 특수교육법 2007에서는 "중학교 과정 이상의 각급학교의 장은 대통령령으로 정하는 기준에 따라 진로 및 직업교육의 실시에 필요한 시설 · 설비를 마련하여야 한다."고 규정하고, 효과적인 진로 및 직업교육을 지원하기 위해 대통령령으로 정하는 바에 따라 관련 기관과의 협의체를 구성하도록 규정하고 있다. 아울러, "**특수교육기관**[36]에는 고등학교 과정을 졸업한 특수교육대상자에게 진로 및 직업교육을 제공하기 위하여 수업연한 1년 이상의 전공과를 설치 · 운영할 수 있다."고 규정하고 있다.

연속교육을 통해 성인으로서의 책무, 독립성, 고용 등을 학생들에게 준비시키는 것이 중등교육의 중요한 목표이다. 대부분의 학생들은 고등학교를 졸업하고 진학을 하거나 취업을 하게 되지만, 장애를 지닌 학생들은 일반학생들에 비해 대학 진학률이 많이 떨어진다. 교육부(2016)가 발표한 특수교육대상 유 · 초 · 중등학생들의 진로 현황은 다음과 같다. 진학 현황을 보면, 유치원생의 90.1%(졸업생 394명, 진학생 355명), 초등학생의 99.2%(졸업생 1,256명, 진학생 1,246명), 중학생의 99.86%(졸업생 2,181명, 진학생 2,178명), 고등학생의 55.0%(졸업생 2,460명, 진학생 1,354명) 각각

36) 특수교육대상자에게 유치원, 초등학교, 중학교 또는 고등학교(전공과를 포함한다)의 과정을 교육하는 특수학교 및 특수학급을 말함

상급학교로 진학하였다. 전공과의 경우 전문대학과 대학 진학률이 1.4%(졸업생 1,960명, 진학생 14명) 이었고, 취업률은 34.4%(취업생 664명)인 것으로 나타났다.

진로현황 자료에 의하면 고등학생들의 진학률 및 취업률이 급속히 떨어지는 것을 볼 수 있다. 우리 사회는 아직까지 중증장애인들의 고등교육 교육 기회 확대와 직업 시장 진출을 위한 인프라가 취약함을 여실히 드러내고 있으며 해결해야 할 과제가 되고 있다.

특수교육대상 학생이 고등학교를 졸업하고 성인으로서 적응해 가기란 쉬운 일이 아니다. 고등학교를 졸업하더라도 장애의 정도, 직무수행능력, 사회의 편견, 임금수준, 근무조건 등으로 인하여 고용비율이 낮은 편이다. 고등학교를 졸업하는 것이 미래 준비를 위해 중요하지만 졸업 후 성인생활에 중요한 기능을 학습하는 것이 더욱 중요하다. 고등교육 전환 모형은 표 4.1과 같다.

표 4.1 고등교육 전환 모형

기본적인 교육과정 요소	교수 목표		
심리사회적 적응	• 자기옹호기술 발달	• 좌절 대처 및 관리	• 사회 문제해결
	• 대학 수준의 사회 기술	• 멘토 관계	
학업 발달	• 대학 입학시험 준비	• 시험보기 전략/시험 조정	• 진로 인식
	• 목표 설정	• 학업치료	• 진로 준비
	• 학습전략/공부 기술	• 대학 서비스	• 대학 입학(전환)
대학/지역사회 오리엔테이션	• 대학 수준의 관계(링크)	• 친구 관계	• 대학 선택
	• 대학 자원/활동	• 대학 오리엔테이션 프로그램	
	• 캠퍼스 지원 단체	• 지역사회 서비스 사정	

* 자료출처 : Garten, B. C., Rumrill, P., & Serebreni, R. (1996). *Teaching exceptional children, 29*(1), 31.

■ 전반적 적응과 성공

성인이 되어 직업을 갖는다는 것은 큰 의미가 있다. 직업을 갖게 되면 생활과 삶의 독립이 가능하고, 사회의 능동적인 구성원으로서의 지위를 갖게 된다. 성인으로서 독립한다는 것은 사회에 참여할 수 있고, 일할 수 있으며, 가정을 꾸릴 수 있고, 가족을 양육하며 공동체 생활의 즐거움을 공유하고 책임을 지게 된다는 것을 의미한다. 장애를 지닌 성인들은 일상생활 속에서 여러 가지 장애물에 직면하게 되고, 이러한 장애물은 그들의 생활 장소, 생활 방법, 지역사회 내에 있는 자원의 이용 방법과 정도, 사회적 상호작용의 기회에 영향을 미친다.

미국교육부의 전국 전환 종단연구(National Longitudinal Transition Study: NLTS)는 ⓐ **고용**[37] ⓑ **주거상태**[38] ⓒ **사회활동**[39]의 세 영역에서 독립적 기능과 관련된 성인의 적응능력 측정을 포함시켰다. 학교를 떠난 지 2년 이내에 사정했을 때 장애를 지닌 모든 청소년의 6.4%만이 이 세 가지 준거를 충족시켰다. 학교를 떠난 지 3~5년 사이에 동일한 측정을 했을 때 20%가 세 영역 모두에서 독립적인 것으로 확인되었다(Wagner et al., 1994). 이처럼 유의한 개선에도 불구하고 몇 년 후 장애를 지닌 학생 5명 중 4명은 고등학교 졸업 후 5년까지 성인으로서 독립적인 생활을 할 수 없었다.

이 연구에서 중등 특수교육 프로그램을 졸업한 청소년의 극소수만이 성인생활로의 전환에 성공했다. 졸업을 하지 않고 다른 방식으로 중등교육 프로그램을 마친 청소년들은 졸업장을 받고 나온 청소년들만큼 대접을 받지 못했다(Malian & Love, 1998). NLTS2에 참여한 15~19세의 장애를 지닌 청소년들의 약 60%만이 장애에 대처할 수 있으며, 자신을 자랑스럽게 여기고, 유용하고 중요한 존재로 여겼다(Wagner, Newman, Cameto, Levine, & Murder, 2007). 이러한 결과는 다수의 중등학생들과 이제 막 학교를 졸업한 청소년들이 성인기를 맞이할 준비가 되어 있지 않음을 보여준다.

그러한 결과는 오늘날 특수교육의 문제, 즉 학교에서 지역사회 성인생활로의 전환이란 문제에 초점을 맞추고 있다. 사회생활에 필요한 기능은 매우 복잡하기 때문에 고등학교 과정의 특수교육을 받고 졸업하는 많은 학생들이 사회에 대한 준비를 제대로 하지 못한다. 인지적 제약, 심한 신체적 장애, 감각적 장애, 행동장애를 지닌 학생

---

37) 전일근무제 경쟁고용이나 직업훈련 또는 중등 후 교육 참여

38) 단독생활, 배우자와 거주, 룸메이트와 거주

39) 친구 사귀기, 사회집단에 소속되기

들만 그런 문제를 겪는 것이 아니다. 경도장애로 특수교육을 받았던 학생들도 성인생활의 모든 측면에서 어려움을 겪게 된다(Johnson, Mallard, & Lancuster, 2007).

특수교육자들은 학생들이 학급 또는 학교와 관련된 과제 수행능력을 향상시키는 데에만 만족하지 않고, 학령기 동안에 받은 교육으로 성인기의 다양한 요구에 성공적으로 대처할 수 있도록 도와주어야 한다.

2. 전환서비스 모형

■ Will의 학교-직장의 교량적 전환 모형

미국의 특수교육 및 재활 서비스국의 디렉터인 Will은 전환의 개념을 중등특수교육과 성인고용 간의 교량으로 규정하고, 세 가지 수준의 서비스를 포함하는 전환모형을 제안하였다(Will, 1986). 각 수준은 서비스의 특성과 정도에 차이가 있지만 장애를 지닌 모든 학생들이 학교에서 직장으로의 전환에 성공할 수 있도록 돕고자 한다.

첫째 수준은 특별한 전환서비스를 필요로 하지 않는 학생을 대상으로 한다. 장애를 지닌 청소년들이 적절한 중등특수교육을 마치면 지역사회에서 장애가 없는 사람들이 이용하고 있는 일반적인 고용서비스를 이용할 것이다(예, 직업배치 기관). 둘째 수준은 장애를 지닌 성인의 경쟁고용을 지원하도록 특별히 설계된 직업재활 또는 성인서비스기관에서 제공되는 제한된 시간의 전환서비스를 제공한다. 셋째 수준은 중증장애를 지닌 성인이 일정 수준의 임금을 받으며 일하는데 필요한 고용서비스를 지속적으로 제공한다.

■ Halpern의 삼차원 모델

미국의 연방정부는 장애를 지닌 학생들의 고용 성과를 개선시켜야 할 필요성을 인식하고 있기 때문에 Will의 교량모델을 옳은 방향으로 보고 있다. 그러나 많은 특수교육자들은 전환에 대한 그러한 개념은 너무 제한적이라고 생각했다. Halpern(1985)은 성인고용을 전환 서비스의 유일한 목적과 결과로 보는 것은 잘못이라고 지적하며 지역사회 내에서의 성공적인 생활을 전환서비스의 주요 목표로 삼아야 한다(p. 480)고 했다. Halpern은 장애를 지닌 학생이 ① 주거 환경의 질 ② 사회적 및 대인적 네트워크의 적절성 ③ 의미 있는 고용 등 세 영역에 지역사회의 성인생활에 적응하도록 돕는 과정을 추가한 전환모형을 제안했다(그림 4.1).

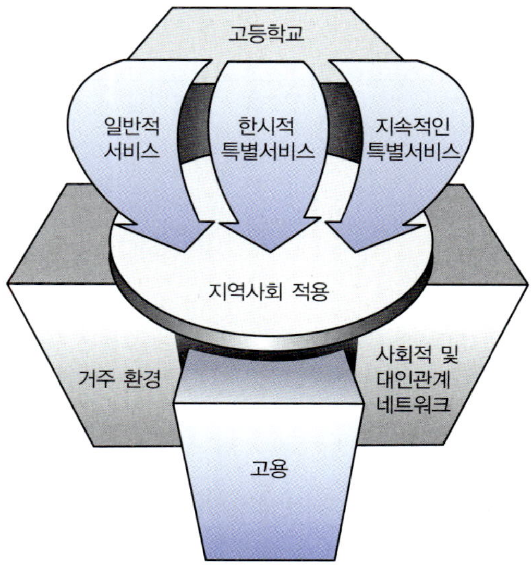

그림 4.1 Halpern의 삼차원적 전환 개념

* 자료출처: Halpern A. S.(1985). Transition: A look at the foundation. *Exceptional Children, 51.*

한편 국내에서는 직업 · 진로교육과 관련하여 2015년 개정 특수교육 교육과정에서 실과수업은 초등학교 5~6학년부터 과학/실과의 수업 시수에 포함시켜 실시하고, 본격적인 교육은 중학교 과정에서 시작된다.

3. 개별화전환계획

우리나라는 특별히 개별화전환계획에 관한 규정을 두고 있지 않지만 미국의 경우 IDEA에서 이를 규정하고 있으며, 이 계획은 학교에서 성인생활로 이어지는 아동의 전환을 어떻게 지원할 것인지를 중심으로 작성된다. 첫 IEP를 16세에 효과가 나타나도록 시작하고, 매년 다음 사항을 수정 보완한다.

첫째, 훈련, 교육, 고용 및 적절할 경우 독립생활 기술과 관련된 연령에 적합한 전환 평가에 기초하여 측정할 수 있는 중등 후의 적절한 목표

둘째, 아동이 이러한 목표를 도달하도록 지원하는 데 필요한 전환 서비스

이 조항의 의도는 IEP팀이 중등교육과정에 관심을 갖도록 하고 학령기 이후의 성장과 관련된 과정을 계획하는 데 초점을 맞추고 있다. 학생의 IEP에서 이 부분을 개별화전환계획 ITP이라고 한다. IEP팀은 학생에게 개별화전환계획이 필요하다고 결정하면 더 일찍 세울 수도 있다.

전환계획은 IEP가 장단기 목표를 설정하는 것과는 대조적으로 1년 단위로 수립되지만 IEP팀으로 하여금 몇 년을 내다보고 계획을 세우도록 요구하고 있다. ITP는 IEP의 일부로서 아동이 학교에서 성인으로 이행하는 과정에 영향을 미치고 지원을 하게 될 활동, 사건 및 자원을 개관한다. 잘 계획된 ITP는 학생이 성인생활로 무리 없이 전환할 수 있도록 교육과정과 프로그램 유형을 상세히 기술한다.

학생의 IEP/ITP팀은 학생과 가족의 미래 비전에 기초하여 결과 지향의 과정으로 전환을 계획한다. 팀은 네 가지 주요 영역, 즉 ① 고용 ② 중등 이후 교육과 훈련 ③ 주거 ④ 레크리에이션과 레저 영역에서 학령기 이후의 결과와 목표를 구체적으로 밝히게 된다. 그리고 학생이 이러한 목표에 도달할 수 있게 설계된 교수, 지원 및 활동에 관한 개별화 프로그램을 개발한다. 다음과 같은 질문에 대한 해답을 구하면서 전환서비스에 관한 의사결정을 할 필요가 있다(Flexer, Simmons, Luft, & Baer, 2008; Rush, 2008).

- 학생의 청 · 장년기에 대한 본인과 가족의 꿈과 비전은 무엇인가?
- 학생의 강점은 무엇인가? 학생의 강점을 이용하여 전환을 성공적으로 촉진시킬 수 있는 방법은 무엇인가?
- 학생이 자신의 학령기 이후의 목표를 도달하기 위해 개발하고 향상시켜야 할 기술들은 무엇인가?
- 학생이 현재 진로에 관심을 보이는가? 그렇지 않다면, 학생이 진로 가능성을 탐색하고 적성을 발견할 수 있도록 무엇을 도와줄 수 있는가?
- 학생이 특수교육 적격자로서 최고 연령에 이르기까지 학교에 남을 가능성이 있는가? 그렇다면 18세 이후에 어떤 교육과정과 작업 경험을 필요로 하는가?
- 학생이 학교와 지역사회의 어떤 활동에 참여하는가?
- 학생이 바람직한 학령기 이후의 목표를 달성하기 위해 그의 현재와 미래 환경에

어떤 지원이 필요한가?

전환계획의 목표는 모든 학생들이 원하는 성인생활로 접어들도록 안내하는 것이다. 이 말은 학생을 생활계획에 가두어 둔다는 것을 의미하는 것이 아니라, 각 학생이 고등학교를 졸업하기 전까지는 자신의 강점을 인식하게 된다는 것을 의미한다. 잘 계획된 전환계획은 부모가 이용할 수 있는 성인 서비스와 지역사회 내의 고용옵션을 인식하고, 졸업하는 학생들에게 성인서비스를 이용할 기회를 증대시킨다. 아울러 학교와 성인 서비스 담당인사에게 일련의 절차와 일정을 제공한다.

■ 전환교육지원팀

전환계획은 학생의 학령기 이후의 목표를 확인하고 도달하도록 도와 줄 팀접근을 필요로 한다. 팀에는 특수교사, 일반교사, 직업교사, 상담교사, 관련서비스 인사, 지역사회 인사, 직업재활 기관, 장애인고용촉진공단과 같은 성인서비스기관의 인사들이 포함될 수 있다. 참여하는 모든 사람들은 팀원들 간의 의사소통을 원활히 하고 지원할 수 있어야 한다.

전환교육지원팀은 협력하여 학생들을 직장, 상급학교 및 사회로 전환시킨다. 고용촉진공단, 시 · 도장애인복지관 등 특수교육대상자들을 위한 직업훈련 프로그램이나 고등학교 전공과 등에서 운영하는 산학협력 프로그램이 있기는 하지만 학교와 지역사회 간의 체계적인 협력이 잘 이루어지지 않는 실정이다. 성공적인 전환을 위해서 기관 간 협력이 필요하지만 IDEA는 특수교육이 전환 목표와 활동을 실시할 궁극적인 책임을 진다고 본다(Inge & Moon, 2006).

특수교육에서 중등학생을 위한 전환서비스를 계획하고 전달할 때가 학문 간 팀접근과 기관 간의 협력이 가장 중요한 시기이다. 학생의 IEP에 기술된 전환서비스의 타당성과 효과성은 학생과 가족의 참여, 학생과 가족이 전환서비스를 계획하여 실시하도록 도와줄 전문가들 간의 협력에 의해 좌우된다.

■ 전환 활동과 진로교육의 조기 시작

전환서비스의 전달을 개념화하고 실시를 안내하는 여러 가지 모형들이 개발되었다. 전환교육이 효과를 얻기 위해서는 조기 진로교육 제공, 학생의 목표 선택, 지역사회 내의 직업과 관련된 노동경험을 제공하는 중등학교의 기능적 교육과정, 학교와 성인서비스 제공자 간의 체계적인 협력, 부모 참여와 지원 등이 중요하다.

CEC의 진로발달 및 전환분과(DCDT)는 모든 장애를 지닌 아동들의 진로교육과 전환서비스를 초등학교 때부터 시작할 것을 권고하고 있다. DCDT에 따르면, 진로교육과 전환서비스 제공의 저변에 자리 잡고 있는 기본적인 세 가지 원리는 다음과 같다.

첫째, 진로발달과 전환교육은 장애를 지닌 모든 연령의 개인에게 제공되어야 한다.
둘째, 진로발달은 출생과 더불어 시작하여 일생동안 지속된다.
셋째, 조기진로발달은 후일 만족스런 선택을 하기 위해 매우 중요한 요소이다.

초등학교 때 진로의식과 직업기술을 개발한다는 것은 이들을 직업현장에 배치하여 직무 훈련을 시키는 것이 아니라 각 연령 단계에서 전환과 관련된 적절한 목표를 설정해야 하는 것을 뜻한다. 예를 들어, 초등학생들은 화분이나 화단에 물주기, 칠판 닦기, 교무실에 메시지 전달하기 등과 같은 학급 활동에서 여러 유형의 직무를 표집할 수 있을 것이다. 중학생들은 실제 지역사회 현장에서 식사, 위생, 적절한 복장, 과제 집중하기, 도움 요청하기, 지시 받아들이기 등과 같은 작업 기술의 개발과 이에 대한 수업을 늘릴 수 있다.

학교기업을 설립하여 운영하면 고등학생들에게 기능적 학업, 작업, 문제해결, 사회기술 등을 지도하는 데 도움을 줄 수 있다. 학교기업을 운영하면 중등도 및 중도장애를 지닌 학생들은 실제 지역사회의 직업현장에서 지도를 받으며 많은 시간 경험을 하도록 해야 한다. 학교에서 수업을 받는 시간은 성인작업, 가정, 지역사회, 여가활동에서 필요한 기능적 기술을 습득하는 데 초점을 두어야 한다. 표 4-2는 학생의 IEP에 포함시켜야 할 가정, 지역사회, 여가 및 직업 영역의 전환관련 교육과정 활동 사례를 제시하고 있다.

표 4.2 학생의 IEP에 포함시켜야 할 네 가지 영역의 전환 관련 교육과정 활동 사례

구분	가정	지역사회	여가	직업
초등학교	· 장난감 고르기 · 접시 닦기 · 잠자리 준비 · 착탈의 · 몸단장 · 식사기능 · 배변기능 · 진공청소기로 청소하기	· 식당에서 식사하기 · 공중화장실 이용하기 · 쓰레기통에 쓰레기 버리기 · 시내버스 갈아타기 · 물건구입하고 비용지불하기 · 횡단보도 신호등 지키기 · 이웃집에 식사 초대받아 가기	· 보드게임하기 · 색칠하기 · 킥볼하기 · 자전거타기 · 연령에 적합한 장난감놀이 하기 · 지역 축구리그 경기 관람하기	· 장난감 제자리에 갖다놓기 · 방 청소하기 · 정해진 기간 동안 과제수행하기 · 식사 후 식탁 닦기 · 단계 지시 따르기 · 전화로 대화하기 · 쓰레기통 비우기 · 사람들에게 메시지 전달하기
중학교	· 세탁하기 · 간단한 식사 준비하기(스프, 라면, 샌드위치, 샐러드 등) · 화장실 청소하기 · 스낵 만들기 · 잔디 깎기 · 시장 볼 품목 적기 · 진공청소기로 청소하기 · 일람시계 설정하기	· 횡단보도 안전하게 건너기 · 백화점에서 물건 구입하기 · 식당에서 식사 주문하기 · 대중교통 이용하기 · 레크리에이션 시설 이용하기 · 지역스카우트에 참여하기	· 야구하기 · 에어로빅 수업받기 · 친구와 바둑 두기 · 미니골프하기 · 자전거 타기 · 고등학교나 대학 농구경기 구경하기 · 마트에 가기 · 수영하기 · 레크리에이션 수업 등록하기	· 바닥 닦기 · 유리창 닦기 · 옷 걸기 · 테이블 옮기기 · 1~2시간 동안 작업하기 · 세탁기 돌리기 · 욕실 청소하기 · 사무실 인턴십 직무 따르기

표 4.2 의 계속

구분	가정	지역사회	여가	직업
고등학교	· 방 청소하기 · 매주 생활비 계획하기 · 식사 요리하기 · 정원(화단)관리하기	· 버스로 지역사회 이동하기 · 은행에 예금하기 · 백화점, 마트 이용하기 · 지역헬스센터 이용하기	· 조깅하기 · 보트타기 · 농구, 야구경기 관람하기 · 비디오 게임하기 · 카드게임하기 · 수영장 가기 · 테이프와 CD수집하기 · 잡지 읽기	· 수위업무 수행하기 · 가사업무 수행하기 · 대학 캠퍼스의 운동장 관리 업무 수행하기 · 식당음식 서비스하기 · 회사 표준에 따른 직무 수행하기

4. 고용

노동이란 뭔가 의미 있고 생산적인 것을 성취하기 위해 자신의 신체적 또는 정신적 에너지를 이용하는 것이다. 우리는 노동과 노동에 기여하는 사람들에게 높은 가치를 부여하고 있다. 노동을 통해서 경제적인 도움을 받고 사회적으로 상호작용을 할 수 있는 기회와 선택된 영역에서 기술을 이용하고 향상시킬 수 있는 기회를 갖게 된다. 노동은 타인에 대한 존경심을 불러일으키고, 자긍심과 자기 만족감을 제공한다. 고용된 장애인들은 삶의 질이 더 높은 것으로 보고되고 있다(Kramer, McIntyre, & Blacher, 2003).

장애를 지닌 사람들은 기능이 제한되어 직업 선택의 기회가 줄어든다. 즉 그들은 장애 특성 때문이기도 하지만 장애를 지닌 사람들에 대한 고용주들의 편견과 오해 때문에 기회가 더욱 줄어든다. 대부분의 장애를 지닌 성인들은 취업하여 직장을 유지한다는 것을 인생의 중요한 목표로 삼고 있다.

■ 경쟁고용

경쟁고용으로 취업을 한 사람은 고용주가 가치 있게 여기는 노동을 하고, 비장애 근로자들과 함께 통합된 상황에서 기능을 발휘하며, 정부가 제시한 최저 임금 이상을 받고, 복지 기관의 지원을 받지 않고 근무한다.

학생들의 취업 가능성을 높여 줄 학교 프로그램의 주요 특징은 다음과 같다(Houghes, Washington, & Brown, 2008). 첫째, 교육과정은 지역의 고용상황에서 이용할 수 있는 기능적 기술을 강조해야 한다. 둘째, 장애를 지닌 학생들은 통합된 작업 상황에서 효과적으로 근무하는 데 필요한 대인관계 기술을 학습할 기회를 충분히 가져야 한다. 셋째, 10~13세의 중증장애를 지닌 학생들에게는 조기에 지역사회 중심의 노동을 경험시키고 고용기술을 지도해야 하며, 졸업 시기가 가까워지면서 점차 그 범위를 확대시켜야 한다. 학생들은 지역사회 근로 상황에서 특정 직무 기술 분야, 생산율을 증가시키는 방법, 고용현장의 전환 등에 관하여 직접교수를 받아야 한다. 학생들이 가능할 경우, 직장에서 근무하기 위해 의사소통, 행동, 착탈의 등 통합 환경에서 성공적으로 정착하는 데 필요한 중요 기술을 습득해야 한다. 교실과 작업 현장에서 훈련을 병행하면 그 효과를 증대시킬 수 있다.

연구에 의하면 고등학교 2~3학년 때의 유급 근로 경험과 고등학교 졸업 후의 고용 및 전체 수입은 정적 상관이 있음이 밝혀졌다(Bwnz, Lindstrom, Unruh, & Waintrup, 2004). 무임금 및 자원봉사 근로 경험도 장애를 지닌 학생들에게 값진 것이다.

■ 지원고용

지원고용이란 취업이 되어 작업 현장에서 적절한 지원을 받으며 직무를 수행하고, 개인의 능력과 숙달 정도에 따라 최소한의 지원을 받으며 고용상태를 유지하는 것을 의미한다. 지원고용의 성공은 대부분 직업개발, 즉 지역사회에서 장애를 지닌 사람이 취업할 수 있는 직장을 찾아내거나 창출하여 고용기회를 얼마나 확대하느냐에 달려 있다. 지원고용의 모형은 소기업 모형, 이동 근무원 모형, 소집단배치 모형, 개별배치 모형 등 네 가지가 있다.

소기업 모형은 지역사회 내에서 소기업을 설립하여 장애인들에게 지원고용 형식의 일자리를 제공한다. 이 사업체는 장애가 없는 근로자와 장애를 지닌 근로자들을 소수 고용하여 운영한다.

이동근무원 모형은 한 가지 목적 사업으로 조직된 소규모의 사업체로 소수 근로자들이 지원을 받으며 통합된 상황에서 일하는 형태이다. 일반 매니저는 3~8명의 소집단으로 구성된 직원들의 일거리를 찾고, 코디네이트하는 데 책임을 진다. 이동 근무원은 이윤을 추구하는 조합(법인)으로 조직된 것이 아니다. 소속 근로자들이 전일제로 근무하지 않아서 발생되는 초과비용은 공적 자금으로 충당한다.

소집단배치 모형의 지원고용은 장애인으로 구성된 소집단이 일반기업이나 공장에서 특별 훈련이나 직무상의 지원을 받으며 작업을 한다. 소집단으로 배치된 근로자들은 그들의 생산율에 상응하는 임금을 받는다. 소집단배치 모형은 장기적으로 직업에 성공하는 데 필요한 지속적인 지원과 지역사회 중심의 통합고용이 갖는 여러 가지 이점을 제공함으로써 보호고용의 대안이 되고 있다.

개별배치 모형은 지역사회 내의 고용주들과 함께 직업을 개발하고, 내담자의 직업적성을 체계적으로 사정하며, 근로자들을 그들이 원하는 직업에 세심히 배치하고, 집중적으로 직업현장 훈련을 실시하며, 직업을 장기적으로 유지하도록 체계적인 접근을 한다. 최근 많이 적용되고 있으며, 맞춤형 고용으로 알려져 있는 개별배치 접근은 근로자의 현재 기술에 기초하여 통합된 경쟁근로 환경 내에서 직업을 개척하고 창출한다.

지원고용전문가는 지원고용 프로그램의 효과에 주요 열쇠가 된다. 지원고용 전문가는 직업코치 또는 고용컨설턴트로 불리기도 하는데, 비영리 직업 배치 프로그램, 공공직업 또는 성인서비스 프로그램이나 중등 특수교육 프로그램에서 근무하는 지역사회의 전문가들이다. 일반적인 지원고용 프로그램에서 고용전문가는 장애근로자들에게 직무 훈련을 직접 제공하며, 지원과 보조의 1차 자원으로서 서비스를 제공한다. 직무코치는 직접적인 현장 훈련과 지원을 점진적으로 줄여가지만 이 모델의 외부 지원은 몇 가지 근본적인 결점이 있다(Trach, 2008).

- 직무 코치의 도착과 등장은 근로 상황을 방해할 수 있다.
- 지원받은 근로자는 직무코치가 있는 상황에서만 다른 방식으로 수행할 수 있다.
- 직무코치의 등장은 지원받는 근로자와 장애가 없는 동료 근로자 사이의 상호작용 빈도를 줄일 수 있다.
- 교육전문가가 시간이 지남에 따라 변화하는 직업의 요구에 기민하게 대처하기 어렵고, 이와 같은 변화에 맞추어 지속적인 지원과 훈련을 제공하기 어렵다.
- 협력근로자의 자연스런 상호작용을 이용하는 것보다 직무 현장을 방문해야 하는 고용전문가는 비용이 많이 들고, 접근의 효율성이 떨어진다.
- 상시 호출 직무코치는 고용주와 협력근로자들이 문제를 자연스럽게 해결할 수 있는 방법을 찾아 실행하는 데 오히려 방해가 될 수 있다.

- 근로자가 직무코치에 지나치게 의존하게 되고, 문제해결 방법을 학습하고 스스로 책임을 지는 데 오히려 방해가 될 수 있다.

자연지원이란 개인이 지역사회에서 동일한 조건으로 취업하거나 직장생활을 유지하도록 지원하는 것을 말한다. 자연지원으로 조직지원, 물리적 지원, 사회적 지원, 훈련지원, 사회서비스 지원, 지역사회 지원, 개인 및 가족지원 등 7가지가 있다.

자연단서와 자기관리

지원고용 전문가들은 일반적으로 장애를 지닌 근로자들이 작업장에서 고용관련 직무와 기술을 배워야 한다는 신념을 가지고 자연단서와 자기관리에 관한 연구를 많이 하고 있다. **자연단서**는 고용인이 보고, 듣고, 접촉하고, 냄새를 맡을 수 있고, 다음에 해야 할 일을 위해 신호를 이용할 수 있는 것으로써 작업 환경에 이미 존재하는 것이다(Inge & Moon, 2006). 예를 들어, 시계나 호각은 작업 장소로 갈 시간을 알리는 신호가 될 수 있다. 협력근로자들의 작업 중단과 작업장을 떠나는 모습은 휴식 시간을 암시해 주며, 사용한 접시가 점점 쌓여가는 것은 닦아야 할 접시가 늘어간다는 것이다. 고용전문가의 역할은 근로자가 여러 가지 직무 기술과 사회 기술을 수행할 수 있도록 훈련시키는 일부터 작업장에서 자연스럽게 발생하는 단서에 독자적으로 반응하도록 가르치는 일에 이르기까지 확대되고 있다. 이러한 단서들이 바람직한 행동을 촉진시키는 데 충분하지 않을 경우, 지원고용 근로자는 여러 단계의 과제에서 각 단계를 나타내는 그림 촉진이나 사전에 기록된 언어적 촉진 등 다양한 단서에 반응하도록 지도를 받는다. 또는 근로자가 훈련 과정에서 워크맨이나 USB 등을 이용하여 좋아하는 음악을 배경으로 녹음된 자기점검법을 훈련할 수 있다.

장애고용인들에게 언어적 촉진과 자기교수를 지도하면 이들은 자신의 작업 수행성을 관리할 수 있는 자기관리법을 배울 수 있다. 예를 들어, Browder와 Mamarovie(2000)는 네 명의 지적장애를 지닌 성인들에게 지역사회 상황(커피점, 식료품 가게, 의류공장)에서 직무 과제를 스스로 주도할 수 있도록 지도하였다. 고용인들은 [한 일-할 일- 하고 있는 일: did-next-now] 전략(예, 나는 가방을 정리했다. 그리고 다음에 나는 마루를 닦을 예정이고, 지금은 유리창을 닦고 있다.)을 언어화함으로써 그들의 작업 과제 목록에서 다음 직무 활동을 완수하고 시작하도록 지도할 수 있었다.

■ 보호고용

보호고용과 분리된 상황에서 이루어지는 근로활동은 중증장애를 지닌 성인들을 위한 가장 보편적인 직업 활동의 유형이다. 보호고용은 ① 지역사회 중심의 고용을 위한 평가와 훈련(전통적인 보호작업) ② 확대된 장기 고용 ③ 작업 활동 등 세 가지 유형의 프로그램 중 한 가지 이상을 제공한다.

작업활동 센터는 지역 의사결정자가 보기에 생산적인 작업을 할 수 없을 정도로 너무 심한 장애를 지닌 사람들에게 보호고용 프로그램을 제공한다. 재활과 훈련은 과제에 대해 집중하고 인내심을 가질 수 있도록 하는데 중점을 둔다. 작업 간 휴식 시간이 한 시간 정도 될 경우, 자투리 시간을 이용하여 사회기술, 자조기술, 가사기술, 지역사회기술 및 레크리에이션 등을 훈련시킨다.

모든 보호작업장들은 적어도 두 가지 공통점을 지니고 있다. 첫째, 그들은 재활과 훈련 그리고 일부의 완전고용을 제공한다. 둘째, 보호작업장은 내담자들에게 의미 있는 노동을 제공하기 위한 사업을 해야 한다. 보호작업장은 일반적으로 계약하기, 일차제조, 재활과 회수 등 세 가지 유형의 벤처사업을 한다.

계약하기는 대부분의 작업장에서 작업의 주요 자원이 된다. 계약은 보호작업장이 약정된 가격에 따라 특정 기간 내에 특정 직무를 완수하게 되는 약속이다. 대부분의 보호작업장은 계약자 또는 계약주선자라고 하는 한 명 이상의 전문 직원을 두고 있으며, 계약자는 지역사회 내에 있는 사업체와 상담을 하거나 계약을 하게 된다.

일차제조는 설계, 생산, 판매 및 완제품의 선적 등 일련의 과정이 포함되어 있다. 일차제조는 계약하기에 비해 계약이 진행 중에 있을 때 발생할 수 있는 작업 중단 문제가 없는 이점이 있다. 또한 자신들의 훈련과 근로 조건을 더욱 직접적으로 계획할 수 있다. 그러나 대부분의 보호작업장은 일차제조업 보다 정교한 벤처사업을 다룰 장비나 스태프가 없다.

재활 및 회수의 경우 보호작업장은 재활용 재료를 구입하거나 수집하고, 수정 작업을 하며 반품된 상품을 판매한다. 수정이나 반품을 관리하기 위해서는 많은 노동이 필요하며, 간접비용이 낮고 일거리가 계속 있기 때문에 여러 보호작업장에서 성공하고 있는 것으로 밝혀지고 있다. 하지만 보호작업장이 장애를 지닌 청년을 위해 적절한 전환 과정이 될 수 없다고 생각하고 있는 것이 문제이다(Simmons & Flexer, 2008). 보호작업장의 이론적 목적은 장애를 지닌 사람들로 하여금 경쟁고용을 할 수 있도록 특정 직업 관련 기술을 훈련시키는 데 있다. 그러나 보호작업장 근로자가 지역사회 내의 직장에 취업된 사람이 거의 없고, 취업하더라도 오랫동안 유지하지 못한다.

5. 중등 후 교육

중등 후 교육은 더 이상 장애를 지닌 사람들의 막연한 꿈이 아니며, 실질적으로 이루어지고 교육기회가 증가하고 있다. 많은 고등학생들이 대학 진학을 희망하고 있다. 그러나 중등 후 교육에 대한 접근은 비장애인보다 장애를 지닌 사람들에게 더욱 중요하다. 중등 후 교육은 의미 있는 고용기회를 증가시킨다.

기술훈련 프로그램, 2년제 대학 또는 4년제 대학을 졸업하거나 중등 후 교육을 이수한 장애인들은 직업 선택의 기회가 늘어나고 수입이 증가했다(Madaus, 2006). 장애인이 학위를 받는다고 완전고용을 보장받는 것은 아니며, 4년제 대학의 학위를 갖고 있더라도 비장애인에 비해 완전고용 비율이 더 낮지만, 학위는 근로자의 급여에 영향을 미친다. 일반적으로 대학 졸업자들은 더 건강하고, 자신감이 높으며, 진로 선택의 폭이 넓어지고, 문제해결 기술과 대인관계 능력이 향상되며, 정치 · 지역사회 문제 · 레크리에이션 · 리더십 활동에 참여율이 높다. 그들은 중등 후 교육을 받지 않은 장애인들에 비해 부모와 정부 지원에 대한 의존도가 낮다.

최근 각 대학들은 장애를 지닌 학생들에게 서비스를 확대하여 제공하고 있지만 이들의 졸업률은 비장애인에 비해 낮은 편이다. 한 연구에 의하면 중등 후 교육에 참여한 학습장애를 지닌 학생들의 80%는 비장애 학생에 비해 고등학교 졸업 후 5년 내에 대학을 졸업하지 못한 것으로 나타났다(Murray, Goldstein, Nourse, & Edgar, 2000). 고등학교를 졸업한 후 10년 내에 대학을 졸업하지 못하는 비율을 보면, 비장애인은 32%인 반면, 학습장애를 지닌 학생들은 56%에 이른다.

고등학교 교사들이 학생들로 하여금 그 환경에서 성공하는 데 필요한 지원이나 조정, 기술 등을 습득하도록 도와주고자 한다면 먼저 중등 후 교육 환경에 대한 요구를 파악해야 한다. 장애를 지닌 중등학생들이 중등 후 교육을 통해 성공적으로 전환하기 위해 준비하고 지원할 주요 요소와 전략으로 다음과 같은 것들이 있다(Cunningham, 2007; Webster & Queen, 2008).

- 학생들은 중등 수준의 엄격한 교육과정을 통해 교육받아야 한다.
- 학생들은 새로운 내용을 해결하기 위한 학습 전략 훈련을 필요로 한다.
- 학생들은 교육과정 내용에 접근하고 그것을 다룰 수 있는 능력을 증가시키기 위해 보조공학기기의 사용법을 훈련받을 필요가 있다.
- 학생들은 대학에서 성공할 수 있도록 효과적인 목표 설정, 계획 수립, 자기관리, 옹호기술 등 자기결정 기술을 학습할 필요가 있다.
- 학생들은 대학에 조기진학을 할 필요가 있다.
- 중등 후 수준의 지원 서비스와 조정을 받을 자격을 얻기 위해 학생들은 장애를 판별받고 장애 서류를 제공해야 한다.
- 학생들은 중등 수준에서 학업 성공을 지원할 조정을 확인하고 중등 수준에서 요구되는 이런 지원을 어떻게 요청할 것인지를 배워야 한다.

6. 주거대안

어디서 사느냐는 어떻게 사느냐에 관한 많은 것들을 결정한다. 이 문제는 사람이 어디서 근무하는지, 어떠한 지역사회 서비스와 자원을 이용할 수 있는지, 어떤 친구를 사귈지, 어떤 여가활동을 갖는지에 영향을 미치고, 스스로 어떻게 느끼는지, 지역사회 어디에 배치될 것인지에 큰 영향을 미친다. 오늘날 대부분의 지역사회는 장애를 지닌 성인들의 요구에 따라 선택할 수 있는 다양한 주거 형태를 제공하고 있는데, 그 유형을 보면 그룹홈, 입양가정, 아파트 생활, 지원적 생활 및 시설 등이 있다.

그룹홈은 보통 3~6명의 소집단에게 가족형태의 생활을 할 수 있도록 하는 것이다. 그룹홈의 경우, 일부는 다른 장애를 지닌 성인들을 대상으로 하기도 하지만 대부분 지적장애를 지닌 성인들에게 서비스를 제공한다. 그룹홈의 직원들은 장애인들이 자기보호 및 일상생활 기술을 발달시키도록 도와준다. 대부분의 거주자들은 낮 동안 지역사회나 보호작업장에서 일을 한다. 다른 그룹홈은 반주택형으로 운영된다. 이 형태의 주기능은 장애를 지닌 성인에게 보다 독립적인 생활상황에 대비하도록 하는 것이다. 이런 주거형 그룹홈은 일반적으로 최근에 시설을 떠난 거주자들에게 서비스하고, 시설과 지역사회 생활 사이의 간극을 이어주는 교량 역할을 한다.

그룹홈의 위치와 물리적 특성은 정상화된 생활 스타일을 제공할 수 있는 능력을 결정짓는 요소가 된다. 그룹홈은 지역사회 내의 상업지역이 아닌 거주 지역에 있어야 한다. 그곳에 살며 시장, 학교, 교회, 대중교통, 레크리에이션 시설에 접근하기 편리한 곳이어야 한다. 거주자들이나 일반인들이 보기에 주택의 건축적 특징이 일반 주택과 비슷해야 하나, 거주자들의 적응 및 부적응 행동 빈도를 고려할 필요가 있다.

포스터홈(입양가정)이란 친인척 관계가 없는 사람을 장기간 가정에 데려와 키워주거나 생활을 지원해 주는 일종의 입양가정이다. 포스터홈은 아동들에게 여러 해 동안 일시적인 거주 서비스와 가족 케어를 제공한다. 포스터홈은 새로운 가족에게 방을 제공하는 대가로 적정 수준의 재정적 보상을 받는다.

포스터홈의 생활은 장애를 지닌 성인들에게 여러 가지 이점이 있다. 그룹홈 직원은 장애인과 함께 생활하지 않지만 포스터홈의 형태는 장애를 지닌 성인이 일반인과 함께 거주하고 생활한다. 장애를 지닌 성인은 그 가정의 가족들의 일상생활에 참여할 수 있고, 장애를 지닌 개인의 성장과 발달에 관심을 가진 사람들로부터 개별 관심을 받고 밀접한 대인관계를 발달시킬 수 있다. 가족단위의 일부로서 장애를 지닌 성인 역시 지역사회와 함께 상호작용하고 수용될 기회를 더 많이 갖는다.

아파트 생활. 오늘날 아파트의 자유롭고 독립적인 생활을 즐기는 장애를 지닌 사람의 수가 증가하고 있다. 아파트 생활은 그룹홈보다 장애를 지닌 사람들에게 사회적으로 통합할 기회를 더 많이 제공해 준다. Burchard와 그의 동료들(1991)은 감독을 받는 아파트에 거주하는 사람들이 소규모 그룹홈이나 부모들과 함께 생활하는 사람들의 두 배 정도로 지역사회 내에서 사회적 및 레저활동 기회를 갖는 것을 발견했다. 또한 소규모 그룹홈에서 생활하는 장애를 지닌 성인들보다 지역사회에서 일반 또래들에 의해 수용될 가능성도 더 높은 것으로 나타났다.

장애를 지닌 성인들을 위한 세 가지 유형의 아파트 생활은 아파트 클러스터Cluster, 협력거주 아파트Co-residence, 최대 독립형 아파트Maximum-independence가 있다. **아파트 클러스터**는 장애인이 거주하는 소규모 아파트로 구성되어 있고, 가까운 다른 아파트에 지원 인력이나 스태프가 있다. 아파트 클러스터는 다양한 아파트의 거주자들이 요구하는 지원의 양과 정도에 상당한 융통성이 허용된다. 일부 사람들이 시장보기, 요리하기, 옷 입기와 같이 직접적인 도움을 요구하는 반면, 다른 사람들은 제한된 지원, 도움, 촉진을 필요로 한다. 사회적 통합을 촉진시키기 위해 일반인들도 아파트 클러스터에 소속된 아파트에 거주할 수 있다. **협력거주아파트**는 장애인과 일반인 룸메이트가 함께 거주한다. 이 유형의 아파트는 가끔 영구적이지만 대부분의 협력거주 아파트는 독립생활로 나아가기 위한 전 단계로 이용된다. 룸메이트는 급료를 받지 않는 자원봉사자가 된다. **최대 독립형 아파트**는 일반적으로 장애를 지닌 성인 2~4명이 함께 거주한다. 이들은 자신을 돌볼 수 있는 자기보호와 일상생활 기술을 지니고 있다. 감독이 1~2주에 한 차례씩 방문하여 그들이 지닌 특별한 문제를 해결하도록 도와준다.

지원적 생활. 지원적 생활이란 장애인들이 지역사회에서 가능한 한 정상적이고 독립적으로 생활하도록 돕는 운동을 뜻하는 용어이다. 지원적 생활은 단일접근법이나 모형이라기보다 장애를 지닌 시민의 적절한 생활경험 유형에 관한 철학이다. Klein(1994)에 따르면 지원적 생활은 **개별화**[40], **설계의 개별화**[41], 미래계획, **관계(단체)의 이용**[42], 융통성 있는 지원, 가능성에 초점 맞추기, 상황에 자연스런 언어 이용하기, 소유권과 통제 등 9가지 원리에 기초를 두고 있다고 했다.

시설. 1970년대에는 지적장애인들의 주거 시설 표준이 개발되었으며, 이 표준을 충족시키는 경우 ICF-MR 의료시설이라 하였다. 오늘날 16인 이상 수용하는 시설을 ICF-MR 시설로 분류하고 있다. ICF-MR 시스템의 규정이 비인간적이고 불결한 조건들, 과밀 문제를 제거했지만 운영비용이 높고, 전환 프로그램으로 배치된 거주자들의 삶의 질 때문에 많은 비판을 받고 있다(Baer & Daviso, 2008). 한국도 시설에 대한 평가를 실시함으로써 환경과 수용자들의 처우 개선을 위해 노력하고 있지만 많은 과제를 안고 있다.

탈시설화는 장애인들이 대규모 시설에서 벗어나 그룹홈과 아파트같이 보다 작은 지역사회 중심의 생활환경으로 이동하려는 운동이다. 탈시설화 운동은 20세기 후반동안 적극적으로 전개되었고 지적장애를 지닌 성인들의 탈시설화에 대한 연구를 실시, 검토하였다. 이런 연구들은 거주자들을 일반적으로 대규모 시설에서 소규모의 그룹홈이나 지역사회 중심의 생활환경으로 이동시킨 것을 긍정적인 것으로 평가하고 있다.

긍정적인 결과를 보고한 일부 연구들은 연구 방법의 문제와 결과 해석의 오류로 인하여 많은 비판을 받았지만 대부분의 전문가들은 오늘날 대규모 주거시설이 더 이상

40) 개인에게 초점을 맞추고, 함께 살 사람들을 선택함

41) 개별적으로 설계되므로 지원받을 보편적 준거나 기준이 없음

42) 도움을 줄 수 있는 모든 사람과 기관을 이용함

장애를 지닌 성인들에게 적절한 장소가 아니라고 믿고 있다. 예를 들어, 기관 TASH(2000)는 거주시설과 프로그램의 종료를 요구하고 탈시설화와 관련하여 다음과 같은 주장을 하고 있다; ① 장애인을 가정, 학교, 이웃, 지역사회로부터 분리시키는 서비스와 활동 ② 동일 연령대의 사람들로부터 수용되지 못하는 환경에서 생활하기를 요구하는 것(이러한 환경에는 대규모 그룹홈과 ICF-MR이 포함됨) ③ 사회적 지원망, 가족체제, 또래 관계 및 교우관계의 손실에 대해 간병인이나 기타 전문적인 관계에 전적으로 의존하는 서비스나 활동 ④ 존엄성, 도움, 보호, 동정을 필요로 하는 사람으로 규정짓고 장애인으로 낙인찍는 서비스나 활동 등을 중단할 것을 요구하고 있다. 그러나 지역사회에서 생활하기 위해 시설을 떠나는 것이 중도장애를 지닌 성인들에게 도움이 된다는 주장에 모든 부모들이 동의하지는 않는다는 사실을 인식하고 존중하는 것도 중요하다.

7. 여가활동

여가활동은 만족스런 성인생활의 중요한 요소이다. 우리는 개인적 취미를 위해 배우고 즐김으로써 삶을 풍요롭게 한다. 그러나 장애를 지닌 성인들은 여가활동에 쉽게 참여할 수 없다. 지역사회의 레크리에이션 자원을 이용하기 위해서는 ① 대중교통을 이용해야 하고 ② 게임을 할 수 있는 신체적 능력과 기술을 지녀야 하며 ③ 다른 사람과 게임을 할 의지나 게임을 할 친구가 있어야 한다. 이상의 세 가지 변인들이 각각, 때로는 조합하여 장애를 지닌 성인들의 여가 활동을 제한하기도 한다(Matheson, Olsen, & Weisner, 2007). 이러한 문제 때문에 다수의 장애를 지닌 성인은 TV를 보고, 방에서 혼자 음악을 들으며, 사회적으로 고립되어 임의로 시간을 보내는 등 분리된 장애인 중심의 여가 활동을 하게 된다.

특수교육자들은 특수교육대상 학생들을 위한 교육과정에 여가 활동을 포함시키는 것이 중요하다는 것을 인식해야 한다. 체육을 포함한 능동적인 레크리에이션은 장애를 지닌 성인의 삶의 만족도를 높여 줄 뿐만 아니라 건강 조건을 개선시킴으로써 직업을 유지하는 데 도움을 준다(Ispen, 2006). 적절한 여가 활동의 학습은 특히 중도장애를 지닌 성인들에게 중요하다. 대부분의 중증장애를 지닌 사람들은 시간적 여유가 많지만 이를 생산적으로 이용하지 못하는 경우가 많고, 몸 흔들기, 손뼉 치기, 이상한 소리 내기 등 부적절한 행동을 하는 데 시간을 많이 보낸다.

특수교육대상 중등학생들과 일반 동료들 간의 여가활동 능력을 촉진시키고 지원하는 프로그램은 참여자 모두에게 가치가 있다. 장애를 지닌 성인들과 지역사회 여가활동에 참여하는 것은 좋은 친구를 사귀는 과정이므로 이러한 요소를 포함시킨 기능적 교육과정은 매우 가치롭고 바람직하다.

8. 전환교육의 궁극적인 목표: 더 나은 삶

■ 삶의 질

장애를 지닌 개인의 삶이 크게 향상되고 있다는 점은 의문의 여지가 없다. 시설에 소외되어 살던 수많은 사람들은 이제 지역사회의 일반 가정에서 살아가고 있다. 의미 있는 직무 기술을 학습할 기회조차 갖지 못했던 많은 사람들이 매일 일터로 가고 월급을 받는다. 그러나 지역사회에서 거주하고 생활하며, 통합 상황에서 직업을 갖는다고 삶의 질이 자동적으로 더 나아지는 것은 아니다. Harris는 삶의 만족도를 조사한 결과 일반인들은 61%가 만족스러운 삶을 누리고 있는 데 비해 장애를 지닌 사람들은 34%에 그치고 있음을 발견했다(National Organization on Disability, 2004).

대부분의 옹호자들과 전문가들은 장애를 지닌 사람이 거주, 노동, 지역사회 상황에서 우선 물리적으로 통합되어야 하지만, 인간적 서비스 프로그램의 정말 의미 있는 결과는 삶의 질이 개선되어야 한다고 본다. 동료 근로자들과 사회적 관계를 발달시키지 못하여 점심시간이나 휴식시간에 항상 혼자 앉아 있는 사람의 삶의 질을 얼마나 높게 평정해야 할까?

이웃의 그룹홈에서 생활하며 식사시간이나 잠자리에 들어갈 때 받을 수 있는 서비스를 선택할 수 없고, 친구라고는 주말에 여행이나 쇼핑을 갈 때 돌봐줄 유급직원밖에 없는 젊은이의 삶의 질은 어떠한가? 개인 생활의 삶의 질 측정은 그가 선택할 수 있는 범위까지 확장된다. 우리가 선택을 한다는 것은 무엇을 먹고, 입을까 하는 일상적인 문제에서부터 어디서 살며, 무엇을 할 것인지를 선택하는 문제에 이르기까지 개인의 정체성을 규정짓는 데 의미 있는 역할을 한다.

삶의 질에 대한 개념과 정의는 다양하며, 삶의 질을 어떻게 측정할 것인지, 그것이 측정될 수 있는 것인지에 대한 논의와 삶의 질을 향상시키기 위한 권고 등이 다양하게 이루어지고 있다.

■ 오도되거나 제한적인 신념

장애를 지닌 많은 성인들이 겪는 문제는 우리 사회의 모든 시민들에게 부여된 권리나 특권을 누리지 못하고, 서비스를 제대로 받지 못하며 사회의 완전한 구성원으로 받아들여지지 못한다는 점이다. 최근 들어 이러한 면에서 진전을 보이고 있지만 앞으로 가야할 길이 아직도 멀다.

장애를 지닌 대부분의 성인들이 사회에 완전히 포함되는 데 가장 큰 장벽은 장애 때문에 건물에 접근할 수 없거나 물리적 제약을 받는 것이 아니라 일반인들의 차별적 대우이다. 인종적 차별이나 우월감과 성차별주의와 같은 용어는 인종집단과 여성에 대한 편견과 차별적 대우를 나타내고, 장애인 차별주의란 용어는 장애를 지닌 사람에 대한 편향된 반응을 불러일으킨다.

장애를 지닌 사람을 일반인들처럼 수용할 때 그들이 사회의 완전한 구성원이 되고 참여할 수 있게 될 것이다. 이러한 조건이 충족될 때만이 장애를 지닌 사람들도 일반인들이 누릴 수 있는 삶의 질을 누릴 수 있다.

■ 자기옹호와 자기결정

장애를 지닌 아동과 성인을 위한 옹호는 지난 30년 동안 이들의 삶 전반에 막대한 영향을 미쳤다. 사실 교육, 고용기회, 주거 서비스의 전반적인 변화는 모두 옹호 노력 때문이었다. 가족 구성원, 친구, 전문가 및 변호사 등이 전통적으로 장애인 옹호운동에 참여했다.

자기옹호 운동은 장애를 지닌 사람들이 스스로 이익을 주장할 수 없다고 보았던 당시의 일반적인 견해에 대한 도전이었으며, 지체장애를 지닌 사람들이 시작한 독립생활 운동은 매우 큰 효과를 보았다. 감각장애를 지닌 사람들 역시 자기옹호 운동을 시작했다. 가장 두드러진 성공 사례는 미국 갤러뎃 대학(Gallaudet University) 대학생들이 1988년 수화를 모르던 건청인 총장의 임명을 거부한 사건이다. 지적장애를 지닌 사람들은 자신의 권리 침해를 인식하도록 학습하지 못했고, 자신을 옹호할 언어능력이 부족하기 때문에 자기옹호 운동에 거의 참여하지 않았다. 그러나 지적장애나 발달장애를 지닌 사람들이 시민권을 확대시키기 위해 인터넷 자원과 도구를 이용하기 시작한다는 증거가 있다(Zubal-Ruggier, 2007). 자기옹호는 자기결정의 중요한 구성 요소이다. 자기결정 기술을 습득하게 되면 자유를 누리게 된다. 자유란 어떤 직업을 가질지,

어디서 살지, 어떤 관계를 맺을지를 선택할 자유, 일상생활의 모든 결정을 할 자유, 실수를 할 자유 등을 말한다.

일반적으로 장애를 지닌 성인들 대부분의 삶의 질은 과거에 비해 많이 나아졌다. 장애를 지닌 많은 성인들이 지역사회의 통합된 환경에서 살고 일하면서 여가를 즐기지만, 장애를 지닌 많은 성인들이 그러한 상황에서 많은 혜택을 받기 위해 개인적, 사회적, 작업적 및 여가 기술을 습득했거나 습득하고 있다. 그러나 장애를 지닌 많은 사람들이 일반적인 삶을 누리지 못하고, 특별한 즐거움과 슬픔, 성공과 실패를 경험한다.

자기결정 지도

자기결정은 학교생활에서 성인 생활로 성공적으로 전환하는 데 중요한 역할을 한다. 자기결정의 정의는 개인의 선택 능력, 적절한 의사결정, 자유의 연습, 독립성, 개별 책무에 초점을 맞추고 있다.

특수교육대상 학생들에게 자기결정을 지도하게 되면 지식과 문제해결력을 습득하는 데 보다 효율적이다. 이러한 훈련을 받은 장애를 지닌 학생들은 그렇지 않은 학생들에 비해 전환이 잘 되며, 성인이 되어 접하게 되는 특정 문제를 보다 잘 인식하게 된다. Benjamin (1996)은 학교와 부모가 특수교육대상 학생의 자기결정력을 발달시키기 위해 지원할 수 있는 4단계 문제해결 과정을 권고했다.

첫째, 역할 놀이와 자극활동을 통해 상황 속에서 문제를 발견하고 명칭을 붙임으로써 학생이 상황을 관찰하고 분석할 수 있도록 지도한다.

둘째, 학생에게 문제를 해결하기 위해 선택할 수 있는 방법 등을 생각해 보게 한다. 그렇게 할 수 없을 경우, 도서관이나 관련 지식을 가진 사람에게 접근하여 도움을 요청하는 방법을 지도하고, 그들이 스스로 문제를 해결할 수 있도록 지원한다.

셋째, 학생이 일단 가능한 해결책을 발견하여 선택하면 다른 문제가 있는지를 찾아보도록 격려한다. 다른 문제를 찾을 수 있으면 계획을 변경하고 문제를 해결하기 위해 무엇을 해야 하는지를 학생에게 물어본다.

넷째, 다른 상황에서 유사한 문제를 해결하기 위해 이용할 수 있는 전략에 관하여 생각해 보게 한다.

개인이 학교를 떠나 성인생활로 전환해 가는 과정에서 개별 선택과 의사결정을 연습할 기회를 마련하는 것이 매우 중요하다. 각 개인은 선택의 여지를 신중히 고려하고, 적절한 선택을 할 수 있어야 한다. 전문가와 가족이 장애를 지닌 청소년의 자기결정력을 촉진시키기 위해 할 수 있는 방법은 표4.3과 같다.

표 4.3 장애를 지닌 청소년의 자기결정력 촉진: 전문가와 가족을 위한 팁

선택능력 향상	자기옹호 능력 향상
· 강점, 흥미, 학습 스타일 발견 · 옷, 사회활동, 가족 행사, 새로운 정보의 학습 방법 선택하기 · 청소년에 대한 높은 기대 갖기 · 청소년에게 자신의 장애에 대해 지도하기 · 자기결정과 자기옹호 과정에 아동 참여시키기 · 학교, 가정, 지역사회에서 기회 제공하기 · 아동 및 청소년에게 학교의 협의회 준비시키기 · 교육, 의료 및 가족 결정에 아동 및 청소년 참여시키기 · 실수나 자연적 결과 허용하기 · 아동 및 청소년의 의견에 귀 기울이기	· 의사소통 및 자기표현 격려하기 · 주장 및 문제해결을 위한 모든 노력을 칭찬하기 · 가정과 학교에서 자기 옹호 기회 제공하기 · 수업 시간에 자기 옹호발언을 격려하기 · 적절한 적응 요구 지도하기 · 장애와 조정 요구를 밝히는 연습하기 · 학교, 가정, 지역사회, 직장 등에서 장애에 관하여 이야기할 기회를 마련하기
가능성 탐색 격려	**자존감 발달 촉진**
· 매일 세상을 탐색하도록 조장하기 · 탐색을 위해 개인적, 촉각적, 시각적, 청각적 방법을 이용하기 · 유사한 장애를 지닌 청년 멘토 정하기 · 장래의 직업, 취미, 가족 생활스타일에 관하여 이야기하기 · 관심과 목표에 기초하여 개별 스크랩북 만들기 · 아동 및 청소년을 서비스 학습에 참여시키기	· 학교 및 지역사회에서 소속감 갖기 · 아동 및 청소년에게 자신의 재능을 이용할 경험 제공하기 · 개별성과 독립성을 발휘할 기회를 제공하기 · 가정, 학교, 교회, 지역사회 등에서 보호해줄 성인 멘토 구하기 · 자존감과 자신감 시범보이기

표 4.3의 계속

합리적인 위험 감수	목표 설정과 계획능력 발달
· 선택 시 위험한 곳, 도움이 되는 곳, 선택의 결과 목록지도를 선택하기 · 가족, 친구, 기타 사람들과 안전망 구축하기 · 문제해결 기술을 발달시키기 · 선택의 결과를 평가할 수 있는 기능을 발달시키기	· 가족, 소유물, 목적 등의 가치를 지도하기 · 가치를 나타내고 나이에 적합한 포스터 제작하기 · 목표를 향해 노력할 때 단기 목표에 도달할 이정표를 만들기 · 가치와 목적을 발달시키도록 지도하기 · 가족사와 문화에 대해 논의하기 · 목표에 도달할 수 있도록 융통성 있게 지원하기(때로는 강한 동기와 노력이 필요하고, 때로는 혼자 있고 싶어 할 수 있음)
문제해결력 조장	**청소년이 장애를 이해하도록 지원**
· 문제해결 기술 지도 · 도전과 문제 인식하기 · 문제를 건전한 발달의 일부로 수용하기 · 가족 모임을 갖고 가정과 지역사회에서의 문제 확인하기 · 학급 모임을 통해 학급에서의 문제 확인하기 · 아동 및 청소년에게 자신이 확인한 행동의 결과 목록 작성하기	· 자기 정체성에 의해 스스로 지향하는 과정을 찾기, 누구인가? 무엇을 원하는가? 문제가 무엇인가? 장애물은 무엇인가? 어떤 지원을 필요로 하는가? · 자서전을 써보게 하기 · 자신의 장애와 능력에 대해 이야기하기 · IEP에 참여시키기 · 훌륭한 학습 스타일의 검사나 전환검사 이용하기 · 모든 사람들을 위한 지원체계를 찾아 이용하기

9. 학업적 기능 지도와 일반교육과정 접근

특수교육대상 학생들은 교수-학습 장면에서 중등교육 및 고등교육 프로그램의 내용을 적절히 따라 가기가 어렵고 도중에 탈락하거나 저성취 또는 학습부진을 나타내게 된다. 그러나 연구들은 경도장애, 특히 학습장애를 지닌 학생들의 경우, 학업 내용 분야에서 현재 그들의 수행 수준 이상으로 성취할 수 있음을 밝히고 있다(Friend &

Bursuck, 2002). Getzel과 Gugerty(2001)는 경도장애를 지닌 학생들의 고등학교 프로그램이 고려해야 할 점을 다음과 같이 제안하였다.

첫째, 각 학생의 독특한 학습 특성에 기초하여 교수전략을 개발해야 한다.

둘째, 학생의 문화적 배경과 그것이 학습에 미칠 영향을 고려하여야 한다.

셋째, 학생의 가장 강점이 되는 학습 양식(시각적, 청각적, 촉각적)을 결정하고, 그것을 기초로 교수적 적합화 과정을 거쳐야 한다.

넷째, 보조공학을 이용하여 학생이 강점을 스스로 활용할 수 있도록 도와준다.

다섯째, 긍정적 학습 환경을 조성하여 학생의 동기를 유발시키고 자존감을 형성하도록 한다.

중등도 및 중도장애를 지닌 학생들의 학습지도는 보다 기능적이고 보상적이어야 하고, 생활환경 내에서 즉각 사용할 수 있는 기능과 기술을 지도해야 한다. 교수 내용은 학생의 일상생활 내에서 일어나는 기능과 기술에 중점을 두어야 한다. 예를 들면, 지도할 안전기술에는 도로 표지판 읽기, 출입구 표지판 읽기, 상품명 읽기 등을 포함시킨다. 정보기술에는 취업 지원서, 지도, 광고 및 전화번호부 읽기 등이 포함될 수 있다.

사회가 전반적으로 고학력을 지향하고, 직업시장에서 학업적인 면을 중시함에 따라 장애를 지닌 학생들도 상급학교로 진학하려고 노력한다. 고등학교 졸업생 중 특수학교 졸업생의 55%, 특수학급 졸업생의 38.6%, 일반학급 졸업생의 51%가 각각 대학이나 전공과로 진학(교육부, 2016)을 한다는 것은 큰 의미를 갖는다.

■ 적응 및 기능적 생활기술 지도

특수교육대상 학생들은 중등학교 생활을 하는 동안 사회 활동을 경험할 필요가 있다. 적응 및 기능적 생활 기술 훈련에는 학교 안팎에서의 사회활동과 개인적 문제 관리하기 등의 내용이 포함된다. 아울러 지역사회에 성공적으로 참여하기 위해 필요한 긍정적인 대인관계와 적절한 행동 등을 포함시킬 수도 있다. 교수 활동은 주로 일반교사와 특수교사가 협력하여 이루어지고, 또래교수 등의 협동학습을 이용하기도 한다.

■ 취업 준비

장애인은 사회의 기여자로서보다는 사회적 자원의 소비자로서 역할을 하는 것으로 인식되어 왔으나 이제는 이러한 사고나 관념을 벗어나야 한다. 중등특수교육은 항상 직업과 진로 영역에 비중을 많이 두었지만 특수교육대상 학생들의 취업은 단순히 학교만의 문제가 아니다. 이들의 취업이나 진로는 사회적 인식의 문제, 장애인에 대한 태도의 문제, 인간의 존엄성이나 가치의 존중 문제 등 다양한 문화적 차원의 요인들이 복합적으로 관련된 과제이다.

학교 역시 특수교육대상 학생들의 취업 문제에 대해 수동적인 자세에서 벗어나, 직업적 경험을 중시하고, 진로교육이나 지역사회의 취업 인프라를 이용한 보다 적극적인 직업준비 교육을 실시할 필요가 있다. 이러한 맥락에서 특수학교에서는 전공과를 설치하여 운영하지만 운영 면에서 취업 준비보다는 고등학교를 졸업하고 취업을 하지 못하거나, 취업할 수 없는 특수교육대상 학생들의 취학 기간을 연장시키는 기능을 하고 있는 실정이다. 따라서 보다 현실적인 교육과정을 개발하여 적용할 필요가 있다. 취업 준비 프로그램 개발과 교육은 특수교사만의 노력으로는 한계가 있기 때문에 지역사회 유관기관의 전문가들과 협력하여 접근할 필요가 있다.

요약

■ 학령기 특수교육의 성과

- 특수교육대상 학생들은 고등학교를 졸업하더라도 장애의 정도, 직무수행능력, 사회의 편견, 임금수준, 근무조건 등으로 인하여 고용비율이 낮은 편이다.

■ 전환서비스 모형

- 전환서비스 모형으로는 Will의 학교-직장 교량모형과 Halpern의 삼차원 모형이 있다.

■ 고용

- 경쟁고용은 장애인이 비장애 근로자들과 함께 통합된 상황에서 기능을 발휘하며, 정부가 제시한 최저 임금 이상을 받고 근무한다.

• 지원고용은 소기업 모형, 이동작업원 모형, 소집단 배치 모형, 개별배치 모형 등 4가지 모형이있다.

• 보호고용은 지역사회 중심의 고용을 위한 평가와 훈련(전통적인 보호작업), 확대된 장기 고용, 작업 활동 등 세 가지 유형의 프로그램 중 한 가지 이상을 제공한다.

■ 중등 후 교육

• 중등 후 교육은 의미 있는 고용기회를 증가시킨다.

• 기술훈련 프로그램, 2년제 대학, 또는 4년제 대학을 졸업했거나, 중등 후 교육을 이수한 장애인들은 직업 선택의 기회가 늘어나고 수입이 증가한다.

■ 주거대안

• 그룹홈은 보통 3~6명의 소집단에게 가족형태의 생활을 할 수 있도록 하는 것이다.

• 어떤 가정이 친인척 관계가 없는 사람을 입양하는 것을 포스터홈이라고 한다.

• 장애를 지닌 성인들을 위한 세 가지 유형의 아파트 생활은 아파트 클러스터, 협력거주 아파트, 최대 독립형 아파트가 있다.

■ 여가활동

• 장애를 지닌 중등학생들과 비장애 학습 동료들 간의 여가활동 능력을 촉진시키고 지원하는 프로그램은 참여자 모두에게 가치가 있다.

■ 전환교육의 궁극적인 목표

• 자기결정의 정의는 개인의 선택 능력, 적절한 의사결정, 자유의 연습, 독립성, 개별 책무에 초점을 맞추고 있다.

토의문제

1. 전환교육 측면에서 학령기 특수교육의 성과와 한계에 대해 논의하시오.
2. 전환서비스의 모형을 제시하고 각 모형의 특성을 비교하여 설명하시오.
3. 고용의 유형별 특징을 설명하시오.
4. 지원고용의 하위 유형별 특징을 설명하시오.
5. 보호고용의 실태를 분석하고 문제점과 대안을 찾아보시오.
6. 장애인을 위한 주거대안으로 제시되고 있는 유형과 특징을 설명하시오.
7. 장애인의 자기결정력과 자기옹호력을 촉진시킬 수 있는 방법과 전략에 대해 논의하시오.

Special Education

제5장

시각장애를 지닌 특수교육대상 학생

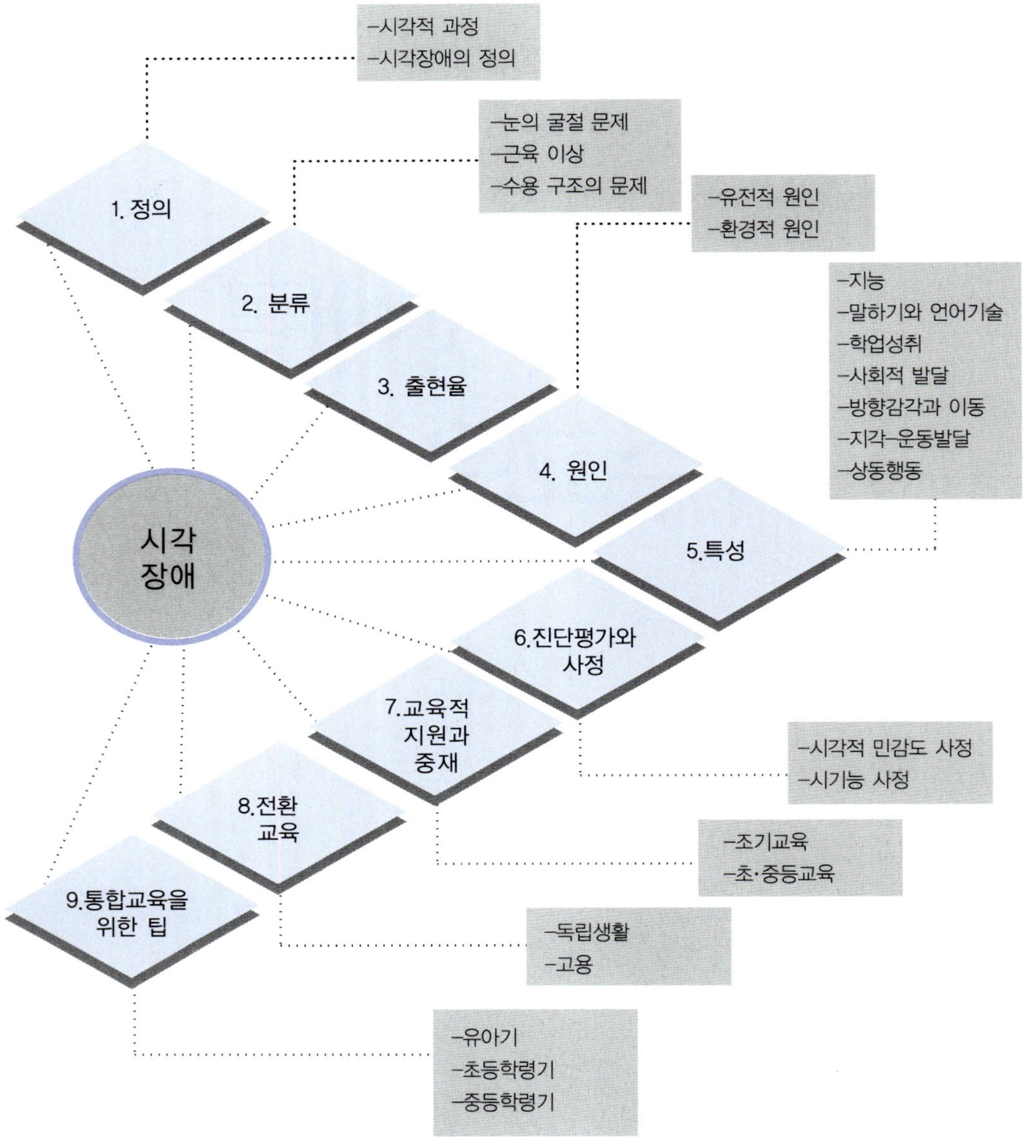
시각
장애
1. 정의
-시각적 과정
-시각장애의 정의
2. 분류
-눈의 굴절 문제
-근육 이상
-수용 구조의 문제
3. 출현율
4. 원인
-유전적 원인
-환경적 원인
5.특성
-지능
-말하기와 언어기술
-학업성취
-사회적 발달
-방향감각과 이동
-지각-운동발달
-상동행동
6.진단평가와 사정
-시각적 민감도 사정
-시기능 사정
7.교육적 지원과 중재
-조기교육
-초·중등교육
8.전환 교육
-독립생활
-고용
9.통합교육을 위한 팁
-유아기
-초등학령기
-중등학령기

| 제5장 |

시각장애를 지닌 특수교육대상 학생

인간은 시각적 과정을 통해서 주변 세계를 관찰하고, 물리적 환경을 감지하며 보다 잘 이해할 수 있는 능력이 발달되므로 시력은 지식을 획득하고 쌓아 가는 데 매우 중요하다. 시각적 기능은 다양하여 인쇄매체나 시각적 자료를 보고 학습하고, 우리가 인식한 시각적 표상에 기초하여 장소를 이동하며, 다른 사람의 표정이나 보디랭귀지body language를 통해서 자신의 행동이 적절한지, 아니면 바꾸어야 할지를 결정하는 사회기술을 습득하게 된다. 우리는 시각적 과정을 통해서 끊임없이 들어오는 정보에 기초하여 친구를 사귀고, 스포츠를 즐기며, 악기를 연주하고, 일을 하고, 휴식을 취한다. 그러나 시각장애를 지닌 학생들은 이러한 활동을 제대로 할 수 없거나 매우 제한된다.

시력을 상실하거나 손상을 입으면 어떻게 될까? 일반적으로 시각장애를 지닌 사람은 무기력하고, 만족스럽고 생산적인 삶을 살 수 없다는 잘못된 생각을 하고 있기 때문에 시각 상실에 대해 가장 두려워한다. 정안자들은 시각장애를 지닌 사람들이 사회경제적으로 실조된 삶을 산다고 생각하고, 정안아동들은 시각장애를 지닌 또래들이 여러 가지 기초적인 기술마저도 학습하지 못한다고 생각한다. 시각장애의 정확한 이해를 통해 불필요한 오해와 잘못된 사고를 변화시키는 것이 중요한 과제이다.

1. 시각적 과정과 시각장애의 정의

■ 시각적 과정

시각장애를 이해하기 위해서는 정상적인 시각 체계와 기능을 이해할 필요가 있다. 정상적인 시각 체계를 이해하면, 대부분의 용어에 익숙해지고 체계의 기능이상을 정의할 수 있게 된다. 먼저 시각 체계의 해부학적 측면과 기능을 살펴보기로 한다.

시각 체계는 눈, **시각피질**[43], 대뇌, **시신경**[44] 등의 물리적 구성요소로 이루어져 있다. 시신경은 눈과 시각피질을 연결해 준다. 인간의 눈에 대한 기본적인 해부학은 그림 5.1과 같다.

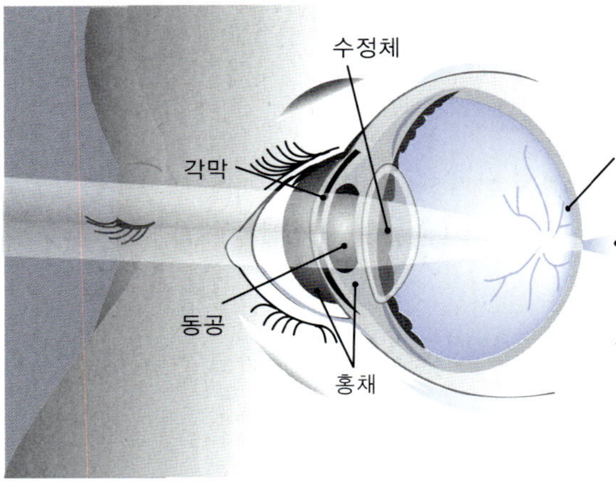

눈의 구조

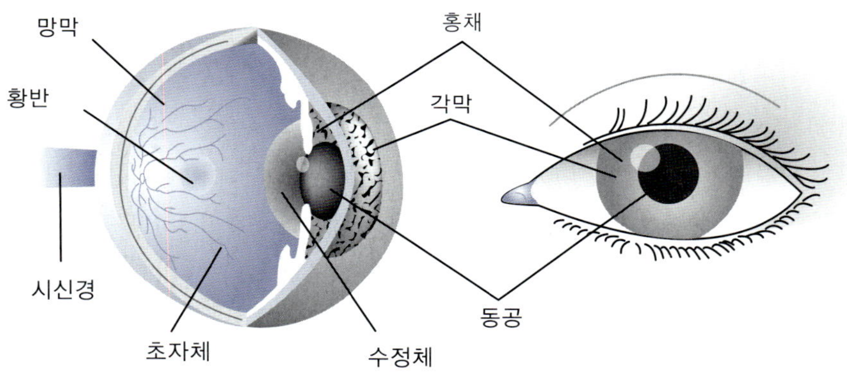

그림 5.1 시각 체계

* 자료출처 : http://kr.blog.yahoo.com/qrrwn/136

일반적으로 눈은 각막, 공막, 홍채, 동공, 모양체, 맥락막, 망막, 수정체, 초자체, 결막 등으로 나눌 수 있으며, 카메라의 구조와 유사하며 기능은 표 5.1과 같다.

43) visual cortex 후두엽에 자리 잡고 있는 대뇌의 시각 센터

44) optic nerve 눈과 대뇌의 시각 센터를 연결해 주는 신경

표 5.1 시각 기관의 명칭, 기능 및 특징

기관명	기능 및 특징
각막	검은 눈동자 부분, 안구보호, 빛을 굴절시켜 망막에 도달시키는 기능 담당
공막	흰 눈동자 부분, 앞쪽은 각막으로 뒤쪽은 뇌막의 연장인 시신경 다발에 연결됨 안구의 형태를 유지하면서 안구 운동을 조절하는 기능을 담당
홍채	각막과 수정체 사이에 위치, 동공을 포함. 사람의 눈의 색깔은 홍채에서 결정됨 인종에 따른 색소양의 차에 따라 검은색, 갈색, 푸른색이나 회색 등으로 정해짐
동공	홍채의 중앙부에 구멍이 나 있는 부분. 빛의 양을 조절하는 카메라의 조리개와 같은 기능을 담당
모양체	홍채에 혈액을 공급하고, 수정체의 두께를 변화시켜 조절하는 기능을 담당
망막	안구 내부 중 뒤쪽 2/3을 차지하는 신경조직, 눈으로 들어온 빛이나 상이 최종적으로 도달하는 부위, 도달한 영상 정보를 시신경을 통해 신호를 뇌로 보냄
수정체	돋보기 형태의 볼록한 모양을 가진 투명한 조직으로 홍채 뒤에 위치. 상의 초점을 망막 위에 맺히도록 하고, 두께를 이완, 수축하여 초점을 조절하는 기능을 담당
초자체	안구의 4/5를 차지하며, 안구 안을 채우고 있는 젤리와 같은 투명한 조직. 안구의 전체적인 형태 유지, 수정체를 고정시키며, 망막을 안구 벽에 부착시키고, 안구 내로 빛을 투과시키는 기능을 담당
결막	투명한 점막. 결막에 있는 배상세포와 부누선에서 분비되는 점액과 누액은 결막 및 각막의 표면을 미끈하게 만들어 안구운동이 마찰 없이 이루어지게 함

시각 손상을 입지 않은 정상 시력의 네 가지 구성 요소는 보이는 물체(대상), 물체에서 눈으로 반사되는 빛, 반사 빛을 정상적으로 수용하는 눈, 눈으로부터 전달되는 신호를 해석하는 대뇌의 후두엽이다.

■ 시각장애의 정의

시각장애는 시력장애와 시야결손장애로 구분된다. 시력장애는 안경, 콘택트렌즈를 포함한 모든 종류의 시력 교정법을 이용하여 측정된 교정시력을 기준으로 한다. 시야결손장애는 시각로가 차단되어 볼 수 없게 되는 경우를 말한다. 시각장애를 정의하는 가장 일반적인 방법은 법적 정의와 교육적 정의이다. 법조인이나 의료인들은 주로 법적 정의를 사용하고, 교육자들은 교육적 정의를 사용한다.

법적 정의

법적 정의는 시각 민감성과 시야의 사정 결과를 포함하고 있으며, 복지 수혜자의 자격 결정 준거로 이용된다. 장애인복지법 시행령(2005)에 의한 시각장애의 법적 정의는 다음과 같다.

① 두 눈의 시력(만국식 시력표에 의하여 측정한 것을 말하며, 굴절 이상이 있는 자에 대하여는 교정시력에 대하여 측정한 것을 말한다. 이하 같다)이 각각 0.1이하인 자
② 한 눈의 시력이 0.02이하 다른 눈의 시력이 0.6이하인 자
③ 두 눈의 시야가 각각 10도 이내인 자

교육적 정의

많은 교육자들은 시각장애의 법적 분류 방식이 부적절하다는 주장을 하고 있다. 그들은 시각 민감도는 사람이 시력을 어느 정도 지니고 있든지, 그것을 얼마나 잘 기능하고 이용하는지를 예측해 주는 정확한 예언자가 되지 못한다는 점을 발견했다. 일부 법적 맹인들은 시력이 거의 없는 상태이지만 대다수가 어느 정도 볼 수 있다. 특수교육법 2007에서는 시각장애를 지닌 특수교육대상자를 다음과 같이 정의하고 있다.

> 시각계의 손상이 심하여 시각기능을 전혀 이용하지 못하거나 보조공학기기의 지원을 받아야 시각적 과제를 수행할 수 있는 사람으로서 시각에 의한 학습이 곤란하여 특정의 광학기구 · 학습매체 등을 통하여 학습하거나 촉각 또는 청각을 학습의 주요 수단으로 사용하는 사람

시각장애에 대한 법적 정의의 한계를 인식하고 있는 많은 사람들은 읽기 교수에 중점을 둔 교육적 정의를 선호한다. 교육의 목적에서 보면, 맹인은 시력이 너무 손상되어 있어서 점자 읽기나 청각적 방법으로 학습해야 한다. 교육자들은 저시력을 지니고 있어서 확대기나 확대 문자를 이용해서 읽는 경우도 시각장애에 포함시키고 있다.

전문가들은 다수의 저시력인들이 인쇄된 글을 읽을 수 있다고 하더라도 그들 중 일부는 점자를 통해서 많은 도움을 받을 수 있음을 지적하고 있다. 이러한 점은 맹인들에게 점자 읽기 교육을 강조해야 하는 이유가 된다.

2. 시각장애의 분류

시각 손상은 해부학적 문제 측면에서 분류될 수 있다. 해부학적 장애에는 눈의 굴절 손상, 시각 체계의 근육 이상, 눈의 수용 구조의 문제 등을 포함하고 있다.

■ 눈의 굴절 문제

굴절 문제는 시각장애의 가장 일반적인 유형으로서 눈의 굴절 구조 상 광선의 초점을 망막에 적절히 맞추지 못할 때 일어난다. 굴절 문제는 원시, 근시, 난시 및 백내장 등 네 가지 유형이 있다.

원시는 외부 세계로부터 들어오는 평행광선이 망막을 지나 뒤에서 초점을 맺기 때문에 물체가 흐릿하게 보이는 상태를 말한다. **근시**는 외부 세계로부터 들어오는 평행광선이 망막에 이르지 못하고 그 앞에 상을 맺는 상태를 말한다. 단순근시는 교정시력이 좋으며 시기능의 장애는 없다. **난시**는 눈 안에 들어오는 평행광선이 각막 또는 수정체에 초점을 만들지 못하는 상태이다. 가까운 곳과 먼 곳의 양쪽 모두에 심한 시력장애를 갖게 되고, 눈이 쉽게 피로하며, 물체가 이중으로 겹쳐 보이기도 하고 머리가 몹시 아플 때도 있다. **백내장**은 눈의 수정체가 혼탁해지는 질환이다. 시력장애를 일으키며, 크게 선천성과 후천성으로 나누는데, 원인이나 혼탁의 형상 및 위치에 따라서 분류하기도 한다. 최근 외과적 치료가 발달하여 수술을 통해 잃어버린 시력을 대부분 회복할 수 있다.

■ 근육 이상

시각체계의 근육 결함은 눈 안에 있는 주요 근육 중 한 가지 이상에서 기능이 약화될 때 일어나며, 조절력을 상실하고 긴장을 유지시켜 줄 수 없게 된다. 근육장애를 지닌 사람들은 짧은 시간이라도 대상물을 바라볼 수 없게 된다. 근육장애에는 **안구진탕증**[45], **사시**[46], **약시** 등 세 가지가 있다.

---

45) 안구가 자신의 의지와 상관없이 빠르게 원형이나 좌우로 계속 움직여 통제할 수 없는 증상

46) 눈 근육이 동등한 힘으로 당기지 못하여 두 눈이 함께 같은 물체에 초점을 맞추지 못하는 현상을 말함. 내사시는 두 눈이 코를 향해 안쪽으로 당길 때 일어나고, 외사시는 두 눈이 귀를 향해 당길 때 일어남

■ **수용 구조의 문제**

눈의 수용 구조와 관련된 장애는 망막과 시신경의 퇴화나 손상이 있을 경우 발생된다. 이러한 장애로 **시신경위축**은 망막과 대뇌를 연결하고 있는 시신경섬유의 악화로 일어난 퇴행성 질환이다. **색소성망막염**[47], **망막박리**[48], **미숙아망막증**[49] 및 **녹내장**[50] 등이 있다.

3. 시각장애의 출현율

시각장애 출현율을 0.03%로 제시하고, 전체 특수교육대상 학생의 1.11%에 이른다(국립특수교육, 2001). 그러나 교육부 특수교육통계(2016)에 따르면 시각장애를 지닌 특수교육대상 학생 수는 2,035명으로 전체 특수교육대상 학생의 약 2.3%를 차지하고 있다(교육부, 2016).

시각장애를 지닌 사람들 중 많은 사람들은 시력 교정을 통하여 일상적인 생활에 잘 적응해 가고 있다. 예를 들어, 미국의 경우 시각장애를 지닌 아동 및 성인의 수는 약 20%에 달하지만 이들 중 대부분은 일상적인 과제(예; 읽기, 자동차 운전)를 수행할 수 있을 정도로 교정된다. 65세 이상이 되면 시각장애가 급속히 증가하는데 백내장을 포함하여 50% 정도가 시각장애를 갖게 되기 때문이다.

4. 시각장애의 원인

눈의 광학체계, 근육체계 및 신경계 중 어느 부분에 손상을 입게 되면 시각손상을 입게 된다. 시각장애는 유전적 원인과 후천적 원인에 의해서 발생된다.

---

47) retinitis pigmentosa 맥락막의 파열로 일어나는 유전적 조건으로서 진행성 시력 상실과 관련이 있음

48) retinal detachment 망막이 안구의 내벽으로부터 떨어져 들뜨게 되는 병적 상태

49) retinopathy of prematurity 태어날 때 몸무게가 2.0㎏ 미만이고, 태생주수가 34주 미만인 신생아에서 볼 수 있는 눈의 이상

50) glaucoma 안압이 비정상적으로 계속 상승함으로써 그 안압의 높이와 지속시간에 따라 여러 정도의 시신경장애가 일어나는 증상. 시신경장애가 심해지면 실명함. 이러한 이상이 나타난 눈에서는 동공이 약간 청록색으로 보이므로 녹내장이라 함

■ 유전적 원인

시각장애를 유발하는 유전적 조건들로는 **백색증**[51)]이나 망막이 퇴행되는 색소성망막염, **망막아세포종**[52)], 시신경 세포의 기능이 상실되는 시신경위축 및 백내장 등이 있다. 그 외에도 망막박리와 연관된 심한 근시, 각막 손상, 홍채 이상, **소안구증**[53)], **뇌수종**[54)], 무안구증, 녹내장 등이 있다.

녹내장은 안압의 증가로 발생되며, 치료하지 않고 그대로 두면 시신경을 손상하게 된다. 모든 맹아동들의 약 4% 정도는 녹내장에 의한 시각장애를 지닌 것으로 밝혀지고 있다(Batshaw, 2003). 녹내장은 치료가 가능하며, 안압을 떨어뜨리는 약물치료나 홍채절제수술을 통해서 반영구적으로 치유될 수 있다.

■ 환경적 원인

환경적 요인에 의한 시각장애는 출생 전, 출생 중, 출생 후에 각각 일어날 수 있다. 태아에게 방사선이나 약물이 투입되는 등 몇 가지 요인들은 시각장애를 유발시킨다. 풍진 및 매독과 같은 질병의 감염은 태아의 시각장애(맹)의 주요 원인이 된다. 맹을 유발하는 다른 질병으로는 **인플루엔자**[55)], **유행성 이하선염**[56)], **매독**[57)] 등이 있다.

아동들의 후천성 맹의 주요 원인은 비타민 A 결핍에 의한 **안구건조증**[58)] 이다. 매년 맹아동이 되는 500,000명 중 약 70%는 안구건조증에 의해 실명된다(WHO, 2003). 미숙아망막증 역시 시력 상실의 원인이 된다. 이 질병은 저체중으로 태어난 유아를 보육기에서 양육할 때 산소 공급이 지나쳐 발생된다.

외상, 감염, 염증 및 종양 등도 후천성 시각장애를 일으킨다. 외피성 시각손상도 후천성 시각장애를 유발시킨다. 외피성 시각손상은 시각엽이나 대뇌까지의 시각통로의

---

51) 색소결핍증: 동물의 피부 · 머리털 · 눈 등에서 멜라닌이 유전적으로 형성되지 않는 이상 현상

52) 망막아세포에서 유래되는 종양세포로 구성된 악성 선천성 유전성 아세종으로서 5세 이하 어린이의 한쪽 혹은 양쪽 눈에서 나타남

53) 안구가 비정상적으로 작음

54) 뇌척수액이 뇌실강 내 또는 지주막하강(蜘蛛膜下腔)에 비정상적으로 많이 고여 있는 상태

55) Influenza 보통 독감이라고 불리는 감염성 질환이나 그 병원체인 오소믹소바이러스과의 인플루엔자 바이러스를 뜻한다. 일반적인 증상은 오한, 발열, 인후염, 근육통, 두통, 기침, 무력감과 불쾌감이다.

56) 침샘에 염증이 생기고 붓는 것이 특징이며, 보통 유행성이고 어린이들이 잘 걸린다.

57) 매독은 매독균(spirocheta)에 의한 전염병이며 성병으로서 1기, 2기, 3기 매독으로 나뉜다. 성병 중 매우 나쁜 성병으로 어머니가 걸렸을 경우에는 아이가 기형이 될 수 있다.

58) xerophthalmia 안구건조증은 눈물부족으로 일어나는 안질환이다. 눈물에는 반사적 눈물과 기본적인 눈물이 있는데 이 질환은 기본적으로 눈물이 없거나 부족한 것이 원인이다.

손상을 포함하고 있는데, 심한 외상, 질식, 발작, 중추신경계의 감염, 약물 중독 및 기타 신경계의 조건에 의해 일어날 수 있다. 외피성 시각손상을 지닌 대부분의 아동들은 잔존 시력을 지니고 있다.

시각장애를 유발할 수 있는 또 하나의 원인은 트라코마이다. 이 감염성 질환은 전 세계 1억5천만 명 이상에게 영향을 미치고 있다. 트라코마는 물의 부족과 비위생적인 생활환경 등 지역사회의 생활 및 위생 수준과 연관되어 있다. 세계보건기구는 트라코마가 전 세계적으로 감소되고 있지만, 낙후 지역의 수백만 주민들은 아직도 위험한 상태에 노출되어 있는 점을 경고하고 있다(WHO, 2003).

5. 시각장애를 지닌 학생의 특성

정안자로 태어나 생활하다가 시각장애가 된 경우보다는 시각장애로 태어난 경우가 개인의 발달에 더 치명적인 영향을 미친다. 5세 이전에 시력을 상실하면 이용할 수 있는 시각 이미지가 사라진다. 5세 이후에 시력을 상실하면 앞으로도 시기억을 유지할 가능성이 있어 새로 학습한 개념을 보다 잘 이해하는 데 도움이 된다. 5세 이전에 전맹이 되면 전반적 발달 기능에 매우 부정적인 영향을 미친다. 그러나 맹으로 태어났거나 아동기 초기에 맹이 되었던 많은 사람들은 정안자와 동일한 수준에서 기능을 발휘할 수 있다.

■ 지능

지능발달에 관한 문헌들을 보면, 시각장애를 지닌 아동들은 지능의 일부 영역, 즉 공간지각에서 세계에 대한 일반적인 지식에 이르기까지 정안아동들과 다르다는 점을 주장하고 있다(Batshaw, 2003). 한때 맹아동과 정안아동의 지능을 비교하는 연구가 많이 이루어졌으나, 대부분의 권위자들은 비교할 수 있는 검사 도구를 찾기가 어려워서 그러한 비교 연구는 불가능하다고 믿고 있다. 지금까지 알려진 바에 의하면, 시각장애 때문에 지능이 떨어질 이유는 없다는 점이다.

시각장애를 지닌 아동들을 대상으로 개념 능력을 검사하기란 매우 어렵다. 많은 연구자들은 Piaget가 주장한 개념적 발달과제를 이용하여 시각장애를 지닌 아동들의 개념 능력을 검사한 결과 또래의 정안아동들에 비해 뒤떨어진다는 것을 발견했다. 이러한 현상은 시각보다 효율성이 떨어지는 촉각에 의존하여 여러 가지 사물에 대한 개념을 획득해야 하기 때문이다. 그러나 이러한 현상은 오래 지속되지 않고, 아동들은 언어를 이용하여 환경으로부터 정보를 수집하게 된다. 촉각은 시각장애를 지닌 사람들에게 일생 동안 매우 중요한 감각으로 남게 되고, 맹인들은 "손가락으로 본다."라는 말을 할 정도이다. 시각장애를 지닌 학생들의 경우, 언어발달, 인지발달, 개념발달이 뒤엉켜 있다. 시력이 없으면 완전히 이해할 수 없는 개념들이 일부 있다. 예를 들어, 높이, 거리, 촛불이 켜진 방안의 분위기, 은은한 달빛이 비치는 시내 등은 시각적 개념을 바탕으로 하므로 시각장애를 지닌 사람들에게 이해하기 어려운 것들이다.

■ 말하기와 언어기술

시력의 부족은 아동의 언어 이해와 발달에 지대한 영향을 미친다. 시각장애를 지닌 아동들은 정안 아동들에 비해 구어적 지능이 떨어지지 않으며, 언어를 학습할 때 시지각보다 청각양식을 이용하므로 언어 기능에 손상을 입지 않는다. 이들에게는 언어가 다른 사람과 의사소통을 위한 주된 통로이므로 정안 아동들만큼 언어를 잘 들을 수 있고, 때로는 언어발달에 대한 동기가 더욱 유발된다.

정안 아동들은 주로 시각적 경험과 구어적 어휘의 상징을 통합시킴으로써 말과 언어를 발달시킨다. 시각장애를 지닌 아동들은 단어와 사물을 시각적으로 연합시키지 못하므로 시력 상실의 정도에 따라 말하기와 언어 발달의 불리한 입장에 놓이게 된다. 이들은 정보를 입력할 때 촉감과 청각에 의존하므로 말하기 능력의 발달 속도가 늦다. 그러나 아동들이 일단 말하기를 학습하면 일반적으로 유창하게 된다. 오히려 시각장애를 지닌 아동들의 언어적 문제는 주로 환경과의 상호작용이 제한됨으로써 겪게 되는 언어경험의 부족으로 일어난다.

시각장애를 지닌 아동들은 자기중심적인 말을 많이 하고, 사람이나 사물을 덜 언급하며, 자신에게 별 의미 없는 단어를 사용하는 **장황한 언어**[59], 또는 말을 지나치게 많이 하는 특성을 발달시킬 수 있다. 또한, 자신들이 경험하는 모든 세부적인 일들을 불완전하게 인식하기 때문에 구어로 자신을 표현하는 데 특히 어려움을 겪으며, 시각적으로 정보를 받아들이지 못하므로 제한적인 경험을 이용할 수밖에 없어 구어 어휘가 제한되고, 특히 공간관계와 관련된 개념의 발달에 어려움을 겪는다.

---

59) verbalism 자신에게 별 의미 없는 말을 지나치게 많이 하기

■ 학업성취

시각장애를 지닌 학생들과 정안 학생들의 학업 성취를 직접 비교하는 것은 서로 다른 조건에서 검사를 받아야 하므로 신중히 해석해야 한다.

시각장애를 지닌 학생들은 정안 학생들에 비해 학업 성취가 다소 뒤지며, 학습장애 아동들의 학업성취와 유사하다(Bishop, 1996b). 신문이나 잡지를 읽을 기회가 거의 없기 때문에 문어 영역에서 작문을 할 때 더욱 어려움을 겪으며 의미를 파악해야 할 매체를 점자나 큰 글자 인쇄물을 이용해야 하므로 읽기 이해력이 뒤질 수 있다. 그리고 시각장애를 지닌 학생들의 경험이 상대적으로 제약을 많이 받기 때문에 정안 학생들만큼 읽기 과제를 통해 정보를 파악하지 못한다.

시각장애를 지닌 학생들의 눈 치료를 위한 학습 결손, 이들의 독특한 교육적 요구를 충족시켜 주지 못하는 학습 프로그램 등도 학습부진에 영향을 준다. 시각장애를 지닌 학생들은 학업 면에서 평균적으로 2년 정도 뒤떨어진다. 그러나 이러한 현상은 시각장애를 지닌 학생들의 취학 연령이 늦거나, 의료적 문제로 결석을 자주하여 학습에 결손이 생기거나, 학교에서 이들을 지도할 학습 자료나 시설 부족 때문에 나타날 수 있다.

결국, 시각장애를 지닌 학생들의 저성취 현상의 원인은 시각장애 그 자체가 아니라, 이들에 대한 기대 수준이 낮거나 점자를 접할 기회가 부족하기 때문이다. 읽기의 경우, 점자의 읽기학습은 묵자의 읽기학습과 유사한 점을 지니고 있다. 예를 들어, 음운인식은 묵자나 점자 읽기학습에 중요한 요소이다(Hallahan & Kauffman, 2006).

■ 사회적 발달

시각장애를 지닌 아동들의 사회적응 능력은 여러 가지 유전적 및 경험적 요인들에 의해 좌우된다. 일반적으로 인간은 각자 자신의 방법으로 세계를 경험하지만, 시각이라는 공통된 방식을 이용한다. 그러나 시각장애를 가진 사람들은 자신과 주변 세계를 지각하는 데 지극히 어려움을 겪게 된다. 이들에게 있어 사회기술의 발달과 실제는 또래들에 비해 가장 차이를 보이는 부분이다.

시각장애를 지닌 아동들은 이러한 제약 때문에 사회 정서적 문제를 일으킬 수 있다. 이들은 사회기술이 부족하여 또래들로부터 거부당할 수 있고, 질문을 너무 많이 하거나 부적절한 정서행동에 열중할 수 있다(Werts, Culatta, & Tompkins, 2007). 시각장애를 지닌 유아들은 사회적 상호작용을 할 때 덜 주도적이고, 다른 사람들과 사회화할 기회가 더 적다.

또한, 다른 사람들의 신체적 매너리즘을 모방할 수 없기 때문에 신체언어와 같은 사회적 의사소통의 중요한 요소를 발달시키지 못한다. 예를 들어, 비구어적 의사소통은 미묘하여 말하고자 했던 의미를 바꿀 수 있기 때문에, 시각적 단서를 학습하거나 이용하지 못하는 사람은 대인관계에 매우 심각한 문제를 가질 수 있다. 시각장애를 지닌 아동들은 다른 사람이 전하는 메시지가 담긴 시각적 단서를 보지 못하고, 신체언어를 통해서 전해지는 메시지를 지각하지 못한다.

시각장애를 지닌 아동들은 흔히 보지 못한다는 이유 때문에 사회 활동으로부터 배제된다. 이러한 현상은, 시각장애를 지닌 아동들이 사회 활동에 참여하지 못하고, 그런 활동으로부터 즐거움을 느끼지 못할 것이란 오해를 하도록 강화시킨다. 시각장애를 지닌 아동들도 사회기술을 학습할 수 있고 효과적으로 이용할 수 있지만 사회 활동으로부터 배제되면 사회 적응 기술이 열등해 지는 것은 물론, 부정적인 공중태도를 지니게 된다.

한 때 시각장애 전문가들은 시각장애를 지닌 사람들이 성격 문제를 지닐 위험성이 높다고 생각했다. 그러나 성격 문제는 시각장애 때문이 아니라, 이들에 대한 사회의 부적절한 반응 때문이라는 데 동의하고 있다(Hallahan & Kauffman, 2006).

시각장애를 지닌 아동들의 사회적 상호작용 문제를 바꾸기 위해서는 장애인은 물론 정안자들도 책임이 있다는 점을 인식해야 한다. 시각장애를 지닌 아동들은 시각적 단서를 인식하지 못하고, 정안 아동들은 시각장애를 지닌 아동들이 전화를 할 때 사용하는 자연스런 기술을 배울 수 없다. 시각장애를 지닌 사람과 전화를 할 때는 '그래' '맞아' '음' 등 다양한 청각적 단서를 많이 이용하여야 한다.

■ 방향감각과 이동

방향감각과 이동 기술은 시각장애를 지닌 사람들이 성공적으로 적응하는 데 매우 중요하다. **방향감각**orientation과 **이동**mobility기술이란 다른 사람, 사물 및 표지 등과 관련하여 어떤 위치관계에 놓여있는지를 느끼고(방향감각), 환경 속에서 이동하는(이동) 능력을 말하며 공간 능력에 크게 의존한다. 시각장애를 지닌 사람의 공간 능력은 아동기를 거쳐 청소년기에 이르러야 완전히 발달하게 된다.

시각장애를 지닌 사람들은 공간적 정보를 두 가지 방법, 즉 연속적 경로와 환경 내의 다양한 지점을 **인지적 지도**로 처리한다(Webster & Roe, 1998). 공간적 정보를 순차적으로 처리하는 방식은 사람의 움직임을 엄격히 제한하므로, 순차적 지점 A, B, C가 있을 경우, A에서 C로 갈 때는 반드시 B를 거친다. 강아지 장난감을 주면 머리, 몸통, 꼬리 등의 순서를 거쳐서 이해한다. 따라서 이러한 경험을 의미 있는 전체로 통합하기 위해서는 **정신상**mental image을 필요로 한다. 그러나 세 지점에 대해 인지적 지도를 지닌 사람은 A에서 B를 거치지 않고 C로 곧장 갈 수 있다. 시각장애를 지닌 사람들이 인지적 지도 능력을 갖출 수 없는 것은 아니지만, 형성하기 어려운 과제이다.

상식적으로 볼 때 잔존시력을 지니고 있거나 중도에 실명한 사람이 이동을 더 잘할 것이라고 말하지만, 반드시 그렇지만은 않다. 시각장애를 지닌 사람의 이동능력은 어느 정도의 동기를 지니고 있는지, 적절한 훈련을 얼마나 받았는지에 따라 좌우된다(Hallahan & Kauffman, 2006).

시각장애를 지닌 사람들은 볼 수 없기 때문에 다른 사람이나 사물을 향할 수가 없고, 따라서 공간 속에서 상대적 위치를 이해할 수 없다. 결국 그들은 정확한 방향으로 이동할 수 없고, 다칠까 두려움을 느끼게 되며, 자신을 보호하기 위해 스스로 움직임을 제한하게 된다. 아울러, 부모와 전문가들은 일상생활의 위험성으로부터 시각장애를 지닌 아동들을 과잉보호함으로써 이러한 두려움을 갖게 하는 데 일조한다.

일부 맹인들은 주변 환경 내에 있는 물리적 장애물을 찾아내는 능력을 지니고 있다. 그들은 길을 걸어갈 때 마치 정안자들처럼 그들 앞에 놓여 있는 물체를 인식하는 것 같다. 이러한 능력을 장애물 감각obstacle sense이라고 한다. 시각장애를 지닌 사람들은 경험을 통해서 그들이 물체를 향해 다가갈 때 고주파 음향의 미묘한 음조의 차이를 발견할 수 있도록 학습하게 된다. 실제로 이들은 **도플러효과**[60]를 이용하고 있다.

■ 지각-운동발달

지각-운동발달은 이동 기술에 매우 중요하지만, 인지, 언어, 사회화 및 성격 발달에서도 역시 중요하다. 시각장애를 지닌 대부분의 아동들은 또래의 정안 아동들과 비슷

60) 파동을 발생시키는 파원과 그 파동을 관측하는 관측자 중 하나 이상이 운동하고 있을 때 발생하는 효과로, 파원과 관측자의 거리가 좁아질 때에는 파동의 주파수가 더 높게, 거리가 멀어질 때에는 파동의 주파수가 더 낮게 관측되는 현상이다. 예를 들면, 기차가 서로 다가올 경우 상대 기차의 기적 소리가 높게 들리는 데 비해 서로 멀어질 경우 기차의 기적 소리가 낮게 들리는 현상이다. 1842년에 오스트리아의 물리학자 도플러가 처음으로 발견함

한 지각변별(예; 감촉, 무게, 소리 등) 능력을 지니고 있다. 그러나 시각장애를 지닌 아동들은 형태 구별, 공간관계, 지각-운동통합 등과 같은 보다 복잡한 지각 과제는 잘 수행하지 못한다(Bourchard & Trtreault, 2000).

시각장애를 지닌 사람이 시각의 손상으로 인하여 다른 감각 기관을 자동적으로 더 잘 발달시킨다고 일반적인 상식처럼 생각하는 것은 오해이다. 이들의 청각 및 촉각 역치는 정안자들에 비해 더 낮지 않다. 그럼에도 불구하고 시각장애를 지닌 사람들이 청각 및 촉각 정보를 보다 잘 이용할 수 있는 것은 집중하고 주의를 기울여서 받아들인 감각정보를 보다 잘 이용하기 때문이다. 시각장애를 지닌 사람들이 음악적 재능이 더 우수하다고 믿는 경향이 있다. 일부 시각장애를 지닌 사람이 음악 분야에 종사하고 있는데, 이것은 음악이 그들에게 성공할 수 있는 분야이기 때문이다.

시각장애를 지닌 아동들이 운동과 이동을 통해서 환경을 탐색하는 일은 매우 제한적이고, 특히 맹아동들에게는 더욱 어려운 과제이다. 그 결과, 시각장애를 지닌 아동들은 기기, 앉기, 걷기 등과 같은 운동기술에 있어서 상당히 지체를 보이게 된다.

시각장애를 지닌 아동들은 대 · 소근육운동에 문제를 갖는데, 이들은 모든 대근육운동 발달 이정표에서 두드러진 발달지체를 보인다(Werts, Culatta, Tompkins, 2007). 시각장애는 소근육운동 협응에 영향을 줄 수 있고, 사물을 조작하는 능력을 위태롭게 한다. 손-눈의 협응력이 열등하면 직무 기술 및 일상생활(예; 식사 도구, 칫솔, 드라이버 등)과 관련된 도구 사용법을 학습하는 데 어려움을 겪게 된다.

■ 상동행동

시각장애를 지닌 아동들이 흔히 보이는 몸 흔들기, 눈을 찌르거나 비비기, 손이나 손가락의 반복적인 움직임, 얼굴 찡그리기 등과 같은 반복행동 또는 상동행동은 이들의 사회적 적응을 방해한다. 이러한 행동들은 출생 후 몇 개월 되지 않아서 아주 이른 시기에 시작될 수 있다. 이러한 행동 특성을 맹인들만이 나타낸다고 생각하여 **블라인디즘**blindism이라고 했다. 그러나 심한 지적장애나 정신장애 아동들도 이러한 특성을 보이고 있다.

시각장애를 지닌 아동들의 상동행동에 관한 몇 가지 이론들이 있다(McHugh & Lieberman, 2003). 일부 연구자들은 감각적 및 사회적 자극이 부족한 점을 메우기 위해 자신에게 스스로 더 많은 자극을 제공한다고 믿고 있고, 또 다른 연구자들은 자극이 지나칠 때 자신의 자극을 스스로 조절하기 위해 시도하는 행동이라고도 한다. 시각장애를 지닌 아동들이 어떤 이유 때문에 상동행동을 하건, 이것은 그들의 각성 수준을 안정시키는 데 기여하고 있다. 행동기능 면에서 보면 이들의 상동행동은 비사회적 정적 강화기능으로 작용할 수 있다.

6. 시각장애를 지닌 학생의 진단평가와 사정

개별화교육 지원팀은 시각장애를 지닌 아동들을 판별하는 단계를 넘어, 이들의 인지능력, 학업성취, 언어기술, 운동수행, 사회-정서적 기능 등과 더불어 다른 감각능력과 관련하여 잔존 시력을 어떻게 이용할 것인지에 초점을 맞추어야 한다.

■ 시각적 민감도 사정

선별검사는 주로 학교 보건교사가 만국식 시력표를 이용하여 실시한다. 스넬렌 차트는 문자의 크기와 위치를 달리해서 제시하는 유형과 크기가 다른 알파벳을 제시하는 유형이 있다. 피검자들은 이 차트로부터 20피트(약 6m) 떨어져서 검사를 받게 된다. 기호와 문자를 여덟 줄로 배열하여 15, 20, 30, 40, 50, 70, 100, 200피트에서 정상 시력으로 볼 수 있는 크기로 만들어져 있다. 정상적인 시각민감성은 개인이 20피트 거리에서 기호와 문자를 얼마나 정확히 볼 수 있는 지로 측정한다. 따라서 정상시력은 20/20이다. 20/40은 정상 시력을 지닌 사람이 40피트에서 볼 수 있는 것을 피검자가 20피트에서 볼 수 있다는 것을 의미한다. 20피트의 거리를 이용하는 것은, 이 거리에서 광선이 들어올 때 광선에 초점을 맞추기 위해 눈을 조절할 필요가 없고, 눈이 편안하여 시력의 예민성과 명료성을 가장 잘 측정할 수 있는 것으로 생각되기 때문이다. 교정한 시력으로 나온 눈의 시각민감성이 20/70에서 20/200 사이에 있는 피검자는 저시력을 지닌 것으로 판단된다. 시력검사를 할 경우, 3세는 20/50 이하, 4세는 20/40 이하, 5세는 20/30 이하의 결과를 얻으면 후속검사나 렌즈교정을 위해 의뢰하게 된다(National Society for the Prevention of Blindness, 1990).

■ 시기능 사정

시각장애를 지닌 학생들은 잔존 시력을 이용하는 방법이 서로 크게 다르다. 시각

민감도가 중요하지만 그것만으로 학생이 환경에서 얼마나 보상받고 기능을 발휘할 수 있는지 알 수는 없다. 시기능을 사정할 때 고려해야 할 요인들로는 시각적 능력, 시각적 주의집중, 시효율성 등이 있다.

시각적 능력이란 어떤 면에서는 시각적 민감성을 확대한 것이다. 실제로 보이는 것은 시각적 민감성, 사용할 수 있는 시야, 시각적으로 제시된 정보에 학생이 반응하는 방법을 포함하고 있다. 시각적 주의집중은 시각적 기민성, 시각적 선택, 주의집중의 정도, 처리과정 능력 등 네 가지 요소로 구성되어 있다.

시효율성은 교수적 조정을 얼마나 잘 이용하느냐, 또는 청각자극이나 촉각자극에 의존하는 방법을 얼마나 잘 변경하느냐에 달려있다. 자리를 바꾸는 것도 효율성을 높일 수 있다. 다른 기법들로는 적절한 조명 제공, 자료의 적합화, 특별한 장비 이용 및 학습지도 기법의 수정 등을 들 수 있다.

시각장애를 지닌 아동들의 언어기술이 충분히 발달하지 않았거나, 다른 장애를 동시에 지니고 있어서 정확한 사정이 어려울 경우에는 시기능의 사정이 복잡해진다. 시기능 사정에 관한 정보를 제공해 주는 검사 문항의 사례를 보면, 학생이 어느 정도의 거리에서 얼굴 표정을 모방할 수 있는지, 학급 동료를 구별할 수 있는 능력 검사하기, 사물함에 들어있는 개인의 소지품을 찾는 능력 등이 포함되어 있다.

7. 시각장애를 지닌 학생을 위한 교육적 지원과 중재

■ 조기교육

연구들에 의하면 시각장애를 지닌 유아들은 출생 후 즉시 자신의 주변 환경으로부터 받아들이는 많은 정보를 처리하기 시작한다(Berk, 2005). 이러한 사실을 볼 때, 시각장애를 지닌 유아들이 주변 환경으로부터 정보를 탐색하기 시작하는 이른 시기부터 집중적인 중재가 이루어져야 하고, 아울러 방향감각과 이동능력은 취학 전 프로그램의 중요한 요소임을 알 수 있다.

시각장애를 지닌 유아들이 정안 유아들과 함께 통합교육을 받을 때 교사들이 아동들 간의 상호작용을 촉진시키는 일은 매우 중요하다. 시각장애를 지닌 유아들을 단순히 통합교육 환경에 배치한다고 해서 이들의 상호작용 기회와 능력이 늘어나는 것은 아니다. 교사들은 시각장애를 지닌 아동들이 능동적으로 참여하도록 조장하고, 반복적인 학습 기회를 부여하는 등 적절한 상호작용을 할 수 있도록 지도해야 한다. 특히 이 과정에서 반응적 교수 기법을 권장한다.

반응적 교수의 기본 가정은 시각장애를 지닌 유아들이 자신의 환경에 능동적으로 참여할 때 최상의 학습을 할 수 있다고 본다. 이들은 자신이 들은 내용에 관한 것을 보지 못하기 때문에 학습을 촉진하기 위해서는 촉각적 상호작용에 의존할 수밖에 없다.

시각장애를 지닌 아동들의 인지기술을 촉진시키기 위해서는 직접교수가 이루어져야 한다(Chen, 2001). 시각장애를 지닌 아동들은 사물, 사람 또는 상황과 반복적으로 상호작용을 할 수 있는 구조화된 경험을 통해 인과관계의 이해력을 발달시킨다. 예를 들어, 시각장애를 지닌 아동이 숟가락을 떨어뜨렸다. 물건을 떨어뜨리고, 그 물건이 어디로 떨어졌는지 등과 같은 상황을 아동에게 반복적으로 제시하여 중력의 개념을 이해시키고, 떨어뜨린 물건을 힘들게 찾았을 때 이를 강화하는 등의 과정을 통해서 다양한 과제를 훈련하고 학습해야 한다.

공간관계와 관련된 개념은 물체에 관한 시각적 정보에 의존하므로 학습하기 어렵다. 예를 들어, '…의 앞에' '…의 뒤에' 와 같은 개념은 개인의 신체를 관련시켜서 학습시킨다. 이와 마찬가지로 크기, 모양, 질감 등의 물리적 특성은 시각적 정보에 의존하지 않고 학습할 수 있다. 시각장애를 지닌 아동들이 이러한 추상적인 개념을 학습하기 위해서는 구체물을 반복적으로 만져보고 조작할 필요가 있다. 시각장애를 지닌 아동들은 각 대상의 차별적 특성(예; 벽, 천정, 문, 길, 보도, 유리잔 등)을 명확히 경험하지 못하면 안팎의 개념을 이해하기 어렵다(Chen, 2001).

시각장애를 지닌 아동들도 일반아동들과 유사한 과정으로 언어를 발달하지만, 대명사처럼 시각에 의존하는 언어를 학습하는 데 어려움을 겪는다(Chen, 2001). 말하고 있는 사람, 말하고 있는 내용, 대화 중 언급되는 다른 사람들에 관하여 보지도 못하면서 그것을 지칭하는 대명사를 이해하는 것이 얼마나 어려운지 상상해보라. 따라서 시각장애를 지닌 아동들에게 언어를 지도할 때는 직접교수를 적극 권장하게 된다.

시각장애를 지닌 유아들의 조기중재 과정과 노력에 부모들이 참여하는 것이 매우 중요하다. 부모들은 자녀들과 가정에서 능동적으로 함께 활동할 수 있으며, 그러한 과정을 통해서 자녀의 언어활동에 반응해 주고, 이동능력과 식사하기 등 기본적인 생활기술을 습득하도록 도와줄 수 있다.

초 · 중등교육

방향감각, 이동 및 일상생활 기술 훈련

방향감각과 이동능력은 시각장애를 지닌 학생들이 자신의 환경 내에서 이동하고, 여러 가지 유형의 학습, 사회화, 개념발달 및 독립성을 발달시키기 위해 상호작용을 할 수 있게 해준다. 시각장애를 지닌 학생들의 경우, 이동능력이 부족할 경우 거의 모든 학업생활에 제약을 받게 된다. 그들은 교실, 복도, 화장실, 도서실, 구내식당, 강당, 특별실 등 각 실의 물리적 구조에 대한 방향감각을 갖지 못한다. 정안 학생들의 경우 자동적으로 습득되는 기술이지만, 시각장애를 지닌 학생들에게는 이러한 기술을 보상할 수 있는 방법들을 지도해야 한다.

시각장애를 지닌 학생들은 잔존 시력을 활용하면서 지팡이, 안내견, 사람의 안내 및 전자기기 등 네 가지 이동보장구를 선택하여 이용하게 된다. 흰 지팡이를 이용하는 시각장애를 지닌 사람들은 앞의 지면을 지팡이로 가볍게 닿으며 걸어간다. 그들은 불규칙한 표면, 구멍, 계단 길 등 다른 장애물로부터 피드백 되는 울림이나 촉감을 통해서 단서를 받아들인다. 흰 지팡이는 유용하지만, 효율적으로 활용하기 위해서는 훈련을 많이 받아야 한다. 근래의 견해에 의하면, 혼자서 걷기를 시작하면 곧 흰 지팡이 사용법을 훈련해야 한다. 일부 사용자들은 보다 짧은 지팡이를 이용하기도 한다.

사람의 안내를 받으면 마음껏 이동의 자유를 누릴 수 있다. 그러나 안내하는 사람에게 의존해야 하므로 대부분의 경우 불편함이 많다. 안내인을 이용하게 되면 방향감각과 이동능력의 발달이 지체되거나 중단될 수 있다(Hallahan & Kauffman, 2006).

전자기기는 장차 방향감각과 이동능력을 높여줄 가능성이 높다. 현재 시각장애 안내 장비들은 여러 가지가 개발되고 있지만 값이 비싸고 실험 단계에 있는 것이 많다. 일반적으로 레이저빔이나 음파의 피드백을 이용하는 형태들이다. 이러한 보조 장비 중에는 **모와트센서**[61], **레이저 지팡이**[62], **음향안내기**[63] 등이 있다.

61) mowat sensor 시각장애를 지닌 사람들이 이동할 때 사용할 수 있는 손전등 크기의 간편한 보장구; 길을 걸을 때 장애물을 인식할 수 있는 흰 지팡이 대신 사용됨

62) laser cane 시각장애를 지닌 사람을 위한 이동 장치; 광선이 물체에 부딪칠 때 적외선을 소리로 전환해 주는 장치

63) sonic guide 시각장애를 지닌 사람을 위한 전자이동장치로서 머리에 착용하며, 초음파를 발산하여 물체에 반사되는 것을 가청음으로 전환시켜줌

주로 차량에 사용하는 내비게이션을 좀 더 작은 단위로 안내해 준다면 시각장애를 지닌 사람들이 유용하게 사용할 수 있을 것이다. 우리나라도 방향감각과 이동능력을 훈련시키는 전문가를 양성하여 시각장애를 지닌 아동들을 조기에 교육하여 환경을 탐색하고 상호작용할 기회를 늘려줄 필요가 있다.

식사하기, 목욕하기, 옷 입고 벗기, 화장실 이용하기 등 일상생활 기술은 일반적으로 학교에서 배우는 것이 아니라 대개 가정에서 관찰과 우연학습을 통해서 배우게 된다. 그러나 시각장애를 지닌 아동들은 일상생활 기술들을 일상의 경험을 통해서 습득하기가 쉽지 않기 때문에 가정 학습 기간 동안 특별한 노력이 요구된다. 교사는 학생이 이러한 기술을 습득하고 있는지에 대해 점검하고, 중재가 필요할 경우 그 결과를 부모와 교육팀에게 통보해준다. 시각장애를 지닌 학생들이 일상생활 기술을 가정에서 배우지 못하면 그 책임은 학교로 돌아오게 된다. 분명한 점은 일상생활 기술은 가정과 학교에서 필요하다는 것이다.

교수 내용

Koenig와 Rex(1996)는 시각장애를 지닌 학생들을 지도하는 교사들이 중점을 두어야 할 핵심적인 내용을 다음과 같이 제안하였다.

- 문해 능력 발달을 위한 경험적 및 개념적 토대를 발달시키기
- 초기 문해 경험을 전적으로 우연학습에 맡기지 말고 가정에서 구조화하여 제공하기
- 실제 상황에서 시각적 기술(사전 찾기, 지도 해석 등)을 효율적으로 이용하도록 지도 하기
- 복잡한 그림을 해석하는 방법 지도하기
- 광학적 및 비광학적 기기 이용법 지도하기
- 기기를 이용하여 자동적으로 기술을 형성하기 위한 연습을 제공하기
- 읽기 유창성과 지구력을 기르기
- 학급에서 지도하지 않았다면, 기능적 읽기와 쓰기 기술을 지도하기
- 시각장애를 지닌 학생들의 편의를 극대화하기 위한 물리적 환경 정비하기
- 학생이 묵자에 접근하도록 돕기

• 컴퓨터 워드프로세서 기술을 지도하기
• 단안식 확대경을 이용하기 등 독자적으로 묵자에 접근할 수 있는 다양한 문해 도구 사용법을 지도하기

특히 시각장애를 지닌 학생들의 학습에서는 수용언어와 표현언어가 강조되어야 한다. 이들은 또한 청각 세계를 명확히 이해하기 위해서 듣기 훈련을 받아야 한다. 듣기 훈련을 잘 받으면 표현언어 발달에 도움이 되고, 이를 통해서 시각장애를 지닌 아동 자신이 지각하는 세계를 구어로 잘 기술할 수 있게 된다. 시각장애를 지닌 학생들의 언어기술 발달과 읽기 학습을 준비시키기 위한 언어경험 접근법의 일반적인 지도 단계는 표 5.2와 같다.

표 5.2 언어경험 접근법의 일반적인 지도 단계

① 학생이 언어를 경험할 수 있는 기회를 만들거나, 자연적으로 기회가 생기도록 하기
② 학생에게 경험을 말하게 하기, 학생이 이야기 한 내용을 적어서 보기
③ 단어를 지적하면서 학생에게 읽어 주기
④ 학생과 그 이야기를 며칠 또는 몇 주일 반복하여 읽기
⑤ 이야기와 관련하여 다음과 같이 적절한 활동을 구조화하기
 · 단어재인(예; 이야기를 쓴 문장에서 단어를 선택하여 학생에게 확인하기, 학생에게 특정 단어를 찾게 하기)
 · 파닉스(예; 이야기 중 되풀이되는 자음과 모음 찾기, 찾은 자모음과 같은 음소로 시작하는 말 찾아 읽기)
 · 이해(예; 이야기의 중심어를 나타내는 제목 붙여보기, 이야기에 관한 폭넓은 제목과 좁은 제목을 제안하기)
 · 예술 활동(예; 이야기에 나오는 경험을 그림이나 다른 예능 활동으로 표현하기)

의사소통의 수단으로 구어 능력을 확대시키기 위해 쓰기를 포함시킬 수 있다. 사회적 및 교수적 언어 기술을 습득하게 되면 읽기와 수학과 같은 여러 분야의 학습에 도움이 된다. 읽기는 시각장애를 지닌 학생들의 지식을 크게 확장시켜 준다. 약시 학

생들의 경우 묵자를 확대시키는 비디오, 휴대용 확대경, 확대안경, 기타 망원경 형태의 보조기 등 다양한 광학기기나 확대문자 책을 이용할 수 있다. 약시 학생들에게는 특히 적절한 조명 환경을 제공해 주어야 한다. 선행구조도advanced organizer [64]는 시각장애를 지닌 학생들이 수업에서 이용될 교수법과 자료를 사전에 검토하고 학습을 준비할 수 있게 한다. 이러한 내용 구조도는 학생들에게 학습할 주제나 과제를 확인할 수 있게 해주고, 조직도를 제시해 주며, 소개할 개념을 예시하고, 새로운 어휘 목록을 제시하며, 의도된 결과를 제시한다.

수학적 추상 개념은 시각장애를 지닌 학생들이 학습하기 어려운 영역이다. 그들이 기호, 수 및 고차원적 계산 등을 학습할 때는 추가의 연습이 필요하다. 개념이 복잡해질수록 학습을 촉진시키기 위해 보조 장치나 기기가 필요하다.

의사소통 매체

약시 학생들은 제한적이기는 하지만 정보를 획득할 잔존시력이 있다. 청각 및 촉각 자극을 이용한 광학기기는 이들로 하여금 감각적 접근법을 통합하여 학습을 할 수 있도록 해준다. 그러나 이러한 접근법은 맹학생들에게는 불가능하다. 그들은 시각적 자극에 접근할 수 없기 때문에 청각 및 촉각 매체를 통해 이러한 능력을 보상해 주어야 한다. 맹학생들은 이러한 매체를 통해서 자신과 주변 세계를 이해할 수 있는 능력을 발달시킨다. 이러한 발달 과정의 한 면이 언어의 습득이고, 언어습득의 한 면은 읽기 학습이다.

맹학생들이 가장 널리 이용하는 촉각 매체는 점자이다. 따라서 시각장애를 지닌 사람들이 사용하는 점자는 촉각으로 읽는 문자이며, 정안인들이 사용하는 일반문자는 시각으로 읽는 문자이다.

세계 최초의 점자는 1825년 프랑스 통신부대 장교였던 바르비에Charles Barbier가 군사용으로 개발한 점문자체인 12점형 점자였다. 바르비에가 파리맹학교에 봉사활동을 할 때 선문자를 사용하는 것을 보고, 군대에서 사용하던 점자를 시각장애를 지닌 사람이 사용하면 편리하겠다고 생각하여 브레이유 학생에게 점자를 제안하였다. **브레**

---

64) 단어의 그대로 선행조직도, 선행구조도 또는 선행구성도로 번역되기도 함. 학생이 학습할 내용을 사전에 조직도 또는 구조도를 작성하여 학습을 지원하는 그래픽 구성도의 한 형태

이유[65]는 학생시절에 바르비에의 점자를 간략히 하여 6점 점자를 창안하였다.

한글점자는 박두성과 그 제자들에 의해 제정되어 1926년 11월 4일 '훈맹정음' 이란 이름으로 발표되었다(임안수, 2008). 현행 사용되는 점자는 1997년 문화체육부고시 "한국점자규정" 이다. 점자는 찍을 때와 읽을 때 점의 좌우위치가 바뀌며, 점을 찍는 방향도 읽을 때에는 좌에서 우로 읽지만, 찍을 때에는 우에서 좌로 찍는다. 따라서 오른쪽 첫 칸이 찍을 때의 시작이 된다.

읽을 때 (좌에서 우로)	찍을 때 (우에서 좌로)
①④	④①
②⑤	⑤②
③⑥	⑥③

그림 5.2 점자의 쓰기와 읽기

최근 점자와 관련된 기기가 급속히 발전하여 시각장애를 지닌 사람들의 편의를 향상시켜주고 있다. 보이스아이 메트는 실시간 음성합성, 재생, 저장, 검색 등을 할 수 있고, 오디오북(약 420권 분량의 책 저장), 녹음 기능, FM 라디오, 음성 안내 시계, MP3, 음성 안내 메뉴, 명함 주소록 저장 기능 등이 포함되어 있다.

휴대용 전자독서확대기 센스뷰는 휴대가 간편하며 선명하게 보인다. 약시 및 노안의 저시력자들에게 단순 확대의 광학돋보기가 아닌, 독서를 할 때 책의 글자와 배경을 본인에게 적합한 6가지 컬러모드로 변경해서 볼 수 있는 4.3인치의 LCD창을 제공한다. 자체 내장된 플래시(Flash)로 어두운 곳에서도 글자를 볼 수 있고, 벽보와 안내문과 같이 손은 닿지만 글씨가 작아 볼 수 없는 경우에는 내장된 이미지 캡처[Image capture]기능을 활용하여 디지털 카메라로 사진을 찍듯이 캡처한 후 눈에 가까이 대고 글자를 확대해서 볼 수 있다. 그 외 휴대용 독서기기로 블루투스, 녹음, 라디오 등의 기능을 모두 탑재하여 유용하게 이용된다.

---

65) 브레이유(Braille Louis: 1809~1852) : 1824년 그가 파리 맹학교 학생인 15세 때 바르비에의 야간 점문자를 보고 종(縱)으로 3점, 횡(橫)으로 2점 모두 6점의 점자를 창안함. 이 6점 점자는 1854년에 파리 맹학교에서 맹아의 문자로 인정되었고, 세계의 모든 다른 언어에도 적용하게 됨. 브레이유는 6점형으로 1829년 알파벳과 숫자 점자를 발표하고, 1834년에는 점자악보를 완성함

시각장애인용 점자정보단말기에는 '한소네 보이스Hansone Voice' 와 싱크브레일SincBraille이 있다. '한소네 보이스' 는 점자 키보드와 점자 셀을 장착한 점자정보단말기로, 점자를 기본으로 한 6점 키보드를 이용해 시각장애를 지닌 사람들이 컴퓨터 문서 파일을 작성할 수 있다. 반대로 각종 문서파일을 점자파일로 변환해 시각장애를 지닌 사람들이 읽을 수 있는 점자 형태로 출력할 수 있는 기능을 갖고 있다. 작성된 문서를 음성으로 출력할 수 있을 뿐만 아니라 보행 네비게이션과 연동해 음성으로 길 안내서비스를 받을 수 있다. 또 윈도우 탐색처럼 각종 파일을 검색하고 폴더별로 나눠 관리할 수 있으며, 폴더 생성 및 폴더와 파일 이름 변경, 폴더와 파일의 복사, 이동, 잘라내기, 붙여넣기 기능도 모두 사용할 수 있다. 이 밖에도 전자음성도서를 들을 수 있는 '데이지 플레이어Daizy Player', 실시간 채팅(MSN Messenger 사용), 이메일, 인터넷 등의 부가기능도 가능하다. 싱크브레일은 시각장애를 지닌 사람을 위한 모니터로 8개가 한 쌍으로 이뤄진 점자 셀이 튀어나오면서 문장을 점자로 출력할 수 있는 기능을 갖추고 있다.

저시력 학생을 위한 교육적 지원

저시력을 지닌 특수교육대상 학생들의 75%에서 80% 정도는 유용한 잠재 시력을 지니고 있다. 저시력을 지닌 학생들의 학습은 비시각적 감각에 제한시킬 필요가 없고, 일반적으로 묵자를 통해서 학습한다.

기능적 시력. 시효율성과 기능적 시력은 개인이 어떤 시력을 지니고 있든지 그것으로 얼마나 잘 이용하는가를 의미한다. 아동의 기능적 시력은 시각적 민감성이나 시야의 측정을 통해 결정될 수도 없고 예측될 수 없다. 일부 아동들은 심한 시각적 손상을 지니고 있으면서 제한된 시력을 매우 잘 이용하는 반면, 비교적 시각적 손상이 가벼운 저시력을 지니고 있으면서도 마치 맹인인 듯이 행동하는 아동들도 있다(Heward, 2009).

Utley, Roman 및 Nelson(1998)은 시력은 한 가지 이상의 시각-운동기술(예, 고정하기와 위치 찾기, 스캔하기, 추적하기, 응시 이동하기)이 ① 개인이 과제를 정확하고 효율적으로 수행하기 위해 이용하는 기본 단계로서 ② 가정, 학교, 직업, 지역사회에서 훨씬 더 독자적으로 수행할 수 있도록 촉진하기 ③ 개인의 선택과 자동성의 정도를 높여서 삶의 질을 제공할 수 있을 때 기능적이라고 주장했다.

아동들이 볼 수 있는 매력적인 자료들을 교실에 많이 비치해 준다고 문제가 해결되는 것이 아니다. 저시력 학생들의 경우 훈련을 받지 않으면, 시력을 통해서 의미 있는 정보를 끌어내지 못한다.

8. 시각장애를 지닌 학생의 전환교육

■ 독립생활

중학교 시절부터 적절한 훈련을 받은 시각장애를 지닌 사람들은 대부분 성인으로서 적절히 생활해 간다. 그러나 시각장애를 지닌 학생들은 일상생활에 필요한 기술을 충분히 교육을 받지 못하고 있는 것으로 밝혀지고 있다. 일부에서는 시각장애를 지닌 학생들의 통합교육 운동이 이들의 독립생활에 필요한 일상생활 기술 훈련을 약화시키는 요인이 된다고 주장하고 있다(Spungin, 2003). 시각장애를 지닌 학생들이 통합교육을 받게 되면 이들에게 일상생활 기술을 훈련시킬 시간이 부족하게 된다.

시각장애를 지닌 사람들이 독립생활에 어려움을 겪게 되는 것은 사회가 이들에게 대하는 방법 때문이라고 많은 권위자들이 지적하고 있다. 일반적으로 잘못된 선입견은 시각장애를 지닌 사람들이 무력하다고 가정하는 것이다. 많은 사람들은 시각장애를 지닌 사람들을 불쌍히 여긴다. 우리 사회는 오랫동안 시각장애를 지닌 사람을 온정적인 태도로 바라보고 그런 관점에서 처리했다. 온정주의 문제는 복합적이어서 대중들은 시각장애를 지닌 사람들이 비교적 평범한 과제를 완수했을 경우에도 영웅시하는 경향이 있다.

장애인 편의시설 증진법(1998) 시행 이후 보편적 설계, 무장벽 사회에 대한 개념과 필요성 등에 대한 이해가 확산되고, 그러한 환경이 서서히 조성되고 있다. 예를 들면, 최근에 들어 교차로에 보행신호 체계를 시각적 체계와 음성적 체계를 동시에 적용하는 접근성을 높인 보행신호 체계와 시각장애를 지닌 사람 유도 블록 등이 설치되고 있다. 하지만 그것도 시내 전 지역이나 전국적으로 적용되는 것이 아니라 일부 지역에 부분적으로 채택하고 있어 적극 확대될 필요가 있다.

■ 고용

시각장애를 지닌 15세 이상 시민들의 취업률은 86.9%, 실업률은 13.1%, 고용률은

38.7%로 보이고 있다(보건사회연구원, 2006). 시각장애를 지닌 사람들의 상당수는 실업상태에 있고, 시각장애를 지닌 근로자들은 직무 능력 이상의 자질을 가지고 있다. 미국의 경우, 시각장애를 지닌 사람들의 취업률은 정안자들의 50% 수준에 이른다(Houtennille, 2003; Leonard, 2002). 불행한 것은 정안자들에 비해 취업률이 낮은 이유가 시각장애 그 자체보다는 중등학교 때 이들에게 적절한 전환교육이 이루어지지 못했기 때문이라는 점이다. 역으로 말하면, 이들에게 적절한 전환교육이 제공된다면 교사, 의사, 엔지니어, 노동자 등 거의 모든 직업에 취업할 수 있다는 말이다. 적절한 전환교육은 중등학교 교육과 인턴십 등 아주 집중적이면서도 이들의 요구에 맞게 광범위한 분야에 걸쳐 개발해 줄 필요가 있다.

시각장애를 지닌 사람들의 고용률을 높일 수 있는 방법 중 한 가지는 직무를 조정하는 것이다. 시각장애 근로자들은 직장에서 직무나 근로환경을 비교적 조금만 조정해 주어도 작업장에서 기능을 발휘하기가 쉽다고 보고하고 있다. 예를 들어, 카풀 제도를 이용하면 출퇴근이 한결 용이해지고, 소방 훈련이나 재해 훈련을 정기적으로 실시하면 직장에서의 대피를 위한 적절한 방향감각을 가질 수 있고, 장애물 없는 공간 설비로 이동 능력을 향상시킬 수 있으며, 음성장치 컴퓨터와 읽기 자료 비치로 정보 접근성을 향상시키는 등 직무능력을 개선할 수 있다.

9. 시각장애를 지닌 학생의 통합교육을 위한 팁

■ 유아기

가족을 위한 팁

- 시각장애를 지닌 아동들에게 가정환경에 적응하도록 돕고 자유롭게 다니도록 허용하기
- 가정 내의 불필요한 장애물을 제거하고 주변 환경에 대한 방향감각을 갖도록 돕기
- 가정에서 가구를 재배치하거나 환경을 조정할 경우는 항상 이에 관한 정보를 알려주기
- 아동과 가족을 지원하는 지역사회 기관과 단체에 관한 정보 알아두기
- 개별화가족지원 계획과 조기 교육 프로그램에 익숙해지기

유치원교사를 위한 팁

- 이동능력 개발을 위해 학급, 학교, 지역사회 환경을 탐색하고 학습하도록 돕기
- 촉감을 발달시키고 청력을 이용하는 활동을 함께 하여 정보 획득 능력을 발달시키기
- 가족과 협력하여 방향감각과 이동능력을 발달시켜 가정과 학교상황에 적응하도록 돕기
- 학급에서 정안 아동들과 정상적인 목소리로 대화하고 상호작용을 할 수 있도록 돕기
- 청각 및 촉각 보장구에 익숙해지도록 도와서 정보를 스스로 획득하도록 하기

유아교육 관련 인사를 위한 팁

- 시각장애 유아가 취학 전 환경에 잘 적응할 수 있도록 노력하는 교사 등을 돕기
- 가족들에게 정보를 지속적으로 제공하고 학교의 능동적인 구성원이 되도록 돕기

이웃과 친구를 위한 팁

- 시각장애를 지닌 유아도 정안자와 관련된 가정과 지역사회 활동에 참여할 수 있다고 믿기
- 가족들과 협력하여 일반 유아들과 함께 할 수 있는 기회를 모색하고 참여하도록 돕기

■ 초등학령기

가족을 위한 팁

- 시각장애를 지닌 자녀가 학령기 동안에 이용할 수 있는 프로그램과 서비스 알아두기
- 학교의 부모활동에 적극 참여하기
- 시각장애를 지닌 자녀가 일반아동들과 함께 할 수 있는 교내 · 외의 활동을 적극 찾아보기
- 시각장애를 지닌 자녀에 관한 의료정보를 학교에 알려주기

- 시각장애를 지닌 자녀가 이동용 보조공학 기기를 이용할 경우 이에 관한 정보를 학교에 알려주기

일반교사를 위한 팁

- 시각장애를 지닌 아동에게 장애물이 될 수 있는 물건을 교실에서 제거하기
- 시각장애를 지닌 아동을 교재교구나 시청각 매체에 가깝게 앉히기
- 학습 자료를 한 곳에 비치해서 시각장애를 지닌 아동이 예측할 수 있게 하기
- 시각장애 교육 전문가와 특수교육 전문가가 긴밀한 관계를 유지하기
- 시각장애를 지닌 아동에게 교사가 있는 곳을 항상 알려주어서 자신감을 갖고 행동하도록 돕기

학교 직원을 위한 팁

- 시각장애를 지닌 아동 지도에 필요한 인적 및 물적 자원(안과의사, 특수교육 전문가, 또래 교사, 친구 지원 체계 등)을 일반교사가 쉽게 활용할 수 있도록 돕기
- 장벽 없는 학교 유지하기(학급 및 학교에 적절한 조명 포함)

이웃과 친구를 위한 팁

- 시각장애를 지닌 아동 가족과 이웃, 친구들과 통합을 돕도록 지원하기
- 시각장애를 지닌 아동과 그 가족이 이웃의 활동에 참여할 수 있는 기회를 찾아 제공하기

■ 중등학령기

가족을 위한 팁

- 성인 서비스 체제에 익숙해지기(예; 직업재활, 직업훈련, 사회복지, 건강보호 등)
- 졸업하기 전에 필요한 직업 및 고용훈련을 이해하기
- 학교에서 제공하는 전환교육 프로그램을 이해하기
- 시각장애 자녀에게 학교 밖의 일반아동 활동에 참여할 기회를 만들어주기

일반교사를 위한 팁

- 교수적합화를 통해서 시각장애 학생의 일반학급 학습 활동 참여도 높이기
- 청각기자재를 이용하여 학습을 촉진하기
- 시각장애 학생들이 비정규 교육과정에 참여하도록 지원하기

학교 직원을 위한 팁

- 시각장애를 지닌 학생의 부모가 학교 활동에 참여하도록 촉진하기
- 긍정적인 태도로 가족과 꾸준히 접촉하기

이웃, 친구, 예비 고용주를 위한 팁

- 지역사회의 시각장애 지원망(종교 및 레크리에이션 단체)에 소속되도록 노력하기
- 미래의 고용주로서 시각장애인들의 고용에 관한 정보를 수집하기

요약

■ 정의

- 시각계의 손상이 심하여 시각기능을 전혀 이용하지 못하거나 보조공학기기의 지원을 받아야 시각적 과제를 수행할 수 있는 사람으로서 시각에 의한 학습이 곤란하여 특정의 광학기구 · 학습매체 등을 통하여 학습하거나 촉각 또는 청각을 학습의 주요 수단으로 사용하는 사람이다.

■ 분류

- 해부학적 장애에는 눈의 굴절 손상, 시각체계의 근육 이상, 눈의 수용구조의 문제 등이 포함된다.

■ 출현율

- 시각장애를 지닌 특수교육대상 학생의 출현율은 0.03%이고, 이는 전체 특수교육대상자의 1.11% 에 이른다.

■ 원인

- 유전적인 조건들은 백색증, 색소성망막염, 망막아세포종, 시신경위축, 백내장, 망막박리와 연관된 심한 근시, 각막 손상, 홍채 이상, 소안구증, 뇌수종, 무안구증, 녹내장 등이 있다.
- 풍진 및 매독과 같은 질병의 감염은 태아의 시각장애(맹)에 주요 원인이 된다.
- 외상, 감염, 염증, 종양, 외피성 시각손상 등도 후천성 시각장애를 일으킨다.

■ 특성

- 시각장애를 지닌 아동들은 자기중심적인 말을 많이 하고, 사람이나 사물을 덜 언급하며, 자신에게 별 의미 없는 단어를 사용하는 장황한 언어, 또는 말을 지나치게 많이 하는 특성을 발달시킬 수 있다.
- 시각장애를 지닌 아동들은 다른 사람들의 신체적 매너리즘을 모방할 수 없기 때문에 신체언어와 같은 사회적 의사소통의 중요한 요소를 발달시키지 못한다.
- 시각장애를 지닌 사람들은 공간적 정보를 두 가지 방법, 즉 연속적 경로와 환경 내의 다양한 지점의 일반적 관계를 묘사하는 인지적 지도로 처리한다.

■ 진단평가와 사정

- 시각장애를 지닌 학생을 판별하기 위해 이용하는 가장 일반적인 방법에는 시각 민감성 선별과 시기능 사정이 있다.
- 선별검사는 주로 학교 보건교사가 만국식 시력표를 이용하여 실시한다.

■ 교육적 지원과 중재

- 시각장애를 지닌 아동들의 인지기술을 촉진시키기 위해서는 직접교수가 이루어져야 한다.
- 방향감각과 이동능력은 시각장애를 지닌 학생들이 자신의 환경 내에서 이동하고, 여러 가지 유형의 학습, 사회화, 개념발달 및 독립성을 발달시키기 위해 상호작용을 할 수 있게 해준다.
- 시각장애를 지닌 학생들은 잔존 시력을 활용하면서 지팡이, 안내견, 사람의 안내 및 전자기기 등 네 가지 이동보장구를 선택하여 이용하게 된다.

- 약시 학생들의 경우 묵자를 확대시키는 비디오, 휴대용 확대경, 확대안경, 기타 망원경 형태의 보조기 등 다양한 광학기기를 이용할 수 있다.
- 청각 및 촉각 자극을 이용한 광학기기는 이들로 하여금 감각적 접근법을 통합하여 학습을 할 수 있도록 해준다.

■ 전환교육

- 학령기부터 적절한 교육을 받은 시각장애를 지닌 사람들은 대부분 성인생활을 잘 해간다.

토의문제

1. 눈의 구조와 시각의 과정을 이해하는 것이 왜 중요한가?
2. 맹과 약시를 구분하여 설명하시오.
3. 눈의 굴절 문제, 눈의 근육 이상, 시각 수용성 문제의 특성은 무엇인가?
4. 시각장애는 지능, 말과 언어, 교육 성취, 사회성 발달, 방향감각과 이동성, 지각운동 발달에 어떤 영향을 미치는가?
5. 시각장애를 지닌 학생의 사정에서 기능적 접근이란 무엇을 의미하는가?
6. 시각장애를 지닌 학생의 교육에 포함시켜야 할 두 가지 내용 영역을 기술하시오.
7. 의사소통 매체를 이용하여 시각장애를 지닌 사람의 학습을 촉진시킬 수 있는가?

Special Education

제6장

청각장애를 지닌 특수교육대상 학생

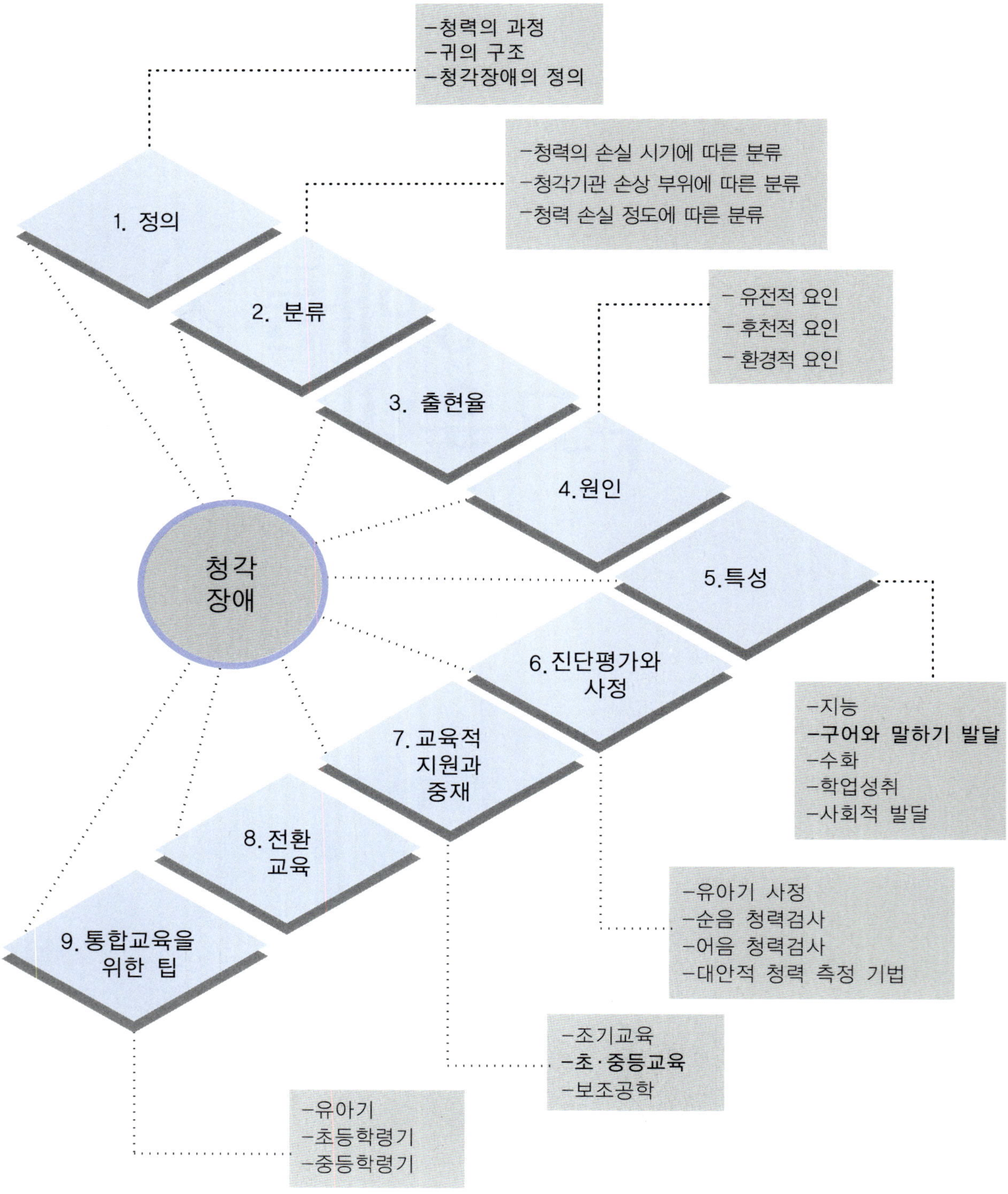
청각 장애
1. 정의
-청력의 과정
-귀의 구조
-청각장애의 정의
2. 분류
-청력의 손실 시기에 따른 분류
-청각기관 손상 부위에 따른 분류
-청력 손실 정도에 따른 분류
3. 출현율
4. 원인
- 유전적 요인
- 후천적 요인
- 환경적 요인
5. 특성
-지능
-구어와 말하기 발달
-수화
-학업성취
-사회적 발달
6. 진단평가와 사정
-유아기 사정
-순음 청력검사
-어음 청력검사
-대안적 청력 측정 기법
7. 교육적 지원과 중재
-조기교육
-초·중등교육
-보조공학
8. 전환 교육
9. 통합교육을 위한 팁
-유아기
-초등학령기
-중등학령기

| 제6장 |

청각장애를 지닌 특수교육대상 학생

농 및 난청을 지닌 학생들은 건청 동료들에 비해 현저히 다른 방법으로 그들의 세계를 경험하며, 조기에 특별한 도움을 받지 않으면 구어사용이 불가능하게 된다. 청력 손상 아동들에게 교정적 의료 처치, 보청기 이용의 학습, 비구어적 수용언어 및 표현언어 훈련, 다양한 보조 장치 등에 의해 청력을 보상하는 도움이 없으면 관계가 단절되거나 고립될 수 있다.

청각장애를 지닌 사람들도 건청인의 세계에 접근하고 그 사회에서 성공적으로 적응하며 생활할 수 있다. 청각장애를 지닌 일부 사람들은 그들만의 공통된 언어와 관습을 공유하는 농사회 또는 농문화의 일부가 되려고 모색한다. 농인 문화의 경우, 그 문화 속에 있는 사람들은 유산과 전통을 공유한다. 청각장애를 지닌 사람들은 동일 문화권의 사람과 결혼한다. 그들 역시 농문화를 공유하며, 농사회의 정치, 사업, 예술 및 스포츠 프로그램에 참여한다. 농인 사회의 사람들은 청력 상실을 장애로 보지 않는다. 그들의 관점에 의하면, 농이 되는 것은 손상이 아니며 치료를 받아야 할 병이나 질환이 아니다.

1. 청력의 과정과 청각장애의 정의

■ 청력의 과정

청력이란 귀로 소리를 듣는 능력이다. 소리가 형성되기 위해서는 진동을 운반할 매체가 있어야 한다. 공기는 가장 일반적인 전달 매체이지만, 금속, 물 및 기타 물질에 의해서도 소리가 전달될 수 있다.

이 움직임을 **음파**sound wave라고 하는데, 이는 웅덩이에 돌을 던졌을 때 잔물결을 일으키는 현상으로 설명할 수 있다. 음파는 발음체의 진동으로 말미암아 그 밖의 매질에 생기는 파동으로 구형태의 팽창 속에서 서로 밀고 당기기를 교대로 하는 압력 패턴이다. 이것은 무수한 압력에 의해서 활성화될 수 있고, 50만 가지 이상의 소리로 구분될 수 있다. 귀는 소리를 모으고 처리해서 대뇌의 특정 부위로 전달한다. 그러면 대뇌의 특정 부위는 감각을 의미 있는 언어로 해독하게 된다. 그림 6.1에서는 외이, 중이, 내이의 측면에서 청력 메커니즘의 해부학을 설명한다.

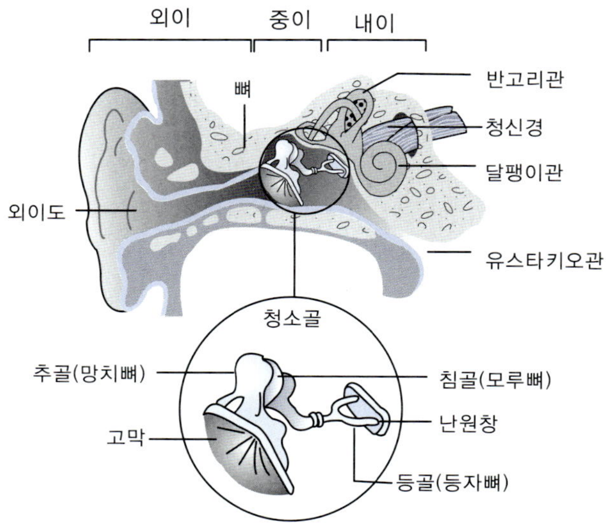

그림 6.1 귀의 구조

* 자료 출처;http://opentory.joins.com/index.php.

■ 귀의 구조

외이는 귓바퀴라고 하는 머리 옆에 붙어 있는 연골 구조와 외이관으로 구성되어 있다. 밖에서 볼 수 있는 귀의 부분인 귓바퀴는 세 개의 인대로 두개골에 붙어 있으며, 음파를 모아서 관을 통해 깔때기 모양의 중심부로 전달한다. **고막**[66]은 외이와 중이 사이의 관의 안쪽 끝부분에 위치하고 있다.

중이. 고막의 내부 표면은 공기로 가득 찬 중이의 공간에 자리 잡고 있다. 표면은 청소골의 연쇄를 이루고 있는 세 개의 작은 뼈, **추골**[67], **침골**[68], **등골**[69]로 구성되어 있다. 추골, 침골, 등골의 연쇄는 중이와 내이가 연결되어 있는 **난형창**[70]을 따라 고막

66) 외이와 중이 사이에 있으며 외이에서 모아진 소리가 여기서 진동함
67) malleus 중이의 소골연쇄에 있는 망치 모양의 뼈
68) incus 중이의 소골연쇄에 있는 모루(대장간에서 쇠를 올려놓고 두드릴 때 받침으로 쓰는 쇳덩이) 모양의 뼈
69) stapes 중이의 소골연쇄에 있는 등자(말을 탔을 때 두 발을 디디는 제구) 모양의 뼈
70) oval window 타원형 창문 또는 달걀모양의 창문이란 의미

의 진동을 일으킨다. 즉, 이 세 뼈는 중이의 관을 통해서 진동을 외이로부터 내이로 전달한다.

유스타키오관eustachian tube 또는 이관은 목구멍에서 **중이강**middle-ear cavity으로 뻗쳐 있는데, 이는 중이강으로 들어오는 공기의 흐름을 통제해서 외부로부터 고막으로 들어오는 공기의 압력을 균일하게 한다.

내이는 여러 가지 복합적인 복잡한 통로로 구성되어 있다. 내이 **달팽이관**cochlea[71]은 **전정**[72]의 앞부분에 수평으로 놓여있다. 달팽이관은 뇌척수액을 구성하고 있는 것과 유사한 액체로 차 있으며, 진동을 뇌로 직접 보내게 되는 신경충동으로 변환시켜주는 매우 특수화된 세포이다.

내이의 다른 주요 구조는 전정기재가 있는데, 이는 균형을 조절하는 반고리관을 포함하고 있다. 반고리관은 한쪽 끝 부분이 더 크게 확대되어 있으며, 두뇌 운동에 반응하는 액체로 가득 차 있다. 전정기재는 감각 입력을 통합하여 뇌로 통과시키고, 신체의 평형성을 유지하도록 돕는다. 운동과 중력은 이 기재를 통해서 인지하게 되고, 개인이 신체운동과 연관된 감각입력과 외부 환경에서 나오는 감각입력을 구별할 수 있게 해준다.

■ 청각장애의 정의

소리의 세기를 측정하는 단위는 **데시벨**decibel: dB이며, 인간의 가청 범위는 약 0에서 130dB까지 이다. 130dB 이상의 소리(제트항공기가 내는 소리)는 귀가 지극히 고통스럽다. 대화중인 말은 40dB에서 60dB 정도, 천둥소리는 120dB, 록음악은 110dB 정도 된다.

소리의 빈도는 진동분자가 초당 만들어내는 사이클의 수를 측정하여 결정된다. 초당 사이클의 표현 단위는 **헤르츠**hertz: Hz이다. 빈도가 높으면 헤르츠가 높다. 인간의 귀는 약 20에서 15,000헤르츠 범위의 소리를 들을 수 있다. 말소리의 피치는 300에서 4,000헤르츠 범위에 속하고, 피아노 키의 소리는 27.5헤르츠에서 4,186헤르츠의 범위에 속한다. 인간의 귀는 15,000헤르츠의 소리를 들을 수 있지만, 우리 주변의 대부분의 소리들은 300헤르츠에서 4,000헤르츠 범위 내에 있다.

---

71) 달팽이관 또는 와우각: 내이의 일부로서 달팽이 집 모양으로 말려 있는 관, 고막에 전하는 음파를 받아서 감수함
72) 속귀의 일부로 달팽이관과 반고리관 사이에 있는 빈 곳, 평형감각을 맡음

장애인복지법의 정의

장애인복지법에서는 청각장애를 다음과 같이 규정하고 있다.

- 두 귀의 청력 손실이 각각 60데시벨(dB) 이상인 사람
- 한 귀의 청력 손실이 80데시벨 이상, 다른 귀의 청력 손실이 40데시벨 이상인 사람
- 두 귀에 들리는 보통 말소리의 명료도가 50퍼센트 이하인 사람
- 평형 기능에 상당한 장애가 있는 사람

장애인 등에 대한 특수교육법의 정의

청각장애는 농과 난청을 포함하는 용어이다. 농과 청력 상실은 청력 손상 정도에 따라 정의될 수 있고, 이는 **소리의 크기**loudness와 음도 또는 **소리의 높이**[73] 에 대한 민감도를 사정하여 결정된다.

특수교육법(2007)에 의하면, "청각장애를 지닌 특수교육대상자란 청력 손실이 심하여 보청기를 착용해도 청각을 통한 의사소통이 불가능 또는 곤란한 상태이거나, 청력이 남아 있어도 보청기를 착용해야 청각을 통한 의사소통이 가능하여 청각에 의한 교육적 성취가 어려운 사람"으로 규정하고 있다.

농과 난청

농은 극단적으로 청력을 손실한 상태, 즉 90dB 이상의 손실 정도를 보이는 경우를 말한다. 농을 지닌 사람의 경우, 보청기나 다른 형태의 확성기를 이용하더라도 언어와 의사소통의 주요 수단으로 시각 채널을 이용한다.

다수의 농인들은 어느 정도의 잔존 청력을 지니고 있지만, 의미가 없는 수준이다. **난청**은 청력의 결함을 지니고 있지만 기능적인 면은 다소 남아 있어 보청기를 이용하면 사람의 말을 청각적으로 처리할 수 있다.

청각장애 정의를 이야기할 때 청각장애를 지닌 사람들의 감정이 성장하고 있다는 점을 지적하는 것은 중요한 문제이다. 어떤 학자는 청각장애를 영어로 표현할 때 **일**

73) pitch 음의 높고 낮음을 말하며, 음파의 진동수에 의해 결정된다. 물리적 진동빈도가 많을 때는 고음을, 적을 때는 저음을 낸다.

반인으로서의 농(일반인농) Deaf[74]과 **장애인으로서의 농(장애인농)**deaf[75] 으로 구분한다. 여러 가지 변인이 있지만 농을 장애로 보지 않고 문화적 차이로 보는 사람들이 흔히 이렇게 표현한다.

2. 청각장애의 분류

교육적인 입장에서는 청력 손상 시기가 언어 발달과 밀접하게 관련되어 있기 때문에 청력 손상의 시기에 관심을 많이 가진다. 아동들의 청력 손상 시기가 이를수록 언어를 발달시키는 데 더욱 어려움을 겪게 된다.

■ 청력 손실 시기에 따른 분류

청력 손실은 선천성과 출생 후의 어느 시점에 손실하는 후천성으로 구분될 수 있다. 언어를 중심으로 구분하면, 언어 전 손실과 언어 후 손실로 구분된다. 언어 전 손실은 2세 이전에 언어가 발달하기 전에 청력을 손실하게 되는 경우를 말한다. 언어 후 손실은 언어를 습득한 이후 어느 시점에 청력을 손실하는 경우이다. 청력을 손실한 채로 태어난 사람은 의사소통과 사회적 적응 영역에 특히 어려움을 더 많이 겪게 된다.

학자에 따라 언어 습득 시기를 달리 구분하는데 일부는 18개월을 기준으로, 다른 한편에서는 12개월, 심지어 8개월까지로 기준을 하향시키는 전문가들도 있다 (Mcadow-Orlans, 1987).

■ 청각기관 손상 부위에 따른 분류

해부학적 위치 측면에서 청력 손실은 말초적인 문제와 중추 청력 문제 등 두 가지 유형으로 구분된다. 말초적 청력 손실은 **전음성 난청**[76], **감각신경성 난청**[77], 이 두 유

---

74) 농을 장애로 보지 않고 농을 지닌 사람이 사용하는 사인언어, 농문화, 농사회 등을 문화적 소수집단으로 보는 관점; 즉 농을 지닌 사람은 장애인이 아니라 소수 언어를 사용하는 문화적 소수집단이라고 보는 관점에서 일컫는 용어

75) 농을 전통적인 장애의 개념, 즉 청력 상실 정도에 따라 장애로 규정하는 전통적인 청각장애인 관으로 보고 일컫는 용어

76) conductive hearing loss 감각기관으로 이어지는 통로를 따라 소리가 전달되지 않기 때문에 일어난 청력 상실

77) sensorineural hearing loss 감각기관의 이상(내이)이나 청신경 손상으로 인하여 일어난 청력 상실. 감음성 난청이라고도 함

형이 결합된 **복합성 난청**[78] 등 세 가지로 분류된다(그림 6.2, 6.3 참조).

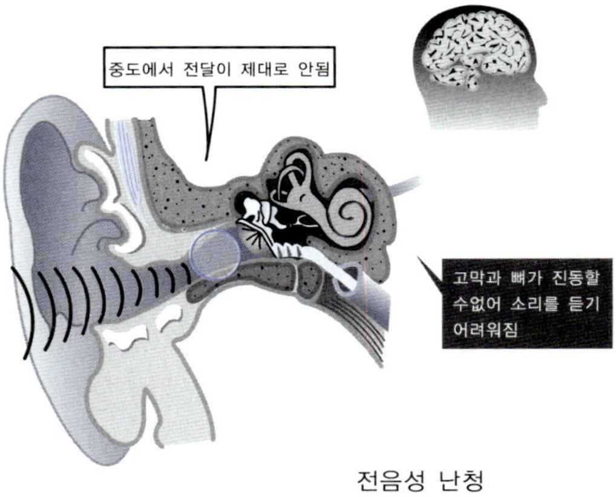

그림 6.2 전음성 난청

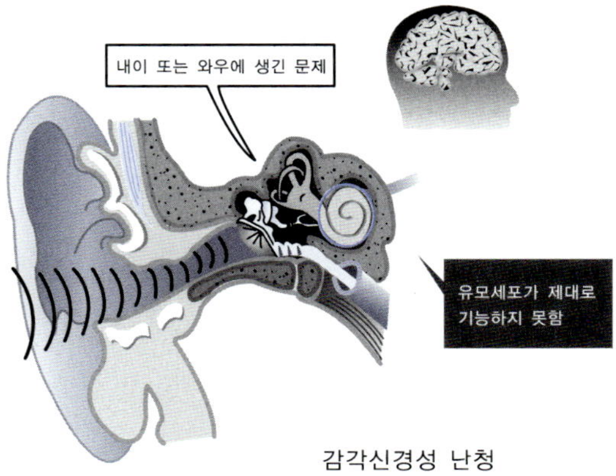

그림 6.3 감각신경성 난청

* 자료출처: http://www.seoulnong.sc.kr/spboard_pro/board.cgi?id.

■ 청력 손실 정도에 따른 분류

일부 전문가들은 청력 역치 수준에 따라 경도(26~40dB), 중등도(41~55dB), 중도(56~70dB), 최중도(71~90dB)로 분류하는 것이 유용하다는 사실을 발견했다(Andrews, Leigh, & Weiner, 2004). 청력 손실의 심한 정도를 크게 나누어 농과 난청으로 분류하기도 한다.

3. 청각장애의 출현율

청각장애 출현율은 0.06%이고, 이는 전체 특수교육대상자의 2.21%에 해당된다(국립특수교육원, 2001). 그러나 2015년 4월 현재 청각장애로 판별되어 특수교육서비스를 받는 학생은 3,401명으로 전체 특수교육대상 학생의 3.9%에 이른다(교육부, 2016).

78) mixed hearing loss 전도성 청력 상실과 감각신경성 청력 상실이 결합되어 일어난 청력 상실

4. 청각장애의 원인

청각장애는 여러 가지 원인에 의해 발생되는데 선천적 원인과 후천적 원인으로 대별된다.

■ 유전적 요인

농의 유전성과 연관된 요인들은 200여 가지 이상이 되지만, 언어 전 청력 손실의 33%는 원인이 밝혀지지 않고 있다(Center for Assessment and Demographic Studies, 2002). 청력에 영향을 미치는 가장 일반적인 질병은 **이경화증**[79)]이다. 이 질병의 원인은 밝혀지지 않고 있지만, 유전성인 것으로 믿어지며, 흔히 성인기 초기에 가장 많이 나타난다. 성인의 약 10%는 이경화증을 지니고 있다. 이 질병은 다음 세대로 넘어갈 수 있지만, 여러 세대를 거쳐 나타나지 않을 수도 있다.

출산 전 질병

몇 가지 조건들은 유전되는 것은 아니지만 감각신경 손실을 일으킨다. 선천성 농의 중요한 원인은 풍진, 사이토메갈로 바이러스, 주혈원충병이 가장 일반적이다.

선천성 사이토메갈로 바이러스는 바이러스가 포함된 신체 분비물을 흘리는 사람과 접촉함으로써 전염되는 바이러스성 감염이다. 이 질병은 수혈에 의해서도 감염되고 신생아는 어머니로부터 감염된다. 선천성 주혈원충병 감염은 황달, 빈혈을 보이는 특징이 있고, 흔히 중추신경계장애를 일으킨다(예; 발작, 뇌수종, 이상소두증). 이 질병을 타고나는 신생아의 약 15%는 농이 된다. 유전성 감각신경성 청력 손실과 관련된 기타 요인들로는 **어머니의 Rh요소 부조화**[80)]와 **내이신경독성 약물**ototoxic drugs[81)]의 이용 등이 있다. 어머니의 Rh요소 부조화는 일반적으로 초산아에게 영향을 미치지는 않지만 임신 이후에 항체가 생성되므로 농을 포함하여 여러 가지 문제를 일으킬 수 있다.

---

79) 중이의 난원창 부위의 뼈가 자라서 점진적으로 청력이 소실되는 질병

80) Rh 요소 문제로 농이 되는 경우는 그다지 많지 않다. 항Rh감마글로불린(RhoGAM)이 1968년에 개발됨으로써 Rh 요소 부조화의 발생률은 급격히 감소됨. 이 물질을 첫 아이 출생 후 72시간 내에 어머니에게 주사하면 신생아에게 해를 끼치는 항체를 더 이상 생성하지 않게 됨

81) 내이신경독성 약물은 제8신경 또는 청각 및 평형기관에 유해한 작용을 가짐

■ 후천적 요인

출산 후 질병

출산 후에 청력 손실을 일으키는 가장 일반적인 원인은 감염이다. 홍역, 유행성 이하선염(볼거리), 유행성 감기, 장티푸스성 열, 성홍열 등은 모두 청력 손실과 관련되어 있다. 수막염은 뇌와 척수를 덮고 있는 막에 염증이 생기는 질병으로 학령기 아동의 중도 청력 손실의 원인이 된다. 시력 손실, 마비 및 뇌손상 등도 이 질병과 관계가 있다.

출생 후 감염의 또 다른 문제는 중이에 염증을 일으키는 중이염이다. 중이염은 **외부 중이염**[82]과 **중이염**[83]이 있다. 외부 중이염은 외이와 관련이 있는데, 외이와 관련된 질병은 중이나 내이에 비해 그다지 심각하지는 않다. 외부 중이염은 외부 청력관의 피부 감염으로 인하여 청력 손상을 일으킨다. 일반적으로 말하는 중이염은 유스타키오관에서 중이로 퍼져나가는 심한 감기로 인하여 발생되며, 어린 아동들의 전도성 청력 손실의 가장 일반적인 원인이다.

■ 환경적 요인

폭발, 두개골 부분의 신체적 학대, 큰 소리로 음악 듣기 등과 같이 공기 압력의 극단적인 변화를 가져오는 환경적 요인들은 후천성 청력 손실의 원인이 될 수 있다. 최근 들어 제트 엔진이나 소리가 큰 음악 등 위험 요소에 노출되는 경향이 높아지고 있다. MP3, 휴대용 CD플레이어나 DVD 플레이어 등과 같은 이어폰이나 헤드폰의 사용이 늘어남에 따라 청력 손실의 위험성 또한 증가하고 있다. 직업적 소음도 감각신경성 청력 손실로 이어질 수 있다. 기타 후천성 요인들로는 나이를 먹거나, 알레르기, 뇌출혈, 뇌종양 등을 들 수 있다.

82) external otitis 청각관 외피의 감염; 수영가의 귀 swimmer' s ear 로 불리어지기도 함
83) otitis media 중이에 염증이 생기는 질환

5. 청각장애를 지닌 학생의 특성

청력 손실이 학습, 사회적 적응 및 행동에 미치는 영향은 언어 전 감각신경성 농의 경우에는 매우 큰 반면, 언어 후 전음성 농의 경우에는 아주 미미할 수 있을 정도로 매우 다양하다. 다행히 최근 예방, 조기 발견, 중재 등이 강조됨으로써 농 및 난청 아동들의 예후는 상당히 향상되고 있다.

■ 지능

청각장애를 지닌 아동들에게 지능검사를 실시할 때는 그들의 구어 결함을 고려하여야 한다. 수화를 이용하여 청각장애를 지닌 사람들의 지능을 검사할 경우, 언어성 검사보다 동작성 검사를 실시하는 것이 더욱 공정하다. 동작성 검사를 실시했을 경우 청각장애를 지닌 아동들과 건청 아동들 간의 차이가 없는 것으로 나타났다(Prinz et al., 1996).

한편, 청각장애를 지닌 아동의 지적 능력 특성에 관한 연구는 이들의 IQ 점수 분포가 건청 아동들의 것과 유사하다는 점을 주장하였다(Moores, 2001). 연구 결과는 청각장애를 지닌 사람들의 지능 발달은 인지발달보다 언어발달에 더 기능적이라고 주장하고 있다. 이들이 수행에 어려움을 겪는 분야는 말하기, 읽기, 쓰기와 깊은 관계가 있지만 지적 수준과는 관계가 없다.

■ 구어와 말하기 발달

구어와 말하기는 청각장애를 지닌 아동들, 특히 농으로 태어난 아동들이 가장 심한 영향을 받는 발달 영역이다. 이들은 건청 아동들에 비해 말하기 발달 속도가 더 느리고, 정서적 곤란을 겪거나 또래와 가족들로부터 고립되는 등 심한 위기상태에 놓이게 된다.

말의 이해도speech intelligibility는 청력 손상의 정도 및 청력 손상의 시기와 관련이 있다. 최중도 언어 전 농아동들은 강도 높은 언어재활을 받더라도 명료하게 말할 수 있는 능력을 거의 발달시키지 못한다(Maerchark, 2002).

중등도 청각장애를 지닌 아동들의 경우 청각장애로 태어났다 하더라도 대화의 말소리를 인식할 정도가 되므로 효과적인 의사소통 기술을 습득할 수 있다. 중등도 청각장애를 지닌 아동들의 경우 무성음unvoiced sound과 먼 거리에서 하는 말을 들을 수 없지만 조기에 판별하여 중재를 하면 언어의 지체를 예방할 수 있다(Schirmer, 2000). 청각장애를 지닌 다수의 사람들은 언어습득의 1차 양식mode으로 말을 이용할 수 있다.

유전성 농을 지닌 사람들은 가장 큰 소리도 듣지 못하고, 심지어 정교한 보청기를 착용하더라도 듣지 못한다. 이들은 입술 읽기를 이용하지 않으면 말을 통해서 정보를 받아들일 수 없다. 농아동들은 조음, 음성 자질, 음조 변별 등에 심각한 문제를 나타낸다. 출생 후 8개월 정도가 되면 농을 지닌 유아들은 건청 유아들에 비해 옹알이를 더 적게 한다. 이런 유아들이 언어를 발달시키기 위해서는 조기에 언어 생성과 이해를 위한 강도 높은 훈련을 받아야 한다.

■ 수화

농아동들은 구어 학습에 많은 어려움을 겪지만, 수화는 비교적 쉽게 학습할 수 있다. 그러나 수화는 역사적으로 몇 가지 잘못된 개념, 즉 수화는 진정한 언어가 아니라는 등의 개념으로 인해 어려움을 겪고 있다.

수화의 특수성

수화는 보편적이고 통일된 것이 없다. 예를 들면, 한국에서는 한국 수화, 미국에서는 미국 수화, 프랑스에서는 프랑스 수화를 사용한다. 청각장애를 지닌 사람들이 외국을 방문하면 건청인들이 외국을 방문하고 의사소통에 어려움을 겪는 것과 마찬가지로 어려움을 겪는다. 이러한 현상은 수화가 어느 특정인이나 특정 공동체에 의해 고안된 것이 아니라 구어처럼 오랜 기간에 걸쳐 일상적으로 사용하면서 진화했기 때문이다.

수화의 발달 이정표

농아동들은 비장애 아동들과 거의 같은 구어발달의 이정표를 보인다(Goldin-Meadow, 2003). 건청 유아들이 옹알이를 하듯이 농유아들은 손으로 옹알이를 한다. 건청 아동들이 단어를 말하거나 두 단어로 된 구를 말하는 것과 같은 시기에 농아동들도 단어를 말하고 두 단어로 된 구를 말한다.

일부 전문가들은 농유아와 건청유아는 단어를 말하기 이전에 간단한 사인이나 제스처를 이용한다고 주장한다(Acredolo & Goodwyn, 2002). 그들은 농유아와 건청유아가 **유아사인**baby sign[84] 이라고 하는 사인과 제스처를 사용한다는 사실을 지지한다.

수화의 신경학적 토대

수화는 구어처럼 신경학적 토대를 지니고 있다는 사실을 밝혀 진정한 언어라는 결과를 도출한 연구가 있다. 좌반구는 주로 수화를 습득하고 사용하는 기능을 담당하는 부위라는 증거가 있다. 예를 들면, 양전자 단층촬영법PET이나 기능적 자기공명 영상법fMRI과 같은 신경 영상기법을 이용하면 농을 지닌 사람들이 수화를 사용할 때 우뇌보다 좌뇌가 더 활성화된다는 사실을 알 수 있다.

■ 학업성취

청각장애를 지닌 학생들의 학업 성취는 건청 학생들에 비해 상당한 정도로 지체된다. 농학생과 난청학생들은 구어와 문어에 주로 의존하여 지식을 습득하는 교육 체제에서 계속 공부를 하면서 상당한 어려움을 겪으며 저성취를 보인다(Schirmer, 2000). 그들은 연령에 적합한 수준에 비해 평균 3~4년 정도 지체된다. 읽기는 학업 분야에서 농학생들이 가장 부정적인 영향을 받는 영역 중의 하나이다. 청각장애는 경도이든 최중도이든, 읽기 수행을 방해한다. 농학생이 청소년기(13세)에 이르면 그들의 읽기 능력은 건청 아동들의 3학년 수준과 같게 된다(Gallaudet Research Institute, 2000). 18세의 청각장애를 지닌 학생들은 평균적으로 4학년 수준의 읽기이해 능력을 지니고 있다(Traxler, 2000). 청각장애를 지닌 학생들이 가장 잘 하는 과목인 수학의 경우도, 또래의 건청 학생들에 비해 최하위권에 머무르게 된다.

지원적 가정환경과 농학생들의 높은 성취는 연관이 있다. 자녀 교육에 더 많이 참여하고, 자녀를 돕기 위해 더 많은 방법을 모색하는 가족들은 성취에 대한 기대가 높고, 아동을 과잉보호하지 않으며, 농사회에 자녀와 함께 참여하므로 자녀의 성취가 높다.

---

84) 유아가 구어를 발달하기 전에 건청 부모와 유아 사이에 의사를 소통하기 위해 개발된 체계

■ 사회적 발달

청력을 손실한 농 및 난청을 지닌 사람들은 청각적 정보를 받아들이고 처리하는 능력이 감소되며, 이들이 받아들이는 정보는 건청인들의 청각적 정보 입력에 비해 왜곡된다. 따라서 청각장애를 지닌 사람들, 특히 농을 지닌 사람들의 청각적 정보의 지각은 건청인들의 그것과 다를 수밖에 없다.

청력 사회의 적응

언어습득의 지체나 차이는 사회적 상호작용을 제한시킨다. 농아동들은 건청 아동들과 의사소통을 시도할 때 적응에 어려움을 겪게 되고, 결국 다수의 농학생들이 외로움에 빠지는 위기를 겪게 된다. 농학생이 고립감을 느끼게 되는 두 가지 요소는 통합교육과 부모의 청력 상태이다.

통합교육 상황에서 농학생과 건청 학생들 간의 상호작용이 전형적으로 매우 적게 이루어진다. 그러나 다른 농학생과 의사소통을 할 기회가 있을 경우는 정서적 안정을 얻게 되는데, 농의 출현율이 낮아서 이런 상황을 기대하기는 어렵다. 일부 연구들은 농학생과 건청 학생의 협동학습을 통해서 상호작용을 성공적으로 증가시키고 있다(Kluwin et al., 2002).

농문화

일부 농을 지닌 사람들은 청력 사회로부터 사회적으로 고립되는 것을 적응의 문제로 보지 않는다. 반대로 사람들이 공통의 언어, 관습 및 유산에 따라 묶여지는 자연스런 현상이라고 여긴다. 농문화권 내의 사람들은 서로가 사회적 상호작용과 정서적 지지를 모색한다. 농문화의 언어는 수화이며, 그곳에서는 수화, 보디랭귀지, 얼굴표정 등을 통해서 의사를 소통한다. 한국의 수화는 미국, 프랑스, 일본 등과 서로 다르다. 수화는 각각의 문법 체계를 지니고 있고, 다른 언어 문법 체계를 익히듯이 배워야 한다.

농문화는 공통된 언어 외에 자신들만의 독특한 상호작용적 관습이 있다. 예를 들어, 사람들은 건청사회에서 보다 신체적 접촉을 더 소중히 여기고, 만나거나 헤어질 때 가볍게 포옹을 하거나 악수를 하는 등 시각적이고 활동적인 애정표현을 한다. 이들은 토론을 할 때 주제에 관계없이 솔직하며 요점을 파악하는 데 주저하지 않는다.

농사회에서는 농을 지닌 사람의 정체성이 매우 높게 평가되고, 내적 충성심이 엄격하다. 이처럼 농사회의 결속력과 충성도가 높은 것은 이들이 연대감을 가질 수 있는 수화를 사용하기 때문이다. 농문화권 내에 있는 모든 사람들은 스포츠, 예술, 문학 등과 관련되어 지지를 받을 것으로 기대한다. 건청인들이 농문화권에서 환영을 받을 수 있지만 완전한 구성원으로 받아들여지는 경우는 거의 없다. 농문화를 하나의 진정한 문화로 형성시키는 요소, 즉 농사회를 하나의 문화권으로 강하게 결속시켜주는 요소들로는 다음 여섯 가지를 들 수 있다.

- 언어적 차이는 농문화의 핵심이다.
- 농인으로서의 태도attitudinal deaf는 자신을 농으로 여기느냐 아니냐를 말한다.
- 농인사회 내의 행동 기준은 청력사회의 그것과 다르다.
- 같은 농인들끼리 결혼하는 비율이 90% 이상 된다.
- 농인에 관한 중요한 사람과 사건에 대한 역사의식은 농인사회에 충만하다.
- 농인사회에는 자발적인 조직망 또는 단체들이 많이 있다.

6. 청각장애를 지닌 학생의 진단평가와 사정

■ 유아기 사정

청력 손실이 일찍 발견될수록 조기중재와 처치, 언어 및 의사소통 기술을 발달시킬 기회가 늘어난다. 불행하게도 많은 아동의 경우 청력손상을 모른 채 지나게 되고, 조기에 발견되었다고 해도 조기중재로 이어지지 않는다(Heward, 2009). 미국의 경우 취학 전 아동의 부모들을 대상으로 조사한 바에 의하면, 부모들이 자녀의 청력손상을 의심하게 된 월령은 17개월이었고, 확진을 받은 것은 평균 22개월 때였다(Meadow-Orlans et al., 1997). 이 연구에 의하면 난청 아동들의 반은 2.5세 때까지 진단을 받지 않은 것으로 나타났다.

모든 유아들은 옹알이를 하고 미소를 짓는다. 점차 나이가 들면서 농아동들은 자신의 옹알이나 부모들의 말을 듣지 못하기 때문에 옹알이와 음성화를 중단하고 침묵의 시간이 길어지지만 한동안 알아차리지 못할 수 있다. 정상 청력을 지닌 아동들이 일반적으로 보이는 청력행위는 표 6.1과 같다. 이러한 반응을 보이지 않는 유아는 청력손실을 지닐 수 있기 때문에 청력검사를 받아볼 필요가 있다.

표 6.1 예상되는 청력행위

연령	청력행위
1개월	• 큰 소음에 놀람 • 그르렁거리는 소리 내기 시작함 • 음성에 반응함
3개월	• 옹알이하기 • 목소리에 고개 돌리기 • 점점 가까워지는 낯익은 목소리에 조용히 하기 • 옆에서 큰 소리가 나면 잠에서 깸
6개월	• 혼자서 음성 소리를 냄, 음성 놀이에 열중함 • 이름을 부르거나 말하는 사람이 보이지 않으면 고개를 돌림 • 직접적으로 말할 때 목소리를 냄 • 소리를 모방함
9개월	• 즐거운 목소리와 화난 목소리에 다르게 반응하기 • 다른 사람의 말소리를 따라하려고 노력함 • 억양이 있는 옹알이
12개월	• 고개를 돌려 소리 나는 곳을 찾기 • 부모의 목소리가 들리면 활동 중단하기 • 자신의 이름에 반응하기 • '마마', '다다' 같은 한 단어를 정확히 사용하기 • 정서를 음성화하기 • 자발적으로 웃기 • 잘 때 가까운 곳에서 나는 소음에 동요하기 • 소리와 단어 모방하기 • 익숙한 단어와 구를 이해하기 • 음악과 노래에 반응하기 • 옹알이의 유형과 양이 증가함
18개월	• 이름을 부르면 다가옴. '아니' '안 돼'에 반응함 • 간단한 지시를 따름 • '마마', '다다'에 이어 4~10단어 사용함
24개월	• 50단어 이상의 어휘력을 지님 • 두 단어를 함께 사용함 • 간단한 지시를 따름 • 음악의 리듬에 반응함 • 특정 목적에 맞게 목소리를 사용함 • 일상생활에서 사용되는 여러 가지 구를 이해함 • 소리가 나는 물건을 가지고 놂 • 굴절이 많은 음성화 사용함 • 자기 이름을 말함 • 그림이나 사물 이름 말하기

* 자료출처: American Speech-Language Hearing Association (2007), Northern & Downs (2002).

■ **순음청력검사**

순음청력검사는 나이든 아동과 성인들을 대상으로 청력을 측정하는 절차이다. 두 가지 방법이 있는데, 상승법과 하강법이다. 상승법은 100Hz에서 시작하여 고주파수로 가서 검사를 하고 다시 100Hz를 검사하고 낮은 주파수로 내려가는 방법이고, 하강법은 그 반대의 절차를 거친다. 대부분의 순음청력검사는 0에서 120dB까지 5dB 단위로 증가시켜가며 각 데시벨을 다양한 주파수로 제시한다. 보통 125Hz에서 시작하여 한 옥타브 간격(주파수를 배가하기)으로 8000Hz까지 높여간다.

아동은 청력도 상의 청력 수준으로 기록되기 위해서는 검사를 받는 동안 적어도 제시된 소리의 50%를 찾을 수 있어야 한다. 예를 들어, 60dB의 청력 손실을 입은 아동은 적어도 60dB 크기로 제시된 소리를 찾을 수 없다. 이와 반대로 정상 청력을 지닌 아동은 0에서 10dB의 소리를 찾을 수 있다.

경도 청력손실(41~55dB, 사례 A)

- 면대면 대화를 어려움 없이 이해할 수 있음
- 학급에서 진행되는 토의 내용의 상당 부분을 놓침(특히 몇몇 아동들이 동시에 말을 하거나 말하는 사람을 정확히 보지 못할 경우)
- 일부 학급 동료들이 청력손실을 인식하지 못함
- 보청기를 착용하면 도움이 됨
- 말언어 병리학자로부터 가끔 말과 언어 지원을 받음

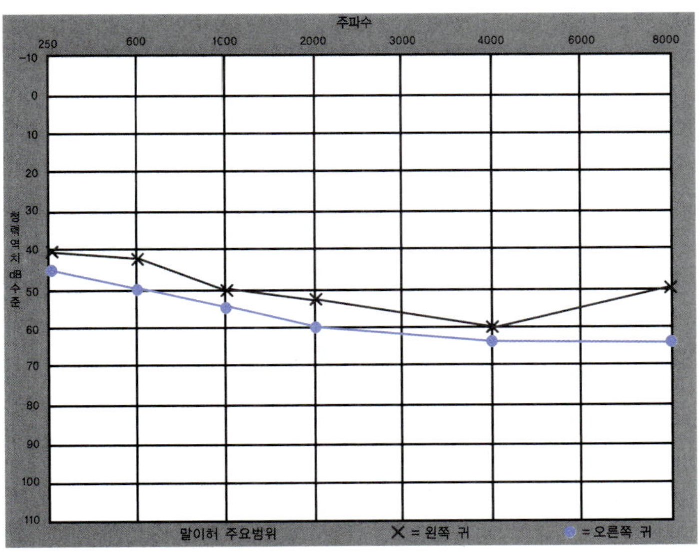

중등도 청력손실(56~70dB, 사례 B)

· 보청기를 착용하지 않으면 큰소리로 명확히 말할 때만 대화를 들을 수 있음
· 여성의 목소리보다 남성의 목소리를 잘 들을 수 있음(낮은 주파수에서 손실이 덜 두드러짐)
· 교사가 아동의 자리를 배려해 주지만 수업 중 토의내용을 대부분 따라가지 못함
· 손상을 입고 있지만 이해할 수 있는 말을 함
· 청력손실로 시간제 특수학급에 출석하고 나머지 시간은 일반학급에서 지냄

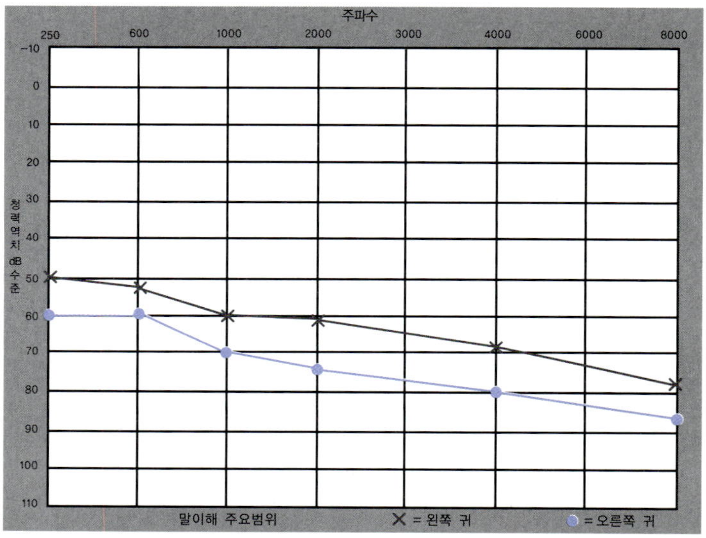

중도 청력손실(71~80dB, 사례 C)

· 1피트 이내에서 큰 소리로 말할 때만 목소리를 들을 수 있음
· 보청기를 착용하여 얼마나 도움을 받는지 명확하지 않음
· 대부분의 모음을 구별할 수 있지만 자음은 몇 개만 들을 수 있음
· 문을 쾅 닫는 소리, 진공청소기 소리, 머리 위를 날아가는 비행기 소리를 들을 수 있음
· 말과 사인으로 의사소통함
· 말하는 사람에게 항상 시각적으로 주의를 기울여야 함
· 특수학급과 일반학급에서 수업 받음

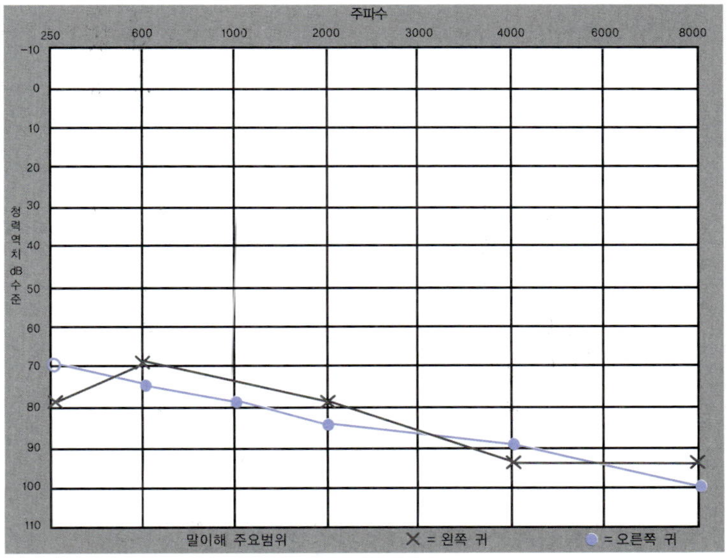

최중도 청력손실(91dB 이상, 사례 D)

- 말로 하는 대화를 전혀 듣지 못함
- 청각장애학교에 취학
- 수화를 제1언어로 의사소통을 함
- 이해할 수 있는 말을 하지 못함
- 보청기의 도움을 받아 화재경보, 베이스 드럼 소리 들음

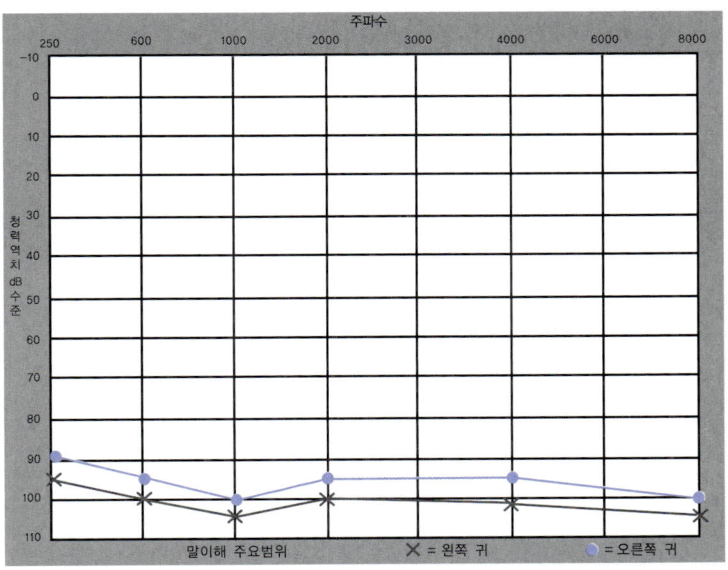

그림 6.4 순음청력검사 사례

■ 어음 청력검사

어음 청력검사는 사람 탐지 및 말 이해를 검사한다. 한 두 음절 단어의 목록을 각각 다른 데시벨로 제시한다. 개인이 단어의 반을 이해할 수 있는 수준을 말 이해 역치 speech reception threshold(SRT)라고 하는데 두 귀의 SRT를 측정한다. 아동이 주어진 양과 주파수에서 한 단어들을 50% 이해하면 대화의 말을 항상 따라갈 수 없다는 것을 의미한다 (Woolsey, 2001).

■ 대안적 청력 측정 기법

아동의 청력을 측정하는 대안적 방법으로는 놀이청력측정법, 조작적 조건화 청력 측정법, 행동관찰 청력측정법이 있다. **놀이청력측정법**은 아동이 신호음, 순음 또는 말을 들을 수 있을 경우, 아동에게 장난감 집어 들기, 공을 컵에 넣기 등 단순하지만 분명한 활동을 수행하도록 지도한다. **조작적 조건화 청력측정법**은 빛과 소리가 동시에 제시되는 레버를 밀면 토큰이나 캔디를 받는다. 다음은 빛이 제시되지 않고 소리만 제시된다. 아동이 소리만 듣고 레버를 밀면, 검사자는 아동이 그 소리를 들을 수 있다는 것을 알 수 있다. **행동관찰 청력측정법**은 아동이 소리에 반응하는 것을 관찰하는 수동적 절차이다. 반응(고개 돌리기, 놀이 중단)이 나올 때까지 계속 소리의 강도를 높여가면서 반응을 신뢰할 수 있게 관찰한다.

7. 청각장애를 지닌 학생의 교육적 지원과 중재

청각장애를 지닌 아동들은 학습면에서 건청 아동들과 공통점이 많지만, 가장 문제가 되는 점은 건청 교사나 건청 또래 학생들과의 의사소통으로서 본인은 물론 이들을 지도하는 교사들에게도 크나큰 도전이 되고 있다.

■ 조기교육

청각장애를 지닌 영유아의 조기중재는 매우 중요하다. 조기중재 프로그램은 아동의 발달을 촉진시켜주고 부모의 스트레스를 감소시켜준다. 청각장애를 지닌 아동들은 언어발달에 문제가 있고, 초기 아동기는 언어발달의 결정적 시기이므로 청각장애 분야에서 언어발달의 조기중재에 관한 논란이 많이 일어난 것은 당연한 일이다.

농부모를 지닌 농아동들이 건청 부모를 가진 농아동들보다 언어발달이 더 잘 될 수 있다. 예를 들면, 농부모를 둔 농아동들은 건청 부모를 둔 건청 아동들의 언어발달 비율과 비슷한 수준으로 수화를 발달한다. 이러한 현상은 건청 부모와 농유아 사이에서보다 농부모와 농유아 사이에 보다 촉진적이고 자연스런 상호작용이 꾸준히 이루어지기 때문이다.

농유아의 91% 이상이 건청 부모를 두고 있다(한국보건사회연구원, 2006)는 사실은 농유아 중재의 중요성을 말해준다. 많은 권위자들은 아동과 부모가 모두 농을 지닌 가정보다는 농아동의 건청 부모 가정의 조기교육을 더욱 강조하고 있다.

교육자들은 아동과 부모에게 수화의 기초를 가르치기 위한 취학 전 중재 프로젝트를 개발했다. 이러한 프로젝트는 아동과 부모에게 수화의 원리를 성공적으로 지도할 수 있었다. 아동이 수화로 1~2어문을 구사할 수준이 되면, 수화를 제1언어로 사용하는 모델이 필요하다. 스웨덴에서는 농성인이 건청 부모의 농자녀 조기중재에 모델이 되어주며, 부모들이 농자녀의 잠재력에 대해 긍정적인 관점과 태도를 갖도록 지원해주는 프로그램을 권장한다(Lane et al., 1996). 건청 부모들이 농자녀와 수화를 유창하게 하지 못할 경우라도 꾸준히 수화를 주고받는 것이 중요하다. 이러한 활동은 부모와 자녀의 의사소통을 가능하게 하고, 자녀에게 농문화에 대한 이해를 높여주므로 매우 중요하다.

■ 초 · 중등교육

의사소통 기술지도

청각장애를 지닌 학생들에게 의사소통 기술을 지도하는 방법은 청각적 접근, 구어적 접근, 수화적 접근, 총체적 의사소통 등 네 가지가 있다. 어느 접근 방법이 더 효과적인가에 대해서는 오랜 논쟁을 하고 있지만, 모든 청각장애를 지닌 학생들의 개별적 요구를 충족시켜 줄 수 있는 한 가지 방법은 없다.

청각적 접근은 구어적 의사소통 기술을 발달시키기 위해 소리를 확대시키고 잔존 청력을 이용할 것을 강조한다. 청각 채널은 난청의 정도나 유형에 관계없이 언어발달의 통로가 되고 있다. 청각적 접근법의 기본적인 원리는 다음과 같다(Auditory-Verbal International, 2000).

- 가급적 영유아기 동안에 선별 프로그램을 이용하여 청각손상 여부를 조기에 발견한다.
- 적절한 보청기의 선택, 수정 및 유지, 인공와우 이식, 기타 감각보조기 등을 포함하여 의료적 및 청능학적 관리를 적극 촉진한다.
- 자녀의 농과 난청이 전 가족들에게 미치는 영향을 이해시키고, 부모와 보호자를 구어의 주요 듣기 모델이 될 수 있도록 안내, 상담 및 지원한다.
- 의사소통과 사회적 기술 발달에 듣기를 통합하도록 지원한다.
- 일대일 지도를 통한 아동의 청각-구어발달을 지원한다.
- 아동의 구어 명료도를 높일 수 있도록, 자신과 타인의 목소리를 점검하도록 돕는다.
- 자연스런 의사소통을 자극하기 위해 듣기, 언어, 말하기 및 인지발달 패턴을 이용한다.
- 진단적 중재와 필요에 따라 프로그램을 수정하며, 지속적으로 사정하고 평가한다.
- 청각장애를 지닌 학생들의 통합교육을 촉진시키기 위한 지원서비스를 제공한다.

청각적 접근법은 잔존청력을 사용하기 위해 보청기, 음향학적으로 조율된 귀 모양, FM 단자 등과 같은 다양한 전자음향 장치를 이용한다.

구어적 접근법. 구어적 접근법은 구어를 발달시키기 위해 소리의 확대와 잔존청력의 이용을 강조한다. 이 접근법은 청력 세계에서 기능하려는 난청을 지닌 사람들의 요구에 중점을 두기 때문에 말을 하고 듣는 것을 조장한다. 교사는 전자 음향확대기와 더불어 스피치 리딩, 읽기와 쓰기, 운동촉각 스피치 리딩(개인의 표정을 느끼고 숨소리와 목소리 패턴을 재생) 등을 적용한다.

말읽기[85)]는 말하는 사람의 입술 모양, 얼굴 표정, 몸짓을 통해 그 사람의 말을 이해하는 과정이다. 이 기술은 습득하기가 매우 어렵고, 특히 일찍 농이 되어 말을 못하는 학생들에게는 특히 어렵다. 말읽기의 문제는 여러 소리들이 입술로 구분되지 않고,

85) speech reading 말하는 사람의 입술 움직임, 표정 및 몸짓을 보고 그 사람의 말을 이해하는 과정. 스피치리딩, 입술읽기, 순독 등으로 번역됨

상대방이 하는 모든 말에 주의를 집중해야 하며, 듣는 사람은 항상 말하는 사람의 입을 보아야 한다는 점이다.

시각적 파닉스visual phonics의 목적은 구어와 인쇄문 간의 소리-상징 관계를 명료하게 하는 데 있다. 시각적 파닉스는 건청 아동들에게 문자와 소리의 일치를 가르치는 음성체계의 파닉스와 달리 45가지 손의 모양과 **서기소**[86]로 구성된 시각체계이다. 이 기법은 수십 년 전에 개발되었지만 지금까지 주로 일화적 보고에 그치고 있다. 그러나 최근 이 접근법의 효과성에 관한 연구 결과들이 많아지고 있다(Trezek, Wang, Woods, Gampp, & Paul, 2007).

주요 국제기구는 농 및 난청 아동들에게 듣기와 말하기 능력을 발달시키는 데 주요 목적을 두고 있으며, 의사소통 기술을 지도하기 위해 청각적 및 구어적 접근법을 강제할 만한 근거를 다음과 같이 들고 있다(Auditory-Verbal International, 2000).

- 다수의 난청 아동들은 유용한 잔존청력을 지니고 있다.
- 일부 난청아동들은 적절한 도움을 받으면 말의 스펙트럼을 인식할 수 있다.
- 아동이 일단 확성기를 이용하여 아동의 잔존청력에 접근하게 되면, 청각적 양식을 통해서 자연스런 방법으로 언어를 발달시킬 기회를 갖게 될 것이다.
- 아동이 신경학적 및 언어발달의 결정적 시기에 혜택을 입기 위해서 가능한 한 조기에 적절한 확성기와 의료공학이 지원되고 청력자극이 제공되어야 한다.
- 아동이 언어학습의 결정적 시기에 청력을 활용하지 못하면, 생리학적 및 심리적 원인 때문에 청각적 입력을 의미 있게 활용하는 능력이 약화된다.
- 정상 언어발달에 관한 현재의 정보는 청각적-구어적 접근법 구조의 기본 틀과 정당성을 제공해 준다.
- 정보의 청각적 입력을 통해 구어가 발달되므로 읽기 기술 역시 발달시킬 수 있다.
- 청각-구어 프로그램에 참여하는 부모는 수화나 큐드스피치를 배울 필요가 없다.
- 건청 부모의 90% 이상이 유치원 수준 이상의 수화를 배우지 않는다.

수화 접근법은 청각장애를 지닌 아동들에게 의사소통 기술을 지도할 때 사인을 이용할 것을 강조한다. 수화 접근법의 기본 가정은 청각장애를 지닌 아동들이 구어를

86) grapheme 어떤 언어의 서기체계(書記體系)의 최소 단위, 영어 알파벳의 각 문자 따위

발달시킬 수 없으므로 다른 형태의 의사소통 수단을 갖추어야 한다고 본다. 수화법은 수화와 사인체계의 두 범주로 나누어진다. 수화는 철자를 이용하기 보다는 통글자와 완전한 사고를 주고받는다. 수화에서 사용되는 사인은 하나의 단어라기보다는 개념을 나타낸다. 일부 농인 옹호자들은 수화가 그들의 자연언어이므로 학교에서 수화를 사용하는 것을 적극 권장한다.

지화는 손의 모양을 활용하여 구어와 동일한 시각적 언어를 만들어 내려고 시도한다는 점에서 수화와 다르다. 지문자는 손가락으로 자음과 모음의 모양을 구성하고 이를 활용하여 글자를 만들어 의사를 소통한다. 지문자는 수화를 보충하는 수단으로 이용되고 있다.

그림 6.5 지문자

* 자료출처: 국립국어원 · 한국농아인협회(2008). 한국수화 Ⅰ. 서울; 애드피아

청각장애를 지닌 학생들에게 학습을 지도할 때 수화를 이용할 것인가, 아니면 국어를 지도할 것인가에 대해서 논쟁이 지속되고 있다. 수화나 국어가 학습을 지도하기 위한 주요 수단이 되어야 하는가? 이중문화-이중언어를 지지하는 사람들의 논리를 따르면, 수화는 제1언어이고, 국어는 제2언어가 된다. 수화는 주요 언어로서 국어 학습의 토대가 된다. 수화를 제1언어로 보는 이론적 근거는 농문화에서 찾고 있다. 즉, 농학생들은 학업 내용을 그들의 문화권 언어, 자연언어로 학습해야 하고 그들의 주요 언어는 시각적 언어이지 구어가 아니다. 농학생은 이중언어를 사용하는 학생이지 장애를 지닌 학생이 아니다. 언어배경이 다른 학생들에게 이중언어 교육을 하는 것이 옳다면 수화를 먼저 지도할 것인가, 국어를 먼저 지도할 것인가, 아니면 두 언어를 동시에 지도할 것인가에 대한 논란이 일어날 수 있다. 한편에서는 농아동들이 먼저 자연언어, 즉 수화에 익숙해지도록 노출시키는 것이 중요하다고 강조하고 있다. 다른 입장을 지닌 전문가들은 가능한 한 조기에 수화와 국어를 동시에 접할 수 있게 해야 한다고 주장한다. 어느 방법이 더 효과적인지에 대한 연구는 거의 없는 실정이다.

토탈커뮤니케이션은 동시에 여러 가지를 활용하는 복합적인 방법이다. 초기의 복합적인 방법론은 부정확했다. 즉 수화를 포함하여 의사소통을 지도할 수 있는 방법은 무엇이든 이용되었다. 토탈커뮤니케이션의 개념은 구어법을 실패할 때나 결정적인 학습 시기를 오래전에 지난 경우에만 이용되는 것이 아니란 점에서 초기의 복합적인 방법과는 다르다. 사실 토탈커뮤니케이션은 하나의 의사소통 체계가 아니라 철학으로서 사인과 말을 동시에 사용함으로써 개인이 동시에 두 체계를 보다 효과적으로 잘 이해하고 사용할 수 있게 될 수 있다는 입장이다.

큐드스피치cued speech는 토탈커뮤니케이션을 돕기 위해 사용될 수 있지만 이 접근의 필요조건은 아니다. 큐드스피치는 영어의 45개 음소를 수신호 형태, 즉 시각적으로 구어를 제시하여 구어적 의사소통을 보충한다. 큐드스피치는 말 읽기로 구분하기 어려운 말의 음절 및 음소 특징을 식별할 수 있도록 도와준다. 8가지 손 모양으로 자음을 나타내고 턱 주변의 네 가지 위치로 모음을 구별한다. 큐드스피치의 수신호는 말과 함께 사용되어야 하고, 지문자만 사용해도 안 되며, 단독으로 사용하면 읽을 수 없다. 일부 연구에 의하면 큐드스피치를 배운 청각장애를 지닌 학생들의 읽기와 철자법 수준은 건청 아동과 비교할 만큼 높았다(Hage & Leybaert, 2006).

■ 보조공학

보청기나 인공와우 외에도 캡션 TV, 인터넷, 컴퓨터 및 기타 장거리 의사소통 기기의 개발로 청각장애를 지닌 사람들의 교육 및 여가 기회가 급속히 확대되고 있다.

보청기는 증폭기로써 소리를 크게 확대시켜준다. 초기에는 모든 소리를 무분별하게 확대시켜 감각신경성 청력손실 아동들에게 비효과적이었으나, 최근 선택된 주파수를 차별적으로 증폭시키고, 각 아동의 청력손실 정도에 따라 맞춤식으로 제공된다. 보청기 모양, 크기 및 파워가 다양하지만 주요 기능은 소리를 채집하여 에너지를 확대시키고 확대된 소리를 사용자의 중이에 전달하는 것이다. 보청기는 마이크, 증폭기, 음량과 음질을 조정하는 조절기로 이루어진 소형의 보급형이 제공되고 있다. 1987년 디지털 보청기가 개발되었는데 너무 크고 배터리 사용기간이 너무 짧은 문제를 지니고 있었으나, 최근 소리 처리과정과 소음감소 등 기능을 향상시키고 있다(Bicketts, 2007).

아동들은 나이가 어릴수록 보청기에 익숙해지기 쉽고, 소리를 이용한 의사소통과 인식을 보다 효과적으로 학습할 수 있다. 보청기의 효과를 극대화하기 위해서는 하루 종일 보청기를 착용해야 하며, 교실 밖에서 제거하거나 끄면 잔존청력이 개발되지 않는다(Heward, 2009).

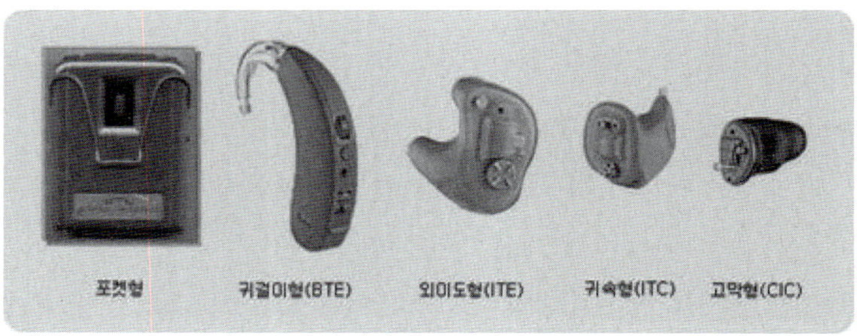

그림 6.6 보청기의 유형

* 자료출처: http://dongsanear.co.kr/sub04.php

농 및 난청아동들은 구어를 듣고 이해하기 위해 교실의 좋은 음향 상태에 특별히 의존하게 된다. 보청기는 소음이 나고 소리가 울려 퍼지는 교실에서는 그 효과가 최소화된다. 학생이 증폭기기와 잔존청력의 이점을 극대화할 수 있는 소음신호율signal-to-noise ratio(SNR)이 적어도 +15dB이다(ASHA, 1995). 모든 학생들에게 바람직한 +15dB SNR에 이르기 위해서는 모든 화자들의 목소리가 환경소음 수준인 35dB 이하여야 한다.

집단 보청기group assistive listening devices는 학급 내의 거리, 소음, 울림음에 의한 문제를 해결할 수 있다. 대부분의 시스템은 교사와 청각장애를 지닌 학생과 무선망이 연결되어 있어 교사는 소형 마이크를 착용하고, 학생은 각각 리시버를 착용한다. 이 기기는 FM 주파수를 채택하므로 선이 필요 없기 때문에 교사와 학생의 거리가 문제되지 않는다.

인공와우 이식cochlear implant은 소리를 귀에 전달하는 보청기와 달리, 손상된 체모세포를 우회하여 청신경을 직접적으로 자극한다. 임플란트는 외과적으로 귀의 뒷부분 피하에 이식된다. 임플란트는 환경으로부터 소리를 집적하는 외부 마이크, 마이크로 집적된 소리를 선택하고 정리하는 스피치 외부 프로세서, 송신기, 스피치 프로세서로부터 신호를 받아서 전기자극으로 전환시키는 리시버 등 네 부분으로 구성되어 있다. 전극은 리시버로부터 자극을 수집하여 청신경을 거쳐 직접적으로 뇌에 보낸다.

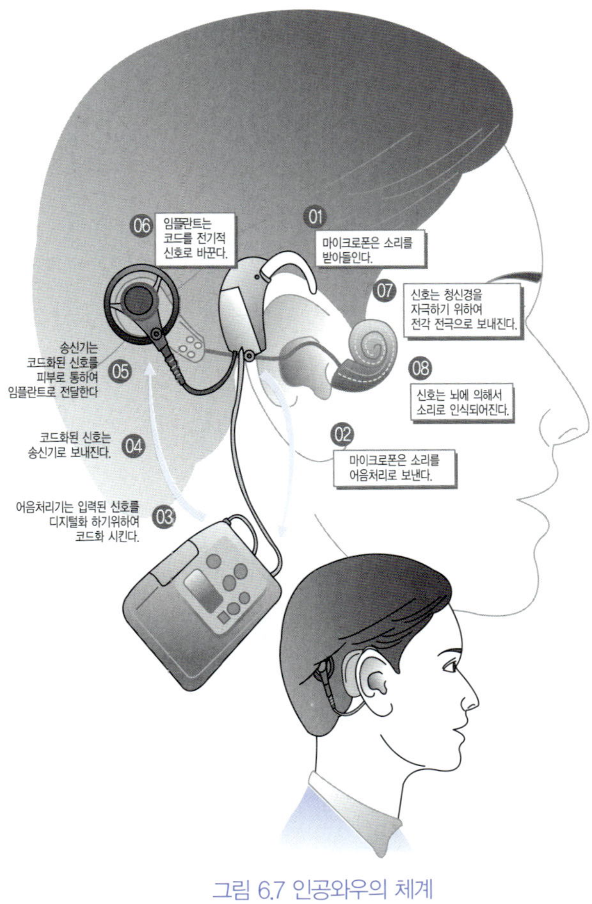

그림 6.7 인공와우의 체계

* 자료출처: http://dongsanear.co.kr/sub05.php

인공와우 이식 후 집중적인 훈련을 받으면 어린 아동들이 말, 언어, 발달적 및 사회적 기술을 습득하는 데 도움을 줄 수 있다. 초기의 연구들을 보면 임플란트 이식 후 말의 지각, 말의 생성, 언어기술 등의 면에서 시술을 하지 않은 또래들에 비해 유의하게 향상된 것으로 보고하고 있다(Edwards, 2007). 인공와우 이식의 최적 연령이 알려지지 않고 있으나, 일찍 이식할수록 성과가 좋은 것 같다.

그러나 인공와우 이식을 둘러싸고 상당한 논쟁이 벌어지고 있다. 농사회의 일부 구성원들은 인공와우 이식을 적극 반대하고, 농문화의 대량학살로 여기고 있다(Hyde & Power, 2007). 이런 주장을 하는 사람들은 농문화가 결함이 아니라 사회의 또 다른 문화집단으로 여기며 이를 존중해 주어야 한다는 입장이다.

자막 및 소개정보 제공 보조공학 기기

미국의 경우 1980년대 이후 자막 프로그램이 꾸준히 성장해서 1993년에는 미국의 대부분의 방송사들이 주요 방송 시간에 방영되는 뉴스 및 아동방송에 자막 기능을 100% 제공하였다. 2006년까지는 모든 TV프로그램에 자막 프로그램을 운용하도록 함으로써 난청을 지닌 사람뿐만 아니라 영어가 서툰 이민자나 소수 민족들이 자유롭게 이용할 수 있을 정도로 보편화되었다. DVD의 경우 세계 시장을 겨냥하여 여러 언어의 자막 기능을 추가하고 있다. 국내에서도 자막 수신기를 보급하여 주요 지상파 방송사에서 송출하는 폐쇄자막방송을 TV화면에 출력시켜 주며, 자막속도 제어기능, 자막 줄 늘림 및 줄임 기능을 할 수 있어 청각장애를 지닌 사람들이 활용할 수 있다.

소리로 정보를 제공하는 보조공학기기는 전맹인 시각장애인이 이용할 수 있는 기기로서 내장된 고화질 카메라로 문자를 판독하고 판독한 문자를 소리로 읽어 준다(예, '책마루 2'). 그 외에도 휴대용 의사소통 보조공학기기는 활용 범위와 사용의 편의성을 향상시켜 상징과 단어를 이용하여 자유로운 의사소통을 지원한다.

컴퓨터와 인터넷

퍼스널 컴퓨터는 청각장애를 지닌 사람들이 정보에 접근하는 데 매우 유용한 기기이다. 컴퓨터는 어떤 주제를 놓고 상호작용할 수 있기 때문에 강력한 동기유발체가 된다. 대부분의 사람들은 컴퓨터의 이러한 속성 때문에 쉽게 접근하고 빠져들게 된다. 더욱이 컴퓨터 보조 학습은 학생들이 어디서든, 능력 수준에 따라 독자적으로 활동할 수 있기 때문에 개별화할 수 있는 강점을 지니고 있다.

컴퓨터는 기초 수화, 말하기, 듣기, 읽기, 쓰기 등 기초 학습 분야는 물론 전문적인 교과 영역에 이르기까지 다양한 학습 기회를 제공해 준다. 언어를 지도하면서 조음하는 모습을 보여주는 소프트웨어도 개발되어 활용되고 있으며, 또한 혁신적인 내용은 바이보이스이다. 이 장치는 음성을 자동으로 텍스트로 변환하여 출력시켜 주므로 청각장애를 지닌 사람이 수강하는 교육장에서 교사가 음성으로 말하면 수강생은 컴퓨터를 이용해 텍스트를 볼 수 있다.

전화기

골도전화기는 골도를 진동하여 고막을 통하지 않고 소리를 청신경으로 전달하는 헤드셋으로서 청각장애를 지닌 사람 및 난청자에게 효과적이며 장시간 사용에 따른 청력 저하나 난청을 방지할 수 있다. 골도 전화기는 골도 헤드셋, 리모콘(마이크 포함), 본체(amplifier, FM Tuner, 외부기기 연결 잭), 어댑터, 외부연결케이블, 핸드 스트립 등으로 구성되어 있다. **노트폰**은 수기로 상대와 통화할 수 있는 전화기이다. **전화 확성기**는 휴대용으로 가지고 다니면 모든 일반 전화기의 수신기에 끼워서 사용할 수 있다. **텔레포시**는 청각장애를 지닌 사람들끼리 수화로 통화할 수 있는 영상전화기이다. 참소리 MSE-120은 기도청각(고막)과 골도청각(골도) 모두를 이용하여 소리를 들을 수 있다. 음파와 진동으로 변환시켜 출력하는 보청기로서 전음계장애(외이, 고막, 중이)를 가진 청각장애를 지닌 사람과 후천 청각장애, 난청학생의 학습기로 유용하다.

8. 청각장애를 지닌 학생의 전환교육

고용과 실업 문제는 청각장애를 지닌 사람들에게는 매우 중요하다. 근래에 들어, 장애학생들의 대학진학률이 높아지고, 다양한 직업의 세계가 개발되고 있기는 하지만 수요자의 증가와 그들의 요구를 충족시켜 줄 직업의 세계는 급속히 열리지 않고 있다. 초창기에는 전환교육 문제보다 교육권 보장 자체가 중요한 과제였으나, 특수교육의 체제가 확립되어감에 따라 청각장애를 포함한 장애인들의 중등 이후의 삶이 중요한 이슈가 되고 있다.

청각장애 학교의 고등학교 과정에 전공과가 개설되어 있지만, 실제로 지역사회의 직업 시장의 요구에 부응할 수 있는 직업훈련 프로그램이 다양하게 제공되기 어려운 상황이다. 학교는 인력이나 프로그램을 개발하여 적용하는 과정에 유연하게 접근하는 데 한계가 있을 수밖에 없기 때문에 지역사회 복지시설과 복지관 등을 이용하여 직업훈련을 계속할 수 있도록 전환시킬 필요가 있다. 청각장애를 지닌 사람들의 복지시설인 청음회관의 경우 직업훈련(직업적응훈련, 직업탐색 프로그램), 취업 알선(취업 알선, 작업 활동 프로그램, 지원고용, 재택고용), 사후관리(근로자 위안행사 및 신규 업체 개발) 등의 체계적인 프로그램을 이용하여 접근하고 있다.

청각장애를 지닌 사람의 직업교육과 전환교육은 일련의 과정으로 인식하고, 각 단계를 거쳐 고용에 이르고 나아가 사후관리와 지원이 이루어져 장기적으로 직장생활을 할 수 있도록 도와주는 것이 중요하다. 특히 청각장애를 지닌 사람들의 잦은 이직률을 감안할 때 단기적이고 일시적인 직업훈련은 전환의 안정성을 위협하는 요소가 될 수 있다. 뿐만 아니라 청각장애를 지닌 사람들을 위한 직업 시장을 개척하기 위한 노력도 꾸준히 이루어져야 한다. 사업자들에게 장애인의 이해를 돕고, 국가의 지원 체제를 정확히 홍보함으로써 자발적인 고용 분위기를 조성하고 확대시켜가는 일도 중요하다.

9. 청각장애를 지닌 학생의 통합교육을 위한 팁

■ 유아기

가족을 위한 팁

- 청각장애와 그 가족을 지원하는 기관과 시민단체에 관한 정보를 확보하기
- 청각장애를 지닌 영유아와 관련된 복지관, 병원, 학교 등과 꾸준히 접촉하기
- 자녀 조기 통합교육에 관심을 가지고 적극 참여하기(보육원, 어린이집, 놀이방 등)
- 자녀의 의사소통 능력 발달에 관심을 가지고 전문가와 상의하기
- 자극이나 물체, 사람 등에 대해 동시에 시각적이고 구어적인 방법으로 이름을 말해주기

유치원교사를 위한 팁

- 가능한 한 조기에 교실에서 수용 및 표현 의사소통 형태를 발달시키는 데 초점을 맞추기
- 청각장애를 지닌 아동들에게 단어란 추상적이고, 여러 가지 의미를 지니며, 관용적 표현의 일부임을 이해하도록 돕기
- 건청 아동들과 청각장애를 지닌 아동들이 상호작용 하도록 돕기
- 청각장애를 지닌 아동들이 사용할 음향기기(예; 보청기)와 친밀해지기

유아교육 관련 인사를 위한 팁

- 교사 및 관련 인사들이 협력하여 조기 통합교육을 성공적으로 수행하기
- 가족과 긴밀히 관계를 유지하며, 학교의 정보를 적절히 알려주고, 학교 사회의 구성원으로서 적극 활동에 참여하도록 지원하기

이웃과 친구를 위한 팁

- 청각장애를 지닌 아동의 부모는 이웃의 건청 아동과 자녀가 상호작용할 기회를 적극적으로 찾고, 그런 분위기를 조장하기
- 청각장애를 지닌 아동의 장애보다 능력에 초점을 맞추기, 청각장애를 지닌 아동의 의사소통 능력과 방법을 이해하기, 수화를 배워서 청각장애를 지닌 아동과 수화로 의사소통하기

■ 초등학령기

가족을 위한 팁

- 청각장애를 지닌 아동의 부모로서의 권리 이해하기
- 부모로서 여러 가지 학교 활동에 참여하기
- 청각장애를 지닌 자녀가 학교에서 건청 아동들과 상호작용할 수 있는 기회를 극대화시킬 수 있는 교내 및 방과 후 활동을 찾아보기
- 자녀의 의료적 문제를 학교 인사들에게 알려주고, 음향기기를 사용할 경우 교사들이 도와 줄 일을 말해주기

일반교사를 위한 팁

- 학교 일정을 칠판에 제시하여 청각장애를 지닌 아동이 항상 볼 수 있도록 하기
- 청각장애를 지닌 아동들은 단어를 이용하여 완전한 문장으로 표현하는 방법을 모를 때가 많다는 사실을 명심하기, 완전한 문장으로 표현하는 훈련을 통해서 표현 방법을 익히도록 돕기
- 청각장애를 지닌 아동이 교실내의 모든 아동들을 볼 수 있게 하고, 옆 짝에게 학급에서 무슨 일이 일어나고 있는지를 알려주는 도우미 역할 맡기기
- 강의 시에는 가급적 교사의 곁에 청각장애를 지닌 아동을 앉히기
- 청각장애를 지닌 아동이 학습의 격차를 보이더라도 실망하는 표정을 짓지 않기
- 항상 무슨 일이 일어나는지를 청각장애를 지닌 아동에게 알려주기
- 청각장애를 지닌 아동들에게 간결하고 정확한 지시를 하고, 그것을 반복하게 하여 인지하고 있는지를 확인하기
- 수업에 이용하는 영화나 비디오의 스크립트를 작성하여 주고 읽히기
- 통역자를 이용할 경우 명심할 사항;
  - 통역자는 연초부터 이용하고, 그에게 역할을 인지시키기
  - 통역자에게 말을 하는 것이 아니라, 항상 학생에게 직접 말하기
  - 정확한 통역이 되도록 말의 속도를 조절하기
  - 강의나 설명을 할 때는 항상 학생들을 보고 하기(필기를 할 경우에는 필기를 한 후 돌아서서 학생들을 보고 설명하기)
  - 청각장애를 지닌 아동들을 학급 활동에 참여시키고, 질문에 대답을 할 때 격려하기

학교 직원을 위한 팁

- 아동들과 학교 자원을 통합시키기. 청각장애를 지닌 아동들의 요구를 충족시켜 주기 위해 일반교사들을 관련 인사나 전문가들과 접촉하도록 돕기
  - 청능훈련가: 긴밀한 관계를 유지하며 학생의 청력과 음향기기에 관하여 전문적인 조언을 듣기
  - 특수교사: 효과적인 의사소통 기술에서 행동문제에 이르기까지 다양한 교육활동에 대한 상담 및 조언을 듣기

– 언어재활사: 청각장애를 지닌 많은 아동들은 학교 상황에서 말하기 능력을 발달시키고 적응해야 하므로 전문적인 언어치료를 필요로 함

- 청각장애를 지닌 아동의 독립성을 끌어내도록 활동하기. 동료들의 지원이 도움이 되지만 궁극적으로는 스스로 할 수 있어야 하므로 항상 독립적인 활동 능력을 길러주도록 노력하기

이웃과 친구를 위한 팁

- 청각장애를 지닌 아동과 건청 아동의 가족을 도와 친구로 지낼 수 있도록 하기
- 이웃 활동에 청각장애를 지닌 아동과 건청 아동을 포함시킬 활동 찾기

■ 중등학령기

가족을 위한 팁

- 청각장애를 지닌 자녀가 중·고등학교에 재학 중일 때 국가 및 지역사회의 성인 서비스에 친숙해지기(졸업하기 전에 장애인 고용촉진공단, 복지관 등의 프로그램 알아보기)
- 학교 밖에서 건청 또래들과 함께 할 수 있는 활동 찾아보기
- 예체능 분야의 특기 교육을 시키고 졸업 후 활동 단체에 가입하여 활동하도록 유도하기

일반교사를 위한 팁

- 특수교사와 청각장애를 지닌 아동을 위한 교수적합화 노력하기
- 청각장애를 지닌 아동의 요구를 인식하고 학급에서 지원 체제 개발하기(예; 노트 도우미)
- 새로운 개념을 제시할 때는 다이어그램, 시각적 제시 자료 등으로 이해를 높이기
- 청각장애를 지닌 학생들이 비정규 교육과정 활동에 참여하도록 지원하기
- 청각장애를 지닌 학생이 참여할 수 있는 기관이나 활동 찾아서 가입을 지원하기

학교 직원을 위한 팁

- 청각장애를 지닌 학생의 부모들이 학교 관련 활동에 적극 참여하도록 격려하기
- 학교 인사들이 보다 적극적이고 능동적으로 청각장애 부모들과 접촉하기

이웃, 친구, 예비 고용주를 위한 팁

- 교직원, 부모 등은 청각장애를 지닌 학생들이 지역사회 활동에 참여할 기회 만들기
- 지역사회 사업가들은 미래의 고용주로서 청각장애 고등학생들의 진로 상담 및 직업 재활 관련 자원봉사 및 상담 활동하기

요약

■ 정의

- 청각장애는 농과 난청을 포함하는 용어이다.
- 청각장애를 지닌 특수교육대상자란 청력 손실이 심하여 보청기를 착용해도 청각을 통한 의사소통이 불가능 또는 곤란한 상태이거나, 청력이 남아 있어도 보청기를 착용해야 청각을 통한 의사소통이 가능하여 청각에 의한 교육적 성취가 어려운 사람으로 규정하고 있다.

■ 분류

- 청력 손실은 선천성과 후천성으로 구분될 수 있고 언어를 중심으로 구분하면, 언어 전 손실과 언어 후 손실로 구분된다.
- 말초적 청력 손실은 전음성 난청, 감각신경성 난청, 복합성 난청 등 세 가지로 분류된다.
- 청력 역치 수준에 따라 경도, 중등도, 중도, 최중도로 분류된다.

■ 출현율

- 청각장애를 지닌 특수교육대상 학생의 출현율은 0.06%이고, 이는 전체 특수교육대상자의 2.21%에 해당된다.

원인

- 유전적 요인, 출생 전 질병요인, 출생 후 질병요인, 출생 후 환경요인 등이 있다.
- 청각장애를 일으키는 출산 전 질병으로는 풍진, 사이토메갈로 바이러스, 주혈원충병 등이 있고, 출산 후 질병으로는 홍역, 유행성 이하선염(볼거리), 유행성 감기, 장티푸스성 열, 성홍열 등이 있다.

특성

- 청각장애를 지닌 사람들의 지능 발달은 인지발달보다 언어발달에 더 기능적이다.
- 구어와 말하기는 청각장애를 지닌 아동들, 특히 농으로 태어난 아동들에게 가장 심한 영향을 받는 발달 영역으로서 이들은 건청 아동들에 비해 말하기 발달 속도가 더 느리고, 정서적 곤란을 겪거나 또래와 가족들로부터 고립되는 등 심한 위기상태에 놓이게 된다.
- 농아동들은 조음, 음성 자질, 음조 변별 등에 심각한 문제를 나타내지만 비장애 아동들과 거의 같은 구어발달의 이정표를 보인다.

진단평가와 사정

- 청력검사에는 순음청력검사와 어음청력검사가 있다.
- 아동의 청력을 측정하는 대안적 방법으로는 놀이 청력측정법, 조작적 조건화 청력측정법, 행동관찰 청력측정법이 있다.

교육적 지원과 중재

- 청각장애를 지닌 학생들에게 의사소통 기술을 지도하는 방법은 청각적 접근, 구어적 접근, 수화적 접근, 총체적 의사소통 등 네 가지가 있다.
- 청각적 접근법은 잔존청력을 사용하기 위해 양귀 보청기, 음향학적으로 조율된 귀 모양, FM 단자 등과 같은 다양한 전자음향 장치를 이용한다.
- 구어적 접근법은 구어를 발달시키기 위해 소리의 확대와 잔존청력의 이용을 강조하며, 전자 음향확대기와 더불어 스피치 리딩, 읽기와 쓰기, 운동촉각 스피치 리딩 등을 적용한다.

- 토털커뮤니케이션은 청각장애를 지닌 아동들에게 의사소통 기술을 지도하기 위해 구어적 접근법, 청각적 접근법, 수화 및 쓰기 등 모든 방법을 채택했다.

■ **전환교육**

- 청각장애를 지닌 사람의 직업교육과 전환교육은 일련의 과정으로 인식하고, 각 단계를 거쳐 고용에 이르고 나아가 사후관리와 지원이 이루어져 장기적으로 직장생활을 할 수 있도록 도와주는 것이 중요하다.

토의문제

1. 소리는 귀를 통해서 어떻게 전달되는가?
2. 농과 난청의 차이점을 설명하시오.
3. 왜 청력 손실의 시기와 해부학적 위치를 중요하게 고려해야 하는가?
4. 청각장애의 원인과 출현율에 대해 논의하시오.
5. 청각장애를 지닌 사람의 지능, 말하기, 언어기능, 성취, 사회적 발달에 대해 설명하시오.
6. 청각법, 수화법 및 토탈커뮤니케이션에 대한 여러분의 생각에 대해 논의하시오.
7. 청각장애 조기발견의 중요성에 대해 논의하시오.
8. 청각장애를 지닌 사람의 전환교육과 직업교육 방법과 프로그램에 대해 논의하시오.

Special Education

제7장
지적장애 및 발달지체를 지닌 특수교육대상 학생

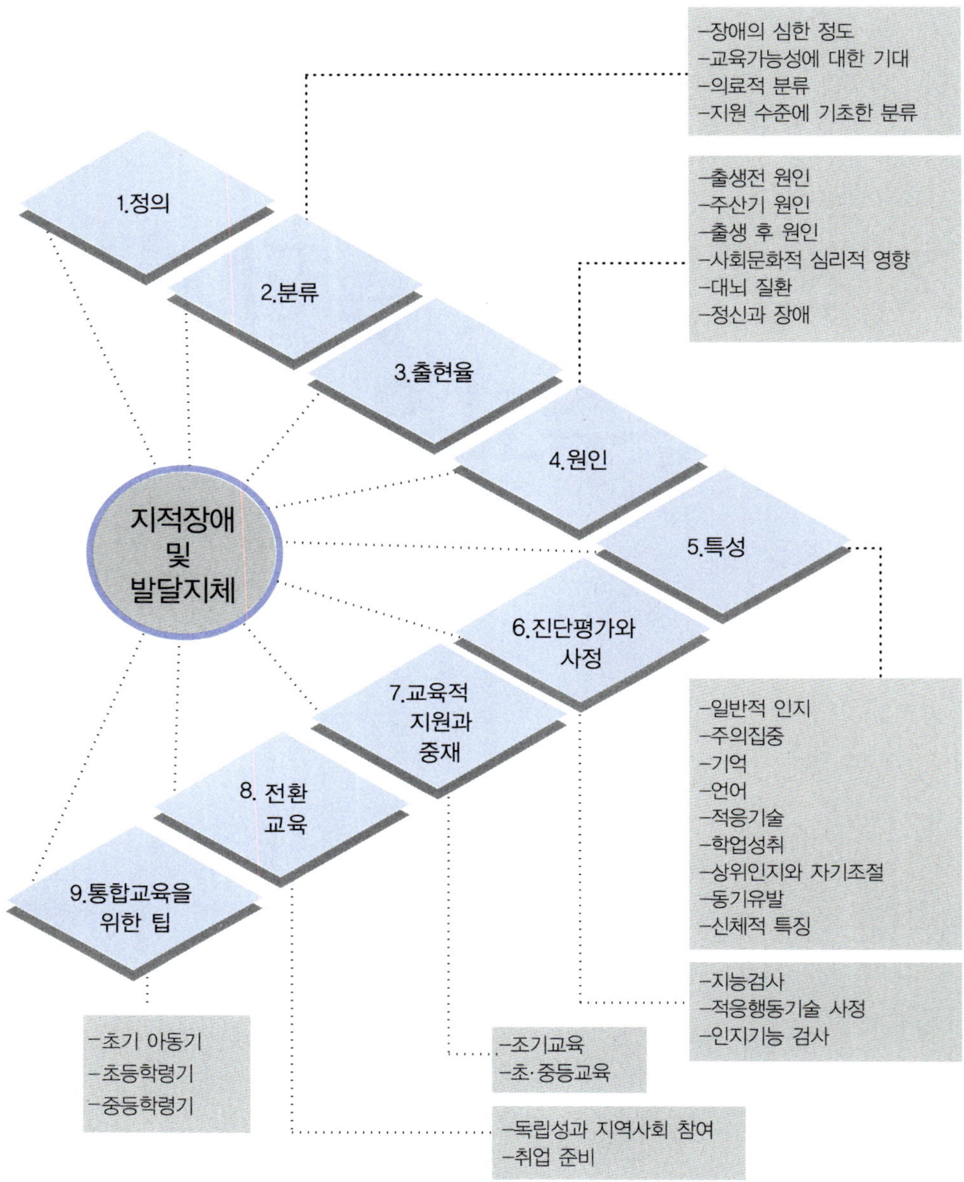
지적장애 및 발달지체
1.정의
2.분류
3.출현율
4.원인
5.특성
6.진단평가와 사정
7.교육적 지원과 중재
8. 전환 교육
9.통합교육을 위한 팁
–장애의 심한 정도
–교육가능성에 대한 기대
–의료적 분류
–지원 수준에 기초한 분류
–출생전 원인
–주산기 원인
–출생 후 원인
–사회문화적 심리적 영향
–대뇌 질환
–정신과 장애
–일반적 인지
–주의집중
–기억
–언어
–적응기술
–학업성취
–상위인지와 자기조절
–동기유발
–신체적 특징
–지능검사
–적응행동기술 사정
–인지기능 검사
–조기교육
–초·중등교육
–독립성과 지역사회 참여
–취업 준비
–초기 아동기
–초등학령기
–중등학령기

| 제7장 |

지적장애 및 발달지체를 지닌 특수교육대상 학생

지적장애를 지닌 아동들은 여러 생활 상황에 적절히 적응할 수 있지만, 그들이 지닌 제한된 지적 및 적응 능력으로 모든 분야에서 일반아동들과 동일한 비율로 진전을 보일 수는 없다. 일반적으로 사회 경제적 실조 아동들 중에서 경도 지적장애가 많이 발생된다는 점이 지적되고 있다. 일부 지적장애의 경우는 사회에서 제한된 수행성을 나타내는 것으로 보아 사회 내의 사회학적 현상으로 개념화될 수도 있다. 학자에 따라 한 단계 더 나아가 지적장애 정의에 사회정치적 개념을 포함시키기도 한다.

장애인에 대한 태도나 관점은 변하게 마련이고, 장애를 지칭하는 용어들이 점점 순화되는 과정을 거치고 있으며, 이러한 맥락에서 '정신지체' 는 '지적장애' 로 대체되었다.

1. 지적장애와 발달지체의 정의

지적장애의 정의는 계속 바뀌어 왔다. 2002년에 지원의 개념이 추가되었으며, 적응기술 영역은 미국정신지체협회 AAMR의 1992년 정의에서 강조했던 내용이고, 초기에는 지적장애의 수준이 정의의 주요 요소였다.

국내에서는 정신박약이란 용어를 사용하다가 1994년 특수교육진흥법을 개정하면서 정신지체로 대체되었으며, 장애인복지법에서는 지적장애라는 용어를 사용하고 있다. 이 용어는 세계적인 추세로서 머지않아 특수교육에서도 채택할 것으로 보인다. 특수교육법(2007)에서는 지적장애를 지닌 특수교육대상자의 선정 기준을 "지적 기능과 적응행동상의 어려움이 함께 존재하여 교육적 성취에 어려움이 있는 사람" 으로 규정하고 있다. 한편, 발달지체를 보이는 특수교육대상자의 선정 기준은 "신체, 인지, 의사소통, 사회 · 정서, 적응행동 중 하나 이상의 발달이 또래에 비하여 현저하게 지체되어 특별한 교육적 조치가 필요한 영아 및 9세 미만의 아동" 으로 규정되어 있다.

한편 미국의 IDEA 2004는 지적장애의 정의를 "일반적 지적 기능이 유의하게 평균 이하이고, 동시에 적응행동에 결함을 보이며, 발달기 동안에 나타나 아동의 교육적 수행성에 역효과를 미친다."고 규정하고 있다. 이 정의에 의하면 지적장애 진단에는 세 가지 준거가 적용된다. 첫째로 지능이 유의하게 평균 이하여야 한다. 유의하다는 것은 표준화된 지능검사 결과 IQ지수가 -2표준편차(대략 IQ 70)이하를 의미한다. 둘째, 지적기능과 적응행동이 동시에 평균 이하여야 한다. 즉 지능만으로 지적장애를 판별하지 않는다. 셋째, 지적기능과 적응행동의 결함은 다른 장애와 구분하기 위해 발달기에 발생되어야 한다. 교육적 수행에 역효과를 미친다는 조건은 지적기능과 적응행동에 제약을 보이면 자동적으로 충족된다(그림 7.1 참조).

		지적 기능	
		낮음	높음
적응 행동	낮음	지적장애	지적장애 아님
	높음	지적장애 아님	지적장애 아님

그림 7.1 지적장애의 지적기능과 적응행동 조건

한편 미국 지적 및 발달장애 협회는 지금까지의 정의를 다소 수정하면서 지적장애란 "지적 기능과 더불어 개념적, 사회적 및 실제적 적응기술로 나타나는 적응행동 모두에 주목할 정도로 유의한 제한성을 보이는 장애이다. 이 장애는 18세 이전에 시작된다."고 규정하고 있다.

지적장애의 정의를 적용하는 데 중요한 본질적인 요소가 되는 다섯 가지 가정은 다음과 같다(Luckasson et al., 2002, p.1).

첫째, 현재 나타내는 기능의 제한성은 그의 나이 또래와 문화에 비추어 보편적인 지역사회 환경에서 고려되어야 한다. 둘째, 사정을 할 때 의사소통, 감각, 운동 및 행동 요인뿐만 아니라 문화적 및 언어적 다양성을 고려한다. 셋째, 개인은 흔히 제한성과 강점을 동시에 지니고 있다. 넷째, 제한성을 기술하는 목적은 필요한 지원 프로파일을 개발하기 위한 것이다. 다섯째, 지적장애를 지닌 사람들에게 장기간 동안 적절한 개별 지원을 제공하게 되면, 일반적으로 이들의 생활 기능이 향상될 것이다.

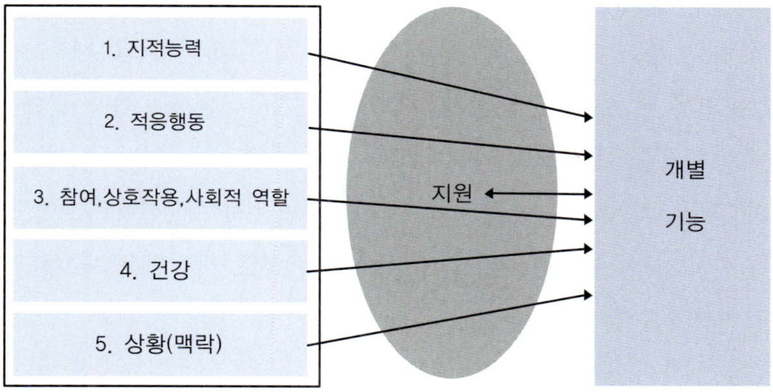

그림 7.2 지적장애의 개념적 정의의 본질적 요소가 되는 기본 가정

* 자료출처: Luckasson, R. A. (2002) *Mental retardation: Definition, classification, and systems of supports.*

이 가정은 그림 7.2에서 제시된 이론적 모델에 기초하고 있다. 인간의 기능에 영향을 주는 다섯 가지 요인은 왼쪽에 제시되어 있고, 그림의 중앙과 오른쪽 부분은 지적장애의 다차원적 측면과 개인의 기능 사이의 역할을 지원하는 중요한 중재적 역할을 나타내고 있다. 미국 지적장애 및 발달장애협회 AAIDD는 지원을 "개인의 발달, 교육, 관심, 안녕을 촉진하고, 개인적 기능을 향상시키는 자원과 전략" 으로 정의하고 있다.

지적장애를 지닌 학생들에게 필요한 지원은 개별화교육 과정에 명시된다. 성인의 경우, 다학문적 팀이 AAIDD의 지원강도 척도를 이용하여 지적 능력; 적응행동(개념적, 실제적, 사회적 기술); 참여, 상호작용, 사회적 역할; 건강(신체적 건강, 정신적 건강, 병인적 요인); 및 상황(환경, 문화 및 기회) 등 다섯 가지 차원에서 필요한 지원의 유형과 강도 프로파일을 작성할 수 있다.

2. 지적장애의 분류

지적장애를 명확하게 이해하기 위해 몇 가지 분류 체계를 개발했다. 분류 방법은 각 학문 분야가 지적장애를 지닌 개인의 요구를 보다 잘 파악하고 대처하기 위한 시도를 반영해 주고 있다.

■ 장애의 심한 정도

개인의 지적 능력과 적응기술의 정도는 정상과 어느 정도 다르냐에 따라 경도, 중등도, 중도, 최중도 등으로 명칭을 붙이게 된다. 경도는 수행성이 가장 높고, 최중도는 수행성이 가장 낮음을 의미한다. 지적장애의 정도는 지능검사 점수와 적응기술의 제한성에 따라 결정된다. 지적장애를 규정하기 위해 지능지수를 이용하고 있는데, 종형곡선(정상분포 곡선)의 평균으로부터 2표준편차 이하로 절취점을 제시하였다. 교육계에서는 지적장애를 일반적으로 지능지수에 따라 분류한다.

- 경도 지적장애 : IQ 50 ~ 70
- 중등도 지적장애 : IQ 35 ~ 50
- 중도 지적장애 : IQ 20 ~ 35
- 최중도 지적장애 : IQ 20 미만

이러한 점수는 표준 지능검사에 의한 평균 지능지수 100, 표준 편차 15점을 기준으로 하였을 때 평균에서 -2표준편차 이하를 지적장애의 지능지수 절취점으로 이용한 것이다. 그러나 AAIDD에서는 측정 오류를 감안하여 지적장애 지능지수의 최고 정점을 75점으로 할 것을 권고했고, 교육부 역시 이러한 맥락에서 지적장애의 IQ 절취점 기준을 75로 제시하고 있다.

지능지수에 의존하게 되면 또 다른 문제가 있다. 지능검사는 20세기 초에 개발되었으며, 그 동안 지능지수는 꾸준히 상승했고, 검사를 재표준화할 필요가 있다. 지능지수의 상승 현상을 **플린 효과**Flynn Effect라고 하는데, 지능검사의 평균 수준 범위에 속한 사람들에게 해당된다. 지능검사도구는 표준화 후 자주 개정되지 않기 때문에 검사 결과는 아동의 실제 지능보다 높게 나올 수 있다. 따라서 지적장애 범주에 속하는 점수를 받는 사람의 수가 줄어들게 된다. 결국 측정된 지능이란 개인이 검사 받은 해에 이용되고 있는 지능지수의 규준에 따라 좌우된다(Flynn, 2000). 지능검사를 표준화 한 해와 몇 년 지난 뒤의 검사 결과는 오차의 범위가 클 수 있다. 이러한 효과는 국가의 정책에 영향을 미치게 되는데, 이런 불안정한 검사 결과에 의해 진단평가를 하기 때문에 교육 정책이 오락가락할 수 있다.

적응기술 역시 손상의 심한 정도에 따라 범주를 나눌 수 있다. 개인의 생활 연령에서 기대할 수 있는 기능 수준으로부터 차이를 보이는 정도에 따라 적응기술의 제한성을 기술할 수 있다.

■ 교육가능성에 대한 기대

교육 분야는 다양한 지적장애를 지닌 학생들을 교육가능성에 대한 기대에 따라 교육가능과 훈련가능으로 분류하였다. 분류 체계가 매우 다양하고, 국가에 따라 다르지만 대부분 지능지수의 범위와 예상 성취수준을 기술하는 방식으로 규정한다.

교육가능 지적장애(IQ 55 ~ 70)는 2학년에서 5학년 수준까지의 학업성취가 가능하다. 사회 적응기술은 지역사회에서 간헐적 또는 제한적 지원을 받으며 독자적으로 생활할 수 있을 정도이다. 정규직이나 임시직으로 취업하여 생활을 할 수 있는 가능성이 높다.

훈련가능 지적장애(IQ 40 ~ 55)는 주로 자조 기술 영역의 학습이 가능하며, 일부 기능적 학업 분야에서도 학습이 가능하다. 지역사회에서 생활하기 위해서는 광범위하게 집중적인 지원을 필요로 하며 보호고용 형태로 취업이 가능하다.

■ 의료적 분류

지적장애는 발생되는 생물학적 원인에 기초하여 분류될 수 있다. 의료적 분류는 지적장애를 분류하기 위해서 의학적 발생 원인을 이용하는 분류 체계이다. 의료적으로 말하는 일반적인 용어는 태아 알코올 증후군, 염색체 이상(예, 다운증), 대사장애(예, 페닐케톤뇨증, 갑상선장애), 감염(예, 매독, 풍진) 등이 포함된다. 이러한 의료적 조건은 원인을 다룰 때 보다 상세히 소개하기로 한다.

■ 지원 수준에 기초한 분류

미국 지적정애 및 발달장애협회 AAIDD의 정의는 개인에게 필요한 지원 프로파일에 따라 지적장애를 기능적으로 분류할 수 있는 개념적 및 절차적 권고 안을 제시하고 있다. 이 접근법은 지적장애의 분류를 개인의 추정된 지적 결함에 근거하던 방식에서 개인의 학교, 가정, 사회, 지역사회 및 작업환경에서 기능을 향상시키기 위해 필요한 지원 강도에 기초하는 방법으로 바꾸었다. 즉 필요한 지원을 간헐적, 제한적, 집중적, 포괄적 수준 등 네 단계로 분류하고 있다.

간헐적 지원은 직업 찾기와 같은 일회성 또는 필요에 따라 주어지는 지원으로서 집중적일 수 있지만 단기적이다.

제한적 지원은 고용 훈련과 같이 상당히 오랜 기간 동안 지속적으로 제공되는 지원을 말한다. 집중적 지원에 비해 스텝이나 비용이 적게 든다.

집중적 지원은 가정생활에서 받는 지원처럼 일부 환경 내에서 정기적으로 또는 규칙적으로 지원을 제공하는 것을 말한다.

포괄적 지원은 모든 환경에서 지속적으로 지원을 필요로 하는 경우를 말한다. 이러한 지원은 개인의 안전과 복지를 위해서 제공되어야 하는 지원을 말하며, 항상 전문가에 의해서 제공되어야 하고, 일상생활 전반에 개입한다.

AAIDD은 지적장애를 분류함에 있어 전통적인 접근 방식이 너무 제한적인 관점을 지니고 있으므로 요구되는 지원에 근거하여 분류하는 것이 바람직하다고 주장하고 있다. 이 분류 방식은 요구되는 지원 수준뿐만 아니라 지원 유형, 즉 형식적 지원과 자연적 지원에 근거하고 있다. **형식적 지원**은 수입 보장, 건강 보호, 교육, 주택, 고용 등으로서 정부 프로그램을 통하여 예산을 확보할 수 있다. 또 다른 유형의 형식적 지원은 지적장애를 지닌 개인을 대신하여 그 가족이나 옹호 단체가 서비스의 개선이나 확대에 관하여 실시하는 로비 활동을 들 수 있다.

자연적 지원은 형식적 지원과 달리 기관이나 단체에 의해 지원받는 것이 아니라 가족이나 이웃으로부터 지원을 받는 것을 의미한다. 자연적 지원은 지적장애를 지닌 개인들이 지역사회에 참여하고 접근하는 데 있어 형식적 지원보다 더 효과적이다. 연구에 의하면 지적장애를 지닌 개인들은 학교를 졸업한 후 형식적 지원보다는 가족, 친인척, 친구 등 그들의 자연적 지원망의 도움으로 직업을 구하고 성공적으로 취업한다(Berry & Hardman, 1998).

AAIDD의 2002 시스템에서 제시된 정의는 지적장애 분야의 다수의 전문가들에 의해 상당한 논란과 비판을 받고 있으며 지적되는 내용은 다음과 같다(Heward, 2009).

- 지능검사가 지금까지 중요한(실제에서는 유일한 방법) 진단 수단이 되고 있다.
- 현재의 측정 방법으로는 적응기술을 신뢰롭게 측정할 수가 없다.
- 필요한 지원 수준이 너무 주관적이다.
- 분류 측면에서 네 가지 지원 강도(간헐적, 제한적, 포괄적, 총체적)는 단순히 IQ 점수(경도, 중등도, 중도, 최중도)를 대체하고 있기 때문에 실제에서 근본적으로 변한 것이 없다.

3. 지적장애의 출현율

국립특수교육원(2001)에 의하면 지적장애를 지닌 특수교육대상 학생의 출현율은 0.83%이고, 특수교육대상자 중 30.6%를 차지하고 있다. 교육부 특수교육통계(2016)에 의하면 정신지체를 지닌 특수교육대학 학생은 47,258명으로 특수교육 서비스를 받는 전체 학생의 53.7%에 이르고 있다.

그러나 지적장애 정의에 대한 전문가들 간의 합의가 부족하고, 자료 수집의 문제와 보고상의 문제, 사회 문화적 및 사회 경제적 문제, 국가에서 제시하는 진단평가 준거 등으로 인하여 지적장애를 지닌 특수교육대상 학생의 수를 추정하는 데 어렵게 하는 요인이 된다. 역사적으로 일반인의 약 3%가 지적장애로 추정되었다(NICHCY, 2004). 20세기 말부터 경도지적장애를 지닌 아동의 수는 감소되고 있다. 이와 같은 현상은 학습장애가 특수교육 범주로 인정을 받음으로써 학습장애를 지닌 특수교육대상 학생들의 수가 증가하는 것과 연관이 있는 것으로 보고 있다. 역으로 빈곤 가정이나 소수 집단의 아동 중에는 지적장애로 판별되는 수가 증가하고 있다.

4. 지적장애의 원인

지적장애를 사례별로 원인을 밝혀내기란 거의 불가능한 일이다. 지금까지 밝혀진 지적장애의 원인은 1000여 가지가 넘는다. 아울러 지적장애는 단일 원인에 의한 경우는 거의 없고 대개 복합적인 원인들의 상호작용에 의해서 발생된다(Tayler et al., 2005). AAMR(1992)은 지적장애의 원인을 세 집단으로 분류하였다.

첫째, 태아기 원인으로 어머니의 대사문제, 염색체 손상이나 결함, 발달성 뇌장애, 어머니의 식이요법, 환경적 영향 등이 포함된다.

둘째, 주산기(임신 20주째부터 분만 후 28일째까지) 원인으로 신생아 장애, 뇌 상해, 저체중 등이 포함된다.

셋째, 출생 후 원인으로 아동 학대, 소홀 또는 무관심, 사고, 감염, 독성에 노출되기 등이 포함된다.

표 7.1 지적장애의 원인

시기	생물의학적	사회적	행동적	교육적
출생 전	염색체 이상 단일유전장애 증후군 대사장애 뇌발육부진 어머니 질환 부모의 연령	가난 어머니의 영양실조 가정폭력 출생 전 보호 부족	부모의 약물이용 부모의 음주 부모의 흡연 부모의 미숙	인지적 장애를 지니고 있으나 지원을 받지 못하는 부모 부모로서의 준비 부족
출생 중	미숙 출산 상해 신생아 장애	출생 케어 접근 부족	부모의 보호거부 부모의 자녀 포기	중재서비스를 위한 의료적 의뢰 부족
출생 후	외상성 뇌손상 영양실조 뇌막염 발작장애 퇴행성 장애	손상을 입은 양육자 적절한 자극 부족 가족의 가난 가족의 만성질환 시설수용	아동학대와 무관심 가정폭력 부적절한 안전측정 사회실조 아동의 문제행동	문제의 양육 때늦은 진단 부적절한 조기중재 부적절한 특수교육 서비스 부적절한 가족지원

상해는 임신 중, 출산 과정, 발달 과정 중 어느 때나 일어날 수 있고, 그 결과 인지적 문제를 갖게 된다.

■ 출생 전 원인

감염과 중독. 임신 중 감염은 지적장애가 될 가능성을 높인다. 풍진, 매독, 수(뇌)막염, **후천성 면역결핍증**HIV [87], **주혈원충병(톡소플라스마증)**[88] 등은 모두 태아의 발달에 부정적인 영향을 미친다. 임신 중 약물 복용도 지적장애를 발생시킬 가능성을 높인다. 법적으로 처방된 약물, 담배, 알코올, 각성제, 헤로인, 모르핀, 코카인, 납과 같은 금속 등을 예로 들 수 있다.

당뇨, 신장 질환, 고혈압 등 산모의 만성적 질환은 태아의 영양 환경에 영향을 미칠

87) 면역 기능을 감소시키며 에이즈와 연관이 있음

88) Toxoplasmosis 날고기나 배설물에 의해 옮기는 원충에 의해 유발되는 감염

수 있다(Hallahan & Kauffman, 2006). 임신 중 태아와 산모간의 RH 혈액형의 부조화는 산모 항독소를 일으켜 태아에게 손상을 줄 수 있다. 고열, 홍역 및 기타 임신 중 질환 역시 장애를 유발시킬 가능성이 있다.

태아기 알코올 증후군 또한 관심을 받고 있다. 이는 부모의 알코올 남용 또는 중독으로 인하여 태아에게 영향을 미치는 경우이다. 부모가 알코올 중독이나 과음 문제를 지니고 있을 경우 신생아는 얼굴 이상, 심장문제, **저체중**[89], 지적장애 등을 보일 수 있다(Hardman et al., 2006).

염색체 이상. 염색체 이상은 염색체 일부의 상실, 위치 변경, 염색체의 절단 등 세포분열의 결함을 말한다. 이와 같은 염색체 구성물질의 이상은 개인에 따라 다른 양상을 초래한다. 염색체가 46개가 아니고 47개일 때 다운증과 유전적 장애가 일어난다. **다운증후군**Down syndrome의 가장 흔한 유형은 3염색체성 21이다. 이 경우의 25%는 부모의 연령이 55세 이상인 특징을 보인다. 다운증은 산모의 연령이 35세 이상이 되면 출현이 높아진다. 다운증은 염색체의 위치가 변경되는 염색체 이상으로 발생될 수도 있다. 이 유형은 염색체를 46개 지니고 있으나, 한 쌍이 손상되어 있고, 손상된 부분이 다른 염색체로 끊겨져 나가게 된다.

다른 염색체 이상으로는 윌리엄 증후군Williams syndrome, 손상된 X 증후군, 클라인펠터 증후군Klinefelter syndrome, 프레더윌리증후군Prader-Willi syndrome, 레쉬-나이한증후군 Lesch-Nyhan syndrome, 레트증후군Rett's syndrome 등이 있다. **윌리엄 증후군**은 7번째 염색체에서 유전물질이 없는 특징을 보인다. 이 증후군을 지닌 사람들은 대부분 지적장애를 보이고 의료적 문제(심장 및 혈관 장애, 저체중, 치아 이상, 신장 이상, 청력 과민, 근골격 문제, 혈중 칼슘 수준 상승)를 지닌다. 그들은 다른 일반적인 지적장애를 지닌 개인들처럼 학업적 학습과 공간 능력에 결함을 보이지만, 언어능력 수준이 꽤 높은 것으로 기술되고 있다.

손상된 X 증후군은 지적장애 및 발달장애의 유전적 원인으로 알려져 있다. 이것은 X염색체의 단일 유전자 장애이다. 이 장애는 발달(인지기능 발달을 포함), 행동 패턴 및 신체적 특징에 영향을 준다. 여성에 비해 남성이 더 심각한 증상을 보인다.

클라인펠터 증후군은 남성이 추가의 X염색체를 받아 XXY가 되며, 남성의 성기관

89) 신생아의 체중이 2,500g 미만인 경우

이 발달되지 않아 불임이 된다. 일반적으로 여성의 이차 성 특징을 보이게 되며, 종종 가벼운 수준의 인지지체를 갖게 된다. 사회기술, 청지각, 언어에 문제를 갖는다. 지적장애보다는 학습장애와 더 관련이 깊다.

프레더윌리 증후군은 염색체 15번의 일부가 말살되어 발생된다. 초기에 유아는 저혈압을 보이며, 튜브식사를 해야 한다. 이들은 가벼운 지적장애나 학습장애와 관련이 있다. 일반적으로 행동문제를 가지며, 충동성, 공격성, 감정장애, 강박충동행동을 보인다. 일부는 피부를 뜯는 자해행동을 한다. 손발이 작거나 생식기의 발육이 부진하다.

레쉬-나이한 증후군은 선천성 유전질환으로서 조직 내의 퓨린대사에 관여하는 효소의 결손으로 인해 남아에게만 나타나는 반성(伴性) 유전성 질명으로 고도의 지적장애, 뇌성마비 등을 일으킨다.

레트증후군은 X염색체와 관계가 있기 때문에 여성에게서만 볼 수 있다. 영아는 정상적으로 성장하고 발달하다가 기능이 퇴화된다. 이전에 습득한 말과 운동기능을 상실하게 되고 상동적 손운동을 하며 발작을 겪게 된다. 성장해 가면서 나이가 들수록 자폐적 성향이 줄어들어 자폐스펙트럼장애의 진단준거를 충족시키지 않고 지적장애 준거에 부합된다. 흔히 자폐스펙트럼장애와 공존장애로 나타난다.

페닐케톤뇨증phenylketonuria: PKU은 유전적 결함으로서 심한 지적장애를 유발시킨다. 페닐케톤뇨증의 경우, 간에 특정 효소가 없어 아미노산 페닐알라닌을 형성하게 되는 장애이다. 신생아기에 페닐케톤뇨증을 일찍 발견하면 특별한 우유를 수유하여 영향을 통제할 수 있다.

밝혀지지 않은 태아기 영향으로 인하여 지적장애가 될 수 있다. 예를 들어, **뇌수종**[90]이나 소두증은 아직까지 충분히 밝혀진 것이 없다. 그러나 이 두 질환을 치료하지 않을 경우 지적장애를 비롯한 여러 가지 장애를 일으킬 수 있다.

이러한 병리 조건들은 지적장애의 원인이 될 수 있다는 가능성을 제기한 것이지만 많은 경우에 지적장애의 원인으로 알려져 있지도 않거니와 결정적인 원인이 되지 않을 수도 있다. 아울러 많은 지적장애는 유전적 요인과 환경적 요인의 상호작용에 의해서 일어나는 것으로 추정된다.

90) hydrocephalus 뇌수종(수두증)에는 여러 가지가 있는데, 발생기서(發生機序)로 보아 과분비성수두증 · 비흡수성수두증, 뇌실계 및 지주막하강과의 통과장애의 유무에 따라 교통성(비폐쇄성) 수두증 · 비교통성(폐쇄성) 수두증으로 나눌 수 있음

■ 주산기 원인

출생 시에 **무산소증**[91]과 질식(출산 시 충분한 산소를 공급받지 못하는 상태), 탯줄사고, 뇌 외상, 부조화 혈액형 혼합, 감염, 방사선 및 기타 보이지 않는 요인들이 발생하여 지적장애를 일으킬 수 있다. 미숙, 저체중과 같은 임신 중 장애도 지적장애를 유발시킬 수 있다. 이러한 조건이 심하면 심할수록 위험 수위는 더 높아진다. 저체중아의 25%는 뇌성마비가 될 가능성이 있고, 50%는 특수교육대상자가 될 가능성이 있다(Ball, 1999).

■ 출생 후 원인

아직까지 인과관계가 명확히 규명된 것은 아니지만 학대로 고통 받은 아동들은 반응률이 떨어지고 IQ가 낮아질 수 있다. 그러한 결과는 뇌손상에 의해서 나타난 것이 아니라 좌절감, 언어발달의 방해, 실패와 벌의 연합 등에 의해 일어날 수 있다(Smith, 2001). 지적장애 자녀를 둔 많은 부모들은 영유아의 요구를 알지 못하므로 적절한 요구를 충족시켜 주지 못한다. 다른 부모들은 가난이나 자신의 문제로 인하여 자녀를 보호하고 양육하는 일에 문제를 가지게 된다. 이러한 문제들은 발달을 지체시키고 지적장애를 일으킬 수 있다. 보호와 양육의 소홀과 무관심으로 인하여 사고가 생기거나, 18세 이전에 경험하게 되는 신체적 손상과 뇌손상 등으로 정상발달이 방해되어 지적장애를 유발하거나 외상성 뇌손상을 일으키게 된다.

■ 사회문화적 및 심리적 영향

경도 지적장애의 경우 일반적으로 원인을 거의 알 수 없다. 경도 지적장애를 지닌 아동들은 주로 사회 경제적 수준이 낮은 계층과 다문화 가정의 출신이 많은데, 이런 가정은 대개 학습 기회를 충분히 제공하지 못하고, 학교에서 요구하는 학습관련 사항들을 제대로 뒷받침해 주지 못한다. 저소득층이나 빈곤층 가정은 경제적으로 불안정하여 자녀에게 학습기회를 충분히 제공하지 못할 뿐만 아니라, 의료 보호와 성장 초기에 영양을 충분히 공급하지 못하는 열악한 양육 환경을 제공하게 된다. 따라서 위험

---

91) 무산소 상태 또는 산소결핍상태, 생체조직 속의 산소가 완전히 없는 상태를 의미하며, 이는 회복할 수 없는 조직 손상을 가져오고 심하면 조직괴사를 일으킴. 뇌에 대한 산소공급이 부적절하면 세포는 죽게 되고, 산소나 포도당의 전달이 완전히 정지되기 전에 뉴런의 일부가 죽기 시작함

군 아동들은 문제를 갖게 되거나 지적장애가 될 가능성이 그만큼 더 높아지게 된다.

많은 연구들은 유전적 요인과 환경적 요인이 지능에 미치는 영향을 연구했지만, 상호작용에 관한 영향에 대해서는 많이 이해하게 된 반면, 각 요인이 지적 성장에 어떻게 작용하고 기여하는지에 대해서는 정확히 밝혀내지 못하고 있다.

사회 문화적 요인과 유전적 요인이 지적장애에 모두 영향을 미친다는 것을 단적으로 표현한 용어는 **문화-가계성 지적장애**[92]이다. 사회 문화적 요인은 다양하고 복잡하다. 따라서 전문가들은 사회 문화적 실조와 사회 문화적 차이를 신중히 구분하여야 한다. 경험의 유형보다는 경험의 부재, 즉 결핍이 문제가 된다. 아동들이 발달기 초기에 가난과 가정 붕괴나 해체 등으로 인하여 실조를 경험할 때 언어 결함이나 인지적 문제를 갖게 된다.

■ 대뇌 질환

지적장애는 일부는 출생 후 발생된 대뇌질환과 관련이 있다. **신경섬유종증**[93]은 피부, 말초 신경조직 및 기타 대뇌 부위에 여러 가지 종양을 일으키는 유전적 장애이다. 지적장애는 흔히 이러한 장애를 동반하는 경우가 있다. 출생 후의 대뇌장애에 의한 심한 장애는 **결절성 경화증**[94]과 같은 여러 가지 다른 병리 조건과 함께 발생한다.

■ 정신과 장애

정신장애 진단 통계편람(DSM-5)은 지적장애를 개인의 기능에 영향을 미치는 행동적 및 심리학적 증후로 특징짓고 있다. 정신 질환은 지적 기능을 약화시킬 수 있지만, 지적장애가 판별 가능한 정신과적 병리 조건에 의해 발생된 것이라면 지적장애 진단이 잘못된 것일 수도 있다.

---

92) cultural-familial retardation 지적장애는 사회 문화적 요인과 유전적 요인의 영향을 모두 받을 수 있음을 의미하는 용어임

93) neurofiberomatosis 신경계, 근육, 뼈 및 피부의 발육 변화를 특징으로 하는 가족성 질환으로서, 색소침착부위를 동반한 전신에 분포된 다발성 유경성(有莖性) 연종양(신경섬유종)의 형성에 의해서 외부에서 알 수 있음

94) 경련, 지적장애, 피부병변으로 피지선종(adenoma sebaceum)이 나타나는 유전질환이다. 상염색체 우성으로 유전된다. 50%의 경우에서는 돌연변이에 의해서 나타난다고 추측된다. 발생은 10,000명당 1인 정도이며 여자가 남자보다 다소 빈발한다. 경련은 지적장애와 밀접한 관련이 있으나 40%는 정상적인 지능을 보인다.

5. 지적장애와 발달지체를 지닌 학생의 특성

■ 일반적 인지

일반아동들과 달리 지적장애를 지닌 아동들은 동일한 장애 범주 내에 있는 아동들 사이에 공통점이 거의 없다. 지적장애를 지닌 사람들은 성격, 성향, 신념은 물론 신체적으로나 정서적으로 매우 다양하다. 지적장애를 지닌 사람들이 보이는 낮은 학습률은 지적 발달률과 관련이 있다. 일부 연구들은 특별한 교육적 지원이 제공될 때 지적장애를 지닌 학생들이 동일한 비율로 학습을 할 수 있지만 또래에 비해 전반적으로 뒤질 것으로 본다.

■ 주의집중

학생들은 정보를 획득하기 위해 일정 시간동안 과제에 주의를 집중하고 학습해야 하며, 주의를 통제해야 한다. 지적장애를 지닌 학생들은 학습 및 사회적 상황에서 관련 질문을 구별하고 주의를 집중하는 데 어려움을 겪는다(Saunders, 2001). 이러한 문제는 학생이 주의를 기울이지 못하기 때문이 아니라 정보를 이해하지 못하고, 걸러내지 못하기 때문에 일어난다(Hunt & Marshall, 2002). 지적장애를 지닌 일부 학생들은 새로운 자료로 주의를 이동하는 데 어려움을 겪기도 한다. 여러 단계로 이루어진 과제를 수행하도록 돕기 위해서는 과제분석적 접근이 요구된다.

■ 기억

지적장애를 지닌 학생들은 장기기억이나 단기기억에 문제를 지닐 수 있고, 정보를 기억하는 시연과정에 문제를 가질 수도 있다. 지적장애의 정도가 심할수록 기억 결함 정도가 커진다. 학생들은 자발적으로 적절한 학습 전략이나 기억파지 전략을 이용하지 못하고, 학습이나 기억을 돕는 조건이나 행위를 깨닫는 데 어려움을 겪는다. 이들은 되풀이되는 패턴이나 반복을 인지하는 데 어려움을 겪으며, 정보를 단기기억으로 전환시키거나 단기기억에서 장기기억으로 전환시키는 속도가 느리다.

■ 언어

지적장애를 지닌 개인은 지체의 정도에 따라 다르지만 언어의 이해와 생성에 어려움을 겪을 수 있다. 이들이 보이는 가장 보편적인 언어 문제는 **조음문제**[95], **음성문제**[96], 말더듬이다. 그들은 또래들에 비해 언어발달이 지체되고, 유창성 역시 떨어지며 표현력이 열등하다. 경도 지적장애를 지닌 개인은 언어 문제를 거의 보이지 않거나 적게 보이지만, 일부 중증의 지적장애를 지닌 개인은 언어기술이 지극히 제한된다. 수용언어와 표현언어, 대화기술, 지시를 주고받기, 중요한 문제를 결정하기, 이야기 말하기 등의 영역에서 결함을 보인다(Turnbull, Turnbull, Shank, & Smith, 2004). 지적장애를 지닌 개인은 차례로 말하기 또는 번갈아 말하기, 대화를 하기 위한 관련 주제 선택하기, 말할 시점 알기, 경청할 시점 알기 등 언어의 사용 측면에서도 어려움을 겪는다.

■ 적응기술

환경에 적응하는 능력, 다른 사람들과 관계하는 능력, 요구하는 능력 등은 모두 독립적인 생활을 하는 데 중요하다. 학교 상황에서 적응행동이란 학급에서 학습한 기술을 자연 상황에서 이루어지는 일상적인 활동에 적용할 수 있는 능력을 말한다.

지적장애를 지닌 사람들은 일반인들에 비해 적응기술 능력이 매우 열등하다. 지적장애를 지닌 아동들은 주의가 산만하고, 부주의하며, 사회적 단서를 파악하지 못하고, 충동적으로 행동하는 등 여러 가지 이유 때문에 학습과 적응기술에 어려움을 겪는다. 이런 아동들은 적절한 추론능력, 판단력, 사회적 기술 등을 지도하여 보다 긍정적으로 사회적 관계를 유지하며 개인적 능력을 발휘하도록 지도할 필요가 있다.

■ 학업성취

경도 및 중등도 지적장애를 지닌 학생들은 인지적 효율성이 떨어지므로 학업성취에 만성적인 문제를 보인다. 이런 장애를 지닌 학생들은 또래의 일반아동들에 비해 학업적으로 지체된다. 또래교수와 같은 차별화된 교수전략, 모델링, 시범, 적극적 개입방법 등은 지적장애를 지닌 학생들의 학습지도에 도움이 될 뿐만 아니라 사회적 상호작용 기회도 제공해 줄 수 있다. 대부분의 학생들이 훈련을 하지 않고 지원과 자료에 따라 기술을 습득하는 반면, 지적장애를 지닌 학생들은 특별한 훈련을 통해서 학습할 수 있고, 나아가 성인으로의 전환을 성공적으로 이루어낼 수 있다.

---

95) 단어의 누락, 대치, 추가, 왜곡과 같은 문제

96) 정상적이지 못한 음성적 자질

상위인지와 자기 조절

지적장애를 지닌 개인들은 지체의 정도에 따라 문제해결을 위한 계획 세우기, 해결 전략의 점검, 전략의 실행, 결과의 평가 등과 같은 상위인지 기술에 어려움을 겪는다. 이러한 기술이 부족하거나 발달이 지체되면 기억, 시연기술, 조직 능력, 학습 과정의 통제에 많은 영향을 받게 된다(Hunt & Marshall, 2002).

정보처리과정 이론에 의하면, 지적장애를 지닌 개인들이 학습에서 차이를 보이는 것은 상위인지적 처리과정이 발달하지 않았기 때문이라고 본다.

동기유발

지적장애를 지닌 개인들은 학습상황에 접근할 때 상당한 불안을 느끼게 된다. 이들은 과거의 실패 경험과 그러한 실패로 인한 불안감 때문에 동기가 낮고, 목표 지향적이거나 과제 지향적이지 못한 상태이며, 실패를 회피하는 것을 학습하게 된다. 지적장애를 지닌 사람들은 이와 같은 회피, 제한된 상위인지적 기술 등으로 인하여 학습상황에서의 무력감, 즉 **학습된 무력감**을 갖게 된다. 그 결과 그들은 자신의 목표를 제한하거나 의존적이 될 수 있다. 지적장애를 지닌 개인들은 실패를 반복적으로 경험함으로써, 내적 보상 보다는 외적 강화나 외적 보상 체계에 의존하는 경향을 갖게 된다.

신체적 특징

일부 지적장애를 지닌 개인들은 신체적으로 일반인들과 전혀 차이를 보이지 않는다. 그러나 일부 지적장애를 지닌 개인들은 생물학적 원인으로 인해서 신체, 운동, 외과적, 시 · 청각적 손상, 건강 문제 등을 수반한다. 경도 및 중등도 지적장애를 지닌 개인들은 일반 또래들에 비해서 체중, 키, 골격 성숙 등이 다소 뒤떨어질 수 있다. 일부 지적장애를 지닌 학생들은 뇌성마비, 경련성 장애 및 감각 손상을 지닐 수도 있다. 이들은 다른 여러 장애들과 마찬가지로 인지적 결함을 갖는다. 또래들에 비해 질병, 질환, 치과 문제를 일으킬 가능성이 높다. 그러나 일부는 스포츠나 체육활동에 참여할 수 있고, 다른 학생과 대등한 수준으로 기능을 발휘하며, 일부는 스포츠에서는 우수한 경우도 있다(Hallahan & Kauffman, 2011).

6. 지적장애와 발달지체를 지닌 학생의 진단평가와 사정

지적장애를 진단평가 하기 위해서는 몇 가지 유형의 사정이 필요하다. 사정은 학생의 강점과 약점을 결정하는 과정이다. 사정에는 선별, 진단, 분류, 배치, 점검 등이 포함된다. AAIDD는 지적장애를 진단평가할 때 지적 능력, 적응 행동 및 요구되는 지원 수준에 관한 정보를 요구하고 있다. 그러므로 사정 절차에는 최소한 학생을 지원해야 할 위치에 있는 가족, 교사 및 기타 관련인들의 행동 관찰, 표준화된 성취도 검사 결과, 타당성과 신뢰성이 확보된 표준화된 인지기능 검사 결과를 확보할 필요가 있다. 교육과정 중심의 사정, 면담, 사회적 관계평정(소시오매트릭 평정)과 같은 다른 사정 방법이 권장되기도 한다(Taylor, 2005).

지적장애는 일반적으로 초기 아동기에 나타나 일생동안 지속되지만 장애의 심한 정도는 시간의 경과에 따라 변한다. 그 과정은 개인에 내재된 의료적, 유전적 및 공존 장애 조건(예, 시 · 청각 손실, 간질)의 영향을 받는다. 조기중재와 지속적인 중재를 통해 아동기 및 성인기 동안에 적응기능이 향상될 수 있고, 일부 경우에 더 이상 지적장애로 진단할 수 없을 정도로 지적기능이 향상될 수 있다(APA, 2013).

■ 지능검사

지능검사에는 검사를 구성하고 있는 여러 가지 요소들의 과정과 기능이 있다. IQ 점수는 일반적으로 학교에서의 학업 및 일상생활의 수행 수준을 나타내준다. 기술적으로 볼 때 지능지수는 언어성 점수와 동작성(비언어성 또는 수행성) 점수의 결과를 말한다.

지능지수는 100을 평균으로 표준화되어 있고, 한 표준 편차를 15~16점으로 하여 정상 분포를 이루도록 집단의 점수를 조정한다. 일반적으로 지능이 평균 집단에 속한다고 하면, 지능지수 100을 중심으로 +/-1 표준편차의 범위 안에 있다는 것을 의미한다. 그리고 지능지수가 평균으로부터 -2 표준편차 이하(68 ~ 70)로 떨어질 때 지적장애로 분류하게 된다.

대개 시간이 경과해도 IQ 점수는 유의하게 변하지 않는다. 그러나 점수가 고정된 것도 아니며 안정적이지도 않다. 경도 지적장애를 지닌 학생들의 경우, IQ점수는 경험에 의해 영향을 받을 수 있다. IQ 70~85 사이에 있는 점수는 일정 기간 동안 의미 있는 교수활동을 경험하고 나면 20점 정도까지 변할 수 있으며 지능검사 결과는 동기, 시간, 검사 정보, 검사 실시자, 검사 절차 등에 의해 영향을 받을 수 있다(Heward, 2009). 지능검사는 불완전한 도구인데, 이를 완전하게 이해하지 못한 채 분류를 하고, 명칭을 붙이며, 특별한 프로그램에 배치하기 위해 이용되고 있다. 일반적으로 지능과 학업성취 간의 연관성이 50%를 넘지 못하기 때문에 타당성에 의문을 제기하기도 한다. 개인차 요소는 동기, 작업 습관, 시험 경험, 문화적 경험 및 기타 경험에 의해서 결정된다. 지능검사는 주로 언어기술에 비중을 두고 있고, 검사를 수행하기 위해서는 구어적 지시를 이해할 수 있어야 한다. 언어능력이 떨어지는 아동들은 지능검사의 문항을 잘 수행하지 못할 것이다.

이러한 한계에도 불구하고, 지능검사를 적절히 이용하면 특수교육 대상자를 결정하고 장애를 판정하는 데 상당히 유용하다. 지적 능력을 평가할 수 있는 대표적인 지능검사 도구로는 K-WISC-IV(곽금주, 오상우, 김청택, 2011)와 KABC-II(문수백, 2014)가 있다. 한국판 웩슬러지능검사는 전체 검사 IQ를 산출하고, 언어이해지표, 지각추론지표, 작업기억지표, 처리속도지표 등의 점수를 제공하여 분리된 인지기능을 파악할 수 있게 해준다. 점수는 모두 평균이 100이고, 표준편차가 15이다. 한국판 KABC-II는 **순차처리**[97), **동시처리**[98)], **학습력**[99)], **계획력**[100)], **지식**[101)] 등 5개의 종합적 영역과 18개의 하위 검사로 구성되어 있다.

■ 적응행동기술 사정

적응행동은 인간이 다양한 환경을 관리하는 행위를 말한다. 예를 들면, 개인적 욕구 처리하기, 또래들과 의사소통하기, 사회적 활동에 참여하기 또는 변화하는 조건에 적응하기 등이 해당된다. 개인이 일부 기술 영역에서 결함이나 제한성을 보일 때 지적장애로 판정된다. 개인이 도움을 받지 않고 독자적으로 환경적 요구에 효과적으로 적

97) 연속적 또는 시간적 순서로 정보를 처리하여 문제를 해결하는 능력을 측정하는 문항들로 구성된 하위 검사
98) 동시에 많은 정보를 통합해서 게슈탈트 방식으로 또는 전체적으로 처리하여 문제를 해결하는 능력을 측정하는 과제들로 구성된 하위 검사
99) 주의집중과정, 부호화, 저장, 감각의 통합과정, 전략생성과 효율적으로 새로운 정보를 보유하는 세 가지 기능의 통합능력을 측정하는 과제들로 구성된 하위 검사
100) 높은 수준의 의사결정과 집행과정을 측정하는 과제들로 구성된 하위 검사
101) 습득된 사실적 지식, 언어지식, 교과학습 능력을 측정하는 과제들로 구성된 하위 검사

응하기 위해서는 적응행동 영역(개념적, 사회적 및 실제적)의 기술이 매우 중요하다.

적응행동은 지적장애일 가능성이 있는 아동을 잘 아는 가족, 교사, 친구 등이 체크리스트로써 관찰하여 평가한다. 이렇게 하여 평가한 결과를 또래의 아동이나 동일 학년 또래들과 비교하여 상대적 위치를 결정한다(McLoughlin & Lewis, 2000).

적응행동 측정은 개인 가정생활의 삶의 질, 가난한 정도, 학생의 경험 등을 고려하지 않는다. 적응행동은 학생이 학교, 가정 및 사회 환경에서 어떤 과제를 추론하거나 수행하는지의 여부를 고려하지 않는다. 적응행동 측정의 항목들은 스스로 식사하기, 스스로 옷 입고 벗기, 대중교통을 이용하기, 상점에 가서 물건을 사기 등과 같은 과제로 구성되어 있다.

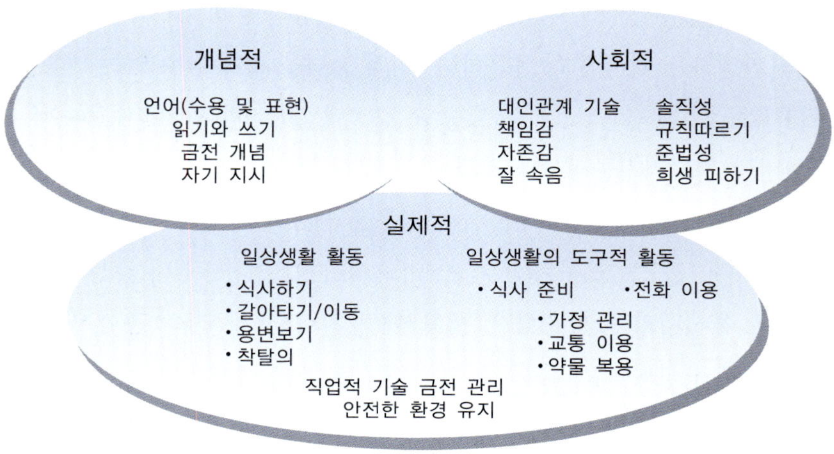

그림 7.3 개념적, 사회적 및 실제적 적응기술

* 자료출처: AAMR AD Hoc Committee on Terminology and classification(2002). *Mental retardation: Definition, classification, and systems of support*(10th ed.). Washington, DC: American Association on Mental Retardation.

적응행동을 측정하는 검사도구들로는 적응행동검사, KISE 적응행동검사(국립특수교육원, 2003), 지역사회적응검사(김동일, 박희찬, 이달엽, 2004) 등이 있다. 적응행동검사는 21개 영역의 95문항으로 구성되어 있다. 적응행동검사는 개인요구 충족, 지역사회 요구 충족, 개인 및 사회적 책임, 사회적 적응, 개인적 적응의 5개 요인으로 구성되어 있다. 검사결과는 21개 영역별로 백분위점수와 5개 요인별로 척도점수를 제공하며, 평균은 100이며 표준편차는 3인 표준점수이다. 지역사회적응검사는 기본생활, 사회자립, 직업생활 등 세 영역으로 구성되어 있으며, 각각 69문항, 55문항, 40문항으로 이루어져 있다. 검사결과는 영역별 지수와 전반적 지수를 제공하며, 평균이 100이고 표준편차는 15이다. KISE 적응행동검사는 개념적 적응행동, 사회적 적응행동, 실제적 적응행동 등 세 가지 소검사로 구성되어 있다. 검사 결과는 각각 소검사별 지수와 전체 적응행동지수를 제공한다.

■ 인지기능 검사

지적장애를 지닌 개인들의 인지적 결함으로는 열등한 기억, 느린 학습률, 주의집중 문제, 일반화의 곤란 및 동기부족 등이 지적되고 있다.

지적장애를 지닌 학생들은 정보 기억에 어려움을 겪는다. 인지적 손상이 심할수록 기억의 결함 정도가 심하다. 특히 이 장애를 지닌 학생들은 단기기억의 정보를 파지하는 데 어려움을 겪는다. 단기기억short-term memory이나 작업기억working memory은 몇 초 전 또는 몇 시간 전에 접한 정보를 회상하고 이용하는 능력이다. 이러한 문제를 지닌 아동들은 정보를 자동적으로 회상하는 일반 또래들에 비해 더 많은 시간을 필요로 하기 때문에 한 번에 많은 정보를 다루는 데 어려움을 겪는다.

7. 지적장애와 발달지체를 지닌 학생의 교육적 지원과 중재

특수교육은 특수교육대상 아동들을 일반학급에 완전히 포함시키거나 부분적으로 포함시킬 것을 강조해 왔다. 완전포함 및 부분적 포함 운동에는 대부분의 경도 지적장애를 지닌 학생, 특히 고기능을 발휘하는 학생들을 포함시키고 있다.

■ 조기교육

경도 지적장애를 지닌 아동들은 또래에 비해 미묘한 발달지체를 보이지만, 부모들은 이러한 차이를 일찍 파악하지 못하고, 취학 후에야 인식하게 된다. 부모들이 조기에 자녀의 지적장애 문제를 발견하고 인식한다고 해도 흔히 조기교육에 무관심하거나, 잘 모르는 전문가들을 만나게 된다. 또한 늦되는 아이, 성숙철학 등의 견해를 가진 전문가를 만나게 되면 지나치게 낙관적으로 발달과 성숙을 기다리며 장애를 심화시키는 결과를 가져오게 된다. 아니면 장애를 인정하지 않고 치료의 대상으로 여기고 병원과 의사들에게 의존하기도 한다. 그러다가 결국 중요한 교육 시기를 놓치는 경우가 허다하고, 장애가 심화되고 난 뒤에 교육을 시작함으로써 교육의 중요한 시기를 놓치는 안타까운 상황이 일어난다.

성숙철학은 아동이 취학하기 전에 학교에서 배우게 될 특정 기술인 학습 준비도를 갖추어야 한다고 생각한다. 이러한 입장은 불행하게도 취학을 연장시키는 현상을 초래한다. 성숙철학의 반대 입장에서 접근하는 방법이 미국의 **Head Start**[102)]이다. 우리나라에서는 **WE Start 프로그램**을 시작하였으며, 이제 교육지원청에 **Wee센터**를 설치할 정도로 확대 운영하고 있다. 이와 같은 스타트 프로그램을 잘 운영하면 위험군 아동들이 취학하기 전에 중재를 받을 수 있고, 장애를 막연히 기다리는 어리석음을 피할 수 있다.

정상적인 성장 패턴에 기초한 중재를 **발달 이정표 접근**이라고 하는데, 이는 정상발달이라고 생각하는 기준에 따라 학습자를 발달시키고 치료하며 적응시키려고 접근하기 때문이다. 이러한 기술의 진전은 아동기 동안 지속적으로 이루어지는데, 진전의 비율은 장애 조건의 심한 정도에 따라 달라진다. 일부 최중도 지적장애를 지닌 아동들은 6개월의 발달 수준을 넘지 못한다.

조기중재 프로그램은 대개 가족들과의 상담 및 이들을 안내하는 내용과 유아의 감각운동 기술 습득에 초점을 맞추고 있다. 조기중재 프로그램은 가족들에게 자녀의 지적 발달을 촉진시킬 수 있는 자극 기법을 제공한다. **유아자극**[103)]infants stimulation과 같은 조기중재 기법은 감각운동 기술과 지적 발달에 초점을 맞추고 있다. 유아자극은 단순반사활동 학습과 평형반응을 포함하고 있다. 그리고 인간의 발달과 성장 영역 전반으로 후속 중재를 확대시켜간다.

102) 미국 연방정부의 예산으로 초등학교에 입학하기 전에 실조된 학생들에게 제공하는 취학 전 프로그램
103) 발달을 촉진시키기 위해 유아에게 시각, 청각 및 신체적 자극을 제공하는 조기중재

■ 초 · 중등교육

지도 내용

일반학급에서는 경도와 중등도 지적장애를 지닌 특수교육대상 학생들에게 개별화교육 프로그램, 기능적 프로그램, 또래의 일반아동들과 상호작용 등을 중심으로 지도한다. 학습도움실과 시간제 특수학급에서는 아동들이 일반학급에 참여하면서 관련 서비스를 받거나 개별화교육 계획에 의한 특수교육을 받게 된다. 전일제 특수학급에서는 주로 학업적인 내용보다 발달 기술에 초점을 맞추어 지도하게 된다. 특히 특수학교에서 지적장애를 지닌 학생들을 대상으로 한 교수 활동은 아동이 타인과 상호작용할 수 있는 기술을 지도하는 데 중점을 두고, 지역사회에서 독립적인 생활을 하는 데 강조점을 두고 있다. 지적장애를 지닌 학생들의 교육은 주로 운동기능, 자조기술, 사회기술, 의사소통 기술, 학업적 기술을 중심으로 접근하고 있으며, 최근에는 자기결정 기능이 강조되고 있다.

운동기능. 운동기능의 습득은 발달 과정에 기초가 되며, 자조기술과 사회기술을 포함한 다른 내용 영역의 성공적인 학습을 위한 선수기능이 된다. 대근육운동 발달은 신체와 환경의 상호작용을 포함한 일반적 가동성을 포함하고 있다. 대근육운동 기능은 균형 유지하기와 같은 운동에서 상위차원의 운동으로 일련의 순서에 따라 발달한다. 대근육운동 기능으로는 머리와 목 조절, 구르기, 앉기, 기기, 서기, 걷기, 달리기, 점프하기, 스키핑하기 등이 있다.

소근육운동 발달은 대근육운동의 기능발달에 비해 보다 정밀하고 지속성이 요구된다. 뻗치기, 움켜잡기, 물체 조작하기 등을 포함한 소근육운동 기능은 아동의 시력고정 능력과 물체를 따라 추적하는 능력에 좌우된다. 눈과 손의 협응은 소근육운동 기능뿐만 아니라 다른 여러 가지 기능 영역에 관련된 통합적 요소이다. 눈-손의 협응은 사회적 활동과 레저 활동에 기초가 되며, 고용 시 작업현장에서 요구되는 물건 다루기 능력 발달에 매우 중요하다.

자조기술의 발달은 아동이 보호자로부터 독립하는 데 매우 중요하다. 자조기술에는 식사하기, 착탈의, 개인위생 관리하기 등이 포함된다. 식사기능은 손가락으로 먹기와 컵으로 마시기를 비롯하여 수저 사용하기, 냅킨 이용하기, 음식 서빙하기, 식사예절 지키기 등에 이르기까지 광범위하다. 착탈의 기능은 단추 잠그기, 지퍼 채우기,

버클 채우기, 묶기 등이 포함되고, 개인위생에는 화장실 이용, 세수하기, 양치하기, 머리 빗기, 머리감기 등 기본적인 기능과 청소년이나 성인이 되었을 때 해야 할 피부 관리, 머리 손질, 면도하기, 머리핀 꽂기나 머리 묶기 등이 포함된다.

사회기술 훈련은 학습문제 해결, 의사결정 기술, 사회적 맥락에서 적절한 의사소통하기 등의 중요성을 강조한다. Agran과 Wehmeyer(1999)는 지적장애를 지닌 사람들의 문제해결 능력과 의사결정 능력의 열등은 지역사회와 학교에서 성공적으로 적응하는 데 걸림돌이 된다고 하였다. 학생들의 문제해결 학습 특성은 다음과 같다. 첫째, 학생들은 역할 놀이와 자극을 통해서 문제 상황을 관찰하고 분석하며, 상황 내의 문제를 확인하고, 문제를 명명하는 것을 학습한다. 둘째, 학생들은 문제를 해결할 가능성이 높은 방법을 선택하도록 학습한다. 선택을 할 수 없으면 문제해결을 도와 줄 자원에 접근하는 법을 배운다. 셋째, 학생들이 일단 가능한 선택을 확인하면 문제해결을 위해 가장 실용적인 방법을 선택한다. 선택한 방법을 실행한 후에는 문제가 해결되었는지를 점검한다. 문제가 해결되지 않고 그대로 있으면 계획을 변경하기 위해 무엇을 해야 할지를 결정한다. 넷째, 학생들은 한 가지 문제로부터 다른 상황에서 유사한 문제를 해결할 수 있는 전략을 이용하는 법을 학습한다.

의사소통 기술. 다른 사람들과 의사를 소통하는 기술은 성장과 발달에 있어서 매우 중요한 요소가 된다. 지적장애를 지닌 아동들의 의사소통 체계는 일반적으로 구어, 보완대체의사소통(수화와 언어판 포함), 구어와 보완대체 의사소통의 조합 등 세 가지 유형을 갖는다. 일부 지적장애를 지닌 아동들은 보조공학이나 의사소통 보조물을 통해서 도움을 받을 수 있다. 보조공학에는 언어능력이 제한된 지적장애를 지닌 아동을 도와 줄 다양한 의사소통 방법들이 포함된다. 의사소통 보장구는 형태에 관계없이 지적장애를 지닌 아동들이 다른 사람들과 의사를 소통하는 데 도움을 줄 수 있다.

자기결정. 자기결정 능력이 있는 학습자는 목표를 설정하고, 계획을 세우며, 계획을 실천하고, 자신의 수행을 평가하며 자신의 목표를 도달하기 위해 자신이 하고 있는 일을 조정할 수 있다. 학급에서는 선택과 결정하기, 목표 정하기, 문제해결하기, 자기평가하기, 자기관리하기, 자기옹호하기, 자기인식하기 등과 같은 자기결정 기술을 향상시킬 기술과 태도를 지도하게 된다. 자기결정 기술을 학습하게 되면 학생으로 하여금 자신의 다른 학습뿐만 아니라 교육과정 목표에 도움을 줄 수 있다(Wehmeyer et al., 2007).

학습기능. 지적장애를 지닌 학생들은 기본적이고 기능적인 학업 프로그램을 통해서 도움을 받을 수 있다. 문해 영역의 경우, 경도 지적장애를 지닌 학생들은 학습률의 차이를 고려한 체계적인 교수 프로그램을 통해 학습하지만, 그들은 풍부하고 집중적이며 강도 높은 문해 경험을 통해서 읽기를 학습할 수 있다(Katims, 2000). 지적장애를 지닌 학생들은 그들의 지적 능력과 학습 능력을 고려하여 읽기를 지도해야 한다. 이 장애를 지닌 학생들에게는 기능적 읽기를 지도하는 것이 유익하다. 기능적 읽기 프로그램은 개인의 작업, 일상생활, 여가활동 등과 같이 생활 상황에서 활용되는 단어를 중심으로 지도한다. 지적장애를 지닌 학생들은 계산 능력에 결함을 보이지만, 대부분 기초적인 덧셈과 뺄셈을 학습할 수 있다. 그러나 이런 아동들은 수학적 추론과 문제해결 과제에 심한 어려움을 겪는다(Beirne-Smith et al., 2002).

교수 방법

지적장애를 지닌 특수교육대상 학생들에게는 명확하고 체계적인 교수법을 적용하는 것이 최선의 방법이며, 실험적 연구에 의하면 다음과 같은 방법들이 제시되고 있다(Heward, 2012).

- 교수 목표를 확인하고 우선순위를 결정하기 위해 현재의 수행수준을 평가하기
- 지도할 새로운 기술과 지식을 규정하고 과제를 분석하기
- 교수 자료와 활동을 설계하여 안내를 받거나 독자적으로 적극 반응할 수 있는 기회를 제공하기
- 비계교수 이용하기(예, 단서, 촉진 및 용암을 이용하여 학생이 자극에 반응하도록 하기)
- 후속강화, 교수적 피드백, 오류교정 등의 방법으로 학생의 수행에 대한 체계적인 후속결과 제공하기
- 유창성 형성 활동을 수업에 활용하기
- 새로 학습한 기술의 일반화와 유지를 촉진시키기 위한 전략을 활용하기
- 학생의 수행성을 직접, 자주 측정하고, 그 데이터를 교수적 의사결정에 활용하기

과제분석은 복잡하거나 다단계로 이루어진 기술을 학습하기 위해 보다 작은 하위 과제들로 나누는 것이다. 과제분석을 할 때는 하위과제와 하위기술을 가장 쉬운 단계에서 가장 어려운 단계로 순서화하고, 표적기술을 자연 환경이 요구하는 수준이나 최저 비율로 제시한다.

체계적인 피드백은 정확한 반응을 했을 때 칭찬을 하거나 정적강화를 제공하고, 부정확한 반응의 오류를 교정해 주는 방법이다. 피드백은 특수하고, 직접적이며, 긍정적이고, 자주 차별적으로 제공될 때 효과적이다. 학습의 습득단계에서 제공되는 피드백은 반응의 정확도와 반응형태에 초점을 맞추어야 한다.

자극통제의 전이. 지적장애나 다른 장애를 지닌 학생들에게 시행착오학습을 적용할 경우 시간낭비를 할 가능성이 높다. 따라서 교사는 학생이 정반응을 마냥 기다리기보다 촉진(예, 신체적 안내, 언어적 지시, 그림, 사전 녹음된 청각적 촉진)을 제공하여 반응률을 높이는 것이 바람직하다.

일반화와 유지. 일반화와 유지는 학생이 학습한 내용을 다른 상황이나 시간대에 이용할 수 있는 정도를 말한다. 일반화와 유지를 위한 전략으로는 후속성 강화가 자연적으로 일어나도록 하기, 프로그램에 공통적인 자극을 포함시키기, 지역사회 중심의 교수 제공하기 등 세 가지가 있다(Heward, 2012).

직접 자주 측정하기. 교사는 학생의 수행성을 자주, 직접 측정하여 효과를 검증해야 한다. 직접 측정이란 지도한 기술을 자연 환경에서 학습자가 수행하는 것을 객관적으로 측정하는 것을 말하며, 분석한 과제의 수행을 확인하는 방법이나 행동지원에서 많이 사용하는 다양한 관찰법이 이용될 수 있다. '자주 측정' 이란 교수 활동이 이루어질 때마다 측정하는 것을 의미한다. 교수-학습 활동이 이루어지면 즉각적이고 객관적으로 학생들의 수행성을 평가해야 한다.

8. 지적장애와 발달지체를 지닌 학생의 전환교육

지적장애 청소년들의 교육 목표는 독립성의 향상, 지역사회 참여 확대, 고용 준비, 성인생활로의 성공적인 전환 촉진 등이 있다.

■ 독립성과 지역사회 참여

독립성은 개인적 보호, 자조, 적절한 여가활동 등과 같은 일상적인 개인생활에서 자기효능감을 이끌어주는 기술의 발달과 적용으로 구성되어 있다. 지역사회 참여는 레스토랑, 시장, 식료품점, 극장, 공원 등 일반인들이 이용하는 프로그램, 시설, 서비스에 접근하는 것을 말한다. 지적장애 청소년들은 장애가 없는 또래들과 상호작용할 기회를 가져야 하고, 지역사회 이벤트에 참여해야 하며, 사회적 관계를 지속시키고 자신의 삶에 영향을 미치는 여러 가지 선택 조건에 참여해야 한다.

■ 취업 준비

노동은 성인기 동안 한 개인의 성공을 측정하는 중요한 척도가 된다. 즉, 사회적 상호작용을 할 수 있는 일차적 기회를 제공하고, 개인적 정체감이나 지위의 토대가 되고, 지역사회에 기여할 기회가 되기도 한다. 이러한 요구는 일반인들처럼 지적장애인들에게도 중요한 기본적인 요구가 된다.

다행히 지적장애를 지닌 학생의 취업은 고립되었던 보호작업장 중심에서 지원고용을 비롯한 지역사회 직장으로 확대되어 가고 있다. 취업의 목적과 목표는 개인의 능력 수준과 지역사회의 노동 환경에 따라 좌우된다. 이 장애를 지닌 학생이 취업을 하기 위해서는 지원고용처럼 고용된 직장에서 지속적인 지원을 받을 필요가 있다.

지적장애를 지닌 학생들은 적절한 훈련과 지원을 받으면 지역사회에 취업하여 노동을 할 수 있다. 다음은 지적장애를 지닌 학생들을 위한 취업훈련 프로그램을 개발하기 위한 지침이다(Dew & Hardman, 2004).

- 학생들은 자신이 원하는 직업, 근무하고 싶은 장소에 대한 정보를 선택할 수 있는 기회를 가져야 한다.
- 학생들은 고등학교를 졸업하기 전에 지역사회에서 직업훈련을 받아야 한다.
- 직업훈련은 개인이 현재 생활하는 지역에서 할 수 있어야 한다.
- 학생들의 졸업이 가까워지면 직업훈련은 보다 구체적인 직무훈련에 초점이 맞추어져야 한다.
- 취업훈련 프로그램에서는 학교와 성인 직업훈련 기관과의 협력이 중요하다.

9. 지적장애와 발달지체를 지닌 학생의 통합교육을 위한 팁

■ 초기 아동기

가족을 위한 팁

- 장애를 지닌 자녀와 이웃의 비장애아동 간에 교우관계를 형성할 기회 제공하기
- 교육 계획 수립 과정에 적극적으로 참여하고 자녀에게 이웃의 조기교육 기관에 접근할 기회를 많이 갖게 하기. 개별화 가족 서비스 계획에 친숙해지고, 비장애 아동들이 참여하는 조기교육 프로그램에 장애 자녀를 포함시키는 일을 지원하도록 노력하기

유치원 교사를 위한 팁

- 각 아동의 능력에 먼저 초점을 맞추기
- 과제의 구성요소를 명확히 제시하고, 학습 분위기를 흩트리는 외부의 자극을 줄이기
- 단순한 과제로 시작하고 기술을 습득해 감에 따라 점차 복잡한 과제로 넘어가기
- 가급적 자료를 시청각적으로 제시하면서 말로 이야기 해 주기
- 초기 학습 단계에서 반복학습을 통해 숙달시키기
- 비장애아동들과 적절한 행동을 할 때나 과제를 정확히 수행할 때는 보상을 주기

유아교육관련 인사를 위한 팁

- 지적장애를 지닌 유아를 학급이나 프로그램에 포함시키도록 지원하기
- 교사, 직원, 자원봉사자 등이 유아교육 환경에서 지적장애를 지닌 유아가 성공을 경험할 수 있도록 노력할 때 이를 적극 지원하기
- 프로그램에 아동뿐만 아니라 가족까지 통합시키고 부모에게 일정 역할을 부여하기

이웃과 친구를 위한 팁

- 지적장애를 지닌 유아들과 비장애유아들이 함께 놀이할 기회 제공하기
- 지적장애를 지닌 유아 가족에게 지원적 지역사회 환경을 제공하기(외출, 야유회 등)
- 지역사회에서 이웃 및 아동들과 상호작용할 때 유사성에 초점을 맞추기

■ 초등학령기

가족을 위한 팁

- 자녀의 개별화 교육 프로그램에 적극적으로 참여하여, 자녀가 자연환경(예: 일반학급)에서 해야 할 사회적 및 의사소통 기술을 발달시킬 수 있도록 학습 내용과 목표를 설정하도록 요청하기
- 장애를 지닌 자녀를 부근의 일반학교에서 통합교육을 받도록 노력하기
- 부모회나 운영위원회 등에 적극 참여하여 일반아동 부모와 원만한 관계를 형성하기
- 자녀가 비장애또래들과 사귈 수 있는 환경과 조건을 조성해 주기

일반교사를 위한 팁

- 차이점 보다 유사성에 초점을 맞추기
- 다른 아동들과 비교하지 말고 지적장애 아동이 성취한 바를 인식하고 인정하기
- 모든 학생이 효과적으로 학습할 수 있는 협력적 학습 전략을 적용하기
- 학급의 물리적 환경을 정리할 때 모든 학생들을 고려하기

학교 인사를 위한 팁

- 아동 및 학교 자원을 통합하기
- 교수 자료와 프로그램을 필요한 모든 학생들에게 제공하기
- 이질적인 학생 집단을 구성하도록 촉진하기. 일반학급에서 지적장애 학생을 포함하는 대집단 구성을 피하기. 일반학급에 지적장애 학생의 수를 2명 이내로 포함시키기

- 동일 건물에서 지적장애 학생뿐만 아니라 모든 학생들을 위한 동일한 일정을 유지하기
- 각 아동의 교수 프로그램을 개발하고 실행하는 데 학교 인사 모두가 협력하여 참여하기

중등학령기

가족의 역할

- 장애를 지닌 자녀가 학교 이외의 생활과 활동에서 비장애또래들과 함께 활동할 기회를 만들기
- 장애를 지닌 자녀의 또래들을 가정으로 초대하여 상호작용할 수 있는 기회를 장려하기
- 개별화 교육 프로그램과 개별화 전환교육 계획을 수립할 때 적극적으로 참여하기

일반교사를 위한 팁

- 수업에 특수교사와 다른 전문가를 참여시켜 도움을 받기
- 지적장애를 지닌 학생이 학급에 포함되어 있다는 점을 비장애또래들에게 이해시키기
- 지적장애를 지닌 학생들이 학교의 특별활동에 참여하도록 지원하기

학교 인사를 위한 팁

- 학교 활동에 지적장애 학생의 부모를 참여시키기
- 개별화교육계획 수립 시 부모가 참여하도록 촉구하고, 자녀를 통합시키려는 열망에 관심을 가져주기
- 담당 교사나 직업교사가 지역사회 중심의 지적장애 학생 직업 교육 계획과 프로그램을 개발하도록 지원하기

이웃, 친구 및 잠정적 고용주를 위한 팁

- 지적장애를 지닌 학생이 가족 및 학교 인사와 함께 지역사회 활동에 참여하기

• 지역사회의 사업자들은 미래의 고용주로서 지적장애 학생이 재학하고 있는 학교와 지역사회 중심의 고용 프로그램을 마련하고 실행하기

요약

■ 정의

• 지적 발달의 제한 현상과 더불어 적응기술 영역의 결함을 18세 이전에 보이는 경우이다.

■ 분류

• 개인의 지적 능력과 적응기술의 정도는 정상과 어느 정도 다르냐에 따라 경도, 중등도, 중도, 최중도로 분류된다.
• AAIDD는 필요한 지원을 간헐적, 제한적, 집중적, 포괄적 수준으로 분류하고 있다.

■ 출현율

• 지적장애를 지닌 특수교육대상 학생의 출현율은 0.83%이고, 특수교육대상 학생 중 30.6%를 차지하고 있지만 실제 특수교육 서비스를 받는 전체 학생의 53.7%에 이른다.

■ 원인

• 태아기, 즉 출생 전 원인으로는 감염과 중독, 염색체 이상, 기타 밝혀지지 않은 태아기 영향 등이 있다.

■ 특성

• 지적장애를 지닌 학생들은 학습 및 사회적 상황에서 관련 질문을 구별하고 주의를 집중하는 데 어려움을 겪으며, 장기기억, 단기기억 및 정보를 기억하는 시연 과정에 문제를 가질 수도 있다.
• 지적장애를 지닌 개인은 지체의 정도에 따라 다르지만 언어의 이해와 생성에 어려움을 겪을 수 있으며, 가장 보편적인 언어 문제는 조음문제, 음성문제, 말더듬

이다.

- 지적장애를 지닌 개인들은 지체의 정도에 따라 문제해결을 위한 계획 세우기, 해결 전략의 점검, 전략의 실행, 결과의 평가 등과 같은 상위인지 기술에 어려움을 겪는다.

■ 진단평가와 사정

- 지적장애를 진단평가할 때 지적 능력, 적응 행동 및 요구되는 지원 수준에 관한 정보를 요구하고 있다.
- 사정 절차에는 최소한 학생을 지원해야 할 위치에 있는 가족, 교사 및 기타 관련 인들의 행동 관찰, 표준화된 성취도 검사 결과, 타당성과 신뢰성이 확보된 표준화된 인지기능 검사 결과를 확보할 필요가 있다.

■ 교육적 지원과 중재

- 지적장애를 지닌 아동들의 교육은 주로 운동기술, 자조기술, 사회적 기술, 의사소통 기술, 학업적 기술을 중심으로 접근하고 있으며, 최근에는 자기결정이 강조되고 있다.
- 지적장애를 지닌 학생들에게는 명확하고 체계적인 교수법을 적용하는 것이 최상의 방법이며, 실험적 연구 결과를 근거로 다양한 방법들이 제안되고 있다.
- 지적장애를 지닌 학생을 위한 교수법으로 과제분석, 체계적인 피드백, 자극 통제의 전이, 일반화와 유지 전략 등이 있다.

토의문제

1. 특수교육법, IDEA, AAIDD에서 규정하고 있는 지적장애 정의의 주요 구성 요소에 대해 논의하시오.
2. 교재에 소개된 지적장애의 분류방식과 그에 대한 대안에 대해 논의하시오.
3. 지적장애를 지닌 학생들의 지적 기능, 자기조절력 및 적응기능 특성에 대해 논의하시오.
4. 지적장애를 지닌 학생들의 동기, 언어, 신체적 특성에 대해 논의하시오.
5. 지적장애를 지닌 유아의 조기특수교육 내용과 방법에 대해 논의하시오.
6. 지적장애를 지닌 초등학교 특수교육대상 학생들의 주요 교육 내용에 대해 논의하시오.
7. 지적장애를 지닌 특수교육대상 학생들의 학업지도 방법으로 직접교수의 효과성에 대해 논의하시오.
8. 지적장애를 지닌 특수교육대상 학생들에게 효과적인 기능적 학업 프로그램에 대해 논의하시오.

Special Education

제8장

지체장애 및 건강장애를 지닌 특수교육대상 학생

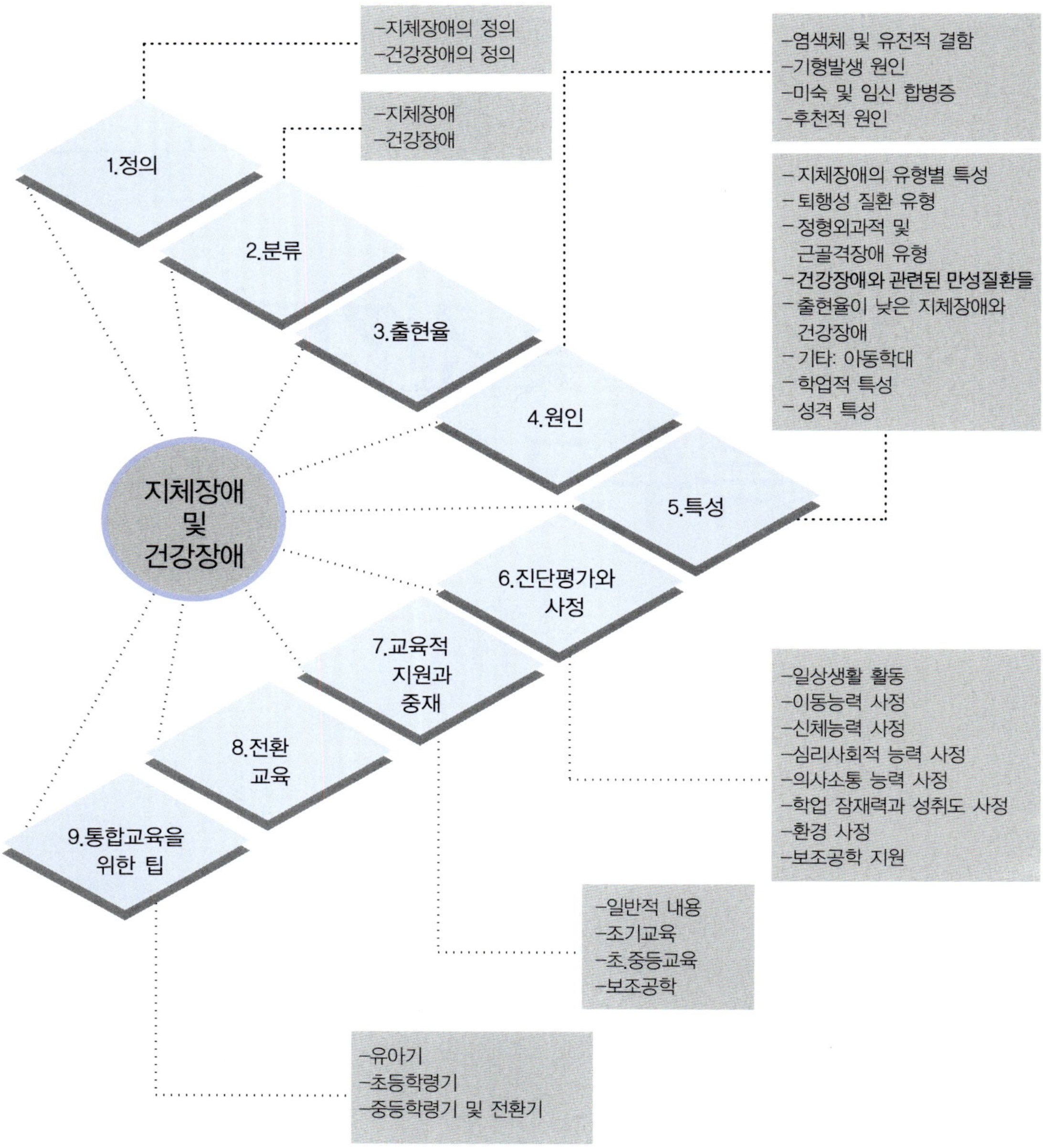

지체장애 및 건강장애
1.정의
–지체장애의 정의
–건강장애의 정의
2.분류
–지체장애
–건강장애
3.출현율
4.원인
–염색체 및 유전적 결함
–기형발생 원인
–미숙 및 임신 합병증
–후천적 원인
5.특성
– 지체장애의 유형별 특성
– 퇴행성 질환 유형
– 정형외과적 및 근골격장애 유형
– 건강장애와 관련된 만성질환들
– 출현율이 낮은 지체장애와 건강장애
– 기타: 아동학대
– 학업적 특성
– 성격 특성
6.진단평가와 사정
–일상생활 활동
–이동능력 사정
–신체능력 사정
–심리사회적 능력 사정
–의사소통 능력 사정
–학업 잠재력과 성취도 사정
–환경 사정
–보조공학 지원
7.교육적 지원과 중재
–일반적 내용
–조기교육
–초.중등교육
–보조공학
8.전환 교육
9.통합교육을 위한 팁
–유아기
–초등학령기
–중등학령기 및 전환기

| 제8장 |

지체장애 및 건강장애를 지닌 특수교육대상 학생

지체장애는 골격, 근육 또는 신경체계에 영향을 미친다. 일반적으로 지체장애는 아동이 지닌 신체의 구조나 기능상의 문제를 의미하고, 건강장애는 신체의 생명 유지체계에 영향을 주는 질병, 감염 및 조건들을 말한다. 이러한 조건들은 때로는 아동의 생명을 위협하고, 신체적인 상태를 악화시키기 때문에 이들이 학교에서 수행해야 할 능력을 손상시킬 수 있다.

특수교육법(2007)에서는 지체장애와 건강장애를 별도의 장애 영역으로 구분하고 있지만, 두 장애의 특수성을 고려하여 이 장에서 함께 다루기로 한다. 이 두 장애 범주는 장애나 질병에 따라 더 세부적으로 구분될 수 있다. 근이영양증과 외상성 뇌손상 그리고 천식과 혈우병은 서로 아무런 관련성이 없다. 이처럼 성격이 다른 장애와 질병을 지니고 있지만, 이들의 공통점은 모두 교육적 요구가 특별하다는 점이다. 따라서 이들에게 가장 적절한 교육 서비스를 제공하기 위해 지체장애와 건강장애라는 명칭으로 각각 규정되어 있다. 이 장에서는 지체장애와 건강장애에 대해 필요에 따라 함께, 때로는 별도로 교육과 관련된 문제를 논의하고자 한다.

1. 지체장애와 건강장애의 정의

■ 지체장애의 정의

특수교육법(2007)에서는 지체장애를 지닌 특수교육대상자를 "기능 · 형태상 장애를 가지고 있거나, 몸통을 지탱하거나 팔다리의 움직임 등에 어려움을 겪는 신체적 조건이나 상태로 인해 교육적 성취에 어려움이 있는 사람" 으로 규정하고 있다.

한편 장애인복지법 시행령(2010)에서는 장애에 중점을 두고 그 장애가 일상생활과 사회생활에 제약을 받는 정도에 관심을 가지며, 지체장애를 다음과 같이 규정하고 있다.

- 한 팔, 한 다리 또는 몸통의 기능에 영속적인 장애가 있는 사람
- 한 손의 엄지손가락을 지골(손가락 뼈) 관절 이상의 부위에서 잃은 사람 또는 한 손의 둘째손가락을 포함한 두 개 이상의 손가락을 모두 제1지골 관절 이상의 부위에서 잃은 사람
- 한 다리를 리스프랑(발등 뼈와 발목을 이어주는) 관절 이상의 부위에서 잃은 사람
- 한 손의 엄지손가락을 잃은 사람 또는 한 손의 둘째손가락을 포함한 한 손가락 두 개 이상의 기능을 잃은 사람
- 왜소증으로 키가 심하게 작거나 척추에 현저한 변형 또는 기형이 있는 사람
- 지체의 위 각 목의 어느 하나에 해당하는 장애 정도 이상의 장애가 있다고 인정되는 사람

장애인복지법 시행령(2010)은 뇌병변장애를 "뇌성마비, 외상성 뇌손상, 뇌졸중 등의 뇌의 기질적 병변으로 인하여 발생한 신체적 장애로 보행이나 일상생활의 동작 등에 상당한 제약을 받는 사람"으로 규정하고 있다.

■ 건강장애의 정의

특수교육법(2007)의 경우, 개정이전에는 건강장애를 지닌 특수교육대상자의 선정기준을 "건강장애, 신장장애, 간장애 등 만성질환으로 인하여 3개월 이상의 장기입원 또는 통원치료 등 계속적인 의료적 지원이 필요하여 학교생활, 학업수행 등에 있어서 교육적 지원을 지속적으로 받아야 하는 자"로 규정되어 있었으나, 2007년 개정되면서 좀 더 포괄적으로 기술되었다. 즉, "만성질환으로 인하여 3개월 이상의 장기입원 또는 통원치료 등 계속적인 의료적 지원이 필요하여 학교생활 및 학업 수행에 어려움이 있는 사람"으로 규정되어 있다.

특수교육법(2007)에 의하면 건강장애는 '만성질환, 3개월 이상의 의료적 지원, 교육적 지원'의 세 조건을 충족시켜야 한다. 이 법이 개정되면서 이전 법에 비해 건강장애의 진단 기준이 모호해진 반면, 개념적 범위가 더욱 넓어짐으로써 수요자 측면에서는 서비스를 받을 수 있는 범위가 더 확대될 수 있다. 하지만 이러한 측면 때문에 특수교육대상자 선정 시 논쟁의 여지가 더 많아질 가능성이 높다.

2. 지체장애와 건강장애의 분류

■ 지체장애

특수교육법에서는 지체장애를 개념적으로 규정하고 조작적 정의를 내리지 않음으로써 특수교육 대상자 선정에 다소 어려움이 있어 개념을 보다 명확히 규정하고 선정기준을 조작화할 필요가 있다. 특히 지체장애는 질병과 장애의 구분이 불분명하고, 건강장애는 환자로서 특별한 교육적 지원이 필요한 경우에 한하여 특수교육대상자로 선정하도록 되어 있어 정의와 분류에서 혼란을 일으키고 있다.

지체장애는 학자들의 관점에 따라 다양하게 분류되고 있다. 김승국(1995)은 신경장애, 근골격장애, 선천성기형, 사고 및 기타장애, 피학대성의 5가지 범주로 분류하고 있다. 안병즙(1987)은 신경성 질환군과 운동성 질환군의 두 가지 범주로 분류하였고, Gargiulo(2003)는 신경운동손상, 퇴행성 질병, 정형외과적 및 근골격장애로 분류하였다. Hallahan, Kauffman 및 Pullen(2009)은 신경운동성 손상군, 정형외과적 및 근골격장애군, 기타 건강 및 지체장애에 영향을 주는 조건 등 세 영역으로 분류하였다. 한편 IDEA는 지체장애에 정형외과적 장애를 포함하고 있으며, 선천성 이상에 의해 발생되는 장애(기형, 굽은 다리), 질병에 의한 장애(척수성 소아마비 등), 기타 원인으로 인한 장애(뇌성마비, 절단, 골절, 화상 등) 등 크게 3가지로 범주화하고 있다. 이상의 분류방식들을 종합하면 지체장애는 신경운동손상형, 퇴행성 질환형, 근골격 장애형으로 정리될 수 있다.

표 8.1 지체장애의 하위 범주와 범주별 장애 유형

하위 범주	포함 장애
신경운동 손상형	뇌성마비, 척수손상, 이분척추
퇴행성 질환형	진행성근이영양증(근위축증)
정형외과적 및 근골격장애형	청소년 류머티즘, 사지결손

■ 건강장애

특수교육진흥법에 의하면 건강장애는 "심장장애, 심신장애, 간장애 등 …" 으로 일부 장애를 명시하였으나, 특수교육법(2007)에서는 이러한 조건들이 제시되지 않고 있다. 장복법에 규정된 장애 중 특수교육법의 건강장애와 관련이 있는 장애는 신장장애, 심장장애, 호흡기장애, 간장애, 안면장애, 장루 · 요루장애, 간질이 있다. 교육부 특수교육통계(2011) 중 특수교육대상학생들의 장애인 등록 현황을 보면 이상의 장애 중 장루요루장애를 제외한 모든 장애가 포함되어 있다. 그러나 장복법이 규정한 장애에 포함되지 않는 질환이지만 그로 인하여 학업생활에 어려움이 있어 특수교육대상자가 될 수 있는 경우로는 소아암, 재생불량성 빈혈, 요보호학생, 천식 등이 있다. 이처럼 **장애나 질환을 지니고 있다고 모두 특수교육대상자가 되는 것은 아니며, 이들 장애 외에도 '만성질환' '3개월 이상의 의료적 지원 필요' '학교 및 학업생활에 어려움이 있는 자" 의 세 가지 조건을 충족시킬 경우 건강장애를 지닌 특수교육대상자로 선정되어 특수교육 서비스를 받을 수 있다**.

3. 지체장애와 건강장애의 출현율

국립특수교육원(2001)의 출현율 조사에 의하면 지체장애를 지닌 특수교육대상 학생은 0.19%로 나타났다. 그 가운데 뇌성마비가 0.1%, 형태이상이 0.03%, 진행성근위축증이 0.02%였다. 각 하위장애별로 학자들에 의해 연구된 바에 의하면, 뇌성마비의 발생 추정치는 인구 2,000명당 4~5명 정도로 추산된다(Miller & Bachrach, 1995). 간질은 학령기 아동들에게서 볼 수 있는 가장 일반적인 신경학적 손상으로서 전체 인구의 약 0.5~0.7%가 해당한다(Hardman, Drew, & Egan, 2006).

교육부의 특수교육통계(2016)에 따르면 지체장애를 지닌 특수교육대상 학생은 11,019명으로서 특수 교육 서비스를 받고 있는 전체 학생의 12.5%를 차지하고 있으며, 건강장애를 지닌 특수교육대상 학생은 1,675명으로 1.9%를 차지하고 있다.

4. 지체장애와 건강장애의 원인

■ 염색체 및 유전적 결함

지체 및 건강장애의 가장 일반적인 원인은 부모의 염색체와 유전자의 결함으로 나타나는 유전적인 조건이다. 일부 유전적 요인들은 근이영양증, 겸상적혈구성 빈혈, 혈우병 및 낭포성 섬유증과 같은 지체장애 및 건강장애의 발생에 영향을 미치는 것으로 여겨진다(Bushby, 2000). 어떤 경우는 유전적 선천성 증후군(지적장애, 왜소 발육증, 맹, 농, 불안정한 걸음걸이, 떨림 등을 유발시키는 코카인증후군)에 의해 장애 유아로 태어난다. 이러한 사례는 유전적 유전자가 질병이나 장애의 원인이 되는 것으로 확실시 된다.

■ 기형발생 원인

지체장애 및 건강장애는 태아기 동안 기형발생 물질에 의해 유발될 수 있다. 기형발생물질은 태아 이상을 유발시킬 수 있는 감염, 약물, 화학물질 및 환경적 조건과 같은 외부 요인들이다. 장애 발생에 영향을 미치는 환경 요인에 관심을 가지게 된 것은 탈리도마이드(진정제, 수면제로 많이 쓰였음)의 복용 결과로 기형이나 팔다리가 없는 신생아를 출산하게 된 것이 계기가 되었다.

일부 유전적 감염은 중증의 중복장애를 유발시킨다. 어머니가 감염되면 발육중인 태아에게 전해진다. 일부 출생 전에 감염된 신생아들은 중증의 선천성 결함을 갖고 태어나게 되는데, 여기에 해당되는 질병으로는 매독, 주혈원충병, 홍역, 거대세포바이러스 및 포진(헤르페스) 등이다. 이러한 감염은 태아기에 아무런 영향을 미치지 않는 경우도 있지만 심한 장애나 사망을 일으키기까지 한다. 임신 기간 중 이러한 감염성 질병에 걸리면 뇌성마비, 맹, 농, 지적장애, 심장장애, 신장장애, 뇌이상 등의 장애를 지니고 태어날 가능성이 높다.

감염된 어머니로부터 태아에게 전해지는 기타 감염성 장애에 에이즈를 일으키는 HIV가 있다. 주산기 동안에 발생되는 뇌막염과 폐혈증과 같은 감염은 뇌성마비를 일으킬 위험성을 증가시킨다(Wheater & Rennie, 2000).

■ 미숙 및 임신 합병증

영아는 일반적으로 40주 동안의 임신기간을 거쳐 약 3kg의 체중으로 태어난다. 영아가 임신 37주 이전에 예상 체중의 10%이하로 감량되어 태어나면 저체중으로 여긴다. 영아는 저체중 미숙아로 태어날 수도 있고, 저체중아 또는 미숙아로 태어날 수도 있다. 지체장애와 건강장애는 미숙아, 저체중아 또는 임신기간을 모두 채우고 태어난 영아에게도 일어날 수 있다. 때로는 태아감염 및 산소부족과 같은 요인도 지체장애와 건강장애를 유발시킨다.

태내의 발육부진, 미숙아 혈액형의 부적응, 산모의 질병, X-ray 과다촬영, 약물중독 등은 뇌성마비를 유발시킬 위험이 높다. 미숙아나 저체중아는 태어나면 즉시 의료적 처치를 받아야 한다. 미숙아는 온전하게 발달하지 않기 때문에 수일 또는 수개월 동안 집중적인 보호를 받을 필요가 있다. 가끔 이런 영아는 약물치료와 생명을 연장하기 위해 산소호흡기와 같은 생명지원 장비를 필요로 한다.

임신 30주 이전에 태어난 아동들은 약 50%가 장기적인 이상을 갖게되고 뇌성마비와 같은 발달장애가 될 가능성이 높다. 체중이 매우 낮은 영아의 5~15%는 운동결함을 지니고, 25~50%는 다소 심한 발달장애를 갖게 된다. 미숙아와 저체중아는 학령기 동안 문제를 갖게 되고, 지능지수가 낮으며, 읽기이해와 수학성취가 낮고, 기억결함, 실행기능(계획하기, 일정한 순서로 배열하기, 억제하기) 문제 등을 갖는다(Gargiulo, 2003).

■ 후천성 원인

여러 가지 지체장애와 건강장애는 출생 후 영아기, 아동기 및 성인기에 일어날 수 있다. 후천성 원인으로는 외상, 아동학대, 감염, 환경 독소 및 질병 등을 들 수 있다. 장애의 정도는 원인과 그 강도에 따라 달라진다.

우연한 사고나 의도적인 손상으로 장애를 갖게 될 수 있다. 자동차 사고, 다이빙 사고, 추락 등으로 척추를 손상당하거나 외상성 뇌손상을 입을 수 있다. 익사 직전까지 가거나 총상을 입을 경우 인지손상이나 운동장애를 가져올 수 있다. 뇌조직을 손상시키는 고열이나 사고를 당한 후에 간질이 나타날 수 있다. 아동학대와 무관심도 아동을 발달장애 위험군에 빠뜨릴 수 있다.

기타 후천성 원인으로는 감염, 환경독소 및 질병 등이 있다. 뇌막염이나 뇌염과 같은 감염도 뇌성마비나 심한 건강장애를 일으키고 드물기는 하지만 사망에 이르기까지 한다. 오염과 같은 환경독소가 천식을 일으키는 데 영향을 미친다. 납중독은 발작, 지적장애, 학습장애, 청력상실 및 사망을 가져올 수 있다(Cohen, 2001). 암과 당뇨병과 같은 질병은 다양한 건강 조건에 영향을 미친다.

5. 지체장애와 건강장애를 지닌 학생의 특성

■ 지체장애의 유형별 특성

뇌성마비

뇌성마비란, 뇌가 완전히 발달되기 전에 여러 가지 원인으로 손상을 입고 운동과 자세의 기능이 떨어지게 되어 마비와 기타 여러 장애가 동반되는 것을 말한다. 뇌성마비는 질병이 아니며, 점진적으로 악화되는 것도 아니고, 전염되지도 않는다. 유전되거나 진행성의 장애가 아니라, 근육의 조절능력이 없어 전반적인 운동기능에 마비 현상을 나타내는 특징을 보인다.

또한, 뇌성마비의 주 증상은 근육마비로 팔다리에 미치는 영향에 따라 상지마비, 하지마비, 편마비, 전신마비 등으로 분류되며, 개인에 따라 마비 부위와 정도가 다르고 간질, 감각장애, 언어장애, 청각장애, 이상행동 등 여러 장애를 동반하는 경우가 많다. 뇌성마비는 운동장애의 유형에 따라 다음과 같이 분류될 수 있다(Best, Heller, & Bigge, 2005).

- 근육 경직형(경련형) : 근육 긴장이 심하여 사지와 목이 뻣뻣한 것이 특징이며, 긴장하면 경련은 더욱 심해지고 반사적 행위가 강하게 나타난다.
- 무정위운동형 : 팔, 다리, 머리 및 눈동자 등 신체 각 부분의 운동을 조절하기 힘드나 지능은 대부분 정상 범주에 속한다.
- 강직형 : 팔, 다리를 움직이려면 납 파이프를 움직일 때처럼 계속적인 저항이 있다. 근육의 긴장도가 너무 높아서 움직일 수 없을 때가 있다.
- 운동 실조형 : 평형감각이 없어서 마치 술 취한 사람처럼 비틀거리거나 잘 넘어진다.
- 진전형 : 조절할 수 없는 떨림이 계속되어 근육의 운동이 통제되지 않는다.
- 혼합형 : 위의 유형들이 2~3가지 혼합되어 나타나는 경우를 말한다.

한편, 마비 부위에 따라 나누면 단마비, 편측마비, 하지마비, 사지마비로 분류될 수 있다(그림 8.1 참조).

뇌성마비 아동들이 모두 의사소통장애, 감각장애, 지적장애, 발달장애를 나타내는 것은 아니지만 다수가 이러한 문제를 보인다. 뇌성마비 아동들의 대다수는 운동협응에 문제를 지니고 있고, 이러한 점은 쓰기, 책장 넘기기, 작은 물체를 다루기, 알아들을 수 있는 명확한 말을 하기 등에 필요한 소근육운동에 어려움을 갖게 한다. 뇌손상으로 인한 언어이해와 언어생성 곤란은 뇌성마비 아동들이 흔히 나타내는 문제이다. 모든 유형의 뇌성마비 아동들은 일반적으로 청력과 시력문제를 나타낸다. 뇌성마비 아동들의 약 30%가 청력 손실을 보이고 대략 50~60%가 인지적 결함을 나타내며 약 25~50%는 발작을 보인다(Best et al., 2005; Brown, 1997).

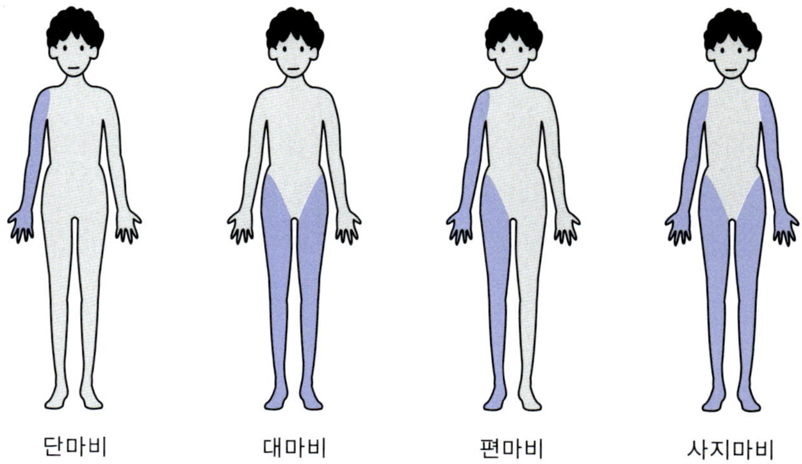

그림 8.1 뇌성마비의 국소해부학적 분류

척수손상

척수손상이란 척추에 압력이 가해져 척추가 손상을 받으면, 이로 인해 운동지각장애가 일어나는 것을 말하며, 척수외상이라고도 한다. 척추가 부러지거나(골절), 탈구되거나(벗어남), 탈구골절일 때 일어나는 경우가 많다. 척추외상의 40% 정도가 척수손상을 수반한다. 척수의 손상 정도에 따라 완전마비와 불완전마비가 있다.

척수성소아마비

바이러스성 질환의 하나로서 약칭 폴리오 polio라고 하고, 척수성소아마비 또는 하이네메딘병이라고도 한다. 아동에게 감염률이 높고 5세 이하의 환자가 90% 이상을 차지하며 7~8월에 많이 발생한다. 잠복기는 7~14일이며, 전형적인 경과를 나타내는 마비형은 먼저 증상으로 열이 나타난다. 열은 38~39℃로 2~4일쯤 지나면 내리는데, 열이 내릴 무렵에 이완성마비가 여러 형태로 전파되며, 그 정도가 다양하다. 지각마비를 수반하지 않으며, 한쪽 다리에 운동마비가 올 경우가 가장 많다.

이분척추증

이분척추증이란 선천성 기형의 하나로서 등뼈(척추)가 완전히 만들어지지 못하고 갈라져서 생기는 것이다(http://blog.naver.com/camiblues/, 2011). 척추는 신경의 다발로 이루어진 닫쳐진 관^tube^같은 것, 즉 신경관으로 안에는 척수가 있다. 이 신경들은

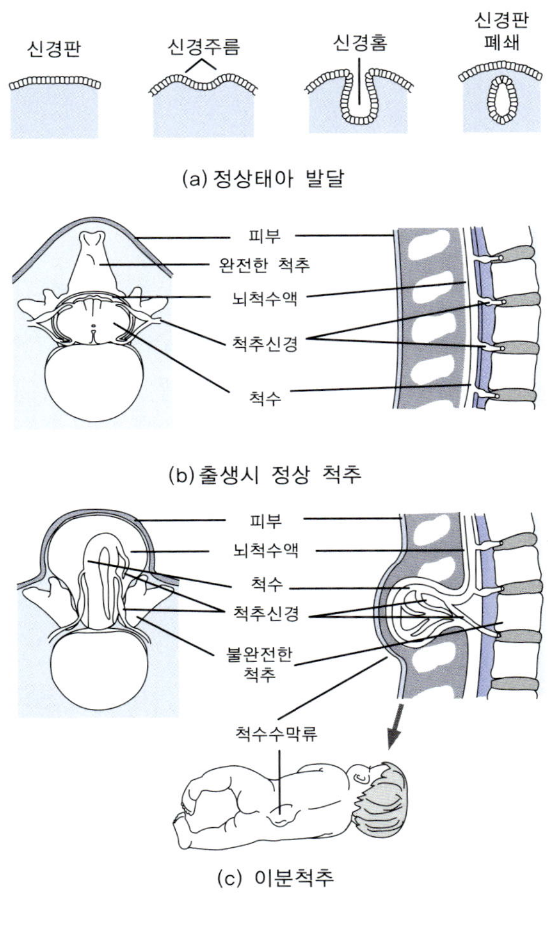

그림 8.2 신경관의 정상발달, 출생시 정상 척추, 이분척추증

뇌와 몸 사이를 오가며 메시지를 전달한다. 이런 메시지들은 공을 차거나, 연필을 쥘 때 근육을 어떻게 움직여야 하는지를 말해주며, 뜨거운 주전자에 손을 닿았을 때와 같이 몸에서 느끼는 감각들에 대해 알려준다. 아기가 엄마의 몸속에서 자랄 때 척추와 척수도 자란다. 그러나 어떤 이유로 척수가 같이 자라지 못하거나 잘 닫혀 지지 않을 때 이분척추증 또는 신경관손상이라고 한다. 이와 같이 척수의 문제 때문에 신경이 손상을 받고, 메시지가 우리 몸으로부터 뇌로, 또는 뇌에서부터 몸으로 전달되는 데 문제가 생긴다.

이분척추증에는 **잠재성 이분척추증**[104], **낭포성 이분척추증**[105], **수막류**[106], **척수수막류**[107], **척수파열**[108] 등이 있다. 이분척추증은 손상된 신경관을 재생하거나 처음처럼 회복시켜 놓을 수 없기 때문에 완전한 치료가 되지 않는다. 그러므로 기형을 최소화하고 가정과 사회에서 아이의 능력을 최대화해주는 데 초점을 맞추도록 해야 한다.

외상성 뇌손상

외상성 뇌손상은 외상으로 인해 뇌의 조직에 손상을 입은 것을 말한다. 사회가 발전하면서 교통사고, 산업재해, 스포츠 손상 등 각종 사고가 증가함에 따라 외상성 뇌손상 환자가 증가하고 있다. 외상성 뇌손상의 증상은 신경학적인 증상, 내과적인 문제, 외상으로 인한 신체적인 장애, 인지 기능의 장애, 행동장애 등 여러 가지로 나타날 수 있다. 손상은 뇌압의 증가, 흥분성 신경 전달 물질의 분비, **전신적인 요소**[109], 뇌감염, 조절되지 않는 경기 protracted seizure 등으로 인해 발생된다. 뇌손상은 임상적으로 경도, 중등도, 중증 및 식물인간 상태의 네 가지 범주로 분류되며 다음과 같다.

---

104) spina bifida occulta, 잠재성 이분척추증은 겉으로 보아서는 이상을 찾을 수 없고 증상도 없음. 신경에는 이상이 없고 척추뼈의 일부인 척추궁(척추뼈의 뒤에 고리처럼 붙어 있는 뼈)이 가운데에서 붙지 못하고 약간 벌어진 형태를 취함. 이분척추증(잠재성) 때문에 허리가 아프지는 않음

105) spina bifida cystica, 낭포성 이분척추증은 허리 뒤에 물주머니(뇌척수액: 뇌와 척수를 보호하는 액체)같은 혹이 있는 것으로 신경(척수)과 뼈(척추)가 벌어진 틈으로 피부까지 연결된 것임.

106) meningocele, 이 형태는 물(뇌척수액)로만 차 있음. 겉에서 보면 단순한 물주머니이지만 물주머니를 싸고 있는 막(껍질)을 원래 신경을 싸고 있는 수막(髓膜:dura)이라고 하기 때문에 수막류라고 함

107) myelomeningocele, 이 형태는 물주머니 속에 물(뇌척수액)과 말초 신경(척수에서 갈라져 나온 가느다란 신경 가닥)이 들어있음. 겉으로 보면 물주머니가 보이는데 경우에 따라 이 물주머니의 일부가 파열되어 있는 수가 있음

108) myeloschisis, 이 형태는 가장 심한 형태로서 물주머니가 완전히 개방되어 겉에서 척수의 일부가 보임

109) 출혈이나 저혈압, 심폐 기능의 저하 등

- 경도의 뇌손상 : 뇌손상을 입을 때 짧은 시간의 의식 소실이 있으며 계속적인 국소적 신경학적 결함은 없으나 미미한 신경심리학적, 행동적 결함이 있을 수 있음.
- 중등도의 뇌손상 : 최초의 글라스고우 혼수 척도가 9에서 12 정도인 환자들이나 1시간에서 24시간 사이의 외상성기억상실을 보이는 환자들을 말함.
- 중증의 뇌손상 : 중증의 외상성 뇌손상 환자군은 의식은 회복했으나 명백한 장애를 갖게 되는 환자들로 최소한 6시간 이상의 의식소실이 있었던 환자군을 의미함.
- 식물인간 상태 : 뇌손상 정도가 심하여 의식을 회복하지 못하고 식물인간 상태가 된 환자들로 주위환경을 알지 못하며 말을 하거나 수의적 운동을 하지 못함. 그러나 수면과 각성, 하품, 입맛 다시기, 동통자극에 대한 회피반응 및 기타 하부 뇌 조직에 의한 반응을 볼 수 있음.

■ 퇴행성 질환 유형

근이영양증

근이영양증은 근육을 유지하는 단백질의 결핍에 의해 팔, 다리 등의 근육의 근력이 떨어져서 결국 전혀 움직일 수 없게 되는 병이다(http://www.mdakorea.org/). 의학용어로는 진행성 근디스트로피muscular dystrophy라고 한다. 유형에 따라 다소 차이가 있지만 이르면 유아기 때부터 발병해 나이가 들면서 점점 근육의 힘이 약해지다가 폐렴 등 합병증까지 겹쳐 사망하게 되는 희귀성 난치병이다.

근이영양증을 지닌 아동들은 쉽게 넘어지고, 넘어지면 일어나기 힘이 든다. 이들은 10세에서 14세에 이르면 걷기 능력을 잃게 되고, 손과 손가락 같은 작은 근육이 마지막으로 영향을 받게 된다. 일부 의사들과 물리치료사들은 가급적 일찍부터 전동휠체어를 사용할 것을 권장하는 반면, 일부는 가급적 걷기를 연장할 수 있는 기구를 이용할 것을 권장한다(Heward, 2012).

근이영양증은 원인 유전자의 증상 및 진척 정도에 따라 대개 4가지 유형으로 구분한다(http://www.mdakorea.org/). 가장 대표적인 듀센형과 베커형은 1987년 원인 유전자와 단백질이 밝혀졌다. 이 외에 지대형과 안면견갑상완형이 있다. 지대형은 소아기 때부터 50세 전후까지 발병하고 병의 진척은 느리다. 반면 안면견갑상완형은 10

~20대에 발병하고 주로 얼굴과 어깨 근육이 눈에 띄게 약화되는 것이 특징이다. 이 두 가지 유형은 듀센형과 베커형과 달리 성염색체가 아니라 상염색체상의 유전자 이상으로 발병하기 때문에 남녀 모두에게 발병할 수 있다.

■ 정형외과적 및 근골격장애 유형

청소년 류머티스성 관절염

류머티스성 관절염은 관절에 통증, 뻣뻣함(강직), 종창(관절이 붓는 것)을 보이며 관절 기능을 잃게 되는 만성의 염증성 질환으로서 관절 외에 허파나 눈, 침샘, 신경 등에도 만성 염증에 의한 변화가 나타난다.

류머티스성 관절염은 몸속의 면역에 이상이 생겨서 오는 병이다. 백혈구라는 피속의 세포가 아직 밝혀지지 않은 원인불명의 이유로 스스로 공격하기 때문에 생기는 병이다. 특히 이러한 백혈구들이 신체 중에서 관절들을 집중적으로 공격하기 때문에 관절이 붓고, 아프고 결국 변형까지 생기게 되는 병이다.

류머티스성 관절염의 위험인자로는 사고, 분만, 폐경, 수술 등에 의한 정신적 육체적 스트레스, 가족 중 류머티스성 관절염, 자가면역 질환 환자가 있는 경우, 유전적으로 자가면역계에 결함이 있는 경우 등이 있다.

골형성부전증

골형성부전증은 신체에 큰 충격이나 특별한 원인이 없이도 뼈가 쉽게 부러지는 유전질환이다. 질병의 정도에 따라 다양하게 나타나며, 크게 4가지 유형으로 분류된다. 어떤 환자는 일생 동안 몇 차례 정도의 골절을 겪기도 하며, 어떤 환자는 많게는 수백 차례의 골절을 경험하기도 한다. 골부전증 환자들의 주요 특성은 다음과 같다(Wert, Culatta, & Tompkins, 2007).

- 걸어 다니거나 크러치를 사용하여 걸을 수 있는 사람이 있으나 다리의 발육상태가 나쁜 경우에는 휠체어를 사용한다.
- 상 · 하체의 발육부진으로 몸이 작으며 척추가 휘어 있거나 튀어나와 있다. 내장기관이 눌려 있어 소화기관이 부실하며 폐활량이 적은 경우가 있다.

• 몸의 발육 불균형으로 머리가 크게 보이며 턱이 앞으로 나와 있다.
• 흔히 말하는 왜소증(난쟁이)이나 척추장애(꼽추)와는 다르다.
• 자력으로 용변처리를 할 수 있으며 성기능에 이상이 없다.
• 귀를 먹게 되거나 이가 약해지고 눈에 파란색이 나타나는 경우가 있다.

골형성부전증 환자들은 결손된 유전자로 인해 정상보다 적은 양의 콜라겐을 생성하거나 결함이 있는 콜라겐을 생성함으로써 결과적으로 뼈가 쉽게 부러지게 된다. 따라서 다음과 같은 사항에 각별히 유의할 필요가 있다.

• 뼈가 몹시 약하므로 이동시 각별히 주의를 해야 한다.
• 안아서 이동할 경우 처진 다리가 흔들리어 돌출물 등에 부딪치지 않도록 한다.
• 장애 상태가 특별하기 때문에 모든 도움 요령은 반드시 본인의 요구에 따라야 하며, 성급하게 함부로 도움을 주어서는 안 된다.
• 키가 매우 작으므로 대화 시 혹은 함께 식사할 경우 몸의 높이를 알맞게 해 준다.
• 장애가 심함에도 비교적 사회적 욕구와 성취도가 높은 편이다.

■ 건강장애와 관련된 만성 질환들

암

소아암, 즉 학령기 아동의 암은 백혈병, 뇌종양, 악성림프종, 신경모세포종, 윌름종양, 연부조직종양, 골육종, 배세포종, 망막모세포종, 간모세포종 등이 있다. 소아암은 어른들에 비해 치료가 잘되는 편이며, 완치율이 60~70% 이상이어서 진단과 동시에 절망하거나 포기해서는 안 된다.

백혈병이란 백혈구의 이상으로부터 생기는 백혈병 암 세포가 혈액에 많이 증가한다고 하여 백혈병이라 부르고 있다. 백혈병 암세포가 혈액을 따라 전신에 퍼지게 되므로 폐, 신장, 비장, 간 등으로 전이가 되어 장기에 손상을 주게 된다.

뇌종양은 소아기에 생길 수 있는 암 가운데 두 번째로 많으며, 남 · 여 비율은 3:2 정도이다. 증상은 두통을 호소하는데, 아침에 일어날 때 더 심한 양상을 보이는 편이다. 또한 구토를 할 수 있으며, 대개 잠을 자고 난 후 구역질과 관계없이 구토를 하게 된다. 쉽게 피로할 수 있으며, 수면시간이 길어지고 일상생활의 활동이 감소된다. 성격의 변화로 행동의 변화가 올 수 있다.

악성림프종은 소아에서 세 번째로 많이 발생하는 암이다. 림프조직이 많은 신체 부위 어디에서나 생길 수 있는 질환으로, 대개는 복부(배에서 덩어리가 만져지거나 장폐쇄 등으로 진단됨), 흉부(흉곽 내에서 생기는 것으로 기침이 오래 지속되거나 호흡곤란 등으로 발견될 수 있으며 우연히 흉부 X선 촬영 때 발견되기도 함), 또는 목이나 겨드랑이 등에서 림프절이 커지는 질환이다.

신경모세포종은 3세 이하의 나이에 흔한 암 중의 하나이다. 신경모세포종 환자의 75%가 5세 미만에서 볼 수 있고, 때로는 출생 시 발견되는 경우도 있다. 신경모세포종은 자율신경계의 하나인 교감신경에서 발생하는 악성 종양으로 남, 여 비율이 1.2:1로 알려져 있다.

윌름종양의 약 80%는 5세 미만에서 발생하게 된다. 많이 생기는 연령층은 2~4세이다. 윌름종양은 신장의 일부에서 생겨 대부분 정상 신장조직을 압박하는 형태로 커지게 된다. 윌름종양 환자의 대부분은 배에서 덩어리가 만져져서 병원에 오게 된다. 엄마가 아이를 목욕시키다가 덩어리가 만져져서 오는 경우가 많고, 간혹 정기적인 소아과 진찰 때 발견되기도 한다. 식욕부진, 오심, 구토 등 일반적 증상이 나타날 수 있다.

발작장애(간질)

발작seizure은 뇌의 신경원 안에서 전기 에너지가 본인의 의지와는 관계없이 비정상적으로 과다하게 작용함으로써 일어나는 장애이다. 개개인이 경험하는 발작을 나타낼 때는 간질epilepsy이라는 용어를 사용한다. 이와 관련된 용어로 **긴장**은 뇌의 비정상 신경원에서 지나치게 흥분상태가 될 때 일어나는 근육 수축 상태를 말하며, 경직과 이완이 교체되는 발작에서 나타나는 리듬이 있는 동작의 경련을 **간대경련**이라 한다. 실제 발작 증상이 있기 직전에 환자가 느끼는 이상감각을 **전조**라 한다.

발작은 전신발작과 부분발작이 있다. 전신발작은 양쪽 대뇌반구를 침범하며, **긴장성- 간대성 발작**[110], **무발작**[111], **간대성 근경련**[112], **무긴장성 발작**[113] 및 **지속적 간질 발작**[114] 등 여섯 가지 유형이 있다. 부분발작은 **국소적 발작**이라 하고, 한쪽 대뇌반구에서 시작하며 **복합 부분발작**[115], **단순 부분발작**[116], **비분류성 발작**[117] 등이 있다.

인간면역결핍바이러스와 후천성면역결핍증후군

인간면역결핍바이러스(HIV)[118]와 후천성면역결핍증후군(Acquired Immunodeficiency Virus : AIDS)은 서로 상관이 있다. HIV는 성 접촉 시 감염된 체액의 교환이나 오염된 피하주사바늘로 인하여 전염될 수 있다. 감염된 어머니의 자궁을 통해서도 전염이 될 수 있다. HIV는 점진적으로 감염되어 결국 질병으로부터 신체를 보호하는 건강한 면역체계를 파괴하게 된다. 학생들의 경우, 인지기능을 상실할 수 있으며, 심한 발작을 보이다 사망에 이른다.

천식

기관지천식이란 기관지가 때때로 좁아지면서 숨이 차고, 기침을 하고, 목에서 거친 숨소리(천명)의 증상이 반복적, 발작적으로 나타나는 질환으로서 다음과 같은 증상이 나타날 때에는 천식을 의심해볼 필요가 있다.

- 반복적으로 쌕쌕거리는 소리(천명)
- 밤에 기침으로 고생하기
- 운동이 끝난 후에 천명이나 기침
- 대기오염이나 특정 환경에 노출 시 천명이나 기침
- 감기가 낫지 않고 10일 이상 지속됨

---

110) tonic-clonic seizure, 대발작 grandmal seizure이라 하며, 발작은 2~5 분 동안 지속됨

111) absence seizure, 소발작 petimal이라고도 하며, 어린이에게 흔함. 몇 초 동안 의식을 상실하고 멍하니 응시하며, 발작 후에는 즉시 정상으로 돌아옴

112) myoclonic seizure, 몇 초 동안 사지의 근육이 경직되거나 경련됨

113) atonic seizure, 갑자기 몇 초 동안 근육의 긴장이 소실되어 손에 쥐고 있던 것을 떨어뜨리기도 함. 발작 후에 혼동이 나타남

114) status epilepsy, 발작이 30분 이상 지속되거나 발작 후 완전히 의식을 회복하지 못한 채 발작을 일으킴

115) complex partial seizure : 1~3 분 동안 의식이 상실되거나 정지, 자동행동(입맛 다시거나 씹는 행동)이 불수의적으로 나타남, 이 발작은 측두엽을 침범하기에 발작 후 기억상실을 경험함.

116) simple partial seizure : 발작 기간 동안 의식이 남아 있고, 대부분 발작 전에 전조 증상이 있다. 자율신경 혹은 심리적 증상이 나타남

117) unclassified seizure : 비분류성 혹은 특발성 발작은 모든 발작의 절반가량을 차지함

118) human immunodeficiency virus: HIV. HIV는 에이즈(AIDS)를 유발하는 바이러스로서 수혈이나 성 접촉을 통해 사람에게 감염됨. HIV를 갖고 있다는 것은 그 사람이 HIV에 감염됐다는 사실을 말하며, 결국에는 에이즈 (AIDS)로 진행하게 됨

천식은 유전적인 요인과 환경적인 요인이 합쳐서 생기는 병이다. 부모가 천식이 없는 경우 자녀의 천식발생 빈도는 3%도 되지 않지만 부모가 천식이 있는 자녀의 경우 천식의 발생은 30% 이상을 차지하는 것으로 알려져 있다.

■ 출현율이 낮은 지체장애와 건장장애

다음은 지체장애 중 발생빈도가 적은 경우를 몇 가지 소개하기로 한다. 이러한 장애와 관련된 구체적이고 종합적인 정보를 얻기 위해서는 인용한 참고문헌을 참조하기 바란다.

마르팡증후군이란 선천성 발육이상의 일종으로 일명 '거미손가락증'이라고도 불린다. 뼈와 근육, 심장 및 심혈관계 이상 발육을 유발하는 이 질환은 부모가 이 질환을 갖고 있으면 자식에게서 증상이 나타날 수 있는 확률이 70~80%일 정도로 높다. 키가 190cm 이상일 때, 손가락이 유난히 길고, 척추가 휘거나 눈의 수정체 모양이 변형되어 물체가 찌그러져 보이면 증상을 의심해봐야 한다.

거대세포바이러스 질환은 포진 바이러스의 일종인 DNA 바이러스에 기인하며 인체에만 감염을 일으키는 바이러스 감염 질환이다. 또한 후천성 면역 결핍증, 장기 이식 환자에게서 심각한 질병을 유발한다. 거대세포바이러스 감염은 선천성 감염과 주산기 감염 등으로 나눌 수 있다. 심한 증상으로는 간과 비장의 비대, 소뇌증, 황달, 출혈성 피부 반점 등이 있으며, 눈에 영향을 미치는 경우도 있다.

낭포성섬유증cystic fibrosis은 유럽과 북미에 사는 백인에게서 가장 많이 발생하는 심각한 유전 질환이다. 이 질환은 액체나 점액을 분비하는 모든 샘조직이 손상되어 비정상적인 진한 분비물을 생산한다. 특히 폐와 췌장에서 심하게 나타나, 반복적으로 폐가 감염되고 음식물을 먹어도 영양분 섭취에 장애가 발생한다.

청소년 당뇨는 유전성 대사장애 또는 바이러스 감염으로 인하여 발생될 수 있다. 혈류의 당분을 대사시키거나 흡수할 수 있을 정도로 췌장에서 인슐린을 충분히 생산하지 못하는 경우도 있다. 저혈당증은 인슐린이 너무 많이 생산되어 일어난다(Turnbull et al., 2004). 당뇨병을 지닌 아동의 경우, 연령이 어릴수록 식욕부진을 많이 보인다. 또한, 성격 변화, 전신쇠약감, 시력약화, 학교 성적 및 생활 활동의 감소, 두통, 불안감, 숨막힘, 흉통, 복통, 구역질, 설사나 변비 증상이 나타난다(http://www.kmholdings.com/sub/view, 2011.5).

출생 전 물질남용. 세계보건기구의 정의에 의하면 남용abuse이란 의학적인 사용과는 상관없이 약물을 지속적으로 또는 빈번히 대량으로 사용하는 것을 의미한다. 국제질병분류 기준 ICD-10에 의한 유해한 사용harmful use이란 신체적 혹은 정신적 장애를 일으킬 정도로 복용하는 것을 말한다. DSM-5에서는 물질남용을 '물질 사용으로 인하여 적어도 하나 이상의 특정한 증상이 존재하여 개인 생활이 방해받는 것' 으로 규정짓고 있다.

태아 알코올 증후군과 태아 알코올 영향. 임신 중에 산모가 알코올을 섭취해 산전의 아이에게 가해진 신체적 · 정신적 손상을 모두 포함하는 질환이다. 이렇게 태어난 아기는 심각한 지적장애를 가질 가능성이 매우 높다. 여기에다 뇌의 용량이 작은 소뇌증과 머리가 작은 소두증, 저체중, 짧은 안검열 등의 특징적인 증세를 더 갖는다.

■ 기타 : 아동학대

아동학대는 "18세 이하의 학생의 복지에 책임이 있는 사람이 이들에게 신체적 및 정신적 손상을 가하거나, 성적 학대를 하거나, 양육을 소홀히 하거나, 혹사시킴으로써 이들의 건강이나 복지가 위협을 받거나 손상되는 상태에 놓이게 되는 것"을 의미한다(Hallahan & Kauffman, 2011). 폭행을 당한 학생들은 화상, 타박상, 찰과상(까진 상처), 사지 골절 등을 보이는 경우가 많다. 학대로 인한 심한 손상은 학생의 중추신경계는 물론, 신체적 및 심리사회적 발달에 영향을 미칠 수 있다. 학대 아동들은 학교에 와서 다른 학생들에게 공격적이고 폭력적인 행동을 하기도 한다. 교사는 이러한 아동들의 부상이나 상처에 민감해야 하고, 단순 상처인지 학대에 의한 상처인지 구분하는 것이 중요하다. 아동학대에 시달리게 되면 심한 경우 뇌손상을 입기도 하며, 목숨을 잃기도 한다.

아동학대는 모든 계층에서 일어난다. 일반적으로 학대를 받은 경험이 있는 성인의 약 60~90%가 학대를 하는 것으로 추정된다. 가족들이 사회적으로나 경제적으로 지원받지 못하는 상태에 이르렀을 때 스트레스가 높아지고, 미국의 경우 18세 이하의 아동 약 1.5%가 학대 받은 경험이 있다.

아동학대의 가해자 중 대부분은 바로 부모일 뿐만 아니라 대부분은 정상적인 사람들이며, 단지 소수의 가해자들만이 성격장애나 정신장애를 가지고 있는 것으로 나타나고 있다. 구체적으로 아동학대의 발생 원인으로는 부모의 미성숙, 아동양육에 대한 지식부족, 지나친 기대, 어릴 때 학대받은 경험, 잦은 가정의 위기, 정서적 욕구불만, 사회적 고립, 알코올중독, 신체 학대, 정서 학대, 성 학대, 방임 등이 지적되고 있다.

■ 학업적 특성

지체장애와 건강장애를 지닌 많은 학생들은 입원, 진찰, 가정에서의 휴식 등과 같은 요건들로 인하여 결석을 자주하게 되는 경향이 있다. 특히 건강장애를 지닌 일부 학생들은 일정 기간 동안 병원에 상주해 있기 때문에 학교에서 이루어지는 교수-학습 활동에 참여하지 못하게 된다. 일부 학생들은 일반적인 교수 방법으로 잘 학습해 가지만, 일부 학생들은 지적장애나 감각손상과 같은 다른 장애와 공존하므로 특별한 방법을 필요로 한다. 이들은 학교생활을 자주 중단해야 하므로 정상적인 지능과 학습동기를 지니고 있다고 하더라도 또래들에 비해 학력이 매우 지체될 수 있다. 지체장애와 건강장애 아동들은 특히 장애 정도가 심하고, 오랫동안 이러한 조건을 지니고 있게 되면 교육 관련 경험에 매우 제약을 받게 되고, 대부분의 아동들이 할 수 있는 교육과제에 적절히 반응하는 방법을 학습하지 못하게 된다.

■ 성격 특성

지금까지 지체장애와 관련된 어떤 성격 유형이나 자아개념이 있다는 점을 지지하는 연구는 없다(Hallahan & Kauffman, 2011). 지체장애 아동들은 일반아동들처럼 심리적 특성이 매우 다양하고, 다른 아동들처럼 심리적 발달에 영향을 미치는 동일한 요인들에 명확히 반응한다. 아동들이 자신의 신체적 제약에 얼마나 적응하며, 사회적으로 타인들에게 어떻게 반응하는가는 부모, 형제, 교사, 또래 및 주변 사람들이 그들에게 어떻게 반응하느냐에 달려있다(Bigge et al., 2001).

일반인들이 지체아동들을 보고 두려워하거나, 거부하거나, 차별하게 되면, 그들은 자신에게 낙인을 찍게 되는 차이를 숨기려고 혼신을 다한다. 한편 일반인들이 지체장애인들을 무력하다고 생각하거나 가엽게 여기면, 이들은 의존적인 태도를 갖게 되는 경향이 있다.

아동 자신의 지체장애에 대한 반응은 타인들이 그들에게 어떻게 반응하느냐에 따라 많이 좌우된다. 수치와 죄의식은 학습된 반응인데, 다른 사람들이 그들을 대할 때 그와 같은 부정적인 감정으로 대하면 아동들은 그러한 반응을 학습하게 된다.

아동의 나이와 장애조건이 지체장애 아동들의 심리적 요인에 영향을 줄 수 있다. 이러한 요인이 미치는 영향이 일정한 것은 아니다. 비교적 가볍고 단기적인 지체장애와 건강장애를 지닌 아동들은 말기질환이나 중증의 장애를 지닌 아동들에 비해 부적응이 심하고, 더 불안해하며, 분열적이 될 수 있다(Hallahan & Kauffman, 2011).

6. 지체장애와 건강장애를 지닌 학생의 진단평가와 사정

특수교육대상자로 선정되기 위해서는 의료적, 교육적 및 관련 서비스 전문가들의 평가와 판단이 요구되는 복잡한 과정을 거치게 된다. 지체장애 또는 건강장애를 지닌 학생들은 다른 특수교육대상자들보다 전문가들 간의 협력을 더 필요로 한다. 인지능력이나 행동에 영향을 주는 건강상의 손상 문제를 다루기 위해서는 관련 분야의 검사와 검사결과를 해석할 수 있는 전문가들의 도움이 필요하다. 부모, 보호자, 기타 구성원, 학생을 포함한 팀 구성원들은 적절한 특수교육 프로그램을 제공하기 위해 결과를 토의하고 검토하며 종합하게 된다. 특수교육 서비스를 제공하기 위해 종합적 진단평가를 실시할 때 다음과 같은 영역을 사정할 필요가 있다.

■ 일상생활 활동

일상생활 활동 분야의 사정은 학생이 독자적으로 과제를 수행할 수 있는 능력을 평가한다. 학생이 현재 또는 가까운 미래에 식사하기, 음료수 마시기, 옷 입기, 화장실 이용하기, 개인적 위생 자조기술 등과 같은 영역에서 독자적으로 기능을 발휘할 수 있는 지를 결정하기 위해 각 기술을 분석한다. 나이가 든 학생들은 일상생활 기술 영역의 요리하기, 가사 돌보기, 금전관리하기, 필요한 물품 구입하기, 대중교통 이용하기 및 기타 과제들로 확대될 수 있다.

■ 이동능력 사정

독립성에서 비중이 가장 큰 요소는 독자적으로 이동할 수 있는 능력이다. 사정은 주로 현재의 이동능력 기술과, 적절한 교육과 치료를 통해 보다 쉽게 획득할 수 있는 미래의 이동 요구를 예상하는 것으로 구성되어 있다. 일부 이동능력에는 보조공학과 그것을 이용하기 위한 적절한 교육이 포함되어 있다.

■ 신체능력 사정

개별화교육 계획이나 개별화가족지원 계획을 수립하기 위해 신체적 잠재능력을 사정할 필요가 있다. 학생이 현재 수행할 수 있는 신체적 활동이 무엇인지, 학생의 능력을 제약하는 조건들은 무엇인지를 예측해야 한다. 사정에 기초하여 재활을 포함한 관련 서비스 팀에 필요한 전문가들을 확보한다. 교사들 역시 학급에서 어떠한 절차를 취하는 것이 적절한지, 위급한 상황에서 어떻게 대처해야 하는지, 효과적으로 지도할 방법은 어떠한 것인지를 알아야 한다.

■ 심리사회적 능력 사정

여러 심리사회 과정 중 사정을 해야할 사항은 사회적 관계를 시작하고 유지하는 능력과 자아상이다. 학생이 정서적으로 장애에 얼마나 잘 적응하는지가 교육과 생활의 성공을 촉진시키거나 방해하는 요소가 된다. 적응은 여러 요인들에 의해 좌우된다. 그러한 요인들로는 가족들의 지원, 의료공동체, 지원에 대한 접근, 일반적 능력 수준 등이 있다.

■ 의사소통 능력 사정

언어를 이해하고 구사할 수 있는 능력은 학급에서 일어나고 있는 많은 학습에 매우 중요하다. 사고를 언어로 구체화하고, 말을 하는 데 필요한 적절한 기관들을 조절할 수 있는 능력은 학습 환경 내에서 의미 있는 상호작용에 매우 중요하다. 의사소통 사정은 학생의 언어와 말하기 기술, 잠재력을 사정할 수 있고, 기술의 습득 계획을 개발하는 데 도움이 된다.

■ 학업 잠재력과 성취도 사정

적성 검사, 읽기이해 기술 검사, 성취검사, 학급 작업 표집, 실제 과제의 관찰 및 기타 여러 가지 측정은 IEP를 권고하기 전에 학생의 학업적 잠재력을 예측하는 데 도움이 된다.

■ 환경 사정

학습 및 생활이 이루어지는 상황을 평가하여 수정할 필요가 있는지를 결정해야 한다. 지체장애를 지닌 학생들에게 필요한 출입구의 너비, 조명, 욕실 접근성, 공기 정화, 장비를 이용할 수 있는 추가의 공간, 휴식 공간을 마련하거나 다른 조정을 한다. 학습 환경의 수정은 교사들에게 교수 기법을 수정하거나 변경하도록, 또는 교수 지원을 위한 학급 수정과 지원을 하도록 요구할 수 있다. 교육과정을 세심히 검토하고 수업 시간에 어떻게 제시할 것인지를 결정하여 지체장애나 건강장애를 지닌 학생을 효과적으로 지도할 수 있도록 수정한다.

■ 보조공학 지원

일반적인 영역의 사정에 보조공학 사정을 통합시킨다. 보조공학을 이용할 가치가 있는지, 다른 사정과 어떻게 결합시킬 것인지 등을 결정한다. 예를 들어, 조음기관을 효과적으로 움직일 수 있는 능력에 영향을 받는 뇌성마비 학생의 경우, 보완대체의사소통 기기를 이용하면 자연 언어를 이용하는 데 중점을 둔 치료보다 더 효과적일 수 있다. 보조공학의 이용을 권고할 때 기기를 이용할 경우와 그렇지 않은 경우의 학생 잠재력, 학생이 기기의 이용법을 습득하는 능력, 보완대체 이용을 수용할 가족의 의지, 테크놀로지의 비용과 이용 가능성 등을 고려한다.

학생이 뇌손상을 입은 것으로 확인되면 의료 처방에 따라 조치가 이루어진다. 기능이 이전 수준으로 회복되지 않을 경우 뇌손상의 영구성 여부를 확인하기 위하여 CAT 스캔, MRI, fMRI, PET 스캔, EEG 등의 영상검사를 실시할 수 있다. 심리학자나 정신과의사는 정보처리 기술이나 문제해결 능력을 측정하고, 그 결과를 이전 결과와 비교할 수 있다. 가족구성원들은 학생이 가정에서 행동이나 기능을 어느 정도 수행할 수 있는지에 대해 알려준다. 말 언어 병리학자는 일상생활에 말하기의 운동적 측면과 더불어 수용언어와 표현언어를 검사한다. 학교 상담사와 심리학자는 학생의 정서적 적응에 관한 정보를 제공한다.

7. 지체장애와 건강장애를 지닌 학생의 교육적 지원과 중재

■ 일반적 내용

지체장애나 건강장애를 지닌 일부 특수교육대상 학생들은 약간의 조정과 환경 수정을 통해 교육적 혜택을 받을 수 있는 반면, 다른 학생들은 건강과 학습면의 요구가 커서 보다 복잡하고 협력적인 특별한 교수, 치료, 관련 서비스를 필요로 한다. 지체장애나 건강장애를 지닌 많은 학생들은 일반교육 과정과 그들의 장애에 대처할 수 있는 방식을 병행한 집중적인 교수를 필요로 한다(Bowe, 2000, p. 75). 시각장애 학생들을 위한 확대된 중핵교육과정의 기능처럼 지체장애나 건강장애를 지닌 학생들을 위한 병행교육과정은 이동을 위한 조정 방법과 보조공학 이용, 의사소통과 일상생활 과제, 특별한 건강관리 일정을 스스로 관리하여 독립성을 증가시키기, 자기결정과 자기옹호 기술 학습 등을 포함하고 있다.

순회교육, 병원학교, 화상강의

지체장애나 건강장애를 지닌 특수교육대상 학생의 경우, 이동 능력과 접근성의 제약, 입원과 치료를 위한 장기 결석 등의 문제로 순회교육, 병원학교, 화상강의가 이루어진다(교육부, 2011). 이러한 교육 서비스는 학습자의 학습권 보장을 위한 적극적인 노력이라고 볼 수 있다.

순회교육은 각급학교, 의료기관, 가정, 복지시설 등에 있는 특수교육대상자들에게 방문교육, 통신교육, 가정교육, 출석교육, 체험교육 등 다양한 방법을 적용하여 특수교육 서비스를 제공하는 것이다.

병원학교는 만성질환을 치료하기 위해 학업을 중단하고 있는 건강질환을 지닌 특수교육대상 학생들의 학업 연속성을 유지하고 학습권을 보장하며, 개별화된 학습지원, 심리 정서적 지원 등을 통해 학교생활의 적응을 도모하고 삶에 대한 희망과 용기를 심어주어 치료 효과를 증진시키는데 목적이 있다. 병원학교에 배치된 교사 외에 인근학교의 교사자원봉사단, 예비교사 도우미 등의 방문교육, 사이버 가정학습 서비스, 화상강의 시스템을 활용하여 교육하고 있다.

화상강의는 건강장애를 지닌 특수교육대상자로 선정된 학생의 병원학교 수업 참여 및 교육계획 기간 내의 화상강의는 출석으로 인정하며, 특히 건강장애를 지닌 특수교육대상 학생의 경우, 사이버 가정학습, 화상강의 시스템 운동과 더불어 담임교사, 특수교사, 학부모 도우미, 교사자원봉사단, 예비교사 등이 일대일 상담 및 지도 등을 통해 지속적으로 관리하여 학년별, 과목별 진도에 따라 학습할 수 있도록 하고 있다.

건강장애를 지닌 특수교육대상자가 아니더라도 3개월 이상의 치료를 요하는 화상, 교통사고 등의 심각한 외상으로 불가피하게 장기결석이 예상되는 학생에 대해 병원학교 수업참여 또는 화상강의를 이수하도록 교육청이 허가한 경우에는 출석으로 인정할 수 있도록 하고 있다.

팀 구성과 관련 서비스

범학문적 팀접근은 지체장애나 건강장애를 지닌 학생들에게 특히 적합하다. 지체장애나 건강장애를 지닌 학생들만큼 교사, 의사, 치료사 등 전문가들과 많이 접촉하는 특수교육대상자들은 없다. 이 학생들의 의료적, 교육적, 치료적, 직업적 및 사회적 요구는 매우 복잡하고 서로에게 영향을 미친다. 교육과 건강관리 인사들은 공개적으로 의사를 소통하고 서로 협력해야 한다. 지체장애 중재팀에서는 물리치료사와 작업치료사가, 건강장애 중재팀에서는 의료진들이 중요한 역할을 하게 된다.

물리치료사는 운동기술, 움직임 및 자세를 발달시키고 유지하도록 지원한다. 그들은 학생의 근육 조절력을 증가시키고, 특별한 장비를 이용하도록 도와주는 특정 운동을 훈련시킨다. 물리치료사는 마사지와 처방에 의한 운동을 가장 많이 하지만 치료과정에 식사, 수영, 화장실 이용 자세, 뒤처리 및 기타 기능들을 다루기도 한다. 물리치료사들은 가능한 한 아동들이 독자적으로 운동할 수 있도록 격려하고, 근육기능의 발달을 지원하며, 고통이나 불편을 줄이고, 장기적인 신체 손상을 줄이도록 도와준다. 아울러 수업 중 앉기 자세와 활동 중 해야 할 것과 하지 말아야 할 것들, 장애를 지닌 학생들과 일반학생들이 함께 즐길 수 있는 놀이 프로그램을 제시한다.

작업치료는 아동의 활동 참여, 특히 자조, 고용, 레크리에이션, 의사소통, 일상생활 등을 다룬다. 작업치료를 통해 수정된 컵으로 마시기, 버튼이 있는 옷 입고 벗기, 신발 신고 벗기, 물이나 우유 따르기, 요리하기, 타이핑하기 등 일상생활 기술을 지도하기도 한다. 이러한 활동들은 아동의 신체 발달, 독립성, 직업잠재력, 자아개념을 고양시킬 수 있다.

■ 조기교육

지체장애를 지닌 모든 유아의 부모들은 조기발견 및 중재와 의사소통 발달이란 두 가지 영역에 특히 많은 관심을 가진다. 발달지체의 조짐을 조기에 발견할 경우, 조기중재를 실시함으로써 적절한 지도나 보호가 부족하여 일어날 수 있는 후속장애를 예방하는 데 중요하다.

지체장애를 지닌 아동들은 의사소통장애를 지닌 사례가 많으므로 의사소통 영역은 취학 전 프로그램의 중요한 목표가 된다. 의사소통 외에 주요 관심을 받는 문제는 자세와 조작능력이다. 조작능력은 아동이 물건을 집어 들고, 운반하고, 돕고, 지원하는 방법을 말하고, 자세유지는 아동의 신체를 지지하고, 학습 자료나 놀이 자료를 정리하는 것이다. 적절한 핸들링은 아동을 더욱 편하게 하고 교육받기 수월하게 한다. 적절한 자세는 신체적 효율성과 자료 조작 능력을 극대화하고, 바람직한 운동 패턴을 촉진시킬 동안 바람직하지 못한 운동반응을 억제한다.

지체장애를 지닌 유아를 지도하는 교사들은 대근육운동(머리 조절, 구르기, 앉기, 서기, 걷기)의 지도법을 알아야 하고, 발달장애가 될 수 있는 이상 반사활동이 기초운동 기술의 학습을 어떻게 방해하는지를 이해해야 한다. 아동이 중증의 신경학적 및 운동손상을 지니고 있으면, 교사는 아동에게 음식 먹기(씹기와 삼키기), 말을 하는 데 필요한 혀 운동 등을 지도할 필요가 있다. 자리 지키기, 물건에 손 뻗기, 움켜잡기, 놓기 등과 같은 소근육운동 역시 중요하다. 이러한 운동 기술은 자조기술과 의사소통 기술을 포함하여 일상생활 상황과 맥락에서 가르치는 것이 가장 좋다.

운동기술은 하나씩 지도하는 것이 아니라 아동의 의사소통, 창의성, 동기, 미래 학습을 향상시킬 수 있는 일상생활과 학습활동으로 지도해야 한다. 교사는 사회적 반응, 사회적 상호작용을 적절히 주도하기, 타인과의 놀이 방법, 문제해결 등을 지도하기 위해 교수전략을 개발해야 한다.

■ 초 · 중등교육

지체장애나 건강장애를 지닌 특수교육대상 학생들을 지도하기 위해서는 학령기 동안에 협력적 접근을 통해 다양한 학문 분야의 전문성을 활용해야 한다. 특수교사, 물리치료사, 작업치료사, 언어재활전문가, 특수체육교사, 간호사, 의사, 가족 등 많은 사람들이 지체장애나 건강장애를 지닌 학생들의 교육에 참여하게 된다. 범학문적 팀은 학생의 안전과 건강 환경, 운동발달, 자세, 의사소통 발달, 개념발달, 초기 학업 및 기능적 기술 등 지도할 장단기 목표를 결정하게 된다.

건강과 안전한 환경을 유지하는 일은 어린 아동들을 위해 특히 고려해야 할 것이다. 어린 아동들은 어떤 제한(당뇨병이 있을 경우 단음식의 제한)이나 자신의 장애(발작이 일어나면 어떤 일이 벌어지는지)를 이해하지 못할 수 있다. 교사는 아동들에게 어떠한 제약이나 도움을 주어야 할지를 알아야 한다.

장애의 기능적 영향 최소화

장애의 기능적 측면, 즉 운동제약, 피로 · 지구력 · 고통, 약물 부작용, 학습문제, 장기결석 및 추가 손상 등의 문제는 학생의 수행능력에 영향을 미치게 된다. 운동능력의 제약으로 인하여 쓰기나 조작능력이 제한될 경우, 활동을 수정해야 하고, 말하기에 문제가 있을 경우 보완대체의사소통 방법을 지도한다. 피로 · 지구력 · 고통의 문제를 지닌 아동의 경우, 일과 중 자주 휴식을 제공하고, 학교 일정을 단축시키며 필요하면 양호실에서 일정 시간 잠을 재우기도 한다. 약물을 복용할 경우 학생으로 하여금 지나치게 피로를 느끼게 하는 부작용을 일으킬 수 있으므로 교사는 학생의 반응을 관찰하여 의사나 부모에게 피드백을 제공하여 적정량의 약물을 처방받도록 도와준다.

일반적으로 지체장애나 건강장애를 지닌 학생들은 경험 및 개념이 부족하므로 이를 해결하기 위해 지역사회 참여 프로그램을 마련하여 실행할 필요가 있다. 이들에게 극장, 마트, 공원 등 지역사회 내의 주요 기관이나 공공장소를 방문하고 이용할 수 있는 기회를 확대시켜 주어야 한다. 아울러, 지체장애로 인하여 읽기, 쓰기, 말하기 등의 학습에 지체를 보이거나 학습장애를 나타낼 수 있다. 이들의 학습 요구에 적절히 대처하기 위해서는 다양한 교수전략을 적용할 필요가 있다.

교수적합화

지체장애나 건강장애를 지닌 특수교육대상 학생들이 학교에서 성공할 수 있도록 지원하기 위해서는 교수 수정과 조정이 필요하다. 주요 관심 분야는 환경정비, 의사소통, 교수 및 교육과정 수정, 특정 내용교과의 수정과 보조공학, 학급참여, 과제나 시험, 감각 및 지각 수정 등을 들 수 있다.

지체장애나 건강장애를 지닌 학생들은 몇 가지 유형의 환경정비가 필요하다. 피로

감이나 지구력에 문제가 있을 경우 일과조정, 휴식시간 부여, 접근이 용이한 교실 배정 등을 고려해야 한다. 교실에서는 휠체어 이용자를 위해 넓은 통로를 확보하고, 필요에 따라 이들에게 적합한 의자나 책상을 마련해 주어야 한다. 팔운동이 손상되었거나 제약을 받는 학생들에게는 자료 지지대를 마련해주는 등 방향과 자세에 따라 안정된 자세를 취할 수 있게 도와주어야 한다.

이 장애를 지닌 학생들은 대개 의사소통 영역의 수정과 조정이 필요하다. 심한 뇌성마비 학생의 경우 이해하기 힘든 말을 한다. 교사는 학생과 어떤 방법으로 의사를 소통하고, 질문을 해야 하는지를 이해하는 것이 중요하다. 예를 들어, 보완대체의사소통 기기는 그림으로 된 책자에서 음성이 나오는 전자기기에 이르기까지 다양하다. 따라서 교사는 학생의 요구와 능력에 따라 적절한 방법을 선택적으로 적용해야 한다. 교사는 질문을 할 때도 학생의 반응 능력과 수준에 따라 선택하기, 지적하기 등 다양한 방법을 적용해야 한다. 지체장애와 건강장애를 지닌 학생들은 교수 및 교육과정 수정을 필요로 한다. 일부 학생들은 대개 학습 개요 제공하기, 추가의 반복학습하기, 피드백을 더 자주 제공하기 등의 활동이 필요하다. 이들 중 말장애를 지닌 학생들은 읽기능력이 뒤지므로 학년 수준을 낮추어 지도하거나 그들의 이해 수준에 맞는 읽기 자료의 개요를 지도하거나 대안적 교재를 제공할 수 있다.

지체장애나 건강장애를 지닌 학생들은 교과학습에 접근하기 위해 수정이나 보조공학을 필요로 한다. 뇌성마비 학생들의 경우 컴퓨터 워드작업을 하기 위해 키가 더 넓은 키보드를, 척수손상 학생들은 음성인식 프로그램을 필요로 한다. 내용교과는 영역에 따라 다양한 수정이 요구된다. 쓰기의 경우 개조된 연필, 기울어진 판, 이동 랩탑 등을 이용할 수 있다. 운동문제가 있는 초등학교 1학년 학생에게 덧셈을 지도할 때는 보다 큰 구체물을 이용하고, 중고등학생이 생물시간에 현미경으로 관찰해야 할 때는 관찰 장면을 모니터로 보여주는 보조공학적 지원이 필요하다. 체육시간에 농구를 할 때 휠체어 농구 규칙을 적용하고, 요리와 같은 기능적 기술을 학습하는 시간에는 부엌을 개조하여 활동의 편의성과 접근성을 높여주어야 한다. 교사는 수업시간에 손을 들지 못하거나 반응의사를 나타내기 어려운 학생에게 특별한 주의와 관심을 기울여야 한다. 일부 학생들은 운동능력의 제한 때문에 보완대체 기기를 이용해야 하므로 질문에 대답할 때 더 많은 시간을 주어야 한다. 다른 학생들은 다음날 수업 시간에 질문을 받게 될 경우를 대비하여 보완대체의사소통 기기의 프로그램을 수정 · 보완할 필요가 있다. 일부 학생들은 다중선택형을 이용하여 질문에 적절히 대답하게 한다.

지체장애나 건강장애를 지닌 학생들은 과제수행 속도가 느리고 문제해결에 더 많은 시간을 필요로 하며, 피로를 느끼거나 지구력이 떨어질 수 있다. 과제의 양을 줄이거나 보다 짧은 단위로 세분화해서 제공하고, 과제나 시험 시간을 연장해 줄 수도 있다. 대안적인 방법으로 계산기를 사용할 수 있게 허용하거나, 답을 쓰는 대신 구두로 응답하게 할 수도 있다. 경직형 뇌성마비를 지닌 학생의 경우 두 문장을 타이핑하는 데 20분 이상 걸릴 수 있으므로 선택형 응답을 하게 하거나 단축하여 대답할 수 있게 한다. 가끔 지체장애를 지닌 학생들을 일반학생과 짝지어 지원할 수 있다. 사지결손 학생은 화학약품을 작은 비커나 유리관에 부을 수 없으므로 활동의 일부를 파트너가 도와줄 수 있다. 발작을 자주 일으켜 수업 활동이 중단되는 학생의 경우 질문을 놓쳤을 때 동료의 도움으로 학습에 참여도를 높여줄 수 있다.

기타 수정 사항으로 지체장애를 지닌 학생이 휠체어에서 의자로 옮겨 앉을 때 지원하여 사고를 예방한다. 일부 학생들은 이동, 화장실 가기 및 식사시간에 도움을 필요로 한다. 학생의 요구에 따라 식사 때 특별 숟가락을 제공하거나, 학생과 동성의 교사 또는 보조인력이 화장실 이용을 지원하는 것도 고려해야 한다. 이렇게 배려하여 학생의 사생활을 보호하고 존엄성을 지켜주는 등 인권을 항상 존중해 주어야 한다.

교사는 지체장애나 건강장애를 지닌 학생들을 위해 특별한 교수전략을 적용할 수 있어야 한다. 그러한 전략으로는 비언어성 학생에 파닉스 지도하기, 평가절차의 수정과 조정, 학생의 반응 수단 이용하기, 쓰기 과정 학습의 대안적 방법 이용하기, 만성질환자 돕기, 중증의 환자 돕기 등을 들 수 있다.

■ 보조공학

학교 상황에서 활용되고 있는 보조공학은 테크놀로지 생산도구, 정보테크놀로지, 교수테크놀로지, 의료테크놀로지 및 보조테크놀로지 등 5가지 범주가 있다(Lindsey, 2001). 대부분의 학생들은 장애의 유무에 관계없이 테크놀로지 생산도구(예, 컴퓨터), 정보테크놀로지(예, 인터넷 웹망), 교수테크놀로지(연산 소프트웨어 프로그램) 등을 이용한다. 지체장애 및 건강장애를 지닌 학생들은 이런 유형의 테크놀로지 외에 흔히 의료적 및 보조테크놀로지를 필요로 한다.

지체장애나 건강장애를 지닌 학생 중 다수는 생명과 기능성을 유지하기 위해 의료테크놀로지를 필요로 한다. 의료테크놀로지는 의학, 재활공학, 컴퓨터공학, 로봇공학, 생체공학, 인공지능 분야에서 활용되고 있다. 예를 들어, 팔다리를 잃은 사람들에게 운동기능을 회복시켜주고, 촉감을 살려주기 위해 배터리로 작동되는 인공팔다리가 제작되고 있으며, 개별보호, 가사활동, 레크리에이션, 직업활동을 돕기 위해 인공로봇이 개발되고 있다. 보조공학은 지체장애와 건강장애를 지닌 학생들에게 새로운 활동 영역을 열어주고 있다. 보조공학은 기기의 복잡성에 따라 로우테크놀로지와 하이테크놀로지로 구분되며, 구체적인 내용은 표 8.2와 같다.

표 8.2 로우테크놀로지와 하이테크놀로지의 사례

활동	로우테크놀로지	하이테크놀로지
읽기	독서대, 미끄럼방지 매트, 페이지 넘기기 마우스스틱, 연필에 달린 지우개, 페이지 고정자	전자 페이지 터너, 북스캐너 소프트웨어 (책을 쉽게 이동하고 주요사항을 표식하며 텍스트를 큰소리로 읽어주는)
쓰기	연필보조대, 폭넓은 종이, 마우스스틱연필	컴퓨터입력 전환 장치 (스위치나 목소리인식 전환 장치)
수학	계수기, 주판, 수카드	계산기, 재묶음 커서를 정확히 잡아주는 전자워크시트 프로그램
식사	조립식 손잡이가 달린 숟가락, 숟가락 고정대, 개조된 컵, 스쿠프접시	전자 식사보조기, 로봇 팔
여가	컴퓨터, 큰 야구공	스포츠 휠체어, 개조된 자전거, 컴퓨터게임

일반적으로 지체장애나 건강장애를 지닌 학생들에게 이용되는 보조공학의 유형으로는 컴퓨터보조공학, 보완대체의사소통, 자세잡기 및 착석보조기, 이동보조기, 일상생활 및 환경조절용 보조공학, 레크리에이션 및 여가용 보조공학 등이 있다. 이러한 보조공학은 지체장애 및 건강장애를 지닌 학생들의 기능을 향상시켜주고 이들의 가정, 학교, 지역사회 및 작업환경에 대한 접근성을 높이는 데 매우 중요하다.

자세잡기 및 착석보조기는 학생의 기능을 향상시켜준다. 이동성 보조기로는 케어, 워커, 자동휠체어 등이 있다. 일상생활을 위한 환경 통제 및 보조공학의 적용 사례로는 한 쪽이 높은 접시, 안전칼, 개조된 컵, 착탈의 보조장치, 편하게 옷을 입고 벗을 수 있게 개조된 의류 등이 있다. 놀이, 레크리에이션 보조공학으로는 카드게임, 보드게임, 휠체어 농구, 휠체어 축구, 개조된 삼륜자전거, 이륜자전거 및 이동기기 등이 있다.

특히 교육부(2011)에서는 장애학생 스마트러닝 지원 계획을 수립하고 시도교육청과 함께 추진하고 있다. 이 체제는 시간과 공간 등 환경의 제약으로 어려움을 겪는 특수교육대상 학생들을 위해 첨단통신기기 기반의 교수 학습 지원체제를 구축하여 학습권 보장의 내실을 기하고자 한다. 이 체제를 개발과 보급함에 따라 특수교육 관련 보조공학이 특수교육 현장과 더욱 밀접한 관계를 맺을 것으로 전망된다.

8. 지체장애와 건강장애를 지닌 학생의 전환교육

지체장애나 건강장애를 지닌 학생들은 성인기로 전환해 감에 따라 진학, 고용 및 독립생활 등에 관한 중요한 결정을 해야 한다. 전환교육계획에는 이들이 고등학교를 졸업한 후의 요구에 맞추어 장단기 목표를 설정하게 된다. 전환교육요구와 서비스를 확인하는 일이 계획 수립 과정의 일부가 된다. 효과적인 전환교육계획을 수립하기 위해서는 가족, 학생, 학교인사, 성인서비스 제공자들 간의 협력적 노력이 필요하다. 전환교육계획을 성공적으로 실행하게 되면 자연스럽게 좋은 직장이나 직업에 취업하게 되고, 원하던 지역이나 장소에 거주하게 되며, 긍정적인 사회화로 질 높은 삶을 누리게 된다.

진로준비는 학령기 전체를 통해서 이루어져야 한다. 일부 학생들은 취업을 뒤로 미루고 전문대학이나 대학에 진학하기 위해 준비하고, 일부 학생들은 고등학교 졸업 후 취업을 모색한다. 최근 대학에서도 특별전형제도를 운영하고, 입학한 학생들의 교육복지 지원을 위한 체계적인 노력을 기울이고 있기 때문에 대학에 진학하여 적응하는 데 큰 문제가 없다. 교과부 역시 주기적으로 '대학장애학생 교육복지 지원 실태 조사 겸 평가' 를 실시하는 등 꾸준히 장애를 지닌 학생들의 고등교육 환경 개선에 노력하고 있다.

오늘날 많은 직업은 컴퓨터를 기반으로 하며, 중증의 지체장애나 건강장애인들도 그들의 특정 요구에 따라 컴퓨터를 수정하거나 조정하면 그러한 직종에 근무할 수 있다. 키보드의 위치를 조정해 주거나, 화면에 키보드를 띄워놓고 조이스틱으로 이용할 수 있는 프로그램을 설치하는 등 비교적 간단한 수정을 통해 적응력을 높일 수 있다.

어떤 부분을 어느 정도로 수정할 것인지를 파악하려는 의지가 중요하다. 경쟁고용이 어려운 지체장애나 건강장애를 지닌 사람들에게는 지원고용이나 보호고용을 준비시킬 수 있다.

지체장애나 건강장애를 지닌 사람의 고용은 예측하기 어렵다. 이들의 장애가 가벼운 경우 문제가 되지 않을 수 있다. 그러나 경도의 지체장애나 건강장애를 지니고 있다고 하더라도 사회기술에 문제가 있거나 작업습관이 좋지 못한 경우 취업이 어려워 사전 훈련을 받아야 한다. 중증의 지체장애나 건강장애를 지닌 사람들은 신체적 활동을 많이 해야 하는 직종에는 취업할 수 없지만 정상적인 인지능력을 지니고 있다면 보조공학을 이용하여 지능기반의 직무를 수행할 수 있다. 그러나 중증의 지체장애를 지닌 학생들은 이동문제, 의사소통 곤란, 목욕지원, 식사지원 등 고용장벽에 직면하게 된다. 이러한 문제는 뇌성마비나 다른 중증의 지체장애를 지닌 사람들의 취업을 어렵게 한다.

9. 지체장애와 건강장애를 지닌 학생의 통합교육을 위한 팁

■ 유아기

가족들을 위한 팁

- 장애의 전반적 영향을 완화시키기 위해 의료진과 밀접한 관계를 유지하며 대응하기
- 지체장애나 건강장애를 지닌 아동들에게 자신의 환경을 탐색할 기회를 충분히 제공하기
- 다른 아동과 어울릴 기회를 제공하기
- 필요한 정보와 지원을 제공해 줄 옹호 및 지원 단체에 가입하기
- 보건복지부나 지역복지기관 홈페이지를 자주 방문하여 지원 정보 얻기

유치원 교사들을 위한 팁

- 지체장애나 건강장애를 지닌 아동들이 활동할 수 있는 교실 환경 조성하기
- 주변의 다양한 환경을 탐색하고 유익함을 얻도록 지원하기

- 서서히 독립하여 활동할 수 있는 준비하기
- 부모와 상담을 통해서 아동의 요구를 충분히 파악하기

유아교육 관련 인사를 위한 팁

- 아동과 직접 접촉하는 인사들에게 아동의 요구를 알려주기
- 지체장애나 건강장애를 지닌 아동의 요구에 대해 학급 내 다른 아동들에게 알려주기
- 성인 스스로 지체장애나 건강장애를 지닌 아동에게 행동 모범을 보이기

이웃과 친구를 위한 팁

- 휴일 모임이나 행사에 지체장애나 건강장애를 지닌 아동과 가족을 참여시키기
- 대안적 의사소통 수단에 관심을 가지기
- 응급상황이 일어날 경우 도와줄 수 있는 방법에 대해 관심을 갖기

■ 초등학령기

가족들을 위한 팁

- 자녀의 생활과 밀접한 관련이 있는 보호자들과 건전하고 지속적인 관계 유지하기
- 가족과 자녀를 도와주는 사람들의 노력과 지원을 인정하고 고맙게 여기기
- 옹호 및 후원단체와 지속적인 관계 유지하기
- 자녀의 담임교사나 지도교사와 좋은 관계를 맺고 지속적으로 유지하기

일반학교 교사들을 위한 팁

- 지체장애와 건강장애를 지닌 학생들의 독특한 교육 요구에 대한 정보를 얻고, 이들을 이해하기 위해 적극 노력하기(부모 상담, 특수교사 면담 등)
- 수업 중 지체장애나 건강장애를 지닌 학생들의 복지에 기여할 수 있는 중요한 역할을 알려주기
- 사회적으로나 학업적으로 유능한 또래를 이용하여 지체장애를 지닌 학생을 도와주기

- 위기상황에 대처할 수 있는 계획을 세워 연습하기
- 아동의 장애가 진행성이고, 생명을 위협할 경우 죽음이나 상실로 인해 일어날 문제에 대해 토의하기

학교인사들을 위한 팁

- 장애를 지닌 아동과 상호작용하는 교내의 모든 인사들은 치료, 식사요구, 그리고 고열이나 흥분상태 등과 같은 문제 상황의 전조에 대한 정보를 갖고 있기
- 주기적으로 전문가와 만나 위기문제에 대한 적절한 대처 방안에 대한 정보를 얻기
- 지체장애나 건강장애를 지닌 학생들이 가능한 많이 참여할 수 있는 방안을 일반 학생들과 함께 논의하기
- 연령이 다른 또래지도와 지원 제공하기

이웃과 친구들을 위한 팁

- 가족 활동에 지체장애나 건강장애를 지닌 학생을 참여시키기
- 부모에게 휴식시간 제공하기
- 부모나 장애를 지닌 학생과 정기적으로 대화를 함으로써 학생의 요구를 정확히 파악하기

■ 중등학령기 및 전환기

가족들을 위한 팁

- 장애가 진행성일 경우 많은 노력을 기울여야 한다는 점을 기억하기
- 중등학령기 이후의 전환을 위한 조기 계획을 수립하기
- 지역사회에서 장애를 지닌 성인들에게 제공하는 서비스의 유형과 내용에 대해 숙지하기

일반교사들을 위한 팁

- 수정과 조정에 관한 잠재적 요구를 지속적으로 파악하기
- 개인을 성인으로 대하기

- 개인의 학습 활동이 의료서비스 때문에 자주 중단될 수 있음을 이해하기

학교인사들을 위한 팁

- 개인의 취미, 관심, 지역사회 서비스 프로젝트 등에 관한 정보를 확보하기
- 장애를 지닌 학생의 특성과 실제를 모든 학생들에게 알려주고, 학교와 관련된 활동에 참여시키기
- 동료의 지원과 지도가 특히 필요함을 인식하기
- 학교 외의 활동에 참여하도록 격려하고 조장하기
- 수시로 발생하는 장애를 지닌 학생의 지원 요구에 교사들이 적극 참여하여 지원하기

이웃, 친구 및 사업주들을 위한 팁

- 개인의 생활에 지속적으로 참여하기
- 건강 조건이 점진적으로 악화될 경우 지원해 줄 수 있는 것이 무엇인지를 인식하기
- 연령에 적합한 활동에 참여시키기(지역사회 이벤트, 요리, 시장보기 등)
- 또래지도나 직업코치로 참여하도록 격려하고 조장하기
- 고용주의 경우, 직업표집, 현장훈련, 실제 고용 등의 기회를 적극 제공하기

요약

■ 지체장애의 정의

- 지체장애를 지닌 특수교육대상자란 "기능 · 형태상 장애를 가지고 있거나 몸통을 지탱하거나 팔다리의 움직임 등에 어려움을 겪는 신체적 조건이나 상태로 인해 교육적 성취에 어려움이 있는 사람"을 말한다.
- 건강장애를 지닌 특수교육대상자는 "만성질환으로 인하여 3개월 이상의 장기입원 또는 통원치료 등 계속적인 의료적 지원이 필요하여 학교생활 및 학업 수행에 어려움이 있는 사람"이다.

분류

- 지체장애는 신경운동손상형, 퇴행성 질환형, 근골격 장애형으로 범주화될 수 있다.

출현율

- 지체장애를 지닌 특수교육대상 학생의 출현율은 0.19%이고, 그 가운데 뇌성마비가 0.10%, 형태이상이 0.03%, 진행성근위축증이 0.02%였다.

원인

- 지체장애나 건강장애는 염색체 및 유전적 결함, 미숙 및 임신 합병증, 후천성 원인 등으로 발생된다.

특성

- 뇌성마비는 근육의 조절능력이 없어 전반적인 운동기능 마비 현상을 나타내는 특징을 보인다.
- 척수손상은 척추에 압력이 가해져 척추가 손상을 받아 척수에 이상이 생겨 운동 지각장애를 나타낸다.
- 이분척추증이란 선천성 기형의 하나로서 등뼈(척추)가 완전히 만들어지지 못하고 갈라져서 생기는 것이다.
- 외상성 뇌손상은 주로 인지기능장애로 인지능력이 떨어지고 사회생활을 하는데 어려움을 겪게 된다.
- 근이영양증은 근육을 유지하는 단백질의 결핍에 의해 팔, 다리 등의 근육이 굳어져 결국 전혀 움직일 수 없게 된다.

진단평가와 사정

- 일상생활 활동 분야의 사정은 학생이 독자적으로 과제를 수행할 수 있는 능력을 평가한다.
- 이동능력 사정은 현재의 이동능력 기술과 적절한 교육과 치료를 통해 보다 쉽게 획득할 수 있는 미래의 이동 요구를 중심으로 이루어진다.

- 의사소통 사정은 학생의 언어와 말하기 기술, 잠재력을 사정할 수 있고, 교육자들이 결함 기술의 습득 계획을 개발하거나 이제까지 습득하지 못한 기술을 보상하도록 제안할 수 있다.
- 일반적인 영역의 사정에 보조공학 사정을 통합시킨다.

■ 교육적 지원과 중재

- 지체장애와 건강장애를 지닌 일부 학생들은 약간의 조정과 환경 수정으로 교육에 접근하여 혜택을 받을 수 있는 반면, 다른 학생들은 건강과 학습면의 요구가 커서 보다 복잡하고 협력적인 특별한 교수, 치료, 관련 서비스를 필요로 한다.
- 작업치료는 아동의 활동 참여, 특히 자조, 고용, 레크리에이션, 의사소통, 일상생활 등을 다룬다.
- 장애의 기능적 측면, 즉 운동제약, 피로 · 지구력 · 고통, 약물 부작용, 학습문제, 장기결석 및 추가 손상 등의 문제는 학생의 수행능력에 영향을 미치게 되므로 이를 최소화할 필요가 있다.

■ 보조공학

- 학교 상황에서 활용되고 있는 보조공학은 테크놀로지 생산도구, 정보테크놀로지, 교수테크놀로지, 의료테크놀로지 및 보조테크놀로지 등 5가지 범주가 있다.

■ 전환교육

- 전환교육계획에는 지체장애나 건강장애를 지닌 학생들이 고등학교를 졸업한 후의 요구에 맞추어 장단기 목표를 설정하게 된다.
- 오늘날 많은 직업은 컴퓨터를 기반으로 하며, 중증의 지체장애나 건강장애인들도 그들의 특정 요구에 따라 컴퓨터를 수정하거나 조정하면 그러한 직종에 근무할 수 있다.

토의문제

1. 지체장애의 분류 방식에 대해 논의하시오.
2. 신경운동형 장애의 유형별 특성에 따른 교육적 지원 방법에 대해 논의하시오.
3. 근골격형 지체장애의 유형별 특성에 따른 교육적 지원 방법에 대해 논의하시오.
4. 신경운동형 지체장애의 유형별 운동 특성에 따른 이동시 지원 방법에 대해 논의하시오.
5. 신경운동성 지체장애의 장애 유형별로 쓰기 및 식사 시 필요한 신체의 지지와 과제 수행 특성에 따른 지원 방법에 대해 논의하시오.
6. 지체장애와 건강장애의 진단평가 시 고려해야 할 중요한 영역별 요소를 기술하시오.
7. 지체장애를 지닌 특수교육대상 학생들의 교수 조정과 수정의 필요성과 그에 따른 방법을 논의하시오.
8. 건강장애를 지닌 특수교육대상 학생들에 대한 교육적 지원방법에 대해 논의하시오.
9. 지체장애의 기능적 제한성의 영향을 최소화할 수 있는 방법에 대해 논의하시오.
10. 학교에서 지체장애를 지닌 특수교육대상 학생들을 위해 활용할 수 있는 보조공학 범주에 대해 논의하시오.
11. 지체장애나 건강장애를 지닌 특수교육대상 학생들의 전환교육에서 가장 유의해야 할 사항에 대해 논의하시오.

Special Education

제9장

정서행동장애를 지닌 특수교육대상 학생

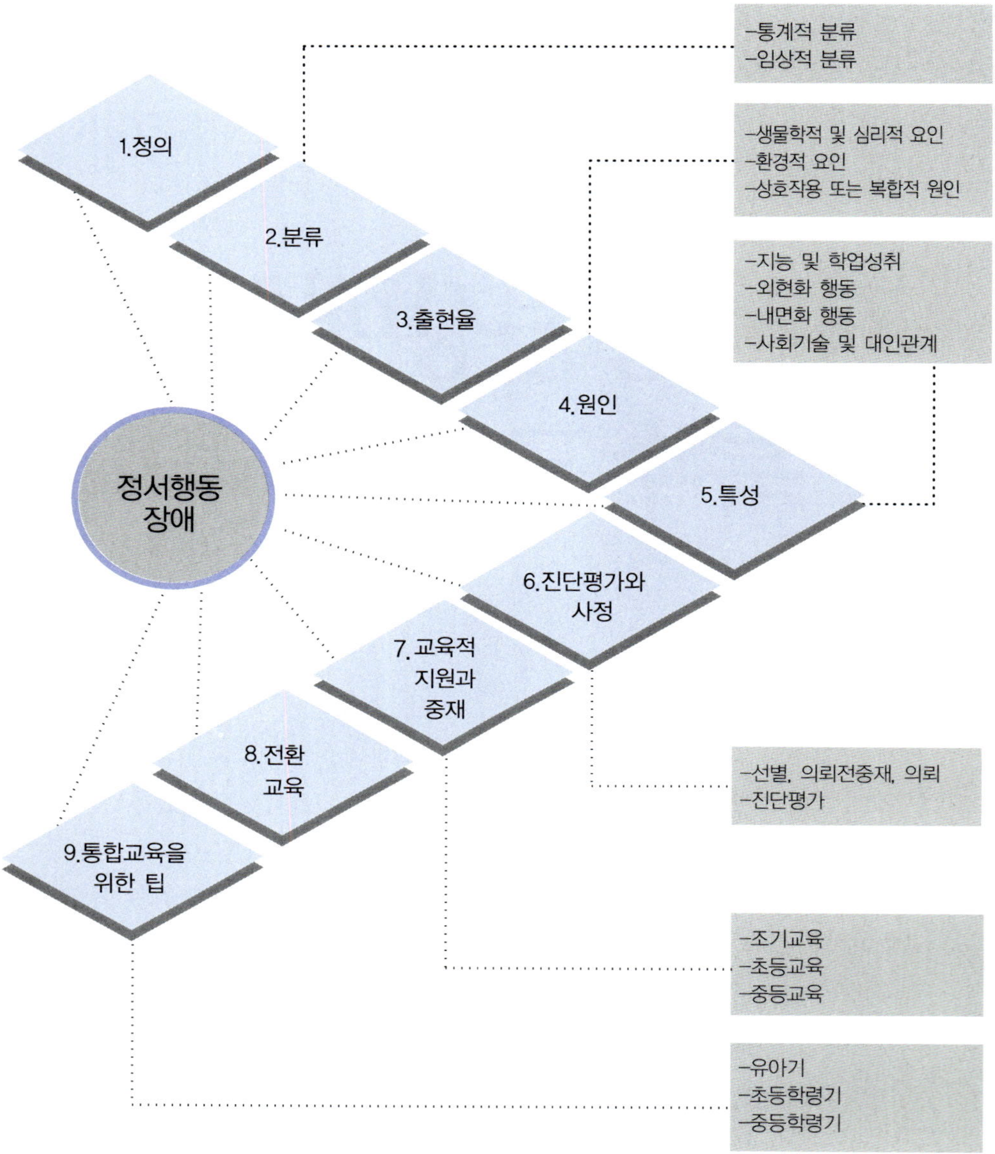

정서행동 장애
1.정의
2.분류
3.출현율
4.원인
5.특성
6.진단평가와 사정
7.교육적 지원과 중재
8.전환 교육
9.통합교육을 위한 팁
-통계적 분류
-임상적 분류
-생물학적 및 심리적 요인
-환경적 요인
-상호작용 또는 복합적 원인
-지능 및 학업성취
-외현화 행동
-내면화 행동
-사회기술 및 대인관계
-선별, 의뢰전중재, 의뢰
-진단평가
-조기교육
-초등교육
-중등교육
-유아기
-초등학령기
-중등학령기

| 제9장 |

정서행동장애를 지닌 특수교육대상 학생

정서장애란 심리학적으로 선호하는 용어이고, 사회학적으로는 사회부적응, 법적으로는 비행청소년이란 용어를 사용하고 있다. 교육적으로는 행동장애라는 용어를 선호하고 있지만, 이 용어 또한 정서 및 심리적인 면과 행동적 또는 외적인 측면을 모두 포괄하는 용어로는 한계가 있다. 따라서 자신의 내면세계를 지향하는 내면화 문제와 외부를 지향하는 외향적인 문제를 동시에 포함하고 있기 때문에 이를 반영하여 정서행동장애라고 한다.

1. 정서행동장애의 정의

특수교육 분야에서는 정서행동장애의 용어와 개념 정의에 관하여 의견의 일치를 보지 못하고 많은 논란을 벌이고 있다. 정서행동장애의 정의, 출현율, 특성, 원인은 다양하게 주장되고 있고, 전문가들 간에 서로 의견도 다르다. 정서행동장애를 지닌 특수교육대상 학생들에 관한 특정 철학, 교육과정, 접근 방법 등에 대해서도 역시 논쟁이 되고 있으며, 합의점을 찾지 못하고 있다. 더욱이 정서행동장애를 지닌 특수교육대상 학생들은 다른 장애를 함께 지니고 있어 그들에게는 이미 어려운 상황을 더욱 복잡하게 만들 수 있다. 정서행동장애를 지닌 학생들은 모든 사회 계층, 연령 수준, 인종 집단에서 나타난다. 미국의 행동장애 아동협회(CCBD)가 사용하는 정서행동장애라는 용어마저도 합의된 것이 아니다(Heward, 2012).

특수교육법(2007)은 정서행동장애를 지닌 특수교육대상자의 진단 기준을 다음과 같이 제시하고 있다.

> 장기간에 걸쳐 다음 각 목의 어느 하나에 해당하여, 특별한 교육적 조치가 필요한 사람

가. 지적 · 감각적 · 건강상의 이유로 설명할 수 없는 학습상의 어려움을 지닌 사람
나. 또래나 교사와의 대인관계에 어려움이 있어 학습에 어려움을 겪는 사람
다. 일반적인 상황에서 부적절한 행동이나 감정을 나타내어 학습에 어려움이 있는 사람
라. 전반적인 불행감이나 우울증을 나타내어 학습에 어려움이 있는 사람
마. 학교나 개인 문제에 관련된 신체적인 통증이나 공포를 나타내어 학습에 어려움이 있는 사람

미국의 경우, IDEA는 심한 정서장애란 용어를 사용하며, 정의를 다음과 같이 규정하고 있다.

(I) 다음의 특성 중 한 가지 또는 그 이상을 장기간, 두드러지게 나타내어 교육적 수행에 역효과를 미치는 조건;
(A) 지적, 감각적 및 건강 요인으로 설명되지 않는 학습 무능력
(B) 또래나 교사와 만족스런 대인관계를 형성하지 못하거나 유지하지 못함
(C) 정상적인 상황에서 부적절한 유형의 행동이나 감정을 나타냄
(D) 늘 우울하고 불행감에 사로잡혀 지냄
(E) 개인적 및 학교 문제와 관련된 신체적 증후나 두려움을 갖게 되는 경향이 있음
(II) 정서장애에는 정신분열증이 포함된다. 심한 정서장애를 지닌 것으로 결정되지 않는 한 사회부적응 아동들은 포함되지 않는다.(PL 108~446, 20 C.F.R. 300.8[C][4])

이 정의는 근본적으로 몇 가지 한계를 지니고 있다. IDEA의 정의는 학습 무능력inability to learn, 만족스런 대인관계를 형성하지 못하거나 유지하지 못함inability to build or maintain satisfactory interpersonal relationships과 같은 용어가 모호하다는 지적을 받고 있다(Forness & Kavale, 2000). 또한 이 정의는 배제 요소를 지니고 있고, 주관적인 언어로 기술하고 있다. 더욱이 가벼운 정서불안행동을 지니고 있거나 사회부적응 학생들은 배제하고 있다(Merrill & Walker, 2004). 예를 들면 다음과 같은 문제에 직면할 수 있다.

첫째, 정서행동장애를 지닌 학생들도 특별한 치료 프로그램을 통하여 학습할 수 있다. 또한, 정서행동장애를 지닌 영재학생들은 자신의 잠재능력에 비해서 매우 낮게 기능을 발휘하지만 또래들과 비슷한 수준의 성취를 보인다.

둘째, 관계를 맺거나 보호 및 애정 관계를 맺는 데 문제가 있는 학생들도 만족스런 대인관계를 경험할 수 있다.

셋째, 개인의 주관적인 판단이나 성인 관찰자의 견해에 따라 행동이 부적절하다고 판정될 수 있다. 법적 정의에서 사용되고 있는 '경향성', '장기간' 등의 문구는 객관적으로 의사를 결정하는 데 어려움을 준다.

IDEA에서는 정서장애란 용어를 사용하고 있는데, 미국 행동장애아동협회는 이 용어의 한계를 넘을 수 있는 정의를 제안하였다(CCBD, 2000).

> (1) 정서행동장애란 용어는 학교에서 보이는 정서 및 행동 반응이 일반적으로 수용되는 연령에 적합한 규준, 인종적 또는 문화적 규준과 너무 달라서 학업적, 사회적, 직업적 및 개인적 기술을 포함한 교육적 수행에 역효과를 미치는 특성의 장애를 의미한다. 즉, 정서행동장애는 환경 내의 스트레스를 일으킬 수 있는 사건에 대해 예상치 못한 반응을 보이며, 두 가지 다른 상황에서 꾸준히 나타나지만 그 중 한 가지는 학교와 관련된다. 또한 일반교육에서 직접 중재에 반응하지 않고 일반교육 중재로는 충분하지 않은 아동의 조건을 말한다. 정서행동장애는 다른 장애 조건과 공존할 수 있다.
>
> 이 장애는 조항(1)에 기술된 바와 같이 장애가 교육적 수행에 영향을 미치는 정신분열증, 정동장애, 기타 품행장애 및 적응장애를 포함할 수 있다.(Federal Register, Feburary 10, 1993, p. 7938)

이 정의의 특징은 ① 정서적, 사회적 또는 행동적 차이를 보이는 적응행동 장애를 포함시키고 ② 문화적 및 인종적 요인을 고려하는 등 다양한 자료원에서 사정한 규준적 표준을 이용하며 ③ 아동과 청소년을 장애로 분류하기 전에 이들을 지원하기 위한 노력이나 의뢰전중재를 검토하며 ④ 이전에 사회부적응이라고 하던 개인을 포함시키는 등 IDEA 정의에 비해 유의한 장점을 지니고 있다. 가장 중요한 점은 수정된 용어와 정의에서 사회적 부적응과 정서적 부적응을 구분하지 않는다는 점이다(CCBD,

2000). 그 이유는 심각한 문제가 있다는 것이 이미 명확히 밝혀졌을 때 이 두 장애를 구분하는 것은 종종 진단적 자원을 낭비할 뿐 아무 의미가 없다는 것이다.

사회부적응을 정서행동장애에 포함시킬 것인지에 관한 문제는 지속적으로 논쟁이 되고 있다. 현재 정서행동장애 정의는 다소 배타적으로 규정하고 있는데, 이를 좀 더 포함적이고 포괄적으로 규정하게 되면 정서행동장애로 인하여 학교에서 어려움을 겪는 많은 학생들이 적절한 서비스를 받게 될 것이다.

2. 정서행동장애의 분류

정서행동장애 분야는 광범위하고 여러 가지 다른 문제를 포함하고 있기 때문에 분류에서 다양한 접근 방법을 채택하는 것은 그다지 놀라운 일이 아니다. 일부 분류는 통계적으로 도출된 것으로써 정교한 통계적 기법을 이용하여 관계가 깊은 행동끼리 묶은 것이다. 질병 분류학적 관점에 근거한 임상적 분류 체계는 의사들이나 정서행동장애를 지닌 아동 및 청소년들을 직접 다루고 지도하는 전문가들의 경험을 근거로 도출된 것이다. 한편 장애의 정도에 따라 정서행동장애를 분류하기도 한다.

■ 행동차원 및 통계적 분류

연구자들은 여러 해 동안 정서행동장애를 지닌 아동들에 관한 정보를 수집했다. 부모와 교사 질문지, 행동평정척도 등을 통해서 수집된 정보를 통계적 기법을 이용하여 분석하고, 행동군이나 관련 행동의 패턴을 찾아냈다. Achenbach(1991b)는 행동범주를 외현화 장애와 내면화 장애의 두 범주로 분류하였다. 외현화 장애와 내면화 장애는 외적 차이가 있기는 하지만 두 범주가 항상 구분되는 것은 아니다.

- **내면화 장애** : 위축, 우울, 수줍음 및 공포 등
- **외현화 장애** : 공격적, 불순종, 이탈, 저항, 분열적 및 위험한 행동 등

다른 연구자들(Quay, 1979)은 유사한 방법을 이용하여 정서행동장애를 네 가지 범주로 분류하였다.

- **품행장애**: 언어적 및 신체적 공격, 분열, 반항벽, 무책임, 권위이탈 등 공격성의 특징을 명백히 나타내는 행동
- **불안-위축장애**: 과잉불안, 사회적 위축, 환경에 적대적이기보다 벗어나려는 행동
- **미숙**: 다른 일에 정신 팔기, 짧은 주의집중 시간, 수동적, 백일몽, 나태함, 기타 발달적 기대에 미치지 못하는 행동
- **사회화된 공격행동**: 갱 활동, 집단 도벽, 기타 비행문화에 참여하는 행위

사회화된 공격행동은 사회부적응과 관련된 것으로써 현재의 법적 정의로는 정서행동장애에 해당되지 않는다. 사회화된 공격행동은 품행장애와도 관련이 있다.

■ 임상적 분류

임상적 분류는 정서행동장애를, 정상과 다른 부적응적이고 고통을 주는 행동, 정서 및 사고의 집합체라고 본다. 사람이 특정 질병을 갖거나 갖지 않는 것처럼 특정 정서행동장애를 갖거나 갖지 않는다고 본다. 이 관점에 기초한 분류체계는 현재 영향력이 가장 큰 미국 정신의학회의 DSM-5™(APA, 2013)이다. 이 분류체계는 젊은이들의 정서행동장애에 대한 사회적 관점과 서비스에 영향력이 강한 정신건강기관, 정부관료, 보험회사, 의료서비스기관 및 영향력 단체에 의해 공식적인 분류체계로 인정을 받고 있다. DSM-5™에서 분류하고 있는 정신의학적 문제가 학령기에 나타나면 대부분 정서행동장애의 범주에 포함하게 된다. 신경발달장애 중 특수교육대상 장애 영역으로 분류되는 지적장애, 의사소통장애, 자폐스펙트럼장애, 특정학습장애를 제외하고 나머지 장애 중 정서행동장애와 밀접히 관련된 장애는 표 9.1과 같다.

표 9.1 DSM-5™ 중 정서행동장애 관련 장애 범주

- 신경발달장애
  . 주의력결핍과잉행동장애
  . 운동장애
  . 틱장애
- 정신분열증 스펙트럼장애 및 기타 정신증장애
- 양극성 및 관련 장애
- 우울장애
- 불안장애
- 강박충동 및 관련 장애
- 외상 및 스트레서 관련 장애
- 해리장애(분리장애)
- 신체증후 및 관련장애
- 식사장애
- 배설장애
- 수면장애
- 분열적, 충동적-통제 및 품행장애
- 물질관련 및 중독장애
- 신경인지장애
- 성격장애
- 기타 정신장애

* 출처: American Psychiatric Association(2013). Diagnostic and statistic manual of mental disorders 5th ed(DSM-5™).

이 분류체계는 정서행동장애가 의료적 질병과 유사하고, 정신과적 문제는 일부 정서행동장애를 유발시키는 강력한 원인이 된다는 개념에 영향을 받고 있다. 그러나 최근 DSM의 내용을 수정하는 과정에서 다른 분류의 과학적 연구 결과를 반영하고 있다. DSM-IV-TR의 지지자들은 DSM-5™이 초기에 지녔던 많은 문제를 수정함으로써 이제는 상당히 유용한 분류 체계라고 낙관하고 있다(Zimmerman & Spitzer, 2005).

3. 정서행동장애의 출현율

정서행동장애의 출현율은 1%에서 33%에 이르기까지 다양하게 보고되고 있다(Heward, 2012). 국립특수교육원(2001)은 정서행동장애를 지닌 특수교육대상 학생의 출현율을 6세부터 11세까지의 학령기 아동 중 0.15%로 밝히고 있으며, 전체 특수교육대상 학생들의 5.54%에 이르는 것으로 보고하였다. 그러나 교육부 특수교육통계(2016)에 의하면 정서행동장애를 지닌 특수교육대상 학생은 2,221명으로서 전체 특수교육대상 학생의 2.5%를 차지하고 있다. 미국국립정신건강연구소(NIMH)는 학령기 아동의 10%, 미국 교육부는 1.2% 내지 2% 정도로 출현율을 추정하고 있다(U. S. Department of Education, 2002).

특수교육대상자가 될 심한 정서행동장애를 지닌 학생을 추정하는 것은 다음과 같은 몇 가지 이유 때문에 매우 어려운 일이다. 첫째, 정서행동장애 정의에 객관성이 부족하고, 사회부적응을 제외하고 있다. 둘째, 정서행동장애로 판별되는 학생들이 나이가 들어감에 따라 증가하지만, 중복장애를 가질 때 다른 장애로 진단된다. 셋째, 정서행동장애를 선별, 판별, 진단, 배치할 때 판단의 주관성이 개입될 여지가 많고, 정부에서는 조작적 정의에 품행장애를 포함시키기를 꺼린다. 넷째, 일반적으로 남학생이 내면화 장애보다 외현화 장애 때문에 정서행동장애로 판별되기 쉽고, 내면화 장애를 지닌 학생들은 무시되거나 판별되지 않는 경향이 높다. 특히, 우울에 의한 자살 등은 심각한 문제가 되고 있지만 정서행동장애 범주로 포함시켜 특수교육 서비스를 제공하지 않고 있다.

4. 정서행동장애의 원인

정서행동장애를 지닌 학생들의 특정 원인을 밝히기란 어려운 일이다. 원인과의 인과관계를 명확히 하는 것이 어려우나, 몇 가지 소인과 촉진 요인을 고려하는 것은 중요하다. 텔레비전을 너무 시청하는 환경적 영향으로 인하여 유전적 이상을 초래할 수도 있다. 그러나 어떤 행동이 한 가지 요인에 의해서 발생된다고 생각하는 것은 현명하지 못하다. 정서행동 문제를 한 가지 원인으로 귀착시키는 것은 대체로 지지받지 못한다. 정서행동장애의 원인을 이해할 수 있는 방법에는 몇 가지가 있는데 그것을 믿을 수 있고, 정당하다고 인정되며, 인간의 행동을 설명하고, 중재 방안을 구안하고 모색하는 데 유용할 때만 도움이 된다.

■ 생물학적 및 심리적 요인

유전

환상이나 망상의 특성을 보이는 정신분열증이나 우울증과 같은 일부 장애는 유전적 요인에 의해 발생될 수 있다는 사실이 분명하지만, 그 외에 학생들이 보이는 행동문제의 경우 이를 입증할 만한 자료가 거의 없는 실정이다. 이와 마찬가지로 우울은 대개 유전적 요인의 영향을 받으며, 생화학적 문제를 중복으로 가지고, 정서행동장애 외의 다른 한 두 장애와 중복으로 나타난다.

뇌손상 및 뇌기능장애

중추신경계 기능장애와 뇌장애 역시 행동장애의 발생에 일조한다. 뇌손상을 지닌 사람들은 정서 및 행동문제를 경험하는 경우가 많다. 뇌장애는 뇌의 이상발달과 뇌손상에 의해 나타난다. 대다수의 정서행동장애를 지닌 아동들의 경우 뇌장애나 뇌손상 증거를 보이지 않는다(Kauffman, 2005). 그러나 정서행동장애는 단 한 가지의 유전인자나 염색체 이상과 결부될 수는 없다. 이 모델의 맥락에서 보면, 정서행동장애는 유전적 이상이나 생리학적 또는 생물학적 결정인자로 인하여 발생된다(Heward, 2012). 그러나 대부분의 전문가들은 생물학적, 유전적 또는 기질적 영향은 흔히 환경적 경험(예; 약물이나 알코올)과 상호작용하여 사회적으로 수용할 수 없는 행동을 하게 된다고 주장하고 있다.

기질적 요인

기질에 대해 합의된 정의가 없는 실정이지만 일반적으로 사람들이 상황에 반응하는 행동스타일이나 양식이 존재하는 것으로 생각되고 있다. 생리학적 차이가 유아의 각기 다른 기질과 연합하기 때문에 타고난 생물적 영향으로 간주된다(Kagan & Snidman, 2004). 일부 유아는 유순한 기질을 타고나는 반면, 일부 유아는 까다로운 기질을 타고난다. 유순한 기질은 스트레스에 대한 탄력성과 관련이 있고, 까다로운 기질을 지닌 유아는 청소년기에 행동문제를 보일 가능성이 높다.

정신 및 심리적 요인

정신분석 관점에 의하면 정서행동장애는 아동이 어린 나이에 외상을 받은 경험 때문에 그 결과로 일어난다고 주장한다. 이러한 외상은 갈등을 일으키게 되고, 그 갈등으로부터 불안이 나타난다. 결국 불안은 걱정이나 두려움을 일으켜 뒤따라 일어날 반응의 토대를 형성시키고 발달시킨다. 또 다른 모델에서는 **정신 내적 사건**[119]과 같은 무의식적 과정과 기타 관찰할 수 없는 행동이 행동발달에 어떤 역할을 한다고 본다. 이 모델은 정신과정의 상호작용이 균형을 잃게 되어 행동문제를 일으키게 된다고 주장한다. 갈등, 불안, 왜곡 등은 정신과정이 합리적으로 기능을 발휘하지 못하도록 한다.

■ 환경적 요인

가정

발달 초기에 가정에서 부모와 자녀의 관계는 행동을 학습하는 주요 방법이다. 부모-자녀의 상호작용을 관찰 · 분석하면 자녀를 사랑으로 대하는 부모는 자녀의 요구에 민감하고, 바람직한 행동을 할 때 칭찬하고 격려하여 아동들이 긍정적인 행동 특성을 갖는 경향이 있다. 일반적으로 정서행동문제를 지닌 아동들의 경우, 가정에서 부모들이 자녀의 행동문제를 다룰 때 일관성이 없거나, 지나치게 벌을 주거나, 자녀와 향사회적 행동을 거의 하지 않거나, 자녀의 활동을 감독하지 않거나, 바람직한 행동을 했을 때 사랑과 애정을 거의 보여주지 않는 것으로 나타났다(McEvoy & Walker, 2000). 그러나 부모-자녀의 관계는 역동적이고 상호적이어서 자녀의 정서행동장애 문제를 부모의 탓으로만 돌릴 수 없다.

119) 이드, 자아, 초자아와 같은 발달 및 성격 구조의 심리성적 단계와 관련된 사건

학교

아동의 정서행동발달에 영향을 미치는 교육적 요인으로는 비효과적인 교수로 인한 학업실패, 불분명한 행동 규정이나 기대, 벌 중심의 행동지도나 생활지도, 학업적 및 사회적 행동에 대한 교사의 인색한 칭찬, 다양한 학습자를 수용할 수 있는 교수의 개별화 실패 등을 들 수 있다(Kauffman, 2005). 교사의 행위가 학생의 일탈행동 패턴을 지속시키거나 강하게 할 수 있다. 교사의 요구를 학생이 무시하면 교사는 보다 강한 요구와 주문을 하게 된다. 그러면 학생의 공격성이 높아지거나 감정장애를 나타내는데, 이런 행동이 교사에게 너무 혐오적이므로 요구를 철회하게 된다. 학생은 자신이 원하는 것을 얻기 위해 고통스러운 행동을 이용하는 것을 학습하게 되는데 이 과정을 **강제적 고통통제** coercive pain control 라고 한다.

학습 요인

학생이 문제행동을 학습하게 되므로 환경을 면밀히 검토해야 한다. 환경 내의 요인들이 수용할 수 없는 행동을 유발시킬 뿐만 아니라 친구나 가족 등 자기 생활 주변에서 중요한 관계를 맺고 있는 사람들이 그러한 행동들을 강화하기 때문이다. 학생들은 연령에 적합한 행동을 강화 받지 못하기 때문에 학습하지 못하고, 주변의 사람들이 자신의 행동에 대해 일관성 없이 반응함으로 자신의 행동을 고치지 못하거나 당황하게 된다(Kauffman, 2005).

■ 상호작용 또는 복합적 원인

생태 환경적 요인

일탈 또는 장애는 개인의 행동과 개인이 속한 상황과의 부적합으로 일어나는 결과이다. 학생의 외부에 있는 별개의 사회적 또는 문화적 요인이 그에게 정서장애를 일으키도록 작용한다. 행동은 환경적 맥락이나 개인의 생활환경 내에서 고려된다. 이러한 환경이나 상황에는 반응을 유도하는 힘이 있는데, 이 힘은 바람직한 행동을 유발시킬 수도 있고, 원하지 않는 행동을 일으킬 수도 있다.

복합적 요인

아동의 정서행동 문제를 한 가지 원인으로 설명한다는 것은 불가능한 일이다. 대부분 만성적인 정서행동 문제는 가족, 이웃, 학교 및 지역사회의 여러 요인이 복합적으로 영향을 주고받아서 유발된다. 여러 요인들이 영향을 미치는 복합적인 위험 경로는 표9.2와 같다.

표 9.2 정서행동문제의 위험 전개 경로

위험 전개 경로	복합적 요인
장기 부정적 파괴적 결과	· 학교 실패나 중도 탈락 · 약물 및 알코올남용 · 갱집단 참여 · 폭력행위 · 평생 복지체계에 의존 · 높은 사망률과 상해율
↑ 부정적 단기 문제	· 무단결석 · 또래와 교사의 거부 · 낮은 학업성취 · 학교생활지도 대상으로 여러 차례 의뢰됨 · 약물과 알코올에 조기 관여 · 조기체포 경험(12세 이하)
↑ 부적응행동 표출 유발	· 성인의 무시나 경멸/냉담 · 학교 준비도 부족 · 강제적 상호작용 스타일 · 또래에 대한 공격 · 문제해결 기술 부족
↑ 이웃, 학교, 사회 위험요소에 노출	· 가난, 학대와 무관심 · 거칠고 비일관적인 양육 · 보호자의 약물, 알코올남용 · 정서적, 신체적, 성적 학대 · 공격행동 모델링 · 매체폭력 · 학교에 대한 부정적 태도 · 가족과 이별(사망, 이혼) · 부모의 범죄행위

이러한 위험에 관한 지식은 예방 프로그램의 계획과 실행에 필요한 정보를 제공해줄 뿐만 아니라 교사가 아동을 효과적으로 중재하거나 처치하기 위해 참고할 필요가 있다.

5. 정서행동장애를 지닌 학생의 특성

■ 지능 및 학업성취

수십 년 동안 이루어진 연구들에 의하면 정서행동장애를 지닌 아동들의 지능은 일반아동들에 비해 평균에 조금 못 미치는 것으로 나타나고 있다(Kauffman, 2005). 정서행동장애 특성을 두드러지게 나타내는 학생들은 일반적으로 학교에서나 학업적으로 실패하며, 이들의 낮은 지능은 이러한 점을 잘 반영해 주고 있다.

정서행동장애를 지닌 학생들은 또래들에 비하여 학력이 2~3년 이상 뒤처지며, 결석률이 높고, 중도 탈락률이 높으며 다른 장애 영역의 학생들보다 학교생활에서 문제를 더 많이 나타낸다(Lane et al., 2005). 정서행동장애가 심할수록 학교에서의 수행능력이 더 떨어진다. 전통적인 입장은 정서행동장애를 지닌 학생들의 지능이 평균 또는 그 이상인 것으로 보지만, 검사를 받을 동안 지시에 주의를 기울이지 못하거나, 검사 문항에 집중하지 못함으로써 왜곡된 점수를 받게 된다(Heward, 2012).

■ 외현화 행동

정서행동장애를 지닌 아동들이 가장 일반적으로 보이는 행동 문제는 반사회적 또는 외현화 행동과 관련이 있다. 일부 학생들은 사회적으로 고립되고, 의미 있는 대인관계를 적절히 발달시키지 못한다(Gresham, 2002). 그들은 반사회적 활동을 하며 사회적 활동을 적절히 하지 못한다. 특수교육을 받는 심한 정서행동장애를 지닌 학생들은 자리이탈, 싸우기, 도벽, 불경스런 행동, 다른 학생의 학습이나 수업 방해, 물건 파괴하기, 폭력적인 언어, 지나친 주장, 거짓말하기, 감정장애, 공격행동, 학급 분위기 저해, 다른 학생들의 학습 방해 등과 같은 외현화 장애를 나타낸다. 일부 정서행동장애를 지닌 학생들은 과잉행동이나 충동적 행동을 한다.

결과적으로 이런 학생들은 갱 집단에 들어가는 경향이 높고, **물질 오남용**[120]에 몰입하거나, 무단결석을 하거나, 비행을 저지르거나 범죄에 연루되는 경우도 있다. 이런 청소년들은 흔히 충동적이고, 다동적이며, 짜증을 많이 내고, 지나치게 고집이 세다. 연구에 의하면, 정서행동장애를 지닌 학생들의 40%에서 70%가 주의력결핍 과잉행동장애를 보인다(Forness & Kavale, 2001). 더욱이 정서행동장애를 지닌 많은 학생들은 다른 사람들에게 잔인하고, 마약판매에 연루되기도 하며, 불법 활동에 참여하기도 한다. 정서행동장애를 지닌 학생들은 다른 장애를 지닌 학생들에 비해 학교에서 체포되는 비율이 13.3배 이상이며(U. S. Department of Education, 1999, p.14), 교정시설에 있는 청소년의 42%가 정서행동장애로 판별되었다(Burrell & Warboys, 2000).

120) 약물 중독, 가스나 본드 흡입, 음주, 흡연

일부 교육자들은 정서행동장애를 지닌 학생들이 학교에서 성공할 수 있으나, 주의 집중, 지시 따르기와 같은 이차적 기능의 열등으로 인하여 실패하게 된다고 주장하고 있다(Smith, 2001).

■ 내면화 행동

내면화 장애를 지닌 학생들은 위축되고, 걱정을 많이 하며, 사회적 상호작용을 거의하지 않거나 지극히 적게 하며, 우울감에 사로잡혀 지내거나, 백일몽 상태에 빠지거나 죄의식을 갖는다. 그들은 수줍어하고, 무관심하거나 미숙함을 보인다. 이런 학생들은 다른 사람들과의 접촉을 회피하고, 극단적인 경우에는 사회적 상황 자체를 회피하게 된다. 대부분의 내면화 장애를 지닌 학생들은 불안해하고 우울해 하는 경향이 있다(Kirk, Gallagher, Anastasiow, & Colman, 2006). 이들의 불안은 감정장애, 울기, 굳은 표정, 기타 신체적 불평(두통, 질병 등)으로 나타나기도 한다. 이와 같은 정서행동장애를 지닌 아동 및 청소년들은 사회기술과 대인관계 기술의 열등으로 인하여 학령기 동안 희생양이 되기 쉽고, 때로는 왕따가 될 수 있다.

우울한 학생들을 적절히 조치하지 않고 그대로 방치하면 자살, 학교 수행성 열등, 동료, 교사, 부모 및 형제들과의 관계 문제 등 위험한 상태에 빠지게 된다. 정서행동장애를 지닌 아동 및 청소년들이 보이는 우울증으로는 수면불안(악몽), 피로증, 지나친 죄의식, 자신을 스스로 가치가 없다고 생각하기, 집중력 열등, 자살 충동 등이다.

■ 사회기술 및 대인관계

정서행동장애를 지닌 학생들이 경험하는 사회적 곤란에 관한 연구들은 이들의 3/4 정도가 임상적으로 유의한 언어적 결함을 지니고 있음을 밝히고 있다. 이들은 언어를 사용하거나 구어적 의사소통의 이해 및 처리과정과 관련된 문제를 경험하게 된다(Benner, Nelson, & Epstein, 2002). 언어문제를 지닌 아동들의 1/2은 정서적 결함을 지니고 있음을 발견했다. 이러한 언어문제는 정서행동장애를 지닌 학생들의 사회적 문제에 영향을 미치고, 보호자들과의 관계도 어렵게 한다.

최근 위기청소년의 수가 70만 명이나 되고, 특히 정부가 관리대상으로 삼고 있는 고위험군만 32만 명에 이르고 있다. 2007년 경찰백서에 의하면 12세 이상 20세 미만의 소년범죄자는 115,661명이나 된다(경찰백서, 2007).

2003년 중도탈락생의 수를 보면, 초등학생 18,956명, 중학생 15,987명, 일반계 고등학생 17,000명, 실업계 고등학생 21,529명으로 나타났다. 이 중 품행문제와 학교 부적응으로 인한 탈락 학생이 중학생은 3,990명, 일반계 고등학생이 5,986명, 실업계 고등학생이 11,251명에 이른다. 품행문제와 학교부적응으로 인한 탈락자의 수는 21,227명으로 현재 특수교육을 받는 전체 학생 수의 약 1/3에 해당된다(정대영, 2009).

6. 정서행동장애를 지닌 학생의 진단평가와 사정

■ 선별, 의뢰전중재, 의뢰

선별은 정서행동장애를 지닌 학생들의 처치와 서비스를 위해 요구를 판별하는 과정의 첫 단계이다. 선별은 조기판별과 조기중재로 이어질 수 있고, 이로써 정서행동장애가 개인과 가정에 미치는 영향을 최소화할 수 있다.

최근 선별 접근 방법은 여러 사람이, 여러 방법으로, 여러 관문을 거쳐서 객관성과 신뢰성을 높이고자 한다. 이러한 방법의 사례에는 Walker와 Severson(1992)이 개발한 체계적 행동장애 선별(Systematic Screening for Behavior Disorders: SSBD) 도구가 있다. 이 방법은 일반교사의 지명하기, 지명된 학생들의 행동을 집단화하고(외현화장애와 내면화 장애를 포함하여 특성에 따라) 행동의 심한 정도에 따라 등급 정하기, 교실과 학교에서 보이는 문제 학생의 행동이 어떤 영향을 미치는지 사정하기 등 3단계를 거치게 된다.

■ 진단평가

중재반응 모델은 정서행동장애 아동의 진단과 판별에 목적이 있는 것이 아니라 적절한 중재를 제공하는 데에 있다(그림 9.1) 그림에서 중재반응법을 단계로 표현하지만 실제로 적용되는 것은 단계적이 아니라 일련의 과정이다. 단계 I은 전체 학생을 대상으로 보편적 중재에 관심을 가지고 학교단위 행동지원이 이루어진다. 하지만 실제로 중재에 대한 반응은 85-90% 정도일 수 있고 10-15% 아동들은 반응하지 않을 수 있다. 단계 II는 단계 I의 중재, 즉 보편적 중재에 반응하지 않는 학생들을 대상으로 특별 집단적 중재, 주로 소집단 중재를 실시한다. 단계 I의 미반응자 10-20% 모두를 대상으로 지도하고 미반응자 (전체의 1-5%)가 발생할 경우 단계 III으로 보내어 특별한 개별

중재를 실시한다. 단계 III은 단계 I, II에서 반응하지 않는 전체 아동의 약 1-5%로서 특수교육 대상이 된다. 중재반응법은 문제의 발견, 의뢰, 긴단평가, 적격성 심사 등의 일련의 과정으로 중재의 시기를 놓치는 것을 예방하고 문제 발견 시 중재를 우선하고 그 과정에서 단계별 아동의 반응 여부에 따라 정서행동장애의 여부를 판단하는 '선중재 후판별' 의 접근법이라고 할 수 있다.

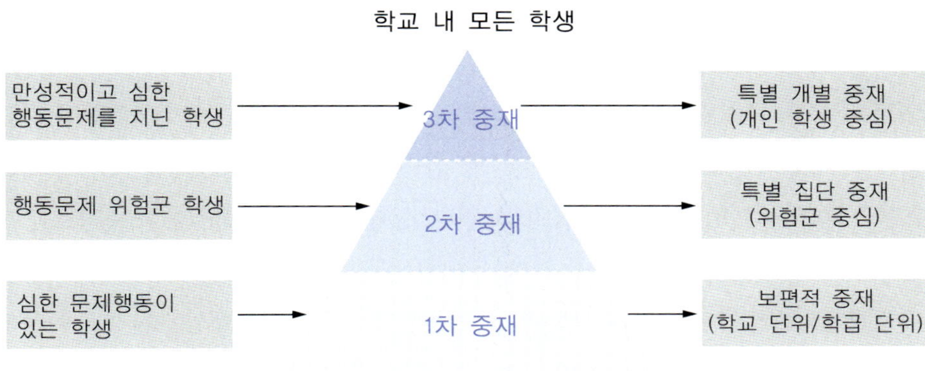

그림 9.1 중재반응 모델에 의한 전학교 긍정적 행동지원

* 자료출처: Based on Sugai, G., & Horner, R. (2006). A promising approach for expanding and sustaining the implementation of school-wide positive behavior support. *School Psychology Review, 35, 245-259.*

■ 진단평가

정서행동장애를 사정할 때 체계적이고 종합적이며 다학문적으로 접근하는 것이 가장 효과적이다. 학생을 평가할 때는 특수교사, 일반교사 및 적절한 관련 인사들이 참여하여 인지, 정서, 사회, 학업, 의료, 기능 영역을 평가해야 한다. 평가 대상에 따라서는 적응행동, 운동기능, 신경학적 기능, 지각능력 등을 추가로 평가해 볼 필요도 있다.

성취 및 적성 평가

타당성과 신뢰성이 확보된 지능검사와 성취도 검사 도구를 이용하여 정서행동장애를 지닌 학생들을 검사해야 한다. 성취도 검사는 학생이 새로운 기능을 어느 정도 성취했는지를 측정한다. 교육과정 중심 성취도 검사는 학급에서 이루어지고 있는 수업의 진전도를 확인하기 위해서 교육과정의 내용을 평가 문항으로 이용한다. 표준화 검사는 학생을 동일 연령 집단의 다른 학생들과 비교하고, 다른 검사에 참조가 될 표준 점수를 제공해 준다. 교사가 제작한 성취도 검사나 수행 검사는 학생이 일정 기간 동안 무엇을 학습했는지를 평가한다.

행동기능평가

행동기능평가는 행동의 인과관계를 파악하는 과정이며, 면담, 직접 관찰, 기능분석 등 일련의 과정을 거치는 다단계 평가 체계이다(정대영, 2003, 2009).

면담은 가장 쉬운 방법으로 교사, 부모 및 아동을 잘 아는 사람들에게 질문을 하는 방법이다. 면담자는 표적행동을 구체적으로 기술한 후 아동을 장기간 동안 관찰해 온 보호자 등을 대상으로 행동의 빈도, 강도, 기간, 상황 등에 관하여 질문하여 정보를 파악한다.

직접관찰법으로는 주로 ABC 기록법을 이용한다. 이 방법은 행동관찰자가 아동의 문제행동을 촉발시키는 선행자극이나 사건, 행동, 행동 후에 제공되는 후속 결과나 자극을 기술하여 행동 변인들 간의 관계를 파악한다.

행동기능분석은 행동기능평가의 마지막 단계이다. 간접적인 관찰과 직접 분석을 통해서 행동의 인과관계를 밝히지 못할 경우 실험적 조건을 제시하여 선행사건, 행동 및 후속 결과 간의 관계를 명확히 찾아내고자 하며, 이 단계에서는 단일대상 연구 설계를 많이 이용한다.

행동기능평가는 다른 관련 변인들, 즉 행동이 언제, 어디서, 얼마나 자주 또는 얼마나 오랫동안 일어나는지에 대한 자료에 근거하여 중재 계획을 세우고자 한다. 긍정적 행동지원은 학생들의 바람직하지 못한 행동을 감소시키고, 적응행동과 수용할 수 있는 행동을 발달시키는 데 도움이 된다.

투사검사

정서행동장애를 지닌 학생들을 진단하기 위해 투사검사를 이용할 수 있다. 이런 검사들은 잉크점, 만화 같은 캐릭터, 단어나 문장 완성 검사를 제시한다. 검사 문항은 정오답을 요구하는 것이 아니라, "어떤 생각이 드는가?" 등과 같이 개방적인 답을 요구한다. 투사검사는 개인의 내적 소망, 갈등, 감정, 상상 등을 드러내도록 도와주도록 개발되었고, 그러한 목적으로 이용되고 있다. 로르샤흐검사(Rorschach, 1942), 아동통각검사(Wicks-Nelson & Israel, 1991), 정서행동장애 선별용 인물화 검사(Nagheri, McMeish, & Bardos, 1991) 등을 이용하며 정서장애 여부를 결정할 때는 심리진단검사 훈련을 받은 전문가가 실시하고 분석해야 한다. 교사들은 이런 검사에 대한 훈련을 받을 기회가 거의 없지만, 그 결과를 통보받을 수는 있을 것이다. 특수교사나 상담교사는 이러한 투사검사에 대한 전문연수를 받는 것이 바람직하다.

7. 정서행동장애를 지닌 학생의 교육적 지원과 중재

초기에는 정서행동장애를 지닌 학생들에 대한 치료와 중재를 가정, 이웃, 지역사회 등으로부터 분리시켜 접근했다. 하지만, 이들과 가족들에게 효과적인 서비스를 제공하기 위해서는 전문가, 가족 구성원, 지원 제공자 등이 함께 팀을 이루어 접근해야 한다는 데 공감하게 되고 마침내 지역사회 중심 및 가정 중심의 서비스 체계가 등장했다(Eber et al., 2001). 이 체계에서는 정서행동장애를 지닌 학생과 그 가족, 나아가 그들이 생활하는 지역사회에 관심을 기울인다(Hernandez et al., 2001).

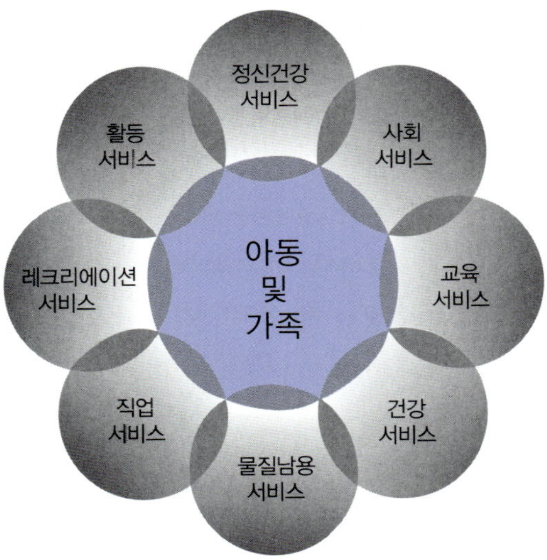

그림 9.2 보호구조 체제

* 자료출처: Stroul, S. & Friedman, R. M.(1986). *A System of Care for Children and Ado with Severe Emotional Disturbances*(p. xxvi), Washington, DC: Georgetown University Child Development Center.

이 체제는 아동과 가족을 중심에 두고 중요 서비스들이 그들을 둘러싸고 제공하는 종합적 서비스 체제이다. 따라서 가정 중심의 서비스, 특수교육, 치료적 양육 보호, 재정지원, 건강 보호, 외래 치료, 직업교육, 방과 후 프로그램, 가족지원 등이 포함된다. 이 체제의 서비스는 정서행동장애로 판별된 아동과 청소년들에게만 제공되는 것이 아니라, 모든 학생들을 대상으로 갈등해결, 정서적 문제, 분노 관리를 지도하는 일종의 예방적 중재이기도 하다. 이러한 중재 프로그램을 통해서 적응 문제를 지닌 학생들의 75 ~ 85%를 개선시킬 수 있었다(U. S. Department of Education, 1999).

■ 조기교육

영유아기는 모든 아동들에게 중요하지만, 특히 정서행동장애로 이어질 위험성을 지닌 아동들에게는 더욱 중요한 시기이다. 최근 연구들은 정서행동장애는 예방될 수 있는 것으로 주장하고 있다(Fox, Dunlap, & Cushing, 2002). 많은 아동들이 조기에 아동, 가족 및 지역사회 중심의 집중적인 서비스와 중재를 받았다면 심한 정서행동장애를 일으키지 않았을 것이다. 더욱이 조기 중재 비용은 아동기, 청소년기 및 성인기의 비용에 비해 훨씬 적게 들어간다. 그러나 우리 사회는 이러한 노력에 소홀히 함으로써 정서행동장애를 지닌 아동을 양산하고 있다. 중재 과정에는 조기판별, 가족에 의한 요구 사정, 가정 및 지역사회 중심의 중재, 교육 기관과 지역사회 기관의 협력 등이 중요한 요소로 포함된다.

정서행동장애를 지닌 유아를 위한 중재는 아동 중심, 가족 중심 및 가정 중심으로 이루어지는 특징을 가지며 개별화교육 프로그램의 범위를 넘는 개별화 가족서비스 계획을 마련하여 접근하게 된다. 정서행동장애를 지닌 유아들을 위한 중재에는 문제행동을 대체할 수 있는 긍정적인 행동 형성, 또래나 다른 사람들과의 적절한 사회적 상호작용 촉진, 아동이 속한 자연 환경에서 이루어지는 긍정적 행동지원 등이 포함된다.

가족 중심의 중재는 일시적 보호 중단, 부모에게 가정 및 기타 지역사회 환경에서 정서행동장애를 지닌 유아를 다루는 방법 훈련시키기, 가족요법, 부부요법, 약물요법, 데이 케어day care이나 데이 트리트먼트day treatment 등이 있다. 이러한 서비스와 중재의 강도나 기간은 가족의 요구와 그들이 새로운 기술과 대처 전략을 발달시키는 속도에 의해 결정되고, 중재는 다양한 상황과 장소에서 제공된다.

일반적으로 정서행동장애를 지닌 유아의 중재는 의사소통 기술, 형제, 부모 및 동료들과의 적절한 사회적 상호작용, 발달적으로 적절한 과제에 반응하기 등에 초점을 맞추어 시작한다. 또한 통합교육이 강조됨에 따라 일반교육 환경에 성공적으로 참여할 수 있도록 준비시키는 것이 중요하다. 일반적으로 연구 결과에 의하면 영유아기 통합교육이 가장 성공적임을 감안할 때, 이 시기에 통합교육의 기회를 살려 개인의 기능발달은 물론 사회적 상호작용 기술을 향상시킬 수 있도록 각별한 관심을 가지고 지도해야 한다.

■ 초등교육

정서행동장애를 지닌 초등학생들은 여러 가지 행동문제를 나타낸다. 결과를 수용하기, 다른 사람들과 원만히 상호작용하기, 학교나 가정의 다양한 상황에서 자신을 통제하기, 강한 감정표현 등과 관련된 행동문제들을 보인다. 개별화교육 팀은 부모의 협력을 받으면서 학생의 지적, 사회적, 정서적 및 학업적 현재의 수행 수준과 문제행동을 일으키거나 지지하는 상황을 면밀히 분석하여 요구를 명확히 파악할 필요가 있다. 문제행동의 기능평가를 통해서 각 학생의 개별화교육 목표를 설정하고 중재 계획을 수립하는 것이 바람직하다.

일반적으로 정서행동장애를 지닌 학생들을 위한 중재 프로그램은 부적응행동을 적응행동으로 대체하기, 적절한 학업 기술과 태도 형성하기, 자아의식 증대시키기, 자존감 형성하기, 연령에 적합한 자기통제력 습득하기 등에 초점을 맞춘다. 아동들은 학급, 가정, 지역사회에서 성공하기 위해 이러한 기술과 행동을 필요로 한다. 정서행동장애를 지닌 학생을 지도하기 위한 과거의 프로그램들은 엄격하고 통제적이며 벌을 많이 이용하여, 새로운 행동을 지도하기보다는 아동 및 청소년들의 행동을 억제하는 데 초점을 맞추었다. 이러한 프로그램들은 **통제 교육과정**[121]이나 **비지시적 교육과정**을 채택했다.

정적강화, 부적강화 및 벌

문제행동을 지도하는 전통적인 방법으로는 적절한 행동을 증가시키는 방법과 부

121) 새롭고 성공 가능성이 높은 사회적 및 학업적 행동을 지도하기보다는 아동과 청소년을 통제하는 데 중점을 둔 학급의 일상적인 구조나 교수전략

적절한 행동을 감소시키는 방법이 있다. 행동을 증가시키는 방법으로는 주로 정적강화와 부적강화를 이용한다. 정적강화는 유쾌한 보상을 주어서 부적절한 행동의 발생 기회를 줄이고, 적절한 행동의 발생 가능성을 증가시켜준다. 교실에서 흔히 사용되지만 의도를 가지고 체계적이고 지속적으로 적용할 때 효과가 극대화된다(정대영, 권숙현, 2007; Witkin & Slocum, 2003).

행동은 긍정적인 결과에 따라 일어난다는 신념에 중재의 초점을 맞추고 있으며, 적절한 행동을 하면 즉시 유쾌하거나 보상적 자극을 제공한다. **강화**는 즉시강화에서 지연강화, 연속강화에서 간헐강화로 서서히 이행시킴으로써 외적 동기유발 체제에서 내적 동기유발 체제로 전환시켜 주어야 한다. 부적강화는 적절한 행동을 증가시킨다는 점에서 정적강화와 유사한데, 바람직한 행동이 일어나면 부적 자극을 제거해 준다. 바람직하지 못한 행동의 빈도, 강도 및 시간을 줄이기 위해서는 소거 기법을 이용하는데, 이 기법은 이전에 제공되던 강화를 단순히 중단하거나 철회하는 것이다.

부적절한 행동을 감소시키는 방법으로는 벌이 있다. 말로 경고하거나 꾸짖기 등도 부적절한 행동을 중단하거나 감소시키는 데 효과가 있다. 가장 많이 이용되는 기법은 타임아웃과 반응대가를 들 수 있다. **타임아웃**은 배제 타임아웃과 비배제 타임아웃으로 나누어질 수 있으며, 그 강도에 따라 여러 가지 변형이 적용될 수 있다. **반응대가**는 일종의 벌금형이라고 할 수 있는데, 모의돈, 실제돈, 토큰, 강화물 등 다양한 자료를 이용하여 가정과 학교 등 여러 환경과 상황에서 이용할 수 있는 기법이다.

이러한 강화기법과는 별개로 교사들은 의도적이지는 않지만 자신도 모르게 아동들의 부적절한 행동을 강화하는 경우가 많다. 예를 들어, 아동이 부적절한 행동을 할 때마다 교사가 어떤 형태로든 관심을 가져주면, 교사가 행동을 감소시키려는 의도와는 달리 아동의 입장에서 보면 교사의 관심을 지속적으로 받으려는 목적을 달성하는 결과가 된다. 근접 통제와 모델링 등도 바람직한 행동을 증가시키는 데 적절히 이용될 수 있다.

포괄적 서비스

근래에 정서행동장애를 지닌 학생들을 위한 새로운 보호 체제가 등장했다(Eber et al., 2002). 이러한 체제는 정서행동장애를 지닌 학생과 그 가족들에게 포괄적인 서비스 또는 전방위 서비스를 제공한다. 포괄적 서비스는 정서행동장애를 일으키는 가정,

학교, 지역사회의 문제를 다루며, 가정 내 아동관리 훈련, 고용지원, 가족요법 등 문제 해결에 도움이 되는 다양한 방법들을 포함한다(정대영, 2005). 이 체제와 관련 프로그램의 특징은 다음과 같다.

- 임상가나 학교에서 학생을 지원할 수 있는 인사들을 이용한다.
- 학습과 전환을 지원하기 위해 학교 중심의 서비스와 학교에 초점을 맞춘 종합적 서비스를 제공한다.
- 학교 중심의 케이스 관리를 이용한다.
- 전 학교 차원의 예방과 조기 중재 프로그램을 제공한다.
- 학교 내 센터를 만들어 정서행동장애를 지닌 학생들을 지원한다.
- 가정 연락원이나 후원자를 이용하며 가족 구성원들의 역할과 역량을 강화한다.

증거기반 교수의 실제

정서행동장애를 지닌 학생들을 대상으로 하는 과학적 연구기반 교수는 ① 교사의 칭찬(강화) ② 교수에 반응할 높은 기회비율 ③ 직접교수를 포함한 명확한 교수전략 ④ 학교 차원의 행동기능평가 중심의 개별 계획과 자기관리를 포함한 긍정적 행동지원이란 4가지 전략적 접근을 포함하고 있다(Heward, 2012). 강화와 교수에 대한 반응은 앞서 언급되었기 때문에 여기서는 학교 차원의 긍정적 행동지원과 자기관리에 대해 설명하기로 한다.

학교 차원의 긍정적 행동지원 체제. 전통적으로 학교는 특정 학생의 비행이나 문제행동을 통제하기 위해 벌 기법을 주로 이용했다. 이러한 전략은 문제행동을 장기적으로 감소시키는 데 비효과적이고, 학생들에게 바람직한 향사회적 행동을 지도할 수 없다. 과거 10여 년 동안 학생생활 지도 측면에서 가장 중요한 변화는 모든 학생들의 긍정적인 행동을 촉진하고 향상시키는 학교 차원의 긍정적 행동지원 체제가 발달한 점이다(Hallaham, Kanffman, & Pullen, 2012). 학교 차원의 긍정적 행동지원 체제의 목적은 모든 학생들의 학업 및 사회적 행동의 성공을 높이는 방식으로 적절한 행동을 규정하고 지도하며 지원하는 것이다.

학교 차원의 긍정적 행동지원을 실시하는 학교는 교내의 모든 학생들에게 적절한 행동을 지도하기 위해 팀 기반 접근법을 이용한다. 모든 교사들과 학교 직원들이 바람직한 학생 행동을 지도하고 보상하는 데 참여하며, 규칙 위반에 대한 후속결과를 명확히 규정하고 일관성 있게 적용하며, 객관적인 데이터를 이용하여 시스템을 평가하고 지속적으로 개선시킨다(정대영, 2009; Sugai & Horner, 2005). 성공적인 학교 차원의 긍정적 행동지원은 다음과 같은 특징을 지닌다.

- 기대행동을 기술한다.
- 기대행동을 규정하고 지도한다.
- 적절한 행동을 인정한다.
- 행동 오류를 적극적으로 교정한다.
- 팀이 데이터에 기초하여 프로그램을 평가하고 조정한다.
- 개별 학생 지원 체제와 학교 차원의 생활지도 체제가 통합된다.

자기관리. 정서행동장애를 지닌 다수의 학생들은 스스로 자신의 삶을 통제할 수 없다고 믿고 있다. 이러한 학생들은 자기관리를 통하여 책임감을 배우고, 자기결정을 할 수 있게 된다. 자기관리는 또한 습득한 것을 일반화하거나 유지하도록 촉진시키는 중요한 도구이기도 하다.

자기관리 기법에는 여러 가지가 있지만 가장 널리 이용되는 것은 자기점검과 자기평가이다. 자기점검은 개인이 자신의 행동을 관찰하고 특정 표적행동의 발생 또는 비발생을 기록하는 비교적 단순한 절차이다. 자기평가는 자신의 수행성을 사전에 정해진 표준이나 목표와 비교한다. 최근 인지적 정보와 신체적 상태에 관한 정보를 통제함으로써 자아신념을 바꿀 수 있고, 결과적으로 불안이나 우울에 적절히 대처할 수 있다는 실행기능 자기조절 모형이 제시되어 연구되고 있다(정대영, 2007).

적극적, 긍정적 학급관리. 정서행동장애를 지닌 학생을 지도하는 교사는 반사회적 행동을 감소시키고 긍정적 행동을 형성시키며, 학업적 성공의 토대가 되는 긍정적인 교사-학생 상호작용을 증가시키는 데 효과적인 학급 환경을 설계하고 관리해야 한다.

적극적인 행동관리를 통해 학급행동 문제를 많이 예방할 수 있다. 적극적인 행동관리 기법에는 학급 내 물리적 환경의 구조화, 적절한 행동을 위해 명확한 규칙과 기대 수준 설정, 체계적인 학습활동 계획, 수업 중 능동적인 참여를 유지시키기(Hallaham, Kanffman, & Pullen, 2012), 칭찬과 정적강화 제공, 문제행동의 예상과 사전 대처 등이 있으며, 그 외에도 행동형성, 행동계약, 소거, 차별강화, 토큰경제 등도 많이 이용되는 기법들이다.

또래 개입과 지원. 또래집단의 힘은 정서행동장애를 지닌 학생의 긍정적 변화를 이끌어낼 효과적인 수단이 될 수 있다. 부적절한 행동을 감소시키기 위한 또래지도 전략으로는 **또래의 긍정적인 보고**[122], **또래교수, 또래지원과 대안제시**[123] 등이 있다.

중등도 및 중도장애를 지닌 학생들로 구성된 대부분의 특수학급은 어떤 공통된 특성을 지니고 있다. 첫째, 매우 구조화되고 특수화된 수업을 한다. 규칙을 명확히 하고 일관성 있게 적용하면 일상생활 계획을 고정시켜 생활에 도움을 준다. 학업과 사회기술은 핵심 내용을 중심으로 지도하며 성인과 아동, 아동과 아동의 관계를 강조, 격려한다. 교수법으로는 직접교수법이 효과적이며 효율성이 높은 것으로 확인되고 있다. 직접교수법 중 반응촉진 전략은 모방을 통해 핵심적인 요소를 연습시킴으로써 오류를 범하지 않도록 촉진한다. 이 전략은 오류를 적게 하고, 정적강화와 교사의 긍정적인 관심을 받을 기회가 늘어나며, 학습 속도가 빨라 정서행동장애를 지닌 학생들뿐만 아니라 다른 장애 학생들에게도 널리 이용된다.

둘째, 교사가 학생의 학업적 및 사회적 행동을 점검한다. 학생들은 자신의 의견을 표현하는 방법, 개인 및 집단의 문제를 다루는 방법, 강한 감정이나 정서를 다루는 방법 등을 학습한다. 인지적 및 상위인지적 접근법으로는 자기점검, 자기지시, 자기통제 등의 전략 등이 있다.

셋째, 행동중재와 더불어 약물치료, 개별 상담, 가족치료 등을 많이 받는다. 특히, 우울, 주의력결핍과잉행동, 발작 등을 보이는 학생들은 약물치료를 많이 받는다. 교육적인 입장에서는 약물치료를 교수-학습을 위한 보조적인 수단과 방법으로 보는 것이 바람직하다. 약물의 의존도를 낮추어야 하고, 단기화 하는 것이 교육적인 입장이다. 약물의 투여량을 줄여가고, 교육과 훈련의 강도를 높여 가급적 약물치료 기간을 단축시키는 것이 바람직하다.

---

122) 서로의 긍정적인 행동을 보고하고 서로 지도 · 격려하며 강화를 제공하는 기법

123) 서로의 긍정적인 행동을 인정하고, 부적절한 행동이 일어났을 경우, 그 행동이 왜 문제인지를 설명하며, 대안적 행동을 제안하거나 시범을 보이는 일련의 과정을 훈련받고 서로 지원하는 기법

■ 중등교육

정서행동장애를 지닌 청소년들의 문제는 부모, 교사 및 기타 관련 전문가들에게도 다루기 어렵고 힘든 일이다. 이들이 나타내는 문제는 폭력행위, 싸움, 위축, 물질남용 및 기타 곤란한 행위들이다. 이들을 위한 과거의 중재 방법은 초등학교 학생들에게 한 것처럼 통제적이고 부정적인 벌 중심의 기법을 많이 이용했고, 통제적 교육과정 또는 비지시적 교육과정이 주를 이루었다.

근래에 이르러 긍정적 지도 관점에서 접근하려는 변화가 시도되고 있으며, 교육, 의료, 사회복지 및 정신건강 분야의 전문가들이 지원체제를 개발하고 있다. 이런 유형의 지원체제는 가족 중심의 우호적 협력관계 속에서 이루어지는 특성을 보인다. 지원체제는 지역사회 중심, 가족중심, 개별화, 강점 중심, 다양성에 민감하기, 팀 중심 등의 특성을 갖는 것이 이상적이다. 이 체제에서는 부모와 가족들이 지니고 있는 지식과 정보를 진지하게 끌어내야 하므로 가족을 준전문가 수준으로 끌어올리려는 노력이 필요하다. 학교나 지역사회의 유관기관은 협력하여 가족훈련, 가족요법, 고용지원 등을 제공하여 가정을 중재의 한 축으로 삼고, 가족들을 중재의 팀원으로 활용하는 것이 바람직하다.

다른 접근법은 **개별화 케어**[124]이다(Burchard & Clarke, 1990). 개별화 케어는 **종합적 접근법**[125] 또는 **포괄적 접근법**이다(Kendziora et al., 2001). 종합적 접근법은 통합적이고 가족 중심의 협동적이고, 융통성 있는 접근을 통해 정서행동장애를 지닌 아동 및 청소년들을 개선시키고자 한다. 학교나 정신과에서 정서행동장애를 지닌 아동 및 청소년들에게만 서비스를 제공하는 것이 아니라 가정에서 부모와 가족들에게도 제공한다.

교정시설에 있는 청소년들의 42%가 정서행동장애를 지니고 있다(Burrell & Warboys, 2000). 특히 만성적 비행이나 중범죄(살인, 방화, 무장 강도, 강간 등의 흉악범죄) 청소년은 학교 교육자나 임상가들에게 심각한 문제가 된다. 학교폭력이 사회의 폭력집단과 연계되어 심각한 문제가 되고 있다. 가정 유형의 다변화는 결국 가족 구

124) individualized Care(IC) 통합적이고 가족 중심의 협동적이고, 융통성 있는 접근을 통해 정서행동장애를 지닌 아동 및 청소년들을 개선시키고자 함. 학교나 정신과에서 정서행동장애를 지닌 아동 및 청소년들에게만 서비스를 제공하는 것이 아니라 가정에서 부모와 가족들에게도 제공함

125) wraparound approach(WRAP) 보호 전문가와 준전문가 팀에 의해 협동적이고 유기적이며 융통성 있는 접근법을 통해 개인과 가족의 요구를 고려하여 청소년과 그 가족 등에게 종합적인 서비스를 제공하는 케어

조의 다변화를 가져오고, 역할 모델의 부족 또는 심리적 및 정서적으로 안정된 지원과 지지를 받지 못하게 됨으로써 청소년들은 또래들과 어울려 힘, 우정, 명예, 평판 등을 추구하며 어긋난 길을 걷게 된다.

청소년들의 폭력 예방과 처치를 위한 프로그램은 주로 집단지원체제, 성인 멘토링, 특정 능력 훈련, 성인 및 권위인물과의 건전한 관계 발달 등에 초점을 맞추고 있다. 청소년들은 물질남용, 문제가 되는 대인관계, 우울, 분노와 폭력을 통제하지 못하는 상황에 대한 대처법을 배워야 한다.

8. 정서행동장애를 지닌 학생의 전환교육

정서행동장애를 지닌 청소년들을 위한 전환교육 프로그램은 목적과 구조면에서 매우 다양하다. 정서행동장애의 정의는 심각한 비행을 저지르거나 오랜 기간 동안 학교생활에 실패를 경험하고 있는 많은 청소년들을 제외시키고 있다. 그 결과 소년원 등에 수감되어 있는 정서행동장애를 지닌 청소년들은 특수교육으로부터 관심조차 받지 못하고 있다.

중등교육 차원에서 정서행동장애를 지닌 학생들을 위한 특수교육 프로그램을 설계하기 어려운 이유 중의 하나는 이 장애의 범주가 너무 다양하다는 점이다. 이 장애를 지닌 청소년들 중에는 자폐스팩트럼장애처럼 폐쇄적이고 위축적인 행동부터 공격적 비행에 이르기까지, 심한 지적장애에서 영재에 이르기까지, 유치원 수준에서 대학 수준의 학업성취에 이르기까지 그 범위가 넓고 다양한 특성을 보인다. 그러므로 정서행동장애를 지닌 모든 청소년들을 위한 한 가지 유형의 모델이나 프로그램을 제안하는 것은 비현실적이다. 사실 정서행동장애를 지닌 청소년들은 다른 장애범주보다 더욱 개별화되고 창의적이며 유연성 있는 교육을 필요로 한다. 프로그램 역시 안정적인 환경내에서 일상생활 기술을 지도하는 단계로부터 대학과 같이 상급환경에 이르기까지, 일반학급에서 병원에 이르기까지, 전통적 교육과정에서 특별한 직업 훈련에 이르기까지 그 폭이 넓다.

정서행동장애를 지닌 청소년들은 학교로부터 직장이나 성인생활로 전환하는 데 특히 어려움을 겪는다. 이 장애를 지닌 다수의 청소년들은 성공적인 고용에 필요한 기초학습 기능이 부족하다. 또한 그들의 행동은 문제가 있어 고용주, 직장 동료 및 이웃으로부터 수용되거나 호감을 받기 어렵다. 이들은 장애 영역 중 중도 탈락률이 가장 높고 전환 프로그램에서 훈련하기 가장 힘든 청소년들이다(Cheney & Bullis, 2004).

정서행동장애를 지닌 다수의 청소년들은 성인으로 성장하여 독립적인 생활을 하고 생산적인 삶을 살아가기가 어렵다. 수줍음, 불안 및 신경성 문제를 지닌 청소년들은 성인과 유사한 정신과적 문제를 갖는 것은 아니며, 품행장애를 지닌 아동 및 청소년들은 사회적으로 수용될 수 없는 행동을 하거나 사회적 능력이 부족한 특징을 보인다. 과잉행동을 보이는 아동의 약 50% 정도는 성인이 되어 법적 중재나 정신과적 보호를 필요로 하는 문제를 갖게 된다.

이들이 성인으로 전환해 가는 데 있어 가정의 무관심, 학대 및 부적절한 가족 관계 문제로 많은 어려움을 겪게 된다. 품행장애를 보이는 청소년 중에는 가족관계 문제를 지닌 비율이 높다. 처벌 위주로 접근하게 되면 바람직한 행동을 중단하지 못하고, 가족관계는 악화되며 더욱 어려운 삶을 살아가게 된다. 처벌과 수감을 강조할 때 그 결과는 반생산적인 것으로 나타나고 있다.

이들의 고등교육과 전환교육 프로그램은 대개 행동주의적 접근을 택하고 있다(Cheney & Bullis, 2004). 그러나 품행장애를 지닌 많은 청소년들은 발달장애를 지니고 있어 생애 전반에 걸쳐 중재를 제공해야 한다. 반사회적 청소년들이 고등학교에 이르게 되면 이들을 위한 효과적인 프로그램은 자신의 장애를 스스로 수용하도록 돕는 데 목적을 둔다. 이러한 프로그램들은 이들의 학업적 및 사회기술을 교정하는 데 중점을 두기 보다는 생존기술, 학교와 지역사회에서 당면하는 문제에 대처할 수 있는 기술, 직업 개발을 위한 기술 등을 지도한다(Walker et al., 2004). 정서행동 문제를 포함한 위험군 학생들에게는 잘 계획된 대안학교가 중요한 대안이 될 수 있다.

9. 정서행동장애를 지닌 학생의 통합교육을 위한 팁

■ 유아기

가족을 위한 팁

- 부모 훈련 및 기타 지역사회 정신건강 서비스에 참여하기

- 사회복지사, 유아특수교사, 전문 자원봉사자와 긴밀하게 활동하기
- 유치원이나 복지관에서 이용하는 것과 동일한 중재전략을 가정에서도 적용하기
- 가족의 일상생활 일정표에 따라 생활하고 긍정적인 행동을 보상하는 유인체계 마련하기
- 옹호단체나 부모단체에 가입하기

유치원교사를 위한 팁

- 유치원 원장, 사회복지사, 특수교사 등과 긴밀히 협력하여 효과적인 전략을 개발하기
- 명확한 일정표와 규칙을 마련하고 학급 내 모든 아동들의 긍정적인 결과 확보하기
- 모두를 지원할 수 있는 학습 및 사회적 환경 조성하기
- 모든 아동들에게 특정 사회적 행동(지시 따르기, 인사 나누기, 장난감 함께 가지고 놀기, 화날 때 사용하는 말 등)을 지도하기
- 지원 인사에게 거리낌 없이 도움 요청하기
- 협력의 중요성을 항상 명심하기

유아교육 관련 인사를 위한 팁

- 나이가 더 많고 사회적으로 능력 있는 아동들을 참여시켜 준비기술과 사회기술 훈련을 지원하기
- 보조원, 자원봉사자 등 다른 사람들이 행동장애 아동 관리방법을 이해하도록 돕기
- 학교 전체 활동과 특별 활동에 모든 아동들을 참여시키도록 노력하기
- 일반 유아들에게 장애 조건, 장애를 지닌 친구에게 반응하기와 친구가 되는 방법 등을 지도하기
- 학교에서 이용하는 관리 기법을 가정과 다른 특별한 상황에서도 적용하기

이웃과 친구를 위한 팁

- 친구와 이웃으로서 정서행동장애 아동의 긍정적 및 부정적 행동에 반응해야 할 방법에 익숙해지기

- 식료품점이나 백화점 등에서 아동의 문제 행동에 대해 부모와 함께 인내하고 참기
- 자녀를 대신 돌보아 주고 부모에게 자유시간을 주기
- 가족 활동에 이웃 자녀를 참여시키기
- 부모가 옹호단체나 부모단체를 이해하도록 돕기
- 이웃이나 지역사회 행사에 자녀를 참여시키도록 부모를 격려하기

초등학령기

가족을 위한 팁

- 학급에서 이용되고 있는 기법을 가정에서 적용하기
- 형제자매에게 정서행동장애 행동을 이해시키기
- 자녀의 발달 연령과 흥미에 적합한 규칙, 일정, 행동의 결과(강화) 설정하기
- 지역사회에서 이용할 수 있는 부모훈련과 지원단체 이용하기
- 지역사회 보건소, 복지관, 특수교육지원센터, 특수학교, 특수학급에 가서 상담하기
- 형제자매에게 정서행동장애 자녀를 양육하는 데 도움이 될 일을 이해시키기

일반교사를 위한 팁

- 구조화된 학급 환경을 조성해 주기
- 보조원과 함께 모든 아동들에게 사회기술(집적거릴 때 대응하기, 비판 받아들이기 등) 지도하기
- 자기관리 기술(목표 설정, 자기점검, 자기강화 등)을 지도하기
- 협동학습 전략을 이용하여 모든 학생의 학습을 촉진시키고 학생들 간의 긍정적 관계를 발달시키기
- 부모나 특수교사에게 필요할 때마다 도움 요청하기

학교 직원을 위한 팁

- 또래교수, 코칭, 기타 지원 방법을 이용하여 정서행동장애 아동의 학업과 사회기술을 발달시키기

- 개인과 집단이 동시에 지켜야 할 전 학교 관리 프로그램 개발하기
- 전교사들이 노력하여 긍정적이고 보호적인 학교 환경을 조성하기
- 협동적 문제 해결 기법을 이용하여 문제행동 다루기
- 비장애아동들이 정서행동장애 아동에게 반응하는 방법을 지도하기

이웃과 친구를 위한 팁

- 적절한 방과 후 활동에 참여시키기
- 아동과 가족을 적절한 레크리에이션 활동에 참여시키기
- 비장애아동에게 특정 문제 행동을 무시하거나 지원하는 방법을 지도하기
- 아동의 바람직하지 못한 행동보다 바람직한 행동 중심으로 보기
- 사회교육자들이 정서행동장애를 지닌 아동을 이해하고 자신감을 가지고 반응하기

■ 중등학령기

가족을 위한 팁

- 정서행동장애를 지닌 자녀의 긍정적 행동에 초점을 맞추도록 지속적으로 노력하기
- 적절한 중등 후 훈련, 교육, 고용 등을 선택할 수 있도록 자녀를 지원하기
- 레크리에이션이나 기타 활동을 하는 중에 규칙적으로 휴식 시간 갖기
- 스트레스를 많이 받을 때는 특수교사, 사회복지사 등에게 도움 요청하기
- 의사, 특수교사, 담임교사 등과 정기적으로 상담을 하고, 장애 상태나 행동의 진전도를 점검하고 확인하기
- 옹호단체나 부모단체에 지속적으로 참여하기

일반교사를 위한 팁

- 협동학습 팀, 집단중심의 과제를 수행하며 긍정적인 관계를 형성시키기
- 긍정적 및 부정적인 행동의 수행 규칙과 행동 결과 정하기
- 일반 학생과 정서행동장애를 지닌 학생 간의 긍정적인 관계를 형성시키기 위해

노력을 집중하기

- 팀 구성원들 간의 긴밀한 협조 속에서 활동하기
- 행동 변화가 때로는 급속하게 일어나고, 주기적으로 퇴행하기도 하며, 가끔 폭발하기도 한다는 점을 인식하기

학교 직원을 위한 팁

- 긍정적이고 지원적인 학교 분위기 조성하기
- 비장애학생이 장애를 지닌 학생에게 어떻게 반응할지, 그들을 위해 어떤 역할을 할지에 관하여 이해시키기
- 동료를 이용하여 사회적 기술 훈련, 직업 코칭 및 학습 지도하기
- 특수교사의 도움을 받아 위기 상황에 대처하고 지원적 중재나 치료 제공하기
- 전 학교 차원에서 특정 문제 행동에 신속히 효과적으로 대처할 수 있는 체제 구축하기

이웃, 친구, 예비 고용주를 위한 팁

- 정서행동장애를 지닌 학생의 가정학습, 학교 과제를 규칙적으로 돕기
- 정서행동장애를 지닌 학생들에게 취업 기회 제공하기
- 부모와 정서행동장애를 지닌 청소년들을 가족 중심의 활동에 참여하도록 초청하기
- 다른 청소년들이 장애를 지닌 청소년들의 친구, 직업코치, 사회기술 훈련자로 자원봉사를 하도록 안내하고 조장하며 격려하기
- 다른 청소년들이 정서행동장애를 지닌 청소년들을 괴롭히지 못하게 하기

요약

■ 정의

- 정서행동장애의 정의에 있어서 근본적인 이슈는 인간의 일탈 또는 정상발달과의 차이를 어떻게 규정할 것인지가 확실하지 않은 데서 오는 문제이다.

■ 분류

- 정서행동장애의 분류 방식에는 통계적 분류와 임상적 분류가 있다.

■ 출현율

- 국내의 정서행동장애를 지닌 특수교육대상 학생의 출현율은 6세부터 11세까지의 학령기 아동 중 0.15%이며, 전체 특수교육대상자의 5.54%에 이른다.

■ 원인

- 정서행동장애는 생물학적, 유전적 또는 기질적인 요인에 의해 발생할 수 있다.
- 정서행동장애는 아동이 어린 나이에 외상을 받은 경험의 결과로 일어날 수 있다.
- 정서행동장애는 개인의 행동과 개인이 속한 상황과의 부적합 또는 환경의 다양한 복합적 원인이 누적되어 일어나는 결과이다.

■ 특성

- 정서행동장애를 지닌 학생들은 또래들에 비하여 학력이 2~3년 이상 뒤처지며, 결석률이 높고, 중도탈락률이 높으며 다른 장애 영역의 학생들보다 학교생활 문제를 더 많이 나타낸다.
- 일부 학생들은 사회적으로 고립되고, 의미 있는 대인관계를 적절히 발달시키지 못하거나, 반사회적 활동을 하거나 사회적 활동을 적절히 하지 못한다.

■ 진단평가와 사정

- 행동기능 평가는 행동의 인과관계를 파악하는 과정이며, 면담, 직접 관찰, 기능분석 등 일련의 과정을 거치는 다단계 평가 체계이다.

■ 교육적 지원과 중재

- 정서행동장애를 지닌 아동 및 청소년들에게 효과적인 서비스를 제공하기 위해 전문가, 가족 구성원, 지원 제공자 등이 함께 팀을 이루어 접근한다.
- 정서행동장애 유아를 위한 중재는 아동 중심, 가족 중심 및 가정 중심으로 이루어지는 특징을 갖는다.

- 정서행동장애를 지닌 초등학생들을 위한 중재 프로그램은 부적응행동을 적응행동으로 대체하기, 적절한 학업 기술과 태도 형성하기, 자아의식 증대시키기, 자존감 형성하기, 연령에 적합한 자기통제력 습득하기 등에 초점을 맞춘다.
- 정서행동장애를 지닌 학생지도를 위해 정적강화, 부적강화 및 벌, 포괄적 서비스, 증거기반 교수 등이 적용된다.

토의문제

1. 정서행동장애 정의의 중요 요소에 대해 논의하시오.
2. 타인의 행동을 정확히 지각하는 데 영향을 미치는 요소를 설명하시오.
3. 정서행동장애 중 외현화 장애와 내면화 장애의 차이점은 무엇인가?
4. 정서행동장애를 지닌 아동의 다섯 가지 일반적 특성(지능, 적응행동, 사회적 기술, 성취 등)을 설명하시오.
5. 정서행동장애를 일으키는 원인은 무엇인가?
6. 행동의 기능평가를 통해 얻을 수 있는 네 가지 중요한 결과는 무엇인가?
7. 정서행동장애를 지닌 특수교육대상 학생들을 위한 포괄적 서비스의 개념과 특징에 대해 논의하시오.
8. 정서행동장애를 지닌 특수교육대상 학생들을 위한 증거기반 교수에 해당되는 전략이나 교수법의 특징에 대해 논의하시오.

Special Education

제10장

자폐스펙트럼장애를 지닌 특수교육대상 학생

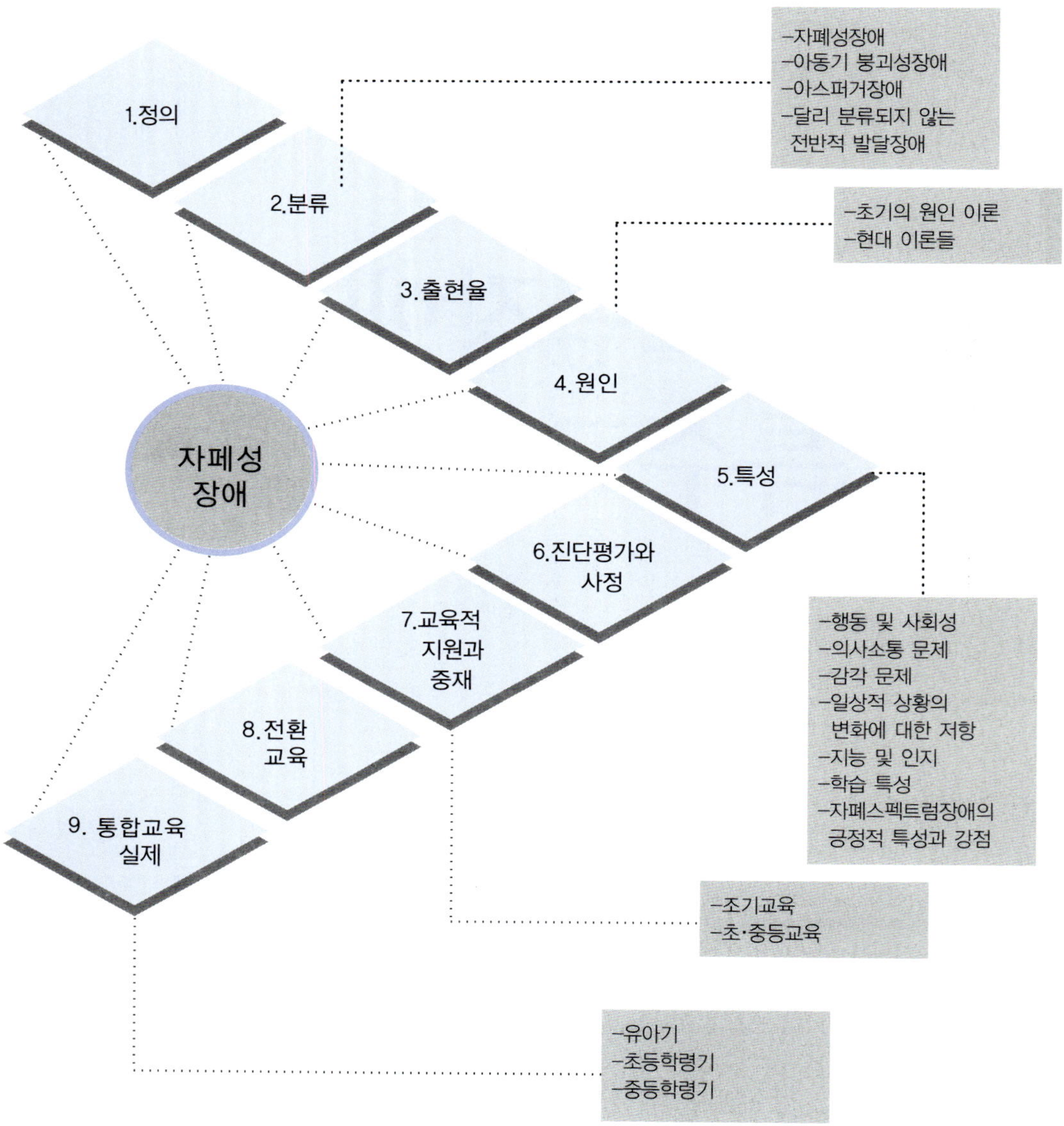
1.정의
2.분류
3.출현율
4.원인
5.특성
6.진단평가와 사정
7.교육적 지원과 중재
8.전환 교육
9. 통합교육 실제
자폐성 장애
-자폐성장애
-아동기 붕괴성장애
-아스퍼거장애
-달리 분류되지 않는 전반적 발달장애
-초기의 원인 이론
-현대 이론들
-행동 및 사회성
-의사소통 문제
-감각 문제
-일상적 상황의 변화에 대한 저항
-지능 및 인지
-학습 특성
-자폐스펙트럼장애의 긍정적 특성과 강점
-조기교육
-초·중등교육
-유아기
-초등학령기
-중등학령기

| 제10장 |

자폐스펙트럼장애를 지닌 특수교육대상 학생

자폐스펙트럼장애는 과거의 조기유아 자폐증, 아동기자폐, 카너자폐, 고기능자폐, 비전형자폐, 아스퍼거장애, 아동기 붕괴성장애, 달리 분류되지 않는 전반적 발달장애로 불렸던 장애들을 아우르는 진단이며, 공통적 특성과 변별적 특성을 동시에 지닌 하위 장애들로 구성된 하나의 장애군이다(DSM-5, 2013). 이 장애는 의사소통능력, 언어이해, 사회기술 발달, 놀이 및 기타 관련 분야의 결함을 보이며, 원인이 밝혀지지 않은 일생 동안 지속되는 신경발달 장애이다.

자폐스펙트럼장애는 생애 초기에 나타난다. 대부분 2세 6개월 이전에 발견되며 5세 이후에 진단되는 경우는 거의 없다. 자폐스펙트럼장애는 언어, 대인관계 기술, 정서적 및 정의적 행동, 지적 기능 등의 결함이 다양한 정도로 결합되어 나타나는 특성을 보이며, 여러 영역의 정상적인 기능 발달을 손상시킨다

자폐스펙트럼장애의 교육과 치료에 관한 이론들은 다양하다. 6세경에 다소의 의사소통 능력을 지니고 있고, IQ가 높은 자폐성장애를 지닌 아동은 성인이 되었을 때 교육적 성과가 더 좋은 것으로 밝혀지고 있다. 자폐스펙트럼장애를 지닌 사람들 중에는 대학을 졸업하고, 직업을 가지며, 풍요로운 삶을 누리는 사람들이 많이 있다.

1. 자폐스펙트럼장애의 정의

자폐스펙트럼장애는 특수교육법(2007)의 제정과 더불어 정서행동장애에서 분리되어 하나의 특수교육대상 영역으로 자리 잡게 되었으며, 교육적 명칭은 자폐성 장애를 지닌 특수교육대상자' 이다. 특수교육법에서는 자폐성장애를 지닌 특수교육대상자 선정기준을 다음과 같이 제시하고 있다.

사회적 상호작용과 의사소통에 결함이 있고, 제한적이고 반복적인 관심과 활동을 보임으로써 교육적 성취 및 일상생활 적응에 도움이 필요한 사람

정신장애의 진단 및 통계편람(DSM-5, 2013)은 자폐증의 진단기준을 다음과 같이 제시하고 있다.

A. 여러 상황에서 다음 사례와 같은 사회적 의사소통 및 사회적 상호작용의 지속적인 결함을 나타냄

1. 사회-정서적 상호작용의 결함(비정상적인 사회적 접근과 정상적인 상호 대화의 실패에서부터 관심, 정서 및 정의적 공유 감소, 주도적 사회적 상호작용 실패, 사회적 상호작용에 대한 반응 실패에 이르기까지)
2. 사회적 상호작용에 이용되는 비구어적 의사소통 행동의 결함(사례 범위, 구어 및 비구어의 통합적 의사소통 열등에서부터 눈 맞춤과 신체언어의 이상, 제스추어의 이해와 사용의 결함, 얼굴 표정과 비구어적 의사소통을 전혀 보이지 않는 범위에 이르기까지)
3. 관계의 발달, 유지 및 이해의 결함(다양한 사회적 맥락에 대한 적응행동 곤란에서부터 상상놀이 및 친구 사귀기 곤란, 또래에 대한 관심을 보이지 않기에 이르기까지)

B. 행동, 관심 또는 활동이 제한적이거나 반복적인 패턴으로 다음 항목 중 2가지 이상을 보임

1. 상동적이거나 반복적인 운동성 동작, 물체의 사용, 말하기(예; 단순한 운동적 움직임, 장난감 줄 세우기, 물체 두드리기, 반향어, 특이한 어구)
2. 동일성 고집, 일관성에 대한 유별난 고집, 구어적 및 비구어적 의식적 행위(예; 작은 변화에 대한 극단적인 고민, 전환 곤란, 경직된 사고 패턴, 의식적 인사, 동일한 일과 고집, 매일 같은 음식 요구)
3. 강도와 초점면에서 비정상적으로 고도의 제한적이고 고착된 관심(예; 비일상적인 물건, 지나치게 제한적인이거나 고집적인 관심)
4. 감각 정보에 대한 과잉 및 과소 활동, 환경의 감각적 측면에 대한 비정상적인 관심(예; 고통이나 온도에 지나치게 둔감, 특정 소리나 섬유, 강한 냄새나 물체의 접촉, 빛이나 운동에 대한 시각적 끌림에 대한 혐오반응)

C. 증후가 초기 발달기에 나타나야 함(제약된 능력 범위를 벗어나는 사회적 요구(social demands)에 직면했을 때 비로소 증후를 파악하게 될 수도 있고, 학습된 전략 때문에 증후를 파악하지 못할 수도 있음)

D. 증후는 사회적, 직업적 및 기타 중요한 영역의 현재 기능에 임상적으로 유의한 손상을 일으킴.

E. 이러한 문제는 지적장애(지적발달장애)나 전반적발달장애로 설명이 잘 되지 않음. 지적장애와 자폐스펙트럼장애는 흔히 동시에 발생해서 공존장애로 진단될 수 있음. 사회적 의사소통은 일반적으로 기대되는 발달 수준 이하이어야 함.

※ 주: DSM-IV에서 규정된 자폐성장애에 해당되는 자, 아스퍼거장애, 달리 분류되지 않는 전반적발달장애는 자폐스펙트럼장애로 진단된다. 사회적 의사소통에 현저한 결함을 지니고 있으나 자폐스펙트럼장애의 준거에 해당되지 않는 자는 사회적(화용적) 의사소통장애로 평가되어야 한다.

과거의 전통적인 자폐증에는 구어가 발달하지 못하거나, 반복적인 행동을 하거나, 인지적 결함 행동을 증후에 포함시켰기 때문에 자폐증의 개념을 정의하기가 어려웠다. 최근 수 십 년 동안에는 유사한 증후를 보이는 경우와 장애 정도가 덜 심한 경우도 포함시키는 등 자폐증의 개념은 점차 확대되었고, 기타 몇 가지 장애는 스펙트럼으로 포함시켰다. DSM-5에서는 자폐스펙트럼장애의 개념으로 행동장애, 다양한 원인, 일생 문제, 사회적 상호작용의 선택적 및 심한 손상을 포함시키고 자폐스펙트럼장애란 용어를 선택하였다.

2. 자폐스펙트럼장애의 분류

자폐스펙트럼장애는 하위 유형의 장애를 의도적으로 분류하지는 않았지만, 이 장애의 범주가 형성되는 과정에서 장애 특성의 유사성과 공존 범위로 인하여 유사한 유형들을 포함시키게 되었다. DSM-I과 DSM-II에서는 자폐증이나 전반적 발달장애의 개념이 등장하지 않았다. 1980년 DSM-III에 전반적 발달장애란 명칭으로 장애 범주에 포함되면서부터 계속 변화의 과정을 거쳤다. DSM-IV-TR 이후 전반적 발달장애 범주는 그 타당성, 장애 진단평가의 일관성 내지 신뢰성, 진단평가 적용의 적절성 내지 합리성, 진단평가의 타당성 등이 지속적으로 검토되면서 개념이 확대되거나, 축소 내지 정교화 되어 왔다. DSM-5(2013)에서는 자폐스펙트럼장애란 명칭으로 대표하고, 자폐성장애, 아스퍼거장애, 달리 분류되지 않는 발달장애 등으로 진단되는 경우는 스펙트럼이란 산하개념으로 포함시키고, 레트증후군은 제외시켰다.

3. 자폐스펙트럼장애의 출현율

자폐스펙트럼장애에 포함된 증후들이나 아스퍼거장애의 진단 방법들이 다양하기 때문에 이 장애를 지니고 있는 아동이 얼마나 되는지를 추정하기는 어렵다. 교과부 특수교육통계(2016)에 의하면 자폐성장애를 지닌 특수교육대상 학생은 10,985명으로서 전체 특수교육대상 학생의 12.5%를 차지하고 있다. 미국의 제25차 의회보고서(U. S. Department of Education, 2005)는 6세부터 21세까지 자폐스펙트럼장애로 진단되어 특수교육 서비스를 받는 학생들은 단지 97,904명에 불과한 것으로 보고하고 있다. 미국 자폐학회에 의하면 자폐증후와 관련된 행동을 보이는 아동은 약 10,000명당 15명이 출현한다. 애틀랜타 조지아 질병통제센터(Center for Disease Control: CDC)는 자폐스펙트럼장애는 신생아 1,000명당 2~6명이 발생되는 것으로 추정하고 있다(National Center on Birth Defect and Developmental Disabilities, 2005).

4. 자폐스펙트럼장애의 원인

자폐스펙트럼장애의 원인은 크게 두 가지 측면에서 연구가 되고 있다. 즉, 하나는 **정신분석적 접근**[126] 또는 정신역동적 관점(정신분석적 접근과 동의어)이고, 다른 한 가지는 신경학적 또는 유전적 관점에서 원인을 파악하고자 한다.

■ 초기의 원인 이론

Asperger는 자폐스펙트럼장애의 원인으로 생물학적 근거가 있고, 유전성이 장애

126) 이러한 장애의 원인을 무의식적 갈등과 불안이란 심리적 장애로 보고 접근하는 방법; 정서행동장애는 무의식적 갈등의 결과이고, 대부분의 효과적인 예방 활동이나 중재는 이러한 무의식적 동기를 밝히거나 이해하는 것이라고 가정하는 정신분석과 관련된 접근법

발생에 어떤 역할을 한다고 믿었다. Kanner 역시 이 장애의 원인으로 생물학적 측면을 고려했지만, 부모들이 자녀에게 따뜻한 마음으로 대하지 않았기 때문이라고 보았다. Asperger와 Kanner는 생물학적 측면을 고려했지만, 1960년대의 주류를 이루고 있었던 이론은 정신분석적 접근법이었다.

정신분석적 관점에서는 자폐스펙트럼장애의 원인으로 가족들의 상호작용을 지적하고 있다. 이론가들은 자폐스펙트럼장애 아동들이 거부를 당하므로 위축되고, 심리적 고통에 대항하기 위해 방어적이 된다고 본다. 이들은 그렇게 함으로써 내적 세계로 은둔하고, 사람을 포함한 외부 환경과 상호작용을 하지 못한다. 부모 중 특히 어머니가 아동의 자폐스펙트럼장애 발생에 주된 영향을 미친다는 주장을 강하게 한 것은 일부 정신과 의사들이다.

이러한 입장은 부모가 비난을 받게 되므로 그다지 오래 가지 못하고, 완전한 이론으로 받아들여지지 않았다. 오늘날에는 아동과 성인의 행동 차원적 인과관계 방향은 왕복 이차선 도로와 같은 것으로 인식하고 있다. 비교적 반응이 적은 유아의 부모들은 다소 냉담하고 거리감이 느껴지는 행동을 한다고 결론짓는 것이 합리적이다.

■ 현대 이론들

과학자들은 자폐스펙트럼장애의 원인으로 뇌에 문제가 있다는 점을 정확히 밝히지 못했지만, 대인관계 문제가 아니라 신경학적 문제라는 점을 명확히 하고 있다(Strock, 2004). 더욱이, 그들은 다수의 사례에서 유전적 역할이 기여한다는 증거자료를 확보했다. 그러나 자폐스펙트럼장애의 증후의 범위와 장애 정도를 고려하면, 단일 신경학적 또는 유전적 원인은 없다고 보는 것이 합리적인 추측일 것이다.

신경학적 이상

최근 자폐스펙트럼장애의 원인으로 뇌세포 차이, 뇌반구의 특수성 부재(뇌반구의 기능분화 부재), 신경학적 발달의 억제, 신경학적 화학불균형 등과 같은 신경학적 문제에 대한 연구와 더불어 이상 발달에 관심을 기울이고 있고, 자폐스펙트럼장애를 지닌 사람들이 대뇌발작과 인지결함 발생률이 높은 점으로 미루어 이 장애의 원인으로 신경학적 근거를 주장하고 있다(Volkmar & Pauls, 2003). 공학의 발달로 부검에 의해서만 가능했던 연구들도 시행하게 되었다. 예를 들어, 자폐스펙트럼장애를 지닌 일부 사람들은 대뇌의 어느 부위가 이상한 것으로 나타나고 있으며, 소뇌에 위치한 **해충**[127]으로 알려진 영역의 이상이 자폐증의 인지기능장애와 연관이 있을 수 있다고 주장하나, 이를 확정짓기 위해서는 더 연구할 필요가 있다.

중추신경계의 신경학적 손상은 출생 전 발달과 초기 유아기의 여러 가지 문제 때문에 일어날 수 있다. 어머니의 감염, 알코올남용, 기타 임신 기간 동안의 문제들은 발달중인 태아를 손상시키고, 자폐스펙트럼장애나 중추신경계와 관련된 기타 장애들과 연관될 가능성이 매우 높다. 특히, 풍진과 같은 바이러스성 감염은 더 연구가 되어야 하지만 이 장애와 관련이 있는 것으로 인식되고 있다. 출산 시 이상 출혈, 난산, 무산소증 등은 유아의 신경학적 손상을 일으키는 출생 시 원인으로 밝혀져 있다(Drew & Hardman, 2004). 자폐스펙트럼장애 아동들은 다른 장애 아동들에 비해 출산시의 문제를 더 많이 겪는다. 신경학적 원인으로서 가능성이 있는 요소들이 많이 있지만, 외상과 같은 단일 원인으로 밝혀진 것이 없다. 자폐스펙트럼장애의 신경학적 원인은 아직도 수수께끼로 남아 있는 실정이고 많은 연구들이 광범위하게 이루어져야 한다.

유전적 근거

자폐스펙트럼장애의 생물학적 근거에 관한 연구들은 유전성을 중심으로 활발히 연구되고 있고, 유전성을 뒷받침하는 확고한 증거들이 많이 제시되고 있다(Strock, 2004). 예를 들어, 손상된 X증후군으로 알려진 염색체 구조의 손상은 1960년 후반 자폐스펙트럼장애의 원인일 가능성이 있는 것으로 제기되었다. 연구들은 자폐스펙트럼장애 남아의 일정 비율에서 이러한 조건을 발견했다. **손상된 X증후군**[128]은 자폐스펙트럼장애의 주요 원인이라기보다는 단순히 관련된 것으로 나타나지만 유전성에 관한 연구들은 지속되고 있다. 지금까지의 연구는 자폐스펙트럼장애와 관련된 유전인자를 확인하지 못했지만, 여러 가지 유전인자들이 관련되어 있는 것으로 추정되며, 모든 자폐스펙트럼장애인들에게 동일한 유전자가 있는지는 알 수 없는 상황이다.

127) vermis 자폐스펙트럼을 지닌 아동에게서 발견된 발달이 덜 된 소뇌의 일부분

128) 염색체 구조가 손상된 상태로서 X염색체의 끝부분이 깨어져 있거나 갈라져 보인다. 이러한 상태는 자폐스펙트럼 장애를 지닌 일부 남아에게서 볼 수 있다.

5. 자폐스펙트럼장애를 지닌 학생의 특성

자폐성장애는 아주 특이한 행동을 일찍부터 나타내기 시작하며, 매우 심한 장애로 여기게 되는데, 사실 장애의 정도는 매우 다양하다. 그들은 서로 유사한 점도 보이지만 각자가 다른 특성을 보인다. 이들의 언어 사용, 대인관계 행동, 사회적 행동 등이 일반적으로 자폐성장애의 정도를 결정짓는다. 자폐성장애의 증후는 대개 18개월에서 4세 사이에 나타난다.

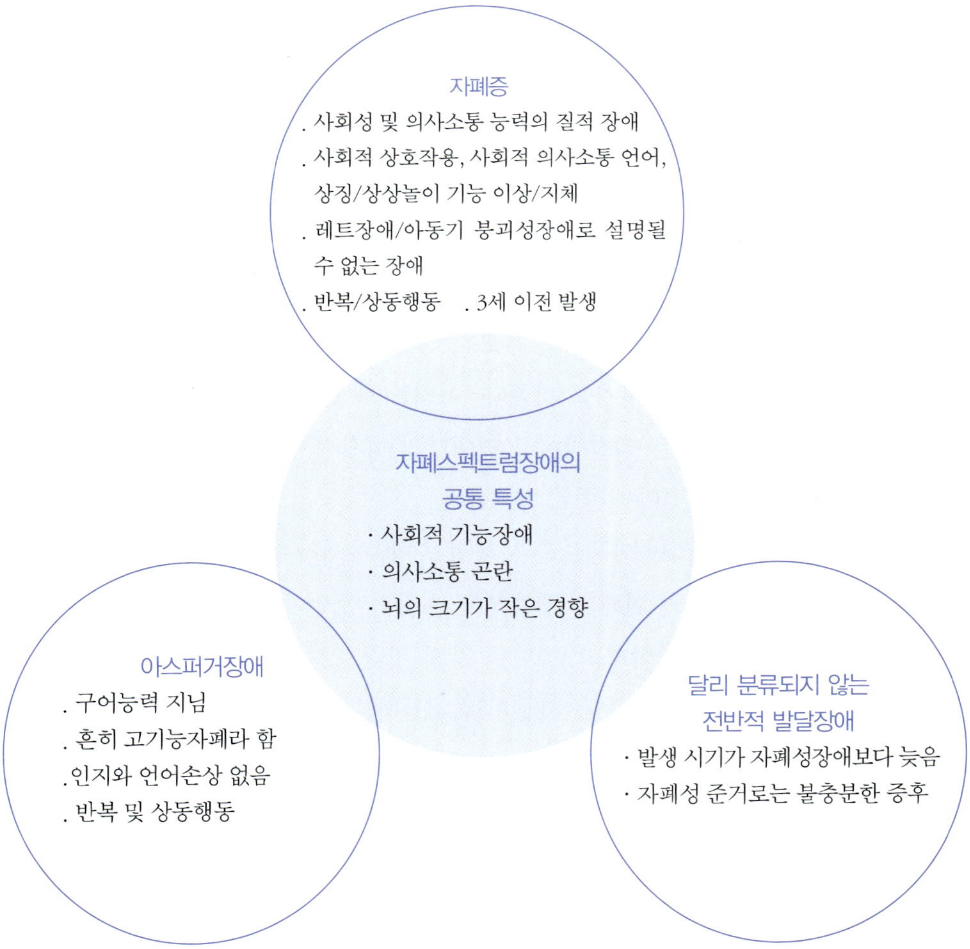

그림 10.1 자폐스펙트럼장애의 변별적 특성

아스퍼거장애는 사회적 상호작용의 질적 손상; 반복적이고 상동적인 행동, 관심 및 활동 패턴 상의 이상; 사회적, 직업적 및 기타 중요한 영역의 기능에 임상적으로 유의한 손상; 언어에는 일반적인 유의한 지체를 보이지 않음; 인지발달, 연령에 적절한 자조기술의 발달, 적응행동, 아동기의 환경에 대한 호기심에 임상적으로 유의한 지체를 보이지 않는 등의 특징으로 정의되고 있다(DSM-IV-TR, 2000).

달리 분류되지 않는 전반적 발달장애는 상동적인 행동, 관심 및 활동을 보이거나 구어 및 비구어적 의사소통 기술의 손상과 더불어 호혜적인 사회적 상호작용에 심한 손상이 심하게 전반적으로 발달된 경우로서 특정 전반적 발달장애의 준거를 충족시키지 못할 때 사용된다. 발생 연령이 늦거나 변칙적인 증후 때문에 자폐성장애 준거를 충족시키지 못하는 변칙적인 자폐증이 이 범주에 해당된다.

자폐스펙트럼장애에 포함되는 하위유형들 간의 변별적 특성을 개관하면 그림 10.1과 같다.

행동 및 사회성

자폐스펙트럼장애 아동들은 어릴 때 대인관계에 심각한 문제를 보이며, 신체적으로나 정의적으로 반응을 하지 않는다. 부모가 안으려고 하면 몸을 뻣뻣이 하거나, 착 달라붙지 않으며, 시선 마주치기를 피한다. 이러한 행동은 나이가 들어도 지속된다. 자폐스펙트럼장애 아동들은 직접적이고 면대면의 시각적 접촉보다는 오히려 대상의 주변을 바라보는 주변적 시야에 주로 의존한다.

자폐스펙트럼장애를 지닌 아동들은 사회적 손상, 사회적 무반응, 타인과의 관계가 극단적으로 곤란함, 정서의 이해와 표현의 곤란 등을 보인다. 이런 아동들은 흔히 사물과 상호작용하기를 더 좋아하고, 애착을 갖게 된다. 그들은 다른 사람들의 감정에 둔감하고, 대다수가 다른 사람들을 사물처럼 취급하며, 자신들의 요구를 충족시키기 위해 주변 사람들을 밀치거나 당기는 등 거친 행동을 한다. 그들은 주변 세계를 이해하는 데 어려움을 겪으며, 환경과 비정상적으로 상호작용을 한다.

아스퍼거장애를 지닌 아동들은 사회적 단서를 읽는 데 서툴기 때문에 사회적 상호작용에 매우 어려움을 겪는다. 특히 이들은 지적 능력이 높기 때문에 사회적 예의범절을 무시하게 되면 주변의 사람들이 쉽게 외면하게 되므로 곧 외톨이가 되고, 친구를 사귀기도 힘들뿐더러 교우관계를 지속시키기도 어렵다.

■ 의사소통 문제

자폐성장애를 지닌 아동들은 언어발달이 늦거나 결함을 보인다. 자폐성장애를 지닌 대부분의 아동들은 **의사소통 의도**나 사회적 목적으로 의사를 소통하려는 요구가 부족하다. 이들의 약 50% 정도는 말하기 능력이 발달되지 않으며, 흔히 **반향어**와 같은 이상한 언어행위나 말을 하게 된다. 자폐성장애를 지닌 다수의 아동들은 대화 중 들은 말의 일부를 되풀이한다. 그들은 들은 말을 이해하기 보다는 단순히 기계적으로 되풀이할뿐이다. 반향어 행동은 가끔 지적 능력이 매우 높은 것으로 오인되기도 한다. 언어가 발달한 자폐성장애를 지닌 아동들도 흔히 말이 다양하지 못하고 단순하며, 언어 영역의 발달이 고르지 못하고, 흔히 나와 너의 대명사를 혼돈하여 사용한다. 이런 아동들은 문법적 복잡성을 파악하지 못하고 문장 구조를 의미에 맞게 사용하지 못한다. 아울러, 말의 음조가 이상하거나 고저가 없이 일률적이며, 말을 할 때도 의사소통이 목적이 아니라 자기자극을 위해서 한다. 자폐스펙트럼장애를 지닌 일부 아동들은 학령기 이전에 습득한 단어를 상실한다. 즉, 그들은 단어나 어구를 의미 있게 사용하다가 퇴행하여 그러한 언어 기능을 지속시켜가지 못한다(Lord, Shulman, DiLavore, 2004). 자폐스펙트럼장애를 지닌 다수의 아동들은 말을 문어체로 하고, 일부 아동들은 단어의 특정 문자를 빠뜨리기도 한다.

■ 감각 문제

자폐스펙트럼장애를 지닌 아동들은 모두가 그런 것은 아니지만 흔히 자기 눈앞에서 손뼉을 치는 등 **자기자극행동**을 한다. 자기자극행동은 ① **상동적 행동**[129], ② 비기능적 사물이나 사물의 일부에 몰두하기 ③ 특정 물체에 관심과 흥미를 집중하는 편협한 흥미 패턴 ④ 극단적인 고집성이나 동일성의 고집 등 네 가지 범주로 분류된다(APA, 2000). 이들은 사물을 이용하여 반복적인 자기자극 행동을 한다. 사물을 휘기, 머리 흔들기, 손뼉 치기, 까치발 걷기, 지퍼 오르내리기, 옷깃 만지기, 사물로 의식적인 놀이하기 등과 같은 행동을 반복하고 때로는 수 시간 동안 지속하기도 한다.

자폐스펙트럼장애를 지닌 학생들은 일반학급에서 다른 학생들의 움직임이나 그들이 내는 소음으로 인해 동료들에게 과민반응을 할 수 있다. 그들은 시각, 청각, 촉각,

129) stereotypic behaviors 자폐스펙트럼장애, 맹, 심한 정신지체, 정신증 아동들에게서 흔히 볼 수 있는 다양한 유형의 반복적인 행동; 때로는 상동성 stereotypies 또는 블라인디즘 blindisms 이라고도 함

후각, 미각 영역에서 과민반응을 보일 수 있다(정대영, 박미경, 2009). 점심시간, 체육수업, 교실 이동 등 자유스런 시간에 부적절한 행동을 하거나 지나친 자극 행동을 하기도 한다. 점심시간에 음식 냄새를 견디지 못하고 혼란스러워하거나 이상행동을 할 수도 있다. 이들은 촉감에 이상을 보이기도 한다. 교사나 학급 동료들과의 신체적 접촉을 싫어하는 아동이 있는가 하면, 깊은 압박감이나 마사지를 해주면 이완되는 경우도 있다. 일부 아동들은 연필과 책을 잡는 것도 싫어하고, 어떤 아동들은 천이나 옷감을 좋아하는 등 아동마다 선호하는 것이 각각 다르다.

■ 일상적 상황의 변화에 대한 저항

자폐스펙트럼장애를 지닌 아동들은 흔히 변화를 매우 싫어한다. 이들은 식사시간, 수면시간 등 익숙한 일상생활 일정을 강박적일 정도로 중요시하며, 일상 패턴에서 벗어나면 심하게 혼란을 겪게 된다. 이런 특성을 보이는 아동들은 가구 정돈을 특정 형태로 고집하고, 특정 상표의 식료품을 고집하기도 한다. 이들은 특정 패턴으로, 또는 강박적이고 충동적이거나 반복적 행동을 연상하게 하는 태도로 자신을 씻기도 한다. 또한, 물건을 대칭이 되도록 정렬하는 습성이 있고, 일부 아동들이 보이는 엄격하고 고집적인 행위는 자기자극을 포함한 강박적 행동과 연관이 있는 것으로 보고되고 있다.

■ 지능 및 인지

자폐스펙트럼장애를 지닌 대부분의 아동들은 다른 아동들에 비해 지적 기능이 낮고, 약 75% 정도는 IQ70 미만이다(Kauffman, 2005). 지능검사 중 구어와 추론기능을 요구하는 영역에 특히 어려움을 겪는다. 이들은 반향어에서 볼 수 있듯이 들은 내용을 모방하는 경향이 있다고 생각해 왔다. 그러나 최근에는 정보처리과정이나 인지에 한 가지 또는 그 이상의 결함을 지니고 있는 것으로 보는 것이 더 적절하다는 주장이 있다.

자폐스펙트럼장애를 지닌 아동들의 지적 능력은 다양하고, 고기능아동의 경우는 정상 수준의 지적 능력을 보인다. 고기능아동들은 상당한 어휘력을 지니고 있지만, 철자법이나 개념의 정의 등을 적절히 이용하지 못할 수 있다(Scheuffgen et al., 2000). 일부 사례에서는 고기능자폐스펙트럼장애를 지닌 사람들이 다소 어려움을 겪기는 하지만 언어를 아주 잘 이용하기도 한다.

이들이 보이는 지적 능력의 문제는 검사 상황의 영향도 무시할 수 없을 것이다. 지능검사를 할 동안 검사자가 지시문을 여러 번 반복해 주어야 하고, 이들이 구어적 및 비구어적 반복 행동에 몰두하고, 의사소통에 어려움을 겪는 등의 특성을 고려하여 적절히 검사함으로써 이들의 진정한 지적 능력을 측정한다는 것은 매우 어렵기 때문이다. 언어의 이용, 관용어구, 여러 가지 의미를 지닌 단어의 이용 등 화용론적 측면은 언어중심의 사정에 어려움을 일으킬 수 있다.

자폐스펙트럼장애를 지닌 아동들의 10 ~ 15%는 다른 영역에 비해 일부 영역에서 특히 우수한 기능을 발휘하는 특이한 형태의 기능, 즉 **기능의 편향성 또는 기능불일치**[130) 형태를 보인다. 예를 들어, 언어기술과 추상적 추론 능력은 심하게 결함을 보이지만, 그리기나 특정 기억 과제는 탁월하게 능력을 발휘한다. 이러한 경우 **학자형 자폐성장애**[131)]라고 하기도 한다.

자폐스펙트럼장애를 지닌 대부분의 아동들은 정신지체처럼 인지적 결함을 지니고 있으나 이들은 나름대로 독특한 인지적 특성을 보인다. 정보를 코딩하고 범주화하는 데 어려움을 겪고, 개념적으로 이해하기 보다는 공간적 위치에서 사물을 기억한다. 예를 들어, 이들은 시장 보러 간다는 말을 어느 가게에 가서 어떤 물건들을 구입한다는 의미로 받아들이기 보다는 특정 거리에 있는 특정 가게에 간다는 의미로 이해한다. 이들은 **반향적 기억 또는 의성적 기억**[132)]을 적용한다(Gradin, 1995). 자폐스펙트럼장애를 지닌 아동들은 이러한 기억 방법을 이용하기 때문에 퍼즐완성하기, 블록 쌓기, 짝짓기 과제 등을 탁월하게 잘 수행한다.

자폐스펙트럼장애를 지닌 아동들은 언어적 및 개념적 능력에 비해 시각적 및 공간적 능력이 우수하다. 이들은 시각적 사고[visual thinking] 또는 그림 사고[thinking in picture]를 하는 특징을 보이므로, 자료가 주어지면 사진을 촬영하듯이 단순히 기억해 버린다. 따라서 개별적 정보들을 응용하거나 실제에 활용하는 데 어려움을 겪게 된다.

---

130) splinter skill 특정 영역의 기능은 매우 우수한 반면, 다른 영역은 발달수준에 미치지 못하거나 결함을 보이고 있어 기능영역들 간의 편차가 심한 형태. 마치 능력이 파편처럼 조각나서 어떤 파편에는 많이 남아 있고, 어느 조각에는 거의 없어서 영역들 간의 능력의 기복이 심한 모습, 즉 기능손상과 기능 수준과의 불일치 현상(심리학에서 말하는 고르지 못한 발달 또는 심한 개인내차의 한 유형으로 볼 수 있음)

131) autistic savant 사회성 및 언어 기능이 심하게 지체되지만 계산 능력이나 그리기 능력과 같은 일부 영역에서 매우 우수성을 보여주는 심한 자폐성장애를 지닌 사람

132) echoic memory 또는 echo box-like memory. 일시적 감각기억 회로 중의 하나. 청각정보를 파지시키는 단기기억의 구성요소임. 이와 같은 특별한 감각기억 저장은 청각정보를 단기간(3~4)초 동안 대량으로 저장하여 파지시킬 수 있으며, 방해를 받지 않으면 20초까지 파지시킬 수 있음

■ 학습 특성

자폐스펙트럼장애를 지닌 학생들은 학습 특성 면에서 정상적으로 발달하는 또래들과 매우 다르다. 예를 들어, 변화를 싫어하는 학생은 학습할 특정 내용에 고집을 부릴 수 있고, 교수-학습 계열에 따라 진행되는 다음 학습 과제나 활동 순서로 넘어가지 못하는 주의력 고착현상의 인지적 문제를 겪게 된다. 사회적 단서를 이해하거나 사람과 관련된 문제 때문에 자폐스펙트럼장애를 지닌 학생들은 학교에서 교사나 다른 학생들과 상호작용에 어려움을 겪는다.

자폐스펙트럼장애를 지닌 학생들은 흔히 기능 영역 내에서 또는 기능 영역 간에 고르지 못한 발달을 한다. 이들은 이미 학습한 기능을 다른 상황이나 주제로 일반화하는 데 어려움을 겪기도 한다. 그들은 충동적으로 반응하고 일관성이 없으며, 정보처리과정과 추상적 개념 학습에 어려움을 겪고, 한 두 가지 특정 자극에 집중함으로써 일반적인 개념을 이해하지 못한다.

자폐스펙트럼장애를 지닌 일부 학생들이 지니고 있는 자질은 교육적 강점으로 볼 수 있고, 교수적 목적으로 이용할 수 있다. 자폐스펙트럼 장애를 지닌 일부 학생들은 장기기억 능력, 특히 이름, 숫자, 날짜 등과 같은 사실적 정보를 잘 기억한다. 이들의 장기기억 기능은 일반 또래 아동들과 다를 바가 없다.

자폐스펙트럼장애를 지닌 아동들은 일반화에 어려움을 겪는데, 이들이 보이는 행동 문제도 여러 가지 어려움을 일으킨다. 제한된 행동 레퍼토리, 의사소통의 제한성, 상동적 자기자극, 변화에 대한 저항, 환경에 대한 이상 반응 등은 문제를 일으킬 수 있고, 통합교육을 어렵게 한다. 이들의 통합은 학업적인 면은 물론 사회적 과정이므로 통합교육의 성패는 일반학급의 동료들에 의해 좌우될 수 있다.

■ 자폐스펙트럼장애의 긍정적 특성과 강점

자폐스펙트럼장애를 지닌 학생이 나타내는 의사소통의 문제, 기술적 결함, 지나친 행동 등 부정적인 특성을 강조하면 이들이 지닌 강점과 긍정적 속성을 놓쳐버리기 쉽다.

자폐증과 아스퍼거장애를 지닌 많은 사람들은 장애와 관련된 긍정적 속성을 지니고 있다. 예를 들어, **Grandin**[133](2006)은 장애와 관련된 긍정적인 특징을 설명하면

133) Temple Grandin은 자폐성장애를 지닌 동물학자임. 미국에서 가축과 관련된 여러 가지 도구와 장비의 80% 이상을 개발함

서, 자신은 그림과 소리로 사고를 하고, 많은 정보를 종합하며 그것으로부터 시스템을 창조한다고 했다. **Willy**[134](2001) 역시 아스퍼거증후를 지닌 사람들은 상황을 전혀 다른 방식으로 기술하고, 만질 수 없는 것을 어떻게 느끼고, 비밀의 향을 어떻게 맡는지를 말해 줄 수 있다고 했다.

표 10.1 아스퍼거장애를 지닌 학생들이 특별한 관심 분야에서 얻을 수 있을 것으로 예상되는 긍정적 결과

강점 영역	강점
학업기술	높은 동기와 흥미 수준, 집중력 향상, 전반적으로 높은 질적 수준
실행기능	집중 향상과 기억, 보다 나은 조직 및 계획 기술
소근육운동	특별 관심 분야와 관련된 보다 높은 수준의 능력(진흙 작업, 복잡한 모델, 비디오 컨트롤러)
감각	향상된 감각처리 능력, 혐오자극에 대한 높은 인내심
정서	낮은 불안감, 보다 높은 이완 상태, 파국으로 치닫는 일이 거의 없음
사회적	보다 의도적인 상호작용, 사회적 단서 인식 및 사회적 전략 개발 능력
의사소통	높은 어휘력, 보다 적절한 보디랭귀지

＊ 자료출처: Winter-Messiers, M. A., Herr, C. M., Wood, C. E., Brooks, A. P., Gates, M. A. M., Houston, T. L., & Tingstad, K. I. (2007). How far can Brian ride the daylight 4449 Express? A strength-based model of Asperger syndrome based on special interest areas. *Focus on Autism and Other Developmental Disabilities,* 22, 67-79의 그림을 표로 재구성

대부분의 교육자들은 아스퍼거장애를 지닌 학생들이 자신이 좋아하는 것에 대해 강한 관심과 집착을 갖는 것은 일반성을 벗어난 약점이고, 사회적 관계의 발달을 저해하며, 학업 관련 교육과정에 제대로 참여하지 못하는 장벽이 된다고 한다. 그러나 그들의 특별한 관심 영역에 관여하도록 격려하면 긍정적인 성과를 가져올 수 있다.

자폐스펙트럼장애에 관한 이론의 단일화 시도

연구자들은 자폐스펙트럼장애를 지닌 학생들이 보이는 다양한 특성을 설명하기

134) Lianne Willey는 아스퍼거장애를 지닌 여성 작가임

위한 이론을 개발하려고 노력하고 있다. 이들의 주요 손상을 설명하는 세 가지 이론은 **실행기능**[135], **종합적 지각력 열등**[136], **마음이론**[137]이다.

실행기능은 자기지향 행동으로써 활동기억, 정서의 자기조절, 미리 계획하는 능력 등이 포함된다. 연구에 의하면, 자폐스펙트럼장애를 지닌 아동들은 실행기능에 어려움을 겪는다(Ozonoff, 1997). 이런 문제는 주의력결핍과잉행동장애를 지닌 학생들이 겪는 것보다 훨씬 더 심하다.

종합적 지각력 열등: 일부 연구자들은 자폐스펙트럼장애를 지닌 학생들이 부분적인 정보를 종합하여 전체로 지각하는 능력이 취약하다는 점을 발견했다(Frith, 2003). 이 이론에 따르면, 대부분의 사람들은 관련성이 있는 부분적 정보를 각각 다른 것으로 받아들이는 것이 아니라 의미 있는 전체로 지각함으로써 질서와 의미를 파악한다. 한편, 자폐스펙트럼장애를 지닌 학생들은 이와 반대로 정보를 처리한다. 이들은 정보를 통합하여 처리하는 것이 아니라 분리시켜 처리하고, 각각 분리하여 지각한 정보와 자료를 종합하려는 요구와 필요성을 느끼지 않는 것 같다.

마음이론이란 다른 사람들의 관점이나 견해를 받아들이는 능력을 말한다. 즉, 타인의 의도, 감정, 신념 및 요구 등을 존중하면서 다른 사람의 마음을 읽는 능력이다. 사회적 단서를 읽는다는 것은 다른 사람이 생각하는 바를 예상할 수 있고 이해할 수 있다는 말이다. 우리는 대부분 다른 사람의 어조, 태도, 표정, 말의 내용 등을 고려하여 그 사람의 정서를 파악할 수 있다. 자폐스펙트럼장애를 지닌 학생들은 다른 사람의 생각을 추론하는 데 겪는 어려움의 정도가 매우 다양하다.

---

135) execu executive function 활동기억, 내적 언어, 정서 및 각성 수준 조절, 문제의 분석, 다른 사람과 문제 상황에 대한 의사소통 등을 통해 자신의 행동을 통제하는 능력; 주의력결핍과잉행동장애와 자폐스펙트럼장애 아동들은 이러한 능력이 지체되거나 손상되어 있음

136) weak central coherence 자극을 전체로 개념화함으로써 자극의 의미를 파악하려는 경향성. 자폐스펙트럼장애 아동들은 이러한 능력이 취약한 것으로 생각됨

137) theory of mind 다른 사람의 마음을 읽는 능력; 사회적 교류를 하는 과정에서 다른 사람의 관점을 받아들이는 능력; 다른 사람의 감정, 의도, 요구 등을 추론하는 능력; 자폐스펙트럼장애 아동들은 이러한 능력이 손상됨.

6. 자폐스펙트럼장애를 지닌 학생의 진단평가와 사정

자폐스펙트럼장애의 진단은 여러 가지 면에서 이루어진다. 우선, 의료적 진단을 받아보는 것이 바람직하다. 학생의 경우, 의사의 진단과 더불어 감각능력 검사를 받는다. 사회화에 결함을 보이고, 언어지체나 퇴행, 제한된 행동을 보이면 좀 더 종합적인 분석을 받아볼 필요가 있다.

지적 능력을 측정하기 위해 지능검사를 실시하지만 특수교육대상자로 선정하기 위해서 반드시 받아야 하는 검사는 아니다. 학습기능이나 발달기능 검사 결과는 정상 발달 프로파일에 근거하여 발달 잠재력을 파악하는 데 도움이 된다. 자폐성 행동, 습관, 활동 특성을 중심으로 이루어진 행동평정 척도를 이용하여 교사, 부모, 동료 등에 의해서 선별된다.

자폐성스펙트럼장애를 지닌 학생을 진단할 수 있는 검사로는 진단 및 판별검사, 발달검사, 병리검사 등이 있다. KISE 자폐아동 교육진단검사(정대영, 박희찬, 1996)는 유치원부터 고등학교 학생들을 대상으로 실시할 수 있으며, 자폐행동체크리스트, 음성행위표집, 상호작용 사정, 교육적 사정 및 학습률 예후 등 5개 영역에 걸쳐 종합적으로 진단평가할 수 있도록 개발된 도구이다. 아동기 자폐증평정척도(김태련, 박랑규, 1996)는 만 2세 이상의 아동을 대상으로 자폐성장애와 기타발달장애를 구별하고 자폐성장애의 정도를 판별한다. 이화-자폐아동 행동발달 평가도구(김태련, 박랑규, 1992)는 만 1세부터 만 6세까지의 아동을 대상으로 행동발달 및 병리수준을 평가한다. 검사 대상은 자폐성장애를 지닌 아동이 중심이 되지만 자폐성장애로 의심되는 아동도 대상이 될 수 있으며, 지적장애 또는 기타 장애를 가진 아동들의 발달과정을 파악하는 데 활용될 수 있다. 한국 자폐증 진단검사(강위영, 윤치연, 2004)는 자폐증으로 의심되는 만 3세부터 만 21세까지의 아동 및 청소년을 대상으로 자폐증을 진단할 수 있는 검사이다. 자폐스펙트럼장애의 교육과 처치에 중점을 두고 실시할 수 있는 검사로는 심리교육 프로파일(김태련, 박랑규, 2005)이 있다. 이 검사는 자폐성장애아동과 유사발달장애아동의 발달 수준과 특이한 학습 및 행동패턴을 평가하여 개별 치료 또는 교육에 활용할 수 있는 데이터를 얻을 수 있다.

7. 자폐스펙트럼장애를 지닌 학생의 교육적 지원과 중재

자폐스펙트럼장애는 매우 다양하며, 장애가 심할 경우에는 집중적인 중재를 제공하더라도 예후는 그다지 밝지 못하다. 증후를 심하게 보이는 아동들은 대부분 다소의 진전을 보이기는 하지만 완전히 회복할 수는 없는 것 같다(National Research Center, 2001). 증후는 매우 특이하고 중재 효과도 크게 나타나지 않기 때문에 일시적으로 유행하거나 입증되지 않은 처치 방법이 난무한다. 이런 특성 때문에 논쟁의 여지가 많은 중재나 처치 방법들이 다양하게 제시되고, 여러 가지 효과적인 방법이 제안되고 있지만, 대부분 임상적으로나 논리적 근거가 부족하다.

자폐스펙트럼장애를 지닌 학생들의 중재에 대한 논쟁은 끊임없이 일고 있기 때문에 이들을 지도할 때는 다음 여섯 가지 기능 영역, 즉 ① 기능적, 자발적 의사소통 ② 연령에 적합한 사회기술 ③ 놀이 기술(특히 또래들과의 놀이 기술) ④ 일상생활에 적용할 수 있는 인지(사고) 기능 ⑤ 문제행동을 대체할 적절한 행동 ⑥ 아동의 요구에 적합할 경우, 기능적 학업 기능을 포함시킬 것을 권고한다(National Research Council, 2001).

■ 조기교육

조기중재 프로그램들은 아스퍼거장애와 같은 경도장애보다는 자폐성장애와 같은 보다 중증의 장애에 초점이 맞추어져 있다. 자폐스펙트럼장애를 지닌 아동들의 교육과 관련 중재가 가장 효과적이기 위해서는 가족을 포함시키고 조기에 매우 구조화된 프로그램으로 접근해야 한다. 일반적으로 장애아동의 조기교육에서는 반드시 개별화 가족지원 프로그램을 마련하여 접근할 것을 강조한다. 교육은 점차 자연스런 환경에서 자연스런 상호작용을 활용하여 지도하는 데 초점을 맞추고 있다. 자폐스펙트럼장애를 지닌 아동의 가장 효과적인 취학 전 프로그램의 특징은 다음과 같다(National Research Center, 2001).

- 가능한 한 자폐스펙트럼장애의 진단과 동시에 신속히 중재 프로그램을 시작한다.
- 집중적인 교수 프로그램에 적극적으로 참여한다(하루 5시간씩 주 5일).

- 일대일 지도의 비중을 높이고, 소집단 교수활동을 이용하며, 비교적 짧은 시간 동안 조직화된 교수 기회를 반복적으로 제공한다.
- 가족훈련이 포함된다.
- 학생 대 교사의 비율을 낮춘다(교사 대 아동을 1:2로 유지).
- 프로그램 평가와 아동의 진전도를 지속적으로 사정하고 그 결과를 프로그램에 적용한다.

자폐성장애를 지닌 아동의 지도를 위해 여러 가지 프로그램이 개발되어 그 효과를 밝히고 있는데 지금까지 개발된 주요 프로그램들의 특징을 비교하면 표 10.3과 같다.

집중적인 행동중심의 조기중재

행동중심의 조기 중재는 자폐성장애를 지닌 아동들이 일반교육 환경에서 성공적으로 적응하는 데 필요한 의사소통, 언어, 사회기술을 학습하는 데 도움이 된다. 최초로 매우 강력한 체계적 조기중재 사례 중의 하나는 Lovaas(1987)의 연구로서 19명의 4세 이전의 자폐성장애를 지닌 아동들에게 2년간 매주 40시간씩 일대일의 강도 높은 행동처치를 하였다. 그 결과 7세 때 비슷한 19명의 아동들에 비해 IQ가 20점 이상 높았고, 학업성취 역시 매우 향상되었으며, 그 중 9명은 일반학급에서 잘 적응한 것으로 나타났다.

실험을 했던 19명에 대한 집단을 몇 년 후 후속평가한 결과 그들이 11.5세 수준을 보였고, 성과가 좋은 9명 중 8명은 지능검사와 적응행동 검사에서 평균 수준의 아동들과 차이가 없었다(McEachin, Smith, & Lovaas, 1993). 이 연구의 신뢰도와 타당도에 의문의 여지가 있기는 하지만 복제연구에서도 유사한 결과를 얻었다(Cohen, Amerine-Dickens, & Smith, 2006).

표 10.2 자폐스펙트럼장애를 지닌 아동들을 위한 프로그램들의 특징

프로그램	방법	특징	강점	약점
Lovaas 프로젝트	수반성 언어칭찬 및 신체적 벌과 더불어 각 부분별 시도훈련. 부모의 치료사역할	주당 40시간의 집중적인 치료, 2년간 Lovaas법 훈련받은 치료사가 지도, 부모 참여	47%가 적응기능 개선 및 IQ향상	통제집단 없음, 시각적 학습자에게 비효과적일 수 있음
TEACCH	구조화된 교수 이용 및 부모훈련	결함에 대한 환경조정, 사정과 중재의 직접적인 관계, 시각적 강점 사정, 개인의 단점 고려, 개인차를 고려한 중재, 부모와 전문가의 협력	시설수용률 현저히 낮음, 가정중재와 협력하여 향상	연구가 오래됨(1982), 통제집단 없음, 학교와 지역사회통합 문제를 강조하지 않음
LEAP	행동관리, 부모훈련, 또래개입 중재	프로그램에 정상발달 또래 포함, 개별화집단교수, 부모훈련, 전환프로그래밍	또래개입 중재와 가정-학교협력 접근이 지지받음	프로그램 효과를 지지하는 연구 없음
Douglass 발달센터	응용행동분석	각 부분별 시도훈련, 학급 및 가정 중재 프로그램에 정상발달 또래 포함	지적 기능 향상	제한된 연구, 통제집단 없음
프린스턴 아동발달 센터	응용행동분석	행동수정, 가정 내 훈련, 시각전략 이용	9명중 6명이 긍정적 결과	제한된 연구, 통제집단 없음

Lovaas의 조기중재에서 사용된 지도법은 응용행동분석에서 가져온 것이다(Heward, 2012). 응용행동분석은 임상적으로 검증된 원리에 기초하여, 환경내의 사건과 행동 간의 기능적 관계를 파악하여 교수를 설계하고 수행하며 평가하는 과학적 접근법이다. 응용행동분석 이론에 기초한 지도법은 일반교육의 아동들뿐만 아니라 장애를 지닌 아동들에게도 효과적으로 이용되고 있다.

■ 초 · 중등교육

자폐스펙트럼장애를 지닌 학생들을 위한 교육 프로그램은 여러 가지 분야를 다루어야 하지만, 대부분의 전문가들이 동의하는 지침이 있다. 일반적으로 자폐성장애를 지닌 학생들의 경우는 의사소통 문제, 아스퍼거장애를 지닌 학생들의 경우는 사회기술을 가장 우선해야 한다고 믿고 있다. 전문가들은 자폐스펙트럼장애를 지닌 학생을 위한 교육 방법으로 기술의 직접교수, 행동의 기능평가와 긍정적 행동지원을 이용한 행동관리, 자연 환경에서의 교수 등을 들고 있다.

직접교수와 시각적 지원

자폐스펙트럼장애를 지닌 학생들을 위한 교수법이 효과적이기 위해서는 일반적으로 행동주의 심리학의 기본 원리를 이용하고, 최상의 교수법을 적용한 매우 구조화된 직접적인 방법이 동원되어야 한다. 직접교수법이란 구조화된 교수 중심의 교수법을 의미한다. 즉, 소집단 또는 일대일 교수, 학습 내용의 소단계별 제시, 교사의 빈번한 질문, 풍부한 연습 기회 제공, 빈번한 피드백과 강화 및 교정 등의 요소들이 포함된다. 교사들은 직접교수법을 이용하여 의사소통, 사회기술, 일상생활 등을 지도한다.

교사나 언어재활사는 자폐스펙트럼장애를 지닌 학생들에게 **보완대체의사소통체계**[138)]를 이용할 수 있다. 그림을 이용하여 학생들이 의사소통을 주도하고 유지하도록하는 보완대체의사소통 방법은 그림교환의사소통체계picture exchange communication system(PECS)이다.

시각적 지원에는 학생들이 기술을 독립적으로 정확하게 수행할 수 있도록 도움을 주는 시각적 단서와 촉진을 포함하는 다양한 중재들이 있다(Cohen & Sloan, 2007).

---

138) augmentative or alternative communication(AAC) 말을 보완하거나, 말의 구어음을 이용하지 않는 대안적인 의사소통 형태

자폐성장애를 지닌 아동들에게 적용할 수 있는 대표적인 시각적 지원 전략으로는 **활동 그림스케줄**picture activity schedule과 **상황이야기**139)가 있다.

활동 그림스케줄. 통합학급에서 성공하기 위해서는 어느 정도 독립적 수행능력이 필요하다. 자폐성장애를 지닌 아동들의 고립현상은 사회성과 의사소통의 결함을 지속시키는 데 영향을 줄 수 있다. 여러 연구들에 의하면 아동의 활동 일정을 그림으로 나타내어 학급 활동을 선택하고 일련의 순서에 따라 수행할 수 있는 독립성을 향상시킬 수 있다. 아울러 교사들은 활동 스케줄을 비디오로 제시할 수도 있다.

상황이야기. 자폐성장애를 지닌 아동들은 변화에 대처하고 사회적 상황을 지배하는 일반적인 규칙과 관행 속에서 의사소통과 사회적 상호작용을 언제, 어떻게 하는지를 배우기 어렵다. 상황이야기는 자폐성장애를 지닌 사람들이 이해할 수 있는 양식으로 관련된 사람들의 예상행동, 사회적 상황 및 개념을 설명한다(정대영, 전인순, 2010). 상황이야기는 개념에 관한 아동의 질문에 대답해 줄 수 있고, 일반적으로 학습하기 힘든 사회적 행동에 관한 정보를 제공해 줄 수 있다. 교사는 상황이야기를 이용하여 상황과 예상행동을 기술하고, 어떤 목표나 성과를 달성하기 위한 간단한 단계를 설명하며, 새로운 일정과 예상 행동을 지도할 수 있다.

상황이야기는 학생의 이해 수준에서 작성되어야 하고, 문장은 일반적으로 다음과 같은 네 가지 형태로 이루어진다.

- 서술적 문장으로 표적 상황의 맥락 변수를 밝힌다.
- 직접적 문장으로 특별한 사회적 단서나 상황에 관한 바람직한 행동을 기술한다.
- 조망적 문장으로 상황에 관한 다른 사람의 반응이나 감정을 기술한다.
- 확정적 문장으로 상황에 관한 규칙이나 신념을 표현한다.

상황이야기는 흔히 한 페이지 당 한 문장으로 구성된다. 중요한 정보나 사건의 중요한 점을 나타내기 위해 사진이나 선을 그린다. 텍스트를 통해 대화를 나타내는 대신에 그림, 약화 및 선을 이용하여 상황이야기를 수정한 **코믹북대화**comic book conversation를 만들 수 있다. 일부 연구들은 상황이야기를 이용하여 자폐성장애를 지닌 아동들의 행동을 개선시켰다(정대영, 전인순, 2009; Soenksen & Alper, 2006). 상황이야기는 반

139) social story는 사회적 이야기, 사회적 상황이야기, 상황이야기 등으로 번역됨

응촉진, 피드백, 강화, 바람직한 행동의 자기기록 등과 같은 다양한 중재요소를 포함할 때 더욱 효과적일 수 있다.

행동관리

자폐스펙트럼장애 학생들은 물어뜯기, 때리기, 소리 지르기 등과 같은 부적절한 행동을 한다. 행동중재는 자폐스펙트럼장애의 원인에 관심을 갖지 않고 행동주의적 처치법을 이용한다. 이 접근법은 적절한 행동을 증가시키고, 부적절한 행동이나 부적응 행동을 감소시키는 데 초점을 맞춘다. 자폐스펙트럼장애 학생을 위한 행동중재는 행동에 대한 정확한 조작적 정의 진술, 세심한 관찰, 적절 또는 부적절한 행동으로 판단되는 데이터의 기록 등을 중요시하고 자기자극, 감정장애, 자기상해와 같은 행동에 초점을 맞춘다. 행동중재는 자폐스펙트럼장애를 지닌 학생들의 언어 발달, 기본적인 사회기술, 지역사회 통합을 촉진하는 데 효과적이다(정대영, 박은미, 2010). 더욱이, 행동중재에 부모를 참여시켰을 경우 매우 긍정적인 결과를 얻을 수 있는 것으로 밝혀져 부모교육과 참여가 강조되고 있다.

그러나 근래에 와서는 지적장애, 정서행동장애, 주의력결핍과잉행동장애 영역에서 논의된 바와 같이, 자폐스펙트럼장애를 지닌 학생들의 문제행동을 지도하기 위해서는 **행동의 기능평가**[140]와 **긍정적 행동지원**[141]을 조합하여 적용해야 한다. 행동기능평가는 문제행동을 일으키거나 유지시키는 환경적 사건, 선행자극이나 사건, 행동 및 행동의 결과 등 행동 변인들 간의 인과관계를 파악하려는 과정들이 포함되어 있다(정대영, 2009). 행동의 결과는 행동 후에 얻어지는 것, 즉 행동의 목적을 말한다. 사람은 주로 자신이 원하는 것을 얻기 위해서, 아니면 싫어하는 것을 회피하거나 도피하기 위해서 행동한다. 선행사건은 행동을 촉발시키는 자극을 말한다. 상황적 사건 또는 상황적 사상은 행동이 일어나는 맥락적 요인 또는 상황적 요인을 말한다. 긍정적 행동지원은 학생의 부정적인 행동을 찾기 보다는 긍정적인 행동을 지원할 방법을 찾는 데 중점을 두며, 학생의 환경 전체에 초점을 맞춘다.

140) functional behavioral assessment(FBA) 부적절한 행동을 일으키고 지속시키는 환경적 사건, 선행사건, 행동 및 행동의 결과가 상호 인과관계가 있는지를 밝히는 평가, 이 평가 결과는 교사들이 학생의 교육 계획 수립에 도움을 줌

141) positive behavioral support(PBS) 바람직하지 못한 행동에 벌을 주기보다 바람직한 행동을 지원할 방법을 찾으려는 행동주의 과학의 체계적인 이용

자연 환경에서의 지도

자폐스펙트럼장애를 지닌 학생을 지도하는 교육자들은, 비장애 학생들과의 자연스런 상호작용 상황에서 이들에게 응용행동분석 기법을 적용할 것을 강조하고 있다. 연구자들은 학생들이 정상적으로 언어와 사회기술을 학습하는 자연스런 환경에서 장애를 지닌 학생들을 지도할 수 있는 보다 효과적인 교수법을 개발하고자 노력하고 있다.

자폐스펙트럼장애를 지닌 학생들이 나타내는 부적응행동들은 이들을 위험하게 보는 고정관념을 갖게 하고, 그 결과 부당하게 분리될 수 있다. 그러나 오늘날의 연구 주류는 이들의 연령과 기능 수준에 따라 최대한 통합시킬 것을 강조하고 있다. 대부분의 경우, 궁극적인 교육 목적은 이들을 환경적 제약이 최소화된 가정이나 지역사회에서 살아갈 수 있도록 준비를 시키는 데 있다.

자폐스펙트럼장애를 지닌 학생들을 위해서는 장단기 목표를 포함하여 개별화교육 프로그램을 마련하고 그에 따라 교육해야 한다. 이들을 위한 개별화교육 프로그램에는 기능적 의사소통과 사회기술, 개인의 독립성을 극대화시키는 데 필요한 개인의 강점과 기능 등 기본적인 영역들을 포함시켜야 한다. 일부 학생들에게는 언어훈련, 보완대체의사소통체계, 사회기술, 자립기술, 자기보호기술 등에 중점을 둔 기능적 교수를 제공해야 한다. 한편 다른 기능적 교수를 강조하는 연구자들은 성의식, 성적 행동, 성교육 등 일반교육과정에 포함되지 않은 내용뿐만 아니라 전통적인 학업교과, 부모지원 등의 내용에 초점을 맞추기도 한다(U. S. Department of Education, 2003). 아울러 자폐스펙트럼장애를 지닌 학생을 위한 교육적 중재는 보조공학을 점점 더 많이 이용하고 있는 실정이다.

자폐스펙트럼장애를 지닌 학생들에게 효과적인 교육을 실시하기 위해서는 교사들이 창의적이고, 혁신적이며, 긍정적이어야 한다. 정대영과 이은진(2009)은 음성학적 특징을 살린 말놀이 동시를 적용하여 자폐성장애를 지닌 학생들의 어휘력과 학습 태도 향상에 효과를 보았다.

심리적 및 의료적 중재

자폐스펙트럼장애를 지닌 아동들을 대상으로 다양한 의료적 처치가 이루어진다. 일부 초기의 의료적 처치의 효과는 의문시되었으며 부작용이 일어나 아동들에게 적용하는 것은 바람직하지 않은 것으로 확인되었다. 이와 마찬가지로 과거에 사용했던 약물치료(예; 일반적으로 LSD로 많이 알려진 D-리세르그산)는 치료적 가치가 의문시되어 논쟁을 많이 일으켰다. 자폐스펙트럼장애를 지닌 아동들에게 이용되는 다른 약물요법에는 흔히 항정신성 약물, 항경련제 등이 포함되고 있다(Malone, Maislin, Choudhury, Gifford, & Delaney, 2002).

일반적으로 약물치료는 자폐스펙트럼장애를 지닌 아동의 치료에 다소 효과가 있는 것으로 밝혀지고 있다. 그러나 약물치료의 가능성이 보이기는 하지만, 이와 같은 치료는 복합적 요소 또는 종합적 처치 계획과 연계시켜서 이용되는 것이 바람직하다.

8. 자폐스펙트럼장애를 지닌 학생의 전환교육

자폐스펙트럼장애를 지닌 청소년의 전환교육 문제는 장애 정도가 심한 자폐성장애와 덜 심한 아스퍼거장애로 나누어 다루기로 한다.

자폐성장애를 지닌 사람의 전환교육 문제는 지적장애를 지닌 사람에 대한 접근방식과 동일한 원리를 따르고 있다. 전환교육은 초등학교 시기부터 시작하여 중·고등학교로 가면서 점점 더 강도가 높아지게 된다. 현재 가장 인기가 있는 철학은 장애를 지닌 사람도 자신에 관한 의사결정을 할 수 있도록 장려하는 사람 중심의 계획이다. 자폐성장애를 지닌 사람들이 점점 더 지역사회의 소규모 주거시설이나 자신의 가정과 아파트와 같은 **지원적 생활**supported living환경 내에 있는 공동체에 통합되고 있다. 전환교육의 목적은 자폐성장애를 지닌 사람들을 경쟁고용이나 지원적 경쟁고용이 될 수 있도록 하는 데 있다.

아스퍼거장애를 지닌 사람들을 위한 전환교육은 주로 사회적 상호작용에 관심을 갖는다. 아스퍼거장애를 지닌 개인은 청소년기 및 성인기로 성장해 가면서 사회적 상호작용 문제가 증가한다. 불행하게도 이러한 사회적 상호작용 문제가 이들의 고용을 어렵게 한다. 따라서 아스퍼거장애를 지닌 학생을 지도하는 교사나 전문가들은 가장 중요하고 기본적인 사회기술을 중점적으로 지도해야 한다. 표 10.4는 사회기술에 있어서 가장 기본적이고 필수적인 기술에서부터 유능한 수준까지의 기술 사례를 제시하고 있다.

표 10.3 사회기술을 필수적인 수준에서 유능한 수준으로 촉진시키기

	독립성을 좌우하는 기본적이고 필수적인 사회기술	독립성을 지원하나 중요하지 않을 수 있음	필수적/기본적인 수준을 넘어 보다 유능하기 위해 갖추어야 할 가치 있는 기술
대중교통 이용	다른 사람이 내린 후 타기	가능한 한 빈자리 찾아 앉기	차례를 지키며 줄 서기
직원과 점심	단정하게 식사하기	동료와 상호작용하기	동료 근로자와 대화를 주도하기
취업 면접	시선 마주보기	사업주에게 질문하기	사무실에서 다른 사람과 관련된 기호나 취미 등에 대해 언급하기

* 자료 출처: Gerhardt, P. F.(2003). Transition support for learners with Asperger syndrome: Toward a successful adulthood. In R. W. Du Charme & T. P. Gullotta [Eds.], *Asperger: A guide for professionals and families*(pp157-171). New York: Kluwer Academic/Plenum Publishing (p.161).

직장에서 아스퍼거장애를 지닌 사람들이 사회적으로 엉뚱한 행동을 할 때 동료나 사업주들이 이를 얼마나 이해하고 수용할 수 있느냐가 이들의 전환에 중요한 요소가 될 것이다.

9. 자폐스펙트럼장애를 지닌 학생의 통합교육을 위한 팁

■ 유아기

가족을 위한 팁

- 자폐스펙트럼장애에 관한 정보를 수집하고 다른 장애 이해하기
- 자녀의 교육에 적극적으로 참여하고 부모교육 받기
- 한 차례에 한 가지 행동을 선택하여 집중적으로 지도하기
- 도우미 센터를 이용하여 적절한 휴식을 취하고 가족의 건강을 유지하기, 자녀 양육과 보호 부담을 줄일 수 있는 방법을 모색하고 적극 이용하기

- 긍정적인 태도를 갖도록 훈련하고, 규칙적인 생활을 일상화하는 등 취학준비를 시키기

유치원교사를 위한 팁

- 아동의 기능 수준에 맞게 지도하기
- 명확한 신체적 단서 또는 시각적 모델링을 이용하여 의미 있는 활동을 하도록 설득하기
- 언어적으로 지도할 때 구어적 단서와 신체적 단서를 짝지어 이용하기
- 한 차례에 한 가지만 지도하기, 추상적인 내용보다 구체적인 것에 초점 맞추기
- 간단하고 직접적인 문단을 이용하여 언어적 부담을 가급적 줄이기

유아교육 관련 인사를 위한 팁

- 자폐스펙트럼장애를 지닌 아동들이 나이든 비장애아동들의 바른 행동을 모방할 수 있고, 이들과 긴밀하게 상호작용할 수 있는 프로그램을 개발하여 적용하고 격려하기
- 자폐스펙트럼장애를 지닌 아동에게 지원을 제공할 수 있는 유아교사와 의료전문가들 간의 지속적인 관계를 유지하도록 촉진하기
- 부모와 학교가 긴밀한 관계를 유지하도록 촉진하기
- 유아교육 기관의 교육지원 인사들에게 장애와 특수교육에 대한 연수를 시켜 적절히 참여하도록 촉진하기

이웃과 친구를 위한 팁

- 자폐스펙트럼장애를 지닌 아동의 부모와 형제에게 지원적인 태도 갖기
- 자폐스펙트럼장애를 지닌 아동의 부모에게 긍정적으로 대하기
- 부모에게 휴식 시간을 제공하기

가족을 위한 팁

- 자폐스펙트럼장애를 지닌 학생들을 위해 이루어지는 지역사회 활동에 능동적으로 참여하기
- 학교에서 이루어지는 치료 프로그램의 기본 원리를 가정에서도 일관성 있게 따르기
- 자폐스펙트럼장애를 지닌 학생의 비장애 형제들이 장애 형제를 이해하기 힘들기 때문에 이들에 대한 지원과 정보가 필요함
- 지속적인 가족 참여
- 가정에서의 안전에 신중을 기하기

일반교사를 위한 팁

- 교수 활동에서 필요하지 않으면 추상적 개념을 피하기
- 특정 지시나 질문은 구체적으로 하기
- 아동이 화가 나거나 활동의 변화를 주고 싶을 때는 일정 시간 동안 교실 안의 안전한 공간을 제공하기
- 그림과 글로 된 규칙과 일정을 제시하여 자신들이 해야 할 일을 명백히 예상하도록 하기
- 프로그램과 교수 조정을 통해서 자폐스펙트럼장애를 지닌 아동들을 환경에 잘 적응하도록 준비시키기

학교 직원을 위한 팁

- 모든 학교 환경을 아동이 적절한 행동을 모방하고, 강화를 받을 수 있도록 조장하기
- 또래 지원 프로그램 개발하기(또래 교수, 모델)

이웃과 친구를 위한 팁

- 사소한 분열적이거나 부적절한 행동을 무시하고, 긍정적 행동에 초점을 맞추기

■ 중등학령기

가족을 위한 팁

- 자녀가 나이 들어감에 따라 발달적 및 행동적 변화에 민감하기
- 자녀의 교육 및 치료 프로그램의 능동적인 파트너가 되기
- 자녀가 학교를 졸업하면 이용할 수 있는 성인 서비스에 익숙해지기, 자녀의 기능 수준이 높을 경우, 가정을 떠나 독립적인 성인 생활을 하도록 계획하기

일반교사를 위한 팁

- 교육 시 추상적인 개념을 점진적으로 증가시키기
- 교수활동과 사례를 통해서 장애를 지닌 아동이 다양한 환경에서 생활할 수 있게 준비시키기
- 학생이 지역 내의 이동, 활동, 고용 등 졸업 후 지역사회에 참여할 수 있도록 지도하기
- 성숙해감에 따라 연령 단계에 중요한 사안에 점진적으로 초점을 맞추어 지도하기

학교 직원을 위한 팁

- 장애의 정도를 고려하여 적절한 수준에서 사회적 활동 등에 참여하도록 촉진하기
- 자폐스펙트럼장애의 전환교육 계획 및 프로그램과 관련이 있는 기능적 학업 프로그램의 개발을 지원하기
- 학교 직원과 유관기관의 인사들이 협력 관계를 유지하도록 지원하기

이웃과 친구를 위한 팁

- 지역사회의 이웃과 친구들이 자폐스펙트럼장애를 지닌 학생을 이해하도록 지원하기
- 지역사회 기관이 주민들을 대상으로 자폐스펙트럼장애를 지닌 사람을 긍정적으로 이해하도록 홍보하거나 캠페인을 벌이기
- 자폐스펙트럼장애를 지닌 아동들의 성인기 주요 문제를 고려하도록 지원하기

요약

■ 정의

- 자폐성장애는 3세 이전에 시작되며, 사회적 상호작용의 양적 손상, 의사소통의 질적 손상과 더불어 제한적이고 반복적이며 상동적인 행동, 관심 및 활동 패턴의 특성을 보인다.

■ 분류

- 자폐스펙트럼장애는 하위 장애를 분류하지 않으나 자폐성장애, 아스퍼거장애, 아동기붕괴성장애, 전반적 발달장애 등을 아우르는 신경발달장애이다.

■ 출현율

- 자폐성장애를 지닌 아동의 출현율은 10,000명당 2~15명에 이르기까지 다양하다.

■ 원인

- 자폐스펙트럼장애를 지닌 아동들은 주위로부터 거부를 당하므로 위축되고, 심리적 고통에 대항하기 위해 방어적이 될 수 있다.
- 과학자들은 자폐스펙트럼장애를 지닌 아동들의 뇌에 문제가 있다는 점을 정확히 밝히지 못했지만, 원인은 대인관계가 아니라 신경학적 문제라는 점을 명확히 하고 있다.

■ 특성

- 언어 사용, 대인관계 행동, 사회적 행동 등이 자폐성장애의 정도를 결정짓는다.
- 자폐스펙트럼장애를 지닌 아동들은 어릴 때 대인관계에 심각한 문제를 보이며, 신체적으로나 정의적으로 반응을 하지 않으나, 시각, 청각, 촉각, 후각, 미각 영역에서 과민반응을 보일 수 있다.
- 자폐스펙트럼장애를 지닌 아동들은 언어적 및 개념적 능력에 비해 시각적 및 공간적 능력이 우수하다.

■ 진단 평가와 사정

- 자폐스펙트럼장애의 진단은 의료적 진단을 받아보는 것이 바람직하다.
- 학습기능이나 발달기능 검사 결과는 정상발달 프로파일에 근거하여 발달 잠재력을 파악하는 데 도움이 된다.

■ 교육적 지원과 중재

- 자폐스펙트럼장애를 지닌 학생들을 위한 교수법이 효과적이기 위해서는 일반적으로 행동주의 심리학의 기본 원리를 이용하고, 최상의 교수법을 적용한 매우 구조화된 직접적인 방법이 동원되어야 한다.
- 교사는 자폐스펙트럼장애를 지닌 학생들에게 보완대체의사소통체계를 이용할 수 있다.
- 시각적 지원에는 학생들이 기술을 독립적으로 정확하게 수행할 수 있도록 도움을 주는 시각적 단서와 촉진을 포함하는 다양한 중재들이 있으며, 활동 그림스케줄과 상황이야기는 대표적인 전략이다.
- 자폐스펙트럼장애를 지닌 학생들의 문제행동을 지도하기 위해서는 행동의 기능평가와 긍정적 행동지원을 조합하여 적용한다.

■ 전환교육

- 자폐성장애인들이 점점 더 지역사회의 소규모 주거시설이나 자신의 가정과 아파트와 같은 지원적 생활환경 내에 있는 공동체에 통합되고 있다.

토의문제

1. 자폐스펙트럼장애를 지닌 아동들에게서 흔히 볼 수 있는 기능적인 문제 영역 네 가지에 대해 설명하시오.
2. 자폐스펙트럼장애의 하위 장애의 변별적 특성을 논의하시오.
3. 자폐스펙트럼장애의 원인에 대하여 논의하시오.
4. 자폐스펙트럼장애를 지닌 학생의 중재와 교육을 위한 주요 방법들에 대해 논의하시오.
5. 자폐스펙트럼장애를 지닌 학생의 사회적 기술을 훈련하기 위한 중요한 두 가지 전략에 대해 논의하시오.
6. 자폐스펙트럼장애를 지닌 학생들의 행동 특성을 설명하는 세 가지 중요 이론에 대해 논의하시오.

Special Education

제11장

의사소통장애를 지닌 특수교육대상 학생

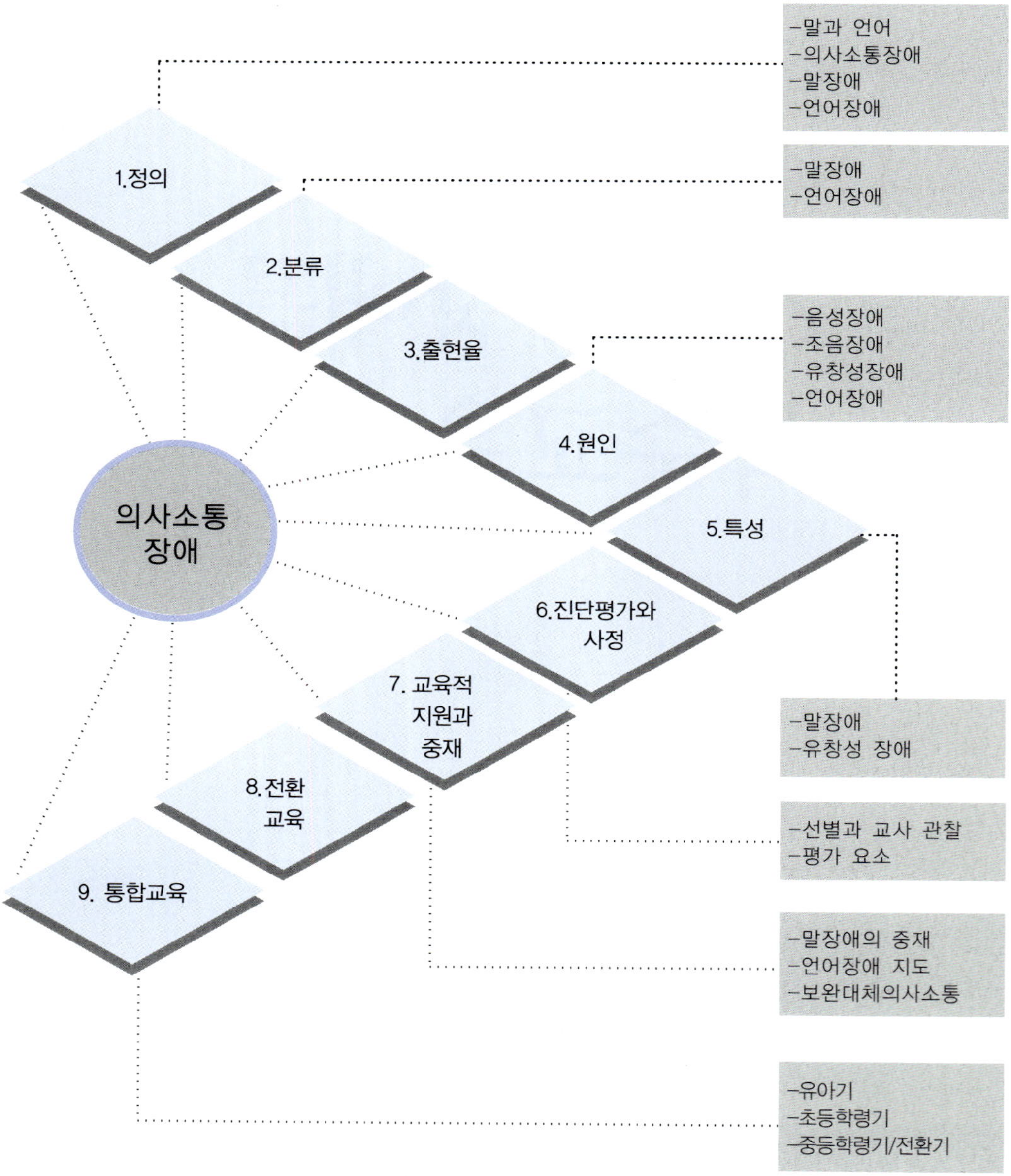
의사소통 장애
1.정의
2.분류
3.출현율
4.원인
5.특성
6.진단평가와 사정
7. 교육적 지원과 중재
8.전환 교육
9. 통합교육
-말과 언어
-의사소통장애
-말장애
-언어장애
-말장애
-언어장애
-음성장애
-조음장애
-유창성장애
-언어장애
-말장애
-유창성 장애
-선별과 교사 관찰
-평가 요소
-말장애의 중재
-언어장애 지도
-보완대체의사소통
-유아기
-초등학령기
-중등학령기/전환기

| 제11장 |

의사소통장애를 지닌 특수교육대상 학생

의사소통이란 서로 상호작용하는 사람들 사이에서 생각, 의견 및 사실을 교환하는 것으로서 말을 하는 것 이상의 의미를 가지며, 제스처와 같은 비구어적 영역을 포함한다. 의사소통을 통한 상호작용에는 메시지, 메시지를 표현하는 전달자, 메시지에 반응하는 수신자 등 세 요소가 포함된다. 메시지 전달자와 수신자가 동일한 자신과의 의사소통이 이루어지기도 하지만 대부분의 경우는 적어도 두 사람 이상이 수신자와 송신자의 역할을 번갈아 하면서 이루어진다. 교실에서 교사와 아동 간에 이루어지는 의사소통은 몇 가지 중요한 기능을 한다. 그 기능에는 이야기하기, 설명하거나 알려주기, 요청하기, 표현하기 등이 포함되며, 이러한 체계의 손상이나 기능장애는 학습을 매우 어렵게 한다.

말과 언어는 인간의 의사소통에서 사용되는 대표적 메시지 체계이지만 의사소통을 위해 반드시 구어나 문어적 어휘를 필요로 하는 것은 아니다. 의사소통에서 **유사언어 행위**[142) paralinguistic behaviors]와 **비언어적 단서**[143) nonlinguistic cues]가 중요한 역할을 한다.

1. 의사소통장애의 정의

■ 말

말은 소리를 이용하거나 소리를 체계적으로 조합시켜 의미 있는 단어, 구 및 문장을 만들어내는 것이다. 신체의 특정 부위들은 상호작용을 하여 말소리를 만들어 내고 수정한다. 말을 생성하는 과정에 관여하는 신체 부위들은 허파, 후두, 연구개, 비강, 혀, 치아, 아래턱, 입술 등이다. 허파에 저장된 공기가 후두에 자리 잡고 있는 성대를

142) 메시지의 형태와 의미를 변화시키는 말의 수정(고저, 억양, 휴지, 전달률의 변화)과 비언어음(웃음소리 등)이 포함된다.

143) 몸의 자세, 얼굴표정, 제스처, 눈 맞춤, 머리와 손의 움직임, 신체적 접근 등이 포함된다.

통과하면서 진동시켜 소음을 만들어 낸다. 이 소음(목소리)은 목구멍(인두)을 따라 올라가며 연구개, 입술, 아래턱, 혀의 움직임에 의해, 그리고 비강을 통과하면서 변화된다. 그림 11.1은 말하기의 기제와 발성기관을 나타낸 것이다.

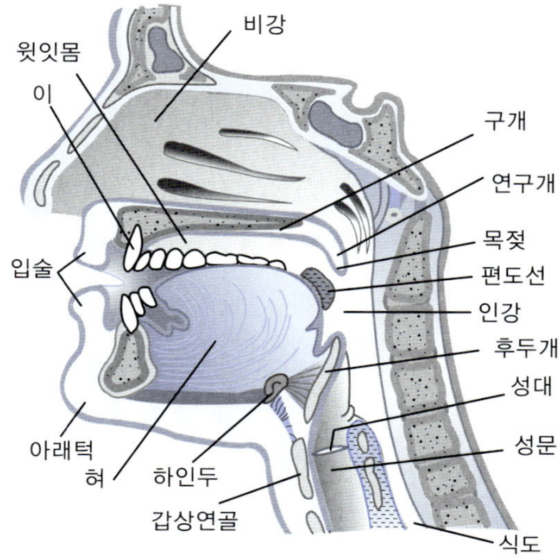

그림 11.1 발성기관의 명칭

* 자료출처: http://shi.kaist.ac.kr/2000/week2/02week-221.htm

말소리는 각각 별개지만 서로 관련성이 있는 네 가지의 과정, 즉 호흡, 발성, 공명, 조음을 통해 생성된다. **호흡**은 숨을 내쉬는 것으로 생성된 말소리를 전달하는 기능을 한다. 소리[sound]의 산출 또는 생성을 **발성**이라고 한다. 입과 비강을 통해서 소리를 수정하는 것을 **공명**이라고 하며, 입, 입술, 혀, 턱 및 연구개에 의한 최종 움직임을 **조음**이라고 한다. 이 과정에서 소리를 음소로 형성시킨다. 각 언어는 독특한 음소 체계를 지니고 있으며, 이를 이용하여 단어를 형성한다. 언어의 음소를 학습하기 위해서는 지적 이해와 더불어 운동행위(신체적 움직임)가 필요하다.

아동들은 일반적으로 3세가 되면 모음 발음을 숙달하는 반면, 자음 발음은 8세까지 발달한다(Polloway, Miller, & Smith, 2004). 많은 학생들은 대개 초등학교 2~3학년이 되면 모든 자음 발음을 익히게 된다.

■ 언어

모든 인간은 언어능력을 타고난다. 또한, 모든 문화는 공통적으로 언어를 지니고 있고, 어느 사회에 살든지 인간은 유사하게 언어가 발달한다. 우리는 주변의 모든 말, 제스처, 음성 억양을 분류할 수 있게 해 주는 **언어습득 기제**language acquisition device: LAD를 대뇌에 장착하고 있어 중요한 것에 주의를 기울이고, 중요하지 않은 것을 무시할 수 있도록 도와준다. 아울러 시간이 지남에 따라 정교함을 더해가며 주변의 세계를 학습할 수 있도록 도와주고, 그 세계에 합류하여 언어를 사용함으로써 자신의 요구와 경험에 관한 의사를 소통할 수 있게 된다(Chomsky, 1957; Heward, 2006).

언어를 구성하는 중요 요소는 음운론, 형태론, 통사론, 의미론, 화용론이다. 언어는 뜻과 소리로 이루어져 있는데, 그 중 소리를 연구하는 분야에는 음성학과 음운론이 있다. **음성학**은 사람의 말소리(음성)를 마치 자연 세계의 소리(음향)를 연구하듯이 물리학적으로 연구한다. 반면에 **음운론**은 말소리가 인간의 언어에서 어떻게 조직되어 쓰이는지를 연구한다. 음운론은 언어의 소리 체계이다. 각 언어의 음운 규칙은 그 언어가 의미 있는 단어를 형성하기 위한 소리들의 조합 형태를 결정한다. 그러나 음성학의 도움 없이는 음운론의 연구가 불가능하다. **형태론**은 단어를 변형시키고, 기본적인 의미를 바꾸기 위한 규칙을 다룬다. 형태론은 단어의 어형(語形) 변화를 다루는 문법의 한 분야이며, 어형론이라고도 한다. 형태론은 **형태소**[144]를 분석하고 그 형태소들 간의 상관관계를 규명하는 데 초점을 맞춘다. **통사론**은 구와 절을 형성하는 단어의 순서나 조합을 통제하는 규칙 체계이다. 즉, 구, 절, 문장을 구성하는 여러 요소들의 배열 양식에 관하여 연구하는 분야이다. **의미론**은 언어의 의미로서 단어와 문장의 뜻과 실제 상황에 나타나는 발화의 뜻을 연구한다. **화용론**은 말하는 이, 듣는 이, 시간, 장소 따위로 구성되는 맥락과 관련하여 문장의 의미를 체계적으로 분석하려는 의미론의 한 분야이다. 화용론적 기술은 ① 다양한 의사소통적 기능과 목적을 달성하기 위해 언어 사용하기(예, 인사하기, 알려주기, 요구하기, 약속하기, 질문하기 등) ② 의사소통 맥락에 따라 언어 바꾸기(예, 아동과 어른에게 달리 말하기, 익숙하지 못한 청자를 이해하기, 배경 정보 제공하기, 운동장과 교실에서 다르게 말하기) ③

144) 의미를 가진 가장 작은 단위로 발화체 내에서 따로 떼어낼 수 있는 것을 말한다. 음소와 마찬가지로 형태소는 추상적인 실체이며 발화에서 다양한 형태로 실현될 수 있다. 형태소는 그것이 가지는 의미 또는 기능에 따라 크게 문법형태소(형식형태소)와 어휘형태소(실질형태소)로 나눌 수 있다.

규칙에 따라 대화 및 이야기하기(예, 차례 지키기, 주제에 관하여 말하기, 잘못 이해한 말을 다시 말하기, 누군가가 말을 할 때 가까이 가서 서기, 얼굴표정과 시선 맞추기) 등 세 가지가 있다(ASLHA, 2007A).

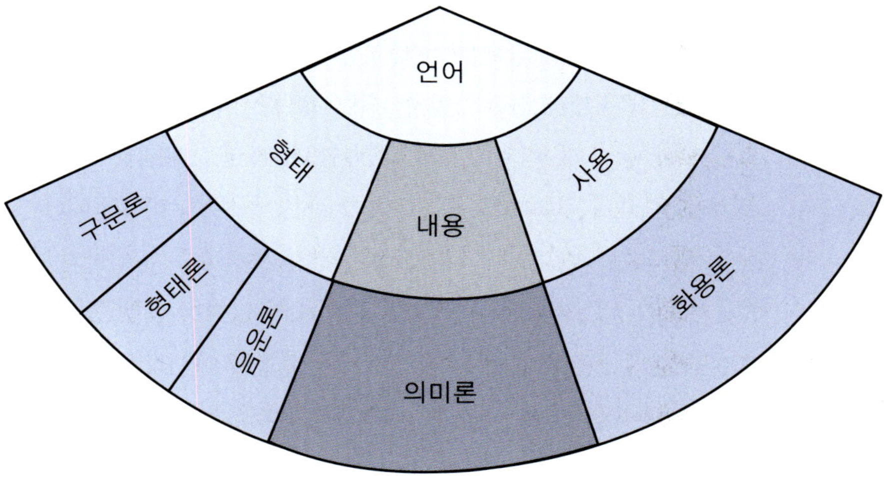

그림 11.2 언어 구조의 구성 요소

* 자료출처: Hardman, M. L., Drew, C. J., & Egan, M. W. (2005). *Human exceptionality: School, community, and family*(8th). Boston: Allyn and Bacon.

정상적으로 발달하는 아동들은 대개 12개월에서 18개월 사이에 의미 있는 첫 단어를 말할 수 있게 된다. 이들은 6세가 되면 모국어의 복잡성을 숙달하게 되고, 직접 경험하지 않았거나 경험할 수 없는 개념들을 충분히 학습할 수 있을 정도로 언어가 발달된다. Owens(2005)는 출생부터 12세까지 다섯 가지 언어 발달 단계를 제시하였다. 그는 어린 아동(1 ~ 6개월)은 비교적 상호작용을 거의 하지 않고 환경을 관찰하는 **조사자**라고 주장했다. 아동은 언어의 기초를 인지적으로 이해하기 시작하면서 다른 사람들과 상호작용하기 시작할 때(7 ~ 12개월) **실험자**가 된다. 다음은 **탐색자** 단계로서(12 ~ 24개월) 목적을 가지고 환경과 상호작용을 하기 시작하며, 언어를 빠른 속도로 학습하기 시작한다. 아동이 3세에서 5세가 되면 **참여자**가 되며, 다른 사람이 이해할 수 있는 논리적인 방법으로 경험과 느낌에 대해 이야기한다. 6세에서 12세에 이른 아동은 **전문가**가 되어서 풍부한 어휘력을 가지고, 복잡하고 추상적인 여러 가지 개념들을 표현하기 위해 언어를 조작할 수 있는 능력을 갖게 된다.

■ 의사소통장애

의사소통장애는 말장애와 언어장애로 나뉘고, 이는 다시 각각 기능장애 유형에 따라 범주가 분리된다. 많은 학생들이 각각 다른 의사소통장애를 지니고 있지만, 이들은 말장애와 언어장애를 중복으로 지닐 가능성이 높다. 그 이유는 말과 언어가 공존 체계이고, 한 체계의 문제가 다른 체계에 영향을 미치기 때문이다. 특수교육법에서는 의사소통장애를 지닌 특수교육대상자의 선정 기준을 다음과 같이 규정하고 있다.

> 다음 각 목의 어느 하나에 해당하여 특별한 교육적 조치가 필요한 사람
> - 언어의 수용 및 표현 능력이 인지능력에 비하여 현저히 부족한 사람
> - 조음능력이 현저히 부족하여 의사소통이 어려운 사람
> - 말 유창성이 현저히 부족하여 의사소통이 어려운 사람
> - 기능적 음성장애가 있어 의사소통이 어려운 사람(특수교육법, 2007)

말장애

말장애는 목소리 내기(음성 산출), 말소리 생성(조음) 및 유창성(말더듬 및 관련 장애) 손상, 또는 이들 손상을 중복으로 갖는다. 청자가 일반적으로 예상하는 바와 너무나 달라서 말에 주의를 기울여야 하거나, 이해하기 너무 힘들어 의사소통이 잘 안되거나, 화자나 청자에게 스트레스를 불러일으킬 때 말장애라고 한다(Van Riper & Erickson, 1996). 말장애에는 음성장애, 조음장애, 유창성장애(말더듬, 말지체)가 있고, 원인과 처치에 관한 이론적 관점 역시 다양하다.

음성장애란 후두 특히 성대의 이상으로 인한 성대의 혹이나 **성대 결절**[145], **성대부종**[146], 스트레스 등으로 목소리의 크기가 너무 크거나 작은 소리(강도장애), 지나치게 높거나 낮은 소리(음도장애), 목쉰 소리, 숨찬 소리, 거친 소리, 과대비성(음질장애) 등을 내는 경우를 말한다.

---

145) nodules 작은 도토리 크기의 단단한 멍울이 성대에 맺히는 증상

146) 성대의 점막 아래로 수분이 고이는 현상, 무리한 음성 남용이나 흡연 등이 원인이 됨

조음장애는 말 문제 중 가장 많은 비중을 차지한다(Fox & Dodd, 2001). 이런 유형의 어려움을 겪는 사람들을 일반적으로 **기능적 조음장애**[147] 라고 한다. 조음장애는 말소리를 정상적으로 내지 못함으로써 말을 부정확하게 하는 것을 말한다.

유창성장애는 말을 하다 실수를 하거나, 내용을 첨삭하거나, 내용을 생각하기 위해 자주 말을 중단하고 흐름이 방해를 받을 때 말더듬이나 말지체가 된다. **말더듬**은 말의 흐름이 반복 및 단절되거나 소리, 음절 및 단어의 지연 등에 의해 방해를 받는 경우를 말한다. **말지체**는 의사소통 능력의 결함으로 자신의 나이보다 훨씬 어린 수준의 말을 하는 말하기 유창성 결함을 말한다.

언어장애

언어장애는 구어, 문어 및 기타 상징체계의 이해와 이용 능력의 발달에 이상이 있는 경우를 말한다. 이 장애에는 언어 습득률, 언어의 형태(음운론, 형태론, 통사론), 언어의 내용(의미론), 언어의 기능(화용론) 등의 문제와 기타 언어의 형태, 내용 및 기능 문제가 조합된 복합적인 문제 등이 포함된다(Hunt & Marshall, 2006; Polloway et al., 2004).

말장애는 구어의 생성, 즉 음성적 표현과 관련된 문제들을 포함하고 있다. 언어장애는 사용하고 있는 의사소통 체계에서 아이디어를 이해하고 표현하는 능력에 심각한 문제를 나타낸다. 말장애와 언어장애의 차이는 마치 단어의 소리와 의미의 차이와 같다. 정상적인 언어 발달에 방해를 받게 되면 언어지체가 일어나는데 언어 발달의 체계적인 순서는 그대로 나타낸다.

2. 의사소통장애의 분류

특수교육법(2007)에 따르면 의사소통장애는 음성장애, 조음장애, 말 유창성장애, 언어수용장애와 언어표현장애로 구분된다. 학문적으로 연구된 자료에 근거하면 의사소통장애는 말장애와 언어장애로 구분되며, 말장애는 음성장애, 조음장애, 유창성장애로 세분되고, 언어장애는 수용언어장애, 표현언어장애, 실어증 등으로 분류될 수 있다.

147) functional articulation disorders 구조적 또는 신경학적 결함에 의한 것이 아니라 환경적 또는 심리적 영향으로 인하여 일어나는 조음장애

표 11.1 의사소통장애의 분류와 하위장애의 개념

의사소통장애	하위 장애	유형 개념
말장애	음성장애	말을 할 때 말소리의 자질이 이상하거나 특이한 경우
	조음장애	말소리를 내지 못하고, 그 소리가 개인의 소리 레퍼토리에 없는 경우. 기능적 조음장애와 구조적 조음장애가 있음
	유창성장애	말의 흐름을 심각하게 방해할 정도로 자주 중단하고 머뭇거리며 반복함. 말더듬과 말지체가 있음
언어장애	수용언어장애	다른 사람이 하는 말을 이해하는데 어려움
	표현언어장애	언어의 생성, 구어나 문어의 명확한 표현이나 이용에 어려움을 겪음
	실어증	말을 하거나 이해하는 능력을 상실한 경우

DSM-5(2013)에 의하면 의사소통장애의 진단범주는 언어장애, 말소리장애, 아동기 발병 유창성장애(말더듬), 사회적(실용적)의사소통장애, 그리고 달리 명시된/명시되지 않은 의사소통장애가 있다.

3. 의사소통장애의 출현율

의사소통장애의 출현율은 매우 다양하고 신뢰할 만한 출현율 수치를 확보하기가 어렵다. 그 이유는 조사자들이 말과 언어장애에 대한 각각 다른 정의를 채택하고, 표집의 규모에 차이가 있기 때문이다.

국립특수교육원(2001)에 의하면 언어장애를 지닌 특수교육대상 학생의 출현율은 0.05%이고 전체 특수교육대상 학생 중 1.84%에 해당된다. 교육부 특수교육통계(2016)에 의하면 의사소통장애를 지닌 특수교육대상 학생은 2,089명으로서 전체 특수교육대상 학생의 2.4%를 차지한다.

미국의 경우, 말과 언어손상으로 특수교육 서비스를 받는 학생은 전체 학령기 학생의 2.5%이고, 특수교육 서비스를 받는 전체 학생의 19%로서 학습장애에 이어 두 번째로 많다. 다른 장애로 특수교육 서비스를 받는 약 50%의 장애아동들(예, 학습장애, 정신지체, 청각장애)도 의사소통장애를 지니고 있다(Hall et al., 2001). 음성장애는 일시적으로 일어날 수 있고, 아동기 및 청소년기까지 명백히 드러나지 않는 경우도 있기 때문에 학령기 아동 중 이 장애의 출현율을 측정하기가 어렵다.

4. 의사소통장애의 원인

■ 음성장애

음성장애에는 음성의 높이장애, 음량 및 음성의 자질로 인한 장애가 있다. 음성의 높이 장애는 여러 가지 유형이 있다. 사람의 음성은 높이가 지나치게 높거나 낮을 수 있고, 깨질 수 있으며, 높이의 범위가 제한될 수 있고, 단조로운 특징을 보일 수 있다. 이러한 현상은 어린 아동들이 형이나 누나를 모방하면서 학습된 것일 수 있다. 호르몬 불균형과 같은 기질적인 요인에 의해 음성이 지나치게 높거나 낮을 수도 있다.

음성이 지나치게 크거나 부드러운 것은 모방을 통해 학습되거나 환경의 지각과 특성, 연령 등이 원인이 될 수 있고 기질적 요인이 원인이 될 수도 있다. 예를 들어, 성대의 마비, 후두의 외상(후두암의 수술, 사고나 질병에 의한 손상), 천식과 폐기종과 같은 폐질환으로 인한 이상 저음성 등을 들 수 있다. 음성이 지나치게 높은 경우는 청력 손상이나 뇌손상의 결과로 나타날 수 있다.

음성의 자질과 관련된 음성장애에는 이상 비음성과 같은 이상이 포함된다. 과잉비음성은 연구개가 위로, 뒤로 이동하지 못해서 코를 통과하는 기류를 적절히 차단하지 못해서 나타나는 현상이다. 이러한 상태는 말 메커니즘에서 조직의 운동 tissue movement이 부적절하거나, 구개파열 수술이 잘못되어 일어날 수 있다(Benninger, 2002). **무비음성**[148]은 학습에 의하거나, 신체적 이상 구조에 의해서 일어난다.

■ 조음장애

조음장애를 일으키는 원인은 여러 가지이다. 입, 턱, 치아구조의 이상과 같은 구강 이상과 신경 손상 및 뇌손상에 의해 조음장애가 일어날 수 있다. 조음장애의 원인은 구어 기관의 신체적 문제와 순수한 기능적인 문제의 두 영역으로 구분된다.

구강의 신체적 이상과 더불어, 후두의 이상 또는 부재와 같은 다른 유형의 신체적

148) denasality 비음 반향(反響)이 완전히 결여되어 마치 감기에 걸린 사람의 말소리와 같이 느껴지는 음성

결함 역시 조음에 영향을 미칠 수 있다. 입 구조에 이상이 있으면 협응 운동을 할 수 없게 되고, 때로는 전혀 불가능한 것은 아니나 정상적이고 정확한 소리를 내기가 지극히 어렵게 된다.

구개파열[149]은 구개 또는 입천장이 파열되어 구강과 비강이 연결되어 있다. 따라서 정확한 조음에 필요한 공기의 움직임에 영향을 준다. 구개파열 아동들은 흔히 조음문제를 갖게 된다.

치아 이상은 심각한 조음장애를 일으킬 수 있다. 일부 치아 이상은 구개파열의 부작용으로 나타나며, 구개파열과 무관한 치아이상, **부정교합**[150]과 같은 치아구조상의 문제도 조음곤란을 일으킬 수 있다.

여러 가지 기능적 조음장애는 학습의 문제 때문에 일어난다. 말 학습의 결함에 대한 원인은 흔히 알려지지 않고 있으며, 정확히 찾아내기도 어렵다(Silliman & Diehl, 2002). 기능적 조음장애는 부모가 자녀의 정확한 조음활동에 대해 일관성을 가지고 격려하거나 촉진을 하지 못할 때, 어른들이 어린 아동들의 정확하지 못한 말을 귀엽거나 깜찍하게 여기고 강화를 제공할 때, 부모의 오조음을 모방하고 강화를 받게 될 때 학습될 수 있다.

■ 유창성장애

말더듬

말더듬의 원인은 일부 정서장애의 증후, 생물학적 문제, 신경학적 문제 및 학습된 행동의 네 가지 관점에서 논의되고 있다. 정서적 문제에 관한 연구는 부모-아동 간의 상호작용에서 발생하는 심리사회적 요인들을 단편적으로 탐색했을 뿐이다. 말더듬과 정서의 관계에 관한 연구들은 산발적이지만 지속적으로 이루어지고 있으나, 연구 방법이 어려워 이 분야에 대한 전문가들의 관심이 점차 줄어들고 있다.

연구자들은 언어장애의 원인을 생물학적인 문제로 보고 계속 연구를 하고 있다. 말더듬을 보이는 사람들의 대뇌와 신경구조는 유창성장애를 갖지 않은 사람들의 것

149) cleft palate 구개파열이란 말 그대로 구개(입천장)의 파열을 의미하는 것으로서 여기서 파열이란 윗입술이 한쪽 혹은 양쪽 옆에서 갈라진 상태, 구개 혹은 입천장이 갈라져서 구강과 비강이 연결된 상태를 말함. 일명 언청이

150) malocclusion 윗니 구조와 아랫니 구조가 자연스럽게 맞물리지 않는 현상

과 조직과 기능이 다르다(Sommer et al., 2002). 말더듬을 보이는 사람들은 말을 유창하게 하는 사람들에 비해 정보처리 과정에서 뇌의 다른 부위를 이용한다고 보거나 말을 더듬는 사람들은 뇌반구 기능이 다르다는 주장도 있다. 한편 신경계의 손상, 다양한 문제들로 인해 말을 생성하는 정확한 타이밍 능력의 방해, 말하기를 관장하는 조절기재들이 동시에 작용을 하지 못하거나 말하기를 담당하는 근육활동 수준이 높아져서 나타나는 현상이라고 추측하기도 한다(Hardman, Drew, & Egan, 2005).

말더듬을 학습된 행동으로 보는 이론에 의하면, 학습된 말더듬은 언어발달 초기에 나타나는 정상적 비유창성에서 온다. 언어는 2세에서 5세 사이에 급속히 발달하고, 말더듬은 일반적으로 3세에서 5세 사이에 많이 나타난다. 말더듬의 원인으로 유전적 요인을 고려하기도 한다. 일부 연구는 말더듬의 남성 대 여성의 비율이 4:1이 넘는 점을 지적하며, 말더듬은 성과 관련이 있음을 주장하고 있다. 말더듬이 쌍둥이뿐만 아니라 특정 가계에서 더 많이 나타나는 점을 고려하면 유전성 역시 관심을 가질 수밖에 없다. 그러나 말더듬의 원인으로 환경적 요인과 유전적 요인을 구분해 낸다는 것은 어려운 일이다.

말지체

말지체의 유형은 매우 다양하고, 그 원인 역시 여러 가지로 언급되고 있다. 몇 가지 환경 실조 유형이 말 지체에 영향을 미친다. 예를 들어, 난청이나 농은 개인의 감각적 경험을 심각하게 제한할 수 있고, 심각한 언어발달 지체를 일으킬 수 있다. 정상 청력을 지니고 있는 아동들의 경우도 다양한 환경적 요인에 의해 말 지체를 가져올 수 있다(Bernstein & Levey, 2002).

거절증[151]이 말지체의 원인이 될 수 있다. 아동들은 말하기 기능을 발달시킬 때, 잠자리에 들고 일어나는 습관을 형성할 때, 대소변을 가릴 때, 적절한 식사 기능을 배울 때 상당한 압력을 받게 된다. 이 때 부모의 기대와 아동의 수행 능력 사이의 갈등으로 인해 거절증을 나타내고, 그러한 갈등은 아동의 발달기 동안에 흔히 일어날 수 있다.

말지체는 가끔 사랑과 보호를 너무 많이 받는 가정에서도 일어날 수 있다. 이런 가정의 부모들은 자녀가 무엇을 원하는지 예상하고(장난감, 물, 음식 등) 자녀가 말을 하기 전에 먼저 제공한다.

151) nagativism 이유 없이 타인의 요구나 명령을 거부하고 반대로 행동하는 정신분열 증상

■ 언어장애

언어장애의 원인을 분명히 지적하기란 쉽지 않다. 예를 들어, 시력과 청력이 심하게 손상되면 언어결함이 생길 수 있고, 심한 뇌손상 역시 정상적인 언어발달을 억제할 수 있다. 언어학습은 다른 학습과 같다. 언어를 습득하고 발달하기 위해서는 자극과 강화를 받아야 한다.

여러 가지 생리학적 문제들이 언어 곤란을 일으킬 수 있으며 언어발달에 영향을 줄 수 있는 신경학적 손상은 임신 중, 출생 중, 출생 후 등 전 생애를 통해서 일어날 수 있다. 예를 들어, 언어 문제는 출생 전이나 출생 중에 산소 결핍에 의해서 일어날 수 있다(Drew & Hardman, 2004). 성인이 되어 심각한 사고를 당한 경우에도 언어장애를 일으킬 수 있고, 정서장애를 수반하여 세계를 왜곡되게 지각할 수도 있다.

언어장애는 심각한 학습 결손으로 인해 발생될 수도 있다. 환경이 언어 학습에 도움이 되지 않을 경우 아동은 언어를 학습하지 않을 수도 있다(Chapman, 2000). 가정에서 언어를 학습할 수 있는 적절한 모델이 없을 경우에는 정상적인 언어를 학습하지 못한다. 청각장애 부모 밑에서 자라는 건청 아동들은 정상적인 언어를 학습하지 못할 수 있다. 이러한 경우가 드물기는 하지만 이런 가정의 아동들은 언어지체를 겪을 수 있다.

5. 의사소통장애를 지닌 학생의 특성

■ 말장애

음성장애

음성장애는 음성 산출의 높이, 크기 및 자질의 이상을 보이는 특성이 있다. 이러한 음성장애는 1~2주일 동안 일시적으로 나타날 수 있고, 만성적일 수도 있다. 음성문제는 기관 요인(구조적 이상과 질병)과 기능적 요인(구조의 이용 열등, 심각한 정서적 갈등, 알려지지 않은 원인)에 의해 일어난다. 음성은 흔히 내적 갈등을 반영하고, 정서적 스트레스의 경고 신호가 될 수 있다. 그러나 음성문제의 원인에서 기관과 기능의 문제가 각각 어느 정도인지를 정확히 판별할 수 없다.

음성의 높이는 공기가 허파에서 배출되면서 성대가 열렸다가 닫히면서 진동이 될 때 생기게 된다. 음성의 높이장애는 음성의 최적 높이 수준과 평소의 높이 수준이 근사하게 일치하지 못하고 크게 어긋날 때 일어난다. 높이 문제를 일으키는 기관의 원인은 성대주름vocal folds이 적절히 성장하지 못하거나, 성대의 마비, 성대에 영향을 미치는 질병, 호르몬 요법, 스테로이드나 근육 강화 물질의 복용으로 인해서 일어날 수 있다. 기능적 높이 문제는 알려지지 않은 원인이나, 성숙에 대한 두려움으로 인한 정서적 문제 때문에 일어난다.

음성의 크기와 관련된 음성장애는 의사소통 상황에서 너무 큰 소리를 내거나 너무 작은 소리를 내는 특징이 있다. 이 장애의 기질적 원인 중에는 청력 상실로 인하여 자신의 말소리의 크기를 적절히 점검하지 못하거나, 가끔 뇌성마비나 협응장애를 지닌 학생들은 자신들의 호기를 적절히 조절하지 못함으로써 적절한 크기의 음성을 내지 못한다. 주의를 끌기 위해 습관적으로 고함을 지르는 환경에서 성장하여 음성을 적절히 이용하지 못하는 기능적 음성 크기 장애도 일어날 수 있다.

음성의 자질은 여러 요소 중에서 가장 복잡한 개념이다. 소리의 높이와 크기는 자질의 일부이지만, 사람의 음성 자질은 사람들의 음성을 구분할 수 있게 해주는 특성이 된다. 목구멍과 후두, 입을 통해 생성된 음성의 상호작용은 각 음성의 특성을 갖게 해준다. 음성 자질의 수용 범위는 넓다. 일탈된 음성 자질을 구별할 수 있는 네 가지 매개변수는 비음이 지나치거나 불충분한 경우, 호흡의 양, 거친 소리 및 쉰 소리 등이다.

조음장애

조음장애는 학령기 아동들 사이에서 볼 수 있는 가장 흔한 문제이다. 조음장애를 지닌 학생들은 말소리를 내는 데 어려움을 겪는다. 이들은 말을 할 때 대치, 생략, 왜곡, 첨가 등 네 가지 유형의 오류를 범한다. 조음장애는 해부학적 또는 생리학적 문제로 인하여 발생되는데, 이러한 경우를 기질적 조음문제라고 한다. 밝혀지지 않은 원인이나 잘못된 학습에 의해 발생된 조음장애는 발달적 음운장애라고 한다. 기질적 조음장애의 가장 일반적인 원인은 구개파열, 뇌성마비, 외상, 뇌손상, 청력손상이다. 이러한 장애의 심한 정도에 따라 조음장애의 정도가 결정된다.

구개파열cleft이란 태아 발달기 동안 얼굴 구조를 적절히 결합시키지 못하고 열린 상태이다. 입술과 구개가 갈라지는 현상은 태아기 첫 3개월, 즉 임신 3주에서 12주 사이에 이들 구조가 결합되지 못한 결과이다. 구개는 두 개의 구조로 구성되어 있다. 입천장에서 얼굴에 가까운 쪽을 경구개라고 하고, 비강과 목젖 가까운 쪽을 연구개라 한다. 파열현상은 입술, 치경, 경구개, 연구개에 영향을 줄 수 있다. 구개파열의 단일 원인으로 분리할 수 있는 것은 없다. 유전적 성향과 태아 환경을 조합한 다요인 이론이 현재 일반적으로 받아들여지고 있다.

뇌성마비를 가졌다고 해서 항상 조음장애를 겪는 것은 아니다. 말의 메커니즘을 통제하는 뇌의 영역이 영향을 받았을 때만 조음장애가 나타난다. 뇌의 이러한 영역들이 손상을 받으면, 말을 하는 데 필요한 신속하고 정교한 움직임을 협응시킬 수 없게 된다. 이러한 아동들은 조음을 내고 말을 연속적으로 하는 데 필요한 호기breath stream를 효율적으로 이용하지 못한다. 그 결과 각 소리들이 왜곡되고, 발성이 느려지며, 소리가 함께 뒤섞여서 청자가 메시지를 이해하기 어렵게 된다. 뇌성마비를 지닌 아동들이 보이는 조음기관의 협응 결핍으로 인한 말 패턴을 눌어증dysarthria이라고 한다.

외상성 뇌손상. 어떤 사고나 뇌상해(자동차 사고, 총기사고, 아동학대 등)에 의해서 유발되는 외상성 뇌손상은 조음장애를 비롯한 여러 가지 조건과 관련이 있다. 관찰되는 특성은 뇌성마비와 매우 비슷하다. 주요 차이점은 외상성 뇌손상이 말소리를 발달한 다음 일어나고, 뇌성마비는 일찍 발병되어 말과 소리의 발달을 하지 못하게 방해하는 점이다.

청력손실. 언어의 소리체계는 우리 환경 내의 언어 소리를 듣고, 모방 학습을 통해서 그 소리를 학습한다. 청각장애 학생들은 청각 손상 때문에 소리를 듣지 못하거나 왜곡된 방식으로 소리를 듣게 되고, 말과 구어를 의미 있는 수준에서 듣지 못한다. 따라서 청각장애 학생들은 청력 손실 정도에 따라 소리를 생략하거나 왜곡시키거나 부적절한 소리를 내게 되고, 청력 손실 정도가 심할 경우에는 말소리를 자발적으로 전혀 내지 못한다.

발달적 음운장애를 지닌 학생들은 구조적, 신경학적 및 생리학적 원인이 밝혀지지는 않았지만 말소리를 내는 데 어려움을 겪는다. 조음장애 학생의 약 80% 정도가 발달적 음운장애 지니고 있다(Van Riper & Erickson, 1996). 발달적 음운장애의 원인으로는 소리를 산출하는 데 어려움이 있는 것이 아니라 소리를 조합하는 규칙을 이해하지 못하기 때문이라고 주장하기도 한다. 조음문제를 지닌 학생은 /s/ 소리를 내기 위해서 혀를 적절히 움직일 수 없다. 반면에 발달적 음운장애를 지닌 학생은 /s/ 소리가 단어의 말미에 오는 것을 이해하지 못하거나, 소리를 내는 규칙을 학습하지 못한다.

또 다른 관점은 발달적 음운장애의 이유가 밝혀지지 않았지만 소리를 부정확하게 학습한 결과로 보며, 학생의 학습 능력이 열등하여 말 구조와 신경계의 일탈이 없음에도 불구하고 말 메커니즘을 이용하여 언어의 소리를 정확히 낼 수 있는 능력을 숙달하지 못했다고 본다.

■ 유창성장애

유창성이란 대부분의 화자들이 경험하듯이 말을 할 때 흐름이 부드럽고 자연스러운 것을 말한다. 눌변은 여러 가지 형태가 있으며, 원인 또한 다양하다. 눌변이라고 해서 모든 것이 장애는 아니며, 동일한 방식으로 치료가 되는 것도 아니다. 유창성 장애 중 가장 잘 알려진 유형은 말더듬이다.

말더듬은 아동기에 시작하여 시간이 지남에 따라 점점 더 복잡해지며, 예측할 수 있는 진행 경로를 따른다. 먼저 말더듬 행동은 아동이 정상적으로 유창한 말을 하는 가운데 몇 주간 삽화적으로 나타난다. 아동은 점차 이처럼 유창하게 말을 하는 간격이 줄어들고 대부분 더듬게 된다. 말더듬은 단순한 단어를 통째로 더듬거나 소리를 반복하고, 장애를 치료하지 않으면 말의 중단, 힘주기, 두려운 단어 대신 두렵지 않은 단어로 대치하기, 말할 상황 회피하기, 눈 감기, 턱 떨기, 기타 표정과 신체 뒤틀기 등의 특징을 보이는 복잡한 패턴으로 전개된다. 말을 더듬기 시작하는 학생들은 말더듬에 대해 반응이나 관심을 거의 보이지 않는다. 이러한 과정을 거쳐 결국에는 말을 더듬는 사람으로서의 자기동일시self-identification를 하게 되고, 말하기를 두려워하거나 말을 더듬을 때 당황하거나, 괴로움 등 강한 정서적 반응을 보이게 된다(Hallahan, Kauffman, & Pullen, 2012).

말을 더듬는 사람은 단어를 되풀이 할 때 정상적인 모음 대신에 모호한 모음(uh)으로 대체하는 경향이 있다. 말더듬은 다른 유형의 어눌함과 구분되는 여러 가지 방식으로 조절할 수 있다. 예를 들어, 동일 문단을 반복해서 읽으면 말더듬을 줄일 수 있다. 이러한 현상을 **적응**adaptation이라고 한다. 말을 더듬는다고 해서 하는 말 모두를 더듬는 것은 아니다. 그들이 하는 말의 상당수는 유창하며, 유창하게 말을 할 때는 말을 더듬는 행동의 특성을 거의 보이지 않는다.

말지체를 보이는 아동들의 일부는 전적으로 신체적인 제스처만을 이용하여 의사소통을 한다. 어떤 아동들은 불완전한 음성과 제스처를 조합하여 이용한다. 또 다른 유형의 아동들은 말은 하지만 매우 제한적이어서 명사 중심의 단 단어를 이용하거나, 짧거나 미완성의 원시적 문장을 사용한다.

6. 의사소통장애를 지닌 학생의 진단평가와 사정

■ 선별과 교사 관찰

학급 교사들은 말과 언어손상을 지닌 아동들을 판별하는 데 중요한 역할을 한다. 표 11.2는 의사소통장애를 판별하기 위해 이용할 수 있는 체크리스트이다. 말과 언어 선별검사로 의사소통 문제를 파악할 수 없는 아동들에게는 보다 체계적이고 심도 있는 검사를 실시하게 된다.

■ 평가 요소

검사 절차는 의심되는 장애의 유형에 따라 달라진다. 흔히 전문가들은 관심 분야를 찾아 그 분야의 상세한 검사를 하기 위해 포괄적인 선별을 실시한다. 가능한 한 정확한 정보를 수집하기 위해 다양한 검사도구를 이용하여 평가한다. 의사소통장애를 평가하기 위해서는 신체검사, 조음검사, 청음변별검사, 음운인식 및 처리, 어휘 및 전반적 언어발달검사, 언어표집, 자연 상황에서의 관찰 등이 이루어진다.

사례사와 신체검사

대부분의 말과 언어 사정은 아동의 사례사 작성으로 시작된다. 일반적으로 아동의 출생과 발달사, 건강기록, 성취도와 지능검사 점수, 학교 적응 등의 정보를 포함한 이력서를 작성한다.

조음검사

아동이 범하는 말의 오류를 사정하는 방법으로 오조음의 방법이나 횟수를 기록한다. 조음검사 도구는 조음 · 음운평가(Urimal Test of Articulation and Phonology: U-TAP, 김영태, 신문자, 2004)가 있다. 자음과 모음 말소리에 문제를 보이는 조음 · 음운장애아동이 단어와 문장에서 산출하는 발음을 체계적으로 평가하기 위한 검사이다. 검사도구는 낱말 수준에서의 자음 및 모음검사인 그림낱말검사와 문장수준에서의 자음 및 단모음검사인 그림문장검사로 구성되어 있다. 정상아동이 각 음소를 습득하는 연령을 제시하고 있어 피검자의 조음 수준을 정상발달과 비교할 수 있다.

표 11.2 학급에서 말과 언어문제를 판별하는 데 이용할 수 있는 체크리스트

• 지시문 : 다음의 행동을 보이는 아동들은 언어중재가 필요한 언어손상을 지닐 가능성이 있습니다. 해당되는 문항에 V표시를 하시오.

____ 말소리나 발음을 잘 못한다.

____ 단어의 끝 부분을 빠뜨린다.

____ 강조되지 않는 단어를 빠뜨린다.

____ 미숙한 어휘사용, 공허한 단어의 지나친 사용, 정확한 단어의 회상이나 찾기에 어려움을 겪는다.

____ 새로운 단어와 개념을 이해하는 데 어려움을 겪는다.

____ 사용하는 문장 구조가 미숙하다.

____ 다음과 같은 사항에 어려움을 겪는다.

• 동사의 시제 • 대명사 • 관사 • 불규칙동사 • 단어순서

____ 사건의 순서를 잇기 곤란하다.

____ 질문을 제대로 하지 못한다.

____ 질문에 대답을 제대로 하지 못한다.

____ 자주 주제를 벗어나고 대화에 부적절한 말을 한다.

____ 말의 간격이 지나치게 길다. 적절히 반응하기 위해 적절한 말을 찾을 때 혼란스러워하는 것 같다.

____ 의사소통에 관심을 보이나 말한 것을 거의 기억하지 못한다.

* 자료출처 : Robert, E. & Owens, Jr.(2004). Language disorders: A functional approach to assessment and intervention(4th ed.). Boston: Allyn and Bacon.

청력검사

의사소통의 원인이 청력 문제인지를 확인하기 위해 청력검사를 실시한다. 제시되는 음을 인식하지 못하면 모방할 수 있는 좋은 모델을 확보할 수 없다.

음운인식 및 과정

음운인식과 처리 능력을 지닌 아동들은 말소리의 유무, 소리 간의 차이, 소리의 시작과 끝을 구별할 수 있는 음운기술을 지니고 있다. 이들은 언어음을 기억하고, 시간이 지난 뒤에도 재생할 수 있다. 반면 음운인식과 처리기술이 없는 아동들은 구어의 수용언어와 표현언어뿐만 아니라 읽기 학습에도 문제를 나타낸다.

어휘 및 전반적 언어발달검사

아동이 습득한 어휘의 양은 일반적으로 언어능력의 훌륭한 지표가 된다. 어휘력을 측정할 수 있는 검사도구로는 국내에서 재표준화한 피바디 그림어휘검사(Peabody Picture Vocabulary Test-Revides: PPVT-R, 김영태, 장혜성, 임선숙, 백현정, 1995), 한국표준수용어휘력검사(최성규, 2002)가 있다. 언어발달을 측정할 수 있는 검사도구로는 취학 전 아동의 수용언어 및 표현언어 발달척도(Preschool Receptive-Expressive language Scale: PRES, 김영태, 성태제, 이윤정, 2003)와 영유아 언어발달검사(김영태, 김경희, 윤혜련, 김화수, 2003)가 있고, 아동들의 논리적 사고과정을 언어화하는 상위언어기술을 측정할 수 있는 언어문제 해결력 검사(배소영, 임선숙, 이지희, 2000)가 있다.

언어표집

의사소통장애를 평가하는 데 중요한 부분은 아동이 표현하는 언어와 말의 정확한 표집을 확보하는 일이다. 검사자는 말의 명료성과 유창성, 음성자질, 어휘의 사용 및 문법 등과 같은 요소들을 고려해야 한다. **언어표집**을 할 때 구조화된 과제를 이용할 수 있다. 예를 들어, 교사는 아동에게 그림을 설명하거나, 이야기를 말하거나 일련의 질문에 응답하게 할 수 있다. 일반적으로 아동의 언어를 표집할 때 구조화된 과제를 이용하기보다 자연스런 대화를 할 때 보다 대표성이 있다고 여기므로 비형식적인 대화를 이용한다. 언어표집을 할 때는 "너의 가방은 무슨 색이지?" 처럼 단답형 질문보다는 "너의 가족에 대해 말해 보렴." 등과 같이 열린 질문을 이용한다.

자연 상황에서의 관찰

아동이 사회적 상황에서 언어를 사용할 때 이를 객관적으로 관찰하고 측정하는 것은 의사소통장애를 사정할 때 중요한 요소가 된다. 관찰자가 아동의 의사소통행위를 관찰할 때 검사실이나 임상실처럼 제한된 공간에서 실시하는 것보다 다양한 상황에서 실시하는 것이 필수적이다. 일반적으로 부모를 참여시켜 아동의 의사소통 능력을 관찰한다. 전문가는 장난감과 활동을 제공하고 부모와 아동이 평소처럼 상호작용을 하도록 요구하여 이를 관찰한다.

7. 의사소통장애를 지닌 학생의 교육적 지원과 중재

■ 말장애의 중재

음성장애 중재

음성장애의 중재 방법은 다양한 원인에 따라 달라진다. 조직tissue발달이나 치아 구조의 이상으로 인해서 음성 산출에 이상이 있는 경우에는 외과적 중재를 해야 한다. 후두를 절제할 필요가 있을 경우 수술을 하게 되고, 이와 더불어 인공기관(보철)과 같은 대체 메커니즘을 이용한 의사소통의 재학습, 후두에 의한 발성을 대신할 의사소통 기법의 재학습 등과 같은 중재도 함께 이루어진다(Case, 2002). 어떤 경우에는 수용될 수 있는 음성을 산출하도록 직접교수를 이용하기도 한다. 이 중재는 이상 음성이 다른 사람에게 미치는 영향에 대해 자세히 상담하고, 행동수정 절차를 이용하여 말하기를 다시 훈련한다. 음성장애를 타고났거나 오래되어 굳게 습관화되어 있으면 중재하기가 어렵다.

조음장애 중재

조음장애를 중재하는 유형은 여러 가지가 있다. 신체적 이상으로 인한 조음장애와 기능적 조음장애의 처치 방법은 분명히 다르다. 그러나 대부분 중재 과정에서는 절차들을 조합한다. 조음장애의 중재는 다수가 기능적 특성을 지니고 있어 치료와 관련하여 다소 논쟁이 되고 있다. 상당수의 기능적 조음장애는 예상할 수 있는 발달적 진전을 보인다. 아동들은 5세 이후가 되면 조음 문제를 교정하게 되므로 비용을 많이 들여서 조기중재를 할 필요가 있느냐는 주장도 있다. 이 같은 논리는 교육적 자원이 부족한 경우 상당히 설득력을 갖지만 이러한 주장은 매우 신중해야 한다. 일반적으로 조음능력의 향상은 9세 내지 10세까지 지속되기 때문이다. 이 연령 단계가 지나도 조음 문제가 해결되지 않으면 강도 높은 중재를 해야만 한다. 더욱이 그러한 문제가 장기간 지속될수록 고치기 어렵게 되고, 중재를 해도 성공률이 떨어진다.

지난 수년간 구개파열을 외과적으로 수술하는 다양한 방법들이 상당한 진전을 보였다. 현재 연구들은 중재 전후에 복잡하고 인내심이 요구되는 사정 등 여러 가지 관련 문제들을 지적하고 있다(Wermke et al., 2002). 외과적 수술을 할 때는 흔히 윗입술과 코의 구조까지 포함시켜 하게 되고, 치아교정도 해야 한다. 아울러, 조음 훈련이 필요할 수도 있고, 외모나 말하기 기능과 관련한 정서적 문제를 사정하거나, 수술 시점의 아동의 나이에 좌우되는 등 고려할 문제가 여러 가지 있다(Bressmann & Sader, 2001). 매우 어린 나이에 수술을 한 경우에는 나이가 들어가면서 입과 턱이 성장할 때 큰 어려움을 겪기도 한다. 조기 치료가 성공적으로 이루어질 수 있지만 그러한 결과가 성장 후에도 지속될 수 있는지는 불확실하다.

구개파열의 치료에는 보철기구를 이용하기도 한다. 예를 들어, 보철은 윗 구개를 덮거나 아니면 갈라진 구개 부분만 덮을 수 있다. 그러한 보철기구는 치아에 부착시켜 고정하며 틀니와 비슷하다. 치열기형도 역시 교정될 수 있다. 수술을 통하여 턱의 구조와 치열을 교정할 수 있다. 일부 사례의 경우, 치아를 뽑거나 버팀대를 이용하여 교정한다. 부분 또는 전체 틀니를 이용하기도 한다.

기능적 조음장애 중재는 근육을 조절하거나 사용하기 등 말하기를 재학습하는 데 초점을 맞춘다. 잘못된 학습의 원인을 정확히 밝히기가 어렵지만 그러한 경우는 언어 발달기 동안에 잘못된 모델링과 강화가 제공되었다고 가정한다. 따라서 이러한 경우에는 중재에 정확한 조음을 학습할 수 있는 상황으로 수정해 주는 과정을 포함시키고 있다. 몇 가지 행동수정 절차를 이용할 경우 조음장애를 성공적으로 중재할 수 있는 것으로 밝혀지고 있다. 개인의 요구에 따른 맞춤식 중재가 이루어져야 하고, 적절한 조음을 지도해야 하며, 새로 학습한 내용을 다양한 단어에 일반화시키고 나아가 중재 상황을 넘어 다양한 상황에 적용해야 하므로 처치 기법을 적용하기가 어렵다 (Anderson, 2002).

유창성장애 중재

말더듬. 오랫동안 말더듬을 지도하기 위해 여러 가지 방법들이 이용되었으며, 효과적인 중재방법들로는 모델링, 자기점검, 상담 및 지원집단보조support group assistance, 약물치료, 체면요법, 이완기법과 바이오피드백 기법 등이 있다.

말을 더듬는 아동들에게 유창한 말 패턴을 지도하는 직접 행동치료에 점차 관심이 높아지고 있다. 일부 사례의 경우, 아동들은 말을 천천히 리드미컬하게 하면서 자신의 말더듬을 점검하고 관리하도록 배웠다. 그들은 이 모델을 이용하여 유창성이 늘어날 때 자기 강화법을 이용하도록 배웠다. 일부 행동치료는 신체적 요인에 관한 정보(호흡 조절하기)를 이용하기도 하고, 정확히 말하는 행동을 직접 지도하는 직접교수법을 적용하기도 한다. 일반적으로 행동치료는 말더듬에 관하여 불편한 점 인터뷰하기, 행동수정 훈련 및 추수지도 등 몇 가지 차원을 조합하고 있다. 말더듬 문제는 복잡하기 때문에 중재 효과를 얻기 위해서는 몇 가지 접근 방식을 조합하는 것이 바람직하다.

말지체를 중재하는 방법은 그 원인에 따라 다양하다. 어떤 경우에는 처치 과정에서 학습의 문제가 아니라 청력손상의 문제가 있는지를 살펴보아야 한다. 이러한 경우에는 외과적 수술이나 보청기, 특별히 말을 지도하기 위한 교수적 기법을 설계하는 등의 조치를 취할 수 있다.

학습 결함 때문에 말이 지체될 경우는 행동원리에 초점을 맞추어 처리를 한다. 이런 상황에서는 말 지체에 작용하는 자극과 강화를 변화시켜 적절한 말하기 행동을 학습시킨다. 이 접근은 간단하게 들리지만, 언어학습은 매우 복잡하고, 그와 같은 결과(후속강화)를 조절하는 것은 아주 복잡한 문제이다(Taatgen & Anderson, 2002). 다른 중재 방법으로는 임상가, 교사, 부모 등이 협력하여 아동의 말뿐만 아니라 문제에 작용하는 가족 환경까지 수정하기도 한다. 말 지체의 원인이 다양하기 때문에 개인의 요구와 특성에 맞게 맞춤식 중재 계획을 수립하여 접근할 필요가 있다.

■ 언어장애 지도

언어장애를 지닌 아동을 지도하는 방법은 매우 다양하다. 일부 프로그램은 수용언어와 표현언어를 발달시키기 위해 환경을 조성하고 아동으로 하여금 탐색하도록 조장하는 의사소통 이전 활동에 초점을 맞추기도 하고, 학교에서 교육과정의 문해 요소와 아동의 구어를 연결 짓는다(Culatta & Wiig, 2006). 풍부한 언어 환경을 조성할 수 있는 교실 조건을 마련하여 다양한 내용(어휘), 형태(다양한 문장 구조), 언어사용 등의 요소를 골고루 갖춘 양질의 언어 상황을 경험하게 한다. 교사는 적절한 그림을 순서에 따라 놓고 아동에게 그림을 설명하거나 이야기를 이어나가도록 할 수 있고(Skau & Cascella, 2006), 이메일이나 문자를 주고받으면서 언어장애 아동들의 문어기술을 지도할 수 있다.

어휘지도

언어장애를 지닌 아동들은 회상할 어휘가 매우 제한되어 있다. 언어장애 아동들의 어휘력을 향상시키기 위해 내용 구조도, 기억법, 학습전략 등 다양한 방법을 이용할 수 있다. 다양한 극 활동도 어휘력 향상에 매우 도움을 주는 방법이다. 아동들에게 새로운 어휘를 학습시키기 위한 방법은 다음과 같다.

- 새로운 단어를 제시하고, 그 단어를 소리 내어 읽고, 단어의 뜻을 말해준 후 학생에게 따라 읽게 한다.
- 문맥에서 사용된 단어의 여러 가지 적용 사례를 제시하고 반복하게 한다.
- 단어와 그 의미를 아동의 현재 지식과 연결시키게 하고, 아동으로 하여금 자신의 경험과 새로 학습한 단어를 관련지어 기술하도록 촉진한다.
- 안내를 받으며 연습을 하는 동안 문맥 속에서 새 단어를 다양하게 사용할 수 있는 기회를 제공한다.
- 비슷한 말의 미묘한 차이를 구별할 수 있도록 도와준다.
- 스스로 연습할 수 있는 과제를 제시하고, 새로운 단어를 선택하여 스스로 학습할 수 있도록 시도하게 한다.
- 새로운 단어를 사용하도록 촉진하고, 그 단어를 이용하여 말이나 문장을 기술할 때 칭찬을 하거나 강화를 제공하며, 그 단어를 얼마나 자주 사용하는지를 스스로 기록해 보게 한다.

자연 전략

아동들의 언어기술 발달과 이용을 돕기 위해 자연적 중재를 적용하는 전문가들이 늘어나고 있다. 자연적 접근은 아동들이 구조화된 상황에서 학습한 새로운 기술을 일상적인 상황에 일반화하는 데 어려움을 겪기 때문에 전통적 언어교육의 대안으로 개발되었다. 자연적 중재는 계획된 자료와 활동을 이용하는 전통적 언어교육과는 대조적으로 기능적 의사소통을 지도할 수 있는 자연스런 상황에서 다양한 시도를 한다(Hancock & Kaiser, 2006). Kaiser와 Grim(2006)은 환경교수전략으로 알려진 자연적 중재를 다음과 같이 권고했다.

- 아동이 흥미를 보일 때 지도하라.
- 그 순간 아동에게 기능적인 내용을 지도하라.
- 교사와 학생이 모두 즐겁게 상호작용을 하는 상황에서 지도를 중단하라(pp. 455~456).

자연적 중재라고 해서 아동이 의미 있고 재미있게 언어를 사용하는 기회를 마냥 기다려야 하는 것이 아니라, 아동에게 바람직한 반응을 할 수 있도록 환경을 구조화하고 기회를 만들어야 한다. 교사는 의사소통적 상호작용 기회가 늘어나도록 언어지도 환경을 설계해야 한다. 자연적 언어중재 기회를 조성할 수 있는 여섯 가지 전략은 다음과 같다(Kaiser & Grim, 2006).

- 재미있는 자료 제공. 환경 내의 자료나 활동이 학생들에게 관심과 흥미를 끌어낼 수 있을 때 의사소통 가능성이 높아진다.
- 원하는 것을 닿지 않는 곳에 두기. 학생들은 자신이 원하는 것을 손이 닿지 않는 곳에 있을 때 의사소통할 가능성이 높아진다.
- 부족한 상황을 연출하기. 학생들은 지도 과정에서 필요한 자료가 없을 경우 의사소통할 가능성이 높아진다.
- 선택기회 갖기. 학생들은 선택의 기회가 주어지면 의사소통할 가능성이 높아진다.
- 지원하기. 학생들은 물건을 다루고 조작하는 상황에서 도움이 필요할 때 의사소통할 가능성이 높아진다.
- 예상하지 못한 상황. 학생들은 예상 밖의 무슨 일이 일어났을 때 의사소통할 가능성이 높아진다.

보완대체의사소통

일부 실어증을 지닌 아동들을 비롯하여 심한 신체적 및 인지적 장애 때문에 말을 할 수 없는 아동들을 위해서는 말이 아닌 다른 의사소통수단을 설계하고 실시해야 하는데 그 대표적인 방법이 보완대체의사소통이다. 보완대체 의사소통은 말과 글을 통해 의사소통 요구를 충족시키지 못하는 개인을 돕기 위한 다양한 전략과 방법을 말한다. 이 방법은 다양한 보조공학 기법을 응용하고 있다. 보조공학 기법은 최근 급속히 발달하고 있고, 대체의사소통 수단으로 관심을 끌고 있다. 보완대체의사소통은 의미를 나타내거나 대표성을 지닌 상징 세트나 어휘, 상징을 선택할 수단, 상징을 전달하는 수단 등 세 가지 요소를 포함해야 한다(Kangas & Lloyd, 2006).

보완대체의사소통의 세 가지 구성요소 중 각 요소는 지원적이거나 자립적이 될 수 있다. 자립적 보완대체의사소통unaided AAC은 신체적 도움이나 장치를 필요로 하지 않는다. 자립적 보완대체의사소통에는 구어, 제스처, 얼굴표정, 일반적인 몸의 자세, 수화 등이 포함된다. 지원적 보완대체의사소통aided AAC 기법에는 외적 기구나 장비가 포함된다. 보완대체의사소통 기기는 **노테크**[152], **로우테크**[153], **하이테크 전자장비**[154]가 있다(Pieche, 2007). 학생의 보완대체 어휘는 유사한 상황에서 동료들이 사용하는 어휘, 부모나 교사가 필요하다고 생각하는 어휘, 학생이 모든 양식으로 사용하고 있는 어휘, 특정 상황에 필요한 어휘 등을 중심으로 선정되어야 한다.

이 방법은 지적장애, 자폐성장애, 중복장애 등 언어기능 문제가 심각한 상황에 있거나 장애 조건에 있는 아동들에게 적용된다. 보완대체의사소통 전략 역시 실어증 아동의 요구에 따라 개별화되어야 하고, 그러한 보조공학을 이용할 때 개인의 강점과 약점을 고려해야 한다. 보완대체의사소통 전략은 언어장애를 중재하는 언어재활사들에게 중요하고 새로운 중재 대안이 되고 있다.

연구들은 보조공학 기법과 기기를 세심하게 선택하여 이용하면 매우 효과적일 수 있음을 밝히고 있다. 보조기기 사례로는 그래픽이나 상징을 이용하는 의사소통판과 말소리를 모방한 전자보조기구가 있다. 기계나 전자장치에 의존하지 않고 손을 이용한 의사소통 체계(수화, 지화 등)를 이용할 수도 있다.

152) no-tech 연필이나 종이 등
153) low-tech 스위치를 밀어서 일어문이나 문장을 전달하는 것
154) high-tech 컴퓨터를 이용한 목소리 산출기기 등

상징 세트와 상징체계

교사는 보완대체의사소통체계를 위한 어휘를 선정한 후 어휘를 대표하는 상징symbol을 수집해야 한다. 근래에는 여러 가지 상징 세트를 시중에서 팔고 있기 때문에 이를 이용할 수도 있다. 상징세트는 책을 나타내는 그림 또는 침대 등 한 가지 사물을 나타내는 그림을 여러 가지 다양하게 모아서 사용할 수 있게 한 것을 말한다. 상징세트는 그래픽, 그림, 단어, 철자로 구성될 수 있고, 최근에는 아이콘처럼 노트북이나 스마트폰과도 연결하여 사용할 수 있다.

상징체계는 새로운 상징을 체계에 추가하는 방법을 규정하는 세트내의 규칙을 구조화한 것이다. 가장 잘 알려진 상징체계 중의 하나는 **블리스심볼**Blissymbolics[155])이다. 이 상징은 기하도형을 조합하여 개념을 나타낸다. 블리스심볼을 이용하는 사람은 여러 가지 상징을 이용하여 새로운 의미를 만들어 낸다.

상징 선택하기

학생들은 보완대체의사소통의 상징을 직접선택, 스캐닝, 부호화반응을 통해서 선택한다(Kangas & Lloyd, 2006). 직접선택은 표현하고 싶은 상징을 손가락이나 다른 보조기기를 이용하여 직접 지적하는 것을 말한다. 상징들이 공간을 너무 많이 차지하므로 제약을 받을 수 있으며, 사용자는 눈으로 가리킬eye pointing수도 있다. 스캐닝기법은 사용자가 표현하고 싶은 상징을 청자나 기계의 도움을 받아 한 번에 한 가지씩 선택하여 의사소통을 하는 방법이다. 청자가 상징을 지적하면서 지나가면 사용자는 원하는 상징에서 눈을 깜빡이거나 표시를 하여 선택하도록 의사를 전달한다. 부호화는 선택할 상징의 위치나 항목을 가리키는 다양한 신호를 알려준다. 사용자는 청자에게 목록에 제시된 특정 메시지를 가리키는 두 반응을 짝지어 제시한다. 예를 들어, 상징을 색과 숫자로 구성하고 학생은 먼저 한 장의 카드를 지적하고(붉은 색 집단의 카드), 다음으로 붉은 색 집단 내의 숫자 메시지를 지적한다.

---

155) 예를 들면, '학교'는 상징들을 이용하여 '집-지식-주다'의 형태로 조합하여 학교라는 의미를 전달한다.

상징 전달하기

교사가 어휘와 상징 세트를 선정한 후 상징물 전달방법을 결정해야 한다. 가장 일반적인 보완대체의사소통 전달체제는 의사소통판으로서 흔히 휠체어에 부착된 테이블 위에 장착시켜서 사용한다. 의사소통판은 선택한 어휘를 다양한 상황별로 제시할 수도 있고, 상황별 미니 의사소통판을 구성하여 이용할 수도 있다. 최근 전자기기의 발달과 더불어 디지털 장치들이 개발되고 있으며, 스마트폰의 도입으로 보완의사소통 수단도 더욱 다양화되고 편리해지고 있다. 앞으로 다양한 의사소통 지원 애플리케이션 프로그램이 개발되면 이 분야는 더욱 활성화될 것으로 기대된다.

8. 의사소통장애를 지닌 학생의 전환교육

전환교육이 성공하기 위해서는 자연환경의 일부로 말-언어 서비스를 포함시켜야 한다. 즉 전환교육 서비스는 지역사회 중심이어야 하고, 직업, 가정, 여가, 소비 및 이동훈련 등 통합적으로 제공해야 한다. 의사소통장애를 지닌 청소년들의 전환교육의 경우, 말-언어중재는 기능적 의사소통이 강조되어야 한다. 즉 일상생활에서 접하는 사회적 상황에서 상대를 이해하고 자신을 이해시킬 수 있는 의사소통 능력을 기르는 데 중점을 두어야 한다(Justice, 2006). 기능적 말-언어활동으로는 적절한 대화기술, 읽기, 쓰기, 여가활동, 대중교통 이용 및 직무수행 등을 예로 들 수 있다.

오늘날 다른 장애 범주에 속하지 않으면서 언어장애를 지닌 청소년들의 언어문제가 강조되고 있다. 과거에는 이런 학생들의 문제를 언어와 무관한 학업 및 사회적인 것으로만 판단했으나 이제는 청소년들의 학교 및 사회적 문제의 저변에는 언어문제가 있다는 것을 이해하게 되었다. 언어와 관련된 문제를 확인하고 진단평가를 받기 위해 의뢰하는 것은 역시 담임교사나 수업을 담당하는 교사의 몫이다.

의사소통장애를 지닌 청소년들 중 일부는 정보를 선택, 저장, 인출 및 처리하는 전략 훈련을 통해 도움을 받을 수 있지만, 일부는 인지전략을 통해 도움을 받을 수 있는 읽기기술, 상징능력 및 지능을 갖추지 못하고 있다. 교사는 청소년들에게 어떤 기법을 적용하든지 중재 적용의 원리를 이해하고 있어야 한다.

9. 의사소통장애를 지닌 학생의 통합교육을 위한 팁

■ 유아기

가족을 위한 팁

- 정상적 음조로 말함으로써 말과 언어의 모델이 되기
- 옹알이나 다른 소리에 반응해주기
- 다른 아이와 같은 비율로 발달하지 않는다고 과잉교정 하지 않도록 하기
- 아동이 정상 범주에서 발달하고 있는지를 확인하고 다른 영역들을 관찰하기
- 놀이방이나 유치원에 보낼 때 풍부한 언어 경험을 제공하고 있는지를 파악하기

유치원 교사를 위한 팁

- 말과 언어와 관련된 모든 프로그램에 부모를 참여시키기
- 모든 상황과 사건을 언어지도의 기회로 삼기
- 말과 사고의 연습을 위해 무엇, 누가, 왜, 언제, 어떻게 등의 질문하기
- 위치를 나타내는 말을 사용할 기회를 제공하기
- 아동의 어휘를 늘릴 수 있는 다양한 활동을 하기

유아교육 관련 인사를 위한 팁

- 아동들과 의사소통을 하기
- 직접 또는 간접 의사소통 교수에 참여할 것을 고려하기

이웃과 친구를 위한 팁

- 다른 사람들과 같게 의사소통장애 아동들과 상호작용을 하고, 그들에게 말을 하고, 적절한 의사소통 모델링 되어주기
- 다른 아동이 의사소통장애를 지닌 아동을 놀리지 못하게 하고, 아동들이 서로 다르고, 개인차가 있음을 이해하고 인정하도록 격려하기

■ 초등학령기

가족을 위한 팁

- 아동의 교육 프로그램에 학교와 함께 적극적으로 참여하기
- 교사와 협력하여 언어실습을 시키기
- 아동과 자연스럽게 의사소통을 하고, 말을 일부러 쉽게 하거나 단순하게 하지 않도록 하기

일반교사를 위한 팁

- 아동의 중재 프로그램에 가능한 한 부모가 지속적으로 참여하도록 촉진하기
- 의사소통장애를 지닌 아동에게 주변의 사건, 환경, 경험 등을 가급적 상세히 말하도록 격려하기
- 모든 상황과 환경을 이용하여 아동의 말과 언어를 발달시킬 수 있는 연습기회 만들기
- 화제를 넓게 다루어 어휘 발달을 촉진시키기

교직원을 위한 팁

- 가능한 한 모두가 아동의 의사소통 교수에 참여하도록 조장하기
- 말과 언어발달을 촉진시킬 수 있는 여러 가지 활동에 참여하도록 격려하기

이웃과 친구들을 위한 팁

- 의사소통장애를 지닌 아동에게 명확히 말하려고 힘들이지 말고 정상적으로 상호작용 하기
- 이웃과 친구로서 의사소통장애를 지닌 자녀를 키우면서 힘들어하는 부모를 돕고 지원하기

■ 중등학령기 / 전환기

가족을 위한 팁

- 몸단장, 식사 등 기능적 문제에 초점을 맞추어 의사소통하기
- 의사소통에 제약을 받는 아동들에게는 다른 의사소통 수단을 고려하기
- 아동과 가능한 한 정상적으로 상호작용하기

일반교사를 위한 팁

- 기능적 맥락에서 의사소통 지도하기(사회적 상호작용, 지원 요청, 선택하기)
- 아동의 교육과정에 보완대체의사소통 기기나 절차를 포함시킬 것인지를 고려하기

교직원을 위한 팁

- 다양한 말하기 기술을 적극적으로 사용할 수 있는 활동을 개발하기
- 말 이외의 의사소통 모드로 참여할 수 있는 활동을 장려하기

이웃과 친구를 위한 팁

- 편하게 할 수 있는 대안적 의사소통 방법을 이용하기(예, 수화, 몸짓, 팬터마임).

요약

■ 정의

- 의사소통장애는 언어의 수용 및 표현능력이 인지능력에 비하여 현저히 부족하거나, 조음능력이 현저히 부족하여 의사소통이 어렵거나, 말 유창성이 현저히 부족하여 의사소통이 어렵거나, 기능적 음성장애가 있어 의사소통이 어려운 것을 말한다.

■ 분류

- 특수교육법(2007)에 따르면 의사소통장애는 음성장애, 조음장애, 말 유창성장애, 언어수용장애와 언어표현장애로 구분된다.

■ 출현율

- 언어장애의 출현율은 0.05%이고 전체 특수교육대상 학생 중 1.84%에 해당된다.

■ 원인

- 음성장애는 모방을 통해 학습되거나 기질적 요인에 의해 발생될 수 있다.
- 조음장애는 구강 이상과 신경 손상 및 뇌손상, 후두의 이상 또는 부재와 같은 다른 유형의 신체적 결함, 구개파열 등에 의해 발생될 수 있다.
- 말더듬의 원인은 일부 정서장애의 증후, 생물학적 문제, 신경학적 문제 및 학습된 행동의 네 가지 관점에서 논의되고 있다.
- 말 지체는 환경 실조 유형, 거절증, 부모의 지나친 요구나 배려 등에 의해 일어날 수 있다.

■ 특성

- 조음장애는 소리의 대치, 생략, 왜곡, 첨가 등 네 가지 유형의 오류를 보인다.
- 청각장애 학생들은 청력 손실 정도에 따라 소리를 생략하거나 왜곡시키거나 부적절한 소리를 내게 되고, 청력 손실 정도가 심할 경우에는 말소리를 자발적으로 전혀 내지 못한다.
- 발달적 음운장애를 지닌 학생들은 구조적, 신경학적 및 생리학적 원인이 밝혀지지는 않았지만 말소리를 내는 데 어려움을 겪는다.

■ 진단평가와 판별

- 의사소통장애를 평가하기 위해서는 사례사와 신체검사, 조음검사, 청음변별검사, 음운인식 및 처리, 어휘 및 전반적 언어발달검사, 언어표집, 자연 상황에서의 관찰 등이 이루어진다.

■ 교육적 지원과 중재

- 상황에 따라 직접교수나 행동수정 절차를 이용하여 말하기를 훈련한다.
- 말더듬을 지도하기 위해 모델링, 자기점검, 상담 및 지원집단보조 등과 같은 중재방법이 적용되었으며, 이러한 방법들이 말더듬 아동들에게 다소 효과가 있는 것으로 밝혀졌다.
- 언어장애를 지닌 아동들의 어휘력을 향상시키기 위해 내용 구조도, 기억법, 학습전략 등 다양한 방법을 이용할 수 있다.
- 보완대체의사소통에는 상징세트와 상징체계, 상징 선택하기, 상징 전달하기 과정을 거친다.
- 언어장애의 가장 기본적인 중재 방법은 언어교수 또는 언어훈련이다.

토의문제

1. 말과 언어의 관계를 설명하시오.
2. 언어의 구조와 구성 요소에 대해 설명하시오.
3. 의사소통장애의 개념과 유형을 설명하시오.
4. 의사소통장애의 원인을 하위 유형별로 논의하시오.
5. 의사소통장애의 하위 유형별 특성에 대해 논의하시오.
6. 의사소통장애의 하위 유형별 지도 방법에 대해 설명하시오.
7. 의사소통장애의 하위 유형별 진단평가 방법에 대해 논의하시오.
8. 보완대체의사소통의 세 가지 요소를 고려하며 간단한 의사소통 체계를 제작해 봅시다.

Special Education

제12장

학습장애를 지닌 특수교육대상 학생

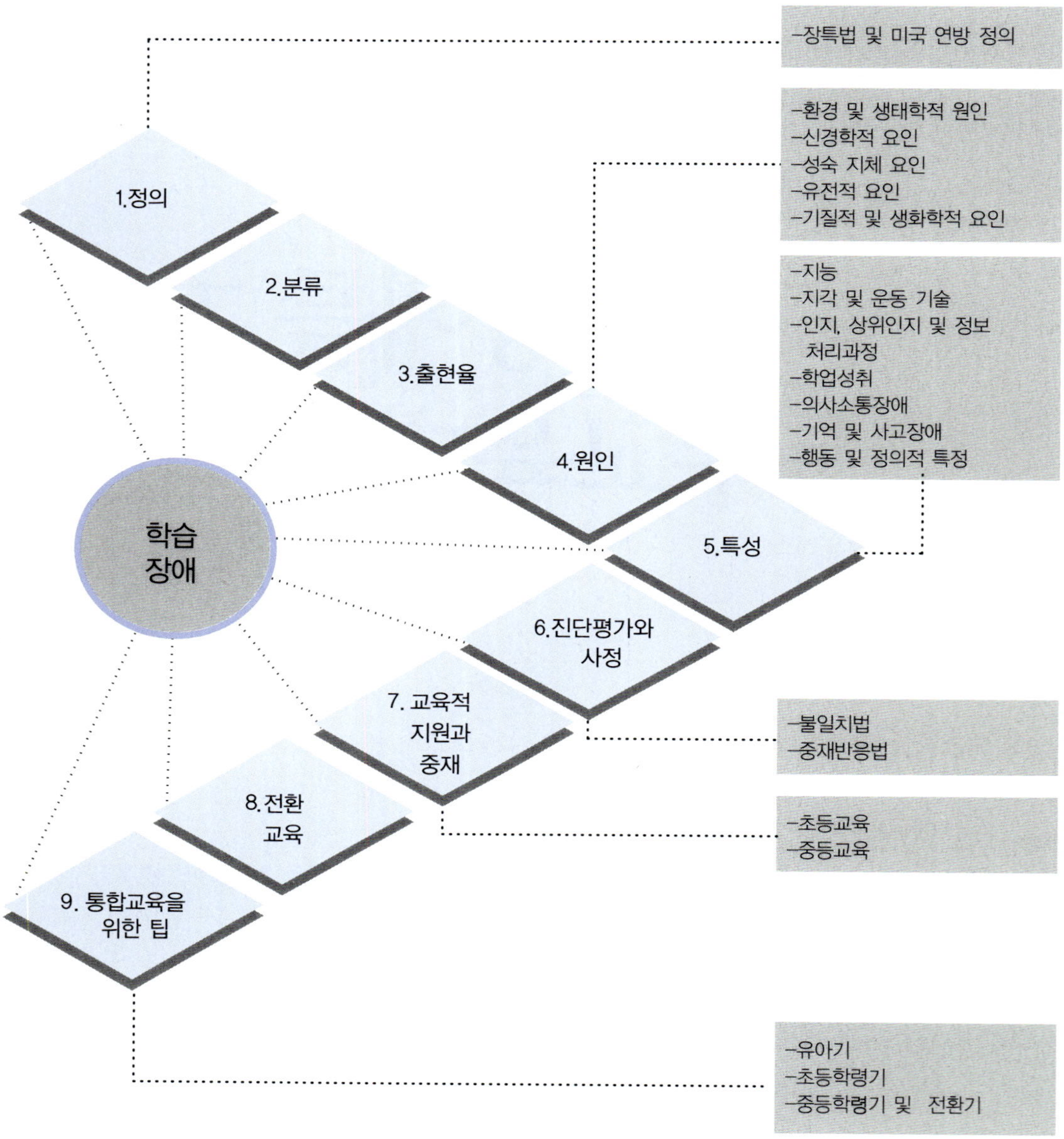
학습 장애
1.정의
2.분류
3.출현율
4.원인
5.특성
6.진단평가와 사정
7. 교육적 지원과 중재
8. 전환 교육
9. 통합교육을 위한 팁
-장특법 및 미국 연방 정의
-환경 및 생태학적 원인
-신경학적 요인
-성숙 지체 요인
-유전적 요인
-기질적 및 생화학적 요인
-지능
-지각 및 운동 기술
-인지, 상위인지 및 정보 처리과정
-학업성취
-의사소통장애
-기억 및 사고장애
-행동 및 정의적 특정
-불일치법
-중재반응법
-초등교육
-중등교육
-유아기
-초등학령기
-중등학령기 및 전환기

| 제12장 |

학습장애를 지닌 특수교육대상 학생

학습장애는 신경학적인 문제 때문에 발생하는 만성적인 조건이며, 하위 유형과 장애의 정도가 다양하다는 점이 강조되고 있다. 특히 이 장애의 개념을 정의하는 과정에서 속성 중심의 정의와 더불어 배타적 개념을 규정하는 특징을 보인다.

일반적으로 학습장애는 다른 장애 범주에 비해 출현율이 높고, 사회 경제적 지위, 인종과 민족에 관계없이 보편적으로 발생된다. 학습장애를 지닌 학생들은 부수적인 문제로 분열적 행동, 과제 수행능력 부족으로 인한 좌절, 소극적으로 활동하기 등 정서적 적응문제나 사회적 결함을 보일 수도 있다. 이들은 학업적 결함으로 인한 좌절감 때문에 학교 적응에 문제를 보이기도 한다. 학습장애를 지닌 학생들이 보이는 특성과 장애의 속성 때문에 이들을 판별하고, 중재 계획을 수립할 때 특수교육, 일반교육, 심리학, 정신의학, 사회복지학, 약학 등 여러 학문 분야가 관여하게 된다.

1. 학습장애의 정의

■ 특수교육법 및 미국 연방 정의

학습장애는 지금까지 개념적 정의와 판별 기준에 관하여 논쟁이 지속되고 있는 미완성의 장애 영역이다. 특히 완전통합이 강조되면서 학습부진, 학습저성취, 학습지진 등과 개념적 구분에 어려움을 겪고 있다. 최근에는 판별 과정에서 불일치법의 대안으로 중재반응법이 도입되면서 또 다른 논쟁을 이어가고 있다.

특수교육법(2007)은 학습장애의 선정기준으로 "개인의 내적 요인으로 인하여 듣기, 말하기, 주의집중, 지각, 기억, 문제 해결 등의 학습기능이나 읽기, 쓰기, 수학 등 학업 성취 영역에서 현저하게 어려움이 있는 사람"으로 규정하고 있다.

미국은 IDEA 2004에서 학습장애의 정의를 재규정하였으나, 주요 내용은 PL 94-142의 정의 내용을 그대로 유지시키고 진단평가에서 중재반응법이 추가되었다.

(1) 일반 - 특정 학습장애는 언어, 즉 구어와 문어의 이해와 사용에 포함된 기본적인 심리과정 중 한 가지 또는 그 이상의 장애를 의미하며, 듣기, 사고, 읽기, 쓰기, 철자법 혹은 수학 계산에서 불완전한 능력으로 나타날 수 있다.

(2) 포함장애 - 특정 학습장애는 지각장애, 뇌손상, 미세뇌기능장애, 난독증, 발달적 실어증 등의 조건을 포함한다.

(3) 배제장애 - 특정 학습장애는 주로 시각장애, 청각장애 또는 운동장애, 정신지체, 정서장애, 또는 환경적, 문화적 및 경제적 실조에 의한 학습문제는 포함시키지 않는다.(PL108~446, IDEA, 2004, 118 STAT. 2657 ~ 2658)

학습장애 전문가기구 연합위원회(NJCLD)는 학습장애를 지닌 아동 및 성인의 교육, 치료 및 권리와 관련된 13개 전문가 기구의 대표들로 구성된 단체이다. NJCLD(1990/2001)는 IDEA의 정의가 성인의 배제, 기본적 심리과정 참조, 철자 학습장애의 포함, 용도 폐기된 의료적 용어의 포함(난독증, 미세뇌기능장애, 지각적 손상, 발달적 실어증 등), 배제 조항의 기술 등의 한계를 지니고 있음을 지적하며 다음과 같은 정의를 대안으로 제시하였다.

> 학습장애는 듣기, 말하기, 읽기, 쓰기, 추론하기 또는 수학적 능력의 습득과 이용에 유의한 곤란을 나타내는 이질적인 장애군을 말하는 일반적인 용어이다. 이 장애는 개인의 내적 요인에 의한 것으로서 중추신경계의 기능장애 때문에 일어나는 것으로 추정되며, 전 생애에 걸쳐 나타날 수 있다. 자기조절행동, 사회적 지각, 사회적 상호작용의 문제는 학습장애와 공존할 수 있으나 이러한 문제가 학습장애를 일으키는 것은 아니다. 학습장애는 다른 장애 조건(예, 감각손상, 정신지체, 심한 정서장애) 및 외적 영향(예, 문화적 차이, 불충분하거나 부적절한 교수)과 함께 동시에 일어날 수 있으나, 그러한 조건이나 영향의 결과는 아니다(p. 1).

학습장애의 개념이 널리 받아들여지고 있지만 복잡하고 완성된 상태가 아니므로 꾸준히 정제될 필요가 있다. 학습장애의 정의 분야에서 이루어지고 있는 논쟁은 주로 정의의 구성 요소, 진단평가의 준거와 방법, 다른 장애와의 관계와 배제 조건 등에 관한 내용이다.

정대영(2006, 2007)은 지금까지 제시된 학습장애의 개념을 고찰하고 다음과 같이 요약하였다. 첫째, 학습장애 개념 정의의 기본적인 토대는 기능주의 패러다임으로 볼 수 있다. 이는 1980년 WHO가 제시한 질병과 장애 관련 메커니즘 분석에서 「질병-손상-기능장애-사회적 불리」의 구조로 설명하는 패러다임의 범주에 머물고 있다.

둘째, 학습장애의 정의들은 초기의 의료적 관점인 '신경학적 손상'에서 출발하여, 행동주의적 관점이 접목됨으로써 '미세뇌기능장애', '중추신경계 기능장애' 그리고 '신경발달장애'로 개념이 확대되었다.

셋째, 심리학과 교육적 관점의 관여로 '학습장애'란 산하개념을 도입하고 특성이 다른 다양한 하위 장애들을 포괄하였으며 '기본적 심리과정 장애'를 기술하여 심리과정 문제를 강조하였다.

넷째, 지금까지 제안된 학습장애 정의를 분석하면 11개의 구성요소가 추출되었으며, 구체적인 내용으로는 **평균 이하의 성취, 개인내차, 과정결함, 이질성, 중추신경계 기능장애, 배제요소, 불일치, 일생문제, 사회성, 공존성** 등이 언급되었다. 이들 학습장애의 개념적 구성요소들을 재분류하면 **원인, 문제 영역과 특성, 문제의 시기, 판별 준거, 배제준거**로 요약할 수 있다.

2. 학습장애의 분류

학습장애의 분류는 법적 또는 행정적 차원과 학문적 차원으로 나누어 살펴 볼 수 있다. 먼저 법적 및 행정적 측면에서 보기로 한다. 특수교육법에 의하면 학습장애는 학습기능(듣기, 말하기, 주의집중, 지각, 기억, 문제해결)과 학업성취(읽기, 쓰기, 수학)로 구분된다. 학습기능과 학업성취로 구분하는 것에 대한 용어의 합리성과 적합성에 대해서는 좀 더 연구되고 검토되어야 할 것이지만, 법에서 제시하고 있는 학습기능은 비언어성 학습장애에 해당되는 기본적 심리과정의 문제로서 발달적 학습장애로 명명될 수 있다. 학업성취는 언어성 학습장애인 읽기 및 쓰기 문제, 언어성과 비언어성의 공통 영역으로 분류될 수 있는 수학문제를 포함하고 있는데 학업적 학습장애로 분류될 수 있다. 특수교육법에 제시된 학습장애 개념은 언어성과 비언어성 학습장애를 포괄적으로 제시하고 있다.

학문적 차원에서 보면 Kirk와 Chalfant(1984)는 발달적 학습장애(주의집중, 기억,

지각, 사고, 구어)와 학업적 학습장애(읽기, 쓰기, 철자 및 표현, 계산)로 구분하였으며, Kirk와 Gallagher, Anastasiow(2003)는 학습장애를 **신경심리학적/발달적 학습장애**[156], **학업적/성취 장애**[157], **사회적 장애**[158]로 구분하고 있다.

일반적으로 심리학계와 정신의학계에서 가장 많이 이용하는 DSM-5(APA, 2013)에 의하면 특정학습장애는 읽기손상 동반, 쓰기손상 동반, 수학손상 동반 등 세 가지 유형으로 분류된다. 특히 "난독증은 정확하거나 유창한 단어 인지의 어려움, 해독 및 철자 능력의 부진을 특징으로 하는 학습장애의 한 종류를 일컫는 또 다른 용어이다" (70쪽). Rourke(1987)는 학습장애를 **언어성 학습장애**와 **비언어성 학습장애**로 보고, 비언어성 학습장애를 앞서 논의한 바와 같이 신경심리학적 결함, 학업적 결함 및 사회 정서적 적응결함으로 구분하고 있다. 정대영(2010)은 학습장애를 매트릭스 형식으로 분류하고, 학습문제는 **학습선수기능장애, 기초학습기능장애, 교과학습장애**로 단계별 구분을 하였으며, 다른 한편으로는 언어성 학습장애와 비언어성 학습장애로 구분하였다.

3. 학습장애의 출현율

학습장애를 지닌 특수교육대상 학생의 출현율은 특수교육대상 장애 범주 중에서 가장 많은 비중을 차지한다. 국립특수교육원(2001)의 연구에 의하면, 이들의 출현율이 1.17%이고, 전체 특수교육대상자의 43.17%에 해당된다. 그러나 출현율 연구 사례를 보면 다양하게 보고되고 있다. 특히 미국의 경우, 출현율 추정치는 1 ~ 30%에 이르기까지 매우 다양하다.

이처럼 다양한 출현율이 제안되고 있는 이유는 학습장애의 정의가 통일되어 있지 않고, 개념적 모델의 차이, 진단평가 접근 방식의 차이, 사정에 적용된 검사 도구 등에 따라서 달라질 수 있다.

그러나 교육부 특수교육통계(2016)에 의하면, 학습장애를 지닌 특수교육대상 학생으로 선정되어 특수교육 서비스를 받는 학생은 2,327명으로서 전체 특수교육대상 학

156) 생물학적/유전적 장애, 지각-운동장애, 시각적 처리과정 장애, 청각적 처리과정 장애, 기억장애, 주의집중장애
157) 언어 및 읽기, 쓰기, 철자, 수학, 실행기능
158) 낮은 자아개념, 대항성 장애, 낮은 동기유발과 흥미

생의 2.7%에 그치고 있다. 이처럼 출현율과 실제 특수교육 서비스를 받는 수혜자 간의 차이가 큰 것은 특수교육이 중증장애 중심으로 이루어지고 있으며, 학습장애의 개념, 판별준거, 특수교육대상자 선정과정에 문제가 있음을 단적으로 보여주는 현실이라고 할 수 있다.

4. 학습장애의 원인

■ 환경 및 생태학적 원인

열악한 학습 환경, 불안정하고 학대하는 가정, 실조된 환경, 학교에서의 부적절한 교수 등은 학습장애를 지닌 학생들의 학습과 사회성에 영향을 줄 수 있다. 정서적 불안, 동기 부족, 납 중독, 약물 남용 및 가족의 사망 등도 적응 문제를 일으킬 수 있다.

교수의 질이 낮으면 학습장애를 지닌 일부 학생들에게 부정적인 영향을 줄 수 있다. 즉, 학생들이 적절히 학습할 수 있도록 교육과정을 수정 또는 조정하지 않거나, 차별화된 교수를 제공하지 못하면 이들은 좌절하게 된다. 학습과 사회화는 학생, 교사 및 학습 환경과의 상호작용 관계의 결과이므로 수업 중 학생의 학습특성과 요구를 고려하지 않으면 학습문제가 일어날 수 있다. 영양실조나 부족, 학습기회의 부족, 학습의욕의 저하 및 가족 관계 문제는 일반학생들보다 학습장애를 지닌 학생들에게서 많이 볼 수 있다.

■ 신경학적 요인

학습장애를 지닌 아동들의 경우, 대뇌손상이나 신경학적 손상의 증거가 불확실함에도 불구하고 줄곧 이러한 요인을 원인으로 추정하여 미소뇌기능장애, 뇌손상, 중추신경계 기능장애라고 불렀다. 의학적으로는 이러한 정신적 충격이 **출생 전**[159], **주산기**[160], 출생 후에 일어날 수 있으며, 학습장애의 원인이 될 수 있다.

학습장애의 판별에 관한 일부 연구들은 학습장애를 지닌 학생들과 일반학생들 사이에 **대뇌의 구조적 측면**[161]이나 **대뇌의 기능적 측면**[162]에 차이가 있다는 증거들을 계

159) 또는 태아기라고도 함
160) 임신 20주째부터 분만 후 28일째까지의 기간
161) 대뇌의 여러 영역이 크기가 각각 다른 점
162) 서로 다른 과제를 수행할 동안 대뇌의 각 부위의 활동 수준

속 축적하고 있다(Hallahan, Kauffman, & Pullen, 2012). 현재도 대뇌의 외상에 관한 임상적 증거가 거의 없지만 fMRI와 같은 첨단 테크놀로지를 이용하여 신경학적 기능 장애를 규명하려는 연구들은 지속되고 있다.

표 12.1 출생 전후에 학습장애를 유발시킬 수 있는 원인들

출생 전(태아기)	주산기	출생 후
• 흡연 • 약물남용 • 알코올중독	• 출산 지연 및 난산 • 무산소증(산소결핍증) • 미숙, 저체중 • 의료기구에 의한 뇌손상	• 발작 • (뇌)진탕 • 수막염/뇌염 • 고열 • 사고 등으로 인한 뇌손상

■ 성숙 지체 요인

일부 이론들은 신경계의 발달 지체가 학습장애의 원인이 된다고 주장하고 있다. 그들은 흔히 언어기능의 발달 지체, 시각-운동 발달의 문제, 일부 학업 영역의 발달상 문제 등 성숙의 지체를 보인다. 성숙의 지체가 모든 학습장애의 원인이 되는 것은 아니지만, 일부 장애의 원인이 되는 것으로 지지를 받고 있다.

■ 유전적 요인

유전적 이상은 학습장애 문제를 일으키거나 그러한 영역에 영향을 미친다. 이러한 문제는 부모들의 관심사가 된다. 일란성 쌍둥이와 이란성 쌍둥이에 관한 연구는 학습장애가 유전된다는 점을 주장했다. 일란성 쌍둥이 중 한 아동이 난독증으로 어려움을 겪을 경우, 나머지 아동도 그럴 가능성이 높다. 이러한 결과는 유전과 환경 문제가 명확히 구분되는 유전적 요인이며, 연구 결과 또한 일부 학습장애는 유전될 수 있다는 점을 지지하고 있다(Doyle et al., 2001).

■ 기질적 및 생화학적 요인

음식물의 인공 색소나 인공 향료가 학습장애를 일으킬 수 있는 것으로 보고 있다. 유사한 추정으로는 비타민 결핍, 특히 비타민 B의 결핍이 학습장애를 일으킬 수 있다

고 본다. 이러한 가능성은 과학적 지지를 받지 못하고 있다. 신경전달물질의 불균형 현상이 학습장애를 유발할 수 있다고 주장하지만 결론이 명확히 난 것은 아니다. 이러한 연구는 학습장애와 영양, 우유나 설탕이나 초콜릿에 대한 알레르기, 살리실산(과일 및 채소에서 볼 수 있는 생화학), 치약, 향수, 아스피린과의 관계를 분명히 밝히지 못하고 있다.

기술적으로 진보하고 있음에도 불구하고 대부분의 학습장애의 원인을 정확히 밝히는 일은 어렵다. 학습장애의 원인은 단일 원인이라기보다는 복합적인 것으로 보는 것이 바람직하다. 교육적 측면에서는 학습장애의 원인을 찾는 일보다는 이들을 효과적이고 효율적으로 지도할 수 있는 지도 방법을 모색하고 발견하는 것이 더 중요하다.

5. 학습장애를 지닌 학생의 특성

학습장애를 지닌 학생들의 특성은 매우 대양하다. 그들은 신체적 특징, 행동, 증후, 정확한 유전 패턴, 기타 장애를 특징지을 수 있는 표식을 보이지 않는다. 그러나 그들은 학급에서 동료들과 동일한 방식으로 학습하지 못하며, 동료들만큼 효과적으로 학습하지 못하는 특성을 공통으로 보인다. 그들은 지능수준이 평균 이상이지만, 학업적 수행은 예상 밖으로 기대수준보다 낮다. 학습장애는 일생동안 지속되는 장애이지만, 아주 어린 아동들과 성인들에게서는 잘 드러나지 않고, 학령기에 이르면 선택의 폭이 좁아지고, 장애를 두드러지게 나타내게 된다.

최근 학습장애 관련 연구들은 하위유형의 판별, 장애 수준의 진단, 장애의 공존성 등에 대해 많이 이루어지고 있다. 장애의 공존성 연구는 아동들에게서 장애가 어느 정도 함께(예를 들어 학습장애, 주의력결핍과잉행동장애, 성격장애) 나타나는지를 탐색하고 있다. 학습장애를 지닌 많은 학생들은 정서장애와 같은 다른 장애를 함께 지니는 경향이 높다.

연구들은 읽기 문제에서 과잉행동에 이르기까지 다양한 하위집단에 대해 조사를 했다(Richamn & Wood, 2002). 학습장애와 가장 많이 중복되어 나타나는 조건은 주의력결핍과잉행동장애이다. 이 두 장애가 중복으로 나타날 가능성은 25%정도에 이르는 것으로 추정되지만, 특성상 완전히 일치하지 않는 것으로 지적되고 있다.

표 12.2 학습장애에 관한 생애 주기적 관점

초점 영역	학년 수준				
문제영역	취학 전 · 발달이정표성취 · 수용언어 · 표현언어 · 시지각 · 청지각 · 주의지속시간 · 과잉행동 · 자기조절 · 사회기술 · 개념형성 · 자기조절	유치원~1학년 · 학업준비기능 · 수용언어 · 표현언어 · 시지각 · 청지각 · 추론 · 운동발달 · 주의지속시간 · 과잉행동 · 사회기술	2~6학년 · 읽기기능 · 계산기능 · 쓰기표현 · 구어표현 · 수용언어 · 주의지속시간 · 과잉행동 · 사회정서 · 추론 · 문제해결	7~12학년 · 읽기기능 · 계산기능 · 쓰기표현 · 구어표현 · 듣기기능 · 공부기술 · 상위인지 · 사회정서/비행 · 문제해결 · 자기조절	성인 · 읽기기능 · 계산기능 · 쓰기표현 · 구어표현 · 듣기기능 · 공부기술 · 사회정서 · 상위인지 · 직업기술 · 생활기능
평가 중점	· 생태학적 관점에서 차후에 학습 문제를 지닐 고위험군 예견	· 생태학적 관점에서 차후에 학습 문제를 지닐 고위험군 예견	· 생태문화적 관점에서 학습장애 판별	· 생태문화적 관점에서 학습장애 판별	· 생태문화적 관점에서 학습장애 판별
주요 처치 전략	· 예방적 · **협동적**[163]	· 예방적 · 교정적 · 협동적	· 치료적 · 교정적 · 협동적 · **전략적**[164]	· 치료적 · 교정적 · 협동적 · 보상적 · 전략적 · **적극적**[165]	· 치료적 · 교정적 · 협동적 · 보상적 · 전략적 · 적극적
연구 및 전문지원에 의한 처치	· 언어기술 · 직접교수 · 행동관리 · 부모교육과 참여	· 직접교수 (학업/언어) · 행동관리 · 부모교육 · 부모참여 · 협동학습	· 직접교수 (학업영역) · 행동관리 · 부모교육/부모참여 · 학습전략 · 협동학습	· 직접교수 (학업, 사회기술, 학습전략) · 학습개인지도 · 보상교수 · 자기교수훈련 · 팀교수 · 교육과정조정	· 직접교수 (학업, 사회기술, 학습전략) · 개인교수 (학업, 직업) · 보상교수 · 자기교수훈련 · 팀교수

학습장애 연구는 초등학생들을 중심으로 연구하던 단계를 넘어 이제 생애주기 접근법을 채택하고 있다. 학습장애는 생애의 각 단계에서 나타날 수 있고, 개인의 연령에 따라 다른 양상으로 나타날 수 있다. 학습장애에 관한 생애 주기적 접근법에 대한 관점은 표 12.2와 같다.

■ 지능

일반적으로 학습장애와 정서행동장애 학생들은 평균에 가깝거나 평균 이상의 지능을 보인다(Watkin & Kush, 2002). 지능에 대한 이러한 관점은 전통적으로 학습장애와 정신지체를 구분하는 요인으로 여겼다. 일반적으로 학습장애가 장애의 범주로 독립하면서 최저지능수준을 IQ80에서 IQ85로 설정했다. 이에 대한 기준은 명확하지 않지만, 1969년 지적장애의 판별 기준 중 지능지수를 평균으로부터 -1표준편차에서 -2표준편차로 변경하기 전까지 두 장애의 배타적 경계선 절취점은 IQ85[166]이었다. 그 후 1969년 지적장애의 판별준거로 지능 기준을 평균으로부터 -2표준편차로 하향 조정되었지만 연구들은 과거의 **학습장애 지능지수의 하한계**[167]를 그대로 적용하고 있음을 볼 수 있다. 그러나 학습장애와 지적장애의 배타적 경계선 지능지수도 현실에 맞게 IQ70으로 바뀌어야 한다.

측정된 지능은 학업적 수행과의 높은 상관 때문에 학습장애의 특성을 규정짓는 요인으로 보았다. 학습장애를 기술할 때 개인의 기능 영역들 간의 개인내차가 크다는 점을 강조했다. 이러한 특성 때문에 학습장애와 지적장애를 구별할 때 지능을 이용하고 있다. 지적장애는 지능의 모든 영역이 전반적으로 낮은 반면 학습장애는 지능의 하위 영역간의 개인내차가 크다. 그러나 학습장애의 개인내차 변인이 항상 나타나는 것은 아님(Watkins & Worrell, 2000)을 감안하면, 지능이 전반적으로 낮을 수 있고, 이러한 점은 불일치 준거에 의한 진단평가 과정에서 판별의 어려움으로 작용할 수 있다.

---

163) collaborative: 수업 활동을 하는 동안 교사의 입장에서는 교사들이 팀을 이루어 접근하는 것을 말하며, 학생의 입장에서는 다른 학생들과 팀을 이루어 접근하는 것을 말함

164) stategic: 학습자가 과제의 요구를 확인하고, 목표를 설정하며, 계획을 세우고, 자료를 수합하고, 계획을 실천하고 평가하며 수정할 수 있도록 도와주는 교수를 말함

165) proactive: 학습자로 하여금 자기교수를 통해 역량을 키우는 교수를 말함

166) 지능검사에 따라 1 표준편차가 16점 또는 15점이기도 하지만 Wechsler지능검사의 경우 1표준편차가 15점이며 이를 기준으로 학습장애와 지적장애의 배타적 경계선 점수를 규정하면 학습장애의 IQ하한선은 IQ70이어야 한다.

167) 학습장애 대상을 진단평가할 때 IQ하한선을 IQ80 또는 IQ85를 적용하고 있음

■ 지각 및 운동 기술

학습장애를 지닌 아동들이 보이는 지각곤란은 단일 특성으로서가 아니라 복합적인 행동군으로 나타난다. 이러한 문제는 시각, 청각 및 촉각 체계와 관련되어 있다. 학습장애 정의에서는 시각장애로 인한 학습 문제는 배제된다. 하지만 시지각 문제는 중요한 변인으로 다루어진다. 지각문제와 학습장애를 지닌 아동들은 철자를 통합된 패턴으로 인식하지 못하고 아무런 관계없는 선으로 인식한다. 이러한 지각은 학령기 초기에 특히 심각한 문제를 일으킬 수 있다.

학습장애를 지닌 학생들은 청각적 및 시각적 변별에 어려움을 겪으며, 이로 인하여 자극을 적절히 구별하지 못하거나, 자극의 공간적 위치를 제대로 파악하지 못한다. 그들은 자신의 환경을 지각적으로 인식하지 못할 수 있고, 방향정위에 어려움을 겪을 수도 있으며, 미숙하고 서툴며 협응이 잘 안될 수도 있다. 그들은 흔히 쓰기 능력이 열등하고, 전경-배경 문제를 겪기도 하며, 물체나 소리를 배경으로부터 구분하지 못할 수도 있다.

학습장애를 지닌 학생들은 변별의 문제를 지닐 수도 있다. 시각적 자극의 변별에 문제를 지닌 아동들은 'ㅁ' 'ㅂ', '막다' 와 '박다' 를 구별하지 못할 수 있다. 이런 아동들은 '눈' 을 '곡' 으로 '나' 를 '너' 로 읽을 수도 있다. 대부분의 정상발달 아동들도 발달기 초에는 이러한 **반전현상**[168]이나 **회전현상**[169]을 보인다. 그러나 이 시기를 지나도 그런 문제를 계속 나타낸다면 학습장애일 가능성을 염두에 두고 특별한 지도가 필요하다.

학습장애를 지닌 학생들은 다른 단어나 음절의 발음을 구별하지 못하고, 심지어 어떤 환경음(예; 전화 벨소리), 기타 다른 음들을 구분하지 못하는 청각적 변별결함을 나타낸다. 학습장애를 지닌 일부 학생들은 **청각적 합성**[170]에 어려움을 겪음으로서 철자를 단어로 읽어내지 못하고, **청기억**[171]이 곤란하여 구두로 제시된 정보를 회상하지 못하며, **청각적 연합**[172]에 결함을 지니고 있어 구두로 제시하는 정보를 처리하는 데 어려움을 겪는다.

---

168) 글자의 좌우를 거꾸로 읽는 현상

169) 글자의 상하를 거꾸로 읽는 현상

170) auditory blending 말을 할 때 낱말의 각 부분을 전체로 합성하는 행위

171) auditory memory 구두로 제시된 자료를 회상하는 능력

172) auditory association 구두로 제시된 아이디어나 정보를 연합(연상)하는 능력

학습장애와 관련된 또 다른 지각 문제는 **촉지각**[173]이다. 이러한 곤란이 흔하게 나타나는 것은 아니지만 학교에서 학업과 관련된 활동을 하는 데 매우 중요하다. 예를 들어, 쓰기는 연필을 잡는 촉각 정보가 뇌로 전이되기 때문에 촉지각 능력을 요구한다. 쓰기를 할 때 손과 팔의 운동에 관한 **근운동감각**[174] 정보가 전달된다.

학습장애를 지닌 학생들은 충동통제, 주의력 지속(정보에 초점을 맞추는 능력), 장 · 단기 기억(정보의 획득과 재생), 상위인지(자신의 수행을 점검하고 평가하는 능력)에 문제를 가질 수 있다. 조직하기, 범주로 나누기, 정리하기, 계획세우기 등에 미숙할 수도 있으며, 일부 학생들은 동일한 자극에 대한 반응 행동을 되풀이하는 고집성을 보인다.

■ 인지, 상위인지 및 정보처리과정

학습장애를 지닌 학생들은 **인지**[175], **상위인지 및 정보처리 과정**[176] 문제와 관련된 특성을 지니고 있다. 인지에 관한 이론들은 인간이 정보를 습득하고, 파지하며, 처리하는 방법에 초점을 맞추고 있다. 학습장애를 지닌 학생들은 흔히 이러한 과정에 문제를 보인다. 일부 아동들은 기억력이 열등하여 오늘 학습한 내용을 내일이면 잊어버린다. 학습장애를 지닌 학생들의 정보습득, 저장, 선택 및 회상 방법을 이해하는 것이 중요하지만 이 분야의 연구는 비교적 적은 편이다. 기억은 학습장애를 지닌 아동들의 언어기능, 발달 및 문제 영역과 깊은 관계가 있다.

학습장애를 지닌 학생들은 주의집중 시간이 짧다. 연구는 학습장애를 지닌 학생들의 일부는 주의집중 시간이 짧고, 일부는 특정 유형의 주의집중과 선택적 주의집중에 어려움을 겪는다는 점을 지적하고 있다(Bender, 2001). 선택적 주의집중에 문제를 갖게 되면, 여러 과제들 속에서 중요한 과제에 주의를 집중하는 데 어려움을 겪는다. 이런 문제를 지닌 아동은 칠판에 수학 문제를 제시하면 문제를 해결하는 것 보다 문제를 공책에 베끼는 데 더 집중한다.

173) haptic perception 접촉, 신체운동, 위치감각

174) kinesthetic 주로 근육, 힘줄, 관절의 끝 부분의 감각 신경 자극으로부터 나오는 신체 자세, 존재, 운동과 관련된 감각

175) 인지는 지각 · 재인(再認) · 상상 · 추론을 포함하여 지식을 구성하는 모든 의식적 과정을 포함함. 인지의 본질은 판단이며, 판단을 통해 어떤 대상을 다른 대상과 구별함. 하나의 대상은 어떤 한 개념 또는 몇 가지 개념에 의해 특징지어짐

176) 사람이 정보를 획득하고, 기억하며, 다루는 방법을 연구하는 모델

상위인지는 과제를 효과적으로 수행하는 데 필요한 기술, 전략, 자료를 인식하는 것과 관련이 있다. 상위인지는 활동을 계획하며 활용하고 있는 전략을 평가하고, 노력의 결과를 점검하고, 어려움을 해결하는 자기조절 기재를 활용할 수 있는 능력을 필요로 하며, 과제를 성공적으로 해결하는 데 매우 중요한 역할을 한다. 학습장애를 지닌 학생들은 자기점검 영역의 일부에서 상위인지적 결함을 나타낼 수 있다.

■ 학업성취

학습장애를 지닌 학생들은 흔히 읽기, 쓰기, 셈하기 등의 학업 영역에서 또래에 비해 몇 년씩 뒤처진다. 이들의 지능은 일반적으로 평균 수준 이상이지만 여러 가지 학업적 문제를 나타내며, 학업 성취 문제는 학령기 초기부터 형식적 교육기가 끝날 때까지 지속된다.

읽기

추정치가 다양하기는 하지만 학습장애 중 읽기 문제가 차지하는 비율은 최고 90%에서 최저 60%에 이르는 것으로 보고 있다. 학습장애라는 용어가 공식화되기 전에 난독증, 단어맹, 실독증, 실인증 등 읽기 문제와 관련된 용어가 많이 사용되었던 점은 이를 잘 나타내주고 있다. 구체적으로 보면 읽기 과정의 구성요소가 다양한 만큼 읽기와 관련된 문제도 다양하다. 단어지식과 단어재인은 읽기기능의 중요한 부분이며, 읽기학습장애를 일으키는 중요한 요인이 되기도 한다.

읽기의 또 다른 측면은 의미를 결정하는 맥락을 이용하는 것이다. 훌륭한 독자는 숙련 속도가 빠른 반면, 열등한 독자는 어려움을 겪는다. 열등한 독자는 단어를 인식하고 의미를 추론하기 위해 맥락을 이용하는 데 심한 어려움을 보인다. 학습장애를 지닌 일부 학생들은 배경 정보를 효과적으로 이용하지 못하고, 텍스트를 읽을 때 중요한 것과 그렇지 않은 것을 구분하지 못한다. 즉, 아주 사소하고 중요하지 않은 내용에 초점을 맞춘다. 이런 학생들에게는 특정 학습전략을 이용하여 도움을 줄 수 있다. 내용조직하기, 요약하기, 기억방법 이용하기, 문제해결, 관련성 생각하기 등과 같은 전략은 이들의 어려움을 완화시킬 수 있고 학업적 성취를 향상시키는 데 도움이 된다(정대영, 2001; Taylor, Alber, & Walker, 2002).

쓰기

학습장애를 지닌 아동들은 일반아동들과는 아주 다른 쓰기 수행성을 보여준다. 이러한 문제는 학업성취에 영향을 줄 뿐만 아니라 성인기까지 지속된다. 학습장애를 지닌 아동들은 글자 쓰기, 철자법, 작문 등에 어려움을 겪고 이러한 유형을 쓰기장애라고 한다.

일부 아동들은 연필 잡기, 글씨를 쓰기 위해 연필을 이동하기 등 쓰기 과정에 요구되는 기본적인 발달 기술을 숙달하지 못하기 때문에 쓰기 문제를 갖는다. 일부 아동들은 쓰기에 영향을 미치는 소근육운동 발달이 지체된 경우도 있다. 쓰기에는 '위로', '아래로', '옆으로' 등과 같은 공간개념이 포함된다. 학습장애를 지닌 아동들은 일반아동들에 비해 이러한 능력이 지체된다. 공간관계의 문제나 신체적 운동 역시 문자를 쓰거나 낱말을 쓸 때 문자와 문자간의 공간 배치 등에 어려움을 겪는다.

일부 연구자들은 학습장애를 지닌 학생들의 서체, 쓰기, 짓기 기능은 그들의 읽기 능력과 밀접한 관계가 있다고 본다. 기초적인 필사 과정(베껴 쓰기 과정)이 학습장애를 지닌 학생들의 쓰기 문제에 유의하게 작용한다는 의미이다. 문자의 좌우를 뒤집어서 쓰는 **경상현상**[177]은 쓰기장애 아동들에게서 볼 수 있는 특징이다.

학습장애를 지닌 아동들 중에는 철자법 쓰기 문제를 지닌 경우가 있다. 이런 아동들은 문자를 빠뜨리거나 부정확하게 쓴다. 이들은 철자의 순서를 혼동하거나 발달적으로 미숙한 발음을 한다. 학습장애를 지닌 아동들의 철자법 쓰기 능력은 일반아동들과 같은 발달순서를 따르지만 지체된다(Lerner, 2003). 시각 과정과 청각 과정, 기억, 청력 변별, 발음법의 일반화 등에 결함이나 문제가 있을 때 철자법 문제를 갖게 된다.

수학

학습장애를 지닌 아동들은 헤아리기, 숫자 쓰기, 단순한 수학적 개념의 숙달 등에 어려움을 겪는다. 구체물 세기는 가장 기본적인 수학적 기능으로서 연산능력과 같은 상위 기능의 토대가 된다. 일부 아동들은 숫자를 헤아릴 때 빠트리기도 하고(예, 1, 2, 3, 5, 7, 8, 9, 10), 정확히 읽지만 그 수의 상대적 값을 이해하지 못하기도 한다. 학습장애를 지닌 일부 아동들은 자릿값을 이해하지 못하고, 동일한 숫자가 다른 자리에 있

177) mirror writing 거울에 비치듯이 좌우를 바꾸어 읽고 쓰는 현상

을 때 그 값과 크기를 이해하는 데 문제를 가진다(예, 15, 51, 549).

학습장애를 지닌 아동들이 겪는 수학적 문제는 이들의 학업적 학습academic learning을 방해하는 장애물이 되며 고등학교에 이르기까지 계속된다.

성취 불일치

학습장애를 지닌 학생들은 또래들의 성취에 비해 뒤떨어질 뿐만 아니라 측정된 자신의 잠재능력에 비해 기대 수준 이하의 성취를 보인다. 이들의 연령 또는 잠재능력과 성취간의 불일치는 연구가 많이 이루어졌고 이론화되었다. 학습장애를 지닌 학생들의 학업성취와 잠재능력 간의 불일치를 수량화하려는 노력을 많이 기울여 왔지만, 학습장애 분야가 광범위하게 받아들일 수 있는 설명을 하지 못하고 있다. 학습장애를 지닌 아동들은 성취 수준이 학령기 초기에 보통 또래들에 비해 2년 이상 지체되고 이러한 현상은 학년이 올라가도 지속되거나 격차가 더 심해진다.

■ 의사소통장애

학습장애를 지닌 학생들은 언어의 조음방법을 학습하는 데 어려움을 겪을 수 있다. 그들은 음을 반복하고, 낱말을 읽을 때 더듬고, 말을 할 때 머뭇거린다. 그들은 차례 지켜 말하기, 교대로 말하기, 의미 있는 의사소통에 필요한 정보 공유하기 등 언어의 화용론적 측면과 사회적 측면을 간파하는 데 어려움을 겪을 수 있다. 특히 의사소통을 위한 정보를 공유하는 것은 대화를 지속하는 데 매우 중요하다. 이러한 학생들은 언어이해, 언어처리과정, 언어표현 등에 문제를 가진다. 그들은 흔히 대화 중 적절한 단어를 찾는 데 어려움을 겪는다.

■ 기억 및 사고장애

학습장애를 지닌 많은 아동들은 단어를 기억 창고에 저장하고, 단어를 구성하는 음을 인출하는 데 어려움을 겪는다. 그들은 정보를 처리하는 데 필요한 단기 및 장기 기억에 결함을 지니고 있다. 그러나 정보를 장기기억에 저장하는 데 문제가 있는지, 아니면 장기기억으로부터 인출해 내는 데 문제가 있는지, 기억체계 자체의 문제인지는 명확하지 않다.

■ 행동 및 정의적 특성

학습장애를 지닌 학생들은 과잉행동이나 과소행동 문제를 지닌다. 그들은 쉽게 산만해지고, 기억결함을 보이며, 충동적이고 민감하게 행동하며, 때로는 놀라운 정서적 반응을 보이기도 한다. 이런 학생들은 사회적 규범이나 가치를 어기는 경향이 있기 때문에 사회적 적응에 어려움을 겪는다. 그들은 자신의 행동을 예측할 수 없고, 사회적 이해기능이 부족하기 때문에 다른 사람들의 감정을 잘못 판단하게 된다. 따라서 그들은 다른 사람들로 하여금 부정적인 반응을 하도록 하고, 사회적으로 바람직하지 못한 행동을 하게 된다. 이는 곧 다른 사람들과 효과적으로 상호작용하지 못함으로써 자존감이 낮아지는 결과를 초래한다. 대부분의 연구들은 학습장애를 지닌 학생들은 사회적 문제를 지니고 있다고 결론짓고 있다. 그러나 학습장애를 지닌 일부 아동들은 거부당하지 않으며, 학급이나 학교에서 인기를 누리는 경우도 있다. 학생들의 좋지 못한 행동과 학업적 곤란 사이의 관계는 밝혀지지 않고 있다. 학습장애를 지닌 학생들이 보이는 좋지 못한 행동은 아마도 그들이 지닌 학습장애로 인하여 겪는 좌절감, 우울감 및 위축반응 때문에 일어날 수 있다.

6. 학습장애를 지닌 학생의 진단평가와 사정

학습장애의 조기 발견은 지극히 어렵다. 학습장애 정의는 이들의 기대 수행 능력과 실제 수행 능력 사이의 예상치 못한 격차나 결손이 있을 경우로 규정짓기 때문이다. 일반적으로 학습장애 분야의 경우 조기 판별과 사정을 하는 과정에서 학급 담임교사가 가장 적임자라고 볼 수 있다.

■ 불일치법

불일치법에는 개인내차, 인지적 불일치, 잠재능력과 성취 사이의 불일치 등의 개념이 있다. 학습장애를 진단평가하기 위해 IDEA의 정의를 조작화하여 적용하였으며, 판별 기준이 된 것은 **불일치 준거**, **배제 준거**, **특수교육 준거**였다. 정의는 주로 일부 영역을 포함시켜 그 개념을 기술하고 있지만, 실제에서 적용되는 조작적 정의는 공식 정의에서 명확히 밝혀지지 않은 요소들을 고려하고 있다. 그 중 한 가지는 Kirk(1962)의 정의에서 밝힌 개인내차 개념이다. 개인내차란 여러 기능 영역 중에서 기능 수준이 대부분 평균 또는 그 이상이나, 일부 소수 영역에서는 평균 미만을 나타낼 가능성을 말하는 것으로 발달상 불균형으로 불리어지고 있다. 초기의 불일치 연구들은 학습장애를 지닌 아동들의 인지 분야를 중심으로 연구했으며, 대표적인 방법이 웩슬러 지능검사의 하위 검사들 간의 강점과 약점 패턴, 즉 분산 프로파일을 이용하여 학습장애를 지닌 학생과 평균 내지 그 이하의 성취를 보이는 학생들을 구별하고자 한 것이다.

학습장애 집단에서 인지적 불일치를 찾지 못하자 지능-학업성취 불일치의 개념화 가능성을 모색했다. 지능-학업성취 불일치 개념은 Bateman(1965)이 학습장애의 정의를 제안하며 "학습과정에서 기초적인 장애와 관련된 실제 수행 수준과 추정된 지적 잠재력 사이에 존재하는 교육적으로 유의한 불일치"라고 규정함으로써 시작되었다. 지금까지 제안된 불일치 결정 방식은 여러 가지가 있지만 모두 한계성을 지니고 있는 것으로 지적되고 있다(표 12.3 참조).

표 12.3 능력-성취 불일치 공식의 유형과 비판 내용

유형	공식	자료출처	비판
상수 편차식/ 기대학년수준	MA-5	Harris(1961)	수학 연한에 따른 불일치 햇수의 차이성 미 고려
누진편차식	취학햇수×IQ/ 100+1.0	Bond/Tinker(1973)	불일치 햇수를 정확히 제시하지 못함
가중치 공식	생활연령(IQ+.17)/ 300-2.5	미국장애인교육(1976)	적절성 의문, 미 채택
표준점수 공식	읽기점수-집단평균/ 표준편차	Erickson(1976)	통계적 한계성
회기공식	(IQ-읽기표준점수)-1.5 (SD 표준편차)	캘리포니아 주 교육부 (1983)	IQ100이상의 아동들이 지나치게 판별됨, 수학 공식의 비효율성 지적

여러 가지 공식들이 제안되었지만 각 공식이 갖는 제한성 때문에 통일되지 못하고 학자의 관점과 선택에 따라 다양하게 이용되고 있다. 누진편차식과 관련하여 심각한 불일치 수준으로 초등학교 저학년은 1학년, 초등학교 고학년은 1.5학년, 중학교는 2학년, 고등학교는 2.5학년 이상의 편차를 제시하였다(Richek, Caldwell, Jennings, &

Lerner, 1996).

그러나, Davis와 Rimm(2004)은 기대성취 수준보다 6개월 차이를 보이는 1학년이 1년의 불일치를 보이는 8학년보다 훨씬 더 심각하다. 일례로, 1학년의 경우 6개월 불일치는 도달해야 할 성취 수준의 50% 정도에 이른 것을 의미하고, 8학년이 1년의 불일치를 보이는 것은 기대 수행능력에서 단지 12.5%가 뒤질 뿐이라고 주장하고 있다. 이러한 주장을 근거로 할 때 불일치는 아동의 학습 문제가 심각한 정도의 연속선상에 있고, 어디를 절취점으로 하여 의미를 부여할 것인지와 관련되며, 결국 문화적 및 정치적 요인을 고려하여 선택할 문제이다.

■ 중재반응법

불일치법으로 학습장애를 판별하는 데는 여러 가지 문제가 있는 것으로 지적되어 왔기 때문에 중재반응법이 채택되어 병행적용되고 있다. 이 방법은 적절한 교수 활동이 이루어지지 못한 결과로서 학습 문제가 일어나는지를 파악하기 위해 의뢰 전에 취해지는 과정이다. 교사는 과학적으로 타당성이 입증된 방법을 동원하여 학생들을 지도해야 한다는 점을 강조하고 있다.

이러한 방법은 학생들을 지도하는 동안 서류에 남겨야 하고, 그 결과 자료를 수합하여 분석해야 한다. 계획하여 지도한 방법이 학생에게 효과적일 경우에는 계속 지도하게 되고, 이 학생은 학습장애를 지니고 있지 않은 것으로 판정받게 된다.

과학적인 지도방법을 몇 차례 시도한 후에도 학생이 학습을 제대로 하지 못하면 형식적인 진단평가 과정에 의뢰해야 한다. 지도한 결과 자료는 특수교육을 계획할 때 적절히 참고하게 된다. 중재반응법의 과정에 포함된 네 가지 요소들은 다음과 같다(정대영, 2010).

첫째, 학생들이 학업교과에서 겪는 어려움을 기술한다. 이 단계에서는 학습장애 진단의 배제 조건을 고려하지 않는다. 학업적 문제는 가능한 한 정확히 기술한다. 둘째, 교사는 학생의 학업적 문제와 관련한 결함과 강점을 정확히 찾아낸다. 이 단계에서는 준거참조형 검사와 규준참조형 검사를 이용한다. 셋째, 교사는 공인된 절차를 거쳐 학생의 학업적 문제가 부적절한 교수 때문이 아님을 확인한다. 넷째, 일정 기간 동안 시도했던 방법과 비교적 성공했던 시도들에 대해 기록으로 남긴다. 성공한 것으로 판단되는 방법을 지속적으로 적용하고, 일반교육 환경에서 사용한다.

이와 같은 절차를 적용해도 학생이 학습에 계속 문제를 보일 때는 형식적인 평가에 의뢰하고, 이들에게 적합한 프로그램이나 특별히 설계된 개별화 교수를 제공한다(정대영, 2009; Friend, 2006).

다음 사례의 경우(Fuchs, Fuchs, Compton, & Bryant, 2005) 도달해야 할 단어유창성 표준을 1분당 30단어 수준으로 정하고 있다. 각 사례의 변화를 보면 다음과 같다. Austen은 선별단계에서 표준에 비해 유의하게 낮았지만, 1단계에서 지도를 받고 적절히 반응을 보였다. Austen은 읽기유창성 표적 측정에서 선별표적에 비해 유의하게 낮게 수행했다(Austen의 단어유창성=1분당 10.5단어). 그러나 1단계에서 적절한 진전도를 보여(단어유창성 기울기=1.8) 더 이상의 특별한 중재를 제공하지 않아도 된다.

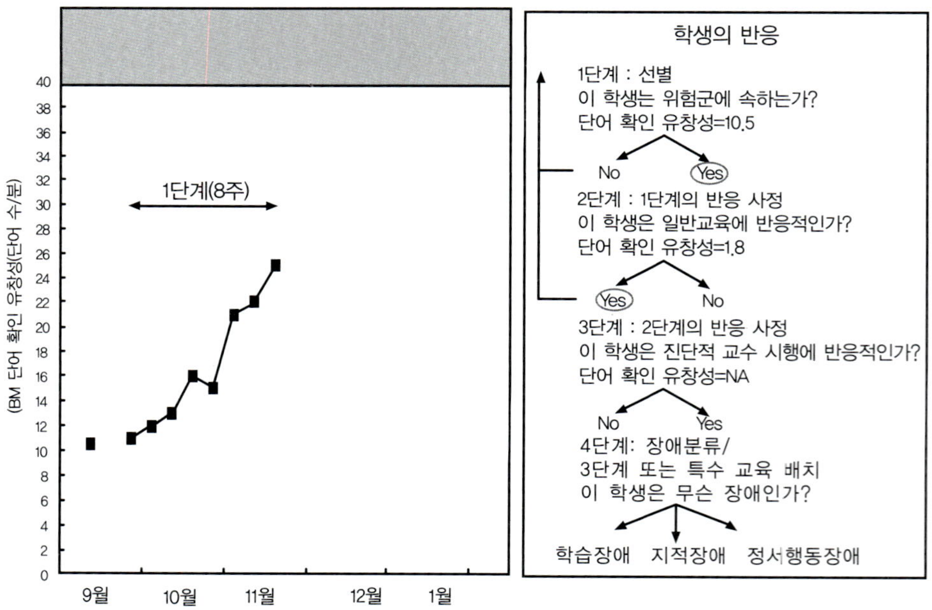

그림 12.1 중재반응법 적용 사례: Austen

Jordan은 단계 1에서 적절한 진전도를 보이지 못하여(단어유창성 기울기=.53) 보다 집중적인 중재가 필요했다. 그는 단계 2에서 소집단 중재 서비스를 받은 결과 진단적 교수에서 반응을 보여(단어유창성은 선별표적 4.25에서 단계 2의 종료시점에는 16.25로 진전을 보임) 다음 단계의 중재를 필요로 하지 않았다.

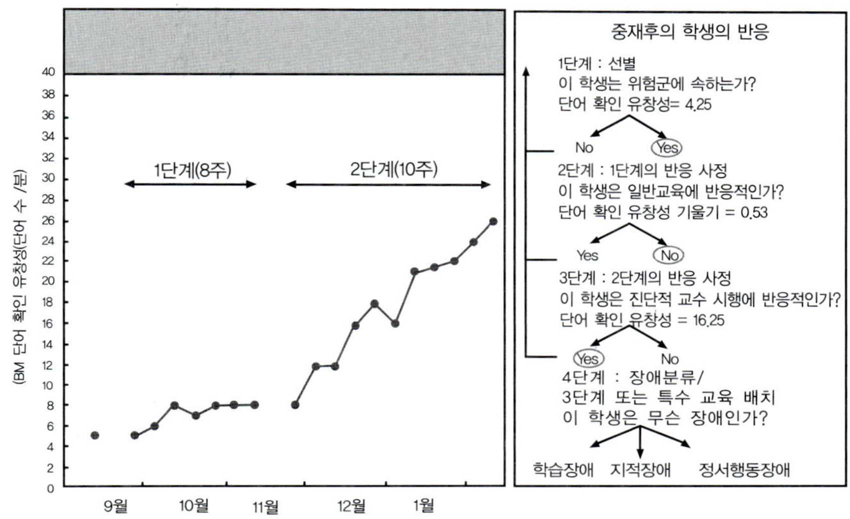

그림 12.2 중재반응법 적용 사례: Jordan

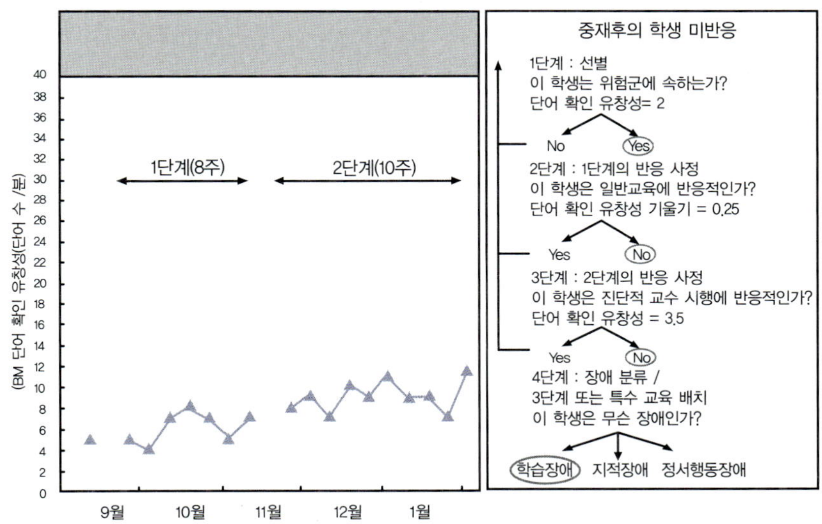

그림 12. 3 중재반응법 적용 사례: Taylor

Taylor의 경우, 단계 1의 교수(선별단계에서 단어발견 유창성=2.0, 단어유창성 기울기=.25)와 단계 2의 중재(단어발견 유창성=3.5)에서 적절한 반응을 보이지 않아서 학습장애로 진단되어 단계 3으로 넘어갔다. 단계 3에서는 보다 학생 중심의 종합적인 평가를 실시하고, Taylor의 요구에 적합한 개별화 교수를 보장할 수 있는 문제해결 접근법이 제안된다.

중재반응법은 이와 대조적으로 학교나 학구 내에서 교육과정 요구 측면에서 학생의 수행성을 판단하고, 학생이 교실에서 직면하고 있는 과제와 직접 관련이 있는 사정 과제에 초점을 맞춤으로써 매우 개념화된 사정 방법을 택하고 있다.

7. 학습장애를 지닌 학생의 교육적 지원과 중재

■ 초등교육

학습장애를 지닌 학생들에 대한 지도는 하나의 일반적인 장애군으로 접근하기 보다는 개별 특수성에 맞추어 지도해 왔으며, 인지학습, 주의력결핍과잉행동, 사회 및 정서, 구어, 읽기, 쓰기, 수학 등 특정 장애를 중심으로 연구되었다. 이러한 접근 방향에 따라 중재 방법 또한 개별적 요구에 초점을 맞추었다. 즉, 사회기술, 교수전략, 또래와 가족 지원 상담, 의료적 처치, 교육 환경의 구조화 등 다양하게 접근하고 있다.

학업적 지원과 교수

학습장애를 지닌 아동들에게 인지, 주의집중, 구어 발달과 읽기, 쓰기 및 수학 기능의 발달을 위한 전략들을 적용하고 있다. 학습장애를 지닌 아동들에게 적용한 각 전략들은 저마다 특정 문제를 강조하고 있다.

인지적 훈련. 인지적 훈련의 사례로 자기교수와 기억전략교수가 있다. 자기교수는 문제를 해결하는 절차와 방법을 인식하도록 지도하여 스스로 실제 상황에 적용할 수 있도록 한다. 인지적 교수를 위한 다양한 접근 방법들은 학습장애를 지닌 특성이 서로 다른 아동들을 지도하는 데 필요하다. 그러한 전략이나 기법은 흔히 학생들의 특별한 요구를 표적으로 프로그램화할 때 사용자의 요구에 맞추게 된다. 학습장애를 지닌 아동을 일반학급에 성공적으로 포함시키기 위해서는 아동에게 적절한 교수의 강도와 기간, 아동의 요구를 충족시켜 줄 지원의 선택, 조기교육을 시작하여 학년의 진급과 함께 지속적으로 지원을 할 필요가 있다. 기억전략은 그림, 단어의 이미지화, 형상화 등을 통해 사실과 관계를 기억하고 회상할 수 있도록 도와준다. 효과적인 인지훈련 프로그램의 단계는 다음과 같다.

표 12.4 인지적 훈련 단계

① 학생은 교사가 수행 절차와 방법을 큰 소리고 말하면서 수행하는 과정을 관찰하기 • 활동에 대한 질문하기 • 과제 수행 방법을 지도하기 • 수행성을 스스로 평가하기
② 학생은 교사의 언어적 지시에 따라 함께 수행하기
③ 학생은 절차를 큰 소리로 말하면서 과제를 수행하기
④ 학생은 교수절차를 작은 소리로 말하면서 과제를 수행하기
⑤ 학생은 마음속으로 절차를 말하면서 과제를 수행하기
⑥ 학생은 자신의 수행을 점검하고 평가하기

일부 교육자들은 우수한 교수법에 초점을 맞추어 조기중재를 할 경우 학습장애를 지닌 아동을 감소시킬 수 있으므로 조기에 요구를 명확히 파악하여 지도하는 것이 중요하다는 점을 지적하고 있다.

직접교수. 인지적 훈련은 학습자의 독특성을 강조하는 반면, 직접교수는 과제의 특성이나 구성요소 또는 학습할 개념을 강조한다. 직접교수는 매우 구조화된 교수적 접근법이며, 학생들의 능동적인 학습 참여를 강조하고, 아울러 연습과 반복을 중시한다. 직접교수는 6가지 중요한 요소를 포함하고 있다(Gersten et al., 1987).

- 명료한 단계적(체계적) 전략
- 교수 과정의 각 단계 숙달
- 학생의 전략(과정) 오류 교정
- 독자적 활동 능력의 향상에 따라 교사의 지시활동을 점진적으로 용암시킴
- 사례를 통한 체계적이고 적절한 연습
- 새로 학습한 개념의 반복적 복습

직접교수와 관련된 교수전략은 과제분석이다. 과제분석은 특정 인지적 및 운동활동을 완수하는 데 필요한 중요한 단계들을 확인하는 데 목적이 있다. 교사들은 복잡

한 행동이나 과제를 수행하기 쉬운 아주 작은 단위로 나누어 계열화함으로써 학생들의 학습을 돕는다.

학습전략. 일부 전문가들은 학습장애를 지닌 학생들에게 특정 학습 기능을 지도하는 것으로는 충분치 않다고 믿고 있다. 이런 학생들은 기억하기, 점검하기, 자신의 학습을 안내하기 등을 위한 체계적인 전략과 계획이 부족하여 학습을 효율적으로 하지 못한다. 학습전략은 학생에게 학습방법을 지도하여 보다 효율적이고 능률적인 학습자가 될 수 있도록 도와준다.

표 12.5 학습전략 지도를 위한 활동 모형

전략 습득 및 일반화 단계	
단계 1	학습자의 사전검사와 학생의 책무 이행 약속 ① 오리엔테이션과 사전검사 → ② 단계 2 : 상황인식과 책임 확인
단계 2	학생에게 학습전략 설명 ① 오리엔테이션과 개괄적 안내 → ② 전략 제시와 체계 기억하기
단계 3	교사가 학습전략을 시범보이기 ① 오리엔테이션 → ② 시범보이기 → ③ 학생은 따라 하기
단계 4	학생은 학습전략을 언어적으로 연습하기 ① 언어적 정교화 → ② 언어적 시연
단계 5	학생은 통제된 연습과 피드백에 참여하기 ① 오리엔테이션과 개관하기 → ② 안내를 받으며 연습하기 → ③ 개별 연습하기
단계 6	실제 과제나 준거상황, 피드백을 받으며 수준을 높여 연습하기 ① 오리엔테이션과 개관하기 → ② 안내를 받으며 연습하기 → ③ 개별 연습하기
단계 7	사후 검사와 학생의 안전 확보 ① 약속과 축하 → ② 예고와 일반화
단계 8	학생의 일반화 필요성 인식 ① 오리엔테이션 → ② 활성화 → ③ 적합화 → ④ 유지

학습전략은 학습을 위한 기술이다. 이러한 기술을 지도하는 데 가장 많이 이용되는 모델은 전략중재모형이다. 그 이후 전략교수모형으로 이름을 바꾸었으며, 전략을 지도하는 가장 포괄적인 모형에 속한다. 이 모형은 8단계로 되어 있고, 특정 교과 내용이 아니라 학습의 인지적 측면을 강조하며, 교육과정 영역 대부분에 적용할 수 있다(Ellis, Deshler, Lenz, Schumaker, & Clark, 1991).

읽기. 학습장애를 지닌 학생들은 특히 읽기에 어려움을 겪는다. 이러한 이유로 인하여 읽기 교수는 많은 관심을 받아왔고, 다양한 전략들이 개발되어 적용되고 있다. 학습장애를 지닌 학생들에게 읽기 전 활동, 피드백을 통한 안내와 연습, 요약하기의 직접교수, 내용 구조도 작성 전략 등과 같은 특정 유형의 학습 기술을 지도하였을 경우 이들의 성취가 유의하게 향상되었음을 보고하고 있다(정대영, 구남희, 2000; 정대영, 신현인, 2003; 정대영, 최둘숙, 2000; Lovett, Lacerenza, & Borden, 2000; Mari-Zissi & Zafiropoulou, 2001). 어느 한 가지 교수 방법이 모든 아동들에게 적합할 수 없기 때문에 여러 가지 전략들을 조합하여 접근하는 것이 이들에게 긍정적인 결과를 가져올 수 있는 바람직한 접근법이다(정대영, 이계영, 2003; 정대영, 이수자, 2006, 2007; 정대영, 최미숙, 2007; 정대영, 하창완, 2011, 2016).

일반적으로 발달적 구조에 기초한 계열적인 읽기 프로그램이 학습장애를 지닌 아동들에게 도움이 된다. 그와 같은 프로그램들은 발달 상태에 따라 일견 어휘를 도입하고, 분석적 음성법을 강조한다. 학습장애를 지닌 아동들을 지도할 집단 교수법은 여러 가지 한계가 있기 때문에 가급적 개별 지도나 소집단 지도를 하는 것이 바람직하고, 지도의 실제에 있어서는 여러 가지 지도 기법이나 전략을 조합하여 패키지화하는 것이 효과적이다.

총체적 언어접근법 또한 학습장애를 지닌 학생들의 지도에 효과적이다. 이 접근법은 언어적 구성 요소를 분리하여 연습하는 것을 강조하지 않는다. 일부에서는 학습장애를 지닌 아동들은 총체적 언어접근법과 문제 영역에 관련된 집중적이고 직접적인 교수를 균형 있게 적용하는 데 관심을 보이고 있다(정대영, 김지은, 2001; Ernsbarger, 2002; DiCecco & Gleason, 2002; Lerner, 2003). 심한 읽기장애 아동들의 경우 유의한 진전을 보이기 위해서는 개별화 읽기 교수를 필요로 한다.

읽기 지도 프로그램은 다양하며 학습장애를 지닌 아동들에게 적용할 때 각기 장단점을 지니고 있음에 유의할 필요가 있다. 발달적 접근의 프로그램으로는 종합적 음소

중심의 프로그램, 언어 음소 프로그램, 언어경험 접근법 등이 있다. 일부 프로그램은 학생의 학습을 극대화하기 위해 다감각 기법을 적용하고 있다. 학생의 특정 장애 프로파일과 기타 관련 요구에 근거하여 지도 방법과 교수 기법을 선택하여 적용하는 것이 바람직하다.

읽기의 사정과 교수를 위한 컴퓨터 소프트웨어는 학습장애를 지닌 아동들의 읽기 학습을 지원할 수 있고, 앞으로 더욱 일반화될 가능성이 높아지고 있다. 컴퓨터 프로그램의 발달과 더불어 읽기 지도 프로그램의 질적 수준이 높아질 것이고, 보다 광범위하게 이용될 것이다.

수학. 수학 역시 후속 학습의 기초학습 기능으로서 매우 중요하다. 수학학습장애를 지닌 아동들은 수 세기나 자릿값을 이해하는 데 어려움을 겪는다. 이러한 학생들의 경우 구체물을 이용하여 수 세기를 지도하면 효과적이다. 바둑알, 단추, 콩, 공 등 구체물을 이용하여 수 세기를 반복적으로 연습하면 수 값의 크기에 대한 개념을 발달시키게 된다. 구체물을 가지고 수 세기를 하며, 10개 단위로 묶는 연습을 반복하면 자릿값의 개념도 이해하게 된다. 학습장애를 지닌 아동들의 경우 이러한 활동이 매우 구조화되어야 한다.

시중에 판매되는 수학지도 프로그램을 이용하는 것도 도움이 된다. 학습장애를 지닌 아동들을 비롯한 장애아동들이 이용할 수 있는 기초적인 수학 개념 지도가 가능한 컴퓨터 프로그램들이 있다. 퍼스널 컴퓨터는 수학을 지도할 때 내용을 순서에 따라 제시하여 지도할 수 있기 때문에 매우 도움이 된다. 컴퓨터는 또한 반복 연습이 필요한 아동들에게 매우 유용하다. 그러나 컴퓨터를 이용한 프로그램은 연습과 훈련을 중심으로 구성되어 있다. 여러 가지 수학 프로그램에서 학습 강화를 제공하지만 대개는 훈련과 연습에 지나치게 치중하고 있는 점이 지적되고 있다. 따라서 수학 프로그램은 기초 수학의 범위를 벗어나 다양한 요구를 지닌 많은 학생들이 이용할 수 있도록 확대되고 발전되어야 한다. 컴퓨터 보조 학습 수학 프로그램은 일부 학습장애를 지닌 아동들에게는 매우 효과적이지만 수학의 기초 개념이 부족하여 구체물을 이용해야 할 학습장애를 지닌 아동들에게는 그다지 유용하지 않다. 따라서 장기적인 연구를 통해 컴퓨터 교수의 효과와 학습장애를 지닌 아동들에게 가장 효율적으로 적용할 수 있는 방법 등에 대해 연구할 필요가 있다.

행동중재

행동중재와 학업적 중재는 명확히 구분할 수 있는 것이 아니다. 두 중재는 모두 학습기능과 행동변화를 추구한다. 그러나 행동중재는 일반적으로 강화와 같은 학습 원리를 실제에 응용한다. 자극을 구조화하여 제시하기(예; 문자나 단어), 정확히 반응했을 때 강화하기(예, 칭찬), 행동이나 수행을 스스로 점검하기 등과 같은 행동중재는 여러 가지 교수적 접근 방법에서 많이 이용되고 있으며, 최근에는 긍정적 행동지원이 주류를 이루고 있다.

일부 학생들의 경우에는 사회적 기술을 지도하는 데 중점을 두게 된다. 학습장애를 지닌 학생들은 열심히 노력하지만 학업 실패를 되풀이함으로써 좌절하게 되고 우울해진다. 이런 학생들은 위축, 좌절 및 불안을 **행동 표출**[178]이나 공격적인 행동으로 표현할 수도 있다. 이런 문제를 나타내면 학생의 1차 장애가 학습장애인지 정서행동장애인지 구별하기가 쉽지 않다.

행동계약은 바람직하지 못한 행동을 변화시킬 때 가장 많이 이용하는 중재 중의 하나이다. 이 기법을 이용할 때 일반교사, 특수교사 및 부모는 아동이 적절한 행동을 한 경우에 제공할 강화를 아동과 문서로 약속한다. 이 때 아동이 평소에 매우 갖고 싶어 하는 물건이나 하고 싶어 하는 게임, 관심 활동을 강화로 선정한다. 학생이 무엇을 원하는지, 사건과 결과가 아동의 관심과 흥미를 많이 끄는지, 그러한 강화가 실제로 아동의 적절한 행동을 강화시킬 것인지를 명확히 이해하는 것이 중요하다. 행동계약은 학생이 자신의 행동에 대해 일부 책임을 지기 때문에 상당히 효과적이며, 학생들의 연령 수준과 능력에 따라 다양하게 적용될 수 있다.

토큰강화 체계 역시 학습장애를 지닌 아동들에게 적용되는 행동중재 기법이다. 토큰강화 체계는 학생들이 적절한 행동을 했을 때 그에 대한 보상으로 토큰을 받게 되고, 받은 토큰은 모아서 아동이 좋아하는 실물 강화와 교환하게 된다. 토큰강화는 성인들이 직장에서 일을 하고 월급을 받는 것과 같은 원리이다.

행동중재는 주로 경험심리학에서 발달된 기초적인 학습 원리에 근거를 두고 있다. 이 원리는 학습장애를 지닌 아동뿐만 아니라 다른 장애 아동들에게도 여러 상황에서 다양하게 활용되고 있다. 이 접근의 주요 강점 중 한 가지는 일단 기본적인 이론을 이해하게 되면 다양한 요구와 상황에 맞추어 적절히 행동중재를 적용할 수 있다는 점이다.

178) acting out 억압된 감정의 행동화

■ 중등교육

서비스를 계획할 때 연령은 매우 중요한 변인이 된다. 아동기의 폭이 넓기 때문에 이 시기에 적용되는 서비스의 특성과 수준도 달라진다. 아동기라도 6세 아동과 12세 아동의 요구는 큰 차이를 보일 수 있고, 서비스의 접근도 차이가 날 수 밖에 없다. 학습장애를 지닌 청소년들은 일반 청소년들처럼 음주, 약물 복용, 성 문제 등에 연루될 수 있다. 확실히 이들은 또래의 압력에 취약하고, 비행에 가담할 가능성이 높다. 그러나 학습장애를 지닌 청소년들은 부모의 기대로부터 영향을 받을 수 있고, 그 기대는 흔히 이들의 성취에 긍정적인 영향을 주는 요인이 된다. 학습장애를 지닌 청소년들의 서비스와 지원을 효과적으로 제공하기 위해서는 연령에 적합한 교수적 조정을 하는 것이 매우 중요하고, 대개 이들을 위한 교수 설계는 개별화되는 것이 바람직하다.

학습장애를 지닌 청소년들은 이 연령에 이르러도 역시 기본적인 학업 기술을 발달시켜야 하고, 사회기술이나 대인관계 기술도 훈련받아야 한다. 학습장애를 지닌 청소년들은 대학에 많이 진학하고 있지만, 진급을 못하거나 졸업을 못하는 비율도 높다 (U. S. Department of Education, 2002). 따라서 학습장애를 지닌 청소년들과 성인들의 폭 넓은 요구 스펙트럼을 고려한 종합적인 모델을 개발할 필요가 있다.

학습장애를 지닌 청소년들은 학습장애를 지닌 아동들에 비해 관심을 적게 받을 가능성이 높다. 아동기 동안에 처음 나타나는 학업 결손은 학생들이 점차 어려운 과제를 접할 때 더욱 두드러지게 되고, 이들이 중·고등학교에 진학하게 되면 학업적으로 또래에 비해 더욱 뒤처지게 된다. 학습장애를 지닌 청소년들에게 있어 학업 문제가 가장 두드러지고 심각한 문제이지만 이들의 학업적 발달에 미치는 영향들에 관한 연구는 거의 없는 실정이다. 학습장애를 지닌 청소년들의 연구에서 동기유발, 자기 의존성, 학습 전략, 사회적 능력, 사회기술의 일반화 등의 문제가 지속적으로 지적되고 있다.

8. 학습장애를 지닌 학생의 전환교육

학습장애를 지닌 청소년들의 전환교육이 매우 열악한 상태이다. 그러나 최근 이 영역은 연구자들의 많은 관심을 받기 시작했다. 우리는 학습장애 성인들에게 영향을 미치는 정서적, 대인적 및 사회적 능력에 관하여 더 많이 이해하기 시작했고, 그러한 연구들은 학습장애를 지닌 청소년들의 전환 계획에 영향을 미치고 있다. 이 분야의 연구들은 물질 남용과 같은 요인들에 관해 연구하기 시작했고, 연구 결과에 의하면 특히 알코올과 학습장애의 관련 가능성(Blum et al., 2001)을 밝히고 있다. 결과가 분명한 것은 아니지만 학습장애를 지닌 청소년과 폭력 또는 폭력 범죄와의 관련성도 제기되고 있다. 대인관계에 관한 연구들 역시 많이 진행되고 있는데, 학습장애를 지닌 청소년들을 위하여 정서적 안정, 대인관계 친밀성, 성 역할과 성 생활 등에 관한 분야도 전환교육에 포함되어야 할 것으로 지적되고 있지만, 이 분야에 대한 학습장애 청년들의 능력은 그다지 긍정적이지 못한 것으로 나타나고 있다.

학습장애를 지닌 청소년들을 위한 전환교육 프로그램을 계획하는 사람들은 이들의 생활 목표가 학습장애를 갖지 않은 일반 청소년들의 목표에 근접할 수 있음을 고려해야 한다. 일부 학생들은 중등교육만으로도 직장에 취업하여 생활할 수 있다. 일부는 직업학교에서 학교생활을 계속하기도 한다(Lerner, 2003). 다른 장애 영역과 마찬가지로 학교 교육은 학습장애를 지닌 청소년들의 전환교육 계획을 수립하여 이들의 요구에 적절히 대처해야 한다. 전환교육 프로그램에서 직업의식 프로그램, 작업 경험, 진로 및 직업 사정, 직무 관련 학업 및 대인관계 기술, 특정 고용에 관한 정보 등과 같은 취업 준비 활동 등을 다루어 학생들이 도움을 받을 수 있도록 해야 한다. 아울러 전문가들은 학습장애를 지닌 청소년의 고용에 관한 정보를 수집하고 분석하여 보고함으로써 교사들에게 관련 정보를 제공해 주어야 하고, 사업주들이 청소년들을 많이 고용할 수 있도록 고용주의 인식을 개선하고 정책을 개발하며 국가의 지원을 확대하는 등, 전반적 분위기 창출에 많은 노력을 기울여야 한다.

9. 학습장애를 지닌 학생의 통합교육을 위한 팁

■ 유아기

가족을 위한 팁

- 단어나 음 찾기와 같은 구어적 지시 게임하기
- 주의를 집중할 때 강화하기
- 학습장애를 지닌 자녀의 강점과 한계, 자녀 존중 등에 대해 가족 교육을 하기

유치원 교사를 위한 팁

- 지시를 할 경우, 단문을 이용하여 한 차례에 하나씩 하기
- 발달 수준을 고려하여 적절한 내용과 수준의 자료를 선정하기
- 요점과 의미를 명확히 하기 위해 예를 많이 들어주고 강화하기
- 새로운 자료나 기능을 학습할 때는 평소보다 더 많이 연습하기

유아교육 관련 인사를 위한 팁

- 장애를 지닌 학생들을 존중하는 학교 환경과 태도를 조장하기
- 학습장애를 지닌 학생들에게 중요한 학업 전 기능에 중점을 둔 교수 프로그램의 개발을 강조하고 지원하기
- 평균 이상의 지능을 지니고 있으나 기능 수준이 자신의 지적 능력 수준에 이르지 못하는 아동들에게 관심 가지기

이웃과 친구를 위한 팁

- 성숙과 발달 수준이 다양한 아동들을 위한 지역사회 활동을 개발하여 학습장애를 지닌 학생들이 제외되는 일이 없도록 하고, 발달기 초기에 불필요한 실패를 경험하지 않도록 하기

■ 초등학령기

가족을 위한 팁

- 학교 운영위원회 등 학교 회의나 협의회에 적극 참여하기
- 자원봉사로 학교에 참여하기
- 학습장애에 대해 공부하고 이 장애가 자녀에게 어떤 영향을 미치는지 이해하기

일반교사를 위한 팁

- 구어적 지시를 단순하고 간단히 하기
- 지시를 반복하고 이해 여부를 확인하기
- 교수 활동 중 기억법을 이용하여 학습장애를 지닌 학생들의 기억을 돕기

- 교수 과정 중 요점을 여러 차례 반복하도록 수업을 설계하고 실행하기
- 반복 및 재지도 등을 포함하여 자료 학습을 위한 추가의 시간 제공하기

학교 인사를 위한 팁

- 개별 체육활동을 격려하기
- 관심을 보이는 적절한 학교 활동에 참여시키기
- 또래교수 개발하기

이웃과 친구들을 위한 팁

- 학습장애를 지닌 학생들을 도와 줄 옹호 단체나 기타 단체와 접촉하기
- 학습장애를 지닌 학생의 부모와 관계를 유지하고 대화하기
- 부모들이 자녀 교육에 도움이 될 활동을 찾도록 도와주고 격려하기
- 가능하면 개인지도 교사나 자원봉사로 부모를 돕기

■ 중등학령기 및 전환기

가족을 위한 팁

- 학업 문제가 있으나 학교에서 잘 하는 일을 격려하며, 가정에서 자녀의 학교생활에 도움이 될 지원을 제공하기
- 자녀의 미래 계획과 성인 생활로의 전환에 관하여 이야기 하고 생각하도록 격려하기
- 자녀의 학업 및 사회적 어려움을 이해하도록 노력하기, 충동성이 학업 문제를 일으킬 수 있으므로 충동성을 통제하도록 지원하고 격려하기
- 부적절한 행동을 하는 또래들보다는 성공지향적인 또래들과 어울리도록 조장하기
- 대학, 취업, 지역사회 생활 등 고등학교 이후의 생활을 생각하고 계획하도록 격려하기

일반교사를 위한 팁

- 자기 기록 방법 지도하기
- 학습장애를 지닌 학생이 이미 알고 있는 지식과 새로운 자료를 관련짓기
- 기억을 향상시킬 수 있는 방법을 지도하기(예; 목록 만들기, 노트 정리하기)
- 학습 수행성을 향상시키기 위한 기자재를 활용하기(예; 녹음기, 계산기 등)

학교 인사를 위한 팁

- 대인관계 능력을 발달시킬 수 있는 사회적 활동에 참여하도록 촉진하기
- 학습장애를 지닌 학생들이 체육 활동 등에 흥미와 능력을 보일 때 격려하기
- 전환교육 프로그램과 연관된 기능적 학업 프로그램의 개발을 장려하기
- 학습장애를 지닌 학생들을 위한 대학 진학 정보 제공하고 상담하기

이웃과 친구들을 위한 팁

- 서비스를 제공할 수 있는 지원기관을 학생들이 찾도록 격려하기
- 지역사회 활동에 참여하도록 권장하기
- 이웃, 친구 및 지역주민들 사이에서 학습장애를 긍정적으로 이해하도록 격려하기

요약

■ 정의

- 학습장애는 개인의 내적 요인으로 인하여 듣기, 말하기, 주의집중, 지각, 기억, 문제 해결 등의 학습기능이나 읽기, 쓰기, 수학 등 학업 성취 영역에서 현저하게 어려움을 보이는 것을 말한다.

■ 분류

- 학습장애를 이분법적으로 분류하는 데는 한계가 있기 때문에 발달적 학습장애와 학업적 학습장애를 한 축으로 하고 언어성 학습장애와 비언어성 학습장애를 다른 축으로 하여 매트릭스 형태로 분류하는 것이 합당할 것이다.

■ 출현율

- 학습장애 출현율은 1.17%이고, 전체 특수교육대상자의 43.17%에 해당되며 특수교육대상 장애 범주 중에서 비중을 가장 많이 차지한다.

■ 원인

- 신경계의 발달 지체, 유전적 이상, 음식물의 인공 색소나 인공 향료, 비타민 결함이 학습 장애를 일으킬 수 있다고 본다.

■ 특성

- 학습장애를 지닌 사람(학생)은 신체적 특징, 행동, 증후, 정확한 유전 패턴, 기타 장애를 특징지을 수 있는 표식을 보이지 않지만 학급에서 동료들과 동일한 방식으로 학습하지 못하며, 동료들만큼 효과적으로 학습을 하지 못하는 특성을 공통으로 보인다.
- 이들이 성인이 되면 읽기, 쓰기, 셈하기 등 학교에서 주로 하는 활동 과제를 요구하지 않는 일자리에 취업할 수 있다.

■ 진단평가와 사정

- 학습장애를 판별하는 하나의 방법인 불일치법에는 개인내차, 인지적 불일치, 잠재능력과 성취 사이의 불일치 등의 개념이 있다.
- 불일치법으로 학습장애를 판별하는 데는 여러 가지 문제가 있는 것으로 지적되어 왔기 때문에 중재반응법이 제시되었다.
- 불일치법과 중재반응법을 결합한 하이브리드 접근법이 제안되었다.

■ 교육적 지원과 중재

- 학습장애를 지닌 학생의 중재 방법은 개별적 요구에 초점을 맞추고, 사회기술, 교수전략, 또래와 가족 지원 상담, 의료적 처치, 교육 환경의 구조화 등 다양하게 접근하고 있다.
- 학습장애를 지닌 학생들에게 읽기 전 활동, 피드백을 통한 안내와 연습, 요약하기의 직접교수, 자기교수, 기억전략교수 등과 같은 특정 유형의 학습 기술을 지

도한다.

- 컴퓨터 보조학습 수학 프로그램은 학습장애를 지닌 학생들 중 일부에게는 매우 효과적이지만 수학의 기초 개념이 부족하여 구체물을 이용해야 할 학생들에게는 그다지 유용하지 않다.

토의문제

1. 학습장애의 개념 정의에 합의를 하지 못하는 이유에 관하여 논의하시오.
2. 학습장애에 관한 생애 주기적 접근법의 관점에 대한 여러분의 견해에 대해 논의하시오.
3. 학습장애를 지닌 학생들의 학업적 특성에 대해 논의하시오.
4. 학습장애를 지닌 학생들의 행동 및 정의적 특성에 대해 논의하시오.
5. 학습장애의 원인에 관하여 논의하시오.
6. 학습장애의 진단평가 방법 중 불일치법과 중재반응법의 장단점에 대해 논의하시오.
7. 교육과학부가 제시한 학습장애의 진단평가 절차를 비판적으로 논의하시오.
8. 학습장애를 지닌 학생들의 생애주기별 지도법의 중요한 차이점은 무엇인가?
9. 학습장애를 지닌 청소년의 전환교육에서 중점을 두어야 할 요소들은 무엇인가?

제13장

주의력결핍과잉행동 장애를 지닌 학생

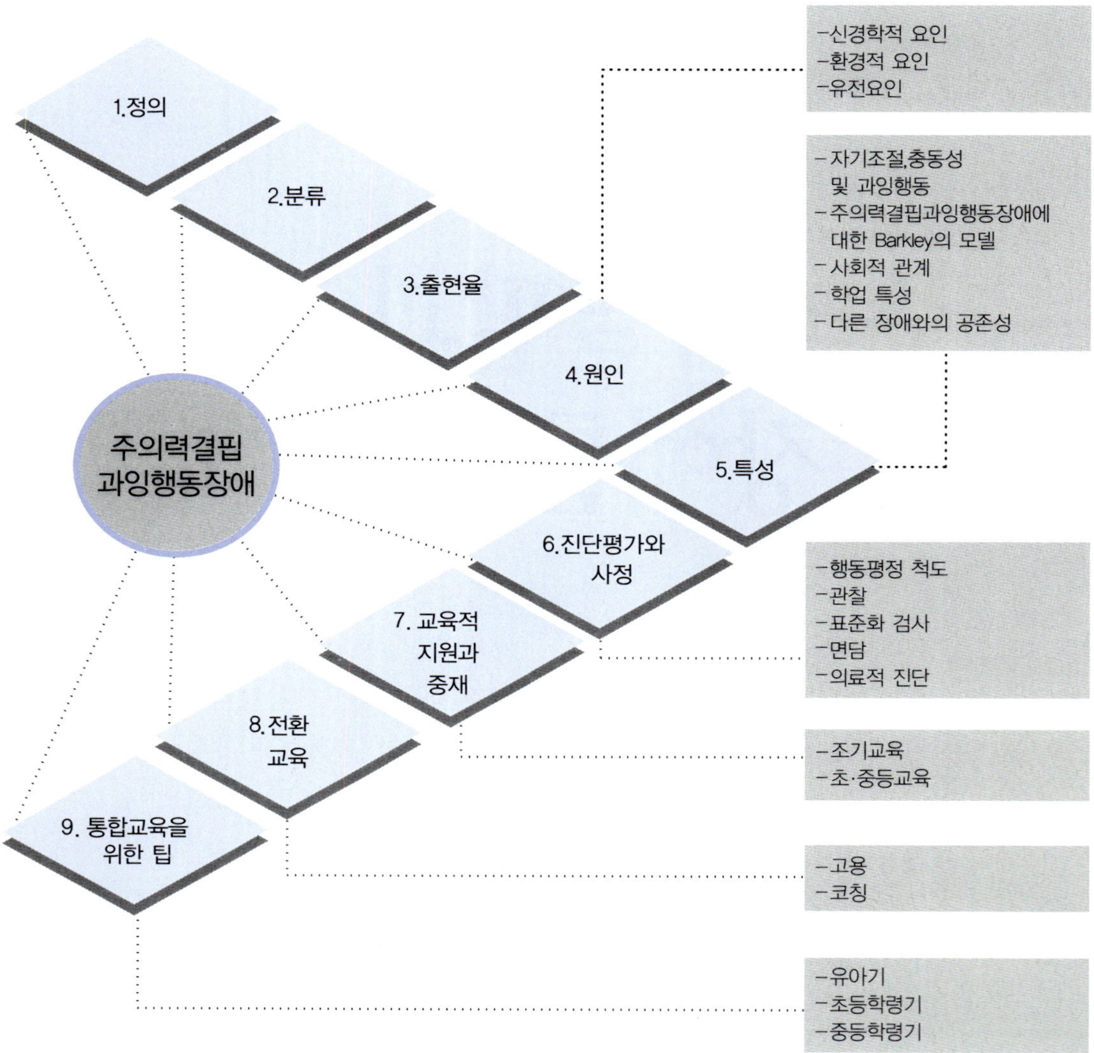
주의력결핍 과잉행동장애
1.정의
2.분류
3.출현율
4.원인
5.특성
6.진단평가와 사정
7. 교육적 지원과 중재
8.전환 교육
9. 통합교육을 위한 팁
-신경학적 요인
-환경적 요인
-유전요인
-자기조절,충동성 및 과잉행동
-주의력결핍과잉행동장애에 대한 Barkley의 모델
-사회적 관계
-학업 특성
-다른 장애와의 공존성
-행동평정 척도
-관찰
-표준화 검사
-면담
-의료적 진단
-조기교육
-초·중등교육
-고용
-코칭
-유아기
-초등학령기
-중등학령기

| 제13장 |

주의력결핍과잉행동장애를 지닌 학생

주의력결핍과잉행동장애는 1990년대에 이르러 별도의 장애로 관심을 많이 받기 시작했다. 과거 수 십 년 동안 주의력결핍과잉행동장애는 학습장애나 정서행동장애와 같은 다른 장애와 함께 나타나는 일련의 증후로 여겨졌다. 주의력결핍과잉행동장애는 미국의 경우 건강장애로 분류되나 특수교육법에서는 하나의 독립된 장애영역으로 인정받지는 못하고 있는 가운데 학계에서는 점차 하나의 독립된 장애로 취급하기 시작하였다.

주의력결핍과잉행동장애로 진단받은 학생들은 장애가 학습을 방해하는 것으로 인정되어야 특수교육을 받게 된다. 다시 말해, 주의력결핍과잉행동장애를 지닌 학생들은 학교에서 학업에 문제를 보이지 않을 수도 있다. 한편 상당수의 주의력결핍과잉행동장애를 지닌 학생들은 장애의 특성으로 인하여 여러 가지 방식으로 개인의 일상생활이나 학업수행을 방해받을 수 있다. 그런 경우 장애가 심할 경우에는 특수학급이나 특수학교에서, 가벼울 경우에는 일반학급에 통합되어서 특수교육을 받게 된다. 주의력결핍과잉행동장애 분야는 주로 아동 및 청소년들을 대상으로 삼고 있지만 성인들도 이러한 조건으로 어려움을 겪는 것으로 밝혀지고 있다.

1. 주의력결핍과잉행동장애의 정의

주의력결핍과잉행동장애는 일반적으로 본인의 연령 수준에 어울리지 않는 부주의, 분열, 과잉행동-충동성의 손상 정도에 의해 규정되는 신경발달 장애이다. 일부 연구에서는 주의력결핍과잉행동장애를 지닌 학생들이 선택적 주의집중, 실행적 주의집중, 지속적 주의집중 및 주의집중의 오리엔팅 등과 같은 몇 가지 영역에 결함을 나타내는 것으로 보고하고 있다. 이 조건은 모든 연령, 성, 인종집단, 사회경제적 지위, 교육 수준, 지능 수준에서 나타난다. 일반적으로 주의력결핍과잉행동장애는 정신장애

진단 통계편람(DSM-5™, APA, 2013)에 제시된 진단 기준에 의해 진단되고 있다. 주의력결핍과잉행동장애의 세 가지 유형은 부주의 우세형, 과잉행동-충동 우세형 및 복합형 등이다. 남성이 여성에 비해 3~4배 정도 더 많이 나타내고, 복합형이나 과잉행동-충동형을 많이 나타낸다. 정신장애진단편람에서 제시하고 있는 주의력결핍과잉행동장애의 진단 기준은 다음과 같다(APA, 2013).

A. 기능 또는 발달을 저해하는 지속적인 부주의 및 과잉행동-충동성이 1 그리고/또는 2의 특징을 갖는다.

1. 부주의에 관한 다음 증상 가운데 6가지 또는 그 이상의 증상이 6개월 동안 발달 수준에 맞지 않을 정도로 또는 사회적 및 학업적/직업적 활동에 부정적인 영향을 줄 정도로 지속된다:
    a. 종종 세부적인 면에 대해 면밀한 주의를 기울이지 못하거나, 학업, 작업 또는 다른 활동에서 부주의한 실수를 저지른다.
    b. 종종 과제나 놀이를 할 때 지속적으로 주의를 집중할 수 없다.
    c. 종종 다른 사람이 직접 말을 할 때 경청하지 않는 것으로 보인다.
    d. 종종 지시를 완수하지 못하고, 학업, 잡일, 작업장에서의 임무를 수행하지 못한다.
    e. 종종 과제와 활동을 체계화하지 못한다.
    f. 종종 지속적인 정신적 노력을 요구하는 과제(학업 또는 숙제 같은)에 참여하기를 피하고, 싫어하고, 꺼려한다(마지못해 함).
    g. 종종 활동하거나 숙제하는 데 필요한 물건들을 잃어버린다.
    h. 종종 외부의 자극에 의해 쉽게 산만해진다.
    i. 종종 일상적인 활동을 잊어버린다.

2. 과잉행동-충동 : 다음 증상 가운데 6가지 또는 그 이상의 증상이 6개월 동안 발달수준에 맞지 않고, 사회적 및 학업적/직업적으로 부정적인 영향을 줄 정도로 지속된다:
    a. 종종 손발을 가만 두지 못하거나 자리에 앉아서도 몸을 움직거린다.
    b. 종종 앉아 있어야 할 상황에서 자리를 떠난다.
    c. 종종 부적절한 상황에서 지나치게 뛰어다니거나 기어오른다.

d. 종종 조용히 여가 활동에 참여하거나 놀지 못한다.

e. 종종 "끊임없이 활동하거나" 마치 "자동차(무엇인가)에 쫓기는 것" 처럼 행동한다.

f. 종종 지나치게 수다스럽게 말을 한다.

g. 종종 질문이 채 끝나기 전에 성급하게 대답한다.

h. 종종 차례를 기다리지 못한다.

i. 종종 다른 사람의 활동을 방해하고 간섭한다.

이러한 증상은 두 가지 또는 그 이상의 장면(학교, 가정, 작업장, 기타 활동 중)에서 존재하고 일부 부주의 및 과잉행동-충동 증상은 12세 이전에 나타난다. 장애 증상이 사회적, 학업적, 직업적 기능을 방해하거나 기능의 질 저하를 초래한 증거가 있고, 조현병 또는 기타 정신병적 장애의 경과 중에만 발생되지 않으며, 기분장애, 불안장애, 해리장애, 성격장애, 물질 충족 또는 금단 등의 정신질환으로 더 잘 설명되지 않는 특징을 보인다.

주의력결핍과잉행동장애를 지닌 학생들은 흔히 학습장애나 품행장애로 잘못 판별되는 경향이 있다. 주의력결핍과잉행동장애를 지닌 아동들의 30% 정도는 학습장애를 동시에 나타낸다(Dykman & Akerman, 1995). 일부 학생들은 학업 수행이 열등하고, 수행성이 증상의 영향을 받을 수 있지만, 반드시 인지적 결함을 보이는 것은 아니다. 주의력결핍과잉행동장애 복합형의 약 50%와 부주의형의 약 25%가 대항성 반항장애를 보이며, 이들은 대개 권위 인물에 대해 부정적, 적대적 및 대항적 행동을 보이는 특성을 지닌다(APA, 2013).

주의력결핍과잉행동장애를 지닌 학생들은 충동적인 행동, 짜증, **과잉행동**[179], 주의집중 불능, 혹은 이러한 행동들을 복합적으로 나타낸다. 여러 경우에 주의력결핍과잉행동이라 하면 과잉행동, 분열성 및 공격적인 행동으로 정의된다. 사실 주의력결핍과잉행동은 사회적, 심리적 및 환경적 요인(예, 좌절, 사회적 고립, 부적절한 지도)과 상호작용하는 다양한 신체적 과정(신경학적 또는 화학적 기능장애)이다. 주의력결핍과잉행동장애를 연구하는 사람들은 최근 이러한 특성을 넘어 자기조절, 충동통제, 주의

---

179) 주의력결핍과잉행동에서 가장 많이 언급되는 행동 특성임. 어떤 경우에는 활동을 너무 많이 하는 것을 말하고, 다른 경우에는 주어진 상황이나 맥락에 부적절한 행동을 하는 경우를 말함.

집중 시간, 활동 수준에서의 심한 장애를 개념화하기 시작했다. 주의력결핍과잉행동장애에 대한 연구 문헌들은 자신의 행동을 점검하고 조절하는 능력인 **실행기능**executive function과 같은 개념을 연구함으로써 개인 행동의 결과에 대한 사고나 충동통제에 대한 관심을 반영하고 있다.

2. 주의력결핍과잉행동장애의 분류

주의력결핍과잉행동장애는 세 가지 유형이 언급되고 있다. 첫째 유형은 주의력결핍 우세형으로 관찰 당시 적응하지 못할 정도나 성숙 기대치에 어울리지 않을 정도의 부주의 행동을 적어도 6개월 이상 나타내야 한다. 대부분의 학생들은 가끔 과제를 잊어버리고, 학교에 필기구를 잊어버리고 오며, 아침에 자신의 잠자리를 정돈하는 등의 과제를 완수하지 못한다. 하지만 주의력결핍과잉행동장애를 지닌 학생들은 위와 같은 두드러진 행동 특성, 즉 진단준거로 제시된 행동 특성 중 6가지 이상을 6개월 이상 지속적으로 나타내어 교육적으로 적절한 진전을 방해할 경우를 장애로 규정한다.

주의력결핍과잉행동장애의 둘째 유형은 과잉행동-충동성 우세형이다. 과잉행동은 지나치게 에너지를 발산하고, 안절부절 못하며 흥분상태에 있는 조건을 말한다. 충동성을 보이는 아동들은 생각하기 전에 행동을 먼저 한다. 과잉행동-충동성으로 진단되는 증후는 부주의로 진단되는 증후와는 현저히 다르다. DSM-5™에서는 복합적인 증상을 기술하고 있다. 이 장애로 진단되기 위해서는 적어도 기준에 제시된 행동 특성을 6개월 이상 지속적으로 나타내야 한다.

주의력결핍과잉행동장애의 세 번째 유형은 부주의는 물론 과잉행동과 충동행동을 동시에 보이는 복합형이다. 주의력결핍과잉행동장애로 진단받기 위해서는 전반적 발달장애, 자폐증, 정신분열증 및 기타 정신장애 등과 같은 증상을 보이지 않아야 한다. 미국정신의학협회(2013)는 주의력결핍과잉행동장애는 기분장애, 불안장애, 해리성장애, 인격장애, 물질 중독이나 위축 등으로 설명할 수 없는 증후를 보여야 한다고 기술하고 있다. 주의력결핍과잉행동장애로 진단된 학생들은 다양하지만, DSM-5™에서 제시하고 있는 증상을 모두 나타내는 학생은 없다. 하지만 이러한 주요 증상과 더불어 다른 특성들을 보인다. 학생들은 낮은 자존감, 성질부리기, 좌절감의 표출, 강박-충동행동 및 공격성 등을 나타낼 수 있다.

3. 주의력결핍과잉행동장애의 출현율

한국에서는 주의력결핍과잉행동장애에 대한 출현율이 공식적으로 조사된 자료가 없지만, 최근 특수교육 분야에서 가장 급속히 증가하는 장애 범주 중의 하나로서 흔한 아동기 정신과 장애로 분류된다. 대부분의 문화권에서 주의력결핍과잉행동장애를 지닌 학생은 전체 학령인구의 5%, 성인의 경우 2.5%에 달하는 것으로 보고되고 있지만(APA, 2013; Faraone, Sergeant, Gillberg, & Biederman, 2003), 실제 출현율을 결정하기란 매우 어렵다. 미국에서는 주의력결핍과잉행동장애를 지닌 아동들은 기타 건강손상장애 범주로 들어가기도 하나, 다른 건강손상장애 범주의 한 영역으로 분리될 정도의 특성을 보이지는 않는다. 또, 주의력결핍과잉행동장애로 진단받은 학생들은 특수교육 서비스를 필요로 하지 않을 수도 있다.

현재 특수교육법에서는 주의력결핍과잉행동장애라는 장애 범주가 없기 때문에 이 장애를 지닌 학생들은 학습장애와 정서행동장애로 분류되어 특수교육을 받고 있다. 이 장애가 독립된 영역으로 분리되는 것이 특수교육 서비스를 포함한 각종 중재를 효과적으로 제공할 수 있고, 수혜자 입장에서도 효율적이고 가치 있는지에 대해서는 깊이 연구되어야 할 문제이다.

4. 주의력결핍과잉행동장애의 원인

■ 신경학적 요인

주의력결핍과잉행동장애의 원인에 관한 이론들이 몇 가지 존재하지만, 그 어느 이론도 결정적인 증거를 제시하지 못하고 있다. 전통적으로 주의력결핍과잉행동장애는 대뇌가 외부에서 밀려드는 많은 양의 자극을 여과시키지 못하여 일어나는 주의집중장애로 여겨졌다. 현재 주의력결핍과잉행동장애는 순수하게 행동문제로 보기보다는 신경학적, 의료적 장애의 결과로 보고 있다.

많은 전문가들은 주의력결핍과잉행동장애가 신경학적 근거를 지니고 있으며, 특정 원인이 결정된 바 없지만, 신경학적 영상 및 주사 방법을 이용하면 원인에 관한 정보를 얻을 수 있을 것이란 희망을 가지고 있다. 이 장애의 원인은 뇌의 구조, 혈류 내의 사라토닌 과다와 같은 화학적 불균형, 대뇌의 일부 기능, 이상의 원인이나 다른 요인들과의 복합적인 문제와 관련되어 있을 것으로 본다.

주의력결핍과잉행동장애의 신경학적 원인에 관한 연구는 테크놀로지의 발달과 신경영상 절차를 통해 상당히 진전을 보이고 있다. 의료전문가들은 관찰된 행동의 근거가 되는 신경학적 기능장애에 관하여 탐색해 왔고, 최근에 뇌를 직접 관찰할 수 있게 되었다. 예를 들어, 신경영상에 의하면 주의력결핍과잉행동장애를 지닌 사람들은 세 영역, 즉 전두엽, 기저핵(각 대뇌 반구의 회백질에 있는 4개의 신경절), 소뇌에 이상이 있는 것으로 나타났다(Frederickson et al., 2002).

■ 환경적 요인

출생 전이나 출생 중의 환경적 영향이 심각한 손상을 일으킬 수 있는 것으로 알려져 있다. 예를 들어, 납에 노출되거나, 임산부가 알코올에 중독되거나 담배연기에 노출될 경우 태아와 영아는 심각한 학습 지체와 발달 지체의 위험성이 높아지게 된다. 또한 저체중 출산, 출산 중의 복잡한 문제들도 주의력결핍과잉행동장애와 관련이 있는 위험한 상황이다. 임산부의 정서적 및 일반적인 건강 상태와 태아 발달은 주의력결핍과잉행동장애 원인의 중요한 예언적 요인이 된다.

■ 유전요인

주의력결핍과잉행동장애의 유전 문제는 오랫동안 관련지어 왔고, 그러한 조건을 일으키는 환경의 유전적 요인이 있음을 주장하고 있다. 부모와 형제가 주의력결핍과잉행동장애를 가졌을 경우, 그 자녀들도 이 장애를 가질 가능성이 높은 것으로 나타났다(Wigg et al., 2002). 쌍둥이에 관한 연구를 보면 이란성 쌍둥이보다 일란성 쌍둥이에게서 이러한 장애 조건이 일치할 비율이 높은 것으로 나타났다(Waldman, Rhee, Levy, & Hay, 2001). 연구 결과에 따르면 여러 가지 유전자가 관여될 수 있고, 개인이 다양한 환경 조건에 의해 영향을 받을 수 있는 성향이나 경향성을 보이는 것으로 주장하고 있다.

한편 Swanson 등(1998)은 도파민 수용 유전인자와 주의력결핍과잉행동장애 사이에 강력한 상관이 있는 것을 발견하였다. 그러나 그들은 이 요소가 일부 원인이 될 수 있지만 부모로부터 다른 영향을 받을 수도 있다는 결론을 내렸다.

5. 주의력결핍과잉행동장애를 지닌 학생의 특성

■ 자기조절, 충동성 및 과잉행동

주의력결핍과잉행동장애에 관한 이론적 연구와 연구 모델은 자기조절과 행동 억제 문제에 많은 관심을 가진다. 현재 논의되고 있는 문제는 행동 억제와 실행기능, 충동 통제, 자기조절, 자기관리 등이 주를 이루고 있다.

주의력결핍과잉행동장애를 지닌 학생들은 집중을 하지 못하거나 자신의 충동성을 통제하지 못하기 때문에 또래들과 차별된다. 하지만 이 장애를 지닌 학생과 그렇지 않은 학생을 구분할 수 있는 심리검사나 생리학적 검사가 없기 때문에 보이지 않는 장애라고들 한다. 주의력결핍과잉행동장애는 관련 증후를 지속적으로 심하게 나타낼 때만 해당된다. DSM-5™은 증후가 5세 이전에 나타나고, 일부는 두 가지 이상의 상황에서 나타나고, 사회적, 학업적 및 직업적 기능 면에서 임상적 손상이 분명히 드러날 때 주의력결핍과잉행동장애를 지닌 것으로 규정하고 있다. 비록 이 증후가 12세 이전에 나타나야 하지만, 장애는 그 이후에 판별될 수 있다. 17세 이상의 청소년과 성인의 경우, 부주의 과잉행동충동성 진단 준거 9개 항 중 각각 5개 항 이상에 해당될 때 주의력결핍과잉행동장애로 진단하게 된다. 행동이 드러날 수도 있지만 결정적인 검사 도구가 없기 때문에 가족들이나 교사에게는 어느 정도까지는 문제가 되지 않을 수도 있다. 따라서 장애의 판별, 처치 및 중재가 지연될 수 있다.

근래에 이르러 전문가들은 주의력결핍과잉행동장애를 동반한 문제가 장기적으로 지속되는 특성으로 이해하기 시작했다. 학령기 동안에 지녔던 이러한 문제들이 성인이 된 후에 사라지는 것이 아니다. 주의력결핍과잉행동장애를 지닌 아동의 1/3만이 성인이 되었을 때 이러한 문제를 극복하게 된다. 주의력결핍과잉행동장애를 지닌 아동들의 90%는 적어도 한 학년을 실패하고, 약 1.3%는 고등학교를 중도에 탈락하며, 매우 극소수만이 4년제 대학을 졸업하게 된다(Reeve, 1996).

■ 주의력결핍과잉행동장애에 대한 Barkley의 모델

주의력결핍과잉행동장애의 행동억제와 관련된 문제를 지적한 연구들이 많다(Barkley, 2007). Barkley는 특히 행동억제를 중점으로 하는 모델을 제시했다. 이 모델은 장애의 메커니즘을 단순화한 것으로서 실행기능, 시간인식과 관리 분야의 행동억제 문제로 목표지향행동을 꾸준히 할 수 없도록 방해한다. **행동억제능력**에는 반응을 지연하는 능력, 지속적인 반응을 방해하는 능력, 반응을 경쟁자극으로부터 보호하는 능력 등이 포함된다(Lawrence et al., 2002).

행동억제에 문제가 있으면 차례를 기다리지 못하고, 대화 방해 행동을 중단하지 못하며, 활동 시 주의산만을 억제하지 못하며, 지연 보상을 위해 참고 기다리지 못한다. 실행기능의 문제를 동반하는 주의력결핍과잉행동장애를 지닌 학생들은 일반적으로 작업기억에 곤란을 겪고, 내적 언어가 지체되며, 자신의 정서와 각성 통제에 문제가 있으며, 문제를 분석하고 다른 사람과의 문제해결을 위한 의사소통에 어려움을 겪는다.

■ 사회적 관계

주의력결핍과잉행동장애를 지닌 학생들은 또래들과의 사회적 관계에 어려움을 가진다. 일부 학생들은 학급 동료들에게 공격적인 행동을 하기 때문에 함께 지내기 어렵게 되고, 긍정적인 사회적 상호작용을 적절히 하지 못하게 된다. 주의력결핍과잉행동장애를 지닌 일부 학생들은 동물에게 잔인한 행동을 하여 심각한 정신건강의 문제가 의심되는 등 반사회적이거나 병리적인 행동을 보인다. 이런 행동을 하게 되면 또래들 사이에서 사회적 지위가 낮아지게 된다. 이러한 행동 패턴은 시간이 지남에 따라 다양한 방식으로 문제가 확산되어 범죄활동을 할 가능성이 높아지는 등 심각한 문제로 이어질 수 있다(Rausmussen, Almvik, & Levander, 2001).

주의력결핍과잉행동장애의 심한 정도는 남아와 여아의 사회적 관계와 유의한 관련성을 보이며, 그 결과는 다양하고 심각하다. 일부 주의력결핍과잉행동장애를 지닌 학생은 친구를 사귀기 위해서 극단적으로 노력하고, 이러한 행동 때문에 이미 자기 조절행동이 열악한 상황을 더욱 악화시키기도 한다. 이들은 사회적 지위가 낮고 친구가 적음에 따라 좌절하며 학급 동료들의 관심을 사기 위해 더욱 이상한 행동을 하게 된다. 예를 들어 일부 연구는 주의력결핍과잉행동장애를 지닌 학생들이 물질남용에 연루되는 경향이 높다고 주장하고 있고(Rosston & & Buckingham, 2001), 다른 연구들은 물질남용보다는 장애의 중복성 때문에 사회적 손상, 공격행동 등과 관련이 높다고 주장하고 있다(Klorman, 2000). 따라서 연구 결과들은 물질남용이 주의력결핍과잉행동장애와 더 관련이 깊은지, 아니면 공존하는 다른 장애와 연관되어 있는지를 밝히지 못하고 있지만, 이런 문제들이 결합되면 위험성이 증가하는 것으로 밝혀지고 있다.

■ 학업 특성

주의력결핍과잉행동장애를 지닌 학생들은 학교에서 기본적인 학습 문제를 경험하게 된다. 그러한 문제는 학교에서 요구하는 학습량이나 학습 기능 수준이 높아짐에 따라 점점 더 증가한다. 주의력결핍과잉행동장애를 지닌 학생들은 일부 특수한 기억 곤란을 겪으며, 그들은 부주의하거나 충동적인 행동 또는 학습을 계획적으로 접근하지 못함에 따른 학업 수행에 어려움을 겪는다. 학업 수행의 실패나 열등함은 자존감, 문제의 상황과 증후의 반복, 앞으로의 문제 발생 가능성 증가 등 다른 영역에도 영향을 미친다(Knapp & Jongsma, 2002).

주의력결핍과잉행동장애를 지닌 학생들은 장애를 갖지 않은 또래들에 비해 학업적 성공 경험이 부족한 특징을 보인다. 주의력결핍과잉행동장애를 지닌 학생들이 보이는 열등한 학업성취는 그들의 분열적이고 비생산적인 사회적 행동, 열등한 자기 관리 능력, 학업 수행에 도움을 줄 수 있는 사회적 지지네트워크의 감소 등과 연관이 있다. 주의력결핍과잉행동장애를 지닌 학생의 요구와 능력에 맞추어 학업 환경을 교수적으로 적합화할 경우, 이들은 학습할 수 있고, 학업적으로 성취할 수 있으며, 그들의 자아관리 기술도 향상될 수 있다.

■ 다른 장애와의 공존성

주의력결핍과잉행동장애는 오랫동안 학습장애와 연관되어 탐색되었다. 이 분야의 연구 결과는 학습장애와 주의력결핍과잉행동장애의 두 분야에서 누적되어온 바와 같이 상당부분 중복되거나 복합적인 장애(조건들이 함께 일어나는)이다. 일부 연구자들은 학습장애와 주의력결핍과잉행동장애가 중복되어 발생할 비율이 25%에서 75%에 이르는 것으로 보고하고 있다(Naik, Gangadharan, & Alexander, 2002).

주의력결핍과잉행동장애와 함께 나타나는 다른 장애로는 **뚜렛증후군**Tourette's syndrome을 들 수 있다. 뚜렛증후군은 운동이나 음성 틱으로 인하여 반복적인 운동을 하거나, 무의식적으로 이상한 소리를 내거나, 부적절한 단어나 구를 말하는 특성을 보이는 조건이다. 주의력결핍과잉행동장애를 지닌 아동들에게서는 뚜렛증후를 볼 수 없으나, 반대로 뚜렛증후군의 아동들은 흔히 주의력결핍과잉행동장애를 보인다.

주의력결핍과잉행동장애와 중복되는 다른 장애로는 행동장애, 품행장애, 정서장애 등을 들 수 있다. 주의력결핍과잉행동장애를 지닌 학생이 보이는 일부 행동은 매우 분열적이다. 이들이 보이는 공격 수준을 보면 품행장애나 행동장애로 해석될 수 있다. 연구에 의하면 주의력결핍과잉행동장애를 지닌 학생들은 약 50% 이상이 이러한 행동을 나타낸다(Burns & Walsh, 2002). 주의력결핍과잉행동장애는 불안, 강박충동 및 신경증 행동 등 정서장애와 중복되는 조건들을 볼 수 있다.

이상에서 살펴본 바와 같이 주의력결핍과잉행동장애는 여러 가지 면을 지니고 있으며, 쉽게 정의를 내리고 범주를 구분할 수 있는 단순한 장애가 아니다. 이 장애는 다른 장애와 명확히 구별되는 특성을 보이는 것도 아니며, 한 가지 특성을 보이는 경우도 있고 이질적인 여러 특성을 동시에 보이는 경우도 있다.

6. 주의력결핍과잉행동장애를 지닌 학생의 진단평가와 사정

주의력결핍과잉행동장애를 지닌 학생들 역시 다른 장애를 중복으로 가질 가능성이 높다. 충동적 행동이 학습장애나 과잉행동 장애의 증후인지를 파악하기란 매우 어렵다. 검사 도구를 이용하여 사정한 후에도 시간과 장소를 두고 좀 더 관찰해 보고, 학생들의 활동을 분석해 보며, 부모, 기타 가족이나 교사들과 면담을 통해서 얻은 데이터를 분석해 보는 등 다양한 방법을 동원하여 종합적인 분석과 판단을 할 필요가 있다. 중복장애 또는 이중으로 진단되는 학생들은 문제가 보다 심한 경우가 많고, 진단하기도 더 어렵다.

주의력결핍과잉행동장애의 사정과 진단과정은 의료, 심리 및 교육 등 여러 학문 분야와 협력하여 접근하는 특성을 보인다. 이 장애의 사정과 진단 정보는 대개 두 가지 범주로 나뉜다. 즉, 특성상 의료적 데이터와 교육적, 행동적 및 맥락적 상황에 관한 정보를 제공해주는 데이터이다.

주의력결핍과잉행동장애를 지닌 학생을 진단하는 일련의 단계는 이들을 판별하는 데 매우 중요하다. 진단 순서를 달리할 수 있지만 그 과정은 대동소이하다. 진단과정에서는 규준참조형 검사나 준거참조형 검사 등 객관적으로 평가하는 다양한 방법들이 동원되고, 진단 대상이 되는 학생의 생활과 밀접한 관련을 맺는 교사, 가족, 의사, 친구 등의 주관적 견해도 참고하게 된다.

대부분의 경우 여러 가지 검사와 사정은 훈련받은 전문가에 의해서 실시될 것이다. 하지만 학생과 함께 밀접히 생활하면서 그를 잘 알고 이해하고 있는 가족이나 인사들도 간단한 평정 척도를 실시할 수 있다. 현실적으로 학교에서는 특수교사와 일반 학급 담임교사가 학생들과 가장 밀접하게 생활하므로 데이터를 정확히 수집할 수 있고 더불어 그에 대한 책임도 크다고 볼 수 있다.

■ 행동평정 척도

학생의 요구와 문제에 따라 여러 가지 체크리스트를 이용할 수 있다. 체크리스트는 비용이 적게 들고, 이해하기 쉬우며, 실시하기가 용이하기 때문에 유용하다. 그러나 평정척도와 체크리스트는 학생을 다루고 있는 사람들로부터 학생에 관한 주관적인 정보와 학생에 대한 지각만을 수집할 수 있다. 이러한 행동 리스트는 평정자가 행동을 관찰하고 어떻게 지각하는지, 그 특성을 기술하고 있다.

그러나 전문가의 배경과 관점에 따라 동일한 행동을 다르게 평가할 수 있다. 예를 들어, 동일한 행동이라고 하더라도 일부 교사들은 그러한 행동을 전혀 문제시 하지 않을 수도 있고, 다른 교사들은 표적 행동을 학생 자신의 학습 과정이나 다른 학생의 학습을 분열시키는 문제행동으로 볼 수 있다. 가족들은 좌절과 우울의 증후로 볼 수 있고, 의사들은 스트레스의 신경학적 증후로 볼 수 있다.

체크리스트는 마치 시각장애인이 코끼리를 구경하는 우화처럼 부분적으로 기술하며, 학생에 관한 종합적이고 전체적인 특성을 설명해 주지 못한다. 그러나 그러한 데이터를 수집하여 종합하면 특정 학생에게 어떤 유형의 중재가 필요한지를 파악하는데 귀중한 정보를 파악할 수 있다.

가장 많이 이용되는 체크리스트로는 Achenbach와 Rescorla(2001), McConaughy (1993)가 개발한 아동 행동체크리트를 들 수 있다. 6가지의 척도에 포함된 항목들은 장애를 진단하기 보다는 행동 특성을 묘사하도록 설계되어 있다.

Conner의 평정척도(Conners, 1997)는 학생, 교사, 부모, 보호자 등이 지필이나 컴퓨터를 이용하여 평가할 수 있는 검사이다. 이 검사는 3세에서 17세까지의 학생들에게 적용할 수 있으며, 두 가지의 교사 평정 척도(3~17세용, 4~12세용)와 두 가지의 부모 평정 척도(3~17세용, 6~14세용)로 구성되어 있다. 질문지에서 사용하고 있는 문항은 DSM-IV-TR에 제시된 목록과 같다.

개정판 주의력 결핍장애 평가(The Attention Deficit Disorder Evaluation Scale - Revised; ADDES)(McCarney, 1989)는 규준을 도출하기 위한 규준집단 표집 규모가

가장 크다. 채점은 컴퓨터를 이용하여 신속하고 효율적으로 처리할 수 있도록 되어 있다. 교사와 부모용, 상담자를 위한 것 두 가지 유형이 있으며, 4~18세 학생들에게 적용할 수 있다.

평가 프로토콜로는 아동용 행동사정체계-교사 평정척도(Behavior Assessment for Children-Teacher Ratring Scales: BASC-TRS)와 학교 상황 질문지(School Situation Questionnaire: SSQ)(Matazow & Kamphaus, 2001)가 있다. 국내의 경우, 한국 주의력 결핍 과잉행동장애 진단검사(이상복, 윤치연, 2004)와 FAIR 주의집중력검사(오현숙, 2002)가 있다.

■ 관찰

체계적인 관찰은 흔히 학생의 자연스런 상황에서 이루어지고, 어떤 표적 행동의 발생 여부를 파악할 수 있도록 설계되어 있다. 관찰을 이용할 경우 대상자의 보편적인 인상을 파악할 수 있고, 다양한 행동을 기록할 수 있으며, 특정 문제행동이나 바람직한 행동이 일어나는지, 일어나지 않는지를 기록할 수 있다. 이 방법은 특정 학생의 행동을 관찰하여 어떤 행동이 얼마나 자주 일어나는지를 정상적인 발달을 하는 또래들과 비교하고자 할 때 유용하다. 관찰자는 전반적인 행동을 관찰한 후 현장 노트를 분석하고, 특정 행동이 유의한 비율로 일어나고 있는지를 분석한다. 관찰자는 교사나 부모가 문제행동으로 언급하지 않은 다른 행동을 찾을 수도 있다.

관찰자는 문제행동이나 수용할 수 있는 행동을 결정한 후 이를 표적행동으로 삼고 연속적으로 관찰한다. 이 표적행동에는 일반교사, 부모, 학생 자신 등이 의뢰할 당시에 언급했던 행동이 주로 포함될 것이다. 그러나 관찰하는 동안이나 현장 노트에서 언급되었던 행동을 포함시킬 수도 있다. 관찰의 또 다른 중요한 측면은 행동의 타이밍, 행동 발생 전후의 상황, 행동의 지속 시간, 의심되는 촉발 사건과 행동의 시작 시점 사이에 걸리는 시간 등이다.

특정 행동을 찾을 때 주의할 사항은 학급의 물리적 및 사회적 환경, 관찰 기간 동안 일어난 예기치 못한 행동 등을 포함한 **학급의 생태**ecology of the classroom를 파악하는 일이다. 문제행동의 원인이 될 수 있는 특별한 사건이 일어난다면 관찰자가 가정을 잘못한 것이다. 학생의 행동이 완전하다고 믿을 수 있도록 관찰하기 위해서는 한 차례 이상 실시하는 것이 중요하다.

생태 사정은 학생을 배치할 가장 적절한 환경이나 교실을 모색하기 위해 이루어진다. 이 사정은 학생이 생활하게 될 상황의 물리적 환경과 사회적 상호작용에 초점을 맞춘다. 평가 내용으로는 가구의 물리적 배열, 교실의 온도, 외부의 소음, 교사의 말투나 어조, 교사 및 또래들과의 관계 등을 포함시킨다.

■ 표준화 검사

주의력결핍과잉행동장애 학생의 지능검사와 학업성취 검사는 의료적 진단 과정에서 반드시 필요한 것은 아니지만, 교육적 판별 과정에서는 다루어져야 할 분야이다. 장애의 판별 과정에서 특정 장애의 판별은 물론 다른 장애 범주의 특징을 보이는지, 그 결과 다른 장애로 판별해야 하는지의 여부를 결정하는 변별적 진단이 이루어져야 한다. 적성과 성취 영역에서 수집된 정보는 장애 학생에게 제공할 최상의 중재 계획을 구안하고 개발하는 데 도움이 된다. 표준화 검사는 모든 능력 범위에 있는 다수의 참여자들을 대상으로 도출한 규준에 근거하여 점수를 산출하는 검사이다. 그러나 적성검사 결과는 절대적인 것이 아니고 학생들의 학교 수행을 어느 정도 예측해 줄 수 있을 뿐이다.

적성과 성취 결과의 관계는 모든 분야에 이와 같은 의문을 갖게 하고, 그 관련성이나 상관을 명확히 규명하기가 어렵다. 사정 도구의 하위검사에서 다루어지는 사회적 측면의 검사들은 학생의 사회기술을 결정하는 데 도움이 될 수 있다. 학생이 지니고 있는 사회기술 지식의 수준과 그가 학교와 다른 상황에서 적절한 기술을 어떻게 이용하는지를 비교해 볼 수 있다. 이처럼 비교해 볼 수 있는 검사들로는 Connor의 교사와 부모 평정 척도(Connor' s Parent and Teacher Ratring Scales-Revised), 바인랜드 적응행동 척도(Vineland Adaptive Behavior Scale: Sparrow, Balla, & Cicchetti, 1984), AAMR 적응척도(AAMD Adaptive Behavior Scale-School: Lambert, Nihira, & Leland, 1993) 등이 있다.

■ 면담

부모, 가족 및 교사는 주의력결핍과잉행동장애를 지닌 학생의 교육 계획 수립에 중요한 정보를 지니고 있다. 학생의 가족 구성원들과 면담을 실시하는 목적은 부모와 다른 가족들과 라포를 형성함은 물론, 학교 외의 상황에서 보이는 학생의 행동에 관한 정보를 얻는 데 있다. 가족 구성원들은 학생이 학교 밖에서 하는 행동, 학생과 가족의 배경 정보, 학생의 학업 이력, 가족의 사회 및 정서적 내력, 이전 검사의 결과 등에 관한 정보를 얻을 수 있다.

일반교사와의 면담을 통해서 학생의 배경 정보, 교실에서 보이는 행동, 학생의 학업 성취 현황, 어려움을 겪은 기간 등에 대한 정보를 수집할 수 있으며, 체계적인 관찰을 통해서 행동을 촉발시키는 요인, 교사와 또래들에 의해서 강화를 받고 있는 요인 등에 대해 기록을 할 수 있다.

■ 의료적 진단

교육자들은 주의력결핍과잉행동장애를 지닌 학생들의 교육적 중재를 계획하고 접근하면서 의료적 접근과 협력할 필요가 있다. 의료적 진단은 정밀한 과학적 접근이 아니다. 그러나 특수교육 분야에서 의료적 접근의 개입 여지가 가장 많은 부분 중의 하나가 주의력결핍과잉행동장애 영역이다. 주의력결핍과잉행동장애를 지닌 학생들이 나타내는 여러 증후는 한 가지 이상의 문제를 가지고 있을 수 있다. 의료적 진단은 주로 임상적 · 경험적 근거를 토대로 접근하지만 의사들이 적절한 약물처방을 내리는 데 도움을 줄 것이다. 최근 의료적 접근은 약물치료를 이용하여 주의력결핍과잉행동장애를 지닌 학생의 중재에 일익을 담당하고 있다.

7. 주의력결핍과잉행동장애를 지닌 학생의 교육적 지원과 중재

주의력결핍과잉행동장애의 중재는 행동적 및 의료적 중재를 중심으로 하는 다중 중재가 요구된다. 여러 장애 영역에서처럼 효과적인 처치를 위해서는 다학문적 팀접근과 개인의 요구에 따른 여러 가지 기법을 종합하여 접근하는 것이 일반적이다. 주의력결핍과잉행동장애를 지닌 학생들을 위한 중재 원리는 다음과 같다.

- 명확하고 간단하며, 보다 가시적인 제시 양식을 통해 규칙이나 교수활동을 제시해야 한다.
- 후속결과를 즉각적이고 직접적으로 제공해야 한다.

- 비장애학생들에 비해 후속결과를 더 자주 제공해야 한다.
- 비장애학생에 비해 후속결과의 강도가 더 강해야 한다.
- 적절하고 강력한 인센티브를 제공해야 한다.
- 강화제를 자주 바꾸어가면서 제공한다.
- 교사는 학생의 행동을 예측하고 활동이나 수업시간이 바뀌어 이동해야 할 때를 사전에 대비해야 한다.

일반학급에 통합된 주의력결핍과잉행동장애를 지닌 학생들에게 보다 효과적인 교수법으로 반응적 교수가 권고되고 있는데(Hallahan, Kauffman, & Pullen, 2012) 그 절차는 표 13.1과 같다.

■ 조기교육

비장애유아들도 활동 수준이 높고 충동 조절력이 부족하므로 주의력결핍과잉행동장애를 지닌 유아를 진단하기란 매우 어려운 일이다. 영유아기 동안에는 과잉행동과 충동성을 일반적으로 나타내므로 주의력결핍과잉행동장애를 지닌 유아를 관리하기가 특히 어렵다. 따라서 주의력결핍과잉행동장애를 지닌 유아는 교사와 부모에게 큰 도전이 된다.

표 13.1 ADHD학생을 위한 반응적 교수의 절차

- 단계 1: 사전계획: 교수 활동을 의미 있는 단위로 분할하기
- 단계 2: 도입단계
  - 학습목표 제시
  - 수업 결과의 설명과 제시
  - 선행구조도
- 단계 3: 교수와 모델링
  - 학습 단계 설정
  - 문제해결 과정이나 절차를 시범 보이기
  - 지도할 핵심 개념과 활동을 연계시키기
  - 효과적 교수 제공하기
    - 수업의 시작 부분을 제시할 때 공부할 내용을 함께 소리 내어 말하기
    - 학생들이 수행할 단계를 정확히 모델링하기
  - 교수-학습 단계에서 정확한 피드백 제공하기
- 단계 4: 유도연습(안내받으며 연습하기)
  - 교수와 독자적 연습 사이의 중요한 전환단계
  - 유도연습의 핵심은 독자 연습에 앞서 교정과 재지도의 기회를 갖는 것임
- 단계 5: 독자적 연습
  - 개별 활동, 짝활동, 소집단활동
  - 학습한 내용의 적용 훈련
- 단계 6: 정리와 복습
  - 수업의 중요 개념 복습
  - 전시학습 및 차시학습과 관련짓도록 유도하고 강화하기

영유아의 심한 행동 문제 때문에 교실구조화, 교사의 지시, 행동기능평가, 후속강화 중심의 자기관리 등의 지도방법이 더욱 중요시되고 있다. 이들은 또한 자기관리기술의 발달이 부족하여 칭찬, 점수, 구체물 보상 등과 같은 후속강화를 많이 해야 한다.

연구에 의하면 주의력결핍과잉행동장애를 지닌 유아의 부모에게 집중적이고 구조화된 행동관리 절차를 제공했을 때 행동개선과 학업 선수기능 향상에 성공적임이 밝

혀졌다(Kern et al., 2007). 그러나 주의력결핍과잉행동장애 영유아가 공격성을 높은 비율로 나타낼 경우 매우 집중적인 조기중재절차(후속강화와 고도의 교실구조화를 동시에 적용)를 실시하더라도 행동 및 학업적 개선 정도가 그다지 크지 않았다. 이러한 유아들에게는 장기프로그램을 적용해야 한다. 최근에는 행동기능평가와 긍정적 행동지원이 광범위하게 적용되고 있다.

■ 초 · 중등교육

학급구조와 교사의 지시

주의력결핍과잉행동장애를 지닌 학생을 위한 체계적인 교육 프로그램에 일찍부터 관심을 가지고 개발한 학자는 Cruickshank이다(Hallahan, Kauffman & Pullen, 2012). 그의 프로그램은 학습과 무관한 자극을 줄이고, 학습에 중요한 자료를 강조하며, 프로그램을 구조화하고 교사의 지시를 강조했다.

Cruichshank는 주의집중에 문제를 지닌 학생들은 주의가 산만해지기 쉬우므로 가능한 한 무관한 자극을 줄이고자 했다. 예를 들어 학생의 학습 장소는 세 면을 차단하여 산만함을 줄이고 집중력을 높일 수 있게 했다. 교사들에게 관심을 끌 수 있는 색깔의 교수자료를 적극 이용하도록 했다. 아울러 학생들의 하루 일과를 체계적으로 조직하고 일정을 계획하여 지도하도록 했다.

주의력결핍과잉행동장애를 지닌 학생이라고 하더라도 모두가 주위 환경적 조건들로 인해서 산만해지는 것은 아니다. 그러나 주의가 산만한 학생들의 경우 그와 같은 환경을 구조화하여 집중력을 높일 수 있도록 권장하고 있다.

주의력결핍과잉행동장애를 지닌 학생은 물론 일반아동 역시 명료하고, 예측할 수 있으며, 복잡하지 않은 일정과 구조를 통해서 도움을 얻을 수 있기 때문에 하루 일과를 일정 시간 블록이나 단위로 나누어 계획하고 이러한 패턴의 생활을 반복시키는 것이 좋다. 학생들에게 과제를 복잡하게 많이 제시하는 것은 피해야 한다. 과제의 수는 적어야 하고, 빠듯한 일정은 피해야 한다.

행동기능평가와 긍정적 행동지원

행동기능평가는 2장에서 이미 논의되었다. 행동기능평가는 주의력결핍과잉행동장애를 지닌 아동의 교육프로그램에서 매우 유용하다. 행동기능평가는 환경, 선행사건, 행동 및 후속결과의 행동변인들 간의 기능적 관계를 평가한다. 행동기능이 파악되면 행동변인들을 동시에 종합적으로 고려하며 긍정적인 측면을 강조하여 대체행동을 지도한다.

주의력결핍과잉행동장애를 지닌 초·중등학생들에게 행동기능평가와 긍정적 행동지원을 결합하여 접근하면 적절한 행동을 증가시키고, 부적절한 행동을 감소시키거나 대체행동을 지도하여 효과를 극대화할 수 있다.

행동문제를 지도하는 과정에서 강화를 적절히 이용하는 것이 중요하다. 특히 칭찬이나 사회적 특권과 교환할 수 있는 점수나 토큰을 이용하면 자기관리 전략을 훈련시킬 때 효과적이다. 일반적으로 주의력결핍과잉행동장애를 지닌 학생들의 행동지도는 개별화 행동지원 계획이나 긍정적 행동지원 계획(정대영, 2009)을 세워 종합적으로 접근하는 것이 바람직하다.

행동수정과 행동통제

교사들은 주의력결핍과잉행동장애를 지닌 학생들은 산만하며, 충동적이고 항상 분열적이라고 기술한다. 이런 행동들은 대개 학업 결손을 함께 나타낸다(Radford & Ervin, 2002). 학생들이 부단히 움직이면 학습에 초점을 맞추기 어렵다. 따라서 이들을 지도할 때 일반교사와 특수교사 간의 협력적 지원에 초점을 맞추어야 한다. 주의력결핍과잉행동장애를 지닌 학생들은 이러한 행동 때문에 흔히 교수 환경을 방해하고, 교사들은 이들에게 많은 시간과 노력을 투입해야 한다. 하지만, 초등학령기 동안 이들을 통합하기 어렵다고 통합교육을 포기해서는 안 된다.

일반적으로 표적행동 수정 전략은 인지행동 또는 인지적 전략보다 행동 문제를 통제하는 데 효과적인 것으로 나타나고 있다. 인지행동 전략은 자신의 행동에 관한 사고 방법을 바꾸려는 노력, 즉 개인으로 하여금 자신의 반응을 조절할 수 있는 인지적 통제력을 높이려는 시도와 행동주의 기법을 결합시킨 것이다. 연구는 주의력결핍과잉행동장애를 지닌 학생에 대한 인지행동수정의 결과가 그다지 좋지 않은 것으로 밝히고 있다(Paoni, 2001). 학생의 행동을 통제하기 위해 행동수정 기법을 적용하고, 학급 환경을 구조화할 경우 학업 성취가 향상된다. 학습 환경을 구조화시키는 것은 주의력결핍과잉행동장애를 지닌 학생들에게 효과적인 교수 환경 조성에 중요한 변인이 된다.

교육자들은 학습에 긍정적인 영향을 미칠 수 있는 학생의 반응 능력, 집중력 및 행동 수행능력을 향상시키는 방향으로 학급 환경을 정비해야 한다. 교사는 주의력결핍과잉행동장애를 지닌 학생들에게 지시하고, 메시지를 전달하는 방법이나 태도를 꾸준히 점검해야 한다. 학생이 교수-학습 활동에 주의를 기울이고, 교사의 지시를 따르도록 요구하든지, 단서를 제시하거나, 신호 체계를 이용하여 학습 활동에 참여하도록 유도한다. 다양한 신호나 절차 및 방법을 이용하여 학생을 장악하고 교수-학습 활동에 적극적으로 참여하도록 촉진한다. 이 때 이용되는 단서나 신호는 발달적으로 적절하게 고안되어야 한다(Gelfand & Drew, 2003).

학업 분야를 지도할 때는 학생이 겪고 있는 특정 내용의 분야를 직접적인 표적으로 삼아야 한다. 학생의 학습은 구조화된 전략에 의해서 향상된다. 쓰기 학습의 경우는 강화와 모델링을 결부시키고 연습량을 늘릴 때 더욱 효과적이다(De-La-Paz, 2001; Dendy, 2000). 특히 이런 학생들을 지도할 때는 학습 전략을 단순히 설명해 주기 보다는 시범을 보여주는 것이 효과적이다. 이들은 읽기, 수학, 철자 등과 같은 특정 영역에서 교사나 보조교사의 개별화 교수를 필요로 한다. 그와 같은 개별 활동은 **노동집약적이고 집중적인 학습**[180]이 될 수 있다.

인지행동적 접근

학년이 올라갈수록 강화와 통제에 의존하는 것에는 한계가 있다. 스스로 사고하고 문제를 해결할 수 있는 능력을 길러주어야 하고, 인지발달과 함께 독립적인 삶을 훈련해야 한다. 인지행동중재는 교육과제를 수행하기 위해 인지적으로 계획하는 데 학생이 참여할 것을 강조하는 상위인지적 전략이다. 이 접근의 대표적인 전략이 자기관리기술이다. 자기관리기술은 학생들이 적절히 선택하여 독자적으로 반응할 수 있도록 도와준다. 자기관리 기법에는 상호 배타적이지 않는 자기점검, 자기평가, 자기강화, 자기교수 등 4가지 유형의 프로그램이 있다.

자기점검은 다단계 절차로서 그래프 그리기, 차트에 색칠하기와 같은 방법으로 자신의 행동을 구분하고 기록하도록 학생을 지도한다. 학생은 스스로 집중력이나 수행을 점검할 수 있다. **자기평가**는 반응의 적절성을 결정하고 행동의 발생 여부를 기록

180) labor-intensive undertaking learning 학생들의 노력과 활동이 많이 요구되며, 특정 과제나 활동에 집중적인 참여를 요구하는 강도 높은 학습

해서 개인이 자신의 행동을 평가하는 과정이다. **자기강화**는 자신의 행동을 평가하도록 지도하고 적절하면 자신이 선택한 강화를 제공한다. 개인은 강화를 스스로 선택하고 강화스케줄을 결정한다. **자기교수**는 자신에게 스스로 말을 하여 문제 확인, 해답 찾기, 해결사항 평가, 효과적인 해결책의 결정 등 일련의 절차나 단계를 학습하는 과정이다.

종합적 접근

주의력결핍과잉행동장애를 지닌 학생의 지도에 있어 **다중처치 접근법** 또는 **다중모델 처치법**[181]이 단일 처치 방법보다 효과적이다. 그러나 이러한 접근법은 단일 처치에서는 나타나지 않는 위험성이 일어날 수 있다. 즉, 교육적(학교 중심) 및 건강 관련(의료적) 사정과 서비스 사이에 의사소통이나 협력이 이루어지기 어려울 수 있다(NIH, 1998). 두 전문 분야 출신의 진단가와 중재자는 자신의 전문 분야 외의 영역에서 의사소통에 어려움을 겪을 수 있고, 이러한 점은 학생의 조건을 악화시키거나, 반사회적 행동과 같은 새로운 문제를 일으킬 수도 있다. 여러 학문 분야의 전문가들 간의 의사소통과 협력이 원만히 이루어지지 않는 문제는 장애 유형에 관계없이 서비스 분야에서 극복되어야 할 중요한 과제이다. 주의력결핍과잉행동장애를 지닌 학생의 중재 과정에서 교육적 접근과 의료적 접근이 동시에 이루어지기 때문에 전문가들 간의 의사소통과 협력 문제가 더욱 두드러질 가능성이 높다. 의사와 부모는 약물치료에 지나치게 의존하게 될 유혹에 빠지기 쉽기 때문에 교육자들의 입장과 견해가 다름으로 인해서 갈등을 일으킬 수도 있다. 이러한 문제는 중재에 참여하는 전문가들이 서로 이해하기 위해 노력해야 하고, 의사소통에 특별한 관심을 가지고 접근할 때 완화될 수 있을 것이다.

약물치료

메틸페니데이트(리탈린으로 알려진 약)와 같은 약물치료는 실제로 주의력결핍과잉행동장애를 지닌 학생들의 행동을 80% 정도 개선시키는 것으로 밝혀지고 있다(Pelham et al., 2002). 주의력결핍과잉행동장애를 지닌 학생 중 일부는 이 약물치료

181) multiple treatment approaches/multimodal treatment 여러 가지 기법과 전략을 패키지화하거나 프로그램화하여 단일 기법의 한계와 단점을 보완하고 시너지 효과를 기대하는 종합적 접근법

에 효과를 나타내는 반면, 일부는 과잉행동을 더 많이 하게 된다. **자기조절 이론**self-regulation theories은 아동이 지닌 문제를 자기조절이나 충동통제의 기능적 결함에 의한 것으로 보고 접근한다. 메틸페니데이트는 뇌의 전두엽을 각성시켜 조절 영향을 끌어낸다. 이 조절기능은 운동 활동과 주의산만 활동을 점검하는 신경계의 영역에 영향을 미친다(Jerome & Segal, 2001).

과잉행동과 충동행동을 통제하는 데는 약물치료가 효과적인 것으로 나타나고 있다. 연구 결과에 의하면 행동문제를 통제하는 데는 행동중재보다 약물치료가 더 효과적인 것으로 나타나고 있다(Pelham et al., 2002). 그러나 약물치료를 지지하는 연구들이 계속 이어지고 있지만 그러한 접근이 학업수행에는 아무런 영향을 미치지 못하거나 매우 제한적인 영향을 미치는 것으로 밝혀지고 있다. 현재의 생각으로는 약물치료의 효과가 명백하게 나타나고 있지만 과잉 처방되는 경향이 있고, 앞으로 약물 남용의 부작용 및 그와 관련한 현안문제가 있으며, 더욱 연구해 볼 필요가 있다. 일부 연구에 의하면 약물치료는 주의력결핍과잉행동장애의 하위 유형에 효과가 있지만, 충동성과 부주의 유형의 장애에 대한 약물 중재의 효과는 더욱 면밀히 검토될 필요가 있다.

일부 연구들은 이론적 및 실제적인 이유를 들어 향정신성 의약물의 사용에 대해 경고하고 있다. 첫째, 일부 약물치료가 효과가 있다는 이유로 광범위하게 사용됨으로써 발생될 수 있는 부작용의 문제이다. 약물치료를 할 때 주의력결핍과잉행동장애로부터 불안장애가 부작용으로 나타날 가능성이 있다. 학생은 주의력결핍과잉행동장애로 인한 부정적 성격과 부정적인 대인관계 특성의 영향 때문에 불안이 늘어나므로 약물을 오래 사용하면 불안 문제가 발생할 것으로 우려하고 있다(Jensen et al., 2002). 일부 연구자들은 약물 과용, 과잉처방, 약물처리 계획과 관리와 관련된 문제 등을 지적하고 있다. 약물치료와 부작용에 대한 관련 정보는 표 13.2와 같다(Bender, 2001).

주의력결핍과잉행동장애를 지닌 학생들은 어려서부터 오랜 기간 동안 약물치료를 받게 되지만 이들의 신체발달과 지능발달에 누적 효과가 미치는지에 대해서는 명확하지 않다(Kutcher, 2002). 취학 전 아동들의 경우 약물치료의 부작용이 더욱 크다는 일부 증거가 있다. 그럼에도 불구하고 최근 약물치료는 널리 이용되고 있으며, 부단히 관심이 높아지고 있다.

표 13.2 약물치료의 부작용

진정제
· 치료약물: Haloperidol(Haldol), Chlorpromazine(Thorazine), Thioridazine(Mellarill)
· 처방대상: 명백한 정신증, 다루기 힘든 파괴 행위, 심한 공격행위, 뚜렛증후
· 부작용: 진정상태, 근 긴장이상(근 실조반응)
항우울제
· 치료약물: Amitriptline(ElavilO), Nortriptyline(Aventyle), Imipramine(Tonfranil)
· 처방대상: 우울, 공황장애를 보이는 등교거부, 주의력결핍과잉행동장애
· 부작용: 입 마름, 시야 흐림, 변비, 진정상태, 심장 독성, 발작
자극제
· 치료약물: D-Amphetamine(Dexedrine), Methylphenidate(Ritalin), Pemolin(Cylert)
· 처방대상: 주의력결핍과잉행동장애
· 부작용: 식욕저하, 불면증, 불쾌반응, 성장지연
안정제 및 진정제
· 치료약물: Diazepam(Valium), Chlordiazepoxide(Librium), Hydroxyzine(Atras, Vistril)
· 처방대상: 왜곡된 현실지각
· 부작용: 진정상태, 습관적 오남용 가능성
리튬 탄산염
· 치료약물: Lithium(리튬)
· 처방대상: 조울증, 양극성 장애
· 부작용: 떨림 발작, 구역질, 구토, 병약함

8. 주의력결핍과잉행동장애를 지닌 학생의 전환교육

얼마 전까지만 해도 대부분의 전문가들은 주의력결핍과잉행동장애가 청소년기에 감소되어 성인기에 이르면 완전히 사라진다고 가정했다. 그러나 주의력결핍과잉행동장애로 진단되었던 학생들의 2/3는 성인이 되어도 그러한 특성을 계속 보인다는 점을 인식하게 되었다. 최근 과학 분야와 매체들이 주의력결핍과잉행동장애에 대해 큰 관심을 보이면서 성인들도 이 장애로 진단되고 있으며, 일부 연구에 의하면 성인기의 출현율도 학령기와 비슷하게 4~5% 정도가 된다고 지적한다(Kessler et al., 2006).

주의력결핍과잉행동장애를 지닌 성인들은 다수가 일반 성인에 비해 반사회적 장애, 불안장애, 우울장애, 학교실패 및 고용문제를 경험한다(Barkley & Murphy, 2007). 우울증이나 공격성을 지닌 주의력결핍과잉행동장애를 지닌 성인은 그렇지 않은 성인에 비해 성과가 미비하다. 하지만 주의력결핍과잉행동장애를 가진 사람이 보다 좋지 못한 성과를 보일 위험성이 있지만 다수는 성공적인 직업생활을 하며 행복한 가정생활을 꾸려간다.

■ 고용

주의력결핍과잉행동장애를 지닌 성인들은 다른 사람들과 어울리고 함께 일하는데 문제를 갖기 쉽다. 주의력결핍과잉행동장애를 지닌 성인이 성공적으로 취업할 수 있는 중요한 방법 중의 한 가지는 그들의 강점을 극대화시키고 약점을 최소화시키는 일이다. 이들의 직업적 성공은 개인의 요구에 맞는 직업을 어떻게 찾아내느냐에 달려 있다. 구조화된 작업환경에서 일을 잘 하는 사람을 위해서는 업무가 명확하고, 직무계열이 뚜렷하며, 주의력결핍과잉행동장애를 이해하는 분위기가 조성된 직장을 찾아주어야 한다. 그 반대의 성향을 지닌 사람의 경우, 작업 환경이 유연하고 다양해서 독자성이 허용되는 작업 환경을 찾아주는 것이 바람직하다.

■ 코칭

치료기법으로 가장 많이 추천되는 것은 코칭기법이다. 코칭기법은 우선 주의력결핍과잉행동장애를 지닌 사람을 지원할 중요한 사람을 찾는다. 치료사가 되기도 하고 친구가 될 수도 있는 코치는 주의력결핍과잉행동장애를 지닌 성인이 자신의 목표에 초점을 맞추고 생활할 수 있도록 규칙적으로 만나서 함께 시간을 보낸다. 코치는 해야 할 일들을 계획하고 과제를 완수했을 때 칭찬을 한다.

대부분의 주의력결핍과잉행동장애를 지닌 성인들은 그것 때문에 일생동안 어려움을 겪지만 의료적, 교육적 및 심리적 상담을 적절히 받으면 취업하여 화목한 가정생활을 할 수 있게 된다. 이제 대부분의 전문가들은 주의력결핍과잉행동장애가 성인기까지 지속된다는 점을 인식하고 성인치료에 초점을 맞추기 시작했다. 이러한 연구와 함께 앞으로 주의력결핍과잉행동장애를 지닌 성인에 대한 전망은 점차 긍정적이 되고 있다.

9. 주의력결핍과잉행동장애를 지닌 학생의 통합교육을 위한 팁

■ 유아기

가족을 위한 팁

- 부모교육 과정에 등록하여 가정에서 적용할 수 있는 행동수정 기법을 학습하기
- 가정환경을 아동의 과제와 가족 활동 중심으로 편리하게 구조화하기
- 가족들을 이해할 수 있는 입장에서 주의력결핍과잉행동장애에 관하여 공부하기
- 아동의 담당의사와 치료에 관하여 지속적으로 의견을 주고받기
- 아동의 주의를 끌어서 눈을 맞춘 후 지시하기

유치원교사를 위한 팁

- 주도적이며 지속적으로 부모와 의사소통을 하고 규칙과 보상은 일관성을 지키기
- 환경과 활동을 구조화하기
- 주의를 집중시키고자 할 때 언어적 지시를 통하여 학생에게 신호를 보내기. 예를 들어, "철수야, 잘 들어, 선생님은 네가 … 했으면 좋겠어."
- 타이머를 이용하여 점진적으로 주의집중 시간을 늘려가기
- 아동의 스트레스를 점검하기
- 적절한 행동과 상호작용을 일관성 있게 하도록 촉진시키기

유아교육관련 인사를 위한 팁

- 아동의 수업에 참여하는 다른 인사들과 꾸준히 의견을 교환하기
- 교사의 프로그램과 일치하는 태도로 아동과 의사를 소통할 수 있도록 노력하기.
- 적절한 행동에 대한 수반 강화는 합리적인 수준에서 일관성 있게 제공하기

이웃과 친구를 위한 팁

- 사소한 규칙 위반 사항은 무시하도록 노력하기
- 부모들에게 가정에서 자녀를 어떻게 통제할지에 대해 조언하고 협의하기

■ 초등학령기

가족을 위한 팁

- 가정환경을 학생의 발달 수준에 적절하게 구조화할 방법을 모색하기
- 아동기 초기에 행하던 활동 구조를 지속하고, 점진적으로 활동 시간을 늘리도록 하기
- 학생의 나이가 들어감에 따라 연령 수준에 적합한 보상을 하기
- 담임교사와 적극적으로 의견을 주고받으며, 의료전문가와 교육전문가 사이의 의사소통 능력을 촉진시키기

일반교사를 위한 팁

- 주의집중의 단서로 연령에 적합한 신호나 메시지를 이용하기
- 과제를 필요에 따라 보다 짧고 작은 단위로 나누기
- 필요에 따라 활동 회기를 단축하기
- 학업 활동을 잘했을 때는 긍정적인 보상을 제공하기

학교 인사를 위한 팁

- 교사, 학교버스 운전사, 학원 교사 등과 꾸준히 아동에 대해 협의하기
- 학교의 기타 교직원들과도 의사소통하며 일관성 있게 규칙을 이용하기

이웃과 친구를 위한 팁

- 학령기 초기에는 이런 학생들이 또래들에 비해 더 능동적이고 산만할 수 있다는 점을 인식하기
- 합리적으로 일관성 있는 이웃 환경을 제공하기 위해 학생의 부모와 협의하고 협력하기

■ 중등학령기

가족을 위한 팁

- 가정환경을 연령에 적합한 수준으로 수정하기
- 환경을 구조화하고, 성인에 가까운 모델링을 추가하며, 주의집중 방법을 시범보이기
- 학생을 지원하기 위해 담임교사와 꾸준히 협의하고 의견을 교환하기

일반교사를 위한 팁

- 짜증나는 행동과 특성을 교정하거나 수정하여 보다 적절한 행동과 수용할 수 있는 행동을 형성시킬 수 있도록 도와주기
- 부모 외에도 학업적 및 비학업적으로 관련이 있는 학교 인사들과 의견을 교환하기
- 학업 및 비학업적 활동을 조직화하는 전략을 학습하도록 도와주기

학교 인사를 위한 팁

- 모든 학교 인사들과 의사소통할 수 있는 통로를 마련하고 협력하기
- 필요에 따라 가정 방문을 하여 지도하고 지원하기
- 학교에서 긍정적인 성장 환경을 조성하도록 도와주기

이웃과 친구를 위한 팁

- 직장에서 자원봉사를 하거나 종교 단체의 봉사활동 단체에 참여하고 지원하기
- 작업 환경을 구조화하고, 그들의 강점을 이용하고 제한성이나 약점을 최소화하기

요약

■ 정의

- 주의력결핍과잉행동장애는 일반적으로 본인의 연령 수준에 어울리지 않는 충동성, 주의산만 및 과잉행동의 특성을 보이는 신경학적 증후이다.

■ 분류

- 주의력결핍과잉행동장애는 주의력결핍 우세형, 과잉행동-충동 우세형, 복합형의 세 가지 유형으로 분류된다.

■ 출현율

- 주의력결핍과잉행동장애를 지닌 학생은 전체 학령인구의 3% 내지 5%에 달하는 것으로 보고되고 있다.

■ 원인

- 주의력결핍과잉행동장애는 신경학적 요인, 환경적 요인, 유전요인에 의해 유발될 수 있는 것으로 보고되고 있다.

■ 특성

- 주의력결핍과잉행동장애는 행동억제와 실행기능, 충동통제, 자기조절, 자기관리 등에 문제를 보인다.
- 주의력결핍과잉행동장애를 지닌 학생들은 또래들과 사회적 관계에 어려움을 가진다.
- 주의력결핍과잉행동장애를 지닌 학생들은 학업 상황에서 유의한 어려움을 경험한다.
- 주의력결핍과잉행동장애는 학습장애, 뚜렛증후군, 행동장애, 품행장애, 정서장애와 공존할 수 있다.

■ 진단평가와 사정

- 주의력결핍과잉행동장애의 사정과 진단과정은 의료, 심리 및 교육 등 여러 학문 분야와 협력하여 접근하는 특성을 보인다.
- 주의력결핍과잉행동장애의 진단과 판별에는 행동평정 척도, 관찰, 표준화 검사, 면담, 의료적 진단 등 다양한 방법들이 사용된다.

■ 교육적 지원과 중재

- 주의력결핍과잉행동장애의 중재는 행동적 및 의료적 중재를 중심으로 하는 다중중재가 요구된다.
- 효과적인 교수법으로 반응적 교수가 권고되고 있다.
- 교실구조화, 교사의 지시, 행동기능평가, 후속강화 중심의 자기관리 등의 지도 방법과 칭찬, 점수, 구체물 보상 등과 같은 후속강화를 많이 해야하고, 행동기능평가와 긍정적 행동지원이 매우 유용하다.

■ 전환교육

- 주의력결핍과잉행동장애로 진단되었던 학생들의 2/3는 성인이 되어도 그러한 특성을 계속 보인다.
- 주의력결핍과잉행동장애를 지닌 성인들은 다수가 일반 성인에 비해 반사회적 장애, 불안장애, 우울장애, 학교실패 및 고용문제를 경험한다.

토의문제

1. 주의력결핍과잉행동장애의 공통적인 행동 증후 세 가지에 대해 논의하시오.
2. 주의력결핍과잉행동장애를 지닌 학생의 행동이 교수적 상황에 결정적으로 영향을 미치는 두 가지 방법에 대해 논의하시오.
3. 주의력결핍과잉행동장애와 동시에 발견되는 다른 장애 영역 4가지에 대해 논의하시오.
4. DSM-5™에 의한 주의력결핍과잉행동장애의 세 가지 주요 유형에 대해 논의하시오.
5. 주의력결핍과잉행동장애인들이 나타내는 문제의 특성을 세 가지 범주로 나누어 논의하시오.

Special Education

제14장

영재와 재능을 지닌 학생

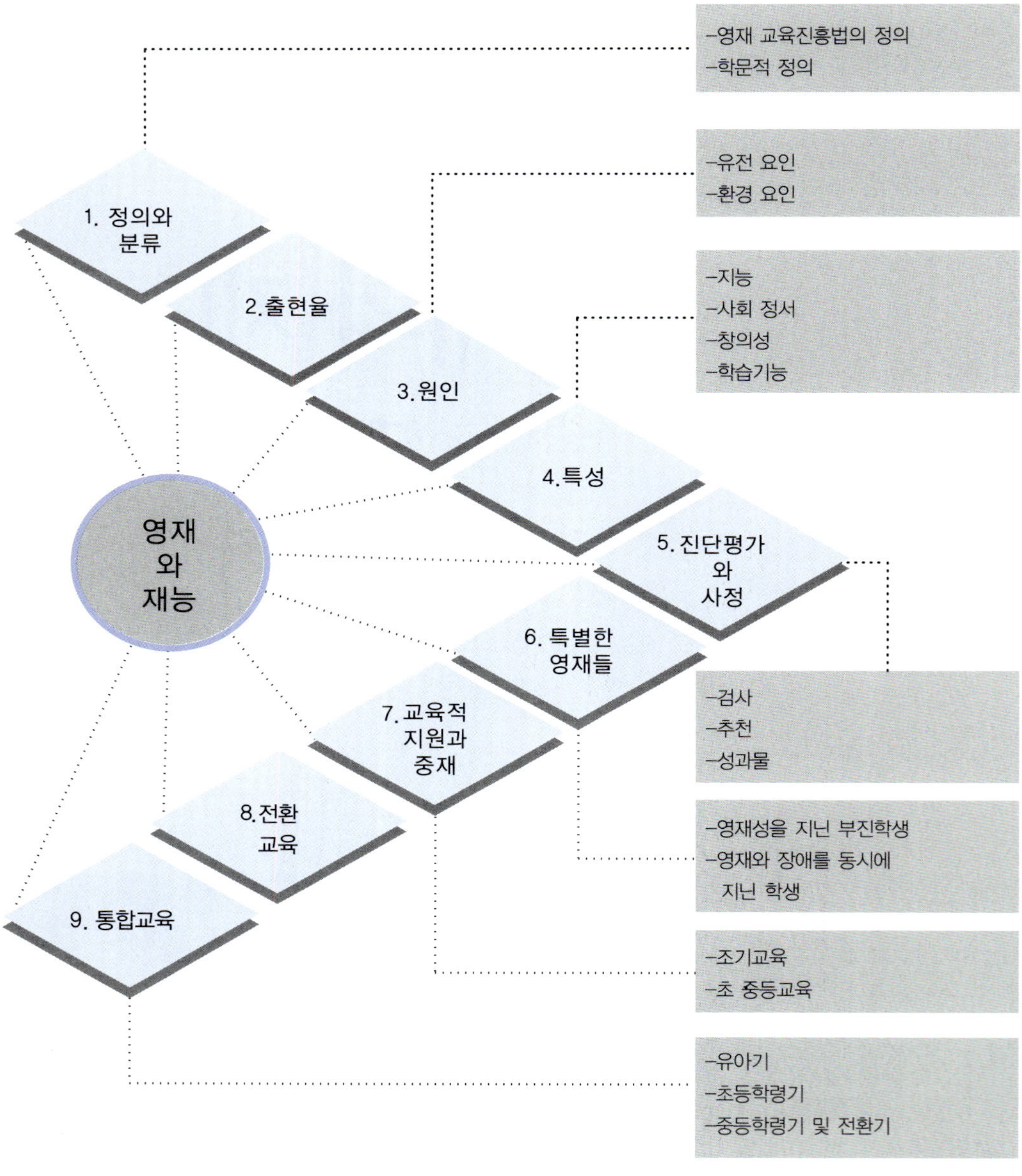
영재 와 재능
1. 정의와 분류
2. 출현율
3. 원인
4. 특성
5. 진단평가와 사정
6. 특별한 영재들
7. 교육적 지원과 중재
8. 전환 교육
9. 통합교육
-영재 교육진흥법의 정의
-학문적 정의
-유전 요인
-환경 요인
-지능
-사회 정서
-창의성
-학습기능
-검사
-추천
-성과물
-영재성을 지닌 부진학생
-영재와 장애를 동시에 지닌 학생
-조기교육
-초 중등교육
-유아기
-초등학령기
-중등학령기 및 전환기

| 제14장 |

영재와 재능을 지닌 학생

특수교육의 한 축은 교육을 통해서 도움을 받기 위해 특별한 교수와 관련서비스 프로그램을 개별로 설계하여 제공해야 하는 학습장애, 정서행동장애 및 지적장애 등을 지닌 학생에 중점을 두고 있다. 다른 한 축은 인지, 학업, 예술 및 사회적 능력 등에서 연속선의 다른 극단에 위치하여 전통적인 교육과정과 교수 방법으로는 그들의 요구를 충족시켜 줄 수 없는 영재와 재능을 지닌 학생들이다.

아동들이 지닌 영재성은 양육과 보호에 따라 사회 가치에 기여할 꽃을 피울 수도 있고, 무시될 수도 있으며, 때로는 시들어버릴 수도 있다. 영재를 정의하고, 영재성을 지닌 학생을 판별하며, 그들의 발달을 촉진시킬 의미 있는 프로그램을 제공한다는 것은 무척 어려운 일이다. 영재 학생들을 판별해야 하는지, 그들에게 어떤 훈련, 경험 및 기능이 필요한지, 학교가 이런 학생들에게 특별한 교육 기회를 제공해야 할 책무가 있는지 등에 관한 문제는 의견의 일치를 끌어내기 어렵고 때로는 해결되지 못한 갈등으로 남아 있게 된다. 이러한 문제들을 논의하고 협의하여 결국에는 의사를 결정하게 되겠지만, 그 사이 영재 학생들은 성장하고 서비스를 제대로 받지 못하게 된다. 또 일부 영재 학생들은 판별되지 못하고, 일부는 가난으로 인하여 영재성을 살려 보지 못한 채 지나쳐 버리게 된다. 일부 학생들은 장애를 지님으로써 장애가 재능을 가리는 부정적인 측면이 강조된다. 이처럼 다양한 이유로 인하여 영재성을 지닌 학생들은 자신의 잠재력을 충분히 계발하지 못할 수 있다.

1. 영재의 정의와 분류

영재의 정의는 발전되고 있으며, 제약이 완화되고 있다. 초기의 정의는 지능검사로 측정된 지적 능력에 지나치게 의존하는 경향이 있었다. 하지만 최근에 제안된 정의들은 그 범위가 점점 더 넓어지고 특별한 재능의 여러 측면을 인정하고 있다. 평가 역시 다양하게 측정할 것을 강조하고 있고, 학교 인사, 가족 및 지역사회와 협력할 것을 권장하고 있다.

정의는 실제적으로 중요하다. Hadman과 Drew, Egan(2006)은 우리가 영재를 어떻게 정의하느냐에 따라 다음과 같은 영역에 영향을 미치게 된다고 하였다.

- 영재로서 서비스를 받게 될 학생의 수
- 잠재적 영재 학생을 평가하기 위해 사용할 검사의 선택
- 영재로서의 자격을 판단하기 위한 절취점
- 학생에게 제공될 심화 교육과정
- 제공될 교육의 유형
- 학교가 영재성을 지닌 학생들에게 제공할 프로그램에 필요한 예산의 배정
- 영재학생을 지도할 교사의 자격

지능, 창의성, 재능과 같은 요인들이 여러 가지 영재성 정의의 주요 요소가 되고 있지만, 이러한 요소들이 모든 정의에 공통적으로 포함되는 것도 아니다.

■ 영재교육진흥법의 정의

교육기본법 제12조와 제19조에 영재교육의 필요성을 명시하였고, 이를 근거로 2000년 1월 28일 영재교육진흥법을 제정, 공포하였다. 영재교육진흥법 제5조에 의하면, 영재교육대상자는 "고등학교 과정 이하의 각급 학교에 취학한 자 중에서 일반지능, 특수학문 적성, 창의적 사고 능력, 예술적 재능, 신체적 재능, 기타 특별한 재능 중 각각에 대하여 뛰어나거나 잠재력이 우수한 사람 중 영재 판별 기준에 의거 판별된 사람을 영재교육대상자로 선발한다."고 규정하고 있다.

■ 학문적 정의

Terman(1925, 1947, 1959)은 IQ점수가 98 내지 99 퍼센타일에 속하는 사람을 영재라고 하였다. Terman이 규정한 영재의 표준, 즉 IQ130 이상이거나 지능지수가 평균으로부터 2표준편차 이상이라고 한 기준은 지금까지 적용되고 있다. Stephens와 Karnes(2000) 는 미국의 경우, 대부분의 주들이 영재를 정의할 때 지능에 의존하고 있

는 것으로 보고하고 있다. 하지만 학자들은 영재의 지능에 관한 정보를 점점 더 이해하게 됨에 따라 정의에 추가할 요인으로 지능 외에 다른 요소들을 밝히고 있다. 사실 지능의 재개념화도 확대되었다. Witty(1951)는 지능 외에 사회의 중요한 분야에서 탁월한 능력을 발휘하는 특별한 능력과 재능을 포함시킴으로써 영재성의 개념적 정의를 확대시켰다. Guilford(1959)는 창의성이 추가되어야 한다고 주장했는데, 창의성은 발명가나 과학자들의 업적에 동력이 되는 것으로 나타났다. 창의성은 만들어져 가는 것이고, 중요한 질문을 하며, 상황에 새롭고 예상치 못한 반응을 보이는 능력이다.

영재들을 연구한 연구자들은 지능과 영재성은 단지 검사로 측정할 수 있는 이상의 복잡한 실체라고 믿고 있다. IQ검사는 사고력과 통찰력을 정확히 반영하지 못할 수 있다. 단순 수치로는 영재성을 모두 의미할 수 없고(Hallahan & Kauffman, 2011), 다양한 여러 가지 능력들이 복합적으로 조합되어 있다. 분석적으로 이해하는 영재들은 문제를 중요한 요소로 분할하고, 통합적 통찰력을 지닌 영재들은 새로운 상황에 직관적으로 대처하는 능력을 보여주며, 실제적인 응용 기술을 보여주는 영재들은 문제를 해결하기 위해 분석적 및 종합적 기능을 이용할 수 있다.

Renzulli(2003)는 영재성의 정의를 확대시켜 IQ점수가 높은 학생으로서 과제수행과 창의성이 조합된 분야에서 평균 이상의 능력을 보이는 경우를 포함시켰다. 그림 14.1은 잠재적 및 실제적 능력, 과제 집중력, 창의성의 세 요소가 노력하는 가치가 있는 영역에 어떻게 적용되는지를 보여주고 있다. Renzulli의 정의는 인간이 가치 있게 수행하는 영역에 따라 영재와 재능을 상당히 자유롭게 결정한다.

Gardner(1983, 1993)는 사람들이 여러 가지 지능을 지니고 있다는 개념을 포함한 다중지능이론을 제시했다. 과제는 각 개인의 독특한 세계관을 이용하는 것이다. 그는 독자적으로 활동하지는 않지만 지능의 8가지 유형을 제시했다. 널리 인정을 받고 있는 다중지능의 요소들로는 논리-수학적 지능, 언어적 지능, 음악적 지능, 공간지능, 신체운동 지능, 대인지능, 자기이해 지능 및 자연기능을 들고 있다(표 14.1 참조). Gardner와 Hatch(1989)는 일련의 질문과 규칙 세트를 만들어 교사들에게 제공함으로써 학교에서 실제와 계획에 이용할 수 있도록 확대시켰다.

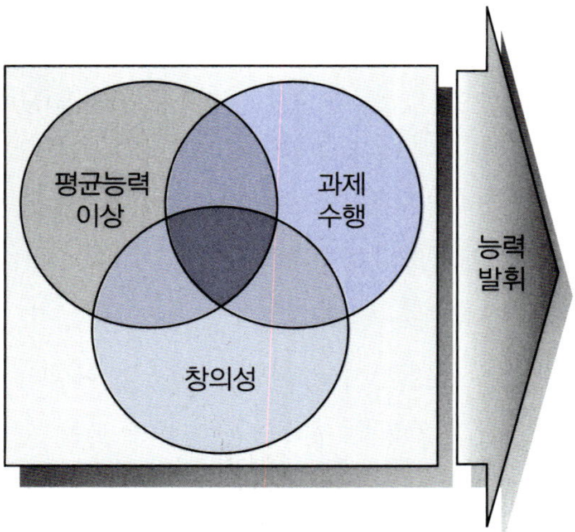

일반적 수행 영역

수학 · 사회과학 · 음악 · 시각예술 · 법 · 생활과학 · 물리과학 · 종교 · 운동예술 · 철학 · 언어예술

특수 수행 영역

만화그리기 · 미세사진촬영 · 아동보육 · 천문학 · 도시계획 · 소비자 보호 · 여론조사 · 오염통제 · 요리하기 · 보석디자인 · 시 · 조류학 · 지도제작 · 패션디자인 · 가구디자인 · 안무 · 뜨개질 · 항해 · 전기(일대기) · 희곡쓰기 · 계통연구 · 영화제작 · 광고 · 조각 · 통계 · 소비설계 · 야생관리 · 지역사학 · 기상학 · 세트디자인 · 전기 · 가면극 · 농업연구 · 작곡 · 마케팅 · 동물학습 · 조경관리 · 게임디자인 · 영화비평 · 화학 · 저널리즘 · 인구통계학 · 전기음악

그림 14.1 Renzulli의 영재에 대한 3요소 정의

* 자료출처: Renzulli, J. S. (2003). Conception of giftedness and its relationship to the development of social capital. IN N. Colangelo & G. A. Davis (eds.), *Handbook of gifted education*(3rd ed., p.76). Needham Heights, MA: Allyn & Bacon.

Sternberg(1996)는 실제 경험을 포함시켜 지능을 재정의 하였다. 그는 개인이 학교에서보다 사회에서 얼마나 성공하느냐를 측정하는 것을 개념화하는 것이 중요하다고 하였다. 경험적 및 맥락적 요인들 또한 개인의 지능에 영향을 미치므로 측정되어야 한다. Sternberg의 세 고리 모형, 지능, 경험, 맥락은 정신 기능을 광범위하게 정의하는 근거가 된다.

Piirto는 재능발달 개념을 제시했는데, 그는 영재를 "우수한 기억, 관찰력, 호기심, 창의성과 같은 학습 특성을 지니고 있어, 학교 관련 교과를 최소한의 훈련과 반복으로 신속하고 정확하게 학습할 수 있는 능력을 지니고 있기 때문에 그러한 특성에 따라 차별화된 교육을 받을 권리를 지닌 사람들"로 정의했다.

표 14.1 Gardner의 다중지능

지능	특성	선택 가능한 진로	사례인물
언어	· 언어를 구어 및 문어로 효과적으로 사용할 수 있는 능력. 고도로 구어기술이 발달됨 · 흔히 단어로 사고함	· 소설가, 강사 · 변호사, 작가	· 헤밍웨이 · 마틴 루터 킹
논리-수학	· 계산을 이용하여 연역적 및 귀납적 추론을 할 수 있는 능력. 패턴과 관계를 잘 봄 · 추상적 및 개념적으로 사고함 · 논리적이고 체계적인 경향	· 수학자 · 물리학자	· 아인슈타인 · 스티븐 호킹
공간	· 공간적 형태를 조작하는 능력 · 패턴 인식이 능숙하고, 형태, 모양, 공간에 민감함 · 그림 또는 이미지로 사고함	· 건축가 · 조각가 · 인테리어장식가 · 엔지니어	· 페이 · 미켈란젤로
신체-운동	· 과제를 수행하거나, 감정과 아이디어를 표현하기 위해 자신의 신체를 능숙하게 사용하고 통제할 수 있는 능력 · 신체언어를 통한 의사소통 능력 · 예리한 운동능력	· 댄서 · 운동선수 · 외과의사	· 마이클 조던
음악	· 음의 고저 변별 능력 · 리듬, 음색에 대한 민감성 · 주제를 듣는 능력 · 연주 및 작곡을 통한 음의 생성	· 음악가 · 작곡가	· 레오날드 번스타인 · 베토벤
대인관계	· 타인의 행동, 기분, 동기를 이해하고 그에 따라 행동하는 능력 · 타인의 아이디어와 감정에 민감 · 공감적	· 상담사 · 교사 · 정치가 · 세일즈맨	· 칼 로저스 · 넬슨 만델라
자성 (자기이해)	· 자신의 감정, 가치, 동기를 이해하는 능력 · 자기반성적, 내적 동기화 · 통찰력과 자기훈련	· 치료사 · 종교지도자	· 프로이드 · 테레사 수녀
자연탐구	· 관계 이해 능력 · 패턴과 특성의 변별, 분류 및 재인 능력 · 환경에 대한 관심 증거, 자연현상에 대한 민감성	· 자연보호론자 · 산림전문가	· 존 오우두본 · 찰스 다윈

* 자료출처: Ramos-Ford, H. & Gardner, H.(1997). "Giftedness from a multiple intelligences perspectives," in N. Colangelo & G. Davis(eds.), *Handbook of Gifted Education*, (2nd ed.). Boston: Allyn & Bacon.

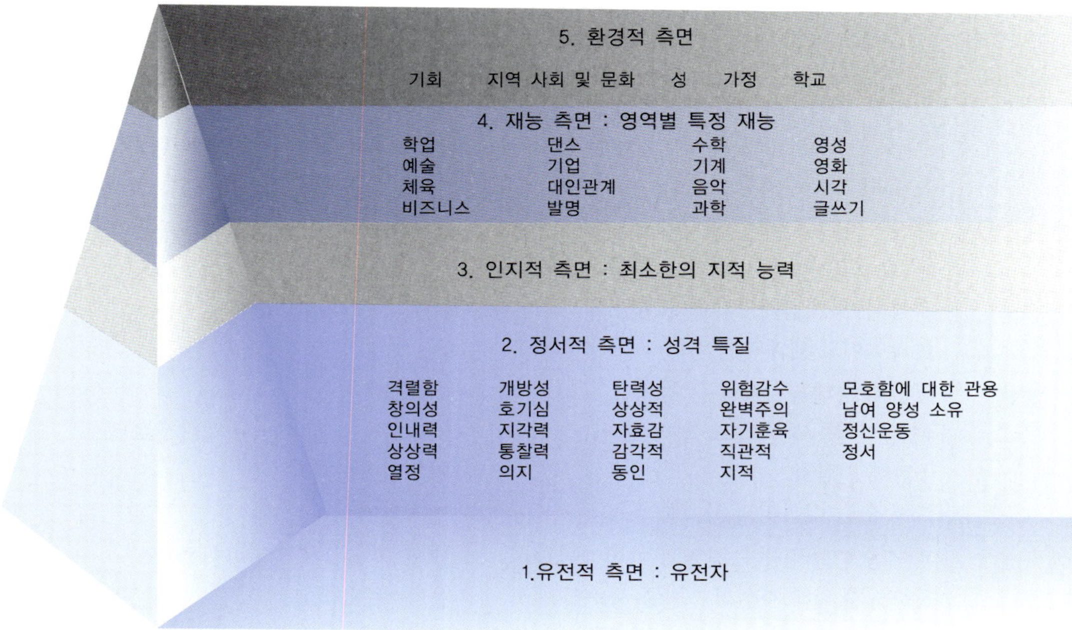

그림 14.2 Piirto의 재능발달 피라미드 모형

* 자료출처: Piirto, J. (2004). *Understanding creativity*. Scottsdale, AZ: Great Potential.

그러한 아동들은 일찍이 두드러지므로 취학 전부터 대학에 이르기까지 교육기간 동안에 관심 있는 지도를 받아야 한다고 했다. Piirto의 피라미드 모델은 ① 유전적 자질의 토대 ② 동인, 탄력성, 직관, 지각, 강렬함 등과 같은 성격 특성 ③ 재능이 드러날 영역에서 기능을 발휘하는 데 필요한 최소한의 지능 ④ 수학, 쓰기, 시각예술, 음악, 과학 또는 운동 등 특정 영역의 재능 ⑤ **5개의 태양**[182]에 영향을 주는 환경을 강조하고 있다(그림 14.2). 재능의 발달은 열정, 소명 또는 사명에 좌우된다.

2. 영재의 출현율

각 기관이나 지역에서 적용하는 영재의 정의가 통일되어 있지 못하고 다양한 점을 고려하면, 영재 학생의 수를 정확히 파악하기란 불가능하다. Renzulli와 Reis(1991),

182) the sun of home, the sun of community and culture, the sun of school, the sun of chance, the sun of gender

Renzulli(1994)가 사용한 재능풀 접근법에 의하면 재학생의 15~20%는 다양한 분야에 재능을 지닌 영재로 추산된다고 하였다. 미국 교육부는 서비스를 받는 학생들의 기록을 지속적으로 분석한 결과 학령기 인구의 약 6%가 영재 특별 교육 서비스를 받는다고 밝혔다. Davis와 Rim(2004)은 전통적인 방법으로 판별한 결과 학생들의 약 3~5%가 영재로 판별되었다고 하였다.

3. 영재의 원인

영재의 원인을 명확히 알 수 있는 것은 아니다. 다만 영재로 판별된 사람들을 대상으로 영재가 될 중요한 요소로 여겨지는 것들을 추정하고 언급하고 있을 뿐이다. 우리는 영재성이 어떻게 나타나게 되는지를 예측할 수도 없거니와 명료하게 설명할 수도 없다. 유전성과 성장기의 환경 등과 같은 여러 요인들이 중요한 것으로 밝혀지고 있다. 인간의 보편적 발달이 유전 및 환경과의 상호작용에 의해서 이루어지듯이 영재성의 발달 또한 이 두 요인의 상호작용에 의한 것으로 이해된다.

■ 유전 요인

부모가 평균 이상의 지능을 지니고 있고, 풍부한 양육환경을 제공할 수 있을 때 자녀가 영재 아동이 될 가능성이 통계적으로 높다(Delisle, 2003). 쌍둥이들에게서 영재성의 출현율이 높고, 입양된 아동의 경우 보호자들보다는 친부모와의 재능이 더 밀접한 관계를 보이는 등 영재성은 부모로부터 유전된다는 점을 시사해 주는 바가 크다. 영재성의 유전적 근거가 제시되었지만, 심리사회적 요인들 역시 중요하다는 점을 지적하였다.

■ 환경 요인

유전은 재능의 소인을 타고날 수 있게 해 줄 수 있지만 환경에 의해서 양육되고 발달된다. 아동의 잠재된 영재성이 꽃을 피우기까지는 유전과 환경이 함께 작용할 필요가 있다. 양육환경은 지적 및 예술적 자극을 제공할 뿐만 아니라 적절한 양육환경과 더불어 신경학적 외상과 같은 영향으로부터 보호해 주는 기본적인 요소들을 많이 내포하고 있다. 영재아동으로 성장하는 과정에서 잠재성이 성장하고 실현되는데 기본적인 양육과 보호만으로는 충분하지 않다. 정상적으로 성장할 수 있는 아동이 영양결핍 때문에 정신결함을 갖게 되고, 우수한 영양 상태와 건강 상태를 유지할 수 있도록 지원하면 영재성을 지닌 아동이 된다고 단순하게 말을 할 수 없기 때문이다. 부모, 가족, 또래와의 상호작용 및 지역사회에서의 경험 역시 아동의 재능 발달에 강한 영향을 미친다. Bloom(1982), Bloom과 Sosniak(1981)은 영재성을 지닌 아동으로 성장하고 발달하는 데 중요한 경험이 될 것으로 여겨지는 요인들을 추적했다. 피험자들은 성인이 되었을 때 다음과 같은 경험들을 회상했다.

- 가족 중 그들의 발달에 개인적 관심을 보이고 지원했던 특별한 사람이 있었다.
- 기능과 재능의 분야에서 모델이 되었던 가족 구성원이 있었다.
- 흥미와 호기심을 탐색할 수 있도록 격려한 가족 구성원이 있었다.
- 아동이 주어진 재능 분야에서 잘 해낼 것으로 믿고 그러한 믿음을 전달한 가족 구성원이 있었다.
- 성취 일정을 다소 강요함과 더불어 성취 표준을 높게 기대했다.
- 다양한 학습 경험을 했으며, 때로는 비형식적인 학습 경험을 했다.
- 성취 표준을 도달하기 위해 개인교사나 멘토를 제공했다.
- 부모가 성취 정도를 직접 관찰하고 보상을 제공했다.
- 부모는 자녀가 재능을 보일 수 있는 대중적 행사에 참여하도록 격려했다.

지능지수가 특별히 높은 아동들에게는 일반적으로 예상하지 못했던 특성들이 몇 가지 있다. 이러한 특성들에는 교사들이 학급에서 바람직하지 않게 여기는 반응들도 있다. 예를 들면, 지나치게 민감하거나, 에너지의 양이 넘칠 정도로 너무 활동적이거나, 비민주적이고 비합리적으로 행사하는 권위에 대해서는 반항을 하며, 안전과 안정을 지켜주는 성인이 필요하며, 과제나 대화가 재미없으면 조용히 앉아 있지 못하고, 처음에 실패하게 되면 과제를 일찍 포기하는 등의 행동을 보인다. 이러한 보고들을 보면, 영재성은 잠재적으로 타고나면서도 그것이 영재 성인으로 꽃을 피우기 위해서는 주변의 기대와 더불어 지원이 필요한 것 같다.

4. 영재와 재능을 지닌 학생의 특성

영재성을 지닌 사람들은 모든 사회에서 오랫동안 어떤 특정 형태로 개념화되고 인식되어 왔다. 사회에서 일반적으로 인식하고 있는 이들의 모습은 두 가지 형태인데, 첫째는 신체적으로 허약하고, 사회적으로 서툴며, 관심의 폭이 좁고, 정서적으로 불안해지기 쉬우며, 일반인들과 반대방향을 지향하는 특징으로 인식되고 있다. 둘째는 지능, 체격, 사회적 매력, 성취, 정서적 안정성, 도덕적 성격이 우수하고, 일반인들이 보이는 나약한 결함과는 거리가 먼 경우이다. 한편 어려운 수학책을 양손에 들고 다니는 등 흔히 보이는 외적인 행동은 영재성의 참모습을 반영하지 못하고 있다.

영재로 여겨질 수 있는 가능성, 능력, 기능의 범위는 매우 넓고, 이러한 요인들이 다양한 형태로 복합적으로 나타날 수 있다. 그 결과 영재들의 특성 범위는 매우 넓다고 할 수 있는데, 그렇다고 일반적인 특성이 없는 것은 아니다. 영재들의 특성은 관찰, 표준화 검사, 관찰자의 친숙도 등에 근거하여 일반화될 수 있다.

■ 지능

Terman(1959)은 1920년대 초에 평균 IQ 151인 1,528명의 학생들을 연구했다. 그의 연구는 40년 이상 지속되었던 영재성을 지닌 학생들에 대한 고정관념을 바꾸는 데 도움을 주었다. 그는 이런 학생들이 적용했던 모든 측정에서 연령 또래들에 비해 우수한 것을 발견했다. 그들은 신체적 허약함, 사회적 소심, 정서적 미숙이라는 특성을 공통적으로 보이지 않았고 오히려 연령 또래에 비해 키가 더 크고, 체중이 더 많이 나가며, 힘이 더 세고, 더 열정적이었으며, 더 건강했다. Terman(1926)의 측정에 의하면 그들은 정서적으로 안정되어 있었고, 도덕적으로 더 우수했다(표 14.2 참조). 그러나 그 학생들은 집단 지능검사 결과와 교사의 추천으로 선정되었음을 고려해야 한다. 그들은 전반적으로 성취가 높은 백인 중산층 가정의 자녀들이었다. 표집 집단의 구성원들을 보면 문화적으로 다양하고 경제적으로 실조된 학생들은 거의 없었다. 이러한 연구 결과가 일반적인 특성으로 강조되었던 것이다. 영재학생들의 집단 역시 다른 학생들의 집단처럼 매우 다양하다. 우리가 영재성의 유형에 대해 많은 것을 알게 될수록 Terman의 결과는 관찰이 부족했음을 말해주고 있다.

표 14.2 Terman의 영재에 관한 연구에서 발견된 사항들

영역	차별적 특성
신체적 특성	· 활발하고 건강이 양호함 · 체격이 평균 이상
성격 특성과 심미적 심리적 적응	· 의지, 인기, 인내심, 정서적 성숙, 심미적 지각, 도덕적 추론 · 유머감각과 높은 자신감 · 결혼 적응은 보편적임 · 성인으로서 잘 적응함 · 물질남용, 자살, 정신건강 문제 거의 없음
교육적 성취	· 일반적으로 취학 전에 읽기 가능 · 승급을 자주함(월반 등) · 읽기와 수학적 추론 능력이 우수함 · 성취검사에서 상위 10% 이내에 속함
진로 성취	· 전문가와 관리자 지위에 주로 포함됨 · 문화적 기대로 인하여 여자는 주로 교사나 주부가 됨 · 40세까지 책 67권, 과학 및 전문적인 논문 100편, 700편의 단편 등을 읽고, 기타 다양한 창의적이고 학구적인 활동을 함 · 성취한 성인은 주로 격려하는 가정환경에서 성장함

* 자료출처: Hardman, Drew, & Egan(2005) p.523에서 인용.

■ 사회 정서

Gallagher(1985)를 비롯한 다른 연구자들은 학생들을 사회적 및 정서적으로 관찰한 결과 동일 연령 또래들에 비해 발달 수준이 같거나 앞서며, 도덕적, 윤리적 이슈와 행동에 관한 관심은 평균 이상인 것으로 나타났다. 그들은 또래들로부터 호감을 받고, 동료들과 잘 지내며, 사회적으로 리더였으며, 자기 효능감을 지니고 있고, 관심의 영역이 매우 넓은 것으로 나타났다. 그들은 문제에 영향을 받지 않지만, 또래들에 비해 신경증적이거나 정신증적 에피소드를 나타내는 경향이 적다(Reis & Renzulli, 2004).

표 14.3 영재학생의 특성

긍정적인 특성		부정적인 특성
유아기와 그 이후에 특별히 민감	관심분야가 넓고, 새로운	고르지 못한 정신발달
조기에 빠르게 학습	주제에 관심을 많이 보임	지적 차이 때문에 대인관계에
아동기에 신속한 언어발달	호기심이 많고, 원인을 탐색	어려움 있음
우수한 언어능력(어휘유창성,	여러 분야에 능력을 지님	특히 무관심한 영역에 부진
어휘력 풍부, 문법적 지식)	높은 야망	현상 보임
학습을 즐김	지나친 흥분	부조화, 때로는 방향성 혼란
학업이 우수	정서적으로 민감	지나친 완벽주의
예민한 관찰력	지적 및 신체적 활동수준 높음	지나친 자기비판
우수한 기억력	기민함과 주의집중력이 높음	자기 의심, 열등한 자아개념
추상적, 복잡한, 논리적,	동기, 집중력, 끈기, 과제 지향성 높음	다양한 좌절감과 분노
통찰력 있는 사고	능동적임	우울
상징체계를 잘 다룸	강한 공감, 도덕적 사고, 정의감,	
고기능 사고 기술 이용	정직성 보임	
지식을 학습한 것 이상으로	강한 내적 통제력 지님	
새로운 상황에 잘 적용하고	독립성, 자기 지향적임	
자아의식이 뚜렷함	의문이 많음	
상위인지능력 우수	유머감각 우수	
논리적이고 정확성을 요구	반성적, 훌륭한 자아개념	
상상적, 창의적 문제 해결		

* 자료출처: Hardman, Drew, & Egan(2005) p.524에서 인용.

■ 창의성

창의성은 영재성을 지닌 학생들의 특성으로 인식되고 있으며, 그 특징은 다양한 유형으로 나타난다. 우리는 흔히 신기하고 독특한 아이디어와 문제해결 방법을 생각해 내는 영재들을 볼 수 있다. 이러한 특별하고 예상치 못한 아이디어를 신속하게, 그리고 아주 상세하게 생각해 내고, 미처 찾아내지 못했던 문제해결 방법을 찾아낸다. 창의성은 측정하기가 어렵지만, 이를 측정하기 위해 몇 가지 검사도구들이 개발되었다. Clark(2008)는 창의성의 목적은 "새롭고, 다양하며, 발전적이고 복잡하며, 이전에 알지 못하는 것을 인식하고 밝혀서 인류가 더욱 풍족하고, 충만하며, 의미 있는 삶을 경험할 수 있도록 하는 데 있다."고 주장했다. 많은 영재학생들은 과학자, 물리학자, 발명가, 위대한 예술가, 연주자들이 된다. 그러나 그들에게 차별화된 교육을 제공하고, 사회와 국가적 서비스를 받은 책임이 있기 때문에 영재성을 훌륭히 개발하여 사회에 기여해야 한다고 의무를 부과할 수는 없다.

■ 학습기능

영재성을 지닌 학생들은 학습기능이 특별하고, 일반적으로 동일 연령의 또래들에 비해 새로운 아이디어나 문제의 개념을 파악하고, 일반화하거나, 분석하고, 종합하는 능력이 우수하다(Hallahan & Kauffman, 2011). 그들은 가끔 특정 영역이나 여러 분야에서 뛰어난 능력을 보인다. 그들은 학교에 입학하기 전에 읽기를 쉽게 배우고, 스스로 배우거나 가족들이 조금만 도와주어도 많은 것을 학습한다. 이들은 여가 활동으로 읽기를 선호하기도 한다(Hardman et al., 2006). 영재성을 지닌 학생들은 단순히 지식을 습득하는 것 이상의 학습 활동을 한다. 그들은 많은 정보를 신속히 학습하고, 학습한 내용을 오랫동안 파지하며, 언어 구사력이 뛰어나고, 추상적인 자료를 획득하고 조작하기를 즐기며, 일반적으로 학습을 하는 과정에서 자극을 받고 신바람을 낸다. 그들은 도덕적 정의감이 발달하여 보다 큰 규모의 선을 볼 수 있고, 그로부터 혜택을 볼 수 있는 방식으로 행동할 수 있다(Hallahan & Kauffman, 2011). 그들은 훌륭한 판단을 할 수 있는 직관과 정신적 자극에 필요한 지적 호기심을 지니고 있다.

영재성을 지닌 학생들은 자신감이 넘치며, 평온한 마음으로 창의성을 추구하게 되는 지적 유희와 더불어 뛰어난 유머감각을 보인다. 그들은 남과 다른 입장에 처하는 것을 두려워하지 않으며, 자유롭게 선택하며, 도전할 가치가 있다고 판단되면 용기 있고 단호한 태도로 선택을 한다(Neihart, Reis, Robinson, & Moon, 2002).

일반적으로 영재라고 하면 재능이 뛰어나지만 창의적이지는 않고 학업적으로만 뛰어난 집단으로 여기게 된다. 재능이라고 하면 일반적으로 시각 예술이나 행위예술 분야에서 뛰어난 기능과 잠재력을 보이는 것을 말한다. 재능을 지닌 학생들은 비언어성 기능의 발달이 빠르고, 신체적 협응력이 우수하며, 공간적 재능을 보인다. 그들은 음악, 무용, 이야기하기, 그림 그리기 등의 영역에서 뛰어난 기능을 발휘한다(Turnbull, Turnbull, Shank, & Smith, 2004). 창의성을 보이는 많은 사람들은 아동기

초기에 이미 그 증후를 드러낸다. 시각적 재능을 지닌 학생들은 동일 연령의 또래들에 비해 시각적 매체에 더욱 통제력을 보이는 것 같다.

영재성을 지닌 학생들은 리더십 분야에 잠재력을 보인다. 리더십 분야에서 영재성을 구성하는 요소로는 뛰어난 의사소통 능력, 사회기술, 공감 능력, 우수한 의사결정 능력, 다른 사람들을 감동시키는 능력, 집단을 통합하는 능력 등이 있다(Turnbull et al., 2004). 리더십 기능이 뛰어난 학생은 독립성도 강하다. 그들은 감독이나 도움을 받지 않고 프로젝트를 계획하고 수행한다.

영재성을 지닌 학생들은 그들의 재능으로 인해 일부 특별한 문제를 일으키기도 한다. 이런 학생들은 흔히 일상적인 학급 생활을 견디지 못한다. 논쟁적이고 분석적이며 토론을 잘 하지만, 기계적인 과제나 운동을 시키면 저항하고 따르지 않는다(Smith, 2001). 일반적으로 일상적인 생활에 얽매이는 것을 매우 싫어한다. 그들은 자신의 평가를 통해서 완벽주의를 추구하게 되고, 자신과 주변의 타인들에게 불합리할 정도로 높은 표준을 설정하고 도모하고자 한다. 영재성을 지닌 일부 학생들은 왕따가 되거나, 거만하거나, 냉담하다.

5. 영재와 재능을 지닌 학생의 진단평가와 사정

영재성을 판별하는 것은 복잡한 문제이다. 일부 구성 요인들은 전통적인 방법으로 측정되지 않으며, 특정 정의는 검사 점수를 어떻게 해석하느냐에 따라 결정될 수 있다.

영재성을 판별하는 가장 일반적인 전략은 대개 몇 가지 방법을 조합하여 접근하는 것이다. 최근 연구들에 의하면 교사, 학교 관리자, 부모들은 지속적인 사정, 판별의 다중준거, 상황적 또는 맥락적 요인의 고려 등 다면적 접근법을 선호하는 것 같다. IQ 점수만을 이용하여 영재를 판별하는 준거에는 대부분 반대의 입장을 보인다. 다면적 접근을 통해 정보를 수집할 수 있는 정보자원들로는 집단 및 개별 지능검사, 성취도 검사, 학생 활동에 대한 포트폴리오, 학생의 학급 행동 보고에 기초한 교사의 지명, 부모의 추천, 자기 추천, 동료 추천, 엑스트라 커리큘럼과 레저 활동 등이 있다(Heward, 2012).

교육자들이 학생들의 문화나 인종에 관계없이 공정하게 판별할 수 있기 위해서는, 여러 가지 정의들과 아동의 행동에 영향을 미치는 문화적 다양성을 인식해야 한다.

다문화를 고려하면서도 동일 문화권 내에서 일어날 수 있는 사회경제적 지위, 언어, 가치 등의 다양한 요인들을 인식하는 것이 중요하다.

판별의 초점은 대상 학생의 능력이 평균 수준보다 현저히 높은지와 영재성을 보이는 아동들이 어떤 능력을 지니고 있는지를 균형 있게 판단해야 한다. 일반적으로 영재성을 판별하는 과정은 다음과 같다.

- 잠재적 영재 후보를 판별하기 위해 표준화 적성검사와 표준화 성취검사를 실시한다.
- 교사와 가족 등 믿을 수 있는 인사들의 추천을 받는다.
- 아동의 뛰어난 잠재력을 설명하는 결과물을 수집한다.

■ 검사

영재와 관련된 정보를 수집하기 위해서는 성취검사, 적성과 지능검사, 창의성 검사 등 세 가지 유형의 검사가 가장 많이 이용된다. 성취검사는 아동이 특정 교과 분야에서 능력과 학습된 기능을 얼마나 보여줄 수 있는지를 파악할 수 있도록 설계되어 있다. 적성과 지능검사는 아동이 어떤 능력과 학업성취 면에서 뛰어난 지를 파악할 수 있게 해 준다. 창의성검사는 정확한 반응을 보기보다는 수렴적 사고과정이나 창의적 사고과정을 측정하고자 한다.

일반적으로 심리검사의 결과는 신뢰할 수 있고 영재판별에 도움이 된다. 전통적인 영재성을 지닌 아동 판별 방법은 집단지능검사를 실시하고, IQ 점수가 98 내지 99퍼센타일에 속하는 아동들을 영재의 인력풀로 제한하였다(Howell, 1996). 집단지능검사의 경우, 심리검사 전문가의 도움을 받지 않아도 실시가 가능하기 때문에 비용이 다소 적게 든다. 그러나 집단검사는 개별검사에 비해 신뢰도가 떨어질 수밖에 없다. 대부분의 검사들은 일반아동들에게 맞추어 개발된 것으로서 영재성을 지닌 아동들을 선별하기에는 많은 한계를 지니고 있다. 성취검사는 학업 수행능력이 뛰어난 학생들을 가려낼 수 있지만, 학업적 교과 외의 창의적 사고를 측정할 수는 없다. 일부 아동들은 영재성을 지니고 있어도 제한된 시간 내에 검사를 잘 수행하지 못한다.

다양한 집단의 학생들을 경험하고 전문적인 훈련을 받은 전문가들이 여러 가지 검사를 실시하여 종합적인 정보를 근거로 판단할 경우, 결과에 대한 신뢰성이 높다. 따라서 판별을 위한 단일 준거는 있을 수 없고, 적용되는 것도 바람직하지 않다. 검사, 추천, 관찰, 활동과 활동 습관 분석, 수렴적 사고에 관한 비형식적 검사, 학생의 성과물 등을 다양하게 고려하는 다면적 접근방법을 이용하면 아동의 잠재력에 관한 보다 충실한 정보를 확보할 수 있다.

■ 추천

교사나 가족이 영재성을 지닌 아동을 추천할 수 있다. 추천을 위한 정보를 수집하기 위해서 체크리스트나 질문지가 이용될 수 있다. 체크리스트는 아동의 평소 수행성에 대해 관찰한 바를 근거로 평정하게 된다. 교사는 아동의 학교 성적, 학업교과 분야에서의 수상 경력, 우수한 검사 점수, 다른 우수한 성취 영역 등을 참고로 할 것이다. 체크리스트에는 일반적으로 빠른 학습 속도, 독자적 수행능력, 또래들보다 우수한 어휘능력, 풍부한 상상력, 많은 호기심, 뛰어난 과제 수행능력, 우수한 언어 구사 능력 등의 항목들이 포함되어 있다.

교사의 지명이나 추천은 판별 방법으로 일관되게 신뢰성을 갖는 것은 아니다. 교사는 호감이 가는 아동들을 더 선택하는 경향이 있다. 부모들이 자녀를 더 잘 이해하고 있으며, 판별 결과를 보면 저학년 때 의뢰된 정보를 더 믿을 수 있다. 서서히 변하고 있기는 하지만 남아에 비해 여아는 추천 비율이 낮다.

행동체크리스트, 부모 면담, 아동의 수행에 관한 직접관찰 등은 표준화검사보다 덜 형식적이지만, 다문화 가정의 자녀들이나 영재성과 장애를 동시에 지니고 있는 아동들의 잠재능력을 파악하는 데는 특히 중요하다. 추천의 방법은 편견이 개입되거나 일관성의 부족 등 제한성이 많기 때문에 다른 방법과 함께 적용되어 판별의 신뢰성을 높이는 것이 바람직하다.

■ 성과물

소설, 시, 그림, 뛰어난 수행성을 녹화한 비디오테이프 등은 아동의 결과물에 관한 포트폴리오로서 영재성을 발견하는 데 많이 이용되며 유용한 방법들이다. 특히 이러한 방법들은 아동의 비학업적 분야의 영재성을 판별하는 데 가장 중요하다(Gardner, 1999; Renzulli, 2004). 정상적인 의사결정 과정 밖에 있는 전문가들에게는 앞서 개관한 방법들보다 포트폴리오 방법이 더 유용할 수 있다.

6. 특별한 영재들

영재성을 지닌 학생의 교육과 프로그램에서 경제적 실조, 인종차별, 장애나 성적 편견 등의 문제는 흔히 지나치고 있다. 따라서 경제적 수준이 높은 가정의 학생들은 이미 적절한 교육, 관심분야에 관한 충분한 관심과 지원, 지적 자극 등의 기회를 제공받게 되어 더욱 유리한 입장에 놓이게 된다. 즉, 이들은 **마태효과**[183]를 톡톡히 보고 있다. 한편 다문화가정의 자녀, 경제적 수준이 낮은 가정의 자녀, 장애학생들 중에서도 영재성을 지닌 학생들이 많으나 편견과 고정관념 때문에 관심을 받지 못하고 있어 잠재력 개발 측면에서 큰 손해라 할 수 있다. 학생들은 조건에 관계없이 자신의 우수한 잠재능력을 계발할 수 있는 평등한 기회를 보장받아야 한다.

■ 영재성을 지닌 부진학생

학생들은 다양한 이유로 인하여 자신의 잠재적인 성취 능력을 발휘하지 못하고, 기대 수준에 미치지 못하게 된다. 한 때 여성들은 남성에 비해 잠재력을 계발하고 사회에 진출하여 승진하는 데 어려움을 겪었다. 인종적으로나 민족적으로 소수에 속하는 학생들은 판별과 능력 개발 과정에서 편견 때문에 소외되거나 부진아로 전락하기 쉽다(정대영, 2004). 영재성을 지닌 장애학생들 역시 장애 때문에 진정한 영재성이 가려지거나 소외되기 쉽다.

영재성을 지닌 일부 학생들은 정서적 갈등, 혼돈, 무관심, 가정 학대 등으로 인하여 학습에 부진을 보일 수 있다. 가장 일반적인 원인은 학교 프로그램이 이들의 요구에 적합하지 못하기 때문에 이미 학습한 내용을 반복함으로써 지루해 하거나, 교사들의 기대가 낮거나, 학생들의 잘못된 행동 때문에 정당하게 평가 받지 못하는 등의 요소를 들 수 있다. 관련된 문제들로는 이들이 부정적 자아개념과 학교에 대해 부정적인 태도를 갖는 경향이 있다. 학생이 학교와 자신에 대해 부정적인 태도를 보이게 되면 그의 특별한 능력을 못보고 지나치기 쉽다.

부진을 예방하는 방법 중의 한 가지는 학생들이 교과나 학년을 월반할 수 있도록

183) Mattew Effect 미국의 사회학자 로버트 머튼이 명명한 효과. 부자는 더욱 부자가 되고 가난한 사람은 더욱 가난하게 되는 현상. 교육에서의 읽기를 비롯한 학습기초기능을 일찍 발달시킨 학생은 학령기 동안 학업성취가 높고 학습에 유리한 입장에 있게 됨

허용하고 관심분야에 집중하거나 도전할 수 있는 기회를 제공해 주는 것이다. 그러나 속진학습이 항상 적절한 조치는 아니며, 영재성을 지닌 학생의 부진 문제를 강조하는 것도 바람직하지는 않다. 상담, 개별화, 가족치료와 더불어 다양한 지원적 및 치료적 전략을 속진학습에 추가하거나 대안적 방법을 모색하는 것이 바람직하다.

■ 영재와 장애를 동시에 지닌 학생

최근 장애와 영재를 동시에 지닌 학생들의 교육 분야가 형성되고 있다. 이 분야는 특정 장애와 영재를 동시에 지닌 학생들의 판별, 연구와 개발, 이들을 지도할 교사와 전문가의 양성, 이들을 위한 다학문적 협력 방안 모색과 성인이 되었을 때의 생활 준비 등에 두고 있다.

이중특수성을 지닌 학생은 학습장애나 뇌성마비와 같은 장애와 영재성을 동시에 지닌 학생들을 말한다. 이들의 경우 장애가 두드러져 영재성을 판별하는 데 어려움을 겪게 된다. 연구자들은 영재성과 장애를 동시에 지닌 학생들을 판별하는 것을 가로막는 다음과 같은 장벽들을 확인할 수 있었다(Cline & Hegeman, 2001).

- 가능성이 있는 재능분야에 관심을 갖지 않고 장애를 사정하는 데 중점을 둠
- 신체적 및 전반적 지능과 연관된 영재성에 관한 고정된 관념
- 추상적 사고나 언어능력 등 특정 분야에서 보이는 특별한 발달지체
- 장애로 인한 세상에 대한 경험 부족
- 영재성의 가능성을 가리는 장애에 관한 특별한 관심

연구자들(Cline & Hegeman, 2001)은 이러한 문제들을 해결하기 위하여 다음과 같은 사항들을 제안하였다.

- 사정도구에 교육과정 외의 활동을 포함시키기
- 장애와 더불어 강점 패턴에 주목하기
- 능력을 경험적 기회 측면에서 보기
- 검사 시에 조정과 수정으로 신뢰성 높이기(시각장애 학생들에게 색 관련 문제를 생략하기, 학습장애 학생들에게 시간을 더 부여하기 등)
- 유사한 장애를 지닌 다른 학생들과 비교해 보기

• 장애의 영향을 받지 않는 부분에 더욱 비중을 두기

학교는 영재성과 장애를 동시에 지니고 있으나 판별되지 못하고 간과되는 장애를 지닌 학생들을 위하여 모든 학생들의 영재성을 판별하려는 노력을 기울여야 할 것이다. 이중특수성을 지닌 학생들의 영재성을 개발하기 위하여 다음과 같은 교수전략을 적용하는 것이 바람직하다.

• 강점, 관심, 지적 우수성을 발달시키는 데 중점을 두기
• 보상 전략을 이용하도록 격려하고 지도하기
• 의사소통 문제를 줄이고 대안적 방법과 수단을 개발하기
• 학생들이 자신의 강점과 약점을 인정하며 건전하고 현실적인 자아개념을 형성하도록 돕기
• 높은 수준의 추상적 사고, 창의성, 문제해결 접근법을 강조하기
• 영재성과 장애 분야에 개별적 학습속도를 인정하기
• 높은 기대감을 갖고 자기 지향성을 추구하도록 촉진하기
• 학생의 강점을 강조하는 교수적 선택을 할 수 있도록 하기(Willard-Holt, 1999)

장애에 대한 우리의 고정관념 때문에 장애와 영재성을 함께 지닌 학생들의 능력을 인식하지 못하게 된다. 예를 들어, 학생이 언어능력과 적극적인 활동능력이 부족하거나 지적 능력이 떨어지는 경향을 보이면 지적장애라고 추론하는 경향이 있다. 그러나 지적장애와 유사한 점을 많이 보이면서 신체적으로 영재인 학생들도 많이 있다. 이러한 점이 인정받지 못하면 뇌성마비와 기타 지체장애를 지닌 아동들의 영재성 또한 쉽게 간과된다.

일부 학습장애나 주의력결핍과잉행동장애를 지닌 학생들은 매우 우수한 지적능력을 보이지만, 그러한 능력을 적절히 사정하지 못하여 관심을 받지 못하게 될 수 있다. IQ가 높은 일부 학습장애 학생들은 유사한 행동문제를 지니고 있어 영재학생들은 매우 다양한 이질적 집단으로 구성되어 있음을 강하게 시사하고 있다. 영재성과 장애를 동시에 지니고 있었던 사람들로는 Rhodes Scholar(읽기장애와 주의집중장애), 노벨상을 2회 수상한 Marie Curie(심한 우울증) 등이 있다(Goldsmith, 2005),

7. 영재와 재능을 지닌 학생의 교육적 지원과 중재

■ 조기교육

영재성의 조기 판별은 최근 많은 관심을 받고 있다. 영재 아동들의 조기교육 프로그램이나 서비스체계가 개발되고 있지만, 그러한 접근에 대한 부정적인 태도도 있다. 영재아동들에게 적절한 조기교육을 하는 데 방해가 되는 요소들로는 부모의 지지 부족, 적절한 교사 양성 부족, 주로 영유아기 이후의 영재아에 대한 사회의 관심과 재정 부족, 조기 입학을 가로막는 법적 근거 등이 있다. 아울러, 또래들을 뛰어넘는 월반제도를 허용하지 않는 학교정책과 이념 또한 영재학생들의 조기판별과 교육 프로그램 개발을 저해하는 요인들이 된다.

조기입학과 속진학습이 능사는 아니지만 특별한 능력을 지닌 아동들을 조기에 입학시켜 월반을 할 수 있도록 하는 것은 유능한 학생들의 측면에서 교육 기회의 평등성을 보장해 주는 것이라 할 수 있다.

한편, 모든 학부모들이 자녀를 특목고나 외국어고등학교에 입학시키기 위해 유치원 단계에서부터 목표를 세워 공부를 시키는 것은 많은 부작용을 안고 있다. 하지만 할 수만 있다면 조기에 영재성을 발견하여 그들의 잠재력을 계발하도록 지원하는 것이 바람직하다. 일반적으로는 대개 초등학교 3~4학년에 이르러서야 영재성을 지닌 아동들을 판별할 수 있고, 이때가 되어야 본격적으로 잠재력을 계발할 수 있게 된다.

발달 초기에는 모두 자녀를 영재학생으로 여기는 부모들의 사고와 노력은 형식적인 제도권에서 발견하지 못하는 영재를 조기에 발견하는 데 일정 수준 기여할 수도 있을 것이다. 그러나 이러한 관점은 연구된 바가 없기 때문에 앞으로 연구되고 논의될 분야이다.

영재 영유아들은 지적 능력이 우수하고, 적응행동이나 리더십 기술이 평균 이상으로 발달할 수 있다. 그러나 여러 분야에서 능력이 우수하다고 하여 모든 분야에서 평균 이상일 수는 없다. 그들은 정서적으로 또래들과 같은 수준으로 발달하고, 때로는 고르지 못한 발달로 인하여 사회적으로 고립되는 문제를 겪을 수도 있다. 또한 인지적 능력이 우수하여 사회 정서적 기술 측면에서도 매우 우수할 것이라는 비현실적인 기대를 갖게 할 수도 있다. 그들은 자기이해, 타인에 대한 민감성, 친구 사귀는 기술, 사회적 문제해결 기술을 습득하기 위해서 도움이 필요할 수 있다.

■ 초 · 중등교육

아동들은 같은 학년이라고 하더라도 저마다 옷과 신발의 사이즈가 다르고, 관심과 취향이 다르다. 이와 마찬가지로 교사와 부모는 아동들의 흥미, 요구, 능력이 각기 크게 다르다는 점을 예상해야 한다. 초 · 중등학생들의 영재성은 다양한 방법으로 길러진다. 영재학생들의 요구에 반응하기 위해 다양한 서비스 전달 방법과 체계가 적용되고 있다. 이러한 차이를 수용하고, 모든 학생들이 학습할 수 있는 환경을 제공하기 위해 교육과정의 차별화가 필요하다. 영재학생교육을 흔히 차별화교수라고 하는데, 영재학생들의 관심과 요구에 적합하고 독특한 우수한 교육을 제공하는 것을 의미한다. 차별화된 교수는 다음과 같은 특성을 지닌다.

- 모든 학생들에게 높은 기대를 갖는다.
- 같은 단원 내에서라도 다양한 성취 수준의 학생들에게 다양한 과제를 제공한다.
- 모든 학생들에게 선택의 기회를 제공한다.
- 학생이 이미 알고 있는 내용을 시범보일 수 있게 하고, 새로운 내용을 자기 페이스에 맞게 학습하도록 허용한다.
- 학습 과제를 구조화하여 높은 수준의 비판적 사고를 요구하고, 다양한 반응을 허용한다.
- 다양한 수준의 학습 스타일, 사고, 흥미, 성취를 촉진시킬 수 있는 과제를 제시한다.
- 학생에게 자신이 학습할 내용에 대한 선택의 기회를 제공한다.
- 교수적 요구를 평가한 후 학생의 배치를 유연하게 한다.

일반적으로 영재교육 프로그램은 진행속도가 빠르고, 내용이 많으며, 내용을 깊이 있게 평가하고, 매우 특별한 내용을 추구하고, 보다 복잡하고 높은 수준의 교과문제를 다루게 된다.

교수적 접근

교수적 접근은 다양한 요인에 기초하여 선정된다. 첫째, 학교 체제는 어떤 유형의 영재아동들에게 교육 서비스를 할 수 있는지를 결정해야 한다. 판별준거를 확립하고,

대상자를 공정하게 선정할 수 있도록 측정하고 평가할 수 있어야 한다. 둘째, 학교 체제는 영재학생들이 차별화된 교육을 받을 수 있는 조직의 구조를 선택해야 한다. 셋째, 학교 인사들은 각 프로그램 상황에서 유용한 교수적 접근법을 선정해야 한다. 넷째, 학교 인사들은 프로그램의 효과를 사정할 수 있는 지속적인 절차와 기법을 선정해야 한다. 이러한 평가를 통해서 수집한 데이터는 적절한 변화를 가져오는 데 매우 중요하다.

서비스 전달 체계

속진교육. 전통적으로 영재학생들을 위한 프로그램은 속진교육과 심화교육을 강조하고 있다. 속진교육이란 교육과정 영역 중 한 가지 또는 그 이상에서 또래들보다 앞서가는 교육을 의미한다. 즉, 한 가지 또는 그 이상의 교과에서 1~2학년 높은 학년에 가서 교육을 받는 것이다. 매우 조숙한 아동들에게 속진교육과 심화교육을 동시에 제공하여 학업적 능력을 계발하고, 더불어 여러 가지 사회적 경험도 제공하게 한다.

다음은 영재학생들에 대한 반응적 교수에 대한 연구 결과이다. 속진교육은 몇 가지 장점을 지니고 있다. 속진교육을 받은 아동들은 선행과정을 먼저 밟게 된다. 속진교육의 일반적인 형태는 조기취학, 특정 교과에 대한 선행교육, 월반, 압축된 교육과정 이수, 고등학교 재학 중 대학 등록, 대학조기 입학 등이다. 속진교육의 효과는 또래들과 같은 속도로 학습하도록 강요받지 않고, 능력에 따라 교육과정을 앞서감으로써 대학, 대학원 과정을 빨리 밟고 생산적인 진로를 거칠 수 있게 된다(Hallahan & Kauffman, 2011).

속진교육에 대한 회의적 입장은 속진이 지식의 격차 때문에 학업적 소진상태로 이어지거나 학업적 문제에 봉착할 가능성이 있고, 사회적으로나 정서적으로 부정적인 결과를 가져올 수 있다는 점을 지적하고 있다. 그러나 대규모 연구에 의하면 그러한 우려를 하지 않아도 된다고 보고 있다. 속진교육은 개인 차원에서 다양한 형태로 이루어져야 한다는 점이 지적되고 있으며, 긍정적인 결과를 가져오는 속진교육 형태는 조기입학, 초등학교 월반, 무학년 학급이나 복식학급, 압축 교육과정, 교과별 속진(수학), 대학조기입학 등이 있다.

속진교육 프로그램의 세 가지 중요한 요소로는 ① 연령과 학년 배치에 관한 융통성 있는 철학 ② 진단-처방적 검사 실시 ③ 교사와 행정기관에의 강력한 위임 등이 포함된다. 영재들의 발달을 촉진시킬 수 있는 방법들은 다음과 같다.

- 높은 수준의 개념, 기술, 아이디어를 강조하는 국가 및 주의 내용 표준을 포함할 것
- 실제 교수 내용과 밀접한 사항을 검사할 것
- 내용에 관한 전문성 있는 교사의 교육을 보장할 것
- 학습준비가 갖추어진 연령 수준의 선행 교육과정에 접근할 수 있도록 할 것
- 다양한 학문 분야에서 대학 조기 입학을 허용할 것
- 다양한 속진학습의 선택 기회를 제공할 것(Van Tassel-Baska, 1998)

한편 Southern과 Jones(2004)는 속진학습을 위한 18가지 선택활동들을 제시했다; 유치원 조기입학, 초등학교 조기입학, 월반제, 연속적 진전, 자기페이스의 교수, 교과 속진학습, 종합 학습, 교육과정 압축, 원격교육과정, 멘토링, 엑스트라 커리큘럼 프로그램, 통신과정, 조기졸업, 이중등록, 상급학년 선행배치advanced placement, 시험에 의한 학점취득, 대학에서의 속진, 중등학교 및 대학 조기입학 등이다. 이러한 방법 중 특히 조기입학, 조기졸업, 월반제도와 같은 것은 나이든 학생들과 함께 생활해야 하므로 사회적 및 정서적 문제를 일으킬 가능성이 높다. 교사와 부모는 영재학생들이 항상 높은 수준의 성취에 대한 압력을 받고 있다는 점을 이해해야 한다.

심화교육. Renzulli와 그의 동료들은 영재학생들이 특정 과제나 활동에서 평균이상의 능력, 창의성 및 과제수행능력을 보일 수 있다는 개념에 기초하여 심화교육 모델을 개발했다(Reis & Renzulli, 2001). 심화교육은 속진교육처럼 서비스 전달체제뿐만 아니라 교육과정에서 실시될 수 있다. 심화교육 경험은 개인의 지식을 폭넓게 해 줄 뿐만 아니라 깊이 있게 해 줄 수 있다. 심화교육은 각 분야에 재능이 뛰어난 학생들을 위해 교육과정에 재능 분야를 추가할 수도 있고, 사고능력(종합, 분석, 해석, 평가 등)을 정교화할 수도 있다.

사례연구형 판별방법을 통해서 선정된 영재학생들은 실제 생활문제를 개별 및 소집단으로 조사하는 심화활동에 참여하게 되고, 여론조사, 정치, 지질학, 편집 등의 분야에서 실습을 한다. 교사는 ① 학생들이 일반적 관심을 해결할 수 있는 문제로 바꾸도록 돕고 ② 문제를 해결하는 데 필요한 도구와 방법을 제공하며 ③ 실제 고객이나

청중들과 자신이 발견한 사실들에 대해 의견을 주고받을 기회를 제공해야 한다. 학생들은 또래 수준의 교육과정을 넘어 생산적인 활동을 추구할 수 있는 능력, 창의성, 동기를 지니고 있는 한 심화교육을 받을 수 있다. 일반적으로 이러한 모델은 학교 수준의 심화교육 모형으로 알려져 있다. 이 모형의 목적은 일반교육의 통합된 부분으로서 특별한 능력을 지닌 학생들이 학습할 수 있는 장을 제공하는 데 있다.

특별 프로그램과 학교 교육

시각예술 및 행위예술과 같은 비학업적 분야에서 개인의 재능을 기를 수 있도록 설계된 프로그램이 많이 개발되고 있다. 이러한 프로그램에 참여하는 학생들은 학교생활의 50% 정도를 학업 분야에, 그리고 나머지 시간은 예술 분야를 공부하게 된다. 예능 분야는 개별지도를 받는 경우가 흔하고, 일부학교는 별도의 학교를 운영하기도 한다. 대부분 시각예술과 행위예술 분야의 훈련을 제공하지만 일부 학교에서는 창의적 글쓰기, 운동사진, 텔레비전 제작과 사진 등에 관하여 교육하기도 한다.

대학에서 방학 특별프로그램, 재능판별 프로그램, 기숙제 학교 프로그램 등 다양한 프로그램들을 영재학생들에게 제공하고 있다. 대개의 프로그램들은 학생들을 경쟁을 통해서 선발하고, 개인의 관심과 능력에 맞는 프로그램을 고안하여 제공한다. 이러한 학교들은 다양한 분야에서 학생들을 선발하여 능력과 동기를 개발하려고 하지만, 소수 학생들만을 위해 특별히 서비스를 제공하는 전문적인 기관은 지극히 소수에 불과하다.

학교 차원의 영재교육은 일종의 **전 학교 심화모델**schoolwide enrichment model: SEM[184]이라고 할 수 있는데, 민족사관학교, 과학고 등 여러 유형의 특목고들이 설립되어 운영되고 있지만, 설립 본래의 목적보다는 대학진학에 목표를 두고 운영됨으로써 영재성을 충분히 계발하지 못할 위험성이 있고, 편법 운영에 대한 비판이 끊이질 않고 있다.

---

184) 전 학교 심화모델은 Renzulli Reis가 이용한 방법으로 일반학급에서 영재아동뿐만 아니라 다른 아동들에게도 적용되는 전 학교 향상을 위한 체계적인 교수 계획임. 특목고와는 성격이 매우 다르나 특목고는 우수한 인력을 모아 학교 전체가 속진과 심화학습을 실시한다는 측면에서 비유된 것임.

8. 영재와 재능을 지닌 학생의 전환교육

자신의 잠재능력에 가깝게 성취한 영재성을 지닌 아동들은 성인으로서 역할을 무난히 하며, 아동기에서 청소년기, 성인기로 이행하면서, 고등학교에서 대학교나 사회로 진출하여 생활하는 데 그다지 문제를 보이지 않는다. 특히 청소년들은 자신의 강점과 약점을 상대적으로 인식하는 경향이 있다. 즉, 그들은 어떤 분야에서 영재성을 지니고 높은 수준의 능력을 발휘하지만 자신에게서 비교적 약점 영역으로 인식되는 부분 때문에 자신을 영재로 보지 않는다(Plucker & Stocking, 2000).

영재성을 지닌 청소년들의 전환교육은 장애를 지닌 아동들이 전환기에 직면하는 문제들과 비슷한 경향이 있다. 영재성을 지닌 청소년들이 모두 전환기를 잘 넘기는 것은 아니며, 이들이 원만한 전환기를 거쳐가기 위해서는 학생과 학교, 지역사회 자원 등을 연결해 주고 개인적 상담과 진로상담을 해 줄 필요가 있다.

영재청소년들의 문제라면 속진학습과 심화학습이다. 심화학습 지지자들은 영재성을 지닌 청소년들이 지속적으로 또래들과 관계 속에서 성장해야 한다고 믿고 있다. 그들은 영재성을 지닌 아동 및 청소년들이 자기 연령 또래들과 함께 동일한 교육과정을 이수해야 하고, 동일한 학습 주제를 깊이 있게 다루어야 한다고 주장한다. 속진학습 지지자들은 영재성을 지닌 아동 및 청소년들에게 도전과 적절한 교육을 제공하여 나이가 많은 학생들과 경쟁하도록 해야 한다고 믿고 있다. 이런 교육자들은 그런 학생들의 인지능력이 또래들보다 우수하기 때문에 빠른 속도로 교육과정을 이수할 수 있도록 허용해야 한다고 주장한다.

특히 수학과목의 속진 프로그램은 호의적인 평가를 받고 있다. 대학에 조기에 전일제 학생으로 입학하거나 아니면 일부 프로그램에 등록하여 공부하는 청소년들은 개인의 요구에 민감하게 적절히 지원을 하는 한 잘 적응하는 것으로 보고되고 있다. 대학에 조기에 입학하는 학생들에게는 그들의 자존감을 높이고, 학업적 도전을 긍정적으로 이겨내며, 교과를 성공적으로 이수할 수 있도록 조장하기 위해 보상과 적절한 경험을 제공하며, 아울러 상담과 지원 서비스를 적절히 제공하는 것이 중요한 과제이다. 그러나 영재성을 지닌 아동과 청소년들에게 심화교육과 속진교육을 병행하는 것 또한 좋은 방법일 수 있다.

우리는 어린 나이에 영재성을 발휘해서 세상을 놀라게 하다가 청년기와 성인기에 이르러서는 말없이 사라진 많은 인재들을 목격해 왔다. 사회 정서적으로는 또래들과 동일한 교감과 상호작용을 하면서 학문이나 특별한 재능 분야에서는 전문가로서의 준비를 하는 것이 현실적이다. 영재성을 지닌 아동이나 청소년, 성인들 역시 지역사회에서 함께 살아야 하고, 더불어 살아가야할 사회적 존재임을 잊어서는 안 될 것이다. 이들이 일찍이 사회나 기관에 편입되어 사회생활을 시작할 수 있지만, 얼마 안 있어 그들의 또래들과 함께 연구하고 생활하게 된다는 점, 생물학적으로도 동일한 시대를 살아가야 한다는 엄연한 사실을 외면해서는 안 될 것이다.

속진교육과 심화교육에 상관없이 영재성을 지닌 청소년들이 성인으로 원만하게 전환할 수 있도록 지원하기 위해서는 이들의 사회적 및 개인적 발달에 관심을 가져야 한다. 그들은 대부분의 사람들처럼 유사한 특성과 유사한 도전에 직면한 다른 학생들과 함께 사회성을 발달시키고, 학습을 하면서 도움을 얻게 된다.

9. 영재와 재능을 지닌 학생의 통합교육을 위한 팁

■ 유아기

가족들을 위한 팁

- 영재성은 여러 방식으로 나타난다는 점을 인식하기(집중력, 기억력, 정보능력 등)
- 박물관, 전람회, 전시장 및 기타 관심을 갖는 장소 방문하기
- 도전의식을 키울 수 있는 적절한 환경 제공하기
- 적절한 시각적, 청각적, 언어적, 운동 지각적 자극 제공하기
- 주고받기 방식의 대화를 많이 하기
- 그림책을 많이 보여주고 사물이나 동물을 찾아보게 하고, 연령에 적합한 질문을 하기
- 불필요한 제지나 억제를 하지 않기
- 발달적으로 적절하지만 약간의 도전의욕을 일으킬 놀이자료를 제공하기

유치원교사들을 위한 팁

- 여러 가지 재능이 나타는 양상을 관찰하기(예, 인지적, 예술적, 리더십 등)
- 아동들에게 재능을 마음껏 표현할 기회를 제공하기
- 아동의 호기심을 자극하기, 아동의 열정과 관련된 학습활동 개발하기
- 준비된 정도에 따라 아동에게 여러 가지 언어를 구사해 보도록 허용하기

유아교육기관 인사들을 위한 팁

- 다양한 호기심을 갖고 마음껏 질문할 수 있도록 조장하기
- 다양한 영역에 걸쳐 재능(예, 예술적, 사회적, 인지적)이 있는지를 찾아내기
- 불필요한 복습 과정을 거치기보다 더 많은 도전적인 활동을 하도록 안내하기

이웃과 친구들을 위한 팁

- 사람들은 다양한 재능을 가지고 있고, 그것을 개발할 수 있다고 인식하기
- 잠재적으로 영재성을 지닌 아동들에게 조기교육 기회 제공하기
- 이웃의 영재아동이 다양한 활동을 할 수 있도록 물리적 · 심리적으로 지지하고, 개방하기

■ 초등학령기

가족들을 위한 팁

- 학생들의 영재성을 지속적으로 발굴하려고 노력하기
- 영재성을 발달시킬 수 있는 학교 외 활동에 참여시키기
- 방학 중 실시하는 대학의 영재 프로그램에 등록시키기
- 학생들의 학교 환경이 영재성 개발에 적합한지를 점검해 보기
- 지역사회 영재 옹호단체에 참여하기
- 자녀가 관심을 갖는 도서를 찾아주기
- 흥미나 적성이 비슷한 친구들과 어울리고 함께 활동할 수 있도록 격려하고 조장하기

일반교사들을 위한 팁

- 심화 및 촉진학습 기회 제공하기
- 영재성을 지닌 학생들이 자신의 사고와 결과물을 정교화 할 수 있는 개별과제를 제시하기
- 교사를 지원하고 도움을 줄 수 있는 전문가 집단이나 단체에 참여하기
- 영재성을 지닌 학생 지도 전략을 습득할 수 있는 연수나 프로그램을 이수하기
- 학생들의 특별한 기술이나 지식을 강조하는 다양한 이벤트에 참여하도록 격려하기

학교인사들을 위한 팁

- 영재성을 지닌 학생들이 자신의 재능을 추구할 수 있는 클럽이나 프로그램을 개발하기
- 다양한 영역에 걸쳐 재능을 발달시킬 수 있는 보상 프로그램을 개발하기
- 심화 및 속진활동(예술가, 작가 등)을 제공하는 지역사회 주요 인사들을 참여시키기
- 다문화가정, 취약가정의 학생이나 장애와 영재성을 함께 지닌 학생을 판별할 수 있는 통합적 절차를 개발하고 이용하기

이웃과 친구들을 위한 팁

- 각종 대회에 자원봉사자로 참여하여 활동하기
- 재능을 젊고 뛰어난 음악가, 예술가, 학자, 운동가 등과 공유하도록 노력하기
- 지역사회에서 누군가의 멘토로서 활동하기

■ 중등학령기 및 전환기

가족들을 위한 팁

- 학생의 재능을 발달시킬 수 있는 대학의 영재 프로그램 등을 지속적으로 제공하기
- 학생이 참여하고 있는 영재프로그램 등에 대하여 꾸준히 대화하고 상담하기
- 학생의 수행에 도움이 될 도구(컴퓨터, 비디오, 카메라 등)와 자원(전문가, 코치,

멘토 등)을 가까이 할 수 있도록 지원하기
- 학생의 다양한 수행을 수시로 기대하기
- 지나치게 높은 기대를 가지고 몰아 부치지만 말고 휴식과 안정을 취할 수 있게 하기
- 비슷한 관심과 적성을 가진 또래들과 함께 어울릴 수 있도록 격려하기

일반교사들을 위한 팁

- 다양한 능력을 지닌 학생들이 마음껏 수행할 수 있는 활동들을 제공하기
- 영재성을 지닌 학생들이 실제 문제를 다루거나 실질적인 성과를 낼 수 있는 기회를 제공하기
- 단순히 활동량을 늘릴 것이 아니라 심화활동을 할 수 있는 기회를 제공하기
- 영재성은 여러 가지 방식으로 나타난다는 점을 명심하기.
- 영재성을 지닌 여학생들이 겪게 될 진로와 연구 분야에 대한 갈등을 제거하도록 도와주기

학교 인사들을 위한 팁

- 능력에 따라 다양한 교육과정, 활동, 클럽 등을 선택할 수 있는 기회를 제공하기
- 영재성이 드러나는 다양한 수행 영역을 인정하기(리더십, 시각예술, 행위예술, 학업 등)
- 통합적인 절차를 이용하여 지속적으로 영재로서의 잠재력을 지닌 학생들을 판별하기
- 경쟁 활동에 참여하여 영재성을 발휘할 수 있도록 격려하기(각종 경시대회 등)

이웃, 친구 및 미래 고용주들을 위한 팁

- 학생들이 재능 있는 전문가들과 자주 접촉할 수 있는 기회 제공하기
- 전문가들이 직접 영재성을 지닌 학생들과 함께 실제적인 문제를 해결하고, 성과물을 낼 수 있는 자원봉사 활동에 참여하기
- 전문가들이 영재성이 있는 학생들의 멘토의 역할 하기
- 전문가들이 방학 중 캠프나 활동에 참여하여 학생들을 도와주기

- 고등학교 클럽이나 기타 영재들의 단체를 위하여 상담을 하거나 고문역할을 하기

요약

■ 정의와 분류

- 고등학교 과정 이하의 각급 학교에 취학한 자 중에서 일반지능, 특수학문 적성, 창의적 사고 능력, 예술적 재능, 신체적 재능, 기타 특별한 재능 중 각각에 대하여 뛰어나거나 잠재력이 우수한 사람 중 영재 판별 기준에 의거 판별된 사람을 영재교육대상자로 선발한다.

■ 출현율

- 영재성을 지닌 재학생의 15~20%는 다양한 분야에 재능을 지닌 것으로 추산된다.

■ 원인

- 인간의 보편적 발달이 유전과 환경과의 상호작용에 의해서 이루어지듯이 영재성의 발달 또한 이 두 요인의 상호작용에 의한 것으로 이해된다.
- 영재성이 꽃을 피우기까지는 유전과 환경이 함께 작용할 필요가 있다.

■ 특성

- 창의성은 영재성을 지닌 학생들의 특성으로 인식되고 있으며, 창의성의 특징은 다양한 유형으로 나타난다.
- 영재성을 지닌 학생들은 학습기능이 특별하고, 일반적으로 동일 연령의 또래들에 비해 새로운 아이디어나 문제의 개념을 파악하고, 일반화하거나, 분석하고, 종합하는 능력이 우수하다.
- 리더십 분야에서 영재성을 구성하는 요소로는 뛰어난 의사소통 능력, 사회기술, 공감능력, 우수한 의사결정 능력, 다른 사람들을 감동시키는 능력, 집단을 통합하는 능력 등이 있다.

■ 진단평가와 판별

- 영재성을 지닌 학생의 판별은 지능검사; 성취도 검사; 교사, 부모, 지역사회 및 동료의 추천; 자기 추천; 여가 관심 등을 종합적으로 고려한다.

■ 특별한 영재들

- 영재성을 지닌 일부 학생들은 정서적 갈등, 혼돈, 무관심, 가정 학대 등으로 인하여 학습에 부진을 보일 수 있다.
- 이중특수성을 지닌 학생이란 학습장애나 뇌성마비 등의 장애와 영재성을 동시에 지닌 학생들을 말한다.

■ 교육적 지원과 중재

- 영재성을 지닌 학생을 위한 교수적 접근으로는 속진교육, 심화교육, 학교 특별프로그램, 학교 외 특별 프로그램 등이 있다.
- 직업진로교육, 진로상담 등은 영재성을 지닌 학생들을 위한 종합프로그램의 중요한 구성요소들이다.
- 영재성을 지닌 일부 학생들은 과학자, 음악가, 예술가 및 기타 전문가 멘토와의 활동을 통해 동기가 높아지고 자극을 받게 되며 정교한 학습 활동을 경험할 수 있게 된다.
- 진로, 흥미, 가치, 성향은 영재성을 지닌 학생들에게 조기에 영재성을 명확히 할 수 있는 기회가 된다.
- 영재성을 지닌 학생들은 자신의 관심분야에 대한 능력을 지닌 성인 역할 모델을 지속적으로 필요로 한다.

■ 전환교육

- 속진교육과 심화교육에 상관없이 영재성을 지닌 청소년들이 성인으로 원만하게 전환할 수 있도록 지원하기 위해서는 이들의 사회적 및 개인적 발달에 관심을 가져야 한다.

토의문제

1. 영재의 법적 정의와 학문적 정의 간의 차이점에 대해 논의하시오.
2. 영재의 긍정적 및 부정적 특성에 대해 논의하시오.
3. 특별한 영재들에 대한 교육적 접근법들에 대해 논의하시오.
4. 속진교육과 심화교육의 차이점에 대해 논의하시오.

찾아보기

ㄱ

ㄴ

ㄷ

ㄹ

ㅁ

ㅂ

ㅊ

ㅋ

ㅌ

ㅍ

ㅎ

Special Education

참고문헌

강영택, 장명림, 정대영(2000). 유아발달 진단검사 개발 기초연구. **특수교육과 재활, 5**, 25-51.

강위영, 윤치연(2004). **한국 자폐증 진단검사 진단검사(K-ADS)**. 부산: 테스피아.

강위영, 정대영 역(1986). **학습장애아동 교육**(S. A. Kirk & J. C. Chalfant). 서울: 형설출판사.

강위영, 정대영 편저(2004). **학습장애아동 교육**. 서울: 형설출판사.

강위영, 정대영(1986). 학습장애아의 출현율과 행동특성. **재활과학연구, 7**(1), 5-22.

강위영, 정대영(1991). 학습장애자의 직업재활 문제와 전망. **재활과학연구, 9**(1), 5-17.

강위영, 정대영, 박찬웅(1993). **자폐아 · 정신지체아를 위한 발달장애아 조기교육 프로그램**. 서울: 도서출판 특수교육.

강위영, 조인수, 정대영(1993). **직업재활과 지원고용**. 서울: 성원사.

경찰청(2007). 경찰백서.

곽금주, 오상우, 김청택(2011). **한국 웩슬러 아동지능검사(K-WISC-IV)**. 서울: 학지사.

곽승철 외(2008). **중복지체부자유아교육**. 대구: 대구대학출판부.

교육과학기술부(2010). **2010 특수교육통계**.

교육과학기술부(2011). **2011 특수교육통계**.

교육부(2015). **기본교육과정.**

교육부(2015). **유치원교육과정, 공통교육과정 및 선택중심교육과정.**

교육인적자원부(2007). **2007 특수교육통계**.

국립특수교육원(2000). **시각장애학생의 교과지도를 위한 정보매체 활용**. 경기: 국립특수교육원.

국립특수교육원(2001). **특수교육 요구아동 출현율 조사연구 조사연구**. 경기: 국립특수교육원.

김동일, 박희찬, 이달엽(2004). **정신지체적응행동검사**. 서울: 학지사.

김미경, 김기창(2006). **행동수정의 이론과 실제**. 서울: 청록출판사.

김미경, 문장원, 서은정, 윤점룡, 윤치연, 이상훈(2007). **정서 및 행동장애아 교육**. 서울: 학지사.

김보경, 조현춘, 정대영, 박영균 역(1995). **아동기 행동장애**(R. Wicks-Nelson & A. C. Israel). 서울: 양서원.

김선희 외 공역(2002). **의사소통장애(Hegde, M. N.)**. 서울: 학지사.

김성애, 정대영, 박희찬(1997). **통합교육의 효율적인 운영 방안.** 경기: 국립특수교육원.

김수진, 정대영(2011). 자기결정력 향상 프로그램 적용이 경도발달장애 중학생의 자기결정력 증진에 미치는 효과. **정서행동장애연구, 27**(1), 169-196.

김승국, 김현우, 나운환, 정대영(1998). 장애인 평생교육 복지지원관리체제 구축방안 연구. **특수교육요구 아동연구, 7**, 43-124.

김영욱(2009). **청각장애아동 교육의 이해**. 서울: 학지사.

김영태, 신문자(2004). Urimal Test of Articulation and Phonology: U-TAP.

김영태, 장혜성, 임선숙, 백현정(1995). Peabody Picture Vocabulary Test-Revides: PVT-R.

김원경 외 14인 공저(2009). **최신특수교육학**. 서울: 학지사.

김원경(2003). **특수학교 학급 경영론**. 서울: 도서출판 특수교육.

김원경, 정대영(1994). 중증장애인 재화시설에서의 독립생활 서비스를 위한 지침 탐색. **직업재활학회 논문집,** 4, 19-31.

김정은, 박경아, 백은희, 오진영, 이민경, 이재일, 정대영, 정동영(1995). **발달장애아 조기교육 지도자료** 경기: 국립특수교육원.

김종현, 이성현, 이은림, 정대영(1996). **유아특수교육**. 서울: 창지사.

김진숙, 정대영(2016). 특수교사의 교직갈등 요인과 대처방식에 관한 인식 연구. **특수교육학연구, 50**(4), 303-325.

김진호, 김미선, 김은경, 박지연(2009). **긍정적 행동지원: 행동중재를 위한 최신 이론과 실제**. 서울: 시그마프레스.

김태련, 박랑규 공역(1996). **아동기 자폐증 평정척도 평정척도(CARS)**. 서울: 도서출판 특수교육.

김태련, 박랑규(1992). **이화-자폐아동 행동발달평가도구(E-CLAC)**. 서울: 도서출판 특수교육.

김태련, 박랑규(2005). **심리교육프로파일(PEP-R)**. 서울: 도서출판 특수교육.

김헌수(2000). **교과교육의 이론과 실제 실제**. 서울: 동문사.

김형섭 역(2004). **융심리학 입문**. 서울: 문예출판사.

문선모(2004). **교육심리학 학습 발달중심 접근**. 서울: 양서원.

문수백, 변창진(1997). **한국판 K-ABC**. 서울: 학지사심리검사연구소.

문용린(2001). **다중지능-인간지능의 새로운 이해**(Gardner, H.). 서울: 김영사.

박권생 역(2004). **정서심리학**. 서울: 학지사.

박성익, 조석희, 김홍원, 이지현, 윤여홍, 진석언, 한기순(2003). **영재교육학원론**. 서울: 교육과학사.

박승희(2008). **임상적 판단: 장애분야 최선의 실제의 네 번째 요소**(Schalock, R. L. & Luckasson, R.). 서울: 시그마프레스.

박승희, 박현숙, 박희찬 공역(2006). **장애청소년 전환교육**(Sitlington, P. L., Clark, G. H., & Kolstoe, O. P.). 서울: 시그마프레스.

박종흡, 양병한, 김기민, 정대영(2005) 유치원 평가준거 개발과 평가준거에 대한 중요도 분석 K-도를 중심으로. **특수아동교육연구,** 7(3), 291-317.

변창진, 문수백(1999). **사회과학연구를 위한 실험설계 분석의 이해와 활용**. 서울: 학지사.

보건사회연구원(2006). **2005년도 장애인실태조사**.

성영환 역(1987). **A. 아들러 심리학 해설**. 서울: 선영사.

성옥련(1998). **중증장애아의 교육심리**. 서울: 도서출판 특수교육.

송재률(2001). **포스트모던시대와 공동체주의**. 서울: 철학과 현실사.

심현섭, 김영태, 김진숙, 심향희, 배소영, 신문자, 이승환, 이정학, 한재순(2005). **의사소통장애의 이해**. 서울: 학지사.

양문봉(2000). **자폐스팩트럼장애**. 서울: 도서출판 자폐연구.

유제민, 김정휘 공역(2004). **아동과 청소년의 발달정신병리학**. 서울: 시그마프레스.

이상로, 정대영(2016). 계층 분석적 의사결정기법을 활용한 발달장애학생의 직업기초능력 상대적 중요도 분석. **특수교육학연구**, 51(2), 137-157.

이상복 정대영(1995). **정서장애아 행동치료교육**. 경기: 국립특수교육원.

이소현, 박지연, 박현옥, 윤선아 공역(2008). **장애학생을 위한 개별화 행동지원: 긍정적 행동지원의 계획 및 실행**. 서울: 학지사.

이승희(2010). **특수교육평가**. 서울: 학지사.

이신동, 이정규, 박춘성(2009). **최신영재교육학 개론**. 서울: 학지사.

임안수(2009). **시각장애아 교육**. 서울: 학지사.

전경원(2003). **한국의 새천년을 위한 영재교육학**. 서울: 학문사.

정대영(1991). 학습장애 개념에 관한 이론적 모델 연구. **특수교육학회지**, 12, 89-105.

정대영(1992). 자폐인의 직업재활을 위한 지원고용 체제의 고찰. **정서학습장애교육론총**, 1, 5-25.

정대영(1993). 학습장애의 개념과 유형. **정서학습장애아교육**, 8, 1-9.

정대영(2000). 특수학급 입급대상 학생의 사정과 배치의 문제와 개선 방안. **강남대학교 인문과학논집**, 9, 1-22.

정대영(2001). 통합교육 활성화를 위한 학습도움학급 프로그램의 재개념화와 효율적 실행조건. **특수교육저널: 이론과 실천**, 6(2), 57-80.

정대영(2001). 학습장애 아동을 위한 읽기 교수 기법 탐색. **정서학습장애연구**, 17(1), 19-51.

정대영(2002). 학습장애의 개념 및 진단평가의 문제와 과제. **정서학습장애연구**, 18(1), 63-87.

정대영(2003). 장애학생의 기능평가와 특수교육 의사결정. **특수아동교육연구**, 5(1), 91-108.

정대영(2003). 통합교육을 지원하는 교육구조와 실천 방향. **정서행동장애연구**, 19(2), 139-165.

정대영(2004). **영재장애아동의 이해와 지도**. 경남: 창원대학교 출판부.

정대영(2005). **문제행동의 기능평가와 행동지원**. 서울: 양서원.

정대영(2005). 통합교육에서의 주요 쟁점과 실천과제 고찰. **특수아동교육연구**, 7(1), 21-45.

정대영(2005). 행동과학과 특수교육 연구의 희망적 전망과 해결 과제. **정서행동장애연구**, 21(1), 1-24.

정대영(2006). 통합교육의 개념과 쟁점 고찰. **통합교육연구**, 1(1), 1-21.

정대영(2006). 특수교육진흥법 개정 방향과 원칙 탐색. **특수아동교육연구**, 8(1), 1-26.

정대영(2007). 정서행동장애의 상위인지적 중재: 실행기능 자기조절 모형. **정서행동장애연구**, 23(2), 1-28.

정대영(2007). 학습장애의 정의와 진단적 평가 기준의 법적 규정을 위한 대안 탐색. **한국특수아동교육연구**, 9(2), 257-285.

정대영(2010). 미국의 반응중심 중재법 채택이 국내 학습장애 진단평가 정책에 주는 시사점. **특수아동교육연구**, 12(2), 53-76.

정대영(2010). 비언어성 학습장애의 개념, 분류 및 진단평가 방법 고찰. **학습장애연구**, 7(2), 57-79.

정대영, 강위영(1992). 지원고용 체제 내의 재활상담 실행 개념모델과 상담요원 양성. **직업재활연구**, 2, 5-22.

정대영(2016). **특수아동 교육: 0세부터 8세까지**. 서울 창지사.

정대영, 공남호(2007). 자세움직임 정상화 프로그램이 뇌성마비아동의 대근육운동능력과 안구운동능력에 미치는 효과. **중복지체부자유연구**, 50(1), 115-142.

정대영, 구남희(2000). 통합교육 환경에서의 KWL기법 훈련이 초등학교 읽기학습장애아의 독해력에 미치는 효과. **초등특수교육연구**, 2(1), 19-43.

정대영, 권숙현(2007). 행동연쇄 중단방략이 발달장애 아동의 구어기능에 미치는 효과. **정서행동장애연구**, 23(3), 405-424.

정대영, 김미정(2016). 중심축 반응 훈련이 자폐 스펙트럼장애 유아의 어휘 확장과 상호작용에 미치는 영향. **정서행동장애연구**, 32(4)., 251-269.

정대영, 김성애, 박희찬(1996). **통합교육 실태의 국제비교**. 경기: 국립특수교육원.

정대영, 김수진(2009). 부모참여 여부가 경도발달장애 청소년의 자기결정력과 문제해결력에 미치는 효과. **정서행동장애연구**, 25(4), 253-274.

정대영, 김영아(2010). 긍정적 행동지원이 자폐성장애 유아의 수업 방해행동 및 사회적 상호작용 행동에 미치는 효과. **특수아동교육연구**, 12(3), 299-323.

정대영, 김정자, 김경둘, 도지영, 송미진, 양잠석, 이상로, 한경화(2006). **찾아가는 특수교육: 순회교육 길잡이**. 경상남도교육청.

정대영, 김지은(2001). 총체적 언어학습법이 읽기 학습장애아동의 독해력 및 읽기 태도에 미치는 효과. **특수아동교육연구**, 3, 23-43.

정대영, 박미경(2009). 일반아동과 자폐성장애 아동의 식사생활 특성 비교 연구. **정서행동장애연구**, 25(2), 171-196.

정대영, 박유근, 정승욱, 노선옥, 김희순, 김기영, 한문주, 이운기(2004). **발달장애 학생 기본생활 길잡이(I)**. 경상남도교육청.

정대영, 박은미(2010). 자기관리 전략을 활용한 긍정적 행동지원이 고기능자폐성아동의 문제행동에 미치는 영향. **정서행동장애연구**, 26(4), 1-21.

정대영, 신현인(2003). 예상도 작성법 훈련이 읽기 학습장애아동의 읽기 능력에 미치는 효과. **특수아동교육연구**, 5(1), 129-152.

정대영, 오세웅, 박유근, 정승욱, 김경숙, 한정수, 김기영(2007). **발달장애학생 기본생활 길잡이 길잡이(II)**. 경상남도교육청.

정대영, 이계영(2003). KWL기법을 이용한 협동학습이 읽기 학습장애 아동의 독해력과 읽기 태도에 미치는 효과. 경**남교육학연구**, 8, 283-300.

정대영, 이석진, 정해동, 권오희, 권재남(1994). **사회적 기술훈련 프로그램**. 경기: 국립특수교육원.

정대영, 이수자(2006). 의미구조 중심의 이야기구성도 작성 훈련이 읽기 학습장애아동의 독해력 읽기인식 및 태도에 미치는 효과. **특수아동교육연구**, 8(2), 301-317.

정대영, 이수자(2007). 과정 중심의 읽기 훈련이 읽기 학습장애아동의 독해력 읽기 상위인지 및 읽기 태도에 미치는 효과. **학습장애연구,** 4(1), 1-24.

정대영, 이유훈, 정동영(1994). **한국 특수학교 교육과정 변천사 연구**. 경기: 국립특수교육원.

정대영, 이은진(2009). 동시활용 말놀이 중심 언어교수가 자폐성장애아동의 어휘력과 학습태도에 미치는 영향. **정서행동장애연구,** 25(3), 47-72.

정대영, 임성미(2016). 연극놀이 프로그램이 주의력결핍과잉행동장애 초등학생의 사회성 기술에 미치는 효과. **정서행동장애연구,** 32(3), 275-299.

정대영, 장병연, 정동영, 김상진(1996). **KISE 발달척도** 경기: 국립특수교육원 .

정대영, 전영길, 서종순, 한수진, 임미경(2005). **바람직한 자녀교육관 정립을 위한 부모교육 프로그램 프로그램**. 경상남도유아교육원.

정대영, 전인순(2010). 수업상황에서의 멀티미디어 기반 상황이야기 중재가 자폐성장애 학생의 문제행동 및 의사소통행동에 미치는 영향. **정서행동장애연구,** 26(1), 281-303.

정대영, 최둘숙(2000). 이야기 구성도 완성훈련을 통한 읽기학습장애 중학생의 독해력 향상. **경남교육학연구,** 5(2), 43-265.

정대영, 최미숙(2007). 심상그리기를 활용한 과정중심 글쓰기가 쓰기학습장애 아동의 어휘력 향상에 미치는 효과. **특수아동교육연구,** 9(1), 333-352.

정대영, 최정아(2010). 장애아동 부모와 일반아동 부모의 심리적 안녕감 비교. **정서행동장애연구,** 26(3), 319-243.

정대영, 하창완(2011). 그래픽구성도 작성 전략 중심의 읽기 수업이 학습장애 고등학생의 읽기 유창성과 이해력에 미치는 영향. **학습장애연구,** 8(1), 43-63.

정대영, 하창완(2016). 스마트 어플리케이션을 활용한 다중독해전략교수가 고등학교 학습장애학생의 읽기 유창성과 이해력에 미치는 효과. **특수교육연구,** 23(2), 219-240.

정대영, 한경임(2007). **발달장애 아동의 사회적 기술 훈련**. 서울: 양서원.

정대영, 한경임(2008). **예비교사를 위한 워크북 교육실습의 이론과 실제**. 서울: 양서원.

정옥란 역(2001). **음성과 음성치료**(Boone, D. R.). 서울: 원미사.

정재권, 정진자, 정대영 (1995). **중도 중복장애 학생지도의 실제**. 경기: 국립특수교육원.

정창숙, 정대영(2016). 정서행동장애 위험군 아동의 문제행동, 사회적 기술 및 부모의 양육행동 개선을 위한 부모 참여 인지행동 미술치료프로그램 사례 연구. **미술치료연구,** 23(4), 1029-1054.

조용태(2001). **특수아상담**. 서울: 양서원.

최성규(2002). **한국표준수용어휘력검사**. 대구 한국언치료학회.

최중옥 외. **특수아동의 이해와 지도: 이론과 실제**. 서울: 교육과학사.

한국보건사회연구원(2006). **2005년도 장애인 실태조사**.

한국장애인고용촉진공단 고용개발원(2009). **2008 장애인 통계**.

한국표준수화규범제정추진위원회(2010). **한국수화에 의한 한국어문법 교육**. 서울: 국립국어원 한국농아인협회.
http://blog.naver.com/camiblues/, 2011).
http://opentory.joins.com/index.php. 2011.6).
http://www.kmholdings.com/sub/view, 2011.5).
http://www.mdakorea.org/, 2011).
http://www.seoulnong.sc.kr/spboard_pro/board.cgi?id. 2011.6).
http://www.epilepsyfoundation.org/.

Achenbach, T. M. & Rescorla, L. A. (2001). *Manual for the ASEBA School-Age Forms & Profiles*. Burlington, VT: University of Vermont Research Center for Children, Youth, and Families.

Achenbach, T. M. (1991). *Manual for the Teacher' s Report Form and 1991 Profile*. Burlington, VT: University of Vermont, Department of Psychiatry.

Acredolo, L. & Goodwyn, S. (2002). *Baby signs: how to talk with your baby before your baby can talk*. McGraw-Hill Professional.

Agran, M., & Wehmeyer, M. (1999). *Innovations: Teaching problem solving to students with mental retardation*. Washington, DC: American Association on Mental Retardation.

American Association on Mental Retardation. (1992). *Mental Retardation: Definition, classification and system of supports* (9th ed). Washington, DC: Author.

American Association on Mental Retardation (AAMR). (2004). Availiable: AAMR website, www.aamr.org Beirne-Smith, M., Ittenbach, R., & Patton, J. (1998). *Mental retardation* (5th ed.). Upper Saddle River, NJ: Merrill/Prentice Hall.

American Psychiatric Association(APA). (2000). P*ractice guideline for the treatment of patients with bipolar disdorder*: Washington, DC: Author. http://www.psych.org/ clin_res/pg_bipolar.

American Psychiatric Association(APA). (2002). *Practice guideline for the treatment of patients with bipolar disdorder*: Washington, DC: Author. Available online: http://www.psych.org/ 〔psych_pract/treatg/pg/Bipolar2ePG_05-15-06.pdf〕

American Psychiatric Association. (2000). *Diagnostic and Statistical Manual of Mental Disorders (DSM-IV-TR)*. Washington, DC: American Psychiatric Press.

American Speech-Language-Hearing Association. (1995). Position paper and guidelines for acoustics in educational setting. *ASHA, 37*(Suppl. 14), 15-19.

American Speech-Language-Hearing Association. (2007). *Typical speech and language development*. Rockville, MD: Author. Retrieved July 28, 2007. http://asha.org/public/speech/ 〔development/

Anderson, C. M. (2001). The integrative role of cerebellarvermis in cognition and emotion. *Consciousness and Emotion, 2*, 284-299.

Andrews, J. E., Leigh, I. W. & Weiner, M. T. (2004). *Deaf people: Evolving perspectives from psychology, education, and sociology*. Boston: Allyn & Bacon.

Antunez, B. (2000). *When everyone is involved: Parents and communities in school reform*. National Council for Bilingual Education. Http://www.ncbe. gwe.edu/ncbepubs/tasynthesis/ framing/6parents.htm.

Armstrong. (2002). *Original Signs. Gesture, Sign, and Sources of Language*. Gallaudet University Press.

Auditory-Verbal International(2000). Principles of auditory-verbal practice [Online]. Available: http://deafness. miningco. com/health/deafness/gi/dynamic/offsite. htm?site = http://www.auditory%2Dverbal.org/

Banks, C. A. M. (2007). Communities, families, and educators working together for school improvement. In J. A. Banks & C. A. M. Banks (Eds), *Multicultural education: Issues and perspectives* (6th ed.) (pp. 445-465). New York: John Wiley & Sons.

Barkley, R. (2007). *Barkley's Quick Check for Adult ADHD Diagnosis*. Jones & Bartlett Pub.

Barkley, R. A., & Murphy, K. R. (2007). Comorbid psychiatric disorders in adults with ADHD. *The ADHD Report, 15*(2), 1-7.

Bateman, B. (1965). An educational view of a diagnostic approach to learing disdrders. In J. Hellmuth (Ed.), *Learning disorders: Vol.1*(pp. 219-239). Seattle, WA: Special Child Publications.

Batsashaw, M. L. (2003). *Children with disabilities* (5th ed.). Baltimore, MD: Paul H. Brookes.

Beirne-Smith, M., Ittenbach, R. F., & Patton, J. R. (2002). *Mental retardation* (6th ed.). Upper Saddle River, NJ: Merrill/Prentice Hall.

Benjamin, C. (1996). *Problem solving in school*. Upper Saddle River NJ: Globe Fearon Educational Publisher.

Benner, G. J., Nelson, J. R., & Epstein, M. H. (2002). Language skills of children with EBD: A Literature review. *Journal of Emotional and Behavioral Disorders*, 10. 43-59.

Berk, L. E. (2005). *Infants and children: Infants through middle childhood* (5th ed.). Boston: Ally & Bacon.

Berry, J., & Hardman, M. L. (1998). *Lifespan perspectives on family and disability*. Boston: Allyn and Bacon.

Best, S. J., Heller, K. W., & Bigge, J. L. (2005). *Teaching individuals with physical or multiple disabilities* (5th ed.). Upper Saddle River, NJ: Merrill/Prentice Hall.

Bloom, B. S. (1982). The role of gifts and markers in the development of talent. *Exceptional Children*, 48, 510-522.

Bloom, B. S., & Sosniak, L. A. (1981). Talent development vs. schooling. *Educational Leadership*, 39(2), 86-94.

Bouchard, D., & Tetreault, S. (2000). The motor development of sighted children and children with moderate low vision aged 8-13. *Journal of visual Impairments and Blindness, 94*, 564-573.

Bressmann. T., & Sader, R.(2001). Speech rate in cleft lip and palate speakers with compensatory articulation. *Clinical Linguistics and Phonetics. 15*(1-2), 129-132.

Brolin, D. E. & Loyd, R. J. (2004). *Career developmental and transition services: A functional lofe-skills approach*(4th ed., p. 430). Upper Saddle River, NJ: Prentice Hall.

Browder, D. M., & Minarovic, T. J. (2000). Utilizing sight words in self-instruction training for employees with moderate mental retardation in competitive jobs. *Education and Training in Mental Retardation and Developmental Disabilities*, 35, 78-89.

Brown, K. R.(1990). *Effects of a music-based memory training program on the auditory memory skills of visually impaired individuals* (Doctoral dissertation, University of Houston, 1990). Dissertation Abstracts International, 52(03), 877A. (UMI No. AAT 9118115)

Bruder, M. (1994). Working with members of other disciplines: Collaboration for success. In M. Wolery & J. Wilbers (Eds.) *Including children with special needs in early childhood programs*(pp. 45-70). Washington, DC: National Association for the Education of Young Children.

Burchard, J. D., & Clarke, R. T. (1990). The role individualized care in a service delivery system for chileren and adolescents with severely maladjusted behavior. *Journal of Mental Health Administration, 17*(1), 48-60.

Burchard, S. N., Hasazi, J. S., Gordon, L, R., & Yoe, J. (1991). An examination of lifestyle and adjustment in three community residential alternatives. *Research in Developmental Disabilities, 12*, 127-142.

Burns, G. L., & Walsh, J. A. (2002). The influence of ADHD - hyperactivity / impulsivity symptoms on the development of oppositional defiant disorder symptoms in a 2-year longitudinal study. *Journal of Abnormal Child Psychology, 30*, 245-256.

Burrell, S., & Warboys, L. (2000, July). Special education and the juvenile justice system. *Juvenile Justice Bullerin*, 1-15

Bushby, K. (2000). Genetics and the muscular dystrophies. *Developmental Medicine & Child Neurology. 42*, 780-784.

Campbell Daley, K. (2004). Update on attention-deficit/hyperactivity disorder. *Current Opinion in Pediatrics. 16*(2): 217-226.

Case, J. L.(2002). *Clinical management of voice disorders*(4th ed.). Austin, TX: PRO-ED.

CBD. (2000). *Report of the fifth meeting of the Conference of the Parties to the Convention on Biological Diversity*. UNEP/CBD/COP/5/23(Decision V/6: Ecosystem approach also available at www.biodiv.org/decisions/default.asp?lg=0&dec=V/6).

Center for Assessment and Demographic Studies. (2002). *2001-2202 Annual survey of deaf and hard of hearing children and youth*. Washington, DC: Gallaudet University.

Chapman, R. S. (2000). Children's language learning: An interactionist perspective. *Journal of Child Psychology and Psychiatry and Allied Disciplines, 41*, 33-54.

Chen, D. (2001). Visual impairment in young children: A review of the literature with implications for working with families of diverse cultural and linguistic backgrounds (CLAS Tech. Rep. No. 7). Champaign, IL: University of Illinois at Urbana-Champaign, Early Childhood Research Institute on Culturally and Linguistically Appropriate Services.

Cheney, D., & Bullis, M. (2004). The school-to-community transition of adolescents with emotional and behavioral disorders. In R. B. Rutherford, M. M. Quinn, & S. R. Mathur (Eds.). *Handbook of research in emotional and behavioral disorders* (pp. 369-384). New York: Guilford.

Chomsky, N. (1957). *Syntactic structures*. The Hague: Mouton.

Clark, B. A. (2008). *Growing up gifted* (7th ed.). Upper Saddle River, NJ: Merrill/ Prentice Hall.

Clark, G., & Zimmerman, E. (1984a). *Educating artistically talented students*. Syracuse, NY: Syracuse University Press.

Clark, G., & Zimmerman, E. (1984b). How to implement a museum/school program. *School Arts, 83*(7), 50.

Cline, S., & Hegeman, K. (2001). Gifted children with disabilities. *Gifted Child Today, 24*(3), 16-24.

Cohen, M. J., & Sloan, D. L. (2007). *Visual supports for people with autism: A guide for parents & professionals*. Bethesda, MD: Woodbine House.

Cohen, S. M. (2001). Lead poisoning: A summary of treatment and prevention. *Pediatric Nursing, 27*, 125-130.

Conners, C. K. (1997). Conners Rating *Scales-Revised* (CSR-R). North Tonawanda, NY: Multi-Health Systems.

Cook, J. A., Oliver, K., Mueller R. F., Sampson, J. (1996). A cross sectional study of renal involvement in tuberous sclerosis. *J. Med Genet 33*: 480-484.

Cook, L. & Friend, M. (1995). Co-teaching: guidelines for effective practices. *Focus on*

Exceptional Children, 28(3). 1-16.

Daeyoung, J. (2006). Education in South Korea. in K. Mazurek & M. A. Winzer. *Schooling around world the world: Debates, challenges and practices*. N.Y.: Pearson Education Inc.

Darrow, A. A. (1984). A comparison of rhythmic responsiveness in normal and hearing impaired chilren and an investigation of the relationship of rhythmic responsiveness to the suprasegmental aspects of speech perception. *Journal of Music Therapy, 21*, 48-66.

Dew, C. J. & Hardman, M. L. (2004). *Mental retardation: A lifespan approach to people with intellectual disabilities* (8th ed.). Columbus, OH: Merrill.

DiCecco, V. M., & Gleason, M. M. (2002). Using graphic organizers to attain relational knowledge from expository text. *Journal of Learning Disabilities, 35*, 306-320.

Dolye, A. E., Faraone, S. V., Dupre, E. P. & Biederman, J. (2001). Separating attention deficit hyperactivity disorder and learning disabilities in girls: A familial risk analysis. *American Journal of Psychiatry, 158*, 1666-1672.

Drasgow, E. (1998). Americsn Sign Language as a pathway to linguistic competence. *Exceptional Children, 64*, 329-342.

Dunst, C. J. (2004). An integrated framework for practicing early childhood intervention and family support. *Perspectives in Education, 22*(2), 1-16.

Dykman, R. A., & Ackerman, P. T. (1995). Reading-disabled students with and without comorbid arithmetic disability. *Developmental Neuropsychology, 11*, 351-371.

Eber, L., Sugai, G., Smith, C., & Scott, T. (2002). Wraparound and positive behavioral interventions and supports in the schools. *Journal of Emotional and Behavioral Disorders, 10*, 171-180.

Edwards, L. C. (2007). Children with cochlear implants and complex needs: A review of outcome research and psychological practice. *The Journal of Deaf studies and Deaf Education, 12*, 258-268.

Ellis, E. S., Deshler, D. D., Lenz, B. K., Schumaker, J. B., & Clark, F. L. (1991). An instructional model for teaching learning strategies. *Focus on Exceptional Children, 24*(1), 1-14.

Ernsbarger, S. C. (2002). Simple, Affordable, and effective strategies for prompting reading behavior. *Reading and Writing Quarterly: Overcoming Learning Difficulties, 18*, 279-284.

Faraone, S. V., Sergeant, J., Gillberg, C., & Biederman, J. (2003). The worldwide prevalence of ADHD: Is it an American condition? *World Psychiatry, 2*: 104-113.

Fewell, R. R., & Deutscher, B. (2001). The development and use of the Attention Deficit Hyperactivity Disorder-Observational Rating Scale: Factor analysis and a preliminary investigation of predictive validity. *Journal of Psychoeducational Assessment, 19*(4), 317-329.

Flexer, R. W., Simmons, T. J., Luft, P., & Baer, R. M. (2008). *Transition planning for secondary students with disabilities* (3rd ed.). Upper saddle River, NJ: Merrill/ Prentice Hall.

Flynn, J. R. (2000). The hidden history of IQ and special education: Can the problems be solved? *Psychology, Public Policy, and Law, 6*, 191-198.

Forness. S. R., & Kavale, K. A. (2000). Emotional or behavior disorders: Background and current status of the E/BD terminology and definition. *Behavioral Disorders, 25*, 264-269.

Fox, A. V., & Dodd, B. (2001). Phonologically disordered German-speaking children. *American Journal of Speech Language Pathology, 10*, 291-303.

Fox, L., Dunlap, G., & Cushing, L. (2002). Early intervention, positive behavior support, and transition to school. *Journal of Emotional and Behavioral Disorders, 10*, 149-157.

Fredericksen, K. A., Cutting, L. E., Kates, W. R., Mostofsky, S. H., Singer, H. S., Cooper, K. L., Lanham, D. C., Denckla, M. B., & Kaufmann, W. E. (2002). Disproportionate increases of white matter in right frontal lobe in Tourette syndrome. *Neurology, 58*, 85-89.

Friend, M. P. & Bursuck, W. D. (2002). *Including students with special needs: A practical guide for classroom teachers* (3rd ed.). Boston: Allyn and Bacon.

Frith, U. (2003). *Autism: Explaining the enigma* (2nd ed.). Malden, MA: Blackwell Publishing.

Fuchs, D., Fuchs, L. S., Thomopson, A., Svenson, E., Yen, L., Al Otaiba, S., Yang, N., McMaster, K. N., Prentice, K., Kazdan, S, & Saenz, L. (2001). Peer-assisted learning strategies in reading: Extension for kindergarten, first grade, and high school. *Remedial and Special Education, 22*, 15-21.

Fuchs, L. S., Fuchs, D., Compton, D. L., Bryant, J. D., Paulsen, K., & Hamlett, C. L. (2005). The prevention, identification, and cognitive determinants of math difficulty. *Journal of Educational Psychology, 97*(3), 493-513.

Fulk, B. M., & King, K. (2001). Classwide peer tutoring at work. *Teaching Exceptional Children, 34*(2), 49-53.

Gabel, S. (2004). South Asian Indian cultural orientations toward mental retardation. *Mental Retardation, 42*, 12-25.

Gagne, F. (2003). Transforming gifts into talents: The DMGT as a developmental theory. In N. Colangelo & G. A. Davis (Eds.), *Handbook of gifted educatoin* (3rd ed.), (pp. 60-74). Needham Heights, MA: Allyn & Bacon.

Gallagher, J. (1985). *Teaching the gifted child* (3rd ed.). Boston: Allyn & Bacon.

Gallaudet Resaerch Institute. (1994). *Gallaudet Research Institute Working Papers* (89 3). Washington, Dc: Author.

Gallaudet Research Institute. (2000). *Literacy and Deaf students* 〔Online〕. Washingon, DC: Author. Available: http://gri.gallaudet.edu/Assessment/literacy.html.

Ganz, J. B., & Sigafoos, J. (2005). Self-monitoring: Are young adults with MR and autism able to utilize cognitive strategies independently? *Education and Training in Developmental Disabilities, 40*, 24-33.

Gardner, H. (1983/ 1994). *Frames of mind: The theory of multiple intelligences*. New York: Basic Books.

Gardner, H. (1999). *Intelligence reframed: Multiple intelligences for the 21st century*. New York: Basic Books.

Gardner, H., & Hatch, T. (1989). Multiple intelligences go to school: Educational implications of the theory of multiple intelligences. *Educational Researcher, 18*(8), 4-10.

Gardstrom, S. C. (1987). Positive peer culture: A working definition for the music therapist. *Music Therapy Perspectives, 4*, 19-23.

Gargiulo, R. M. (2003). *Special education in contemporary society: An introduction to exceptionality*. Belmont, CA: Wadsworth.

Geers, W., Hojan, E., & Hojan-Jezierska, D. (1997). Fitting of hearing aids with loudness scaling of music and environmental sounds. *Applied Acoustics, 51*, 199-201.

Gerhardt, P. F. (2003). Transition support for learners with Asperger syndrome: Toward a successful adulthood. In R. W. Du Charme & T. P. Gullotta(Eds.). *Asperger syndrome: A guide for professionals and families* (pp. 157-171). New York: Kluwer Academic/Plenum Publishing.

Gersten, R., Carnine, D., & Woodard, J. (1987). Direct instruction research: The third decade. *Remedial and Special Education, 8*(6), 48-56.

Getzel, E. E., & Gugerty, J. J. (2001). Applications for youth with Learning disabilities. In P. Wehman (Ed.), *Life beyond the classroom: Transition strategies for young people with disabilities* (3rd ed., pp. 371-398). Baltimore, MD: Paul H. Brookes.

Gliona, M. F., Gonzales, A. K., & Jacobson, E. S. (2005). Suggested changes in thinking about instructional environments and in the language of special education. In J. M. Kauffman & D. P. Hallahan (Eds.), *The illusion of full inclusion: A comprehensive critique of a current special education bamdwagon* (2nd ed., pp. 135-146). Austin, TX: Pro-Ed.

Goldin-Meadow, S. (2003). *The resilience of language: What gesture creation in deaf children can tell us about all children learn language*. New York: Psychology Press.

Goldsmith, B. (2005). *Obsessive genius: The inner world of Marie Curie*. New York: Norton.

Gonzalez-Mena, J. (2006). *The young child in the family and the community* (4th ed.). Upper

Saddle River, NJ: Merrill/ Prentice Hall.

Goyne, M. D., Kame'enui, E. J., & Simmons, D. C. (2001). Prevention and intervention in beginning reading: Two complex systems. *Learning Disabilities Research and Practice, 16*(2), 62-73.

Grandin, T. (1995). *Thinking in pictures*. New York: Doubleday.

Grandin, T. (2006, August 14). Seeing in beautiful, precise pictures. On Morning Edition 〔Radio program〕. Washington, DC: National Public Radio. Retrieved July 24, 2007, from http://www.npr.org/templates/story/story.php?storyId=5628472

Gregory, G. H., & Chapman, C. (2007). *Differentiated Instructional Strategies-One Size doesn't fit all*. Thousand Oaks: Corwin Press.

Gresham, F. (2002). Responsiveness to intervention: An alternative approach to the identification of learning disabilities. In R. Bradley, L. Danidlson, & D. P. Hallahan (Eds.), *Identification of learning disabilities: Research to practice* (pp. 467-519). Mahwah, NJ: Erlbaum.

Guilford, J. P. (1959). Traits of creativity. In H. H. Anderson (Ed.), *Creativity and its cultivation* (pp. 142-161). New York: Harper.

Hage, C., & Leybaert, J. (2006). The effect of cued speech on the development of spoken language. In P. E. Spencer & M. Marschark (Eds.), *Advances in the spoken-language development of deaf and hard-of-hearing children* (pp. 193-211). New York: Oxford University Press.

Hall, B. J., Oyer, H. J., & Haas, W. H. (2001). *Speech, language, and hearing disorders: A guide for the teacher* (3rd ed). Boston: Allyn & Bacon.

Hall, J. D., & Bramlett, R. K. (2002). Screening young children's social behaviors: An examination of decision reliability with alternative measures. *Special Servicec in the Schools, 18*(1-2), 83-91.

Hall, J. P. (2002). Narrowing the breach: Can disability culture and full educational inclusion be reconciled? *Journal of Disability Policy Sudies, 13*, 144-152.

Hall, P. S., & Hall, N. D. (2003). *Educating oppositional and defiant children*. Alexandria, VA: Association of Supervision and Curriculum Development.

Hallahan, D. P., & Kauffman, J. M. (2000). *Exceptional children: introduction to special aducation* (6th ed.). Boston: Allyn & Bacon.

Hallahan, D. P., & Kauffman, J. M. (2011). *Exceptional learners: Introduction to special education* (10th ed.). Boston: Pearson/Allyn & Bacon.

Hallahan, D. P., Kauffman, J. M., & Pullen, P. C. (2012). *Exceptional learners*(Twelfth ed.).

Boston: Pearson.

Halpern, A. S. (1985). Transition: A look at the foundations. *Exceptional Children*, 51, 479-486.

Hancock, T. B., & Kaiser, A. P. (2006). Enhanced milieu teaching. In R. McCauley & M. Fey (Eds.), *Treatment of language disorders in chilldren*. Baltimore: Paul Bookes.

Handen, B. L., Feldman, H. M., Lurier, A., & Murray, P. J. H. (1999). Efficacy of methylphenidate among preschool children with developmental disabilities and ADHD. *Journal of the American Academy of Child and Adolescent Psychiatry, 38*, 805-812.

Hardman, M. L., Drew, C. J., Egan, M. W. (2002). *Human exceptionality: Society, school, and family* (7th ed.). Boston: Allyn and Bacon.

Hardman, M. L., Drew, C. J., & Egan, M. W. (2006). *Human exceptionality: School, community, and family* (9th ed.). Boston: Allyn and Bacon.

Hernandez, M., Gomez, A., Lipien, L., Greenbaum, P. E., Armstrong, K. H., & Gonzalez, P.(2001). Use of the system-of-care practice review in the national evaluation: Evaluating the fidelity of practice to system-of-care principles. *Journal of Emotional nad Behavioral Disorders, 9*, 43-52.

Heward, L. M. (2009). *Exceptional Children: An introduction to special education*. N.J: Pearson.

Heward, W. L. (2003). *Exceptional children: An introduction to special education* (7th ed.). Upper Saddle River, NJ: Merrill/Prentice Hall.

Heward, W. L. (2005). Reasons applied behavior analysis is good for education and why those reasons have been insufficient. In W. L. Heward, T. E. Heron, N. A. Neef, S. M. Peterson, D. M. Sainato, G. Cartledge, R. Gardner, III, L. D. Peterson, S. B. Hersh, & J. C. Dardig (Eds.), *Focus on behavior analysis in education: Achievements, challenges, and opportunities* (pp. 316-348). Upper Saddle River, NJ: Merrill/ Prentice Hall.

Heward, W. L. (2012). *Exceptional children: An introduction to special education* (10th ed.). Upper Saddle River, NJ: Pearson Education.

Hill, J., & Black, J. (2003). The Miniguide: A new electronic travel device. *Journal of Visual Impairment and Blindness, 97*, 655-656.

Howard, V. E., Williams, B. F., & Lepper, C. (2005). *Very young children with special needs: A formative approach for today's children* (3rd ed.). Upper Saddle River, NJ: Merrill/ Prentice Hall.

Huefner, D. S. (2006). *Getting comfortable with special education law: A framework for working with children with disabilities* (2nd ed.). Norwood, MA: Christopher-Gordon.

Hunsaker, S. L, & Callahan, C. M. (1995). Creativity and giftedness: Published instrument uses and abuses. *Gifted Child Quarterly*, 39, 110-114.

Hunt, N., & Marshall, K. (2005). *Exceptional children and youth* (4th ed.). Boston: Houghton: Mifflin.

Hyde, M. & Power, D. (2006). Some ethical dimensions of cochlear implantation for Deaf children and their families. *The Journal of Deaf studies and Deaf Education, 11*, 102-111.

Inge, K. J., & Moon, M. S. (2006). Vocational preparation and transition. In M. E. Snell & F. Brown (Eds.), *Instruction of students with severe disabilities* (6th ed.) (pp. 328-374). Upper Saddle River, NJ: Merrill/ Prentice Hall.

Ispen, C. (2006). Health, secondary conditions, and employment outcomes for adults with disabilities. *Journal of Disability Policy Studies, 17*, 77-87.

Izzo, M., Dillon, K., & Novak, J. (2007, April). *Integrating transition into high school technology and English academic standards*. Poster presented at annual convention of the Council for Exceptional Children. Louisville, KY.

Jensen, P. S., & Members of the MTA Cooperative Group. (2002). ADHD comorbidity findings from the MTA Study: New disagnostic subtypes and their optimal treatments. In J E. Helzer and J. J. Hudziak(Eds.) *Defining psychopathology in the 21st century: DSM-V and beyond* (pp.169-192). Washington, DC: American Psychiatric Publishing.

Jerome, L, & Segal, A. (2001). Benefit of long-term stimulants on driving in adults with ADHD. *Journal of Nervous and Mental Disease, 189*, 63-64

Johnson, D. R., Mellard, D. F., & Lancaster, P. (2007). Road to success: Helping young adults with learning disabilities plan and prepare for employment. *Teaching Exceptional Children, 39*(6), 26-32.

Jones, C. J. (1996). *An introduction to the nature and needs of students with mild disabilities*. Springfield, IL: Charles C. Thomas.

Jones, M., Gebski, V., Onslow, M., & Packman, A. (2002). Statistical power in stuttering research: A tutorial. *Journal of Speech, Language, and Hearing Research, 45*, 243-255.

Justice, L. M. (2006). *Communication sciences and disorders: An introduction*. Boston: Allyn and Bacon.

Kagan, J., & Snidman, N. (2004). *The long shadow of temperament*. Cambridge, MA: Harvard University Press.

Kaiser, A. P., & Grim, J. C. (2006). Teaching functional communication skills. In M. E. Snell & F. Brown (Eds.), *Instruction of students with severe disabilities* (6th ed.). Upper Saddle River, NJ: Merrill/ Prentice Hall.

Kangas, K. A., & Lloyd, L. L. (2006). Augmentative communication. In N. B. Anderson & G.

G. Shames (Eds.), *Human communication disorders: An introduction* (7th ed), (pp.436-470). Boston: Allyn & Bacon.

Katims, D.S.(2000). Literacy instruction for people with mental retardation: Historical Highlights and contemporary analysis. *Education and Training in Mental Retardation and Developmental Disabilities*, 35(1), 3-15.

Katsiyannis, A., & Maag, J. W. (2001). Manifestation determination as a golden fleece. *Exceptional Children*, 68, 85-96.

Kauffman, J. M. (2001). *Characteristics of emotional and behavioral disorders of children and youth* (7th ed.). Upper Saddle River, NJ: Merrill Prentice Hall.

Kauffman, J. M. (2005). *Characteristics of emotional and behavioral disorders of children and youth* (8th ed.). Upper Saddle River, NJ: Merrill/ Prentice Hall.

Kauffman, J. M. (2007). *Conceptual models and the future of special education. Education and Treatment of children*, 30(4), 1-18.

Kauffman, J. M., & Hallahan, D. K. (2005). *The illusion of full inclusion: A comprehensive critique of a current special education bandwagon* (2nd ed.). Austin, TX: PRO-ED.

Kauffman, J. M., & Hallahan, D. P. (2005). *Special education: What it is and why we need it.* Boston: Allyn & Bacon.

Kauffman, J. M., & Konold, T. R., (2007). Making sense in education: Pretense (including No Child Left Behind) and realities in rhetoric and policy about schools and schooling. *Exceptionality, 15*, 75-96.

Kaukiainen, A., Salmivalli, C., & Lagerspetz. K. (2002). Learning difficulties, social intelligence, and self-concept: Connections to bully-victim problems. *Scandinavian Journal of Psychology, 43*, 269-278.

Kavale, K. A., Mostert, M. P., & Kauffman, J. M. (2008). Orthodoxy and dissent I: An introductory response to Gallagher et al. In M. P. Mostert, K. A. Kavale, & J. M. Kauffman (Eds.), *Challenging the refusal of reasoning in special education* (pp 00-00). Denver, CO: Love.

Kendziora, K., Bruns, E., Osher, D., Pacchiano, D., & Mejia, B. (2001). *Systems of care: Promising practices in children's mental health, 2001 series: Vol. I*. Wraparound: Stories from the field. Washington, DC: Center for Effective Collaboration and Practice, American Institutes for Research.

Kern, L., DuPaul, G. J., Volpe, R. J., Sokol, N. G., Lutz, G., Arbolino, L. A., et al. (2007). Multisetting assessment-based intervention for young children at risk for attention deficit hyperactivity disorder: Initial effects of academic and behavioral functioning. *School*

Psychology Review, 36, 237-255.

Kessler, R. C., Barkley, R. A., Brederman, J., Commers, C. K., Demler, O., et al. (2006). The prevalence and correlates of adult ADHD in the United States: Results form the National Comorbidity. Survey Replication. *American Journal of Psychiatry, 163*, 716-723.

Kingsley, M. (1997). The effects of a visual loss. In H. Mason & S. McCall (Eds.), *Visual impairment: Access to education for children and young people* (pp. 23-29). London: Fulton.

Kirk, S., Gallagher, J. J., & Anastasiow, N. J. (2003). *Educating Exceptional Children* (9th ed.). Boston: Houghton Mifflin.

Kirk, S., Gallagher, J., Anastasiow, N., & Coleman, M. (2015). *Educating exceptional children* (14th ed.). Boston: Houghton Mifflin.

Klorman, R. (2000). Psychophysiological research on childhood psychopathology. In M. Hersen and R. T. Ammerman(Eds.), *Advanced abnormal child psychology* (2nd ed., pp.57-80). Mahwah, NJ: Lawrence Erlbaum.

Kluwin, T. N., Stinson, M. S., & Colarossi, G. M. (2002). Social processes and outcomes of in-school contact between deaf and hearing peers. *Journal of Deaf Studies and Deaf Education*, 7, 200-213.

Knapp, S. E., & Jongsma, A. E., Jr. (2002). *The school counseling and school social work treatment planner*. New York: Wiley.

Koenig, A., & Rex, E. (1996). Instruction of literacy skills to children and youths with low vision. In A. Corn & A. Koenig (Eds.), *Foundations of low vision: Clinical and functional perspective* (pp.280-305). New York: American Foundation for the Blind.

Kohhar-Bryant, C. A. (2008). *Collaboration and system coordination for students with special needs: from early childhood to the postsecondary years* (p.213). NJ: Merrill/Prentice Hall.

Kraemer, B. R., McIntyre, L. L., & Blacher, J. (2003). Quality of life for young adults with mental retardation during transition. *Mental Retardation, 41*, 250-262.

Kroth, R. L., & Edge, D. (2007). *Communicating with parents and families of exceptional children* (4th ed.). Denver: Love.

Kuntze, M. (2000). Codeswitching in ASL and written English contact. In K. Emmorey & J. Rdilly (Eds.), *Language, gesture, and space* (PP. 287-302). Mahwah, NJ: Lawrence Erlbaum Associates.

Kuper, A. (1999). *Culture: The anthropologist's account*. Cambridge, MA: Harvard University.

Ladd, P. (2003). *Understanding Deaf culture: In search of Deafhood*. Clevedon, England: Multilingual Matters.

Lambert, M. C., Cartledge, G., Lo, Y., & Heward, W. L. (2006). Effects of response cards on disruptive behavior and participation by fourth-grade students during math lessons in an urban school. *Journal of Positive Behavioral Interventions, 8*, 88-99.

Lane K. L., & Menzies, H. M. (2005). Teacher-identified students with and without academic and behavioral concerns: Characteristics and responsiveness. *Behavioral Disorders, 31*, 65-83.

Lawrence, V., Houghton, S., Tannock, R., Douglas, Durkin, K., & Whiting, K. (2002). ADHD outside the laboratory: Boy's executive function performance on tasks in videogame play and on a visit to the zoo. *Journal of Abnormal Child Psychology, 30*, 447-462.

Lerner, J. (2003). *Learning disabilities: Theories, diagnosis, and teaching strategies* (9th ed.). Boston: Houghton Mifflin.

Lerner, J. W., with Kline, F. (2006). *Learning disabilities and related disorders: Characteristics and teaching strategies* (10th ed.). Boston: Houghton Mifflin.

Lindsey, F. (2001). Willing and able. *Guardian Society, 10*, January: 2-3.

Lindstrom, L., Doren, B., Metheny, J., Johnson, P., & Zane, C. (2007). Transition to employment: Role of the family in career development. *Exceptional Children, 73*, 348-366.

Lord, C., Shulman, C., & DiLavore, P. (2004). Regression and word loss in autistic spectrum disorders. *Journal of Child Psychology and Psychiatry, 45*, 936-955.

Lovaas, O. I. (1987). Behavioral treatment and normal educational and intellectual functioning in young autistic children. *Journal of Consulting and Clinical Psychology, 55*, 3-9.

Lovaas, O. I. (2003). *Teaching individuals with developmental delays: Basic intervention techniques*. Austin, TX: PRO-ED.

Lovett, M. W., Lacerenza, L., & Borden, S. L. (2000). Putting struggling readers on the PHAST track: A program to integrate phonological and strategy-based remedial reading instruction and maximize outcomes. *Journal of Learning Disabilities, 33*, 458-476.

MacSwan, J., & Rolstad,, K. (2006). How language proficiency tests mislead us about ability: Implications for English language learner placement in special education. Teachers *College Record, 108*, 2304-2328.

Magnuson, M. (2000) Infants with congenital deafness: On the importance of early sign language acquisition. *American Annals of the Deaf, 145*(1), 6-14.

Mahshie, S. N (1995). *Educating deaf children bilingually*. Washington, DC: Gallaudet University Press.

Malian, I. M., & Love, L. L. (1998). Leaving high school: An ongoing transition study. *Teaching Exceptional Children, 30*(3), 4-10.

Malone, R. P., Maislin, G., Choudhury, M. S., Gifford, C. & Delaney, M. A. (2002). Risperidone treatment in children and adolescents with austism: Short-and long-term safety and effectiveness. *Journal of the American Academy of child and Adolescent Psychiatry, 41*(2), 140-147.

Martin, J. E., Woods, L. L., & Sylvester, L. (2008). Building an employment vision: Culturally attuning vocational interests, skills, and limits. In F. R. Rusch (Ed.). *Beyond high school: Preparing adolescents for tomorrow's challenges* (2nd ed.) (pp.78-109). Upper Saddle River, NJ: Merrill/ Prentice Hall.

Matazow, G. S., & Kamphaus, R. W. (2001). Behavior Assessment System for Children (BASC): Toward accurate diagnosis and effective treatment. In J. J W.Andrews and D. H. Saklofske(Eds.), *Handbook of psychoeducational assessment: Ability, achievement, and behavior in children. A volume in the educational psychology series* (pp.257-288). San Diego, CA: Academic.

Matheson, C., Olsen, R. J., & Weisner, T. (2007). A good friend is hard to find: Friendship among adolescents with disabilities. *American Journal on Mental Retardation, 112*, 319-329.

Mati-Zissi, H., & Zafiropoulou, M. (2001). Drawing performance in prediction of special learning difficulties of kindergarten children. *Perceptual and Motor Skills, 92*(3, Pt. 2), 1154-1166.

McCarney, S. B. (1989). *Attention Deficit Disorders Evaluation Scale (ADDES)*. Columbia, MO: Hawthorne Press.

McConaughy, S. H. (1993). Advances in empirically based assessment of children's behavioral and emotional problems. *School Psychology Review, 22*, 285-307.

McEachin, J. J., Smith, T., & Lovaas, I. O. (1993). Long-term outcome for children with autism who received early intensive behavioral treatment. *American Journal on Mental Retardation, 97*, 359-372.

McEvoy, A., & Walker, R. (2000). Antisocial behavior, academic failure, and school climate: A critical review. *Journal of Emotional and Behavioral Disorders, 8*, 130-140.

McHugh, E., & Lieberman, L. (2003). The impact of developmental factors on stereotypic rocking of children with visual impairments. *Journal of Visual Impairment and Blindness, 97*, 453-473.

McHugh, M. (2003). *Special sibilings: Growing up with someone with a disability*. Baltimore: Brookes.

Miller, F., & S. J. Bachrach. (1995). *Cerebral palsy: A complete guide for caregiving*. Baltimore: Johns Hopkins University Press.

Mock, D. R., & Kauffman, J. M. (2005). The delusion of full inclusion In J. W. Jacobson, R. M. Foxx, & J. A. Mulick (Eds.). *Controversial therapies in developmental disabilities: Fads, fashion, and science in professional practice* (pp. 113-128). Hillsdale, NJ: Laurence Erlbaum Associates.

Molina, B. S. G., & Pelham, W. E. (2001). Substance use, substance abuse, and LD among adolescents with a childhood history of ADHD. *Journal of Learning Disabilities, 34*, 333-342.

Moore, D. (2001). Friend or foe? A selective review of the literature concerning abuse of adults with learning disability by those employed to care for them. *Journal of Learning Disabilities, 5*, 245-258.

Murray, C., Goldstein, D. E., Nourse, S., & Edgar, E. (2000). the postsecondary school attendance and completion rates of high school graduates with learning disabilities. *Learning Disabilities Research and Practice, 15*, 119-127.

Naik, B. I., Gangadharan, S., & Alexandar, R. T. (2002). Personality disorders clinical experience. *British Journal of Developmental Disabilities, 48*(95, Pt. 2), 95-100.

National Center on Birth Defects and Developmental Disabilities. (2005). Early hearing detection and intervention program. Available at http://www.cdc.gov/ncbddd/ehdi/dhdi_htm.

National Dissemination Center for Children With Disabilities. (NICHCY). (2004). Learning disabilities. Fact Sheet 7. www.inchcy.org/pubs/factshe/fs7txt.htm#top.

National Institutes of Health. (1998). *NIH policy and guidelines on the inclusion of children as participants in research involving human subjects*. Bethesda, MD: Author.

National Joint Committee on Learning Disabilities. (NJCLD), (1990). Operationalizing the NJCLD definition of learning disabilities for ongoing assessment in schools: A report form the National Joint Committee on Learning Disabilities. Perspectives: *The International Dyslexia Association, 23*(4), 29.

National Research Council. (2001). *Educating children with autism. Committee on Educational Interventions for Children with Autism*. Division of Behavioral and Social Sciences and Education. Washington, DC: National Academy Press.

National Research Council. (2001). *Educating children with autism*. Washington, DC: National Academy Press.

Nehring, W. M. (2003). Newborn screening in the 21st century: Current status and considerations. *Exceptional Parent, 33*(4), 53-57.

Neihart, M., Robinson, N., & Moon, S. (2002). *The social and emotional development of gifted children: What do we know?* Waco, TX: Prufock.

Nelson, N. W. (1998). *Childhood language disorders in context: Infancy through adolescence* (2nd ed.) Boston: Allyn & Bacon.

No Child Left Behind Act of 2001 (NCLB). Public Law No. 107-110, Paragraph 115, Stat, 1425.

Noetzel, M. J. (1989). Myeolomeingocele: Current concepts of management. *Clinics in Perinatology, 16*, 311-329.

Nolan, M., & Carr, A.(2000). Attention deficit hyperactivity disorder. In A. Carr(Ed.), *What works with children and adolescents?: A critical review of psychological interventions with children, adolescents and their families* (pp.65-101). Florence, KY: Taylor & Francis/Routledge.

Northern, J. L., & Downs, M. P. (2002). *Hearing in Children* (5th ed.). Baltimore: Lippincott, Williams & Wilkins.

Office of Disability Employment Policy. (2004). *Customized employment Q and A*. Washington, DC: Author.

Owens, J. A., Rosen, C. L., & Mindell, J. A. (2003). Medication use in the treatment of pediatric insomnia: results of a survey of community-based pediatricians. *Pediatrics, 111*, 628-635.

Ozonoff, S.(1997). Causal mechanism of autism : Unifying perspectives from an information-processing framework. In D.J. Cohen & F. R. Volkmar (Eds.), *Handbook of autism and pervasive developmental disorders* (pp. 868-879). New York: John Wiley.

Ozonoff, S., Dawson G., & McPartland, J. (2002). *A parent`s guide to Asperger syndrome and high-functioning austism.: How to meet the challenges and help your child thrive*. New York: Guilford press.

Paoni, M. F. (2001). *The synthesis of a social information processing model of attention-deficit/hyperactivity disorder and social competence intervention*. Dissertation Abstracts International Section B: The Sciences and Engineering, 61(11-B), 6144

Pelham, W. E., Hoza, B., Pillow, D. R., Gnagy, E. M., Kipp, H. L., Greiner, A. R., Waschbusch, G. A., Trane, S. T., Greenhouse. J., Wollfson, L., & Fitzpatrick, E. (2002). Effects of methyphenidate and expectancy on children with ADHD: Behavior, academic performance, and attributions in a summer treatment program and reglar classroom settings. *Journal of Consulting and Clinical Psychology, 70*, 320-335.

Piche, L. (2007). Augmentative and alternative communication. In R. E. Owens, D. E. Metz, & A. Haas (Eds.), *Introduction to communication disorders: A lifespan perspective (3rd ed.)*

(466-489). Boston: Allyn & Bacon.

Pierangelo, R., & Giuliani, G. A. (2006). *Assessment in special education: A practical approach* (2nd ed.). Boston: Allyn & Bacon.

Pierce, R. L., Adam, C. M., Speirs Neumeister, K. L., Cassady, J. C., Dixon, F. A., & Cross, T. L. (2007). Development of an identification procedure for a large urbam school corporation: Identifying culturally divers and academically gifted elementary students. *Roeper Review, 29*, 113-118.

Piirto, J. (2004a). The creative process in poets In J. Kaufman & Bear (Eds.), *Creativity in domains: Faces of the muse* (pp. 1-15). Mahwah, NJ: Erlbaum.

Piirto, J. (2004b). *Understanding creativity*. Scottsdale, AZ: Great Potential.

Plucker, J. A., & Stocking, V. B. (2001). Looking outside and inside: Self-concept development of gifted adolescents. *Exceptional Children, 67*, 535-548.

Prinz, P. M., Strong, M., Kuntze, M., Vincent, J., Freidman, J., Moyers, P. P., et al. (1996). A path to literacy through ASL and English for deaf children. In C. F. Johnson & J. H. V. Gilbert (Eds.), *Children's language* (Vol. 9: pp. 235-251). Mahwah, NJ: Erlbaum.

Quay, H. C. (1979). Classification. In H. C. Quay & J. S. Werry(Eds.), *Psychopathological disorders of childhood* (2nd ed., pp. 1-41). New York: Wiley.

Rasmussen, K., Almvik, R., & Levander, S.(2001). Performance and strategy indices of neuropsychological tests: Relations with personality, criminality and violence. *Journal of Forensic Neuropshchology, 2*(2), 29-43.

Reeve, J. (1996). *Motivating Others: Nurturing Inner Motivational Resources*. Boston: Allyn and Bacon.

Reif, S., & Stern, J. (2010). *The dyslexia checklist: A practical reference for parents and teachers*. Lossey-Bass.

Reis, S. M., & Renzulli, J. S. (2001). The schoolwide enrichment model: Developing students' creativity and talents. In M. D. Lynch & C. R. Harris (Eds.), *Fostering creativity in children, K-8: Theory and practice* (pp. 15-39). Boston: Allyn & Bacon.

Renzulli, J. S. (1994). *Schools are places for talent development: A practical plan for school improvement*. Mansfield Center, CT: Creative Learning Press.

Renzulli, J. S. (2003). Conception of giftedness and its relationship to the development of social capital. In N. Colangelo & G. A. Davis (Eds.), *Handbook of gifted education* (3rd ed.), (pp. 75-87). Needham Heights, MA: Allyn & Bacon.

Renzulli, J. S., & Reis, S. M. (1991). The reform movement and the quiet crisis in gifted education. *Gifted Child Quarterly, 35*(1), 26-35.

Renzulli, J., & Reis, S. (2004). Curriculum compacting. In D. Boothe & J. Stanley (Eds.), *In the eyes of the beholder: Critical issues for diversity in gifted education* (pp. 87-100). Waco, TX: Prufrock.

Reynolds, M. C., Zetlin, A. G., & Heistad, D. (1996). *A manual for 20/20 analysis*. Philadelphia: Temple University, Center for Research in Guman Development and Education. (ERIC Document Reproduction Service No. ED 385 183)

Rhedding-Jones, J. (2001a). *"Child development." learning and culture: Decentering Anglo-American power in early childhood education*. Paper presented at Reconceptualizing Early Childhood Conference, Columbia University, New York, October.

Richek, M. A., Caldwell, J. S., Jennings, J. H., & Lerner, J. W. (1996). *Reading problems: Assessment and teaching strategies*. Boston: Allyn & Bacon.

Richman, L. C., & Wood, K. M. (2002). Learning disability subtypes: Classification of high functioning hyperlexia. *Brain and Language, 82*, 10-21.

Rorschach, H. (1942). *Rorschach psychodiagnostic plates*. New York: Psychological Corporation.

Rosston, K. F., & Buckingham, P.(2001). An interactive group-based curriculum to increase mental health awareness and empathy in juvenile delinquents. In G. Landsberg and A. Smiley(Eds.), *Forensic mental health: Working with offenders with mental illness* (pp.35-1 to 35-9). Kingston, NJ: Civic Research Institute.

Rothstein, L. F. (2000). *Special education law*. (3rd ed.). New York: Longman.

Rourke, B. P. (1987). Syndrome of nonverbal learning disabilities: The final common pathway of white-matter disease/dysfunction? *The Clinical Neuropsychologist, 1*, 209-234.

Rusch, F. R. (2008). *Beyond high school: Preparing adolescents for tomorrow's challenges* (2nd ed.). Upper Saddle River, NJ; Merrill/ Prentice Hall.

Schalock, R. L., Gardner, J. F., & Bradley, V. J. (2007). *Quality of life: Applications for people with in intellectual and developmental disabilities*. Washington, DC: American Association on Intellectual and Developmental Disabilities.

Schirmer, B. R. (2000). *Language and literacy development in children who are deaf*. (2nd ed.). Needham Heights, MA: Allyn & Bacon.

Schloss, P. J., & Smith, M. A. (1998). *Applied behavior analysis in the classroom*(2nd ed.). Boston: Allyn & Bacon.

Schloss, P. J., & Smith, M.A. (1987). Guidelines for ethical use of manual restraint in public school settings for behaviorally desordered students. *Behavioral Disorders, 12*, 207-213.

Seybold, C. D. (1971). The value and use of music activities in the treatment of speech delayed children. *Journal of Music Therapy, 8*, 102-110.

Silberman, R. K., & Sowell, V. (1998). Educating students who have visual impairments with learning disabilities. In S.Z. Sacks & R.K. Silberman(Eds.), *Educating students who have visual impairments with other disabilities* (161-185). Baltimore, MD: Paul H. Brookes.

Silliman, E. R., & Diehl, S. F. (2002). Assessing children with language learning disabilities. In D. Berstein & E. Tiegerman-Farber (Eds.), *Language and communication disorders in children* (5th ed). Needham Heights, MA: Allyn & Bacon.

Simmons, T. J., & Flexer, R. W. (2008). Transition to employment. In R. W. Flexer, T. J. Simmons, P. Luft, & R. M. Baer (Eds.), *Transition planning for secondary students with disabilities* (3rd ed.) (pp. 230-257). Upper Saddle River, NJ: Merrill/ Prentice Hall.

Simpson, R. L. (2004). Finding effective intervention and personnel preparation practices for students with autism spectrum disorders. *Exceptional Children, 70*, 135-144.

Singer, G. H. S. (2002). Suggestion for a pragmatic program of research on families and disability. *The Journal of Special Education, 36*, 148-154.

Sitlington, P. L., & Clark, G. M. (2006). *Transition education and services for students with disabilities* (4th ed.). Boston: Allyn & Bacon.

Skau, L., & Cascella, P. W. (2006). Using assistive technology to foster speech and language skills at in preschool. *Teaching Exceptional Children, 38*(6), 12-17.

Smith, T. E. C. (2005). IDEA 2004: Another round in the reauthorization process. *Remedial and Special Education, 26*, 314-319.

Soenksen, D., & Alper, S. (2006). Teaching a young child to appropriately gain attention of peers using a social story intervention. *Focus on Autism and Other Developmental Disabilities, 21*, 36-44.

Southern, W. T., & Jones, E. D. (2004). Types of acceleration: Dimensions and issues. In N. Colangelo, S. Assouline, & M. Gross (Eds.), *A nation deceived: How schools hold back America's Brightest students* (pp. 5-12). Iowa City, IA: The Connie Belin & Jacqueline N. Blank International Center for Gifted Education and Talent Development.

Sparrow, S. S., Balla, D. A., & Cicchetti, D. V. (1984). Vineland Adaptive Behavior Scales. Circle Pines, MN: American Guidance Service.

Spooner, F., Baker, J., N., Harris, A., Ahlgrim-Delzell, L., & Browder, D. M. (2007). Effects of training in universal design for learning on lesson plan development. *Remedial and Special Education, 28*, 108-116.

Stephens, K. R., & Karnes, F. A. (2000). State definitions for the gifted and talented revisited. *Exceptional Children, 66*(2), 219-238.

Sternberg, R. J. (1996). Costs of expertise. In K. A. Ericsson (Ed.), *The road to excellence: The acquisition of expert performance in the arts and sciences, sports, and games* (pp. 347-354).

Mahwah, NJ: Erlbaum.

Sternberg, R. J. (2000). Giftedness as developing expertise. In K. A. Heller, F. J. Monks, R. J. Sternberg, & R. F. Subotnik (Eds.), *International handbook of giftedness and talent* (2nd ed., pp.23-54). New York: Pergamon.

Stichter, J. P., Conroy, M. A., & Kauffman, J. M. (2008). *An introduction to students with high-incidence dicabilities*. Upper Saddle River, NJ: Merrill/ Prentice Hall.

Stoner, J. B., & Angell, M. E. (2006). Parent perspectives on role engagement: An investigation of parents of children with ASD and their self-reported role with education professionals. *Focus on Autism and Other Developmental Disabilities, 21*, 177-189.

Sugai, G., & Horner, R. H. (2005). Schoolwide positive behavior supports: Achieving and sustaining effective learning environments for all students. In W. L. Heward, T. E. Heron, N. A. Neef, S. M. Peterson, D. M. Sainato, G. Cartledge. R. Gardner, III, L. D. Peterson, S. B. Gersh, & J. C. Dardig (Eds.), *Focus on behavior analysis in education: Achievement, challenge, and opportunities* (pp. 90-102). Upper Saddle River, NJ: Merrill/ Prentice Hall.

Taatgen, N. A., & Anderson, J. R.(2002). Why do children learn to say "broke"? A model of learning the past without feedback. *Congnition, 86*, 123-155.

Taylor, L. K., Alber, S. R., & Walker, D. W. (2002). The comparative effects of a modified self-questioning strategy and story mapping on the reading comprehension of elementary students with learning disabilities. *Journal of Behavioral Education, 11*(2), 69-87.

Taylor, N. C., Wall, S. M., Liebow, H., Sabatino, C. A., Timberlake, E. M., & Farber, M. Z. (2005). Mother and soldier: Raising a child with a disability in a low-income military family. *Exceptional Children, 72*, 83-99.

Taylor, R. L (1997). *Assessment of exceptional students: Educational and psychological procedures*(4th ed.). Boston: Allyn & Bacon.

Taylor, S. J. (2005). Caught in the continuum: A critical analysis of the principle of the least restrictive environment. *Research and Practice for Persons with Severe Disabilities, 30*, 218-230.

Terman, L. M. (1926). *Genetic studies of genius (Vol. 1)*. Stanford, CA: Stanford University Press.

Terman, L.(Ed.). (1925). *Genetic studies of genius (Vol. 1)*. Stanford, CA: Stanford University Press.

Thurlow, M. L. (2000). Standars-based reform and students with disabilities: Reflections on a decade of change. *Focus on Exceptional Children, 33*(3), 1-16.

Tomlinson, C. A. (2001). *How to differentiate instruction in mixed-ability classrooms* (2nd ed.). Alexandra, VA: ASCD.

Trach, J. S. (2008). Natural supports in the workplace and beyond . In F. R. Rusch(Ed.). *Beyond high school: Preparing adolescents for tomorrow's challenges* (2nd ed.) (pp. 250-265). Upper Saddle River, NJ: Merrill/ Prentice Hall.

Traxler, C. B. (2000). The Stanford Achievement Test, 9th edition: National norming performance standards for deaf and hard-of-hearing students. *Journal of Deaf Studies and Deaf Education, 5*, 337-348.

Trezek, B. J., Wang, Y., Woods, D. G., Gampp, T. L. & Paul, P.V. (2007). Using visual phonics to supplement beginning reading instruction for students who are deaf or hard of hearing. *Journal of Deaf Studies and Deaf Education, 12*, 373-384.

Turnbull, A. P., & Turnbull, H. R. (2001). *Families, professionals, and exceptionality: Collaborating for empowerment* (4th ed.). Upper Saddle River, NF: Prentice-Hall.

Turnbull, H., Turnbull, M., Wehmeyer, M., & Park, J. (2003). A quality of life framework for special education outcomes. *Remedial and Special Education, 24*, 67-74.

U. S. Department of Education. (1999). Assistance to states for the education of children with disabilities and the early intervention program for infants and toddlers whit disabilities: Final regulations. Federal Register, 64(48), CFR Parts 300 and 303.

U.S. Depaertment of Education. (2002). *Twenty fourth annual report to Congress on the implementation of the individuals with Disabilities Education Act.* Washington, DC: U.S. Government Printing Office.

U.S. Department of Education. (2003). The No Child Left Behind Act of 2001. Executive summary. http://www.ed.gov/offices/OESE/esea/exec-summ.html

U.S. Depertment of Education. (2005). 2002-2004 biennial evaluation report to Congress on the implementation of state formula grant program: English Language Acquisition, Language Enhancement and Academic Achievement Act(ESEA, Title III, Part A).

Utley, B. L., Roman, C., & Nelson, G, L. (1998). Functional vision. In S. Z. Sacks & R. K. Silberman (Eds.), *Educating students who have visual impairments with other disabilities* (pp. 371-412). Baltimore: Brookes.

Van Riper, C., & Erickson, R. L. (1996). *Speech correction: An introduction to speech pathology and audiology* (9th ed.). Boston: Allyn & Bacon.

Vaughn, S., Kiongner, J. K. & Bryant, D. P. (2001). Collaborative strategic reading as a means to enhance peer-mediated instruction for reading comprehension and content-area learning. *Remedial and special Education, 22*, 66-74.

Vicari, S., Albertoni, A., Chilosi, A.M., Cipriani, P., Cioni, G., & Bates, E. (2000). Plasticity and reorganization during language development in children with early brain injury. *Cortex, 36*, 31-46.

Von Isser, A., Quay, H. C., & Love, C. T. (1980). Interrelationships among three measures of deviant behavior. *Exceptional Children, 46*(4), 272-276

Wagner, M., Blackorby, J., Cameto, R., & Newman, N. (1994). What makes a difference? Influences on postschool outcomes of youth with disabilities. Menlo Park, CA: SRI International.

Wagner, M., Newman, L., Cameto, R., Levine, P., & Murder, C. (2007). *Perceptions and expectations of youth with disabilities. A special topic report of findings from the National Longitudinal Transition Study-2*(NLTS2)(NCSER 2007-3006). Menlo Park, CA: SRI International.

Waldman, I. D., Rhee, S. H., Levy, F., & Hay, D. A. (2001) Causes of the overlap among symptoms of ADHD, oppositional defiant disorder, and conduct disorder. In F. Levy and D.A. Hay (Eds.), *Attention, genes, and ADHD* (pp.115-138). New York: Brunner-Routledge.

Walker, H. M., & Severson, H. H. (1992). *Systematic screening for behavior disorders: User' s guide and administration manual* (2nd ed.). Longmont, CO: Sopris West.

Walker, H. M., Ramsey, E., & Gresham, F. M. (2004). *Antisocial behavior in school: strategies and best practices* (2nd ed.). Pacific Grove, CA: Brooks/Cole.

Walther-Thomas, C., Korinek, L., McLaughlin, V., & Williams, B. (2000). *Collaboration for inclusive education*. Boston: Allyn & Bacon.

Watkin, M. W., & Kush, J. C. (2002). Confirmatory factor analysis of the WISC-III for students with learning disabilities. *Journal of Psychoeducational Assessment, 20*, 4-19.

Watkins, M. W., & Worrell, F. C. (2000). Diagnostic utility of the number of WISC-III subtests deviating from mean performance among students with learning disabilities. *Psychology in the Schools, 37*, 303-309

Watson, J. B., & Rayner, R. (1920). Conditioned emotional reactions. Journal of Experimental *Psychology, 3*, 1-14.

Webster, A., & Roe, J. (1998). *Children with visual impairments: Social interaction, language, and learning*. London: Routledge.

Webster. D. D., & Queen, R. M. (2008). Transition to postsecondary education. In R. W. Flexer, T. J. Simmons, P. Luft, & R. M. Bear (Eds.), *Transition planning for secondary students with disabilities* (3rd ed.)(pp. 258-289). Upper Saddle River, NJ: Merrill/ Prentice Hall.

Wehmeyer, M. L., & Power, L. E. (2007). Self-determination. *Exceptionality, 15*, 1-2.

Wehmeyer, M. L., Agran, M., Hughes, C., Martin, J., Mithaug, D. E., & Palmer, S. (2007). *Promoting self-determination in students with intellectual and development disabilities*. New York: Guilford Press.

Wendling, B. J. & Nather, N. (2009). *Essentials of evidence-based academic intervention*. Canada: John Wiley & Sons.

Wermke, K., Hauser, C., Komposch, G., & Stellzig, A. (2002). Spectral analysis of prespeech sounds (spontaneous cries) in infants with unilateral cleft lip and palate(UCLP): A pilot study. *Cleft Palate Craniofacial Journal, 39*, 285-294.

Wheater, M., & Rennie, J. M. (2000). Perinatal infection is an important risk factor for cerebral palsy in very-low-birthweight infants. *Developmental Medicine & Child Neurology, 42*, 364-367.

Wicks-Nelson, R., & Israel, A. C. (1991). *Behavior disorders of childhood* (Eds). New Jersey: Simon and Schuster.

Wigg, K., Zai, G., Schachar, R., Tannock, R., Roberts, W., Malone, M., Kennedy, J. L., & Barr, C. L. (2002). Attention deficit hyperactivity disorder and the gene for dopamine beta-hydroxylase. *American Journal of Psychiatry, 159*, 1046-1048.

Will, M. C. (1986). Educating children with learning problems: A shared responsibility. *Exceptional Children, 52*, 411-415.

Willy, L. H. (2001). *Asperger syndrome in the family: Redefining normal*. Philadelphia: Kingsley.

Wilson. C. L. (1995). Parents and teachers: "Can we talk?" *LD Forum, 20*(2), 31-33.

Wolffe, P. S., & Hall, T. E. (2003). Making inclusion a reality for students with severe disabilities. *Teaching Exceptional Children, 35*(4), 56-60.

Wolpaw, J. R., Birbaumer, N., McFarland, D. J., Pfurtscheller, G., & Vaughan, T. M. (2002). Brain-computer interfaces for communication and control. *Clinical Neurophysiology, 113*, 767-791.

World Health Organization. (2003). *PBL activities: The World Health Organization program for the prevention of blindness* [Online]. Available: http: //www.who.int /pbd/pbl/act.htm vita # - min_A_def. Retrieved June 30, 2003.

www.sandrarief.COM/2014/9/21. Accommodations and modifications: What's the difference?

Yell, M. L. (2006). *The law and special education* (2nd ed.). Upper Saddle River, NJ: Merrill/Prentice Hall.

Ying, L., Baokun, D., & Minggao, L. (2001). Personality trait and affective symptom of stuttering. *Chinese Mental Health Journal, 15*(4), 217-219.

Ysseldyke, J., Algozzine, B., & Thurlow, M. (1992). *Critical issues in special and remedial education* (2nd ed.). Boston: Houghton Mifflin.

Zubal-Ruggier, R. (2007). Making links, making connection: Internet resources for self-advocates and people with developmental disabilities. *Intellectual and Developmental Disabilities, 45*, 209-215.

정 대 영

주요 경력

대구대학교 특수교육 전공(학사, 석사 및 박사)
국립특수교육원 교육연구사
San Jose State University 연구 교수
(현) 창원대학교 특수교육과 교수

주요 저서 및 역서

『학습장애 아동 교육』(공저, 형설출판사, 2004)
『교사를 위한 특수교육 입문: 통합교육』(공저, 학지사, 2005)
『특수아동 교육의 실제』(공저, 교육과학사, 2005)
『학습장애: 토대, 특성, 효과적 교수』(공역, 시그마프레스, 2007)
『발달장애 아동의 사회적 기술훈련』(공저, 양서원, 2007)
『예비특수교사를 위한 워크북: 교육실습의 이론과 실제』(공저, 양서원, 2008)
『행동기능평가와 긍정적 행동지원』(양서원, 2009)
『Schooling around the world: Debates, challenges, and practices』(공저, Pearson Education, 2006).
『International practices in special education: Debates and challenges』(공저, Gallaudet University Press, 2011).
『정서 및 행동장애아 교육』(공저, 학지사, 2013)
『특수아동 교육: 0세부터 8세까지』(창지사, 2016)

학회 활동

한국특수아동학회 회장 역임
한국학습장애학회 회장 역임
한국정서학습장애아교육학회 회장 역임
특수교육학회 회장(2016.5-2018.6.)

연구 사업

(현) 창원대학교 국제협력선도대학육성지원사업단 단장
- 이 사업은 한국연구재단 공적개발지원(ODA) 연구사업으로서 2014년 6월부터 2018년 5월까지 4년 동안 약 22억 원을 투자하여 네팔 국립트리부번 대학교 학부 및 대학원 석사과정에 특수교육학과를 설립하여 교육과정 개발 및 운영을 지원함. 한국 특수교육 120년이 된 2014년을 시점으로 네팔 국립대학에 특수교육 전문 인력 양성 노하우를 전수하고, 네팔 교육부로 하여금 특수교육 발전계획을 수립하게 한 의미 있는 사업임

제2판 특수교육학

초판 1쇄 인쇄 2011년 8월 20일
초판 2쇄 발행 2013년 2월 28일
제2판 1쇄 발행 2017년 1월 31일

지 은 이 | 정대영
펴 낸 이 | 김기섭
편 집 인 | 최창숙, 이혜란
펴 낸 곳 | 창지사 www.changjisa.com
08589 서울시 금천구 가산디지털1로 83 파트너스타워1차 9층
전화 (02) 719-2211~3
팩스 (02) 701-9386
등 록 | 1977년 4월 28일 · 제1-421호

ISBN 978-89-426-0883-6 (93370)

값 30,000원

이 도서의 국립중앙박물관 출판예정도서목록(CIP)는 서지정보유통시스템 홈페이지(http://seoji.go.kr)와 국가자료공동목록시스템(http://www.nl.go.kr/kolisnet)에서 이용하실 수 있습니다(제어번호:2017003715)